普通高等教育
"九五"教育部重点教材

国古代简史（第二版）

f Chinese History until 1840

北京大学出版社
PEKING UNIVERSITY PRESS

图书在版编目（CIP）数据

中国古代简史/张帆著. —2 版. —北京：北京大学出版社，2015.9
（博雅大学堂·历史）
ISBN 978－7－301－26263－4

Ⅰ.①中… Ⅱ.①张… Ⅲ.①中国历史—古代史—高等学校—教材 Ⅳ.①K22

中国版本图书馆 CIP 数据核字（2015）第 199113 号

书　　　名	中国古代简史（第二版）
著作责任者	张　帆　著
责 任 编 辑	刘　方
标 准 书 号	ISBN 978－7－301－26263－4
出 版 发 行	北京大学出版社
地　　　址	北京市海淀区成府路 205 号　100871
网　　　址	http://www.pup.cn　新浪微博：@北京大学出版社
电 子 邮 箱	编辑部 wsz@pup.cn　总编室 zpup@pup.cn
电　　　话	邮购部 62752015　发行部 62750672　编辑部 62750577
印 刷 者	三河市北燕印装有限公司
经 销 者	新华书店

965 毫米×1300 毫米　16 开本　25.75 印张　417 千字
2001 年 6 月第 1 版
2015 年 9 月第 2 版　2025 年 2 月第 22 次印刷

定　　　价　60.00 元

未经许可，不得以任何方式复制或抄袭本书之部分或全部内容。
版权所有，侵权必究
举报电话：010－62752024　电子邮箱：fd@pup.cn
图书如有印装质量问题，请与出版部联系，电话：010－62756370

目录

第一章 早期华夏文明的形成/1
一 史前考古发现与古史传说/1
旧石器时代/2　新石器时代/4　古史传说/5
二 早期国家：夏与商/8
夏朝的有关记载/8　对夏文化的探索/10
商朝的兴衰/11
三 商朝甲骨文与青铜文化/13
殷墟甲骨文/13　青铜文化/15

第二章 西周与春秋/18
一 西周的兴亡/18
周朝统治的确立：周灭商与周公摄政/18
西周的盛世及其衰亡/21
二 周朝典制/23
井田制/23　宗法制/25　国野制/26
礼乐文化/28
三 春秋历史概况/29
王权衰微与大国争霸/30　华夷之争/32
社会状况的变化/33　孔子及其思想/35

第三章 战国时期的社会变动/39
一 政治形势的变化：割据、兼并、统一/39
战国七雄的形成和"战"的特点/39
七国兴衰与秦的统一/42
二 各国变法运动/44
各国变法概况/44　商鞅变法/46
官僚制的建立/47
三 士阶层的崛起与百家争鸣/49
战国的士阶层/49　百家争鸣/51

周朝其他文化成果/53
第四章　统一的君主专制帝国——秦/57
　一　法家思想与秦的立国/57
　　前期法家及商鞅学派/57
　　吕不韦调整治国方针的尝试/59
　　韩非法、术、势并重的政治思想/60
　二　巩固统一的各项措施/62
　　君主集权的官僚制统治/62　整齐制度/63
　　其他措施/65
　三　秦的暴政和速亡/66
　　秦朝的暴政/66　秦朝的覆亡与楚汉之争/68

第五章　西汉前、中期政治：从黄老无为到"霸王道杂之"/71
　一　黄老无为思想与西汉前期政治/71
　　无为而治方针的确立/71　文景之治/73
　二　汉武帝的功业/74
　　加强集权/75　开拓边疆/76
　　垄断财利、统制经济/77
　　武帝晚年的政策转变与"昭宣中兴"/79
　三　独尊儒术与"霸王道杂之"/80
　　罢黜百家，独尊儒术/80
　　"霸王道杂之"的统治特征/82

第六章　王莽改制与东汉兴衰/85
　一　王莽改制/85
　　王莽篡位的历史背景/85　改制及其失败/88
　二　东汉政治述略/90
　　东汉的建立及初期统治/90
　　外戚、宦官的交替专权/92
　　清议与党锢/94　东汉的边疆形势/96

第七章　政治分裂的魏晋南北朝(上)/100
　一　三国鼎立/100
　　三国鼎立局面的形成/100

曹魏政治概况/102　蜀与吴/104
二　西晋的短暂统一/106
统一局面下的危机/106　八王之乱与永嘉之乱/108
三　东晋的偏安之局/109
士族当权与东晋统治集团的内争/110
侨寓流民与东晋的军事形势/112

第八章　政治分裂的魏晋南北朝(下)/115
一　十六国的割据/115
从西晋灭亡到前秦统一/116
北方的再分裂与北魏的统一/118
二　北朝概况/120
北魏前期统治/120　魏孝文帝改革与六镇起事/121
从东、西魏对峙到北周灭齐/123
三　南朝概况/126
宋与齐/126　梁与陈/129

**第九章　两汉魏晋南北朝时期的经济、社会
　　　　与文化/132**
一　两汉魏晋南北朝时期的经济与社会/132
农业与手工业/132　商品经济与自然经济的消长/134
赋役与户籍/135　人身依附关系/137
门阀士族的兴衰/139
二　两汉魏晋南北朝时期的文化/141
经学与玄学/141　佛、道二教的传播/143
史学与文学/145　艺术与科技/147

第十章　隋朝与唐前期的鼎盛局面/150
一　隋朝的兴亡/150
隋朝的建立和统一/150　隋朝灭亡与唐朝的建立/152
二　从贞观之治到开元盛世/154
贞观之治/154　武则天的崛起与武周政权/156
开元盛世/157
三　隋唐制度/159
均田制与租庸调制/159　征兵制/161

三省六部制/162　科举、铨选与考课/164
律令格式/166

**第十一章　割据倾向的再现:从安史之乱到
　　　　　五代十国/169**
　一　安史之乱与藩镇割据/169
　安史之乱/169　藩镇割据/171
　二　安史乱后的唐朝中央/173
　财政经济改革/173　元和中兴/175
　宦官专权与牛李党争/176　边疆形势/178
　唐朝的对外关系/180
　三　五代十国/182
　唐朝的覆亡/182　五代的更迭/184
　十国概况/185　后周时的统一趋势/187

第十二章　北宋变法/190
　一　宋初"防弊"之政及其新弊/190
　防弊之政的制定/190　积贫积弱局面/193
　因循苟且与"异论相搅"之风/194
　庆历新政及其失败/196
　二　王安石变法/197
　变法的经过和内容/198　变法的效果和评价/200
　变法余波:北宋晚期党争/202
　宋朝的文官政治/203

第十三章　两宋与辽、夏、金、蒙的对峙/209
　一　辽、西夏的统治及其与北宋的关系/209
　辽朝统治概况/209　北宋与辽的关系/212
　西夏建国及其与北宋的和战/214
　二　南宋与金朝、蒙古的对峙/217
　宋、金南北对峙局面的形成/217
　南北对峙局面形成后的宋、金(蒙)关系/219
　南宋的内政/221

第十四章　金朝与大蒙古国/226
　一　金朝历史概况/226

金朝建立与疆域的奠定/226
从宗室共治到皇权独尊/228
金朝的鼎盛与衰亡/230
二 大蒙古国/233
蒙古的崛起与建国/233
蒙古的对外征服战争/236
大蒙古国的内政及其对汉地的统治/239

第十五章 元朝百年统治/243
一 元朝的建立与统一/243
从大蒙古国到元王朝/243　大一统的重建/246
二 汉化迟滞与元朝的早衰/248
忽必烈时期治国方针的变化/248
元朝中后期的政治/250
汉化迟滞的若干具体表现/252
三 元朝的民族关系与对外关系/255
元朝的民族关系/255　元朝的对外关系/257

第十六章 隋唐宋元时期的经济、社会与文化/262
一 隋唐宋元时期的经济与社会/262
农业与手工业/262　商业与城市/264
赋役与户籍/265　经济重心的南移/267
租佃制及其他人身依附关系/269
统治集团身份的变动/271
二 隋唐宋元时期的文化/273
从经学到理学/273　宗教/276
史学与文学/277　艺术与科技/280

第十七章 朱元璋与明初政治/283
一 明朝的建立及开国制度/283
明朝的建立与统一/283　官制的变化/285
卫所制度/287　学校与科举/288
二 洪武时期的重典统治/290
四起大案/290　大明律与大诰/292
强化社会控制/294　特务政治与文化专制/296

三 从靖难之役到仁宣之治 /297
诸王分封与靖难之役 /297
永乐政局与仁宣之治 /299

第十八章 明朝中后期政治述略 /303
一 皇位继承与"家天下"的皇权 /303
中后期的皇位继承 /303
皇权的行使与"家天下"特征 /305
二 内阁与宦官 /308
内阁政治 /308　宦官专权 /311
三 士大夫集团与党争 /314
明朝士大夫集团的政治品格 /314
党争概况：从大礼议到东林党议 /317

第十九章 明朝边疆局势与清朝的兴起 /321
一 "南倭北虏"及其他问题 /321
明初边疆形势及对外政策 /321　北部边防的压力 /323
倭患与明后期沿海形势 /325　西北与西南边疆 /327
二 满族的崛起 /330
明朝东北局势与后金的建国 /330
后金(清)对明战争及其势力的发展 /332
三 清朝的统一 /335
农民起义与明朝的灭亡 /335　清兵入关 /337
清朝统治的确立 /338

第二十章 康乾盛世及其余波 /343
一 君主集权的巅峰 /343
大权独揽、勤于政事的清朝皇帝 /344
储位争夺与秘密立储制 /345　奏折制度与军机处 /347
督抚制度的固定 /349　文字狱与文化专制 /351
二 文治与武功 /353
发展生产的措施 /353
笼络士大夫与开局修书 /355
巩固国家疆域的斗争 /356
因地制宜的民族统治政策 /358

三　盛世的危机/360
　　人口压力/360　吏治腐败/362
　　秘密宗教会社与反清起义/364
　　外部环境的潜在威胁/366　八旗与绿营/368

第二十一章　明清时期的经济、社会与文化/372

一　明清时期的经济与社会/372
　　农业与手工业/372　商品经济的繁荣/374
　　赋役与户籍/377　土地关系与依附关系/379
　　乡绅阶层与宗族制/382

二　明清时期的文化/385
　　学术思潮的演变/385　史学与文学/388
　　艺术与科技/390　西学东渐/392

后　记/396
再版后记/399

第一章
早期华夏文明的形成

中华文明是世界上最古老的文明之一。对于其初始阶段,我们通常又以汉族前身——华夏族的名称,称之为华夏文明。汉语中"文明"一词,始见于《易经·文言》"天下文明"一语,唐人孔颖达释其义为"有文章而光明也"。近代以来,用它对译英文 Civilization,指与"野蛮"相对的人类社会进步状态。对一个社会进入"文明"阶段的具体标准,学术界有不同看法,较多的人认为国家产生是文明的主要标志,城市、文字、冶炼金属、礼仪性建筑等也都是文明的要素。根据上述标准来判断,早期华夏文明应当在中国古代第一个王朝——夏朝即已形成。但考虑到夏朝的历史资料出于后世文献追述,尚未得到考古发掘的确凿印证,因此将第二个王朝——商朝(它的存在已完全被地下材料所证实)暂时也并入早期华夏文明的形成时期,可能是更为稳妥的。当然,追本溯源,在一开始还必须谈到自人类产生以来漫长的"史前史"时期。

一 史前考古发现与古史传说

宏观上说,到目前为止的人类历史可划分为两大阶段,即有确切文字记载的人类历史和有确切文字记载以前的人类历史,后者也就是学者习称的"史前史"。"史前史"的后一个"史"是指广义的历史——人类历史,前一个"史"则是指狭义的历史——文字记载的历史。虽然狭义的历史是历史学研究的基本对象,但就时间跨度而言,它却比在其之前的"史前史"短得多。狭义的中国历史仅有几千年,而其史前史则达到上百万年。对史前史的研究,主要须依赖古人类学研究成果和考古发现的地下材料,同时后世文献当中所记录有关这一阶段的传说材料,在经过科学分析后,对我们了解史前史(主要是史前史晚期)同样具有重要价值。另外,由于各民族社会发展进程不一,往往有较大的时间差异,因此后进民族的文献材料、社会调查材料(民族志),也有助于说明远古先民的生活状况,为史前史研究作出贡献。

旧石器时代

人类学家认为,世界上最早的人类出现于距今二三百万年前,其前身为古猿。根据社会发展史的观点,人与古猿的主要区别在于制造劳动工具。考古学家即从研究最初的工具——石器入手,将人类产生后使用石器的漫长历程划分为旧石器时代和新石器时代。旧石器时代使用打制石器,加工比较粗糙;新石器时代则使用磨制石器,制造较为精细。旧石器时代长达上百万年,又占据了史前史的绝大部分时间。迄今为止,中国境内已知的旧石器时代的文化遗迹达到300余处,大部分省份皆有发现。通过对这些文化遗迹的研究,大致可以排出自100余万年前到1万年前在中国土地上人类祖先发展、演变的线索。中国的旧石器文化以石片工具为主要传统,南、北方表现出不同的区域特色,其各自内部又呈现出多样性,存在着多种文化类型。

旧石器早期的人类,体质上保留了不少古猿的特征,人类学家称之为猿人。目前在中国大地上发现的猿人遗存,主要有元谋人、蓝田人和北京人。元谋人于1965年在云南省元谋县发现,其化石只有两颗牙齿,是一位青年男性的左右上内侧门齿。考古学家将其定名为"元谋直立人",简称元谋人。根据古地磁方法的测定,元谋人的生活年代距今约170万年,是已知中国境内最早的原始人类。蓝田人距今约80到60万年,1963—1964年发现于陕西省蓝田县,其化石包括下颌骨、头盖骨各一具以及若干牙齿,分别属于两个不同时期的人类个体。在元谋人、蓝田人的遗址,都发现了同时期的打制石器和用火遗迹。

北京人是迄今国内所发现材料最丰富、最重要的猿人化石。通过自20世纪20年代以来的长期发掘,在北京市房山县周口店龙骨山出土了大量猿人骨骼化石,身体部位比较全面,分属于40多个人类个体。北京人的生活年代较为分散,约在距今70到20万年之间。总体来看,北京人头盖骨低平,头骨较厚,脑容量大约相当于现代人的80%,平均身高也较矮,但四肢尤其是上肢已与现代人相当接近。在北京人所居洞穴中发现的石器多达10万件,包括砍斫器、刮削器、尖状器等,从早期到晚期有明显变化,打制技术逐步提高。洞穴中还有厚达6米的灰烬积层,表明北京人不仅懂得用火,而且还能保存火种。

旧石器中期的人类在体质上已脱离了猿人阶段,但与现代人仍有一定区别,人类学家称之为早期智人,或称古人。目前国内发现的古人化石主要有马坝人(发现于广东省曲江县马坝镇)、长阳人(发现于湖北省长阳县)、丁村人(发现于山西省襄汾县丁村)、许家窑人(发现于山西省阳高县许家窑)等,其遗址年代约在距今20到10万年之间。古人的石器打制技术更加进步,类型也更为丰富。如许家窑人遗址出土的石器达3万余件,包括小型刮削器、尖状器、雕刻器以及用于狩猎的石球等等,形制远比旧石器早期复杂精巧。许家窑还发掘出了数吨的动物骨骼,但未见一具完整的个体,表明他们都是许家窑人食肉后的抛弃物,从侧面反映出当时的狩猎业已十分发达。

大约自距今5万年前起,人类体质形态的原始性基本消失,已与现代人大体相同,并且因所处地域的影响逐渐分化为各色人种。人类学家称此时的人为晚期智人,或称新人。新人的物质文化已进入旧石器晚期。国内已发现的新人化石主要有河套人(发现于内蒙古自治区乌审旗等地)、峙峪人(发现于山西朔县峙峪村)、柳江人(发现于广西壮族自治区柳江县)、山顶洞人等,其中以山顶洞人最具代表性。山顶洞人是在北京猿人故居——周口店龙骨山的山顶洞穴当中发现的,距今约3万年,化石至少属于8个人类个体,他们的体质形态已明显地表现出黄种人的特征。这一时期的石器比旧石器中期更加精细,形状对称、均匀,刃部锋利,小型石器较多。还出现了用于装饰的钻孔石珠,说明当时的人已经具有原始的审美观念。石箭镞则表明他们已开始使用弓箭。另外,在山顶洞人遗址还发现了磨制骨针和燧石,反映出已经掌握了缝纫技术和人工取火的方法。

在旧石器时代的绝大部分时间里,人类的社会组织形态都处于原始群阶段。他们以血缘为纽带形成一个个群体,群体内部过着群婚、乱婚的生活,一个原始群就是一个血缘大家族。其中只有母子关系是明确的,父子关系尚不存在。原始群不断发展,逐渐形成原始公社(或称血缘家族公社)。此时人类婚姻形态有了初步的禁约,只允许同辈的男女发生婚姻关系,民族学家称为"班辈婚"。到旧石器时代晚期,中国先民逐步进入氏族公社阶段。他们在婚姻上排除了本族兄弟姊妹之间的通婚关系,由班辈婚过渡到族外婚。族外婚的确立表明氏族公社的产生,但氏族公社真正的繁荣则是在考古学上的新石器时代。

新石器时代

中国境内的新石器时代遗迹已发现 1 万余处。新石器早期文化遗迹的代表有湖南道县玉蟾岩遗址、江西万年仙人洞遗址、河北徐水南庄头遗址，距今皆在 1 万年左右。稍后又有距今 8000 至 7000 年的磁山文化（发现于河北省武安县磁山）和裴李岗文化（发现于河南省新郑县裴李岗）。上述文化遗址发现了农作物遗迹，并有农业生产工具出土，表明其成员的生活方式已由狩猎、采集发展到早期农业。新石器中晚期文化遗迹数目更加繁多，遍布全国。由于各地地理环境、气候的差异，它们呈现出不同的考古学文化面貌和特色，可以划分为几大考古学文化区系。大致而言，主要有以燕山南北长城地带为重心的北方，以山东为中心的东方，以关中、晋南、豫西为中心的中原，以环太湖为中心的东南部，以环洞庭湖与四川盆地为中心的西南部，以及以鄱阳湖至珠江三角洲一线为中轴的南方。其中中原、北方、东方区系的新石器中晚期文化积累年代久，内涵丰富，分布较为密集，共同构成了华夏文明前身的主干部分。其主要代表则是新石器中期的仰韶文化、红山文化和晚期的龙山文化。

仰韶文化最初于 1921 年在河南省渑池县仰韶村发现。以后数十年间，中原地区所发现类型相近的众多文化遗址皆以仰韶文化命名。它们的年代范围大约在距今 7000 至 5000 年之间，其农业、畜牧业、制陶业都已有相当程度的发展。农业以种粟为主，畜牧业主要饲养猪、狗，制陶业则以表面有彩绘的彩陶最著名。西安市东郊的半坡遗址是保存最为完整的仰韶文化村落，其建筑已有明确的布局结构。红山文化因 1935 年在内蒙古赤峰市红山后遗址最初发现而得名，同类型文化主要分布于内蒙古东南部、辽宁西部和河北北部，距今约 5000 年左右。其中出土了很多精致的玉礼器，还发现了包括祭坛和女神庙在内的大型祭祀建筑遗址，似表明这里的社会分化相当早，中原文明的产生可能在一定程度上受其影响。龙山文化于 1928 年在山东省章丘县龙山镇首次发现，后来在黄河中下游发现了许多同类型文化遗址，其年代大约距今 5000 到 4000 年，又可分为山东龙山文化和河南龙山文化。龙山文化的磨制石器比仰韶文化更加精致，出现了一些新型农具。家畜种类更多，牛、羊、鸡等开始被饲养。陶器以一种黑色、陶胎极薄的"蛋壳陶"为主要特征，还出土了较多的玉器。建筑技术也有很大提高。

此外，全国其他地区的大量新石器中晚期文化遗址，都多少不等地具有各自的特征。例如黄河上游的齐家文化（首先发现于甘肃省广河县齐家坪)已出现铜器,长江下游的良渚文化(首先发现于浙江省余杭县良渚)也发现了祭坛和以琮为中心的系列玉质礼器,横亘北方的草原新石器文化则以细小的打制、压制石器为主要特色。总体来看,尽管与中原、北方和东方新石器文化有直接继承关系的华夏文明成为以后中华文明的主体,但中华文明仍应当视为多起源而并非单一起源的文明。中国大地上的各处新石器文化区域,既有自身特点,又互有影响,大都达到较高水平,在中华文明的演生过程中都发挥了重要作用。

新石器时代的人类社会组织形态为氏族公社。与原始群、原始公社时期相比,氏族公社的基本特征为外婚制。民族志的材料证明,最初的外婚制为族外群婚,不同氏族间的同辈男女互为婚姻,夫妻并不固定。在这种情况下,子女的父亲不能确认,只能随生母一同生活,世袭也按母系计算。氏族以最年长的妇女为首,领导生产,主持分配。财产归全氏族所有,实行共产制经济。这样的社会形态称为母系氏族社会。仰韶文化即处于母系氏族公社阶段,其墓葬往往是男女分别集体合葬,反映出族外群婚以及贫富分化不明显的事实。随着生产和分工的发展,男子在社会生活中的地位逐渐提高。剩余产品的增加使私有制开始萌芽,男子要求有确认的子女来继承自己的财产。在这样的背景下,婚姻形态由起初的族外群婚,已经确定主要配偶的对偶婚,向一夫一妻制过渡。母系氏族社会也因而演变为父系氏族社会。在这一新的社会形态下,家族按父系计算世系,妻子到男方居住,财产由父子递相继承。在龙山、齐家等文化的墓葬中,男子地位提高已在葬式上有显著反映,单人葬开始盛行,随葬物的数量、质量都有明显差别。

氏族公社的进一步组合形成部落,部落内各氏族彼此可以通婚。在新石器时代晚期,若干部落由于共同的利益又结成部落联盟,以联盟议事会为最高权力机构,还推选出军事首长。私有制的产生和发展带来了社会组织的变动,在上层,联盟首长由推选逐渐演变为世袭;在基层,以血缘为纽带的氏族公社也一步步地向以地缘为纽带的农村公社过渡。至此,中国先民已经看到了文明的曙光。对于这一历史性变化,除民族志材料可以提供旁证外,上古时期形成的古史传说中更是存在着丰富的资料。

古史传说

由于史前史时期尚无文字,所以不可能有同时代的记载,有关历史内容只能依靠口头相传。随着时代发展,这些传说不可避免地夹杂了大量离奇玄怪的成分,但仍能间接地折射出一些特定时期的历史事实。大部分古史传说最初往往只是表述某氏族起源及祖先情况的神话故事,经后世一代代文献记载,由简朴渐趋复杂,不同来源的人物、事迹逐步糅合成为一个体系。在这个体系当中,大致传说内容较晚者,起源则较早,可信程度较高;传说内容早者反而产生在后,其中心人物神性色彩更为浓重,具体问题上的可信程度较低。

中国史前史传说的核心人物是三皇五帝,他们被视为中华民族的祖先和中国最早的统治者。在三皇之前,还有一个时代更早、曾经开天辟地的传说人物——盘古。但其故事比较简单,形成也最晚,大约在三国时才出现。盘古的故事主要来源于南方蛮族的神话传说,在民族融合的大背景下被吸收进了原有的华夏神话体系,置于最前。对于"三皇""五帝"究竟指哪几个人,文献记载颇有歧异。比较而言,三皇的时代更早,有关传说出现较晚,其歧异也更为复杂。曾被列入"三皇"的主要人物包括:教人结网驯服鸟兽的伏羲氏,教人构木为居的有巢氏,教人钻燧取火的燧人氏,教人播种五谷的神农氏,以及身为女性、曾经补天造人的女娲氏(或云伏羲与女娲为夫妻、兄妹)。三皇传说名目不一,其形象神人混杂,但仍然隐约地反映了中国早期人类逐步积累生存经验的历史进程。《韩非子·五蠹》记载有巢氏事迹云:"上古之世,人民少而禽兽众,人民不胜禽兽虫蛇。有圣人作,构木为巢以避群害,而民悦之,使王天下,号曰有巢氏。"这不过是将人类长期积累的生存经验、智慧附会到一个英雄人物身上,故事的历史背景应当说是真实的。与此相类似,早期文献中一些对史前时代的概括性描述虽属后起,但仍有相当的准确程度。《吕氏春秋·恃君览》:"昔太古尝无君矣,其民聚生群处,知母不知父,无亲戚、兄弟、夫妻、男女之别,无上下长幼之道,无进退揖让之礼。"《礼记·礼运》:"昔者先王未有宫室,冬则居营窟,夏则居橧巢。未有火化,食草木之实、鸟兽之肉,饮其血,茹其毛。未有麻丝,衣其羽皮。"都是这方面的例子。

五帝的时代晚于三皇,其传说故事主要反映父系氏族公社的部落联盟鼎盛及其解体时期的历史内容。其名号也有多种说法,以《史记·五帝本纪》所载黄帝、颛顼、帝喾、尧、舜五人较为常见。五人当中,又以黄帝的传说影响最大。黄帝据称姓姬,名轩辕,起初可能是父系氏族公社时期黄河上游(今陕西一带)的一位部落首领。相传他与另一位部落首领炎帝(姜姓)结成联盟,互通婚姻,并打败东夷部落首领蚩尤和北方民族荤粥,将势力扩展到冀北地区和黄河中游。后来,黄帝又在争夺部落联盟首领位置的斗争中击败了炎帝。在华夏族形成后,炎、黄部落联盟即被认作它的前身,因此炎、黄特别是黄帝,在后世共同被视为华夏族和汉族的始祖,享有崇高的地位。有的材料将黄帝列为三皇之末,又有材料称炎帝同时就是三皇中的神农氏。大量文献都提到黄帝时期有诸多物质、精神诸方面的发明创造,包括穿井、造舟、做弓箭、制衣裳、定干支律历等等,虽属传说,但仍从侧面反映出此时期在华夏文明形成过程中的重要地位。

关于颛顼和帝喾,材料较少。古史又称颛顼为高阳氏,帝喾为高辛氏。据载颛顼命"南正"之官"司天以属神","火正"之官"司地以属民",表明当时已开始设置分别主掌祭祀和民政的专职人员。尧、舜的时代大体已到父系氏族公社末期,材料相对丰富。据载尧为陶唐氏,舜为有虞氏,故二人又称为唐尧、虞舜。尧、舜在古书中以圣王的形象出现,实际上他们并不是帝王,而只是部落联盟中的军事首长。尧、舜最为人称道的是他们的"禅让"事迹。尧虽有子丹朱,却不把联盟首领之位传子,而是在民间选择继承人。舜因德行杰出受到推举,摄行政务。在长期考察之后,尧终将首长之位禅让给舜。舜到晚年也同样禅位给治水有功的禹。尧、舜这种"公天下"、不私其子的做法备受后人称颂,其实这反映了父系氏族公社时期部落联盟内军事民主制的政治特点。尧、舜禅让时都要经过"四岳十二牧"的同意,实际上"四岳十二牧"就是联盟议事会成员,他们有权推选军事首长。另一方面,尧、舜的时代同时也是原始部落联盟解体和私有制发展的重要阶段。到禹担任军事首长时,就破坏了禅让传统,最终传位给自己的儿子启,中国古代第一个世袭王朝由此产生,它同时标志着原始部落联盟向早期国家的转变。

五帝传说的地域范围以中原为中心,它曲折地表现出华夏族形成过程中的一些历史线索。传说中涉及的中国上古部族,除起源于西北的华夏集团外,主要还有东方、东北的东夷集团和南方的苗蛮集团(有时后两个集团也很难截然区分)。以炎黄联盟为代表的华夏集团逐渐东迁,与东夷发生冲突并将后者打败,同时也与后者缓慢地进行融合。尧、舜时期,华夏集团的主要对手是苗蛮集团,传说材料称为三苗,尧、舜曾与他们数次开战。这个时期东夷集团中的一部分已经加入中原的华夏部落联盟。舜在较早的传说材料中主要活动于黄河下游地区,他很可能就是以东夷某部落酋长身份成为华夏部落联盟首长的。华夏族的形成是一个由最初的核心部族集团逐渐融会周围其他部族的长期进程,这一进程在五帝以后很长的历史时期内仍然不断延续。

二　早期国家：夏与商

夏与商是中国古代最早的两个世袭王朝。目前关于夏朝的情况主要只能从文献记载中了解，有关材料多出于追述，一定程度上还带有传说性质。尽管如此，夏朝的存在大体仍是可以肯定的。夏、商在古书中往往并称，而商朝的有关文献记载已经得到了地下材料的印证，那么夏朝的有关记载同样也应当基本可信。曾经有学者否定夏朝的存在，但缺乏有说服力的论据。夏、商时期，国家已经产生，私有制也基本确立，中国历史进入了文明时代。

夏朝的有关记载

夏朝的创始者是上节提到的禹。据载禹姓姒，号有夏氏，以他为代表的夏部族最初活动于黄土高原地区。禹的父亲鲧在尧时因治水失败被处死，禹接替父职，改用疏导之法，辛勤工作十余年，三过家门而不入，终获成功。他本人的威望因此大大提高，后来接受了舜的禅位。禹到晚年破坏了禅让制度，将联盟首长之位传给自己的儿子启。也就是说，夏部族在获得华夏部落联盟首长之位后，将这一位置控制在了本部族内部，并由本部族酋长世袭。这一转变当然受到了其他部族的抵制，东夷偃姓集团首领伯益和西方的同姓部落有扈氏都起兵反抗启的即位，启将他们消灭后，"家天下"的夏王朝始得以巩固。《礼记·礼运》称禹以前为"大同"之世，禹以后为"小康"之世。前者的特点是"天下为公，选贤与能，讲信修睦，故人不独亲其亲，不独子其子。……货恶其弃于地也，不必藏于己，力恶其不出于身也，不必为己"；而后者则是"天下为家，各亲其亲，各子其子，货力为己，大人世及以为礼，城郭沟池以为固"。由"大同"向"小康"的转变，实际上也就是由公有制社会向私有制社会的转变，由军事民主选举制向君主世袭制的转变。这是一个历史性的巨大变化。

作为中国古代最早的国家，夏朝是在华夏部落联盟逐渐发展、扩大的背景下产生的。禹在位时打败了长期与华夏部落联盟对抗的三苗势力，"合诸侯于涂山，执玉帛者万国"。[1] 联盟的发展需要领导权力进一步集中，以适应对外战争和对内管理的需要。据称禹会集诸侯（实即部落酋长）时，因防风氏迟到，即将其处死，表明禹的权力已在向王权过渡。《左传·昭公六年》引春秋时晋人叔向语云"夏有乱政，而作禹刑"，这大概是中国历史上最早的刑法,但具体内容不详。《孟子·滕文公上》云"夏后氏五十而贡",一般认为这说明夏政权已有贡赋制度。文献中提到夏的君主称为"后",如启称为"夏后启",他们可以向万民发号施令,拥有统治权力。夏朝还出现了官吏、军队等权力要素。这些情况都是国家已经形成的重要标志。

另一方面,由于产生未久,夏朝的国家组织还处于很不发达的阶段。传统的父系血缘集团——氏仍然比较普遍地存在,如夏后氏、有男氏、斟寻氏、彤城氏、褒氏、费氏等。不过这种"氏"同时也具有地缘关系的性质,一氏成员中并非全有血缘关系,其中也包括来自异族的养子、家内奴隶之类。由于国家早熟,社会组织中的血缘关系在很长时间内仍发挥重要作用,与地缘关系并存,这是中国上古历史的一个重要现象。另外因为经济不发达,夏人不得不频繁地换土易居,曾在河南西部、山西南部一带反复迁徙,故而文献中所载夏朝都邑地望不一,"夏禹都阳城,……又都平阳,或在安邑,或在晋阳"。[2]夏朝的疆域也很不稳定,盛时统治范围所达较远。

史载夏朝君主共有14世17任(自禹算起),但具体年代不能完全确定。大致夏朝约在公元前2070建立,至公元前1600年前后灭亡,历时约470年。十七君名号均存,而事迹较为简略。后期诸君开始以天干命名,似表明中国传统的干支记日法在夏朝已经出现。夏朝前期曾一度为东夷所灭。时第三代国君太康(启之子)在位,荒淫不理政务,兄弟五人争位,削弱了统治力量。东夷有穷氏首领羿乘机起兵攻入夏都,夺取了王位。羿以善射著称,传说他曾射落九日,据此可推测他所在的有穷氏主要以射猎为生。后来太康侄孙少康在有虞氏部落(今河南虞城)重新积聚力量,从东夷手中夺回王位,史称"少康中兴"。少康之子杼即位后,继续整顿武备,东向用兵,东夷诸部族皆臣服于夏,夏朝又进入盛世。古人称赞杼是"能帅禹者也",[3]意即他继承禹的伟业。到第十四代君主孔甲时,统治危机又趋于严重。史称:"帝孔甲立,好方鬼神,事淫乱,夏后氏德衰,诸侯畔之。"[4]孔甲又三传至桀(又名履癸),其间内乱不止。桀的统治尤为暴虐,他自比于日,恣意妄为,不修德政,不恤下民。民众都诅咒他说:"时日曷丧,予及汝偕亡!"[5]此时夏朝已不能控御四邻诸族,东夷的商部族日益强大,对夏构成严重威胁。最终商的首领汤率众伐夏,与桀大战于鸣条(今河南封丘东)之野,桀战败逃走,死于南巢(今安徽巢县东北),夏朝遂亡。

夏朝王系表

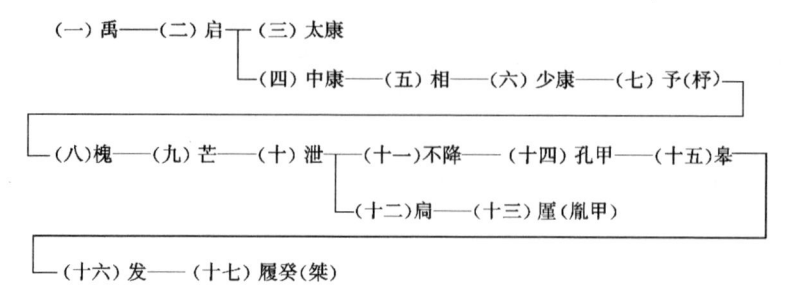

```
(一)禹——(二)启┬(三)太康
               └(四)中康——(五)相——(六)少康——(七)予(杼)┐
┌──────────────────────────────────────────────────────────┘
├(八)槐——(九)芒——(十)泄┬(十一)不降——(十四)孔甲——(十五)皋┐
│                        └(十二)扃——(十三)厪(胤甲)          │
└(十六)发——(十七)履癸(桀)                                    
```

对夏文化的探索

长期以来,为了通过地下发掘实物确切证明夏朝的存在,考古学家进行了大量的工作。到目前为止,已发现了一些能与古文献所载夏朝地域、年代大致对应的考古遗迹、遗物。虽然对若干问题还有不同看法,尚无法绝对肯定某处考古学文化就是夏文化,但在探索夏文化问题上仍然取得了较为显著的进展。

根据古籍所载,夏朝统治的中心地域在今天河南省西部和山西省南部一带,寻找夏文化的工作主要也在上述地区进行。首先是上述地区的龙山文化中晚期遗址,有一些可能与初期夏文化有关。其中比较著名的是河南登封县告成镇的王城岗遗址。20世纪70年代后期,考古学家在这里发掘出两座东西并列的小城堡基址,其文化类型属于龙山文化中晚期。经过对其中出土木炭灰的碳十四测定,其年代约为公元前2050年,约相当于夏朝早期。在地理位置上,它又与古籍中所说"禹都阳城"的阳城地望基本吻合。城墙和城内房屋均系夯土建筑,还发现了窖穴、城门和填埋有殉人的奠基坑遗迹。很多学者认为这里即使不是夏初都城,至少也是当时的一个重要聚落(也有学者认为与夏无关)。如纵向比较,河南仰韶文化和龙山文化早期的聚落遗址多分布于海拔较高的丘陵、台地上,而龙山文化中晚期聚落遗址不仅数量明显增多,而且多分布于靠近河岸、地势较低的地带,这一变化或许与文献所称禹治理水患、使农业生产发展有联系。在山西南部襄汾县东北的陶寺发现了房屋遗址和大规模的墓地,一些学者认为这里就是文献中提到的夏朝都城之一"夏墟"。

与夏文化更为接近的考古学文化是二里头文化。它的典型遗址位于河南偃师县二里头,发现于1959年,另外相同文化类型的遗址在豫西、晋南又有多处发现。二里头文化晚于河南龙山文化，又早于同地区的先商文化，在年代上大体处于夏朝纪年之内，极有可能为夏文化遗存。考古学家将二里头文化按时间顺序分为四期，究竟是四期全属于夏文化，还是只有一部分属于夏文化，乃至全不属于夏文化，目前尚存在争论。二里头文化最值得注意的是发现了宫殿遗址，包括夯土台基、殿堂、廊庑、庭院、殿门等配套建筑，还有用于排水的管道。台基面积约1万平方米，高近1米。这样大型的宫殿建筑，应当是王权的象征。宫殿周围还发现了陶器、骨器等作坊遗迹，特别是铜器、铜渣、坩埚碎片的出土，表明此时已开始进入青铜时代。文献中称禹、启都曾铸鼎，可能并非无据。二里头墓葬有很多玉器，制作工艺相当精美。陶器中占比例最大的是酒器，为前所罕见，说明粮食产量有很大增加。此外，还发现了一些深坑，据推测是水井遗址。综合来看，偃师二里头文化出现了不少新的内涵，很可能反映了夏朝的经济、文化发展水平。另外，在山西夏县东下冯村发现了与偃师二里头面貌、年代相近的古文化遗址，考古学家命名为二里头文化东下冯类型，可能也是夏文化遗存之一。

商朝的兴衰

商朝是继夏朝之后的中国古代第二个王朝。在建立王朝以前，商部族长期活动于黄河下游、华北北部，就地理位置而言属于东夷集团。传说有娀氏之女简狄吞玄鸟（燕子）之卵而生契，契即为商之始祖，故《诗经·商颂·玄鸟》云："天命玄鸟，降而生商。"这表明商部族在契之前处于母系氏族社会，至契始进入父系氏族社会，玄鸟则是部族的图腾。文献记载契曾因协助禹治水有功，被舜任命为司徒，以子为姓，反映出商部族可能很早就加入了中原的华夏部落联盟。在夏朝鼎盛时期，商是夏东方的羁縻邦国，但并不受夏的直接统治。这一阶段商部族多次迁徙，大致都在山东西部和河南东北部一带活动。自契传14世至汤，正值桀为夏君，政苛民怨，商部族乘机崛兴。汤在伐夏前作了大量准备工作，他任用贤臣，整顿武备，相继灭掉夏的很多附属邦国，力量迅速壮大，"十一征而无敌于天下"。[6]最后经鸣条之役，夏桀败亡，商取代夏成为新的中原王朝。它以河南北部、河北南部、山东西部为统治中心，起初的都城在亳（今河南商丘东南），其势力范围所及超出夏朝。《诗经·商颂·殷武》称颂汤的业绩说："昔有成汤，自彼氐羌，莫敢不来享，莫敢不来王。"氐、羌是分布于今天陕西西部直至甘肃、青海一带的游牧民族，至此也向商称臣纳贡，足见商初之强盛。商朝约于公元前1600年建立，约公元前1046年灭亡，历时约550年。其君主自汤算起，前后共17世30任。

商朝前期仅次于汤的重要政治人物为伊尹。传说伊尹原是有莘之君的奴仆,随其君之女陪嫁至商,因政治才能卓越而得到汤的识拔,被委以国政,辅佐汤灭夏称王。汤去世后,伊尹继续辅佐嗣君。第四任商王太甲(汤之孙)即位,"不明,暴虐,不遵汤法,乱德",[7]于是伊尹将他放逐禁闭,自行摄政。三年后太甲悔过自新,伊尹才归政于他。一说伊尹的摄政实系篡位,后被太甲用武力夺回。另外商前期循建国前之俗,国都仍不断迁徙。史载从商始祖契至汤共八次迁都,从汤到第19任商王盘庚又五次迁都。而从盘庚迁都到殷,直至商代灭亡,近300年,都城未再迁徙。盘庚以前都城屡迁的原因今天已不很清楚,可能是粗耕农业导致的换土易居行为,也可能与解决贵族内部矛盾或民族矛盾有关。《尚书》中有《盘庚》三篇,详细记述了盘庚迁殷前对臣下的说服训诫之辞。盘庚所迁之殷,后世称为"殷墟",已为考古学家在河南安阳小屯村发现,商朝的存在也因此得到了确切的证实。由于商后期以殷为都,故后人又将商朝称为殷、殷商或商殷。

商朝的疆土分为内服和外服。内外服的名称首见于《尚书·酒诰》,"服"即"服王事"之义,故亦释为"事"。内服指王畿、商王直接统辖之地,由商王任命尹、多尹、臣等官员进行管理。外服指王畿以外的臣属地区,散布着许多臣服于商的部落、部族,其中较大者被称为"方",今天亦称方国。这些部族、方国首领要为商王承担一定的义务,被赐予侯、伯等称号。总的来看,外服之地只是间接地受商统治,隶属关系并不稳固,往往视商之国力盛衰而定。外服以至外服以外的方国,其经济多较商落后,故而不时进入王畿抢掠。终商一代,与方国的战争十分频繁。盘庚迁殷以后,商的统治比以前更加稳定,因而得以积聚力量,对周边方国发起主动进攻,至第22任商王武丁,取得了较大的战果。武丁在位期间,主要是对西北和北面的舌方、土方、鬼方等方国进行作战,经过上万军队的长期征伐,最终平服了上述地区。武丁还曾对西面的羌方和南面的虎方用兵,也都获胜。他在位的50余年,是商王朝最强盛的时期,"邦畿千里,维民所止,肇域彼四海"。[8]此时商的疆域西到陕西西部,南到湖北、湖南之界,北到河北北部,东到海滨,成为当时世界上的文明大国。

武丁以后,商的统治渐衰。商朝王位继承本来以兄终弟及为主,国君即位时年纪较长,对民情有一定了解,统治较为得法。自第26任商王庚丁时起,继承法改为父死子继,新君养于深宫,"生则逸,不知稼穑之艰难,不闻小人之劳,惟耽乐是从",[9]加速了政治的腐败。商朝末期诸王仍继续对周边方国发动战争,也使国力渐趋削弱。最后一任国王帝辛尤以淫暴著称。帝辛名受,亦作纣,后世多称之为纣王,是上古与夏桀齐名的暴君。他耽于享乐,大修离宫别馆,"以酒为池,悬肉为林,使男女裸相逐其间,为长夜之饮"。[10]进谏的大臣被他或杀或逐,人心离散。西方的周部族此时已经相当强大,大批过去服属于商的小国倒向周一方。纣王在位后期,出现了三分天下周人有其二的局面,商亡之势已成。

商朝王系表

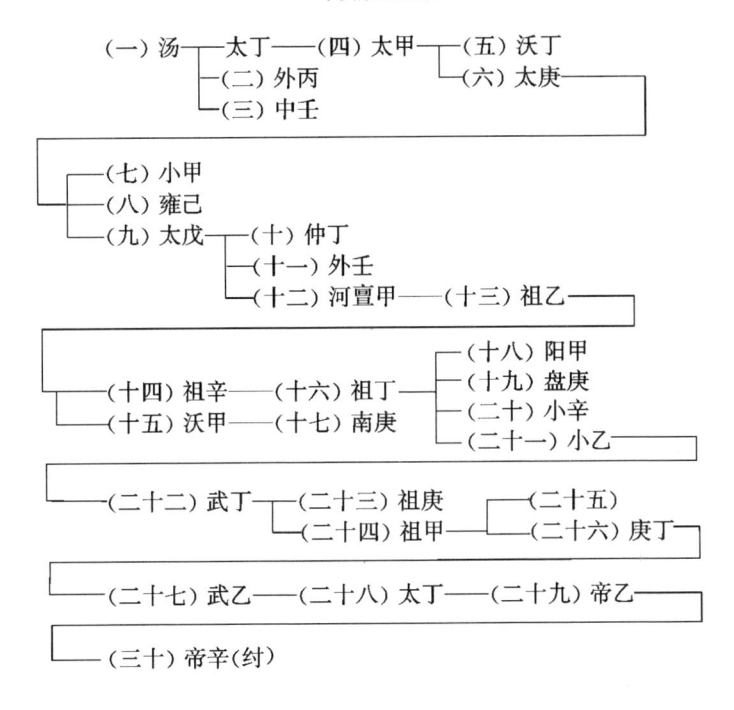

```
(一) 汤 ─┬─ 太丁 ──(四) 太甲 ─┬─(五) 沃丁
         ├─(二) 外丙              └─(六) 太庚
         └─(三) 中壬

─┬─(七) 小甲
 ├─(八) 雍己
 └─(九) 太戊 ─┬─(十) 仲丁
              ├─(十一) 外壬
              └─(十二) 河亶甲 ──(十三) 祖乙

                                    ┌─(十八) 阳甲
─(十四) 祖辛 ──(十六) 祖丁 ─┬─(十九) 盘庚
 (十五) 沃甲 ──(十七) 南庚   ├─(二十) 小辛
                              └─(二十一) 小乙

─(二十二) 武丁 ─┬─(二十三) 祖庚 ─┬─(二十五)
                └─(二十四) 祖甲   └─(二十六) 庚丁

─(二十七) 武乙 ──(二十八) 太丁 ──(二十九) 帝乙 ─
─(三十) 帝辛(纣)
```

三 商朝甲骨文与青铜文化

商朝是中国古代第一个能够得到考古资料确切证实的王朝。通过有关发掘实物来看,在商朝,早期华夏文明已经发展到相当高的程度。其主要代表,就是甲骨文和青铜文化。

殷墟甲骨文

确切证实商代存在的考古资料首先就是殷墟甲骨文,它是在 19 世纪末被发现的。当时河南安阳西北小屯村农民将偶尔拾得的龟甲、兽骨当作中药材出售,有学者辨认出上面有古文字,遂开始大力寻访。不久古文字学家确定其上为商朝文字,继而断定小屯村即是古书中提到的殷商都城遗址——殷墟。自 1928 年起,考古学家大规模有计划地对殷墟进行了多次发掘,迄今已发现了大片的墓葬、祭祀坑、建筑基址,出土刻字甲骨约 15 万片,以及大量的殷商器物。甲骨文和殷墟重现于世,极大地推动了商史和中国上古史的研究。

甲骨文是商朝后期统治者因占卜记事而刻在龟甲、兽骨上的文字。《礼记·表记》称:"殷人尊神,率民以事神,先鬼而后礼。"商人非常迷信,对上帝和祖先(主要是商王的祖先——所谓"先公先王")极度崇拜,祭祀盛大而频繁。与此相联系,商朝盛行占卜,大小事几乎无不求神问卜,甲骨就是他们的主要占卜用具。占卜时先将甲骨刮削整治,然后在背面钻孔凿槽,用火灼烧,然后卜者根据正面出现裂纹的密度、方向判断吉凶行止。占卜完毕,将经过概括地写成卜辞,刻在甲骨上备查,即成甲骨文。每条卜辞一般包括日期、占卜者、所占之事、占卜结果等要素。综合现已发现的卜辞资料来看,甲骨文已经是一种十分发达和成熟的文字。首先是字数相当多,目前见到的甲骨文单字已达 5000 以上,当时实有文字肯定又大大超出其数。其次,字形结构也相当复杂,后人所总结构成汉字的六种原则——象形、指事、会意、假借、形声、转注(亦称"六书"),在甲骨文中皆可找到实例。再次,语法也很完备,词类上已有名词、代词、动词、形容词等区分,其句式结构也与其后的古代汉语语法大体一致。根据上述情况判断,甲骨文不会是最早的汉字,在它以前应当有更早期的文字。但在早于殷墟的考古学文化中尚未发现系统的文字材料,只有少量类似文字的陶器刻划符号可供研究,难下定论。

单篇的甲骨卜辞通常都很简短,几字到几十字不等,但总体上看,其中内容涉及的范围很广,包括商朝后期祭祀、征伐、田猎、农耕、畜牧、社会生活、思想文化等许多方面的问题。甲骨文与文献材料相结合,可以使我们对商朝的了解更加深入、具体。例如卜辞中提到的商王名号皆能与《史记》等古籍相对应,证明了古籍所载商朝史事大体是有根据的。

甲骨文对商人的农事活动有大量记载,几乎包括与农业有关的各个方面,反映出农业已成为当时社会生产的主要部门。其中有许多卜辞占卜是否"受年",即卜问谷物收成如何,是否能获得丰收。还有很多是卜问是否"有雨"。卜辞的"田"字中间的横竖笔画往往不止一道,象征着大片土地上纵横交错的阡陌、沟洫,表明当时在土地的整治、管理上已较有规划。卜辞中所见农作物有黍、稷、粟、麦、稻等许多品种。文献所载上古的主要翻土农具为木制的耒、耜,它们在卜辞中都一再出现。根据文字字形来推测,卜辞中可能还反映出施肥、贮藏粮食、酿酒、园艺培植、种桑养蚕等方面的内容。关于畜牧业,后世所谓"六畜",即马、牛、羊、豕、鸡、犬,在卜辞中都有反映,同时还有大量狩猎、捕鱼的记载。

甲骨文对我们理解商朝的社会结构有很大帮助。商王为最高统治者,自称"余一人"。贵族集团的主体是与商王血缘关系较近的宗族,包括"王族""子族""多子族"等。贵族的宗族关系主要通过祭祀来体现,直系祭祀与旁系祭祀有明显区别。农业劳动的主要承担者,亦即广大的农村公社成员,在卜辞中称为"众"或"众人",他们是商部族的后裔,与商王有着疏远的血缘关系。从事手工业生产的是"工"或"百工",其社会地位还不完全清楚。奴隶在社会上大量存在,其来源主要是战俘,在卜辞中则具体有"羌""仆""奚""妾"等不同名称。商朝统治者往往将奴隶成批用于人殉和人祭,这既在卜辞中有大量记载,又为已发掘的许多墓葬、祭祀坑所证实。人殉、人祭的盛行表明奴隶在生产劳动上的作用尚未得到充分重视,体现了商朝奴隶制的不发达性或原始性。

甲骨文中还有不少有关商朝思想文化方面的内容。一些卜辞提到日食、月食和若干星辰名,对气候变化的记录也比较细致,反映出商人在天文学、气象学上的成就。历法上普遍使用干支记日,分一年为十二月,同时使用闰月来调整一年的天数。四季的划分尚未完全形成,但已初步有春、秋之分。卜辞对于疾病的记载分类很细,并提到针灸、按摩等治疗方法。数学方面已采取十进位计算法,卜辞中所见最大的数字为"三万"。

青铜文化

古代生产、生活用具的发展,大抵经过石器、青铜器、铁器三个阶段。青铜是铜、锡、铅按一定比例熔铸而成的合金,色青灰,熔点低,质地硬,铸造性能好,远较纯铜便于使用。中国进入青铜器时代很早,偃师二里头遗址即已发现铜器、坩埚碎片等物。到商朝,青铜器冶铸已达到相当高的技术水平,成为当时手工业中最为重要的一种行业。商朝青铜器种类繁多,包括生产工具(锄、铲、斧、凿、锥之类)、兵器(戈、钺、矛、剑之类)、礼器(含酒器、食器,如鼎、鬲、甗、尊、瓿、爵、角、盘、盂之类)、乐器(铃、铙之类)、车马器(车马装饰器件)等。商朝前期的青铜器在全国很多地方都有出土,此时器壁较薄、器形相对简单质朴。在河南郑州,还发现了两处较大的早商青铜器作坊遗址。晚商青铜器出土的数量更多,仅在殷墟发掘出来的即达数千件,出现了器壁较厚、体形高大的大型青铜器。其中,1939年在殷墟出土的司母戊大方鼎(因铭文"司母戊"三字而得名,或释读为"后母戊"),重达832.84公斤,高133厘米、长110厘米、宽79厘米,形制雄伟美观,是中国古代青铜文化顶峰时期的代表作品之一,就目前所知在古代世界上也是仅有的。当时铸造青铜器要经过炼矿、制范、镕铸几个阶段。司母戊大方鼎的铸造,工序复杂,需要采取分部合铸的办法,用七八十个坩埚一起熔解铜液,200名左右的熟练工匠共同操作,才能最后完成。这也从侧面反映出商朝铸造青铜器的手工工场已有相当大的规模。大部分的商朝青铜器形制都不很大,但却往往以生动精巧见长,有的形状相当复杂,具有非常高的艺术价值。

很多古代青铜器,主要是礼器(含酒器、食器),其上都铸刻有文字和纹饰。青铜器上的文字称为金文。商朝金文的篇幅通常比较短,大都只有几字,一般是器主族氏、名字、先人之名等等,多用象形性较强的文字表示,具有族徽性质。商末始有稍长的金文,然亦不过40余字。到西周,才出现上百字的金文。尽管如此,商朝金文如与甲骨文相参照,对研究商的历史和文字,特别是探讨商人家族组织制度,仍具有重要的价值。青铜器上的纹饰是一种早期艺术形式,反映出当时人的宗教和审美观念。商朝青铜器纹饰中大量采用动物形象,尤以饕餮纹最多见。饕餮是传说中一种嗜食的凶猛野兽,用它作为礼器纹饰,主要是为了烘托祭祀时的庄严、恐怖气氛。另外龙纹、虎纹也较常见,还有比较抽象的几何型纹饰等。

关于商朝青铜文化,还有两方面的问题值得注意。首先,商朝青铜文化不仅出现于殷商统治的中心地区。很多距离较远的方国,北起辽宁,南到江西,西至甘肃,东抵江浙,都有很多青铜器出土,近年在四川广汉三星堆古蜀国遗址出土的青铜器尤为精美。这些青铜器程度不等地表现出一些地域特色,但就主体而言与中原青铜文化存在联系,反映出商朝物质文化与四邻周边的彼此影响,以中原为核心的早期华夏文明正在逐渐四向延伸。其次,即使在比较先进的中原地区,青铜器也并没有完全取代石器,特别在农业生产中,石器仍是主要的劳动工具。这主要因为青铜器毕竟较为贵重,迷信的商人又首先用以制作祭祀礼器,影响了它在生产领域的应用。石器、青铜器、铁器诸种生产、生活用具的嬗变,其间并不能划出明确的时间界限。在青铜器新兴、同时石器仍普遍存在的商朝,铁器的萌芽亦已产生。河北、北京等地的商朝文化遗址均曾出土铁刃铜钺,上面的铁经鉴定为陨铁,并非冶炼而成。尽管如此,它们仍然表明时人对铁的性能已有所认识,并且已开始通过锻打和铸接技术加以使用。

除青铜器制造外,商朝其他手工业生产领域也取得了显著成就。陶器以白陶为代表,并开始使用敷釉技术,出现了最早的瓷器。玉器加工十分发达,制作精美,具有非常高的艺术价值。骨器、漆器的制造也都达到了很高的水平。

注　释

[1] 《左传·哀公七年》。
[2] 《世本·居篇》。
[3] 《国语·鲁语上》。
[4] 《史记·夏本纪》。
[5] 《尚书·汤誓》。
[6] 《孟子·滕文公下》。
[7] 《史记·殷本纪》。
[8] 《诗经·商颂·玄鸟》。
[9] 《尚书·无逸》。
[10] 《史记·殷本纪》。

第二章
西周与春秋

继夏、商之后的中国古代第三个朝代是周,它同时又是中国历史上时间最长的王朝。约公元前1046年,周部族灭商,标志着周王朝的建立。至公元前256年,周为秦所灭,历时近800年。周的国都本在关中,后东迁至河南洛阳一带。以东迁为界,史家称周的前期为西周,后期为东周。东周又可分为春秋、战国两个阶段。战国作为中国古代大一统专制帝国形成的前夜,是中国历史上非常重要的一个社会转型时期,将在下文单独介绍。本章主要叙述西周和春秋两个时期的历史内容。

一 西周的兴亡

西周的历史始于约公元前1046年,止于公元前771年,首尾历时约275年,占了周朝历史的三分之一。在这一时期内,周王室从名义和事实两方面都享有全国共主的地位,统一局面基本得到维持。从第一任天子周武王算起,西周共有12位国君,其间还经历了一段短暂的"共和"无君时期。

周朝统治的确立:周灭商与周公摄政

周部族很早就在陕西中部、甘肃东部的黄土高原地区活动。传说其始祖名弃,其母出行时踏巨人足印,感孕而生之。弃因长于种植,曾被尧任命为农官,号后稷,姬姓。其后裔约十余代传至公刘,率族人定居于豳(今陕西旬邑西)。又约九传至古公亶父,迁居周原(今陕西扶风、岐山间)。周人在这里营城建屋,将民众划分为若干邑落进行管理,国家雏形渐备,周的国号也因地而定,古公被其后代追尊为"太王"。此时正值商朝后期,周附属于商,成为商的外服方国之一。古公之子季历即位后,积极拓展国势,引起商人的不安,最终为商王所杀。季历之子昌继续统治周国,并曾在商任官,又被商纣王封为西伯,即西方诸侯之长。姬昌在发展生产、整顿内政的同时,对周围的部族、方国发动了一系列战争,周的力量日益强大。与此同时,商朝国势衰落,政事日非,诸侯方国逐渐归附于周。据称姬昌在位50年,到他的晚年周已是"三分天下有其二",但他仍然"服事殷",[1]在名义上仍保持商朝属国的地位。他死后,被追尊为周文王。

周文王之子姬发嗣位,是为周代第一任天子周武王。武王将国都迁至镐(今陕西长安西北),积极准备伐商。他即位不久即进军到孟津(今河南孟县),会集诸侯,确立了反商联盟。此时商纣王淫暴不已,属下分崩离析。约在公元前1046年,武王终于率领西方、西南诸多方国部族组成的联军大举伐商。联军进至牧野(今河南汲县北),逼近商都,纣王调集军队迎战。商军人数很多,《诗经·大雅·大明》云"殷商之旅,其会如林"。但他们士气低落,一接战就倒戈迎降。武王乘胜进入商都,纣王自焚而死,商亡。商朝虽不复存在,但商的残余势力仍很强大。武王遂封纣之子武庚于商王畿,命其统治商人余部,同时将自己的弟弟管叔、蔡叔、霍叔亦分封于商王畿附近,对武庚和商人进行监视,称为"三监"。武王又派兵征伐商的东部诸侯,大批小国向周归降。东方形势初定之后,武王回到镐京,举行典礼,正式宣布周王朝建立。

周武王灭商后数年即卒,太子诵即位,是为成王。此时周朝新建,统治尚未完全稳定,成王年幼不能主持大局,故由其叔父、武王之弟周公旦(名旦,周为采邑所在地)摄政。武王诸弟中管叔最年长,他对周公执政不满,遂与蔡叔等散布周公终将篡位的流言,并联合武庚一同举事。图谋趁机复商的武庚又纠合了旧日服属于商的东方诸方国、部族共同作乱。一时反周声势十分浩大,周王朝面临严峻的挑战。周公"内弭父兄,外抚诸侯",[2]在稳定内部后,亲率大军东征。经过三年苦战,终于平定叛乱,诛杀武庚、管叔,流放蔡叔,并征服了卷入叛乱的大批东方方国、部族。此次东征彻底打败了商的残余势力,史家或将其形容为第二次灭商,其作战之艰苦大大超出武王第一次灭商。周对东方的统治也由此真正奠定。随后在周公主持下,周王朝又采取了一系列旨在巩固胜利成果的重要措施:

营建东都——周初都城本在关中的镐京,亦名宗周。这一带是周人发祥之地,但在此建都不利于控制东方。武王灭商之初,就计划在河南西部的夏人故居地建设新都,未及实行而卒。至此由周公主持,建东都于雒邑(今河南洛阳东),定名成周。周公将参与武庚叛乱的商朝遗民(当时称为"殷顽民")迁徙到成周附近,给田耕种,加以严密监视,逐渐消化了这支反抗势力。此后西周两都并存,天子常居于宗周,而成周则成为周朝在关东的统治中心,驻有官员、军队,既能控御东方诸侯,又充当宗周门户,拱卫王室。

大行分封——周灭商前后,已开始将子弟亲属分封于新征服地区,但大规模的分封是在周公东征以后进行的,并且延续了较长时间。分封在当时称为"封建",即分封土地、建立国家之意。据载仅在周公摄政时就分封了71国,其中大部分都是周的同姓子弟。如武王幼弟康叔封于卫,都朝歌(今河南汲县北);周公之子伯禽封于鲁,都奄(今山东曲阜);成王之弟叔虞封于唐(后改国号为晋),都翼(今山西翼城东南);同姓贵族召公奭封于燕,都蓟(今北京)。一时"周之子孙苟不狂惑者,莫不为天下之显诸侯"。[3]也有部分异姓诸侯。如世代与姬姓周族通婚的姜姓部族(传说中的周始祖弃之母即为姜姓)首领师尚父(又称姜太公,在牧野之战中曾任周军前锋)被封于齐,都营丘(今山东临淄北);商贵族微子启封于宋,以承商祀,都商丘(今属河南)。此外边远地区的一些古老方国、部族亦仍因其故地而封。分封时要举行隆重的册封仪式,天子"授民授疆土",将某地区的土地连同这片土地上的人民封赐给诸侯,由他们去建立国家。诸侯要对天子承担镇守疆土、屏藩王室、缴纳贡物、朝觐述职、发兵从征等义务,在自己国内可以将土地继续向下分封给子弟亲属,后者称为卿或大夫。分封的做法至晚在商已经出现,但当时主要是对自然形成的方国、部族加以名义封号,没有形成严密制度和有效的控制办法,被分封者大多叛服不常。周朝的分封则更为彻底,它主要是由统治部族对被征服地区主动进行的武装拓展,大大加强了王室对全国疆域的控制,巩固了周天子天下共主的地位,即所谓"溥天之下,莫非王土,率土之滨,莫非王臣"。[4]

制礼作乐——从政治、文化等方面制定一系列典章制度,其核心内容是一套严格贯彻宗法等级制、分别亲疏贵贱尊卑上下的礼仪体系,各种礼仪又配有相应的乐舞。这套礼乐制度是在系统地总结前代礼仪体系、社会规范内容的基础上进一步发展、完善而形成的,周公就是这一发展、完善过程中的关键人物。周朝礼乐制度对维护当时的社会秩序、巩固王朝统治起到了重大作用,其中很多内容对后世产生了久远的影响。

史载周公共摄政7年,然后归政于成王。周公虽不在周朝历代国君之列,但他巩固周室统一、奠定周朝制度的业绩,使其在周朝历史乃至整个中国历史上的地位超出了所有的周朝国王。他也因此成为后世儒家着力渲染、崇拜的"圣人"之一。

西周的盛世及其衰亡

周朝第二、三任天子成王、康王在位的阶段,被史家称誉为"成康之治"。与商朝相比,周人的政治观念发生了较大变化。他们不像商王那样迷信、盲目地认为自己是天命所归,而是以务实态度将天命与"德"的概念结合起来,认为自己的先王承受天命是因为有德,以后如果失德,也就会失去天命。要想维系天命,就必须做到"明德",具体包括敬天、孝祖、保民等内容。周初统治者特别注意扭转商末奢靡之风,禁止族人酗酒,这反映在现存商周青铜礼器上。在商朝常见的各类酒器,到西周多趋于消失。成、康时期,内政修明,统治稳定,"天下安宁,刑错(措)四十余年不用"。[5]对外方面,王室力量较强,对诸侯控制严密,命诸侯对边远方国发动战争,也都获胜。这一阶段是西周的鼎盛时期。

康王之子昭王即位后,将经营重点转向南方的楚国。楚也是周初诸侯之一,早期都于丹阳(今湖北秭归)。但它是由土著部族发展而来的,性质上近似于商朝方国,不属于周的宗室、功臣分封系统,因而与周的关系不十分牢固,叛服无定。昭王打算彻底解决楚国问题,数次率军南伐,但并未获得大胜,相反自己却在途中溺死于汉水。昭王之死标志着周朝经营南方的受挫。昭王之子穆王在位时,又与西北的戎、狄和东南的淮夷两面作战,已颇见捉襟见肘之相。史载穆王好巡游,足迹所至范围甚广,间接反映出周与边疆各族交往的史实,也说明此时周的国势总体而言尚属稳定。穆王以下数王嗣位,仅能守成,国力逐渐下降。

西周第 10 任天子厉王在位时,统治危机终于爆发。厉王在古史中以贪暴著称,据说他任命荣夷公为卿士,推行"专利"政策,引起社会上下一片反对。所谓"专利",即是将原来公有的社会财富资源——山林川泽等收归王室所有,由国家统一管理,不准一般贵族和平民使用。此举可能起到了增强王室和国家财力的作用,但却使社会矛盾更加激化。为压制舆论的不满情绪,厉王又专门派人"监谤",发现有异议者则杀之,结果人人自危,不敢议论,道路以目。大臣召公劝谏说:"防民之口,甚于防川,川壅而溃,伤人必多,民亦如之。"[6]厉王不听。终于在公元前 841 年,中小贵族和平民发动大规模暴动,史称"国人暴动",周王朝受到沉重打击,厉王被迫出奔于彘(今山西霍州)。太子静逃到召公家中,召公用自己的儿子冒充太子,交给愤怒的国人杀死,才使太子脱险。厉王居彘 14 年而死,在此期间诸侯共伯和被推举摄行政事,以"共和"纪年。一说"共和"是指周公(周公旦之后)、召公两大臣共同摄政。共和元年,亦即公元前841年,是中国历史上有确切纪年的开始。

厉王死后,"共和"结束,太子静嗣位,是为宣王。他任用贤臣,整顿武备,励精图治,使西周王朝的衰颓局面有所挽回,号为"宣王中兴"。自西周中叶以来,西北地区的戎、狄、猃狁诸族逐渐强盛,因其临近西周王畿,故已成为周室的主要威胁。宣王多次对上述诸族进行征讨,俘获甚众。对东南淮夷、南方楚国作战,也数次获胜。为巩固战果,宣王还续行分封,在邻边地区又建立了一批诸侯国。宣王在位46年,到其后期"中兴局面"已近于终止,国势又走向衰退。在几次对外作战失败后,宣王不得不破例对黄土高原上的村社人口、土地进行调查登记,希望借以加强国力。此举表明周朝的实力已趋于空虚。

宣王死后,子幽王即位。幽王生活荒淫,任用佞幸,朝政腐败,对外作战"日蹙国百里"。[7]加上天灾频仍,统治危机已相当严重。而幽王本人的家庭纠纷直接导致了西周的覆亡。幽王原娶申侯之女为后,生太子宜臼,后因宠爱美人褒姒,改立其子伯服为太子,废申后及太子宜臼。宜臼逃往母家申国(在今河南南阳一带),幽王又发兵伐申。申侯遂联合西方的犬戎合击幽王,犬戎攻杀幽王、伯服于骊山之下。时值公元前771年,西周至此灭亡。申侯等拥立宜臼即位,是为周平王。平王为避犬戎,未再返回旧都镐京,而迁至东都成周定居。此后周王室遂一直居于东都,关中的旧都完全放弃。史称东迁后的周朝为东周。

西周王系表

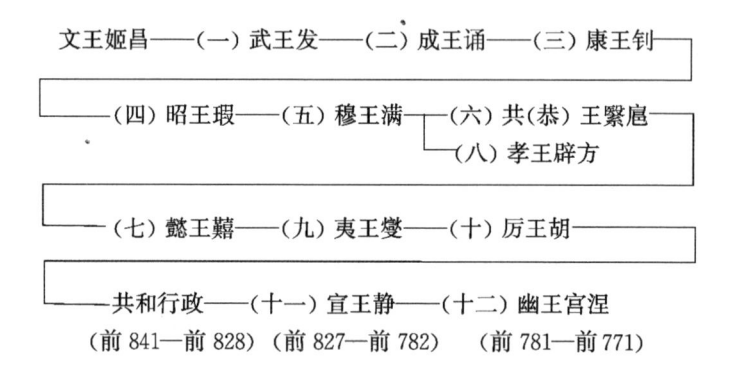

文王姬昌——(一)武王发——(二)成王诵——(三)康王钊—

—(四)昭王瑕——(五)穆王满—(六)共(恭)王繄扈—
　　　　　　　　　　　　　　└(八)孝王辟方

—(七)懿王囏——(九)夷王燮——(十)厉王胡———

—共和行政——(十一)宣王静——(十二)幽王宫涅
(前841—前828)(前827—前782)　(前781—前771)

二　周朝典制

周朝的国家典制较之夏、商更加成熟,同时又具有与后世明显不同的特色。这些制度大都是在继承夏、商制度因素的基础上,于西周初年基本形成或更加完备。它们到春秋时逐渐开始瓦解,至战国以后作为制度整体已经消亡。尽管如此,这些典制的一些具体内容仍长期见于后世社会生活,或是成为后人的政治理想,长久地在意识形态领域发生作用。本节介绍最重要的四种典制。

井　田　制

井田制是中国上古时期的一种土地制度。对此最为人熟悉的表述见于《孟子·滕文公上》:"方里而井,井九百亩。其中为公田,八家皆私百亩,同养公田。公事毕,然后敢治私事。"类似的材料在其他文献中还有一些,但都比较概括,解释不够详细,所以自古以来关于井田制就存在很多争论。曾有学者对其持完全否定的态度,认为不过是孟子的乌托邦幻想,现在看来这种看法是片面的。如果我们不拘泥于孟子概括中过于规范化、理想化的成分(如公田位于正中),而仅将井田制理解为一种反映上古农村公社生产情况、行用于平旷原野、比较整齐划一的田制,则它的曾经存在应当可以肯定。

大抵井田制最初源于氏族社会末期到国家产生之初农村公社的土地制度。当时公社的大部分土地被作为份地分配给公社农民独立耕种,但仍保留了一部分公社共有地(即"公田")由大家共同耕种,其收入用以支付公共支出,如祭祀、备荒等。国家形成后,全部土地在法律上都属于国有,同时农民仍拥有对其公社份地的使用权,他们对国家承担的义务主要表现为将公田收入上缴。公田、私田之分依然如故,仅农民在公田上剩余劳动的流向发生了变化。另外上古时期地广人稀,农村公社都选择平原沃野或较平坦的高原来耕作,并在一段时间后换土易居。为便于管理和重新调配,各成员份地和公田都划成整齐的方块,其间以道路、沟渠、田垄等隔开,纵横交错,形如井字。甲骨文中"田"字中间的横竖笔画多不止一道,至西周金文始规范为现字形。这也应当就是井田一名的来源(或以为井田是指同饮一井水者——即公社——共耕之田)。而类似的耕地形式,在世界很多民族早期的村社共同体中是相当常见的。

西周井田制的具体内容众说纷纭。按照较常见的一种看法,国家将土

第二章　西周与春秋

地分授给公社农民,一夫(亦即一家)百亩,长百步,宽百步,称为一田。公社以百家为单位,每家耕种份地(私田)百亩,此外再种十亩公田,百家共耕千亩。《诗经·小雅·大田》:"雨我公田,遂及我私。"即言公、私田之分。公田又有藉田之称,藉即借之义,言其借民力而种,实即农民为天子、贵族承担的劳役地租。公田以千亩为单位,大于百亩之私田,故又称大田、甫田(甫、大同义)。当时生产力仍较低下,土地通常只耕种三年。史称第一年耕种的田为菑田,第二年为新田,第三年为畬田。三年后地力基本耗尽,即抛荒,另辟土地,重新分配。到西周后期,这种制度已开始发生变化。由于农民耕种公田的劳动积极性较差,公田产量日渐下降,趋于荒芜,以至时人呼吁"无田甫田,维莠骄骄","无田甫田,维莠桀桀"。[8]《国语·周语上》云"宣王即位,不藉千亩"。说明宣王时由公社农民共耕公田的做法已开始废止,王室和贵族对农民的剥削方式逐渐向征收实物税过渡。就全国范围而言,这一转变的过程可能比较长,约在春秋中后期大体完成。转变完成后虽已无公田,但井田的形式仍存。《周礼·地官·小司徒》和《考工记》述井田之制,都只称"九夫为井",不言公、私田之分,说的应当是后期井田,与孟子所概括的早期情况不同。这一时期,随着生产技术的提高,西周时三年换土易居的耕作法也逐渐取消。国家不再定期重新授田,而是采取一次性授田、由耕作者在自己的份地上自行轮种、即所谓"自爱其处"的爱田法(爱即易换之义)。共耕公田和定期重新授田之制的废止,意味着公社农民对土地的私有倾向大大增加了,而这在本质上又是与公有色彩很强的井田制相矛盾的,从而为战国时井田制最终消失埋下了伏笔。

概括地说,井田制的实质就是农村公社土地所有制。氏族公社末期,私有制虽已产生,但还不很发达,最重要的生产资料——土地在很长时间内仍保留很强的公有制特点,耕者只有使用权而无所有权。同时个体生产能力低下,农村公社的聚落形态因而长期存在。公社成员不但共耕公田,在耕作私田时也要经常协作,产品亦互相调剂,仍带有很强的原始共产主义因素。这就是井田制存在的历史背景。随着生产力发展,个体家庭独立,社会分化进一步加强,井田制的消亡也就成为历史的必然。秦汉以下,许多政治家为解决贫富悬殊带来的社会矛盾,往往乞灵于"复井田",不少王朝的土地制度也的确受到了井田制的若干影响。然而,真正的井田制最终仍只是无法实现的空中楼阁。

宗 法 制

宗法制是古代贵族凭借血缘关系对族人进行统辖管理的制度,从而也成为统治者维护社会和政治秩序的一种重要手段。它的核心是嫡长子继承制。宗法制在商朝后期已经存在,到周朝变得更为典型和系统。

现存正面叙述周朝宗法制内容的材料,主要见于《礼记·大传》和《礼记·丧服小记》。据其所载,严格意义上的宗法制主要在各国诸侯下面的贵族集团中实行。诸侯国君的嫡长子立为太子,继承君位,成为该家族(以后膨胀为宗族)嫡长继承系统的始祖,其嫡长后裔则称做这个家族、宗族的"大宗"。其他诸子(称为"别子")都分出去自立家族,他们的子孙,相对于嫡长系统大宗来说都只是小宗。从理论上来说,无论经过多少代,大宗始终是本家族、宗族的核心,通过他将始祖的后裔联结成一个具有实体性的血缘团体,叫做"百世不迁之宗"。而众多的其他宗族成员除尊奉大宗外,还要尊奉一个五代以内与大宗血缘关系最近的直系祖先及其嫡长后裔为小宗。因为有五代的限制,所以旁系宗族成员所尊奉的小宗随世代推移而有变化,叫做"五世则迁之宗"。通过对小宗的尊奉关系,以大宗为首的宗族又因而划分为许多较小而更具凝聚力的近亲集团。大宗相对于小宗以及大小宗相对于族中其他成员的优越地位,最集中地体现在宗庙祭祀上。大宗是全宗族共同宗庙的宗庙主,小宗也是各自范围内近亲共同宗庙的宗庙主。古人非常重视祖先祭祀,但祭祀并不能随意举行,而只能在宗庙中由当时的大宗或小宗(亦称"宗子")主持进行。能祭始祖者只有大宗宗子,能祭小宗者只有小宗宗子,一宗庙无二祭主,宗子也因而作为祖先的唯一代表接受族众尊奉。"尊祖故敬宗。敬宗,尊祖之义也。"[9]宗法关系的基本内容,实质上就是大宗或小宗依据自己的特殊身份,对不同范围内(包括直系与旁系亲属)族人的统辖管理。

从广义的角度看,周天子、诸侯与其子弟亲属的关系也带有很强的宗法关系色彩。天子的嫡长子继承王位,余子分封为诸侯,诸侯的嫡长子继承君位,余子分封为卿大夫,其关系颇与宗法制下的大、小宗相似。只不过天子、诸侯具有特定的政治地位,他们对子弟亲属的统辖体现出国家权力亦即政权的特征,不同于大、小宗统辖族众的单纯族权特征。另一方面,天子和诸侯的地位固然不仅仅能以宗子概括,但宗子又的确是他们的一种实际身份,是他们地位在一个侧面的表现。从某种程度上说,天子即天下之大宗,诸侯即一国之大宗。同姓诸侯相当于天子之小宗,异姓诸侯则通过婚姻,与天子维持甥舅之亲，全国近似于一个大家庭。《左传·桓公二年》云："故天子建国，诸侯立家，卿置侧室，大夫有贰宗，士有隶子弟，庶人工商各有分亲，皆有等衰（差别）。是以民服事其上，而下无觊觎。"自天下大宗天子以下，逐次分出小宗，宗法制与分封制相结合，亲缘关系与政治关系相结合，有效地起到了维系社会、政治秩序的作用。这也是周朝政治有别于后世的一个重要特点。

周朝的姓氏制度也与宗法制有密切联系。上古时期，贵族有姓又有氏。姓起源于早期部落名称或部落首领名字，历史比较悠久，如夏王姓姒，商王姓子，周王姓姬。随着时代推移，一姓当中分出越来越多的氏，通常以国名、邑名、官名、职业名、祖父名字等立氏，成为姓的分支。在周朝，一个氏的建立即表明一个小宗从大宗中分裂出来另立门户。贵族的姓得自远祖，百代不变，氏则得自血缘关系较近的先人，数代后即可能发生变化。从周朝贵族的名字中一般最多只能看到氏，很少带出姓，相反贵族妇女却都称姓，以表示与夫家之姓有别，同姓不婚。与宗法制行用于贵族社会相对应，拥有姓氏也是贵族及其后裔的特权，广大被统治的普通民众仅有名而无姓氏。春秋以前，史料中提到"百姓"，通常都是指贵族成员。

从宏观上看，宗法制可以视为氏族制度在进入国家阶段以后的残余。由于中国古代国家的早熟，氏族、血缘关系对社会的影响在国家中不但没有消失，相反经过加工、改造，成为维系国家统治的重要支柱。到春秋时期，随着经济发展和社会的复杂化，严格意义上的宗法制逐渐难以继续维持，至战国最终瓦解。与此同时，姓、氏的区别也逐渐泯灭，大量的氏转化为百代不变的姓，普通民众也开始有自己的姓，"百姓"成为民众的通称。尽管宗法制度已经崩溃，但宗法观念对后世的思想影响是非常深远的。

国　野　制

从分封制的角度看，周朝国家管理在平面上可以分为一系列政治单元，包括王畿和各诸侯国。在每个单元中，又基本上都有国、野两类政治区域，它们之间是统治、被统治的关系，各自有不同的管理制度和社会职能。国、野之分在商朝可能只有粗略的萌芽，形成较普遍的制度是在周初分封以后的事。如前文所述，周初分封诸侯与商的方国不同，主要是由统治部族对被征服地区主动进行的武装拓展。被封者率本族族人到达封地后，首先要建立一个名为"城"的军事据点（通常就成为封国的都城），逐渐由点向面扩展，完成对封地的控制。这种城（包括其近郊）在当时也称为"国"，"国"以外的广大田土则称为"野"。国、野之分由此形成。诸侯又向下分封采邑给卿大夫,采邑分为都、鄙,其中心据点为都,都外田土为鄙,区分原则与国、野相同,也可以纳入国野制范围论述。

国、野的居民分别称为国人、野人。国人是以周部族为主体的统治部族成员,其上层即贵族,又称"君子"。他们世代垄断官职、爵禄,辅佐国君统治国家。贵族是国人的核心,所以有"不有君子,其能国乎"的说法。[10]占国人大多数的下层成员皆属于平民(自由民),他们有自己的经济、职业(如务农、从事工商业等),并对国家承担当兵作战的义务。下层国人与贵族有疏远的血缘关系,被置于宗法制的控制之下。在周朝,国人当中参与国家日常政务的主要是贵族,但由于氏族民主制残余的影响,作为国君同族成员的广大下层国人也都拥有干预政治的权力。遇有重大问题,国君按习惯要征询全体国人的意见。《周礼·秋官·小司寇》:"掌外朝之政,以致万民而询焉,一曰询国危,二曰询国迁,三曰询立君。"国人干政的例子在西周和春秋都十分普遍。他们不仅能就重大问题发表政见,平时也可以较自由地批评掌权者,当集团利益受到侵害时还往往起而反抗,废逐乃至杀死国君。前文提到周厉王时的"国人暴动",就是一个典型的例子。因此从总体上说,国人都属于周代社会的统治阶层。

作为被统治阶层主体的野人,亦称庶人,主要是被征服地区的传统居民,包括殷商等诸多古老部族的后裔,还有迁徙到内地的周边民族成员、流亡人口等。以殷商遗民为代表的野人起初在文化上高于其征服者国人,所以孔子说:"先进于礼乐,野人也,后进于礼乐,君子也。"[11]《孟子·滕文公上》云:"无君子莫治野人,无野人莫养君子。请野九一而助,国中什一使自赋。"这段话指出了国人上层——君子与野人统治、被统治的关系,同时也说明了国人、野人为国家承担的不同义务。国人的负担——"赋",在当时专指军赋,即给养、装备等军事费用。国人的主要义务是当兵作战,因而缴纳大约十分之一的产品税收充作军费。野人的义务则是农业生产,他们是井田制下的劳动者,以助耕公田的方式为国家负担劳役地租。野人原有的社会组织农村公社,在被征服后并未受到破坏,因而他们仍以此组织接受"君子"的统治和剥削。虽然受到比较强的人身束缚,但仍不同于完全失去自由的奴隶。周朝奴隶称为"臣妾",多来自战俘,其总体数量和用于农业生产的比例都不是很高。

国、野区分在春秋时开始出现破坏的迹象。随着经济发展,传统上国、野截然分别为二的国家管理方式渐趋一体化。各国因战争需要,不断扩充军队,最终也打破了只有国人才能当兵的限制,大量征召野人为兵。《左传》载晋国"作州兵",鲁国"作丘甲",郑国"作丘赋",皆指这一转变(州、丘都是郊外野人所居之地)。这样就促进了国人、野人身份差别的泯灭。到战国时,国、野的界限已完全打破,国人干政的民主传统也随着国人阶层的消失而成为历史陈迹。国人、野人合二为一,逐渐演变为新兴专制政权下的编户齐民。

礼乐文化

礼乐是周朝典制的重要内容。礼起源于氏族社会的风俗习惯(如祭祀仪式)。在氏族社会,人们的意志和感情都服从集体,其言行以自然形成的风俗习惯为准则。进入国家阶段以后,这些风俗习惯不仅由于公社组织的残存而继续保持,而且又被统治者加工改造,使之固定化、神圣化,并增入了等级制度的内容,用以调节私有制下的社会关系。乐也来自氏族社会的音乐舞蹈,是公社成员最主要的文化生活。这些乐舞中很多本来就是在正式的典礼、仪式上演出的,经统治者改造后,与礼仪的配置关系进一步固定,礼乐遂合二为一。周公被当作古代加工、改造礼乐的代表人物,据称"制礼作乐"是他一生的重大业绩之一,也是他被后世尊为圣人的重要原因。这种说法至少表明,以周公为代表的周初统治者在礼乐的加工改造上作出过总结性的贡献。古人评论三代"夏尚忠,殷尚质,周尚文",孔子则说:"周监于二代(按指夏、商),郁郁乎文哉,吾从周。"[12]所谓"文",指的就是以礼乐为代表的文化建设,它被视为周朝社会的基本特征。

在周朝,礼的范围很广,由社会风俗习惯直至国家关系、军队征伐、典章制度等诸多方面,可谓包罗万象。其基本内容,主要见于先秦典籍《仪礼》一书。《仪礼》托名为周公所作,一般以为它成书于春秋后期,可能经过孔子编定。但书中所述礼仪制度大体都是从西周沿用到春秋的,可以作为了解西周礼制的依据。《仪礼》共17篇,述17种典礼,每种典礼都有十分具体复杂的仪节。后人将其概括为"八达"之礼:冠、昏、丧、祭、射、乡、朝、聘。其中前四种分别指成人仪式、结婚仪式、丧葬仪式、祭祀仪式。射礼指射箭比赛仪式,是氏族社会遗留下来的体育、习武习俗。乡礼指乡饮酒仪式,是社会基层举行的敬老酒会。朝礼是诸侯朝见天子的仪式,聘礼是诸侯之间互相聘问的仪式。另一种区分方法是将周代礼制划分为"五礼":吉礼(即祭礼)、凶礼(即丧礼)、宾礼(包括射、乡、朝、聘礼)、嘉礼(包括冠、昏礼)、军礼(不见于《仪礼》,是氏族社会战争仪式的残余)。在各种典礼、仪式当中,不同社会地位的参与者都有各自不同的、严格的具体行为规范。通过这些行为规范区别尊卑、亲疏、贵贱、贤愚等社会范畴,界定每个人在社会秩序中的具体位置,协调全体社会成员之间的关系,这就是周朝礼制的基本精神。

礼的实施与乐密不可分,各种礼都有为之服务的乐。乐在广义上包括诗歌、音乐、舞蹈,它们在氏族社会本来都是用以表达情感的文化活动。与礼结合以后,乐的性质发生了较大变化,等级性的内容明显增强。不同阶层的人所用乐舞在规模、人数等方面皆有严格规定,不得逾越。为了服从于礼的伦理道德取向,乐的情感内容受到了很大限制,要做到"直而不倨,曲而不屈,……哀而不愁,乐而不荒"。[13]虽然如此,因为有乐相配,礼的审美属性得到了进一步加强。礼乐相合,更具有一种潜移默化,影响人们心理情感的作用,能够体现出崇高、肃穆、和谐的氛围。礼本身带有习惯法性质,但毕竟与外在、强制性的正式法规有别,它的目标是将有关行为规范转化为社会成员内在、自觉的心理需求。正如孔子所说:"道之以政,齐之以刑,民免(勉)而无耻,道之以德,齐之以礼,有耻且格。"[14]在这方面,乐起到的作用是不容忽视的。

春秋中期以后,随着社会等级的变动,周代的礼乐文化秩序逐渐瓦解。但经过儒家祖师孔子的再加工和标榜,其中很多具体内容在后世仍然具有重要影响。例如周礼中有丧服之制,将死者的亲属按照亲疏关系分为斩衰、齐衰、大功、小功、缌麻五个级别,称为五服(指五种制作粗细程度不同的丧服),各服有不同的丧礼。五服遂成为后人区别亲戚亲疏的重要概念,大部分王朝的法典在规定罪犯亲属连坐制度时皆"准五服以治罪"。周朝礼乐文化的很多内容,都这样曲折地干预了后世的社会生活。

三 春秋历史概况

公元前770年,也就是西周灭亡的次年,周平王在东都雒邑(成周)即位,此后进入东周。东周的前半期称为春秋,它的名称源于一部记述这段时期历史的鲁国同名史书。关于春秋时期的下限应当定在何时,自古就有不同看法,其中以《史记·六国年表》所定公元前476年最为常见。从公元前475年以下,即算作东周的后期——战国时期。春秋约300年历史,上承西周历史之余绪,下开战国大变动局面之先河,在政治、社会、文化各领域出现了一系列引人瞩目的新现象。

王权衰微与大国争霸

春秋历史与西周最明显的一个不同点是王权衰微,周天子逐渐失去了天下共主的地位。东迁后的周王室势力大为削弱,仅能控制雒邑周围几百里的土地。诸侯定期纳贡的制度也已无法保证,致使王室财政十分拮据。东周第二代天子桓王在位时,周王室与同姓诸侯郑国(都新郑,今属河南)矛盾激化,导致了一场战争,结果王室军队大败,桓王中箭负伤,周天子的威信更加低落。西周王室还能做到"礼乐征伐自天子出",到春秋则已成为"礼乐征伐自诸侯出"。西周分封诸侯,数量庞大,到春秋时见于史载者仍有120余国。这些国家起初只是一些不相衔接的垦殖区,人口稀少而居住集中,国与国之间有大片空地。加上交通不发达,因此各国联系较少,基本上相安无事。春秋时期,随着经济发展和人口增长,各国的接触显著增加,疆土逐渐相连,战争也因而大为频繁。各国的强弱分化越来越明显,很多小国渐被大国吞并,大国之间又展开争夺霸权的激烈斗争。诸侯互相混战,不受王室约束,周朝实际上已处于分裂割据的状态。另一方面,王权虽然大幅度下降,但其影响并未完全消失。大国争霸都需要打出"尊奉王室"的旗号,表面上仍尊重周天子的共主虚名,实则是利用它来号令小国,巩固自己的地位。

在大国争霸的过程中,先后出现了一些著名的霸主,文献中称之为"春秋五霸"。关于五霸具体所指,又有两种不同说法。一说为齐桓公、宋襄公、晋文公、秦穆公、楚庄王,一说为齐桓公、晋文公、楚庄王、吴王阖闾、越王勾践,共涉及齐、宋、晋、秦、楚、吴、越七国。七国当中,宋国只是一个中等国家,其国君宋襄公有志图霸,实未成功。秦国是周室东迁后在宗周故地发展起来的诸侯国,虽一度号称霸主,但只是称霸于西戎,霸业并未及于中原。吴、越到春秋晚期才相继崛起于长江下游,霸业短暂。总体来看,春秋最主要的霸主当属齐、晋、楚三强。秦、吴、越也是大国,但稍逊一等,只具有"偏霸"的性质。宋、郑、鲁、卫、陈(统治中心在今河南淮阳)、蔡(统治中心在今河南上蔡)是中原地区几个重要的中等国家,它们在绝大多数时候都是齐、晋、楚三强的仆从国。此外,还有为数更多的小国,它们不仅受大国控制,有时还更直接地沦为中等国家的附庸。

春秋时期最先称霸的是齐国,两种"五霸"说都以齐桓公居首。齐国位于东方滨海之地,经济、文化一直比较发达。公元前685年齐桓公即位后,任用贤臣管仲进行改革,整顿基层管理,发展军备,国力更强。当时北方戎、狄诸族活跃,先后攻破邢、卫两国。齐国出兵援助,救邢存卫,在诸侯中威望大增。面对南方楚国的北向扩张,齐国又会合中原国家的军队共同伐楚,迫使楚国求和,答应纳贡于周室。齐桓公在位41年,共九次召集中原诸侯会盟。在公元前651年的葵丘(今河南兰考)之会上,周天子也派大臣与会,赐给齐桓公胙肉(祭祀宗庙的肉)和各种仪仗,表明正式承认齐的霸主地位。这是齐桓公霸业的顶峰。桓公死后,诸子争位,齐国渐衰。

代齐而兴的国家是晋国。晋文公在位时,周室发生内乱,文公发兵勤王,护送天子周襄王复位。楚国趁齐之衰再度北进,公元前632年晋楚两军战于城濮(今山东鄄城西南),楚军战败,晋的霸主地位因而确立。晋文公召集诸侯会盟时,周襄王都被迫亲自出席。文公死后,晋在北方的霸业仍继续维持,与楚国南北抗衡。楚庄王在位时,楚国渐占上风。公元前597年晋楚战于邲(今河南郑州北),楚军获胜,中原的宋、郑等国都倒向楚国一方,楚庄王成为中原新霸主。此后晋楚继续争霸。公元前575年,两国军队在鄢陵(今属河南)第三度交锋,晋胜楚败,晋的霸业又告恢复。但实际上晋楚两国的国势此时都处于下降阶段,晋不过稍占优势而已,其霸业亦已接近尾声。

纵观春秋的争霸历史,其主要线索是北方齐、晋两国与南方楚国的斗争,而又以晋、楚相争的时间最长。两国三次大战,晋二胜一负,略胜一筹。事实上争霸作战的胜负,对上述大国的国力并没有太大影响。无论晋、楚都无力给对方以致命打击,它们之间并非进行战略决战,而主要是为争夺中间地带和控制弱小国家而战。战胜者就可以逼迫诸侯和周王室承认自己为霸主,勒令小国向自己纳贡。小国国君要不时亲赴霸主国朝见,小国间发生纠纷也要提交霸主国评判。春秋后期,晋、楚在中原的争霸活动渐趋平息。公元前546年,在宋国大臣向戌的提议下召开了14国参加的"弭兵"盟会。会上规定"晋、楚之从交相见也",[15]意为晋、楚两国的仆从国以后要既朝晋,又朝楚,承认它们是共同霸主,平分霸业。这次盟会以牺牲仆从国的利益为代价,换来了中原地区相对的和平与安定。此后晋、楚两国各自面临一些新问题,已无力继续争斗。晋国卿大夫势力强盛,内部争权夺利,彼此残杀不已。楚国则受到长江下游新兴吴国的威胁。公元前506年,吴军大举伐楚,攻占了楚的都城郢(今湖北江陵),后来楚国在秦国的援助下勉强收复国土,但已元气大伤。吴国乘胜向中原发展,一度迫使中原国家承认自己为霸主,不料却败于后方的越国,于公元前473年为越国所灭。越国亦昙花一现,很快复趋衰落。此时春秋历史已告结束。在春秋三百年大国争霸的过程中,大批小国被强国吞并。春秋初期见于史载的120余国,到春秋末只剩下大约三分之一。

华夷之争

华夷之争是贯穿春秋历史的一条重要线索。华即华夏族,亦称夏、诸夏,它是以上古的炎黄部落联盟为核心,逐渐融会许多不同来源的氏族部落集团而形成的、具有共同经济和文化生活的族体。华夏之名在西周已经出现,它成为中原主体居民的总称,以别于四邻较为落后的民族。后者相对华夏族被概称为"夷",具体又有夷、蛮、戎、狄等名称。文献中习惯上将这四类名称分别代指居于中原四方的不同民族,称为东夷、南蛮、西戎、北狄,合称"四夷"。但这是后起的概念,早先它们各自都可以泛指四邻民族。春秋时概念渐有区分,大致夷(狭义)、蛮指东南诸族,戎、狄指西北诸族,但也并不是非常严格。

西周时期,华夷之争已比较激烈。当时周王室统治中心在关中,立足西北,拓展东南,多次同东方的徐夷、淮夷作战,与南蛮的代表楚国也曾发生冲突。而与此同时,周王室背后的戎、狄日渐强大,对它构成了更直接的威胁,最后西周即为犬戎所灭。到春秋,四夷的势力有增无减,并且进一步向中原地区发展。尤其是戎、狄中有不少支已逐步分散地进入中原,与华夏诸国杂居,填充了各国之间的很多空地,成为各国的心腹之患。南方的楚国则大力向北扩张,临近它的中原小国岌岌可危。后人概括当时的形势为"南夷与北狄交,中国不绝若线",[16]中原霸主齐桓、晋文诸人,都是在这样的背景下出现于历史舞台的。

如前所述,春秋争霸史主要是齐、晋两国与楚国争夺霸权的历史,这本身就带有华夷之争的性质。楚国是由南方土著部族发展形成的,其文化、制度等颇与中原国家有异,自己也以蛮夷自居。齐、晋两国提出"尊王攘夷"口号以号召诸侯,尊王即尊崇周王室,攘夷在一定程度上就是针对楚国。但相对来说,楚国在"四夷"中尚属先进,与华夏的社会差异不算很大。社会发展程度更为落后的是戎、狄,它们对华夏诸国所造成的威胁并不比楚国逊色,因而也是"攘夷"的重要对象。齐桓公创建霸业,即始于听从管仲的建议"戎狄豺狼,不可厌也,诸夏亲昵,不可弃也",[17]从而发兵援救为狄人所灭的邢、卫,助其复国。在此之前燕国受到山戎侵伐,亦因齐国援救而获安。公元前636年,狄人勾结周王室贵族大叔带驱逐周襄王,晋文公兴兵勤王,保护襄王还都复位。此后晋国又相继灭掉潞、甲氏、铎辰等狄人小国。在西方,新兴的诸侯秦国与戎人相邻而居。秦人最初出于东夷,西周时迁到关中,为周王室养马,后受封为诸侯。秦的文化比中原落后,一度被中原国家视为夷狄,但与西戎诸部相比则仍可算在华夏范围之内。秦穆公曾图霸中原,然为晋国所遏不得东进,只好西略戎地,"益国十二,开地千里,遂霸西戎"。[18]周天子亲赐金鼓以致贺。齐、晋、秦的霸业对于华夏共同体的发展壮大起了重大作用。即使是楚国,也在北向争霸的漫长过程中逐步向华夏集团靠拢,为其以后融入华夏集团奠定了基础。

春秋时期四夷与华夏的区别主要在文化方面,他们的服饰、语言、经济生活、风俗习惯都与华夏明显不同。华夏束发右衽(衣服前襟向右),戎狄披发左衽,东南属于蛮夷的吴、越则断发文身。戎狄主要是游牧民族,迁止无定,蛮夷虽有农业而较粗放,在经济上都落后于华夏。但如就种族、血缘而言,则华夷往往存在联系。如戎狄中既有与殷商同族的子姓,又有与周王室、姻亲同族的姬姓、姜姓。他们与被视为华夏的商、周人最早应出同源,后因所处环境和历史机遇不同,遂至殊途。同样吴国的创建者据称也是周朝先王古公亶父之子。同时,华夷关系并非只有斗争一面,双方也存在密切的和平接触和交流。以婚姻为例,双方通婚的材料见于史载者颇多,如周襄王即娶狄女为后,晋文公之母为戎女,其妻亦为狄女。在长期杂居、邻居的过程中,发达的华夏文明对戎狄蛮夷产生了很大影响,戎狄蛮夷的文化也进一步丰富了华夏文明。到春秋、战国之交,进入中原的戎狄诸部绝大部分已融入华夏族当中,楚国也渐不再被视为蛮夷。通过春秋时期的华夷之争,华夏族吸收了大量新鲜血液,成为更加稳定和分布更广泛的族群,最终到秦以后形成了统一而有持久生命力的汉民族。

社会状况的变化

春秋时期的社会状况较之西周发生了很大变化。在农业生产上,铁制农具开始出现,牛耕逐渐推广,水利事业发展,这都使农作物产量呈现出上升趋势。技术进步和产量提高增加了公社农民在"私田"上劳动的兴趣,乃至于多开私田并隐匿其收入,与此同时耕作"公田"的积极性却越来越下降,以至公田荒芜不治。针对这种情况,统治者不得不逐渐改变剥削方式,废止由公社农民共耕公田的做法,向征收实物税过渡。这一转变早在西周宣王时已经开始,但当时仅是在王畿,全国范围内的变化是在春秋时期逐步完成的。文献记载春秋时齐国"相地而衰征",晋国"作爰田",鲁国"初税亩",都是指上述剥削方式的转变。《公羊传·宣公十五年》解释"初税亩"的含义为"履亩而税",《左传·宣公十五年》则指出"初税亩"的目的是"以丰财也"。履亩而税也就是按照公社农民每人的耕地面积多少征税,井田以外的私垦土地也一并缴纳税收,这就大大增加了国家的剥削收入。至此井田之名虽存,但已无公私田之分,三年换土易居的做法也已废止,与西周井田制相比出现了本质变化。与此相联系,各国对公社农民的人身控制有了很大加强。过去农民除耕作公田外,与国家发生关系很少。现在土地已由农民长期占有,履亩纳税,而且随着国、野划分的泯灭,农民往往还要为国家承担兵役,国家为保证财源、兵源必须加强对基层人口、土地的控制,不能像过去那样仅保持对公社的松散控制而已。反映在史料上,就是春秋各国较普遍地出现了"书社"的组织。根据古人的研究,所谓"书社",就是将公社户口土地登记于国家籍册。这已开后世专制国家户籍管理制度之先河。

统治集团中严格的等级制在春秋时期趋于瓦解。就周朝的范围而言,天子地位下降,诸侯地位上升,王室衰微,大国称霸。在各诸侯国内部,也渐渐地发生着性质相同的变化。按照周初分封之制,诸侯可在本国范围内再将土地分封给卿大夫,他们包括国君旁系(称为"公族")和少数异姓贵族。卿大夫的采邑大小不等,各自都建有较为完整的统治机构,有家臣治事,私兵守城,相当于一个诸侯国的缩影。正如诸侯有强弱之分一样,卿大夫的实力也有很大差别,并且也在不断地互相兼并。春秋中期以下,很多诸侯国的权力渐渐为少数强大的卿大夫家族所控制,国君形同傀儡。如鲁国有季孙氏、孟孙氏、叔孙氏三家,因都是鲁桓公之后,合称"三桓"。郑国依次掌权的七家卿大夫都是郑穆公之后,合称"七穆"。宋国由宋桓公、戴公后裔中的八家公族专政。齐国以国、高、崔、庆四家公族和鲍、田两家异姓贵族最强。晋国较早采取排斥、打击公族的政策,用人尊贤尚功,故而国势长盛不衰,但后来权力仍被几家异姓和同姓疏属的卿大夫所掌握。随着卿大夫地位的上升,他们的一些家臣也趁机干预国家事务,其权势甚至超出主人。如鲁国就出现了"陪臣执国命"[19]的情况,季孙氏家臣阳虎一度掌握鲁国大权。

传统政治秩序的破坏,还表现在一些国家出现了由国君直接任命长官的郡县。县大约于春秋中叶在楚国产生,当时楚灭掉其北邻若干小国,将其改置为县,设县尹、县公进行统治。县尹、县公虽用贵族担任,但却非世袭之职,国君可随时对其任免调遣,因此县制实际上是传统贵族政治的对立物。后来晋、楚、秦等国相继开始推行县制,晋国县制尤为发达,卿大夫都在各自领地内设县,委任有军功者为其长官。随着县的普遍设立,晋国到春秋末期又在边远地区设置面积更大的郡,性质与县基本相同,但因地处荒僻,故地位尚在县以下。西周以来的政治结构本来是层层分封,而春秋中后期的郡县打破了这一传统,成为后世官僚制度的萌芽之一。

社会结构也处于转变之中。农业发展带动了工商业的发展,金属货币开始出现,传统的"工商食官"制度逐渐被冲破,到春秋后期产生了一批私营工商业者,其中一些人拥有相当庞大的资产。如陶朱公(范蠡)以"善治生"著称,"能择人而任时,十九年之中三致千金"。子贡经商致富,"所至国君无不分庭与之抗礼"。[20]这样在昔日"贵"的阶级以外,又增加了"富"的阶级。昔日"贵""富"合一,现在"贵""富"出现了分离。与此相联系,贵贱等级不可逾越的传统观念也越来越多地受到冲击。一方面在各国激烈的政治斗争中,许多贵族家破人亡,沦为平民甚至奴隶;另一方面一些平民依靠自身才干获得君主的赏识、重用,打破了贵族对政治权力的垄断,奴隶因立功得到解放的例子也偶尔可见。春秋末年,人们对社会阶层的概括已逐渐由贵贱之别转向职业区分,即分为士、农、工、商"四民"。社会结构变动导致了社会的复杂化,统治者不得不对传统治国方式作出相应调整。这方面最典型的例子是成文刑法的颁布。中国古代刑法起源很早,但并无公开条文,只是由判决者临事决定惩罚标准,贵族阶层以此拥有家长式的生杀予夺权力。但到春秋后期,一些国家为形势所迫不得不改变这一传统。公元前536年郑国"铸刑书",前513年晋国"铸刑鼎",都是将成文刑法铸在铜器上公诸于众。郑国初铸刑书时,晋国保守贵族叔向致信于郑国执政子产,指出此举会导致"民知争端矣,将弃礼而征于书,锥刀之末,将尽争之"。子产则回答说"吾以救世也",指出这是时势发展的必然。[21]

总体来看,春秋是一个西周传统政治社会秩序逐步解体的过渡时期。就当时人的感受而言,可以"礼崩乐坏"一语蔽之。泛指传统制度的广义礼乐固然已无法维持,特指具体典礼、仪式的狭义礼乐也在逐步破坏。这是等级制度瓦解、等级观念淡漠带来的必然结果。例如按西周礼制,天子举行宴会的乐舞规模为八佾(佾为乐舞编队,一佾八人),诸侯可用六佾,大夫只能用四佾。但在春秋后期的鲁国,大夫季孙氏居然以"八佾舞于庭",难怪孔子愤怒地说:"是可忍,孰不可忍!"[22]

孔子及其思想

春秋后期,诞生了中国历史上第一个思想家——孔子,他也是人类历史上最早的思想家之一。孔子名丘,字仲尼,鲁国人,生于公元前552年(一说公元前551年),卒于公元前479年。其先世是宋国公族,以孔为氏,后迁居于鲁。孔子出生时家境已经没落,但他仍在幼年接受了良好的贵族教育,很早即以博学闻名当世,并开始招收门徒,传授《诗》《书》等古代文化典籍。

孔子在系统总结以往文化、思想资料的基础上,结合春秋后期动荡不安的社会形势,就一系列伦理道德、社会政治问题提出了自己的一套理论观点,从而创建了古代的儒家学派。

孔子曾在鲁国担任一些行政职务,最高做到主管司法的司寇一职。他希望加强国君权威,削弱卿大夫权力,结果受到当权的"三桓"家族排挤,不得不弃官离开鲁国。此后,孔子为了实现自己的政治理想,率门徒周游列国,先后到达过卫、曹、宋、郑、陈、蔡、楚等国家,但始终没有得到机会参与各国的政治活动,也没有找到贤明的君主推行自己的政治主张。在此期间,孔子坚持不懈地进行治学和教育,与弟子们反复探讨人生和社会的重大问题,留下了不少著名的言论。在经历了长时间的漂泊生活后,孔子终于重返鲁国,直至病卒。晚年的孔子一边继续讲学,一边整理文化典籍,对《诗》《书》《礼》《乐》《易》《春秋》六部古籍进行删订,编成最后的教材定本。这六部书被后世的儒家尊为"六经"(其中《乐经》已失传)。孔子自己的言论,则主要见于其弟子根据笔记和回忆整理、汇编而成的《论语》一书。

孔子思想体系的核心概念是"仁"。"仁"最扼要的表述就是"爱人",即对人尊重和有同情心。孔子曾对"仁"下过"己欲立而立人,己欲达而达人"的定义,他的学生则将孔子的为人处世之道概括为"己所不欲,勿施于人",其中都体现出一种关怀互助和平等相待的人文主义精神。达到"仁"的途径是"克己复礼",即通过对自己的控制和约束以提高道德水平,从而符合"礼"的要求。总的来说,孔子将"仁"看做道德的最高准则,也是道德的总体。其他道德范畴如忠、孝、节、义、信、廉等,在孔子看来都只具有局部的意义。

孔子将以"仁"为核心的伦理道德思想贯彻到政治领域,提出了"仁政"的学说。他希望统治者"节用以爱人,使民以时",反对对人民过分剥削、压榨,而主张惠民、富民。他还希望统治者"为政以德",以严格的道德标准要求自己,以身作则,通过道德感化改善政治,而不是一味使用暴力和刑罚。孔子对春秋后期"礼崩乐坏"的变革、动荡形势感到不满,期望恢复西周的礼乐政治。但同时他也承认,社会政治制度应当随着时代的变化有所损益,进行局部的修正或改良。

在天道观上,孔子不否认天命鬼神的存在,但又对它们持怀疑态度,主张"敬鬼神而远之"。相对于天命而言,孔子更加注重人事,强调人的主观努力,把探讨和解决现实生活中的实际问题放在优先地位。从总体上看,孔子是尊重理性、否定迷信的。

与其从政事业相比较,孔子一生在教育领域所取得的成就要大得多。西周时期,只有贵族才享有受教育的特权,教师同时就是国家官吏,各种专业知识由他们世代传习。到春秋,这种"学在官府"的状况已不能适应处于变动当中社会的需要。孔子在这样的历史背景下首创私人讲学,面向社会广泛招收学生,通过传授文化知识培养从政人才,对以后的历史产生了重大影响。在长期的教学实践中,孔子总结出许多重要的教学经验,如主张"因材施教",重视启发式教育,注意培养学生的学习自觉性和独立思考能力,等等。据说孔子有门徒3000,其中优秀者72人。这些人在孔子死后继续游历各诸侯国,推动了各国政治体制的变动,同时从不同侧面发挥孔子思想、传播古典文献,为战国时期百家争鸣局面的形成创造了条件。孔子所创

东周王系表

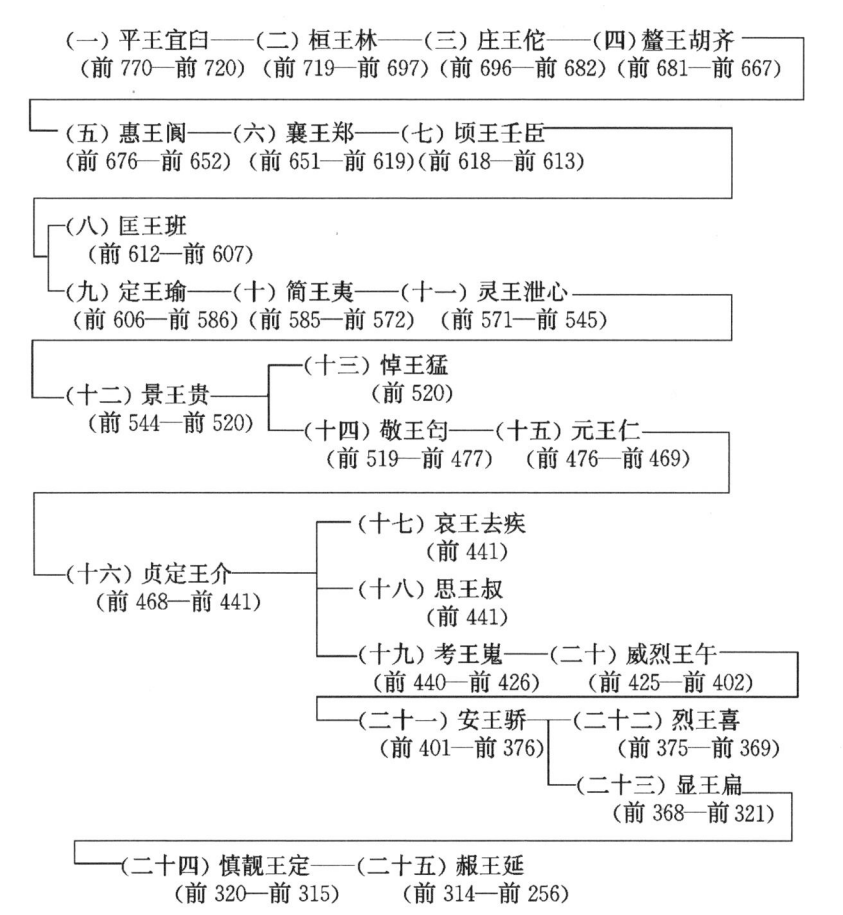

(一) 平王宜臼——(二) 桓王林——(三) 庄王佗——(四) 釐王胡齐——
(前770—前720)(前719—前697)(前696—前682)(前681—前667)

(五) 惠王阆——(六) 襄王郑——(七) 顷王壬臣
(前676—前652)(前651—前619)(前618—前613)

(八) 匡王班
(前612—前607)

(九) 定王瑜——(十) 简王夷——(十一) 灵王泄心
(前606—前586)(前585—前572)(前571—前545)

(十二) 景王贵
(前544—前520)

(十三) 悼王猛
(前520)

(十四) 敬王匄——(十五) 元王仁
(前519—前477)(前476—前469)

(十六) 贞定王介
(前468—前441)

(十七) 哀王去疾
(前441)

(十八) 思王叔
(前441)

(十九) 考王嵬——(二十) 威烈王午
(前440—前426)(前425—前402)

(二十一) 安王骄——(二十二) 烈王喜
(前401—前376)(前375—前369)

(二十三) 显王扁
(前368—前321)

(二十四) 慎靓王定——(二十五) 赧王延
(前320—前315)(前314—前256)

立的儒家学说在后世逐渐成为天下之显学,特别在西汉以后更成为"独尊"的官方意识形态。孔子也因而被尊为"圣人""至圣",他的很多思想长期在中国历史上发生影响,久而久之,甚至逐渐渗入了中华民族的民族性格,成为中华民族共同心理素质的重要组成部分。

注 释

〔1〕《论语·泰伯》。
〔2〕《逸周书·作雒解》。
〔3〕《荀子·儒效》。
〔4〕《诗经·小雅·北山》。
〔5〕《史记·周本纪》。
〔6〕《国语·周语上》。
〔7〕《诗经·大雅·召旻》。
〔8〕《诗经·齐风·甫田》。
〔9〕《礼记·大传》。
〔10〕《左传·文公十二年》。
〔11〕《论语·先进》。
〔12〕《论语·八佾》。
〔13〕《左传·襄公二十九年》
〔14〕《论语·为政》。
〔15〕《左传·襄公二十七年》。
〔16〕《公羊传·僖公四年》。
〔17〕《左传·闵公元年》。
〔18〕《史记·秦本纪》。
〔19〕《论语·季氏》。
〔20〕《史记·货殖列传》。
〔21〕《左传·昭公六年》。
〔22〕《论语·八佾》。

第三章
战国时期的社会变动

历史学家通常将自春秋结束以后,直至公元前 221 年秦统一中国为止的历史时期称为战国,它是中国历史上的一个大变动时期,政治、经济、文化各方面都在春秋的基础上进一步发生了明显变化。战国之名,主要得自这段时期列国混战不休的政治形势。虽然有时习惯上说战国是东周的后期,但严格来讲东周并不能完全涵盖战国。因为在公元前 256 年周王室为秦国吞并之时,东周即已结束,而此时秦尚未完成统一,战国要到 36 年之后才告终止。

一 政治形势的变化:割据、兼并、统一

战国时期最重要的历史特征,就是继春秋时期诸侯割据争霸以后,几大强国之间进一步展开规模更大、更为激烈的兼并战争。经过长期混战,西方的秦国成为最终的胜利者,建立起统一的君主专制帝国,从而结束了春秋以来的分裂局面。从割据、兼并到最后统一,这就是贯穿战国 250 余年历史的主要线索。

战国七雄的形成和"战"的特点

经过春秋长时期的争霸战争,各诸侯国强弱分化的趋势愈加明显,诸侯的数目也大大减少。到战国,只剩下十几个国家,其中主要是秦、楚、燕、齐、韩、赵、魏七个大国,合称"战国七雄"。七国中只有秦、楚、燕为春秋旧国,韩、赵、魏是在晋国的版图上分裂而成的新国家,齐国国名未变而君主已易姓。晋、齐两大传统强国所发生的巨变,直接导源于春秋中叶以来国君权力下替、卿大夫势力膨胀的历史背景。

晋国在春秋时长期维持霸业,国内军功贵族的势力也随之逐渐上升。

到春秋末期,国家大权为智氏、赵氏、韩氏、魏氏、范氏、中行氏六家卿大夫所掌握,他们有的是异姓贵族,有的是公族疏属。六卿在架空国君的同时,彼此间也展开兼并。首先是智、赵、韩、魏四家联合消灭了范氏、中行氏,随后到公元前453年,赵、韩、魏三家又联合起来灭掉势力最强的智氏。智氏灭亡后,赵、韩、魏不仅瓜分了智氏的土地,而且将晋公室的土地、人民也基本瓜分,仅给晋国国君留下两城。国君反居于三家之下,甚至要去朝见三家大夫。三家分晋的格局事实上已经形成。公元前403年,周威烈王正式册封三家大夫为诸侯,成立赵、韩、魏三国,晋国灭亡。赵国占有晋国的东、北部,韩国占有晋国南部,魏国占有晋国中、西部。由于三国是由晋国分裂而成的,故史籍中又称之为"三晋"。

齐国本来也有数家卿大夫共同执政,但经过长期斗争后权力基本落入田氏一家之手。田氏的始祖原为陈国公子,妫姓,因内乱流亡至齐,获得重用,其后裔遂世仕齐为卿大夫。春秋末年,齐国剥削苛重,刑罚残酷,市场上"履贱踊贵"。踊即假足,当时因受刖足之刑者甚多,故而假足的价格大涨。田氏则趁机收买人心,以大斗借贷粮食于民,小斗收回,又在自己的采邑内平抑物价,结果民众"爱之如父母,而归之如流水"。[1] 由于得到民众的支持,田氏一步步掌握了齐国大权,废立国君,诛灭强族,生杀予夺,皆由己出。到公元前391年,田氏大夫田和将齐康公迁往海边,予以食邑一城,自立为君以代之,是为齐太公。至此姜姓齐国已变成了妫姓田氏的齐国。公元前386年,通过魏国国君魏文侯代为请求,周安王正式承认田和为诸侯。

随着三晋和田齐相继列为诸侯,它们乘春秋时晋、齐两国的余威,很快成为新兴的强国。秦、楚在春秋时就是大国,燕国则因长期偏处北隅较少受到大国的侵渔,至此也逐渐发展起来,战国七雄割据的局面遂告形成。其分布格局,大体上是齐居东,楚居南,秦居西,燕居北,赵、韩、魏居中。此外,春秋时的一些中等国家如宋、卫、郑、鲁等,到战国时期在七雄夹缝中仍各自存在过长短不等的时间,但基本上已是无足轻重,最终为齐、秦、韩、楚诸国吞并。东南的越国亦为楚国所灭亡。春秋时杂居中原的戎狄诸族已与华夏融为一体,而在七雄外围仍有若干华夏以外的部族,其中主要有北方的林胡、楼烦、东胡、南方的百越、西南的巴、蜀等。周王室的地位则更加衰微。战国中叶各国国君先后称王,周天子连共主的虚名也已无法维持。

战国250余年之间,战争接连不断,"上无天子,下无方伯,力攻争强,胜者为右"。[2] 与春秋时期相比,战争的性质、规模、方式等因素都逐渐产生了重大变化。

就战争的性质和规模而言,春秋时大国作战主要是为了争夺中间空旷地带和控制弱小国家,并不倾全力而战,作战时讲究阵形、程序、礼节,多少带有"文质彬彬"的色彩。因此其作战规模也比较有限,大战用兵不过万人左右,一二日即决出胜负。战国的作战则大多是为了歼灭对方主力,予敌军以毁灭性打击,"文质彬彬"的色彩完全消失。各国"能具数十万之兵,旷日持久者数岁",[3]作战规模明显扩大。如战国后期秦赵长平之战,相持三年始决出胜负,赵军被俘杀40万人。战国末秦灭楚,先发兵20万不能克,增兵至60万始最后获胜。这些数字可能在记载中有所夸张,但战国战争动员之广、杀伤之重远非春秋所及,确是不争的事实。如孟子所抨击"争地以战,杀人盈野,争城以战,杀人盈城"[4]的状况,在战国是十分普遍的。

就战争的方式而言,春秋时的主要作战方式是车战,双方在平地上列成阵形互相冲击,步兵只是战车的附庸。战国则是以步兵为主、骑兵为辅,充分利用险要地形,灵活机动的野战、包围战取代了昔日呆板的车阵作战。与此相联系,兵器也有很大改进,铁兵器开始使用,其锋利程度超出原来的青铜兵器。发明了新的射具——弩,用脚踩踏使之张开,有机械装置和瞄准器,力量大,射程远,其威力远在弓箭之上。攻城时使用的云梯和水战时使用的钩拒,也都在战国时期发明并应用于战争。

战争的其他方面还有很多变化。各国普遍实行征兵制,适龄男子都要为国家服兵役,直接导致了军队数量的剧增。另外各国还经考选组建了比较精锐的职业常备兵,他们是各国军备的核心。由于战争次数频繁、规模扩大,且以运动战为主,各国不得不充分重视防御问题。春秋列国主要只在国都设防,边区的要塞关隘设防很少。战国时各国不断扩张版图,导致疆域相接,防御严密,城堡林立,皆驻军设官镇守,并有亭障、烽火等报警系统。各国甚至还在边境上修筑大规模、相互连接的防御工事,称为长城。后勤在战争中的地位更加重要,各国都囤积大量粮食,以备长期作战之需。战争日趋错综复杂,形成一门艺术,出现了一些军事家和军事理论著作。春秋各国作战都由国君或卿大夫指挥,文武不分,战国则由专门的将帅统兵作战,产生一批名将,如秦国的白起、王翦,赵国的廉颇、李牧等等。军事理论的发展则以世界上现存最早的兵书《孙子兵法》为代表,其书署名为春秋末年吴国名将孙武所作,但从书中所述战争方式、规模、军事制度等内容来看,成书当在战国时期。全书分13篇,系统地总结了战略、战术方面的问题,包括战争计划、动员、权谋、侦察,如何争取先机,如何利用地形,乃至如何使用火攻、间谍等特殊手段,叙述简洁而富有哲理性,对后代影响至深。时间稍后的兵法著作还有《孙膑兵法》《吴子》《尉缭子》《司马法》《六韬》等许多种,可以说军事学是战国时期非常发达的学问。

七国兴衰与秦的统一

虽然七雄割据的局面最后是由秦国结束的,但秦并非一直是七雄中的最强国,各国盛衰出现过比较大的变化。战国初期,魏国是最强盛的国家。其第一代国君魏文侯选贤任能,较早推行政治改革,致使魏国迅速崛兴,先后打败齐、秦、楚诸国。第三代国君魏惠王一度攻陷赵国国都邯郸(今属河北),曾召集12国诸侯会盟,并在中原诸侯中最先称王,意图与周天子平起平坐。至此魏国的强盛达到了顶峰。但另一方面,魏国在很长时间里四面出击,树敌过多,因忙于扩张而忽略了内政的进一步建设,况且本身又位居四战之地,极易受攻,这都成为导致其由盛转衰的隐患。公元前341年,魏军在马陵(今河南范县西南)为齐国伏兵所败,大批主力被歼,魏的霸业受到重大打击。在西方,魏国一再受到秦国进攻,战国初年从秦国夺来的黄河以西大片土地又都被秦国夺回。魏惠王以后,魏的国力日益下降,基本上仅能自守而已。

在魏国由盛转衰的同时,齐、秦两国强大起来。马陵之战后,魏惠王被迫率一些小国到齐国的徐州(今山东滕县)朝见齐国国君齐威王,正式给他奉上"王"的尊号,而齐威王也同时承认魏惠王的王号,此事称为"徐州相王"。随后各国国君皆相继称王。起初不受人注意的秦国在商鞅变法(详下)之后国力渐趋上升,凭借其有利的地理位置和强悍的民俗,逐渐形成了对东方诸国的严重威胁,被称为"虎狼之国"。秦国在东向扩张的过程中充分利用了外交手段,采取"远交近攻"的方针,结好距自己较远的齐、燕等国,重点打击离自己最近的韩、魏两国,取得很大成效。公元前288年,秦、齐两国一度相约同时称帝,虽然不久后又各自取消帝号,但由此可见当时两国东西相峙、势均力敌的情形。

战国中期,在各国关系复杂、和战无常的背景下,出现了一批辩士。他们流动于各国之间进行穿梭外交,鼓吹"合纵""连横"等策略,因而被称为"纵横家"。其代表人物有公孙衍、张仪、苏秦等人。所谓"合纵"即"合众弱以攻一强","连横"即"事一强以攻众弱",[5]其区别即在于各国对东、西两大强国齐或秦的不同关系。如各国南北相联系,共同对付秦、齐之一,即为合纵;各国与秦、齐之一结成东西横向关系来对付南北他国,即为连横。秦、齐在适当的时机也通过加入合纵集团来对付对方。比较而言,当时合纵运动主要是针对秦国进行的,东方六国几度合纵伐秦,但终因同床异梦而未获成效。相反,针对齐国的合纵行动则取得了成功。齐国曾于公元前314年趁燕国内乱一度将其灭亡,后来燕国在诸侯扶持下复国,图谋报复。公元前284年,在燕国召集下,六国组成联军共同伐齐,由燕将乐毅担任主帅。齐国长期以来自恃强大,麻痹轻敌,内政不修,结果在联军进攻下全面溃败,被攻陷70余城,几乎灭亡。后虽勉强恢复领土,但国势已一落千丈。

齐国衰落以后,有力量与秦国对抗的只剩下楚、赵两国。楚国是传统强国,地广人众,但保守贵族势力强大,内政改革不彻底,一直没有像秦、齐那样成为战国历史舞台的主角。战国后期,楚国国君多昏庸无能,在军事、外交策略上一误再误,楚怀王甚至被诱骗至秦国并客死于秦,领土也被秦国不断蚕食,未能真正起到与秦抗衡的作用。赵国的国力一度有所发展,但在公元前263到前260年的长平(今山西高平)之战中,由于指挥失误,军队主力几乎被秦全歼,遂至一蹶不振。与六国的衰颓相反,秦国则始终维持着稳定的上升趋势。公元前316年,秦发兵平定巴、蜀之地,增强了自身的经济实力,"益强,富厚,轻诸侯"。[6]公元前256年,秦吞并周王室,挂名的周天子自此不复存在。在长期战争中,秦国又夺取了赵、韩、魏、楚诸国的大片土地。到公元前247年秦王嬴政即位时,秦对六国已具有压倒优势,统一大局已定。自公元前230年到前221年,秦军以秋风扫落叶之势,相继灭掉韩、魏、楚、燕、赵、齐六国,大一统的秦帝国终于形成。

由七国割据走向统一,在当时是历史发展的必然。战国时期的社会经济较之春秋有了更大的进步。铁农具的推广,耕作、施肥、灌溉等技术的提高,使得农业劳动生产率有较大上升,进而推动了社会分工的发展和商品经济的发达。私营工商业者聚集大量财富,金属铸币广泛流通,城市人口增加、规模扩大,高利贷繁荣,这都是战国社会经济领域所出现的引人瞩目的成就。经济的发展使各地区联系加强,不平衡性减少,相互依赖关系更为密切,实际上为统一奠定了基础。然而分裂割据的形势又严重阻碍着社会经济的进一步发展。兼并战争沉重打击生产力,城堡、关隘林立妨碍商品流通,各国统治者"以邻为壑"的政策破坏了他国的水利设施。因此,战国时期(特别是战国中后期)的人们普遍要求结束战乱,除去那些人为的灾害、障碍。魏惠王问孟子"天下恶乎定",孟子的回答是"定于一"。[7]成书于战国末的《吕氏春秋》则认为"乱莫大于无天子,无天子则强者胜弱,众者暴寡,以兵相残,不得休息"。[8]另外,随着长期以来华夏共同体的不断发展壮大,战国文献中出现了"九州"的地理概念,即将当时人所知道的"天下"按地理区域分为九大部分。"九州"中豫州、并州、冀州等皆属中原,而如北方之幽州、南方之荆州、东南之扬州都已涵盖了传统上的四夷居地。在这里各地区是平等、平行的,与过去以中原为核心、内近外疏的内外服概念有显著区别,表明时人已有"天下一统"的整体观念。战国时期华夏文明扩展、蔓延的成果,使统一不仅具备客观必要性,也具备了客观可能性。

而统一最终由秦国完成,则与秦国自身的一些有利因素存在密切关系。秦在七国当中本来是较为落后的国家,但政治改革最为彻底,改革措施的执行比较连贯,因而发展出一套比较完备的君主集权体制和高效率的国家机器运转机制。与六国相比,秦国发展经济、招揽人才的政策也最见成效。秦的胜利,还得益于它"远交近攻"的外交策略,成功地起到了分化瓦解六国力量和逐渐扩展自身势力的作用。而六国貌合神离,始终不能全力对付秦国。此外,秦国优越的地理位置也发挥了作用,进可攻、退可守,又能乘虚先取巴、蜀,壮大了自己的经济实力。长期与戎、狄为邻,使秦国形成了强悍的民俗,这一特点与秦统治者的军国主义政策相得益彰,使秦军在战斗力方面也要高出六国军队一筹。凡此种种,都说明秦国能够完成统一的历史任务,并不是偶然的。

二 各国变法运动

春秋以来生产力的不断发展,推动社会结构发生了重大变化,昔日以等级分封制为基础的相对封闭的小型社会逐步演变为大型复杂社会,要求建立更加严密的管理体制。同时,兼并战争日益激烈的严峻形势,也要求各国实行君主集权,提高统治效率,改变春秋后期卿大夫专权纷争的现象。在这样的历史背景下,各国纷纷进行变法,最终各自建立起君主集权的官僚制政治形态,为以后大一统专制帝国的出现奠定了制度上的基础。

各国变法概况

战国七雄中最早实行变法的国家是魏国。魏国第一任国君魏文侯礼贤下士,以儒门弟子子夏、段干木、田子方等人为师友,又任用李悝、吴起、西门豹等人治国。这些人都来自下层贵族或平民,不属于国君的近亲集团,但却在魏初政治中发挥了重要作用。魏国的这种用人方针标志着传统贵族政治的终结,代表了新的历史发展方向。

魏国变法的主要主持者是曾被魏文侯任为相国的李悝。他兼采各国法律,编纂并颁行了《法经》一书,这是中国古代第一部有系统的成文法典,对后世法律制度有着深远的影响。《法经》共六篇,其篇目依次为盗法、贼法、囚法、捕法、杂法、具法。李悝认为"王者之政,莫急于盗贼",所以《法经》前四篇都是对盗(偷窃、抢劫者)、贼(杀人、伤人者)进行惩罚、捕捉、囚禁的有关规定。此外的犯罪行为列为"杂法",根据具体情况对刑律的增减调整列为"具法"。总体来看,《法经》的主要内容是保护私有财产和维护君主权威,对侵犯私有权、反抗君主统治的行为予以严厉惩罚。其中还规定禁止人民议论法令,违者处死,这已与西周、春秋时期国人议政的传统大相径庭,反映出专制倾向的显著加强。

李悝推行了一些新的经济政策。首先是颁行"尽地力之教",通过鼓励与强迫相结合的方法增加农民的劳动强度,促使其更多地发挥劳动积极性,以发展农业生产、增加国库收入。其次是实行"平籴法",丰年时向农民征购余粮以充实仓储,到荒年时出售。这样国家通过对粮食流通过程的干预来控制粮食价格,稳定市场,防止商人囤积居奇,保护农民不至破产流亡。这些政策"行之魏国,国以富强",[9]其基本精神长期为后代王朝所沿用。

魏文侯还任用卫国人吴起为将,推行"武卒制",即考选精锐以为常备兵,国家予中试的"武卒"以优待,免其徭役,广其田宅,使军队战斗力大为提高。又任用西门豹治邺(今河南安阳北),兴修水利,使魏国的河内地区成为富庶的粮仓。魏国之所以能在战国初期称雄一时,是与上述变法、改革措施分不开的。

在魏国变法稍后,楚国也开始实行变法,其关键人物是曾仕于魏国的吴起。吴起是战国前期著名的军事家,曾参与魏国变法,后因受人排挤而奔楚,被楚悼王任用为相,负责制定并推行变法措施。当时楚国贵族势力强盛,吴起的变法即从剥夺贵族特权利益入手。他宣布废除对疏远公族的优待,封君子孙传三世者即收其爵禄,另外裁撤无用、不急之官,用节约下来的费用供养为国出力报效的"战斗之士"。吴起还将一部分贵族迁徙到边远地区从事开发,整顿吏治,用人唯贤,禁止私门请托。吴起变法在打击贵族势力、富国强兵方面取得了一定的成效,但也遇到了来自贵族的强大阻力。变法实行一年,楚悼王去世,贵族攻杀吴起于悼王灵堂。肃王即位,以伤害王尸的罪名惩罚作乱者,夷灭宗族者70余家,贵族势力受到了一定的打击。但楚国的变法运动也因此受挫,未能持续深入地开展下去。

其余诸国都在推行法治、加强君主集权方面进行了变法。齐威王任用邹忌为相,大力整顿吏治,"谨修法律而督奸吏",结果"人人不敢饰非,务尽其诚,齐国大治"。[10]韩昭侯任用申不害为相,实行以"术"(即权术)为核心内容的君主集权统治,加强对臣下的控御,提高行政效率。赵、燕二国也均逐步采取了相类似的政治改革。

商鞅变法

战国时期各国的变法运动,以秦国的商鞅变法推行最彻底、实际影响最大。商鞅原名公孙鞅,出身于卫国贵族,少好刑名之学,曾游宦于魏国,而魏不能用。当时秦国国势相对较弱,时常受到魏、楚诸国的侵迫。秦孝公即位后,大力招揽人才,希望变法图强。公孙鞅遂应召入秦,以"霸道"说秦孝公,陈述改革主张。秦国大臣甘龙、杜挚等提出反对,认为"智者不变法而治","法古无过,循礼无邪"。公孙鞅则主张"圣人苟可以强国,不法其故,苟可以利民,不循其礼","治世不一道,便国不法古"。[11]辩论结果,公孙鞅最终获胜,得到了孝公的赏识和重用,开始推行变法。后来秦封公孙鞅于商(今陕西商县东南),因此史籍称他为商鞅。

商鞅变法的具体措施主要是分两次颁行的。公元前356年,第一次颁布变法令,以厉行法治、强化君主集权为主要内容。变法令规定:在百姓中实行什伍连坐,五家编为一伍,十家编为一什,什伍之内互相纠察告发,告奸者与斩敌者同赏,匿奸者与降敌者同罪。重农抑商,奖励耕织,生产粟帛多者,免除其本身徭役,不认真从事农业生产、改事工商末业者,籍没为官奴婢。强制拆散家长制的大家庭,民有二成年男子不分家者,加倍征收其赋税,希望以此来充分发挥个体农民的生产潜力。奖励军功,发展武备,平民可因军功拜爵,并因而占有不同数量的田宅、奴隶,严禁私斗,犯者各视轻重受刑。贵族无军功者要降低待遇,不得再享受过去的特权。为保证上述法令的顺利执行,还特别采取了焚烧儒家经典、禁止私门请托的措施。

公元前350年,在商鞅主持下又颁布了第二次变法令。这次变法在第一次变法的基础上更着重于新制度的建设,其主要内容包括:废井田,开阡陌,即彻底废除古老的农村公社井田制,铲除其田界封疆,在此基础上建立新的田制、亩制,由国家将土地授予个体农民耕种,统一征收赋税。普遍推行县制,其官员受君主任免,集权于朝廷。统一度量衡,以便利收税与商业经营。将都城由雍(今陕西凤翔)迁至咸阳(今陕西咸阳东北),为东向扩张进行准备。另外,还革除国内残留的戎狄风俗,禁止父子兄弟同室居住。

商鞅在秦国历任左庶长、大良造等要职,当政近20年,因此他的上述变法措施在秦国得到了长时间和比较彻底的推行。由于变法严重损害旧贵族的利益,受到了他们的强烈反对和阻挠,连太子也在贵族唆使下故意违犯新法。商鞅在秦孝公支持下严厉镇压反对派,将太子的师傅公子虔、公孙贾等逮捕处刑,全国大为震动,无人再敢公开反对。新法推行十年之后,"秦民大说(悦),道不拾遗,山无盗贼,家给人足,民勇于公战,怯于私斗,乡邑大治"。[12]秦的国力迅速上升,商鞅亲自统兵击败魏国军队,夺回被魏侵占的大片领土,周天子和其他诸侯都来致贺。秦从此成为战国七雄中的强国。

公元前338年,秦孝公卒,太子即位,是为秦惠文王。惠文王与商鞅有宿怨,因此以谋反之罪诬陷商鞅,用车裂的酷刑将他处死,并灭其族。商鞅虽死,但新法在秦长期行用并取得显著成效,改革的趋势已不可逆转,故而惠文王以下历代国君仍遵行新法不废。秦国亦因而得以长期保持强盛的国力,最终完成统一大业。商鞅所着力建立的以一家一户为单位的小农经济,成为即将出现的大一统专制政体的社会基础。商鞅所推行的重农抑商政策,虽然与战国时期商品经济发展的趋势相违背,但却成为以后历代王朝的基本国策。商鞅废除公社所有的井田制,建立新的授田制度,虽然原则上仍为土地国有,但由于农民可以长期占有土地以及国家直接管理基层土地存在困难,实际上大大助长了土地私有化的趋势,为以后土地兼并、贫富不均社会问题的产生埋下了伏笔。总之,商鞅变法的历史意义,是非常深远的。

官僚制的建立

通过战国时期的变法运动,各国的政治制度先后由宗法分封制转变为专制官僚制。居于行政位置上的不再是拥有封地的世袭领主贵族,而是由君主任命、领取俸禄、可随时罢免的国家官吏。官僚制是中国古代王朝最主要的政权形式,其最初建立就是在战国时期。

各国都在君主下面形成一套官僚机构。其中职位最高的官吏为相,或称相邦、丞相、令尹等,综理行政事务,对大小官吏有赏罚之权。又有将,或称将军,是统帅军队的长官。将下面的次一级武官为尉。协助君主处理日常事务的秘书之官为御史。此外,还有大量负责具体职掌如民政、工程、刑法、工商、山林川泽等方面事务的中央官吏,其名目繁杂,各国不尽相同。地方上普遍设立县一级行政组织,大凡有城的都邑基本都立为县,取代了过去贵族的封邑。县设令、丞、尉等官,以下有乡、里、什、伍等管理单位,君主的政令可以通过县一直贯彻到最基层。在边境地区或新占领的地方,往往又设郡以统县,大郡有统十几、几十县者。郡设守为长官,兼掌边地军政与民政。

从中央到地方的各级官吏都由君主任免。任命官吏时要授予玺印,作为权力的凭证,上下来往的各类行政文书都必须加盖玺印,官吏任满或因罪免职时将玺印缴回。对统兵的将领发放虎符,虎符呈伏虎形,上有铭文,分为两半,将领只持有右半,左半则存于君主处。调动军队时,传令者持左半虎符与将领合符,命令方才生效。君主通过围绕玺、符的一套严密管理制度,将文武大权集中在自己手中。君主还要定期对官吏进行考核。即如荀子所称"岁终奉其成功,以效于君,当则可,不当则废"。[13]最主要的考核方法称为"上计"。"计"又称"计书",即统计籍册。官吏每年将自己主管范围内的各种预算数字,如垦田、赋税、户口、仓储数字等写成文券上报君主,到年终持实际完成数字前去报核,如成绩不佳,君主即可当场将他收玺免职。这种考核制度是当时各国提高行政效率的重要手段。

虽然西周、春秋以来任人唯亲的方针仍未完全消失,但任人唯贤的确已成为战国时期比较普遍的现象。战国七雄的名臣名将,绝大多数都不是君主近亲,而往往来自下层贵族或平民,完全是凭借自己的能力被拔擢,受重用。故《韩非子·显学》云:"明主之吏,宰相必起于州部,猛将必发于卒伍。"求贤于他国的情况也相当常见,特别是秦国,尤以善于使用外来的"客卿"著称。选拔人才的方式大约有几种,或是由大臣荐举,或是通过自己上书自荐、游说,或是积累军功得官。一旦被任命为官吏,即可享受俸禄的待遇。俸禄大多为实物,以石、钟等单位计算,数量多少因官位高低而相差悬殊。由于战国时期商品货币关系的发展和雇佣劳动现象的普遍,人们也将官吏领取俸禄为报酬看做一种雇佣关系,称之为"主卖官爵,臣卖智力"。[14]另一方面,国家也通过法律对官吏进行严格的约束、监督。根据1975年在湖北省云梦县睡虎地出土的秦国法律条文来看,当时的行政法规已经比较发达,官吏若违反有关规章制度,就会构成犯罪,轻则被罚缴纳财物,重则下狱服刑。如果贪污受贿,有意舞弊,更将受到严惩。

战国各国仍有爵位和封君,但已与春秋时有较大区别。就爵位而言,总的来说分等级更细。上等爵位授予贵族、官员,下等爵位授予平民,以供奖励军功之用。如秦国的爵位共分20等,凡战士斩得敌国的一颗甲士首级,即由国家赏赐爵位一等,以后还可逐级递升。政府有时也向普通百姓直接赏赐爵位,以达到移民、征兵、征粮等目的。有爵位者按等级各自享受不同的特权待遇,可用来赎免自己或家人的奴隶身份,也可在犯罪时折免刑罚。李悝《法经》对不同爵位的尊卑等级及其相应能够占有的田宅、奴隶数量都有规定,违者称做"逾制",为法律所严禁。商鞅变法也有"明尊卑爵秩等级,各以差次名田宅、臣妾、衣服"[15]的内容。与春秋不同,战国的爵位一般不能世袭。另外,各国亦有受封的封君,包括王族、外戚和功臣。这些封君虽各自拥有封地,但在封地内必须遵循国家统一的法令。他们通常只享有衣食租税之权,不能直接治民,而且待遇只保终身或传数世,很难长期世袭。在官僚制的基本政治形态下,一切社会身份都要受国家限制,这是对春秋时期世卿世禄制的重大否定。

三 士阶层的崛起与百家争鸣

战国时期的社会变动,同样也表现在学术文化领域。由于"学在官府"的传统已被打破,文化知识不再为贵族阶层所垄断而流向民间,导致社会上出现了一个新兴的士人阶层。战国的士以掌握学术文化知识为主要身份标志,他们在社会上的活跃反过来又进一步推动了学术文化的繁荣。各种学说、学派并出,形成"百家争鸣"的自由学术氛围。这是中国文化史上一个辉煌、璀璨的时代。

战国的士阶层

士的概念产生很早,最初只是泛指部落中的成年男子。到西周和春秋,士被用来特指卿大夫以下的低级贵族。他们属于"国人"阶层,与国君、卿大夫有着亲疏不等的宗法关系。由于这种贵族身份,他们能够得到国家所颁赐的一定数量的土地,能够接受传统的贵族"六艺"(礼、乐、射、御、书、数)教育,平时可充任国君、卿大夫的家臣,战时则加入军队为国服役。春秋后期,随着社会状况的变化,西周以来的教育体制逐步瓦解。过去由贵族所垄断的学术文化流传到社会下层,民间聚徒讲学之风兴起(孔子就是这方面的代表人物),很多庶民子弟通过接受教育掌握了学术文化知识。在这样的背景下,到战国时期,士的含义再度发生了转变,成为知识分子的代称。此时的"士"已与出身无关,可能来自贵族,也可能起于微贱,其共同的身份标志仅仅是知识、智慧和才能。以前的士所受"六艺"教育文武并重,如射(射箭)、御(驾车)都带有军事训练性质,而战国的士基本以学习文化典籍为主,是比较单纯的文士。这些文士已经脱离了昔日分封制和等级制的束缚,能够自由流动。他们学习知识并不是简单地出于好奇,而是有很强的功利性目的,即为了治国安邦,从事政治实践,这也是与当时官僚制的确立过程相适应的。此类追求知识的功利、实用色彩,事实上成为以后2000

余年间中国古代士人的普遍特征。

战国时期,面对竞争日益激烈的政治形势,各国统治者争相招揽人才,这些人才大多数都来自士阶层。此时社会上的等级观念已经比较淡漠,很多国家出现了"布衣卿相"之局,国君礼贤下士,并不计较出身。于是士的社会地位同以前相比更加显赫,奔走出入于各国,成为各国官僚队伍的后备队。他们求仕最常用的办法是游说自荐,一个普通士人若能通过游说打动国君,即可骤列高位,拔居要津。如商鞅初入秦就是通过游说获得了秦孝公的重用,后来合纵、连横理论的倡导者公孙衍、张仪也是凭借过人的辩术纵横捭阖于各国之间,成为"一怒而诸侯惧,安居而天下熄"[16]的风云人物。随着聚徒讲学风气的盛行,收有门徒的士人往往被尊称为"子""夫子",而这两个称号过去是专用于卿大夫的。这些"子""夫子"周游各国时通常都是"率其群徒,辩其谈说",[17]声势比一般士人更盛。战国士人有着较强的自尊、自主意识,号称"从道不从君"。《孟子·尽心下》云:"说大人则藐之,勿视其巍巍然。"在后世大一统专制王朝的统治下,士人的忠君观念逐渐强化,但类似的自尊、自主意识仍然在相当长时间内一直存在。

战国各国养士之风盛行。统治者对士人十分尊重,不仅从中任用官吏,还将一些人专门供养起来而不责以实务。这方面最著名的例子是齐国的稷下学宫。齐、鲁一带长期以来是经济发达地区,文化也比较繁荣。战国初期,齐国于国都临淄的稷门附近设馆招徕文士学者,一时名流多荟萃于此,称为稷下学宫。稷下学宫历时百余年而不衰,养士多时达一千余人。其中尊者"皆赐第为上大夫,不治而议论"。[18]他们虽获得显爵和优厚生活待遇,却并不担任具体官职,而只是负责探讨、评论政治得失。值得重视的是,稷下学宫在当时众多的学派中并不专主一家,而能兼容并蓄,因而成为各派学者争鸣、交流的中心,推动了学术思想文化的发展。后来秦汉王朝以学者任"博士"以议政,实际上是承稷下之余绪。除国君养士外,贵族大臣亦多养士为食客。据称齐国孟尝君、赵国平原君、魏国信陵君、楚国春申君和战国末年的秦国相国吕不韦所养食客都达3000人以上,为主人出谋划策、奔走游说、经办各种事务。总的来说,这些食客的地位要低于稷下学宫的学者,而且他们身份较为庞杂,不见得都有文化知识,往往只要有一技在身,如"鸡鸣狗盗"之能者,即被罗致。尽管如此,贵族大臣的养士仍为一部分士人提供了从事学术文化活动的环境,如吕不韦的食客即以吕的名义编著了综合各学派思想观点的学术著作《吕氏春秋》。

士阶层的活跃带来了学术文化的繁荣。社会上出现了众多的学说、学派,都提出自己对政治、社会乃至宇宙万物的一套看法,打算"以其学易天下"。它们彼此之间不仅口头论战,而且著书立说互相辩驳,同一学派在发展过程中往往又分化出一些小的宗派。各国君主出于政治需要,对各家学派基本上能采取较为公允的态度,虽有时主要尊崇一家,但对其他各家也能容纳,并能鼓励和支持各家的学术论争。这样就形成了"百家争鸣"的局面。"百家争鸣"本身是战国时期社会变革的产物,反过来对社会变革又起到了进一步的推动作用。

百家争鸣

关于对战国时期众多学说、学派的划分,以《汉书·艺文志》所概括的"十家"分法较有影响,具体为儒家、墨家、道家、名家、法家、阴阳家、农家、纵横家、杂家、小说家。因小说家出于街谈巷语,其言多不足采,故"可观者九家而已"。"九家"又被后人称为"九流"。其中,又以前六家即儒、墨、道、名、法、阴阳最为重要。

儒本为上古时期术士之称,又演变为有知识材艺者之通称。因孔子较早开创私人讲学,传授文化知识,时人遂称其学派为儒家。到战国时,儒家已演化出若干分支,最主要的是孟子、荀子两大宗派。

孟子名轲,战国中期邹(今山东邹县)人,其学传自孔子之孙子思。他着重发展了孔子"仁"的学说,倡导实行"仁政",省刑罚,薄税敛,争取民心,认为这样就可以无敌于天下而达于一统,反对以暴力为手段的兼并战争。孟子的"仁政"思想建立在性善论的基础之上。他认为人天生就有仁、义、礼、智四种"善端",它们是不学而能、不虑而知的,人的修养就是要将这些"善端"在生活中发扬扩大,避免因受外事外物影响而陷于邪恶,最终养成充塞于天地之间的"浩然之气"。"仁政"思想还带有民本主义倾向。因为"政在得民",所以"民为贵,社稷次之,君为轻"。君主有大过,臣下谏而不听,可以易其位。如桀、纣一类暴君,臣下完全有理由诛灭之。孟子是一位有激情的思想家,长于雄辩,尤其擅长使用举例、类推的论证手法。他的仁政学说和人格修养理论在后代产生了重大影响,其本人也被儒家士大夫尊为地位仅次于孔子的"亚圣"。

荀子名况,战国后期赵国人。他在参考、吸取各家学派观点的基础之上对儒家学说进行了重大发展,其思想的很多地方已与孔、孟有显著区别。荀子重点阐发了孔子关于"礼"的理论,特别强调礼在调节社会关系方面的作用。他反对孟子的性善论,认为人性本恶,性善是后天教化的结果。因为人性是恶的,所以要用礼治来约束,做到"明分使群",各人都确定自己在社会中的具体位置,各尽职责,共同构筑出良好的社会秩序。君主集权和统一是荀子理想社会的重要标志。他认为君主治国重在礼义教化,应当"平政爱民",但法治、刑罚也是治国的必要手段。荀子还对孔、孟较少谈及的天道观进行了阐述,认为天是没有意志的自然存在,与人事的吉凶祸福无关。人类既应该顺应自然界的规律,同时也可以通过主观努力改造自然,"制天命而用之"。荀子在后世虽然受到一些正统儒家学者非议,但他礼法并重、德主刑辅的政治思想,实际上成为中国古代绝大多数君主专制王朝的治国基本原则。

墨家是继儒家之后较早出现的学派,与儒家并称为战国时之显学。其创始人墨子,名翟,是春秋末战国初鲁国人,他的思想较多地反映了社会下层人民的利益。墨子提倡"兼爱",即无差别的爱,反对儒家有层次、差等的"仁爱",由此又主张"非攻",谴责列国的兼并战争。关于政治,墨子提出"尚贤",希望上自天子、下到乡里的各级职务都选拔贤人来担任,在"尚贤"的基础上又提出"尚同",即所有人都要自下而上服从领导,直至"上同于天子"。在经济和社会生活方面他主张"节用",反对儒家倡导的厚葬和礼乐建设,认为这都会造成不必要的浪费。其世界观则强调尊天、尊鬼,迷信色彩较重。墨子的信徒人数很多,他们内部有严密的组织,带有宗教和苦行的色彩,在战国社会上影响相当大。但作为墨子、墨家社会政治思想核心的"兼爱"学说,具有虽崇高而不切实际的弱点。随着墨家部分观点在后世渐被儒家所吸收,它作为一个学派也就基本趋于衰落了。

道家的代表人物是老子和庄子。关于老子其人,记载歧异,或云名李耳,或云名老聃,其生活年代可能与孔子同时,但现在所见托其名的《老子》一书则写成于战国时期,有关思想观点的形成要晚于儒、墨学说。《老子》探讨了儒、墨所忽略的宇宙本原问题,提出了"道"的哲学范畴,它无形无象但无处不在,是超越时空的绝对精神。《老子》反对儒、墨"仁政""尚贤"的政治理论,主张小国寡民,无为而治,使民无知无欲。《老子》一书中有比较丰富的辩证法思想,揭示了客观世界中普遍存在的矛盾对立关系及其互相转化的现象,但又把矛盾对立面的转化关系过分夸大,认为事物发展仅仅是简单的循环,从而走向相对主义。庄子是战国中期宋国人,名周,他进一步发展了《老子》的哲学政治思想。庄子同样认为"道"是宇宙本原,并且更强调"道"的主观性和不可知性。其相对主义思想也更加强烈,无是非,齐死生,忘物我,几乎抹杀了一切对立事物的界限。由此他反对社会进步,否定文化知识,痛恨仁义礼乐,主张恢复人的自然本性,做到愚昧全真和心灵的消极自由。以老、庄为代表的道家学派对后世中国社会影响很大,特别是其消极、软弱、倡导"无为"的思想倾向,往往成为后人寻求精神寄托的工具。

名家是一个以逻辑学为探讨对象的学派,与其他主要探讨社会政治伦理的学派有别。其代表人物为战国中期的惠施和战国后期的公孙龙。惠施是宋国人,与庄子为好友,经常互相辩论。他提出"合同异"之说,认为万事万物皆由"至小无内"的"小一"集合而成,因集合方法、数量不同而产生差异,是谓"万物毕异";而从本质来说它们的构成因素相同,都是"至大无外"的"大一"的体现,是谓"万物毕同"。公孙龙是赵国人,他提出的逻辑命题以"离坚白"和"白马非马"最著名。因为坚、白是通过不同感官判断出的物质属性,所以只有"坚石"和"白石",没有"坚白石"。因为白是颜色,马是形状,而"白马"包括了"白"和"马"两个概念,因此它就不再是"马"。比较而言,惠施较多地强调事物相同、相互联系的一面,而公孙龙则更注重事物相异的一面,主要在概念的内涵、外延上做文章,夸大共性与个性的矛盾。名家讨论问题时常流于诡辩,但他们的讨论却促进了古人认识能力和逻辑思维能力的深化,在哲学史上具有重要地位。

法家和阴阳家也是战国时期的重要学派。关于这两个学派,将在下一章结合秦王朝的建立进行介绍。

除上述六大学派外,战国社会上还有其他一些有影响的学派。其中主要有讨论合纵、连横策略的纵横家,提倡重农政策和探究农业技术的农家,综合各派学说的杂家,以及研究军事理论的兵家(见前文),等等。在战国时期"王道既微,诸侯力政,时君世主,好恶殊方"的历史背景下,各家学派"蜂出并作,各引一端,崇其所善",[19]这种学术繁荣的局面不仅是空前的,在后世历史中也属罕见。战国"诸子百家"的学说,都代表了当时人智慧的结晶,总结了上古以来在文化发展方面取得的巨大成就,因而也成为中国传统文化遗产的重要组成部分。

周朝其他文化成果

除去上文各章节提到的周朝礼乐文化、孔子及其他先秦诸子的思想之外,周朝还产生了其他许多重要的文化成果。

《尚书》与《周易》——《尚书》是现存中国古代最早的一部历史文献汇编,"尚"即上古之义。主要为商、周两朝统治者的讲话记录,在周朝编订而成,也包括一些春秋、战国时人根据尧舜时期及夏朝的传说资料加工而成的篇章。既保存了一部分上古史料,同时也是现存最古老的汉语散文,佶屈聱牙,十分艰涩。今传本可靠者共有 28 篇。与《尚书》性质相近者还有《逸周书》59 篇,亦以汇集周朝文献为主,而内容更显庞杂。《周易》则是一部古人占筮(一种用蓍草算卦的方法,与甲骨占卜合称"卜筮")的工具书,分经、传两部分。《易经》用阴、阳两个基本符号组合出 64 卦,384 爻,并各作释辞,大约成于西周。《易传》是对经的进一步解释,共 10 篇,亦称"十翼",写作年代不一,大部分当作于战国,个别篇章可能晚至汉初。《易经》对卦、爻的解释具有很强的神秘色彩,同时显示出较深刻的理论思维和辩证观念,《易传》则在其基础上继续作了哲理化的发挥。后世解《周易》者主要从象数、义理两个方面进行阐释,不少学者借助《周易》中的概念、范畴和思想资料构筑起了自己的哲学体系。

史学——《尚书》《逸周书》虽汇集了一批历史文献,但并不属于史学家有意识纂修的史书,时间观念薄弱,或有月而无年。西周末年到东周初,王室与诸侯国开始设立专门从事历史记载的史官,进行有意识的历史编纂活动。他们编纂的史书大都称为《春秋》(以春、秋季节指代一年),也有《乘》(晋国)、《梼杌》(楚国)等其他名称。其中只有鲁国的《春秋》流传于后世,成为现存最早的编年体史书。鲁《春秋》记事始于鲁隐公元年(前 722),终于鲁哀公十六年(前 479),虽以鲁国纪年,而兼记王室与其他诸侯国之事,相传经过孔子的删订。今存者共 1.6 万余字,叙事十分简略,但囊括了政治、经济、军事、文化、天文气象、社会生活等多方面内容,载有明确的时间、地点和人物,并以简练的文字寓含褒贬之义。成书于战国的《左传》(全称《春秋左氏传》或《左氏春秋》),托名春秋时鲁国史官左丘明所著,是一部对《春秋》内容进行补充、阐释的著作。它以《春秋》纪事为纲,增补了多达 18 万字的材料,成为一部内容更为丰富、翔实的编年史名著。

战国时期还出现了其他很多史著,但流传及今者只有寥寥数种。同样托名左丘明的《国语》以国别史体裁分国记述春秋史事,部分内容与《左传》重复,略于记载事件经过,而详于人物言论。《竹书纪年》是魏国史官所作编年史,始于上古,及于战国,初具通史性质,而较简略。《世本》是赵国史书,亦始于上古,主要记载帝王、诸侯、卿大夫世系,又有"作篇"记古代器物发明,"居篇"记帝王诸侯都城,类似于后世纪传体史书中记典章制度的"志"。另外战国有一些作品虽非专门史著,但部分地具有史著性质。如当时学者整理周朝官制材料,并加以理想化组织而写成的《周礼》(亦名《周官》),近似于后代史部分类之下的政书。《穆天子传》记周穆王巡游经历,

《山海经》记古代地理,皆以神话传说为主,其中也夹杂了不少有价值的古史资料。

文学——春秋时期,出现了中国第一部诗歌总集《诗经》。《诗经》原称《诗》。周朝诗歌创作很发达,且大都用于配乐演唱,王室和许多诸侯国皆设有专职人员负责采集、整理诗歌音乐。《诗经》即是从鲁国流传下来的一种汇编本,其中分《风》《雅》《颂》三部分,汇集了西周到春秋中叶的诗歌305首,故亦称《诗三百》。《风》是各国民歌,亦称《国风》,广泛反映了当时的社会生活,包括劳动、婚恋、风俗等。《雅》是贵族创作的作品,其中也有少量民歌,《颂》则是贵族祭祀所用歌曲,两者包含了不少史诗,述及周部族早期历史及周朝典制。《诗经》的体裁主要为四言诗,但有时出现长短错落的杂言句式。普遍采用重章叠唱形式,节奏鲜明,旋律回还往复,便于歌咏。语言大多生动自然,运用了赋、比、兴等不同表现手法,且音韵协美,达到很高的艺术水准。《诗经》与上文(包括前一章)提到的《尚书》《周易》《春秋》《仪礼》《周礼》在后世均被作为儒家经典尊奉,对中国文化产生了深远的影响。

战国时在楚国兴起了一种新的诗歌体裁,句式、篇幅均较长,用楚地方言写成,辞藻华美,富于浪漫和抒情色彩,称为楚辞。楚辞的主要作家为楚国大夫屈原。他从政失意,遭到放逐,目睹楚之衰亡,感慨自己的政治理想无法实现,遂投汨罗江而死。屈原写有长篇抒情诗《离骚》《天问》,组诗《九章》,又在楚国民间祀神乐歌的基础上创作《九歌》。他的作品大量运用了比兴、夸张、拟人等象征手法,构思奇特,感情浓烈,营造出神奇瑰丽的艺术境界。其余楚辞作家还有宋玉、景差等。

战国时期的散文创作已从过去古奥的《尚书》典诰体中解脱出来,形成了明白易晓、自然流畅的文言文。史学名著《左传》在文学史上同样具有重要地位,其文字简练优美,尤其擅长叙述战争之类复杂的历史事件,生动而清晰,使读者有身临其境之感。写人也时有画龙点睛之笔,形象栩栩如生。汇集战国纵横家言论的《战国策》也以叙事生动见长,并长于夸张,体现出较强的感染力。先秦诸子的许多作品都富有文学价值,如《孟子》《庄子》《韩非子》(见下章)的文笔都十分犀利流畅,善于论证说理,并多用譬喻、寓言以强化论证效果,气势宏大。

科技——西周到春秋的天文学在商朝的基础上继续发展,天文观测的二十八宿体系逐渐形成,用以标志日、月、星宿位置,在此基础上设定季节,编制历法。战国时齐人甘德和魏人石申分别撰写了天文学专著,其残本被后人合编为《甘石星经》。长沙马王堆汉墓出土了若干种大约成书于春秋、战国之际的帛书医学文献残本,其中《五十二病方》记载病名103种,药名242种,药方280副,又有专门探讨切脉和灸法的著作,反映出当时医药学已有较大的发展。战国开始出现针法,一些医生使用药、针、灸的综合治疗,取得较好效果。齐人扁鹊(名秦越人)能以综合手法治疗内科、妇科、儿科、五官科等疾病,名噪一时,"天下尽以扁鹊为能生死人"。[20]先秦诸子中的墨家对科技较有研究,《墨子》中被称为《墨经》的六篇文章探讨了物理学和数学方面的一些概念、规律,是中国古代科学思想史的宝贵资料。

注　释

[1]　《左传·昭公三年》。
[2]　刘向《战国策书录》,《战国策》附录。
[3]　《战国策·赵策三》。
[4]　《孟子·离娄上》。
[5]　《韩非子·五蠹》。
[6]　《战国策·秦策一》。
[7]　《孟子·梁惠王上》。
[8]　《吕氏春秋·先识》。
[9]　《汉书·食货志》。
[10]　《史记·田敬仲完世家》。
[11]　《史记·商君列传》。
[12]　《史记·商君列传》。
[13]　《荀子·王霸》。
[14]　《韩非子·外储说右下》。
[15]　《史记·商君列传》。
[16]　《孟子·滕文公下》。
[17]　《荀子·儒效》。
[18]　《史记·田敬仲完世家》。
[19]　《汉书·艺文志》。
[20]　《史记·扁鹊仓公列传》。

第四章
统一的君主专制帝国——秦

公元前221年,秦军攻灭关东六国中仅存的齐国,标志着中国古代第一个统一君主专制帝国正式形成。秦本来是东周的诸侯国,已有500余年历史。它的历代国君顺应战国时期历史发展趋势,经过长期努力经营,终于完成了统一大业。然而作为统一王朝,秦又是短命的,仅仅存在了15年,到公元前207年即告灭亡。尽管是昙花一现,秦王朝却在中国历史上占有非常重要的地位。它巩固统一的有关措施、特别是一套专制主义中央集权制度,曾长期为后代王朝所取法。它短命而亡的历史教训,也成为后代王朝进行统治的重要借鉴。

一 法家思想与秦的立国

秦王朝立国的主导方针是法家思想。在战国时期的诸子百家中,法家以尊君权、尚法治为基本特点,其论政主要从君主、国家的角度出发,恰好适应了专制官僚制取代宗法分封制的历史趋势,因此各国的变法运动绝大部分都是在法家思想的指导下进行的。各国变法以秦国最为彻底,法家思想的贯彻也以秦国最为深入,它在秦国被全面付诸实践,对秦王朝的建立和速亡都具有重大影响。

前期法家及商鞅学派

法家在战国时期又被称为"法术之士",其最初的发源地主要是较早进行政治改革的三晋地区。如李悝、吴起诸人,就其政治实践而言,都属于法家的范围。至于理论上的建树,则前期法家的代表人物主要有三:卫国人公孙鞅(商鞅)、郑国人申不害、赵国人慎到。三人的思想各有侧重,商鞅重"法",申不害重"术",而慎到重"势"。申不害曾被韩昭侯任命为相,主持改革,一度使韩国国治兵强。他强调的"术"主要是指君主统治的权术,包括任用、监督、考察臣下的一套办法,但这些办法并不公开,而是"藏之于胸中,以偶众端,而潜御群臣者也"。[1]慎到曾在齐国稷下学宫讲学,他强调的"势"是指君主的权威,认为"贤智未足以服众,而势位足以诎贤"。[2]申、慎二人思想的共同特点是与道家有一定的渊源,都主张君主"无为而治",但又不是真正意义上的"无为",而是指君主不露声色,以权术和威势督责臣下,表面无为而实则独裁。这是中国古代较早出现的君主专制理论。

与申不害、慎到相比,商鞅的思想更偏重于表述专制官僚制的行政原则,主要也就是"法"。申、慎二人都论述过"法"的问题,但"法"在他们的思想体系中仍居于从属地位,首先是"尊君卑臣",然后才有"令行禁止"。商鞅则对"法"进行了充分的正面讨论,他的观点又得到后人的继承和发挥,形成了法家中的商鞅学派。商鞅学派的思想资料,主要保存在托名商鞅所著、但成书于商鞅身后的《商君书》当中。通过商鞅变法,这些思想在秦国基本上都得到了长期推行,深入人心,因此尤为值得注意。

《商君书》将历史发展分为三个阶段:"上世亲亲而爱私,中世上贤而说(悦)仁,下世贵贵而尊官。"由于"世事变而行道异",所以统治者应当"不法古,不修今,因世而为之治,度俗而为之法"。[3]商鞅及其后学反对儒家言必称"先王"的复古思想,也反对儒家所倡导礼乐教化的治国方针。他们认为,在"贵贵而尊官"的现实社会,只有"法"才是治国的根本手段。商鞅学派所言之"法",其主要内容是指服务于专制政治的刑法、行政法,"严刑峻法"的色彩尤其浓厚。商鞅被古人评为"天资刻薄""少恩",他治国的一个重要思想是"轻罪重刑",主张对轻罪也施以严厉惩罚,认为这样才能使民众知惧,最终达到杜绝犯罪行为的目的,是谓"以刑去刑"。在具体的政治目标上,商鞅学派特别强调耕战(或称农战),将其提到了决定国家兴亡和君主安危的高度,"国待农战而安,主待农战而尊"。[4]因为重农,所以要奖励耕织,打击工商业;因为重战,所以要提倡全民皆兵,培植尚武精神,同时禁止私斗。而耕战的最终目的又是强国,完成统一的帝王之业。通过厉行法治,使国家机器和社会各阶层、各行业,都充分发挥出效能,以服务于强国这一最终目的,撤销有碍于它的任何阻力。应当说,这套政治理论在秦国行用的效果是相当显著的,秦国的确因而不断强盛,并且完成了统一大业。

但另一方面,商鞅学派的政治理论也存在着比较明显的缺陷。主要是只强调以硬的一手治国,满足于其立竿见影的近期效应,而完全忽视了软的一手,即教化与道德在治国方面长久而深远的作用。与此相联系,过分注重了强国的政治目标,一切为之服务,一切为之让步,使整个社会处于高速运转、高度紧张当中,缺乏调节和弹性,存在着易于崩溃的危险。战国后期,荀子到秦国访问,感受到"其百姓朴","甚畏有司而顺",官僚士人"不比周,不朋党",政府"听决百事不留,恬然如无治"。政治的稳定和高效率,给他留下了深刻印象。但同时荀子也隐隐觉察到了秦国的一个问题,那就是"殆无儒邪?"作为儒家代表,荀子当然对儒术的治国作用深信不疑。他说:"(儒)粹而王,驳而霸,无一焉而亡。"[5]秦国既然"无儒",那就难逃覆亡的命运。后来历史的发展,多少验证了荀子的预言。

吕不韦调整治国方针的尝试

经过商鞅变法以后数代国君的经营,秦国兼并六国的大势逐渐形成,统一已只是时间早晚的问题。在这样的背景下,秦国统治集团中的一部分人开始考虑对商鞅以来的传统治国方针进行某些调整,以适应统一以后的政治形势。其代表人物,是秦统一前夕的相国(或称相邦)吕不韦。

吕不韦,濮阳(今属河南)人,在韩国经商致富,家累千金。一次因商务赴赵国国都邯郸,结识了在赵国充当人质的秦国公子异人。吕不韦认为异人是"奇货可居",出重金替他在秦国活动,使异人被立为储君。异人归国后于公元前250年承袭王位,是为秦庄襄王。庄襄王为报答吕不韦,任命他为相国,授以国政,封文信侯,食邑河南洛阳10万户。庄襄王在位三年即去世,其子政嗣位,也就是后来完成统一的秦始皇。秦王政时年仅13岁,吕不韦继续以相国身份秉政,并被尊为"仲父",权势更盛。从庄襄王即位到秦王政亲政,吕不韦执掌秦国政柄达13年之久。在他主持下,秦国继续东向进行兼并战争,蚕食了大片土地,进一步增强了对六国的优势。吕不韦还模仿六国贵族养士之风,招徕宾客3000人,命他们各著所闻,编成一部20余万言的《吕氏春秋》,希望通过综合总结各家各派的学说,为行将出现的统一王朝提供一套长治久安的治国方案。

《吕氏春秋》是战国"百家争鸣"当中杂家的代表著作。杂家的特点是"兼儒、墨,合名、法",对各家各派学说均有所采纳,但又未能形成系统的思想体系,有"漫羡而无所归心"之弊。[6]另一方面,由于《吕氏春秋》是有计划、有组织的集体创作,所以它的形式体裁非常整齐,分为十二纪、八览、六论,共由160篇篇幅大致相等的论文组成。这样的编纂形式在先秦诸子中是相当独特的。其内容兼及哲学、政治、历史、社会伦理、自然科学诸多方面,"以为备天地万物古今之事",[7]具有某种百科全书的性质。在哲学观点上,它受道家影响较重,提倡法天地,顺自然,但舍弃了道家过于消极避世的思想因素。就政治观点而言,《吕氏春秋》的思想来源则更为复杂。它赞同法家的进化历史观,希望用战争手段建立中央集权的统一王朝,主张以法治国,因时变法。同时,它又吸取了儒家的"重民"思想,鼓吹爱民、顺应民心,强调"宗庙之本在于民"。提倡实行德政,任用贤人,"太上以义,其次以赏罚"。还具有一定的反专制倾向,认为天下不是"一人之天下",而是"天下人之天下",宣称"置天子,非以阿天子也"。对道家"无为""清静"的政治理论,也予以采纳。总的来看,作为《吕氏春秋》的主持编纂者,吕不韦显然已经认识到,对于即将建成的统一王朝,单纯用过去法家的一套策略来治理是远远不够的,必须兼采儒、道等各家政治学说,才能更好地巩固新王朝的统治。

然而随着秦王政的成长,吕不韦的地位已经岌岌可危。秦王政为人猜忌、专断,权力欲很强,对吕不韦长期把持国政久已不能容忍。公元前237年,已经成年的秦王政借故免去吕不韦相国一职,次年又将他流放到蜀地。吕不韦惧祸,饮鸩酒自杀。虽然吕不韦在秦王政亲政前抢先将《吕氏春秋》公布于咸阳市门,但秦王政并未像他期待的那样成为其政治学说的实践者。《吕氏春秋》的治国方案终于被束之高阁。

韩非法、术、势并重的政治思想

真正对新兴王朝政治实践产生深刻影响的思想家是韩非。韩非是战国法家的后期代表人物,也是战国法家思想的集大成者。他出身于韩国贵族,早年曾受学于荀子,因口吃不善游说,埋头著述。秦王政读了他的文章大为赞赏,误以为是古人所作,恨不与之同时,了解真实情况后遂发兵攻韩,迫使韩非入秦。韩非的同学李斯先已在秦任官,他害怕秦王政重用韩非,影响自己的地位,于是在秦王政面前进谗言,致使韩非下狱。韩非在狱中被迫自杀。韩非虽死,但他的法治思想和君主专制思想却得到了秦王政的赏识,被充分贯彻于秦朝统一前后的政治实践当中,并对此后2000余年的君主专制制度发生了久远的影响。

韩非系统地总结了前期法家的政治思想,将商鞅的"法"、申不害的"术"、慎到的"势"结合起来,形成一套更加全面的法治理论。韩非对法的解释是"编著之图籍,设立于官府,而布之于百姓者也"。他强调,法令公开颁布以后,就要认真执行,做到"动无非法","法不阿贵","刑过不避大臣,赏善不遗匹夫"。[8]这样即使是中材的君主,亦足以为治。在韩非看来,只有严格以法治国,才能尽可能地发挥出国家机器的统治效能,调动出社会上下各阶层的积极性。最理想的社会状态,就是"无书简之文,以法为教,无先王之语,以吏为师,无私剑之捍,以斩首为勇",百姓"言谈者必轨于法,动作者归之于功,为勇者尽之于军"。如此才会做到"无事则国富,有事则兵强"。[9]这主要是继承了商鞅学派的思想传统,但阐述得更加充分。

在重法的基础上,韩非又将"术"的思想大力发挥。他指出,作为君主驾驭臣下的权谋,术的重要性决不下于法。"君无术则弊于上,臣无法则乱于下,此不可一无,皆帝王之具也。"与法的公开性不同,术的特点在于其秘密性。"法莫如显,而术不欲见。是以明主言法,则境内卑贱莫不闻知也。……用术,则亲爱近习莫之得闻也。"[10]韩非对"术"的阐释建立在极端性恶论的思想基础之上。在他看来,天下人无一例外的都是"挟自为心"的自私自利之徒,彼此皆"用计算之心以相待",除了赤裸裸的利害关系以外再无其他原则可言。所以君主不能信任、依赖身边任何人,只能靠"术"来防奸。韩非认为,君臣关系就是"君以计畜臣,臣以计事君",甚至说"臣之所以不弑其君者,党与不具也"。[11]因此他概括出了臣下对君主行使奸谋的八种主要手段,又为君主设计了"七术""六微""八说""八经"等一系列防范措施,包括鼓励告密、设置特务、布置圈套、借刀杀人等等。总之,在处理人际关系方面,韩非已经完全不承认伦理道德的调节作用,解决问题的办法只剩下阴谋和暴力。这一点与荀子性恶论有着重大差别。

韩非发展了慎到关于"势"的理论。他说:"君执柄以处势,故令行禁止。柄者,杀生之制也,势者,胜众之资也。"又一再强调"威势之可以禁暴,而德厚之不足以止乱""民者固服于势,寡能怀于义"。[12]在韩非的思想体系中,势实际上成为贯彻法、术的先决条件。君主不仅要善于利用自己至高无上的"自然之势",更要有意识地集中权力、用严刑峻法创造"人为之势"。因此韩非极力拥护君主独裁、专制。不仅如此,他还将"势"的原则从政治领域延伸到思想领域,主张严格控制思想舆论并使其定于一尊,禁止私人讲学和私人著作传布,为此不惜采取愚民政策。"禁奸之法,太上禁其心,其次禁其言,其次禁其事。"[13]这实际上已经带有强烈的仇视文化知识的心态。

从哲学角度看,韩非思想中的辩证法内容比较引人注目。今天常用的"矛盾"一词,就是由韩非发明的。这些辩证法因素在一定程度上受到了老子的影响,但与老子较多地强调对立面转化关系不同,韩非更重视对立面的冲突、斗争因素。所以他不像老子那样主张柔弱胜刚强,而是贵刚不贵柔,提倡积极进取。在论述具体问题如政治时,他又往往走得更远,将对立面的冲突、斗争绝对化,提出的策略带有很强的偏激、冷酷色彩,缺乏回旋余地和灵活性。这些策略在秦王朝大都得到了实践,结果却成为秦王朝速亡的重要原因。然而,韩非的思想毕竟为新出现的君主专制中央集权王朝提供了充分的理论依据,其中亦颇不乏实用的内容。因此,在秦亡以后两千年中,后代王朝的统治政策大多是"阳儒阴法""儒表法里",关键仅在于不公开声明而已。

二　巩固统一的各项措施

秦的统一结束了春秋、战国数百年的分裂割据局面,建立起一个以首都咸阳为中心的幅员辽阔的国家。其疆域东起大海、西至陇西、北抵阴山、南到岭南,有效统治范围大大超出周代。为巩固统一成果,防止分裂割据局面再度出现,秦朝统治者采取了一系列有针对性的措施。这些措施确立了专制主义中央集权的统治,初步奠定了中国的版图并使之趋于稳固,使统一成为以后中国历史发展的主流,在中国历史上具有重大的积极意义。

君主集权的官僚制统治

早在战国时期,各国通过变法运动,已经分别确立了君主集权的官僚制政治形态,它与西周以来的宗法分封体制有着本质的不同。随着全国统一,这种新的政治形态也自然地被秦王朝承用,并在某些方面有进一步的创新。其中最主要的创新,就是皇帝制度的建立。

公元前221年,秦国完成统一不久,秦王政鉴于"天下大定",认为如果自己的"名号不更",便无以"称成功,传后世",因而要求百官讨论新的君主名号。最后定议,从上古传说中的君主名号"三皇""五帝"当中各取一字,合为"皇帝"。同时秦王政下令,取消过去"子议父、臣议君"、对君主进行褒贬的谥法,改以数字为称,自己为始皇帝(史称秦始皇),以后继任者为二世、三世,"至于万世,传之无穷"。[14] 当时除制定隆重的朝仪外,还专门作了若干旨在"尊君"的附加规定,如皇帝自称为"朕",其命令专称为"制""诏",其印章专称为"玺"。这些称号的使用原来并不限于最高统治者,如一般人均可以"朕"自称。至此它们皆属皇帝独有,以表示皇帝至高无上、与众不同的地位。对皇帝的名字要进行避讳,如秦始皇名政,秦即避讳"政"字,连同音字如"正"亦在避讳之列,因而改称正月为"端月"。另外文件中提到皇帝时,必须换行顶格书写。诸如此类的有关制度,连同"皇帝"

的名号一起，基本都被以后历代王朝一直沿用，仅谥法在后世重新恢复，与秦不同。

在建立皇帝制度的同时，作为大一统国家统治机器的官僚机构也得到了进一步的完善。中央机构中，丞相、太尉、御史大夫是皇帝最主要的辅佐大臣，后人合称之为"三公"。其中丞相一职尤为重要，"掌丞天子，助理万机"，[15]为最高行政长官，被视为百官之首。秦丞相通常分设左、右二员。太尉为最高武官，掌军事，然秦仅存其职，实际上并未授人。御史大夫为丞相副贰，协理国政，主管图籍文书，并负责监察百官。"三公"以下，有"诸卿"分掌具体政务，习惯上亦称"九卿"（九仅为数目较多之意，实际职务并不限于九项）。其中奉常掌宗庙礼仪，郎中令、卫尉掌宫廷宿卫，中尉掌京畿警卫，太仆掌车马，廷尉掌刑法，典客掌礼宾，典属国掌边疆藩属，宗正掌宗室事务，治粟内史掌国家财政，少府掌皇室费用，将作少府掌工程营建，等等。此外还设有一批"掌通古今"、无具体行政事务的博士，以备皇帝顾问。这一套以"三公""九卿"为主干的中央官制，也被后来的汉朝所采用。

地方行政机构分郡、县两级。秦朝彻底废除了周朝的分封制度，全面推行郡县制，以郡统县。战国各国县的设立已经比较广泛，但统领县的郡主要仅置于边地，尚未普及。秦并六国，疆域辽阔，中央直接统辖数以百计的县显然比较困难，郡的普及势在必行。初统一时，全国共设36郡，后来陆续增设至40余郡。郡设郡守为行政长官，郡尉掌武事，郡监（监御史）掌监察。县的大小不等，万户以上者长官为县令，万户以下为县长，又皆有县丞、县尉等官。郡、县主要官吏均由朝廷任免，他们通过自战国沿用下来的"上计"制度接受中央考核。县以下又有乡、里两级基层管理组织，乡设三老、啬夫等职，里设里典。另外县下面还有亭的建置，设亭长，负责掌管地方治安。这样，秦王朝的统治由朝廷下至郡、县、乡（亭）、里，层层控制，国家权力自上而下延伸到社会最底层，又自下而上逐级集中到最高统治者皇帝手中。这也是秦以下中国历代王朝的基本统治模式。

整齐制度

除官僚制统治机构的普遍设立外，秦王朝又以原来秦国之制为主要标准，尽可能地对全国政治、经济、文化各方面制度进行整齐划一的工作。这些工作有利于消除长期分裂割据所造成的地区差异，起到了巩固统一的历史作用。

秦统一后，将原来本国的法律加以补充、修订，颁行于天下，做到"法令由一统","事皆决于法"。[16]秦律名目繁多,分类细密,就法律形式而言已经比较发达。同时,普遍推行户籍制度,加强对民众的管理和控制。此前秦国早已实行将百姓户籍编为什伍、有罪连坐之制,至此制度更加完备。凡男子均须向政府申报年龄,称为"书年";至成年即载明于户籍,以备国家征发徭役,称为"傅籍";人户迁居应经官府批准后登记,称为"更籍"。秦廷还在统一后"使黔首自实田",即令百姓申报土地面积,其数目载入户籍,作为国家征收租税的主要依据。秦用于赏军功的二十等爵制亦在全国广泛推行,爵级同样载于户籍,是社会地位的象征,高爵者可享受若干法律特权。

战国时由于长期分裂,各国文字异形,其基本结构虽大体相同,而字体繁简和偏旁位置多有差别。统一后秦始皇下令,将秦国过去使用的文字进一步简化整理,称为"小篆",普遍推行,做到"书同文"。与战国各国文字相比较,小篆明显具有构造简单、易写易认的优点,因而很快为社会所接受,并且在其基础上又演变出更为简易的隶书。从长远来说,文字的统一巩固了政治、经济的统一,对中国历史发展具有非常重要的积极意义。另外,秦廷还进行了统一货币和度量衡的工作。战国时货币经济已较发达,但各国货币形制各异,秦为圆形方孔,其余六国或为铲形币,或为刀形币,或为形似海贝的"蚁鼻钱"。货币的轻重大小、计算单位亦各不相同。秦统一后,废除六国旧币,法定货币仅限于两种,以黄金为上币,圆形方孔铜钱为下币。铜钱由国家统一铸造,严禁私人盗铸。圆形方孔从此成为中国古代铜钱的固定形制。度量衡的情况类似。秦廷将商鞅变法时制定的度量衡标准器推行到全国,废止六国各自原有的度量衡。在当代考古发掘中,刻有秦始皇诏书的度量衡标准器出土范围很广,甚至远及塞外,可见当时的推行措施是比较彻底的。

秦朝"整齐制度"之举在很多方面受到了阴阳家的影响。阴阳家是战国"百家争鸣"中的一个重要学派,主要代表人物为齐国人邹衍。他们发展了中国古代的"五行"学说,认为宇宙万物皆由金、木、土、水、火五种元素构成,这五种元素又与历史上的朝代相对应,相生相克,终始循环不已,称为"五德"。阴阳家以周朝为"火德",并根据水克火的原则,认定取代周朝的朝代属于"水德"。这种思想得到了秦始皇的采纳,他希望借此来宣扬自己统治的合法性,因此尽量按照"水德"的有关对应细节设计王朝制度。在阴阳家的"五德终始说"中,水德在时间上代表冬季,颜色上"尚黑",数字上与"六"相对应。秦始皇于是规定,以冬季之始十月为一岁之首,衣服旌旗均以黑为主色。使用数目时,尽可能"以六为名",如车用六马,轿宽六尺,符节、法冠均高六寸。大数目多用六的倍数,如设36郡,修宫殿270座,迁徙豪强12万户,等等。另外水德属阴,主刑杀,故而秦的统治力求严酷,不讲"仁恩和义",这些也与它的立国主导方针——法家思想殊途同归。

其他措施

秦朝统治者在巩固统一方面还做了许多工作。当时六国虽灭,但各地残余的反秦势力并未完全消失,分裂割据的危险仍然潜存。针对这种情况,在兼并战争结束后,秦廷即将天下兵器都收缴到首都咸阳加以销毁,熔铸为12个各重千石的铜人。秦始皇又下令"堕坏城郭,决通川防,夷去险阻",[17]将战国时各国所修城防壁垒完全拆除,使六国旧部失去了割据的凭借。对于六国故地的贵族、豪富,秦廷采取了强制迁徙的措施。如迁赵王迁于房陵(今湖北房县),齐王建于共(今河南辉县),赵国豪族卓氏于临邛(今四川邛崃),魏国豪族孔氏于南阳(今属河南)。统一当年还曾大规模地迁徙天下豪富12万户至咸阳。迁徙的主要目的在于使这些贵族、豪富脱离乡土,便于监视,同时也促进了新迁居地区的经济发展。

为控制辽阔的国土,秦始皇下令修建了以首都咸阳为中心的道路交通工程。由咸阳"东穷燕、齐,南及吴、楚",向东和东南分别修成两条交通干线,称为"驰道"。驰道宽50步(约合今69米),路基高厚,道旁每隔3丈(约合今7米)种树一棵,其规模被后人叹为观止。[18]由咸阳向北直达河套地区也有一条交通干线,称为"直道",全长1800里(约合今620公里)。西南地区开通了由今天四川宜宾直通云南曲靖的道路,因地形险阻,道路比较狭窄,名为"五尺道"。此外,各地还修建了大量区域性的道路,对加强全国经济、政治联系都具有重要意义。沿着新开辟的道路,秦始皇先后五次大规模出巡。除西南外,他的足迹几乎遍及全国北、南、东南各地区。秦始皇出巡的主要目的是炫耀威德,慑服地方,故而随从车驾众多,仪仗鼎盛。每到一处,往往都要刻石立碑,祭祀名山大川,歌颂自己的功德。始皇二十八年(公元前219,此纪年从秦始皇初即秦王位算起)第二次出巡时,曾专门在泰山举行封禅大典。"封"为祭天,"禅"为祭地。按照战国时人的说法(主要是阴阳家),泰山是天下最高的山,君主只有亲临泰山祭祀天地,才算是正式"受命于天"。秦始皇也成为第一个真正将封禅理论付诸实施的古代帝王。

开拓、稳定边疆也是巩固统一政策的重要内容。秦在北部边疆的威胁来自匈奴。匈奴是崛起于战国后期的一个北方民族,在秦兼并六国前后,它也逐步征服了蒙古高原上的一些部族,建立起南抵阴山、北至贝加尔湖的强大草原国家,其君主称为"单于"。匈奴人以游牧为生,"逐水草迁徙,毋城郭常处耕田之业","其俗宽则随畜,因射猎禽兽为生业,急则人习战攻以侵伐",具有较强的掠夺性。[19]战国末年,匈奴向南发展,占领了河套地区,即史书中所称"河南地",对秦朝构成重大威胁。秦始皇统一后,派大将蒙恬率军30万北击匈奴,至始皇三十二年(前215)终于夺回"河南地",设置郡县,移民屯垦。为抵御匈奴侵扰,秦朝利用战国时秦、赵、燕诸国北边边墙,加以整修连贯,筑成了西起临洮(今甘肃岷县)、东至辽东的万里长城。这是闻名世界的伟大工程。

在南方,秦始皇发动了对越人的战争。越是当时自长江下游直至南海交州湾沿海地区居民的泛称,因其种姓繁多,又称"百越"。其人断发文身,从事渔猎和粗放的农业生产。秦并六国后,派尉屠睢统军50万,继续开拓东南、南部沿海地区。越人凭借复杂的地形进行抵抗,秦军经过三年苦战才基本完成征服工作,统帅尉屠睢也在战斗中丧生。为解决战时的后勤运输问题,秦朝官员在湘水、漓水之间开凿了灵渠(在今广西兴安)。灵渠长仅30余公里,但却沟通了长江、珠江两大水系,航运之利泽被后世。秦廷既平百越,随即在其地设置郡县,修筑道路,并征发内地百姓前往戍守,浙、闽、两广地区自此纳入中原政权版图。另外在"西南夷"居住的云、贵地区,秦朝也派人前往招抚,加强了西南与中原的联系。

三　秦的暴政和速亡

作为中国古代第一个统一的君主专制王朝,秦朝的强盛大大超出以前的朝代。所以秦始皇在巡游刻石中才得意地宣称"壹家天下,兵不复起","人迹所至,无不臣者"。[20]但秦始皇的辉煌功业,是建立在残酷剥削压迫人民的基础之上的,因而在强盛中也孕育着严重的危机,并很快导致了秦朝的覆亡。

秦朝的暴政

秦始皇统一全国,结束了长期战乱,但广大下层人民的生活并未因此改善。在统一以后的十余年中,秦朝维持了一支庞大的军队,建立起一套庞大的官僚机构,继续发动了若干次大规模战争,并且进行了巨大的国防建设和土木建筑工程。为动员人力、筹集费用,秦朝统治者大大加强了对人民的征敛。法家思想在治国方面提倡君主、国家至上,漠视民生,轻用民力,迷信严刑峻法,这在秦朝的统治中表现得十分明显。

秦朝的赋役非常繁重。百姓验地交田租,按人口纳口赋,此外还有种种苛捐杂税。男子一生中至少要为国家服兵役两年,实际上常常不止其限。临时的徭役征发也极为频繁。秦始皇在统一后开拓边疆、进行国防建设的举措,本来具有积极意义,但他不知掌握节奏,一味滥用民力,给社会造成了沉重负担。不仅如此,秦始皇为了满足个人的享乐欲望和虚荣心,还大兴土木,在咸阳修建阿房宫等宫室,在骊山(今陕西临潼境内)预修自己的陵墓,其规模之豪华相当惊人。如阿房宫"东西五百步,南北五十丈,上可以坐万人,下可以建五丈旗";皇陵"以水银为百川江河大海,机相灌输,上具天文,下具地理,以人鱼膏为烛,度不灭者久之"。[21]今天在临潼发掘的面积庞大的秦兵马俑坑,就是当时皇陵的陪葬工程之一。史载秦朝北修长城动用40余万人,开拓岭南戍边动用50余万人,修建骊山皇陵则征发了70余万人。除朝廷直接征役外,地方官府杂役也无不征用民力。据估计,秦朝日常从事当兵服役的劳动者达到壮年男子的三分之一,严重地影响了农业生产。

秦朝的刑法非常严酷。首先是法网严密,条目繁杂,百姓动辄得咎。另外统治者提倡"轻罪重刑",量刑苛重。死刑有磔、戮、烹、绞、车裂、腰斩等多种名目,还时常连坐族人,实施夷三族、九族的大规模杀戮。肉刑包括劓、黥、刖、宫等各种残害肢体的手段。徒刑的实施更为广泛,而且对刑期并无规定。百姓一旦沦为刑徒,就可以无休止和更加随意地被国家役使,以至出现了"赭衣塞路,囹圄成市"[22]的局面,全国几乎变成了一个大监狱。

在政治上,秦始皇实行高度的集权专制。他深受韩非"术""势"理论的影响,加上个人性格猜忌专断,因此事必躬亲,不信任臣下。每天处理文书奏章,以竹木简一石(dàn,合120斤)为标准,不完不得休息。喜怒无常,乐以刑杀为威,群臣动辄受刑、被杀。秦始皇还将专制统治实施于思想文化领域。始皇三十四年(前213)大臣争论分封、郡县制优劣,博士淳于越等倡言以古为师,主张分封,未获采纳。丞相李斯借机将事态扩大化,指责"诸生不师今而学古,以非当世,惑乱黔首",私学流行导致世人"闻令下则各以其学议之,入则心非,出则巷议",对专制统治不利,因此建议焚书和禁止私学。始皇从其议,下令凡秦以外诸侯国史书,非博士官所藏《诗》《书》及诸子百家著作一律焚毁,仅医药、卜筮、种树之书除外。以后有敢谈论《诗》《书》者处死,以古非今者灭族。次年,始皇因求仙为方士所骗,迁怒于咸阳的儒生,认为他们"为妖言以乱黔首",逮捕并坑杀了460余人。[23]以上两件事史称"焚书坑儒",虽暂时起到了控制思想舆论的作用,但对文化造成严重摧残,更加重了士人对秦朝的仇视。

秦朝的暴政导致了严重的社会危机,地方上不断出现反秦活动。始皇二十九年(前218),前韩国贵族张良雇佣刺客在阳武博浪沙(今河南中牟北)用铁椎行刺秦始皇,结果误中副车。三十六年(前211),有人在东郡(治今河南濮阳)陨石上刻下"始皇帝死而地分"的标语。次年,秦始皇在第五次出巡途中病死,遗诏命长子扶苏回京主持丧事。扶苏此前因反对秦始皇的严刑峻法政策,被贬至北方监军。宦官赵高与丞相李斯密谋,矫诏令扶苏自杀,拥立始皇的幼子胡亥即位,是为秦二世。秦二世为人更加昏庸残暴,信用赵高,频繁诛杀宗室大臣,统治集团内人人自危。又继续大兴土木,滥施刑罚,丁男供役不足,征及妇女,百姓饥寒交迫,死者相望。此时的秦朝已经到了"人与之为怨,家与之为仇"[24]的地步,大规模的暴动一触即发。

秦朝的覆亡与楚汉之争

秦二世元年(前209)七月,一队开往渔阳(今北京密云)的戍卒900人,在大泽乡(今安徽宿县境)遇雨受阻,无法如期赶到戍地。按秦法,戍卒"失期当斩",这些戍卒为了死里逃生,在带队的屯长陈胜、吴广领导下揭竿起义。因起义者基本上来自楚地,故而打出了兴复楚国的旗帜。他们在起事之前即散布口号"大楚兴,陈胜王",起事后陈胜称王,取"张大楚国"之义,定国号为"张楚"。消息传出,附近人民纷纷响应,各地从事秘密反秦活动的六国旧贵族也都趁机起兵复国,天下大乱。虽然陈胜、吴广起事仅半年即在秦军主力进攻下败死,但秦朝灭亡的大势已经形成。

战国时期,东方六国都各自进行过程度不等的政治改革,后来虽然为秦所灭,但失败原因主要在于军事,其政治尚非十分腐败。因此各国贵族在地方上仍然有很大的号召力,掌握了各支反秦部队的领导权。六国当中,楚国疆域最大,贵族势力最强,楚地的反秦情绪也最激烈,流传民谚称"楚虽三户,亡秦必楚"。旧楚名将项燕之子项梁在吴(今江苏苏州)地起兵,拥立战国时客死于秦的楚怀王之孙为王,仍号楚怀王,并被各地反秦势力拥戴为盟主。不久项梁战死,其侄项羽继统楚军。秦二世三年(前207),项羽在钜鹿(今河北平乡境)以少胜多,大败章邯率领的20余万秦军主力,迫使章邯投降。与此同时,楚怀王又派刘邦统领一支军队乘虚直取关中。秦朝统治集团在强大的反秦压力下分崩离析,赵高杀死秦二世,拥立二世之侄子婴,子婴又诱杀赵高。公元前207年十月,刘邦兵临咸阳,子婴出降,秦朝遂告灭亡。

秦朝灭亡后,全国陷入短暂的分裂局面。项羽自恃功高兵强,企图主宰天下。他尊奉楚怀王为义帝,自立为西楚霸王,都彭城(今江苏徐州),并主持分封了18个诸侯王。在此之前,六国君主后裔已纷纷称王,项羽将他们的辖境重新进行调整,多徙之于偏远贫瘠之地,相反却将自己的亲信分封于善地为王。连楚怀王也被他迁到荒僻的郴(今湖南郴州)。楚怀王曾与诸将约定"先入关中者王之",按理应封刘邦于关中。但项羽对刘邦已有猜忌,违约将他封为汉王,王于汉中,同时以章邯等三员秦朝降将分王关中。不久项羽又派人暗杀了"义帝"楚怀王。项羽的所作所为引起了普遍不满。公元前206年,齐国贵族田荣首先起兵反楚,诸侯混战再度爆发。刘邦乘机占领关中,并东向与项羽争夺天下,由此展开了为时四年的楚汉之争。

与项羽相比,刘邦出身微贱,原来只是沛县(今属江苏)的亭长。其为人宽厚豁达,进入关中后废秦苛法,仅与父老约法三章,"杀人者死,伤人及盗抵罪",[25]又禁止军士扰民,受到百姓拥戴。在与项羽的战争中,起初因军事力量对比悬殊,一再败北。但他老谋深算,知人善任,在巩固后方的基础上,尽可能地联合各地反对项羽的势力,进行持久战,终于渐渐取得战略上的优势。项羽武力虽强,然年轻缺乏政治头脑,粗暴嗜杀,不擅用人,又树敌过多,最后终不免于失败。公元前202年,汉兵围困项羽于垓下(今安徽灵璧),项羽穷蹙自刎。同年刘邦正式称帝,是为汉高祖,统一的汉王朝由此建立。

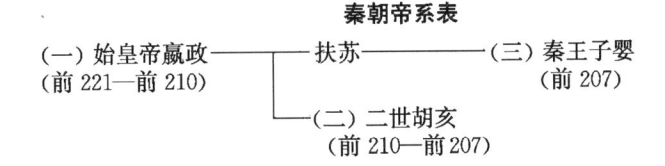

秦朝帝系表

(一)始皇帝嬴政 ──┬── 扶苏 ──── (三)秦王子婴
(前221—前210)　　│　　　　　　　　(前207)
　　　　　　　　　└── (二)二世胡亥
　　　　　　　　　　　　(前210—前207)

注　释

〔1〕《韩非子·难三》。
〔2〕《韩非子·难势》。
〔3〕《商君书·开塞》《壹言》。
〔4〕《商君书·农战》。
〔5〕《荀子·强国》。
〔6〕《汉书·艺文志》。
〔7〕《史记·吕不韦列传》。
〔8〕《韩非子·难三》《有度》。
〔9〕《韩非子·五蠹》。

[10]《韩非子·定法》《难三》。
[11]《韩非子·饰邪》《扬权》。
[12]《韩非子·八经》《显学》《五蠹》。
[13]《韩非子·说疑》。
[14]《史记·秦始皇本纪》。
[15]《汉书·百官公卿表》。
[16]《史记·秦始皇本纪》。
[17]《史记·秦始皇本纪》。
[18]《汉书·贾山传》。
[19]《史记·匈奴列传》。
[20]《史记·秦始皇本纪》。
[21]《史记·秦始皇本纪》。
[22]《汉书·刑法志》。
[23]《史记·秦始皇本纪》。
[24]《汉书·贾山传》。
[25]《史记·高祖本纪》。

第五章
西汉前、中期政治:从黄老无为到"霸王道杂之"

汉朝因建都地点的不同分为两期,前期都于位置偏西的长安(今西安),故称西汉。西汉国家制度基本沿袭秦朝而略有增益,但在施政方面则吸取了秦朝速亡的教训,不再全盘遵用法家的政治理论。西汉前期,以道家的"黄老无为"思想为治国主导方针,至中期则转变为以儒术缘饰法治的"霸王道杂之"政策,后者事实上也是以后中国历代王朝的基本治国精神。统治方针的探索、转变,是贯串西汉前、中期历史的一条重要脉络。

一 黄老无为思想与西汉前期政治

西汉建立之初,经济凋敝,社会残破,统治者注意除秦苛政,与民休息,使社会经济从战乱的破坏中逐渐恢复。这些"与民休息"措施反映到理论上,则与道家黄老之学相融合,形成"无为而治"的政治纲领。至文帝、景帝在位时,政治清明,社会稳定,经济日趋繁荣,史家誉为"文景之治"。

无为而治方针的确立

汉高祖在位期间(公元前202—前195年),国家制度初步奠定。职官设置大体沿袭秦制,但地方上仍分封了一批功臣、宗室为诸侯,封国与郡县并存。摘取秦法的部分内容据时损益,颁布了比较简明的《九章律》。战乱之后,人民大批死伤流散,"大城名都散亡,户口可得而数十二三"。[1]社会财富匮乏,天子找不到四匹同色的马驾车,将相有时只得乘牛车出行。高祖君臣多起自社会中下层,朝中基本都是"布衣将相"。他们熟知民间疾苦,能够顺应百姓的要求,致力于社会经济的恢复、发展。楚汉战争一结束,即将绝大多数军士罢归家乡务农,按爵级授予田宅,一段时期内免除徭役。诏谕战乱中流亡者各归本土,恢复其故爵、田宅,因饥饿自卖为奴婢者一律释放为庶人。减轻田租,十五税一。汉初的恢复措施,大都以对秦政的反思、否定作为出发点。陆贾为汉高祖著《新语》,将秦亡原因归结为暴政和过度压榨,指出在用暴力手段夺取天下后,必须改用宽缓的手段治理天下。针对汉初局势,特别强调"道莫大于无为,行莫大于谨敬","君子之为治也,块然若无事,寂然若无声,官府若无吏,亭落若无民,闾里不讼于巷,老幼不愁于庭,近者无所议,远者无所听,邮驿无夜行之吏,乡间无夜名之征,犬不夜吠,鸟不夜鸣",[2]这就是"无为而治"方针的初步总结,其主要内容,即顺民之情,与民休息,尽可能减少国家对社会的干预。史称当时萧何为丞相,"因民之疾秦法,顺流与之更始",[3]也正是这个含义。

高祖死后,惠帝即位(前195—前188),随后是吕后(高祖皇后吕雉)称制(前188—前180),无为而治的方针基本没有变更。惠帝任用曹参代替已去世的萧何为相,曹参为政一遵萧何辅佐汉高祖的成规,无所变更。选任官吏,专择"木讷于文辞"的"重厚长者",处事苛刻、欲求声名者概不录用。对下宽容大度,人有小过,辄加掩匿覆盖。死后百姓作歌称颂说:"萧何为法,顜若画一,曹参代之,守而勿失。载其清静,民以宁一。"[4]惠帝、吕后都推行约法省禁、轻徭薄赋的政策,先后废除秦以来的"挟书律""妖言令"和夷三族罪等苛法,征发徭役注意期限,且尽量在农闲时进行。吕后精于权术,曾协助汉高祖诛杀功臣,称制后起用吕姓子弟任事,打击刘氏势力。但统治集团内部的斗争并未影响无为而治的总体方针和经济恢复的大趋势。《史记·吕太后本纪》称当时"政不出房户,天下晏然,刑罚罕用,罪人是希,民务稼穑,衣食滋殖"。

无为而治方针也反映在边疆政策方面。秦汉之际匈奴势力强大,东灭东胡,西击走月氏,南夺回秦将蒙恬所取"河南地",对汉朝构成威胁。高祖七年(前200,此纪年从高祖封为汉王算起),匈奴冒顿单于进围马邑(今山西朔州),高祖亲自统兵往击,被冒顿诱困于白登(今山西大同东北),幸而用计脱险。此后高祖用娄敬"和亲"之策,以宗室女作为公主嫁给单于,并开放边境关市。惠帝时,冒顿单于致书于寡居的吕后,措辞有调戏之意,但吕后采纳大臣季布的建议,仍持忍耐态度,继续与匈奴修好。

汉初的无为而治方针不同于法家的严刑峻法,也不同于儒家的繁文缛节,主要是道家思想的体现。当时的道家思想称为"黄老之学","老"即老子,"黄"指黄帝。因战国道家学者假托黄帝之名撰写了《黄帝四经》等著作,故黄帝在一段时期内也被当作道家代表人物。黄老之学适应了汉初希望安宁、清静的普遍社会心理。曹参在高祖时任齐国国相,厚币聘请"善治黄老言"的盖公问政,盖公告以"治道贵清静而民自定"。曹参遂"用黄老术""相齐九年,齐国安集,大称贤相"。[5]故黄老之学风行,实非偶然。它继承了先秦道家"道"的本体论和宽大、自然、清静无为、以柔克刚等理论,同时又扬弃了其过于消极、悲观的思想观念。如不倡导消极回避的"出世",仍持正面的"入世"态度;不主张"小国寡民",而赞成统一。对仁义、道德、贤能、知识等概念,也不再予以否定。这些都与先秦的老子、庄子不同,反映出此时的道家在一定程度上吸取了儒、墨诸家的思想因素。

文景之治

公元前180年,吕后病卒。大臣周勃、陈平等诛杀吕氏外戚,拥立高祖庶子代王恒,是为汉文帝。文帝及其子景帝在位期间(前180—前157,前157—前141),在汉初以来经济恢复的基础上,继续"与民休息",使社会经济获得了更加显著的发展,统治秩序也愈益稳固。

在经济方面,文帝、景帝实行轻徭薄赋政策。文帝在一段时期内免征田租,景帝则将田租由十五税一减至三十税一,并立为定制。汉制:成年人每年纳人头税一算(120钱),称为算赋,文帝一度将其减为40钱。景帝将秦朝以来男子开始"傅籍"为国家服徭役的年龄由17岁推迟至20岁。文帝还下诏"弛山泽之禁",即开放山林川泽供百姓樵采,并一度废除过关用"传"(官方所发过关通行证)的制度,推动了工商业和农村副业的发展。文帝、景帝自奉节俭,屡次下令禁止郡国贡献奇珍异物,一定程度上抑制了上层统治集团奢侈腐化的趋势。

在法律方面,文帝、景帝提倡轻刑慎罚。文帝废除了秦以来犯罪亲属连坐、没为官奴婢的"收孥相坐律令"和约束臣民言论的"诽谤妖言之罪"。因齐地少女缇萦上书,将黥、劓、刖等几种残害肢体的肉刑改以笞刑代替,景帝又减少了笞刑数目。在轻刑慎罚政策的影响下,许多官吏治狱务为宽厚,不事苛求,以至"刑罚大省","有刑错(措)之风"。[6]

边疆政策也延续了汉初以来的和平方针。与匈奴继续实行"和亲",同时针对其骚扰屯兵边境,严加备御,但并不主动出击。文帝还用和平原则处理南越问题。南越王赵佗原籍真定(今河北正定),在秦任龙川(今属广东)令,秦末乘乱割据广东一带,自立为王,后接受汉朝册封。吕后时,双方矛盾激化,赵佗自立为帝,与汉朝断绝往来。文帝即位后,下令修葺真定赵佗祖坟,尊宠其亲属,随后亲自致信于赵佗,表达和平相处的诚意,希望恢复通使关系。赵佗受到感化,撤去帝号,盟誓重为汉朝藩属,南部边境危机因而解决。

文、景时期,西汉王朝的主要隐患来自诸侯国。汉朝建立前后,由于当时形势所迫,分封了一批功臣和秦末诸侯为异姓王。高祖在位数年间,在吕后和朝廷大臣的协助下,将绝大部分异姓诸侯王逐一剪除。但他认为秦亡原因之一是不分封子弟,孤立无援,故而又重新分封了自己的若干兄弟子侄为同姓王,并与群臣杀白马盟誓,相约有非刘姓为王者,天下共诛之。诸侯王在自己国内拥有较重权力,可自行任命大部分官员并征收赋税,大者地跨数郡,其总地盘超出汉廷直辖郡县。至吕后当政,摧抑刘姓宗室,立吕氏亲属为王。吕后死后,大臣又与刘姓宗室合力诛杀诸吕。文帝在位时,诸侯王势强难制的问题日益突出,还发生了数次王国叛乱事件。景帝即位后,用大臣晁错削藩之议,削减一些诸侯国的辖地。于是吴、楚、赵、胶西、胶东、济南、淄川七国于景帝三年(前154)以诛晁错、"清君侧"为借口发动叛乱,史称"吴楚七国之乱"。七国首领吴王刘濞为高祖之侄,经营吴国已40年,拥有较强的经济实力,故叛乱初起,势力颇盛。景帝虽杀晁错,七国仍不肯罢兵。但此时西汉国势处于上升时期,社会秩序稳定,七国的分裂活动不得人心。汉廷以太尉周亚夫率军平叛,不足三月,七国之乱即被镇压。景帝趁此机会,将王国任用官吏的权力收归朝廷,使诸侯王的势力受到很大削弱。

虽然有"七国之乱"这次短暂的波动,但社会经济恢复的趋势未受很大影响。文、景之世,户口迅速繁息,生产有了明显发展,粮价一再降低,政府囤积了大量财物,与汉初的凋敝局面已远不可同日而语。《史记·平准书》描述说:"汉兴七十余年之间,国家无事,非遇水旱之灾,民则家给人足,都鄙廪庾皆满,而府库余货财。京师之钱累巨万,贯朽而不可校。太仓之粟陈陈相因,充溢露积于外,至腐败不可食。众庶街巷有马,阡陌之间成群。"西汉王朝由此进入了鼎盛时期。

二 汉武帝的功业

汉武帝刘彻在位时(前141—前87),西汉王朝的统治政策发生了重大变化,由无为转向有为。文、景以来,社会在复苏、繁荣的同时也趋于复杂化,新的问题不断涌现,原来以不变应万变的"无为"方针已渐不适用,同时国家经济实力的积聚也为"有为"提供了可能。汉武帝本人富有政治才略和抱负,好大喜功,积极推动政策转变,在内务、外事、政治、经济诸方面都建立了显赫的功业。这一时期,汉政权开始以一个高度文明、富强的国家闻名于世,其主体居民也由此在很久以后确立了"汉人""汉族"的固定名称。

加强集权

汉武帝大力加强专制主义中央集权统治。首先是进一步强化中央对地方的控制。具体有以下措施：

削弱诸侯势力——针对部分诸侯王国辖地仍然较广的现实，汉武帝用主父偃之策，于元朔二年（前127）颁布"推恩令"，允许并鼓励诸侯王"推私恩"将王国土地再行分封给子弟为列侯。此举没有像削藩那样招致反抗，效果则异曲同工，"不行黜陟，而藩国自析"。[7]此后又颁行"左官律""附益法"，规定王国官为"左官"，以示歧视，又限制士人与诸王"附益"交游。汉制：每年八月祭祀宗庙，王侯皆须献黄金助祭，称为"酎金"。元鼎五年（前112），武帝以酎金斤两成色不足为由，一次即夺去106名列侯的爵位。在一系列分化、打击措施下，诸侯惟得衣食租税，不能参与政事，对中央政权的威胁基本解除。

打击地方豪侠——随着经济的发展，社会贫富分化愈益明显，地方上出现了一批倚仗财力、结党营私、武断乡曲、欺压平民的豪强。同时"任侠"风气流行，游侠活跃，以义气信用相标榜，横行郡县，蔑视法律，擅生杀之柄。豪强和游侠在很多场合下属于同一类势力，其不法行为严重地扰乱了社会治安，威胁到统治秩序的稳定。武帝一方面对地方豪侠采取强制迁徙的措施，迫使他们离开本土势力范围，同时又起用一批"酷吏"任地方官，对犯法的豪侠实施严厉镇压。很多豪强游侠遭到夷灭之祸，其势力大为削弱，但也有不少无辜平民牵连受害。

设刺史监察地方——汉初以来郡国数目不断增加，至武帝时已达百余，中央控制有一定难度。元封五年（前106），武帝将全国划分为13个监察区，称为十三州部。每州部设刺史一人，分别监察若干郡国。刺史定期在辖区内巡行，年终赴京奏事。其监察工作以诏书规定的"六条问事"为范围，一方面弹压不法豪强，另一方面纠举违法、腐败的地方官。刺史品秩仅600石，但因代表中央，故能以卑临尊，监察秩2000石的郡太守和王国相。后来于近畿七郡置司隶校尉，职权与各州部刺史相当。这样以14监察区监督百余郡国，起到了强干弱枝、纲举目张的统治效果。

加强中央军力——西汉前期地方有郡国兵，中央有南、北二军，兵士大多来自各地轮流征发服兵役的平民。且南北军人数不多，相对于地方并无优势。武帝先设置中垒、屯骑等八校尉，每校尉统兵数百或千余，皆为常备兵，隶属于北军。后来又增设期门军、羽林军，作为隶属于南军的常备兵。

这样就建立起一支人数相当可观的中央常备部队,居重驭轻,对地方的控制更有保障。

此外,在经济、文化方面也有一系列有利于中央集权的措施,下文将分别述及。

在加强中央集权的同时,汉武帝还尽可能将中央权力集中到皇帝个人手中。汉初以来,丞相作为三公之首、百官之长,位高权重,对皇帝形成一定约束。武帝改变了以前专用功臣列侯及其子弟为相的传统,开始擢用没有政治背景的一般士人为相,拜相后始封侯。这样就加强了丞相对皇帝的依赖性,使其渐渐完全为皇帝所控制。武帝在位后期,丞相动辄因故免职、下狱乃至被杀,自保不暇,已失去了汉初的显赫威风。另外,武帝还从中央各机构中选拔了一批资历较浅但有才能的官员,入宫侍从左右,参与决策,形成一个称为"中朝"或"内朝"的小团体,丞相为首的原有政务机关则相对称为"外朝"。皇帝通过中朝更方便地实施统治,中朝则恃皇帝之宠凌驾外朝,君主的权力因而也明显地加强了。

开拓边疆

在对外政策方面,汉武帝不再像此前数帝那样专取守势,而是变为主动地开拓进取,并且获得了显著的成就,疆域拓展,国威远播,在中国作为统一多民族国家的发展历史上作出了积极贡献。

北伐匈奴——当时匈奴依然是汉朝边疆上最强劲的对手。元光二年(前133),武帝用诈降计,设伏于马邑,企图诱匈奴主力至而歼之,未遂。元朔二年(前127),汉将卫青继秦朝蒙恬之后又一次夺回河套地区,汉于此置朔方郡(治今内蒙古杭锦旗北),徙民10万口居之。元狩二年(前121),霍去病率军出陇西,进攻匈奴右翼,匈奴浑邪王杀休屠王降汉,汉朝在河西走廊先后设置武威、酒泉、张掖、敦煌四郡。元狩四年,卫青、霍去病分兵大举北伐,击败匈奴主力,前锋直抵瀚海(今贝加尔湖)。经过这一战役,匈奴被迫向北远徙,很长时期内不能再对西汉边境构成威胁。汉军损失虽也很惨重,但夺得了朔方向西直至河西走廊的大片土地,开渠屯田,修亭障烽燧以驻守。武帝在位后期,汉与匈奴之间还发生过一些小的战争,互有胜负。

通西域——汉时将玉门关、阳关(今甘肃敦煌西南)以西之地称为西域,包括今新疆以及中亚的部分地区。当时在天山以南、塔里木盆地南北边缘的绿洲上,分布着几十个小国,较重要的有楼兰、焉耆、龟兹、疏勒、且末、于阗、莎车等。天山以北有乌孙人建立的游牧政权。汉初匈奴强盛,天山南北的大部分地区被其征服,被迫缴纳赋税。由帕米尔高原向西,则有大宛、大月氏、大夏等国。大月氏早先居于祁连山,被匈奴击破而西迁。汉武帝欲伐匈奴,计划联络大月氏自西夹击,遂于建元二年(前139)派遣张骞出使西域。张骞西行途中被匈奴俘虏,羁留十余年始寻隙逃脱,到达大月氏。但大月氏已放弃向匈奴复仇并还居故地的打算,张骞不得要领而归,历经艰险,终于在元朔三年(前126)回到长安。此行虽未实现初衷,但在西域传播了汉朝声威,并获得了前所未闻的当地资料,故被誉为"凿空"之举。元狩四年(前119),张骞奉命第二次出使西域。这时匈奴已被击败,故第二次西行比较顺利。此后汉朝与西域来往更加频繁,并与匈奴展开争夺西域诸国的斗争,包括与乌孙建立"和亲"关系,以钳制匈奴。张骞通西域使天山南北地区在历史上第一次与中原连为一体,中原与西域乃至更西地区的交通路线逐步开辟,这就是著名的"丝绸之路"。中西经济、文化联系日益密切,意义十分重大。

南平百越——东南沿海的百越地区原已被秦朝平定,但在秦末动乱当中相继形成东瓯(在今浙江)、闽越(在福建)、南越(在广东)几个半独立政权,为汉藩属。武帝建元三年(前138),东瓯为闽越所攻,举国内徙。元鼎五年(前112),南越相吕嘉杀其王反汉,武帝遣将讨伐,于次年灭南越,以其地置九郡。闽越亦与南越同反,汉军分水、陆进击,至元封元年(前110),闽越诸将杀其王降。至此百越地区全部纳入汉朝的直接统治。

通西南夷——在四川南部、西南部和云、贵地区,分布着许多语言、习俗不同的民族,汉时统称为西南夷。武帝即位之初,相继派唐蒙、司马相如前往招抚。张骞第一次从西域返回后,曾建议经西南夷开辟道路以通身毒(即印度),受阻未遂。但汉廷仍以征伐、招抚相结合的手段,迫使大批西南部族内属,设置郡县,同时亦授当地酋长以王、侯等衔,进行双重统治。

东定朝鲜——朝鲜为汉初形成的政权,由燕人卫满所建,据有朝鲜半岛北部,都于王险城(今平壤)。元封三年(前108),汉将杨仆、荀彘击破朝鲜,陷其都,以其地设乐浪等四郡。

垄断财利、统制经济

在财政经济领域,汉武帝改变了汉初以来偏于放任自流的经济政策,大力加强专制政权对社会经济的干预和控制,并通过有关措施聚敛了大笔财富,为其在政治和军事上的诸多举措进一步创造了经济条件。

统一货币——西汉前期,币制十分混乱。钱币袭秦形制,文曰"半两",

法定重量当为十二铢。但铸造时通常实重不及其额,前后铸造的钱币大小、轻重亦不一致。诸侯、达官、豪富多私造牟利,私铸钱低劣者薄如榆荚,号为"荚钱"。不同时期、来源、质量的货币同时流通于市场,折算困难,交易非常不便。武帝元狩五年(前118),改铸五铢钱,使重如其文,同时严禁私人盗铸。元鼎四年(前113),取消郡国铸钱的权力,五铢钱统一由朝廷铸造。各种旧币一律销毁,将铜料输至中央铸新币。新币铸造较精,选料严格,式样规范,重量、成色皆有保证,私人铸造难度较大且无利可图,故盗铸之风一时衰息,币制得以在较长时间内保持稳定。此后五铢钱大量铸造并长期行用,流通于世700余年。

盐铁官营与酒类专卖——盐、铁、酒是西汉时期重要的手工业产品和销售量极大的商品,并称"三业"。起初皆可私营,武帝始由朝廷加以垄断。盐铁官营的工作由大农(中央财政机构,九卿之一,原名治粟内史)丞东郭咸阳和孔仅主持,此二人一为大盐商、一为大铁商,他们与出身商人家庭的桑弘羊同受武帝重用,是当时财政经济新措施的主要策划者。元狩四年(前119),在各盐铁产区设立盐官、铁官,隶属于大农。盐官负责组织盐业生产,备置煮盐用的"牢盆",募民制盐,然后将产品统一收购发卖,未经盐官组织而私煮盐者有罪,更不得私售。铁官主管铁矿开采冶炼、铁器铸造及其销售,对生产过程的控制比制盐更加严密。西汉盐官设置遍及28郡国,共35处,铁官设置遍及40郡国,共49处。盐铁官营使朝廷获得重利,打击了富商大贾和大手工业者,但也有产品质次价高之弊,损及百姓。天汉三年(前98),又实行酒类专卖,郡国设榷酤官垄断酒类销售,其生产或出自官府作坊,或由私人向官府承包。

均输与平准——均输、平准是国家运用其经济力量,干预乃至经营商业贸易的措施。均输的本义,是指政府在征收地方贡输物品时,按照距离远近增减所贡物品数量,以均劳费。武帝元封元年(前110),在桑弘羊主持下普遍推行均输法,郡国设均输官掌其事,受大农节制。均输官负责将各郡国应缴贡物统一折价征收当地土特产品,一部分运往京师,一部分运至价贵地区出售,有时还在出售地将出售所得继续收购特产,易地辗转贩卖。此举在保证朝廷得到所需贡纳物品的基础上,节省了某些不必要的贡品远程运往京师的耗费,又从贩运贸易中获取大量利润,加强了各地经济联系以及与边疆民族的贸易,可谓一举多得。同时又实施平准法,在京师设平准官,集中管理各地运至均输货物和大农所掌握其余物资,根据市场价格涨落卖出或买进,达到调剂供需、平抑物价的目的。西汉朝廷通过均输、平准控制了许多商品的购销,增加了财政收入,并大夺商人之利。

算缗与告缗——算缗是主要针对商人征收的财产(动产)税,汉初即曾征收,但未严格执行。元狩四年(前119),武帝下诏算缗,规定商人、手工业者、高利贷者必须向朝廷申报现金财产,每2000钱纳税一算(120钱),车、船等亦相应纳税。有产不报或少报,罚戍边一年,财产没收。元鼎三年(前114)又实行告缗,即鼓励告发算缗不实,告发者可得到没收财产的一半作为奖赏。其时"告缗遍天下",没收资产"财物以亿计,奴婢以千万数,田大县数百顷,小县百余顷,宅亦如之,于是商贾中家以上大抵破"。[8]

此外,汉武帝还采取了其他一些旨在增加收入的财政措施,如募民缴纳钱、粟、羊、奴婢以拜官赎罪,设置"武功爵"11级用于出卖等。

武帝晚年的政策转变与"昭宣中兴"

汉武帝在位50余年间,是西汉王朝的鼎盛时期,但鼎盛之中也孕育着严重的危机。除去连年的边疆征伐外,武帝自奉奢侈,大兴土木,屡修宫室池苑,都使大批农民困于兵役、徭役,破产流亡,社会生产受到严重影响。武帝还沉溺于迷信活动,信用方士求仙及炼制不死之药,并频繁外出巡行祀神、封禅,耗费了大量财物。为求千里马,两次发兵远征帕米尔高原以西的大宛,所得不偿所费。至其在位后期,社会矛盾的激化已相当严重,百姓不堪重负,多次掀起暴动,局势动荡。武帝被迫颁行"沉命法",规定郡太守以下地方官如不能及时发觉并镇压暴动,处以死罪,结果"小吏畏诛,虽有盗不敢发,恐不能得,坐课累府,府亦使其不言,故盗贼浸多,上下相为匿"。[9]

上层统治集团中对时局也逐渐出现不同看法,以皇太子刘据为核心形成了一派主张"守文"的势力,而不少官员仍然拥护武帝开边、兴利的既定国策。两派力量冲突的结果,导致在征和二年(前91)爆发了一起"巫蛊之狱"。当时谣传宫中有人用"巫蛊"的迷信手段诅咒武帝,武帝的亲信江充奉命穷治其案,连及太子。太子不得辩白,遂矫诏发兵杀江充,自己也走投无路而自尽。此事对晚年的武帝打击很大,经过深刻反思,他作出了"朕即位以来,所为狂悖,使天下愁苦,不可追悔"的检讨,宣布"事有伤害百姓、靡费天下者,悉罢之"。征和四年,大臣奏请在西域轮台(今新疆轮台东南)屯田,武帝否决其提议,并因而下诏"深陈既往之悔",指出"当今务在止苛暴,禁擅赋,力本农"。[10]他将丞相田千秋封为富民侯,表明要改弦易辙,实行"富民"政策。又拜赵过为搜粟都尉,推广先进的耕作技术"代田法",在一定程度上提高了粮食产量。

武帝晚年的政策转变,使当时已比较尖锐的社会矛盾又趋于缓和,史家评论他"有亡秦之失而免亡秦之祸"。[11]后元二年(前87),武帝卒。临终立年仅8岁的幼子弗陵为太子(昭帝),拜内朝官首领霍光为大司马大将军,令其辅政。霍光辅佐昭帝,继续执行武帝晚年与民休息的政策,屡次减免赋役,流民渐归乡里,生产重新恢复。元平元年(前74),昭帝卒,无子,霍光与群臣迎立武帝之孙昌邑王贺。刘贺即位后荒淫不理朝政,霍光又定策将其废黜,拥立武帝曾孙(太子据之孙)询,是为宣帝。霍光在昭、宣之世以内朝官身份秉政20年,权力大大超出丞相等"三公"。因奢僭过甚,死后其家族被宣帝诛灭。

宣帝少时受"巫蛊之狱"牵连,生活于民间,习知百姓疾苦、吏治得失。亲政后继续招抚流亡,发展生产,连年丰收,谷价降低至每石五钱。综核名实,整顿吏治,据称"汉世良吏,于是为盛"。[12]时匈奴发生内乱,五单于争立,呼韩邪单于款塞降汉,亲至长安入朝。汉朝势力在西域亦获得优势,置西域都护于乌垒(今新疆轮台东北),总领诸国。边疆局势比武帝时更为稳定。史籍称颂昭帝、宣帝的统治为"昭宣中兴"。

三 独尊儒术与"霸王道杂之"

汉武帝在位时期,随着统治方针从无为转向有为,黄老思想也失去了主流意识形态的地位,儒家学说取而代之,获得"独尊"。同时,在实际政策制定和人事任用上,又并非纯守儒术,而是大量吸取了法家的施政思想、手段,具有儒法合流的特征。汉宣帝将这种政治原则概括为"霸王道杂之"。

罢黜百家,独尊儒术

西汉前期朝廷崇尚黄老,但其他学派在社会上也都有流传,并在朝中立有博士之官。其中儒家学派因宣扬伦理道德,长期扎根社会,又注重文字记载和经典传授,最有发展潜力,渐有取代道家地位的趋势,博士官内亦以儒家最多。武帝即位后,《春秋》学博士董仲舒在对策中指出"今师异道,人异论,百家殊方,指意不同,是以上亡(无)以持一统",请求"诸不在六艺之科、孔子之术者,皆绝其道,勿使并进"。[13]其余儒生亦鼓吹尊崇儒术,贬斥道家,但因太皇太后窦氏(文帝皇后)好黄老而受阻。建元六年(前135)窦氏死后,儒家势力终于崛起。丞相田蚡奏请罢黜黄老、刑、名百家之言于官学之外,又延揽儒者数百人做官。由于不治儒家经书的博士均被废罢,只剩下儒家的"五经博士",儒学作为官方意识形态的地位因此确立。史称此事为"罢黜百家、独尊儒术"。

与独尊儒术相关,这一时期还制定了以儒学为主要考察标准的人才选拔和教育制度。元光元年(前134),诏令郡国每岁向朝廷荐举孝者、廉吏各一人以备擢用,由此形成固定的"察举"之制。后孝者、廉吏合并为孝廉,它成为汉代普通士人最主要的入仕途径。孝廉以外,还有一些临时性的察举科目,如茂才(秀才)、贤良方正、文学等。察举实际上是与儒家思想相适应的一种选官制度,被举者一般都有符合儒家伦理道德标准、通晓儒家经书的共同特点。出身贫寒、40余岁始钻研《春秋》的公孙弘通过察举拜为博士,十年之内升至丞相,封平津侯,开创西汉建立以来以布衣身份拜相封侯的先例。在察举制度形成前后,武帝又在长安设立了太学。太学学生由五经博士负责教授,学成后经考试分等第录用,自此博士的主要工作由备顾问转向教学。同时推广蜀郡太守文翁的兴学措施,令郡国皆立学校。太学与郡国学皆以经学为主要教育内容,使儒学的社会影响进一步扩大。

正如汉初黄老之学并非先秦道家的简单翻版一样,汉武帝"独尊"的儒术,也在一些方面与先秦儒家不尽相同。当时儒学最重要的代表人物正是首倡"罢黜百家"的董仲舒,他以治《公羊春秋》知名于时,著有《春秋繁露》一书。董仲舒发挥先秦儒家的伦理观,将其概括为"三纲",即君为臣纲、父为子纲、夫为妻纲,又特别阐发了《公羊春秋》的"大一统"思想。董仲舒学说当中的神秘主义倾向十分浓重,大量借用了阴阳家的思想因素,这尤其表现在其"天人感应"理论上。他将天塑造为一个具有人格神色彩的宇宙最高主宰,主张天人合一,天的喜怒哀乐会通过人世间很多自然现象体现出来。君主受命于天,统治百姓,百姓如违抗君主,即是违逆天意。同时君主也要小心谨慎,顺天之命(亦即儒家的基本伦理、政治原则)而行事,如无道妄为,天就会降灾异以示警,终至大乱。这样他既以天保护皇权,又用天约束皇权,"屈民以伸君,屈君以伸天"。[14]另外董仲舒对法家思想也有所吸收,不否定刑罚的统治作用,认为天有阳、阴,故治有德、刑,德为阳,刑为阴,德主刑辅,不可偏废。上述思想特征,在西汉儒者中具有相当的典型性。

汉初崇尚黄老无为,故国家制度亦尽可能从简,或简单沿袭秦制,无所更作。儒生们对这种状况不满,鼓吹"改制"以表明禀受天命。他们的改制方案虽以"兴礼乐"为基本内容,但也在很大程度上吸取了阴阳家的五德终始学说和封禅理论。独尊儒术之后,改制设想亦随之实现。元封元年(前110),武帝继秦始皇之后又一次登上泰山,亲行封禅之礼。由于是"始修汉家之封",典礼非常隆重,从者皆以能参与大典为荣。太史令司马谈因故未能前往,乃至"发愤且卒"。[15]太初元年(前104),正式颁布改制之令,按照"五德"次序,定汉朝为土德,颜色尚黄,数目用五,废弃秦以来以十月为每年岁首的《颛顼历》,改用以正月为岁首的《太初历》,又更定官名、音律等事。武帝时期,还根据各种被认为是"祥瑞"的自然现象、事件制定年号,开创帝王行用年号之例。根据种种"改制"之举来看,西汉儒学的迷信和宗教色彩较之先秦有了很大增加,很多地方明显带有方术的色彩。

"霸王道杂之"的统治特征

汉武帝"罢黜百家、独尊儒术"之举,在当时仅是将"百家"摒弃于官方尊奉的意识形态之外,对其在社会上自由发展则不予干预,未曾一概禁绝。在实际政策的制定上,仍然带有相当大的灵活性,用人亦不拘一格,并非教条地照搬儒家原则。具体而言,法家的一套施政思想、手段因最具实用价值,仍然受到统治者的高度重视,只不过由于法家名声不佳,往往暗用明不用,注意用儒术加以包装、"缘饰"。

汉武帝的为人,据大臣汲黯揭露,是"内多欲而外施仁义"。[16]他重用酷吏和财利之臣,都与儒家基本原则相抵触。酷吏王温舒诛河内豪强,株连至千余家,流血十余里。杜周为廷尉,专伺君主意旨为狱,以诏令捕人达六七万之多。张汤、赵禹等人条定刑法,内容比汉初大增,律令有359章,大辟(斩首)之罪409条1882事,死罪决事比(判例)13472事。由于刑法繁密驳杂,官吏容易舞文弄法,上下其手,"所欲活则傅生议,所欲陷则予死比"。故不久后有人评论"秦有十失,其一尚存,治狱之吏是也"。[17]桑弘羊等人负责理财,则以"与民争利"大受儒者攻击。实际上即使是以儒术晋身的董仲舒、公孙弘诸人,也是因为"通于世务,明习文法,以经术润饰吏事"才受到武帝赏识的。[18]董仲舒曾用《春秋》经义判定疑狱,作判例200余则,称《春秋决事比》。另一方面,儒术的包装缘饰也并非徒为形式。正因有儒术的调节,汉武帝的统治政策才没有像秦朝那样过于偏执极端,而是留有一定的因时因地变化余地,且能"晚年改过"而得到后人的称誉。

昭帝、宣帝统治时期,治国方针转向"守文"和"与民休息",但这并不表明儒法合流的统治特征有本质变化。昭帝始元六年(前81),诏命大臣召集郡国所举贤良文学问民间疾苦。贤良文学作为来自社会基层的儒生,对武帝以来的财政经济措施提出强烈批评,要求废罢盐铁、酒榷、均输官,并进而就内外政策阐发了一系列主张。时任御史大夫的桑弘羊则为上述措施进行辩护,双方的争论十分激烈,史称此事为"盐铁之议"。贤良文学的活跃在很大程度上得到了当时辅政的霍光的支持,他们的言论有利于"与民休息"方针的继续贯彻执行,使桑弘羊等理财派官员在政治上受到一定挫折。但就具体政策而言,此后仅停罢了酒类专卖,其余垄断性的财经措施并未废止。宣帝在位时,仍旧尊崇儒学,但同时"所用多文法吏",又常常"以刑名绳下",一些大臣因言语等小过被杀。"柔仁好儒"的太子奭向他讽谏"陛下持刑太深,宜用儒生",即遭到宣帝训斥:"汉家自有制度,本以霸王道杂之,奈何纯任德教,用周政乎!"[19]"霸王道杂之"一语,的确较好地概括了汉武帝以来统治政策的特征,即儒、法两手并行不悖而因时损益,用刑宽严、施政缓急、赋敛轻重,皆根据具体情况灵活运用,不执一端。这种统治精神以后长期为历代王朝所继承。

西汉帝系表

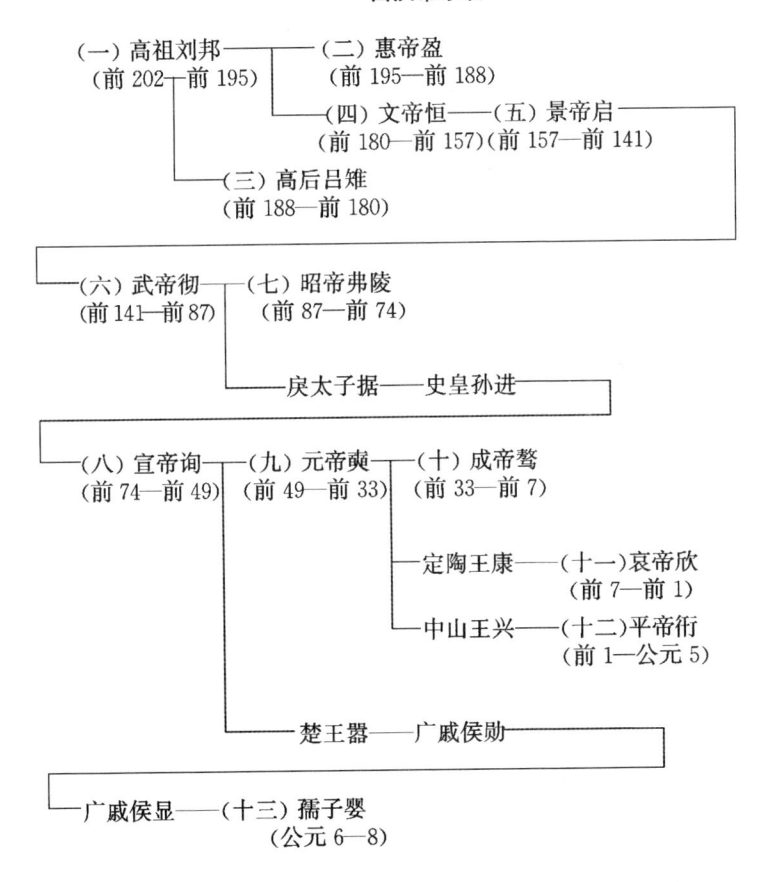

```
(一)高祖刘邦 ──┬── (二)惠帝盈
(前202—前195)  │    (前195—前188)
                ├── (四)文帝恒 ── (五)景帝启
                │    (前180—前157)(前157—前141)
                └── (三)高后吕雉
                     (前188—前180)

(六)武帝彻 ── (七)昭帝弗陵
(前141—前87)  (前87—前74)
     │
     └─ 戾太子据 ── 史皇孙进

(八)宣帝询 ── (九)元帝奭 ──┬── (十)成帝骜
(前74—前49)   (前49—前33)   │    (前33—前7)
                              │
                              ├── 定陶王康 ── (十一)哀帝欣
                              │                (前7—前1)
                              │
                              └── 中山王兴 ── (十二)平帝衎
                                               (前1—公元5)

楚王嚣 ── 广戚侯勋

广戚侯显 ── (十三)孺子婴
              (公元6—8)
```

虽然王朝治国并非纯用儒学，但独尊儒术给汉代社会带来的变化却不可低估。由于形成了一套以儒家思想为指导的选官和教育制度，下层平民有可能通过研习经书致身通显，故而儒家经学大盛于时，学者众多，派别区分亦愈加细密。俗谚至谓"遗子黄金满籯，不如一经"。[20] 班固在《汉书·儒林传》赞语中概括说："自武帝立五经博士，开弟子员，设科射策，劝以官禄，讫于元始(汉平帝年号，公元1—5年)，百有余年，传业者浸盛，支叶繁滋，一经说至百余万言，大师众至千余人，盖禄利之路然也。"风气所及，连武帝时著名酷吏张汤、杜周等人之子亦皆以通经知名于世，形象文质彬彬，与父辈大异。西汉前、中期两个判然对立的社会集团——儒生和"文法吏"，日后渐趋合流，形成了一个全新而有长久生命力的社会阶层——士大夫。另外，汉儒鼓吹的"天人感应说"在社会上拥有巨大影响，一方面加剧了原已普遍存在的迷信心理，另一方面也使专制皇权受到某种程度的约束，使君主专制制度有可能在一种相对合理的轨道内继续发展。

注　释

[1]　《史记·高祖功臣侯者年表》序。
[2]　《新语·无为》《至德》。
[3]　《史记·萧相国世家》。
[4]　《史记·曹相国世家》。
[5]　《史记·曹相国世家》。
[6]　《汉书·刑法志》。
[7]　《汉书·王子侯表》序。
[8]　《汉书·食货志》。
[9]　《史记·酷吏列传》。
[10]　《汉书·西域传下》。
[11]　《资治通鉴》卷二二汉武帝后元二年二月。
[12]　《汉书·循吏传》。
[13]　《汉书·董仲舒传》。
[14]　董仲舒《春秋繁露·玉杯》。
[15]　《史记·太史公自序》。
[16]　《史记·汲郑列传》。
[17]　《汉书·刑法志》。
[18]　《汉书·循吏传》。
[19]　《汉书·元帝纪》。
[20]　《汉书·韦贤传》。

第六章
王莽改制与东汉兴衰

汉朝分为西汉、东汉两期。两汉并非直接衔接、和平过渡,中间还存在一个由西汉外戚王莽建立的短暂的"新"王朝,以及因其统治而引发的全国性动乱。本章以新朝与东汉两个历史时期为主要叙述范围,同时通过新莽政权建立的历史背景这一角度,首先简单述及西汉后期的统治概况。

一 王莽改制

汉宣帝死后,"昭宣中兴"结束,西汉王朝开始走向衰落。此后半个世纪,统治危机日益严重,社会上下逐渐对西汉王朝失去了信心,最终将希望寄托在外戚王莽身上。公元8年,王莽篡夺帝位,改国号为"新",随即接连颁布法令,附会儒家经书,托古改制,希望以此解决复杂的社会矛盾。然而,改制不但没有达到解决社会矛盾的目的,相反却使社会矛盾更加激化,引发了大规模的农民起义,动乱波及全国,致使新莽政权很快宣告灭亡。

王莽篡位的历史背景

汉宣帝在位后期,虽仍有"中兴"之称,统治危机也已开始呈现,社会形势外弛内张。元帝(前49—前33)、成帝(前33—前7)、哀帝(前7—前1)相继嗣位,危机不断加重。当时最严重的社会问题,就是土地兼并造成贫富分化严重,矛盾尖锐。随着汉初以来经济的恢复,这一问题很早就引起有识之士的担忧。武帝时董仲舒即针对"富者田连仟陌、贫者无立锥之地"的不合理状况,提出限田之议,希望以此"塞并兼之路"。[1]西汉田租虽轻,但破产农民并不能享受到这种优惠,相反在地主豪强役使下受到非常沉重的剥削。是所谓"官收百一之税,民收太半之赋,官家之惠优于三代,豪强之暴酷于亡秦"。[2]昭、宣时期,这种状况略有缓和,但并未根本改变。元帝以下,土地兼并更加剧烈,大批农民破产流亡,沦为奴婢,甚至铤而走险,聚为"盗贼"。加上官吏苛暴,天灾流行,西汉后期农民的遭遇被概括为"有七亡而无一得","有七死而无一生"。[3]与此同时,政治的腐败也日益严重。外戚王氏(元帝皇后王政君家族)长期把持朝政,生活奢侈腐朽,恃势聚敛,广占土地,大小官僚亦争相效尤,使土地兼并问题又带上了浓重的政治色彩。哀帝即位后,在大臣师丹建议下,一度计划限制王侯、官员、富人占有土地、奴婢的数量,但因损害了当权外戚官僚的利益,最终搁置不行。

在统治危机不断加重的情况下,神秘主义思潮愈加活跃,反映出人们面对危机的无奈心理。受认识水平所限,迷信心理在古代本来十分普遍,而在战国秦汉时期,经一些思想家的加工、改造,原始的迷信认识已发展成为一套比较复杂和精致的理论体系,对社会产生的影响也就更加深刻。在这一过程中阴阳家扮演的角色最重要,大量吸收了阴阳家思想因素的汉代儒学所起作用也不可低估。西汉后期神秘主义思潮的主要表现是谶纬流行。谶是用诡秘之语暗示"天命"的一种预言,往往附有图,亦称图谶。由于其言玄妙隐秘,故而事实上可以穿凿附会地作多种不同解释,然后根据现实选择一种,以表明"天意"所在,作为政治活动的理论依据。如目前所知道最早的谶是秦始皇时流传的"亡秦者胡",起初认为"胡"指匈奴,后来却被解释为秦二世胡亥。纬因与经相对而得名,专指假托孔子之名用诡秘语言解释经书的著作,其性质与谶相同,而产生略晚。谶纬大都出自方士之手,属于阴阳五行思想体系,内容虽荒诞不经,但在西汉后期直到东汉却极有社会影响,许多政治家都充分利用了谶纬为自己服务,同时自己对谶纬也深信不疑。儒生甚至以纬为"内学",经为"外学"。

谶纬的盛行与汉儒倡导的"天人感应"学说密切相关。在"天人感应"学说中,天已经具有很强的人格化色彩,"祥瑞"、灾异等自然现象都是其喜怒哀乐的体现。谶纬恰好也常常将自然现象作为"天命"征兆,从而编造预言。西汉后期天灾频繁,一些相信天人感应的儒者遂将灾异与若干奇怪的谶语联系起来,解释为"汉运"将终,建议皇帝选择贤人禅位,改朝换代以应天意。提议者虽因"大逆不道"之罪被杀,但类似的想法在社会上仍颇有市场。成帝时,齐人甘忠可称"汉家逢天地之大终,当更受命于天",提出再受天命的观点。至哀帝建平二年(前5),下诏更帝号为"陈圣刘太平皇帝",这一年改为"太初元将元年",表示重新接受了天的任命,"再获受命之符"。[4]当然这不过只是自欺欺人之举。此外,还有相当多的儒生寄希望于"奉天法古",认为只要按照经书记载,恢复上古的礼仪制度,天下就会太平。易代和复古是西汉末年颇为流行的社会思潮,最终实现这两个要求的希望都集中到了一个人身上,这就是外戚王莽。

王莽是汉元帝王皇后(史书称为元后)之侄。元帝死后,成帝即位,荒淫怠于政事,大权渐落入元后家族之手。自元后之兄王凤任大司马大将军开始,王氏家族连续五人拜大司马辅政,权倾一时。与同族子弟大多恃势骄纵、奢僭不法不同,王莽自幼恭俭好学,尝从名儒沛郡陈参研习《礼》经,事亲有礼,恪尽孝道,在王氏一门中独享令名。成帝末年,王莽继诸叔之后出任大司马。其位虽尊,而好贤下士,自奉俭朴,朝野无不称誉。哀帝即位后,排抑王氏势力,擢用幸臣董贤和自己的外戚傅、丁两家,王莽免官家居,其间数百名官员上书为他鸣冤。元寿二年(前1)哀帝卒,年仅9岁的平帝即位,元后临朝称制,王莽复拜大司马之职,总揽朝政。他大力培植党羽,打击异己,牢固地控制了中枢权力。元始元年(公元1),进位太傅,加号安汉公。

王莽窃取权力的成功,主要是因其工于政治权谋所致。他为人深沉奸诈,尤其擅长按照儒家伦理道德标准做出各种矫情伪饰举动,从而笼络人心,博取舆论赞颂。数次将土地财物献官,请颁给天下贫民。又鼓吹复古,网罗天下学者及异能之士讲论儒家经典和古籍,按照经书所载礼制模式建造古代帝王宣明政教的场所——明堂、辟雍、灵台,以示王道复归,制度隆盛。于是全国上下都把解决统治危机的希望寄托在王莽身上。很多投机之徒投靠王莽,为其附会经书与谶纬,制造"祥瑞",引导社会舆论,推波助澜,将他的个人地位越抬越高。相传西周初年周公摄政,千里之外的越裳氏前来献白雉称贺,到王莽掌权,亦有塞外蛮族自称越裳氏进献白雉。汉平帝立王莽之女为皇后,即有人奏请以新野田地25000顷赐给王莽,以对应古礼中"后父封地百里"之制。王莽辞让不受,为此天下吏民48万余人上书称颂其功德。朝廷派12名使者巡行天下,察视风俗,带回歌颂王莽的谣谚3万余言。四夷诸族纷纷上表,"慕义"请求内属。元始四年,诏从古代名臣伊尹的官号"阿衡"、周公的官号"太宰"中各取一字,进王莽为"宰衡"。五年,又为其加"九锡"之礼,即在服饰、车马、仪卫等九个方面都使用准帝王的规格。是年14岁的平帝暴卒,王莽从宗室中找到一个2岁的幼儿刘婴(称为孺子婴)立为继嗣。在其党羽的鼓动下,元后诏令王莽仿效周公故事,以摄政名义居天子之位,称"假皇帝""摄皇帝",改元居摄。至此王莽篡汉的野心已经暴露,一些汉朝宗室和忠于汉朝的官员在地方起兵反抗,但都被王莽镇压。

居摄三年(公元8),梓潼(今属四川)人哀章自制一只铜匮,内书伪造

第六章 王莽改制与东汉兴衰

的天书符命,称"赤帝"之裔汉高祖奉天命将皇位传于"黄帝"之裔王莽。辅政大臣11人,包括哀章本人和王莽的八名亲信,以及临时杜撰的王兴、王盛二人。王莽闻报,遂以"迫皇天威命"为由逼孺子婴退位,自己正式登基,改国号为"新",以次年为"始建国"元年。按"天书"名单封拜辅政大臣,在全国寻访实无其人的王兴、王盛,得同名姓者十余,最后挑选出小吏王兴和卖饼者王盛授以官爵。这样,在长期经营之后,王莽终于登上了权力的顶峰。

改制及其失败

王莽既正式即位,针对西汉末年十分复杂、严重的社会问题,实行"改制"以救其弊。始建国元年(公元9),首先颁诏,指斥西汉土地兼并给百姓造成的危害,宣布天下土地一律更名"王田",奴婢一律更名"私属",皆不得买卖。按照《孟子》所载井田制一夫一妇授田百亩的原则,规定一家男口不满八人而田过一井(900亩)者,应将余田分给无田或少田的亲族乡邻。原无田者亦按一夫百亩的标准授予土地。此举的实质内容是冻结土地、奴婢买卖,以缓和土地兼并和农民奴隶化的过程。但不顾社会环境变化和历史发展的趋势,简单照搬古制,陈义甚高而脱离现实,又缺乏切实可行的具体操作方案,正如时人所评,"欲违民心,追复千载绝迹,虽尧舜复起,而无百年之渐,弗能行也。"[5]诏颁数年,地主官僚因买卖土地、奴婢获罪者甚多,纷起反对。迫于巨大的压力,王莽不得不于始建国四年取消前令,对买卖者不再追究。这样王莽改制中企图解决社会最主要矛盾的一项措施,很快就陷于失败。

为限制商人、高利贷者对农民的盘剥,同时增加国家财政收入,王莽推行了"五均六筦"政策。五均全称五均赊贷,在长安、洛阳、邯郸、临淄、宛、成都六大城市设五均官管理市场,评定物价。如商品市场价格超出平价,五均官即将自己控制的商品平价出售,促使市场价格回落。市场价格低于平价,则听任自由买卖。五谷布帛等重要民用商品如有滞销,五均官则平价收买,使经营者不致亏损。同时经办贷款业务,百姓因祭祀丧葬等事急需用钱,可无息借贷,称为"赊"。如系经营工商业缺乏本钱,则予低息借贷,称为"贷"。这项措施是汉武帝时平准法的发展。六筦(管)指朝廷对六种经济事业的管制措施,即盐、铁、酒专卖,政府铸钱,山泽土产收税和五均赊贷,基本上都在汉武帝时实行过,个别(如酒专卖)后一度废止,至此统加整理颁行。上述政策虽多源自汉武帝,但执行效果颇有差别。武帝时国家机器尚属得力,运行效率较高,故其财经政策虽不无弊端,但终究为国家获取了不少利益。而王莽的国家机构承自西汉后期,腐朽程度已相当严重,靠这套机构对经济事业实施统制,弊远大于利。主管者与豪强富商并缘为奸,多方盘剥百姓,中饱私囊,且条法苛细,处罚严酷,中小工商业者下至普通百姓深受其害,引起了巨大的骚动不安。

王莽对西汉币制进行更改。先铸造错刀、契刀、大钱、小钱等新币,又于始建国二年颁行"宝货"金、银、龟、贝、钱、布六名二十八品,汉五铢钱停用。此举刻意模仿古制,人为地使货币复杂化,甚至将早已失去货币效能的龟、贝也拉入流通领域,品种繁多,换算比值又不合理,徒然造成市场秩序的紊乱。百姓对王莽的货币毫无信任,多私用五铢钱。王莽严令禁止,"于是农商失业,食货俱废,民涕泣于市道"。此后又数次变更币制,"每一易钱,民用破业,而大陷刑"。私铸钱者邻里连坐,皆没为官奴婢,槛车铁锁押送长安,"愁苦死者十六七"。[6]社会矛盾严重激化。

王莽为表示"革汉而立新",大规模改动官名、地名,其标准或依古籍经典,或依符命祥瑞,务求文辞之美,含义之吉,不厌其烦,往往一名行用未久,复更一名,甚至"一郡至五易名而还复其故",致使"吏民不能记",除增加混乱外毫无实际作用。仿古制颁五等爵,滥加封赏,而同时又有大批官吏得不到俸禄,"各因官职为奸,受取贿赂以自供给"。[7]

在处理边疆关系方面,王莽同样大肆更张,强迫周边民族政权更换汉朝封赠的印绶,并贬其王号皆为侯。匈奴自汉宣帝以来臣服于汉,元帝时又以宫女王昭君与呼韩邪单于和亲,长期相安无事。王莽却将汉朝颁赐单于的"玺"更名为"章",苛求细事,引起双方关系恶化,北边战乱再起。西域各国亦不满王莽的歧视政策,纷纷叛附匈奴,脱离与中原的联系。在东北,居于浑江流域的高句丽一直为汉藩属,王莽强征其兵伐匈奴,引起高句丽反抗,乃改其名为"下句丽"。西南夷也掀起反叛,王莽遣兵十余万往击,连年不克。边疆形势的动荡更加重了国内人民的负担。

总的来看,王莽的各项"改制"措施不但没有达到缓解社会危机的初衷,反而却使危机更加深化,新莽政权面临着更为凶险的局面。改制失败的原因,主要是举措多流于空想,具体执行漏洞甚多,不切实际。王莽虽然精于政治权术和手腕,同时却又书生气十足,盲目迷信古书,不讲经济规律,不察社会现实,"每有所兴造,必欲依古得经文"。[8]他认为"制定则天下自平",陶醉于"制礼作乐,讲合六经之说",于是"公卿旦入暮出,议论连年不决,不暇省狱讼冤结民之急务"。[9]而且性情躁动,各种措施同时出台,头绪纷繁,照顾不及,急求近效,朝令夕改。为强制推行,又不惜滥用刑罚,致使无辜百姓受害。另外,国家机构腐朽,措施执行不得其人,即使设想良好,也在贯彻中变形为扰民之举。凡此种种,都导致最初以社会救星形象出现的王莽,最后却成为西汉后期以来统治危机的总替罪羊,大规模的社会动乱在他在位时终于爆发了。

天凤四年(公元 17),新市(今湖北京山东北)人王匡、王凤等聚众起事,以绿林山为基地,称绿林军。次年琅琊人樊崇起兵于山东,皆涂眉为红色以与官军区别,称赤眉军。此前小股暴动已经频繁发生,绿林、赤眉两支农民军队则将事态扩大为全国性的反莽起义。对王莽不满的西汉宗室、地方豪强也纷纷起兵。王莽虽竭力镇压,但顾此失彼,局势日坏。地皇四年(公元 23)六月,绿林军以少胜多,在昆阳(今河南叶县)大败号称百万的莽军主力,至此新莽政权覆亡的大局已定。有人根据"国有大灾,则哭以厌之"的理论,建议"呼嗟告天以求救"。于是王莽率群臣至长安南郊恸哭,并作告天策自述功德。百姓从哭者"为设飨粥,甚悲哀及能诵策文者除以为郎,至五千余人"。[10] 十月,绿林军攻破长安,王莽被杀。此时距其篡位前后 16 年,统治时间与秦朝十分接近。两朝就政策包装而言区别明显,但同样因激化社会矛盾短命覆亡。正如班固在《汉书·王莽传》赞语中所总结的:"秦燔诗书以立私议,莽诵六艺以文奸言,同归殊涂,俱用灭亡。"

二 东汉政治述略

由于王莽的虐政,新末动乱中又出现了"人心思汉"的舆论倾向。在这样的背景下,西汉远房宗室刘秀于公元 25 年建立了东汉王朝。东汉初期一度呈现兴盛局面,不久就进入外戚、宦官轮流专政的时期,统治渐衰。东汉正式结束于公元 220 年,但实际上在 184 年全国规模的黄巾起义爆发之后,东汉的统治已是名存实亡。本节简单叙述东汉政治,即以 184 年以前为限。以后的情况,将在下章结合三国的形成进行介绍。

东汉的建立及初期统治

东汉王朝的建立者刘秀,南阳蔡阳(今湖北枣阳西南)人,汉景帝子长沙定王刘发六世孙。家为当地大族,王莽时曾至长安习《尚书》。地皇三年(公元 22),从长兄刘縯起兵于舂陵(今枣阳南),有众七八千人,号"舂陵军",不久与绿林军合并。时绿林军势盛,由于"人心思汉",议立刘氏为君主,号召天下。南阳豪强等欲立刘縯,而大多数绿林将领都主张拥立为人懦弱、无势力的另一名宗室刘玄，以便操纵。地皇三年二月，刘玄即位，定年号为更始，刘縯被任命为大司徒，刘秀任太常、偏将军。六月，绿林军获昆阳大捷，刘秀身先士卒，功居首位。更始君臣对刘氏兄弟的势力和威望感到疑忌，随即以谋反罪名诛杀刘縯。刘秀闻讯，深自韬晦，不敢服丧，态度益加恭谨，得免于难。是年绿林军攻灭王莽，刘秀奉命北上招抚河北地区，次年被封为萧王。他在河北获得了独立发展的良机，先后击败、收编了多支农民起义部队和地方割据力量，逐步脱离更始政权控制。更始三年（公元25）六月，刘秀被部下拥戴称帝，仍用汉国号，改元建武，不久定都洛阳，史称东汉。刘秀即为汉光武帝。

在汉光武帝建国的同时，进入关中的绿林军势力日衰。更始君臣生活腐化，不事远略，却在内部争权夺利。另一支农民军赤眉军在樊崇率领下西行攻入关中，立十五岁的西汉宗室刘盆子为帝。建武元年（公元25）九月，赤眉军攻克长安，更始政权灭亡。但赤眉军同样缺乏安定、建设能力，在关中四出抢掠，不为百姓所附。其军士思乡心切，日夜愁泣，盼望东归。建武三年，赤眉军撤出长安东返，在崤底（今河南渑池西南）、宜阳（今河南宜阳西）遭到东汉军队截击，樊崇、刘盆子等被迫投降。至此反莽起义中两支最主要的部队均已瓦解，东汉政权成为北方最强大的势力。但全国各地还存在着多支割据力量，较大者有刘永据睢阳（今河南商丘），彭宠据渔阳（今北京密云），隗嚣据天水，公孙述据成都等。至建武十二年（公元36）汉军攻灭公孙述，上述割据力量悉数被削平，全国复归统一。

与西汉初年"布衣将相"的状况不同，东汉创业集团大都出自两汉之际的"士族大姓"。这一阶层形成于西汉后期，主要是"独尊儒术"的结果。独尊儒术使战国以来学说门派各异的"士"逐渐归于儒学一统之下，其数量大增，并且往往不再以个体"游士"的形象出现，而是与家族、宗族势力结合起来。一方面豪强大姓多遣子弟读经入仕，从而士族化，另一方面贫寒士人发迹后也会用政治特权扩张家族的经济实力，士族大姓因而产生。新莽末年的起兵者，除绿林、赤眉外，大都属于这一阶层。以汉光武帝君臣而论，基本都是南阳、河北两地区的士族大姓，往往同时具有"士人"和"大姓"的双重身份。他们虽然有"儒者气象"，[11]并且光武帝等人也与王莽一样迷信谶纬，但毕竟经过政治、军事斗争的磨炼，对社会问题的认识比较清醒和全面，与西汉后期儒生迷恋复古、过分趋于空想不同。在光武帝君臣的统治下，残破的社会又进入一个较为安定、重新恢复发展的时期。

政治方面，专制主义中央集权统治得到进一步加强。光武帝"退功臣而进文吏",礼遇功臣列侯,予以优厚爵禄,但不任以政事。诸功臣与皇权产生矛盾的危险也因此大大减小,皆以功名自终,得享天年。对宗室外戚的权势,也都加以限制。与此同时,大力提倡儒学,表彰名节,重建太学,完善察举制度,擢用普通士人为官。标榜"以柔道治天下",不尚严刑峻法。在中央,加重内朝官尚书台协助皇帝决策的作用,重大或机密事务多由皇帝与尚书台讨论决定,再交付外朝官僚机构之长——三公监督执行。时称"虽置三公,事归台阁(指尚书台)"。[12]地方上提高原监察区长官——州部刺史的权限和地位,使州部开始向郡以上的一级地方行政机构转化。

经济方面,社会生产逐渐得到恢复。光武帝采取轻徭薄赋政策,又裁并冗散机构、官吏,提倡节俭,以缩减开支。多次下诏释放奴婢、刑徒,对未被释放的奴婢的法律地位亦予提高,指出"天地之性人为贵",杀奴婢者不得减罪,炙灼虐待奴婢也要依法惩办,并废除了奴婢射伤人处死刑的规定。大量奴婢放免为庶人,流民多返乡里,推动了经济的发展。建武十五年(公元39),针对豪强地主隐匿耕地数字、私占人口的行为,推行"度田",即令地方丈量耕地、核实户口。此举引起豪强地主的反对,未能严格执行,但也在一定程度上使豪强势力的发展有所抑制。

光武帝去世后,明帝(公元57—75)、章帝(公元75—88)相继嗣位,东汉王朝的国势继续处于上升趋势。明、章二帝都勤于政事,注意整顿吏治,又提倡儒学,发展文教。仍旧奉行轻徭薄赋政策,招抚流民,奖励垦荒。明帝时王景、王吴奉命治理黄河,筑堤束水,使黄河与汴渠分流,改变了西汉末年以来黄河侵汴、泛滥为害的状况,使沿河大片土地重新得到开垦。边疆开拓也取得了很大成就,重振了西汉盛时的声威,详见下文。

外戚、宦官的交替专权

章和二年(公元88)汉章帝卒,东汉统治渐衰,出现了外戚、宦官交替专权的局面。东汉自章帝以下诸帝享年皆不超过40岁(仅最后的献帝除外),更有几名皇帝数岁即夭折。皇帝早卒,嗣君年幼不能亲理政事,遂由皇太后临朝称制,外戚得以用事擅权。至嗣君成年,不甘心大权旁落,每依赖亲信宦官发动政变翦除外戚势力,宦官又因而主宰朝政。至下一任嗣君即位,则开始又一轮外戚、宦官先后专权。如此恶性循环,往复不已。外戚、宦官能够专权,主要是由于东汉专制皇权强化,外朝官僚机构的作用受到削弱,大权集中于皇帝一人之手。外戚、宦官利用其特殊身份便于挟持皇帝,从而就掌握了朝政。外戚、宦官在本质上都是皇权的附属物,凭借皇权侵夺官僚机构的权力,但外戚、宦官的权势过度膨胀,也会对皇帝个人形成威胁。东汉中后期统治集团内部的政治斗争,正是在这种复杂背景之下展开的。

章帝死后,年仅10岁的和帝即位,太后窦氏临朝,其兄窦宪时任内朝官侍中,内参机密,出宣诰命。窦宪出自功臣世家,其曾祖窦融于新莽末年割据河西走廊,较早归附汉光武帝,荣宠为一时之冠。至此窦氏兄弟皆据要职,党羽遍布内外。窦宪推荐"仁厚委随"的老臣邓彪为太傅、录尚书事,从而操纵了尚书台。后北伐匈奴有功,进拜大将军,位三公上,更是恃势自傲,横行无忌,其家人党徒多行不法。永元四年(公元92),和帝在宦官郑众的协助下发兵消灭窦氏势力,窦宪自杀。郑众因功封鄛乡侯,"由是常与议事,中官(指宦官)用权,自众始焉"。[13]不过郑众为人较正派,此时宦官势力膨胀还不很明显。

元兴元年(公元105)和帝卒,幼子隆即位,在位数月又卒,是为殇帝。和帝皇后邓氏定策立和帝之侄、13岁的刘祜为帝,是为安帝,邓氏继续临朝称制。邓太后是东汉开国元勋、位列"二十八功臣"之首的邓禹的孙女,较有政治才干,称制期间有一定的作为,但此时期天灾连年,社会形势已有动荡的迹象。外戚仍旧用事,太后之兄邓骘拜大将军,兄弟皆封列侯。永宁二年(121)邓太后卒,安帝与宦官李闰、江京等合谋诛除邓氏,邓骘自杀。李闰、江京皆因功封侯,擅权用事,同时安帝皇后阎氏家族也参预朝政,一度形成宦官、外戚共同专权的局面。这一时期,朝廷政治急剧腐败,一部分正直官僚自居"清流",指斥宦官、外戚及其依附势力为"浊流",受到后者迫害。"清""浊"的对立由此逐渐成为政治斗争的一条重要线索。

延光四年(125)安帝卒,阎皇后无子,为便于专权,与其兄阎显合谋,不立安帝庶子、此前曾被立为太子的济阴王刘保,另选宗室济北王的幼子刘懿立为嗣君。但刘懿在位不满一年又卒,宦官孙程等19人发动政变,诛杀阎显,拥立济阴王保,是为顺帝。19名宦官皆封为侯。宦官势力比以前更盛,顺帝为照顾其利益,专门下诏规定宦官的侯爵可由其养子继承。后来顺帝也扶植外戚势力,相继拜皇后梁氏之父梁商、兄梁冀为大将军。

建康元年(144)顺帝卒,幼子冲帝即位,梁太后临朝,梁冀秉政。次年冲帝亦卒,太后与梁冀定策,立宗室勃海王之子刘缵,是为质帝。质帝年少聪慧,因对梁冀专权表示不满,于本初元年(146)被梁冀毒死。梁冀又力排众议,拥立15岁的蠡吾侯刘志,是为桓帝。桓帝立梁冀之妹为皇后。梁冀连立三帝,长期把持朝政,权势大大超出此前专权的外戚。桓帝特许他入朝不趋,剑履上殿,谒赞不名,朝会与三公绝席,十日一入平尚书事,机务皆听其决断。大臣李固、杜乔因不附和梁冀,均被诬陷罪名,下狱杀害。百官迁任后先要到梁家谒见谢恩,四方贡物上等者先送梁冀,宫中仅得其次。又大修宅第,广建苑囿,占夺平民数千人为奴婢。冀"一门前后七封侯,三皇后,六贵人,二大将军,夫人、女食邑称君者七人,尚公主者三人,其余卿、将、尹、校五十七人。在位二十余年,穷极满盛,威行内外,百僚侧目,莫敢违命,天子恭己而不得有所亲豫"。[14]至延熹二年(159),桓帝与宦官中常侍单超、唐衡、左悺、徐璜、具瑗协谋,发兵包围梁冀府第,收其大将军印绶,冀即日自杀,家属皆被处死,公卿等高级官员受牵连被诛者数十人。官民鼎沸,莫不称庆。朝廷没收梁氏家财,发卖得钱30余万万,遂免收是年天下租税之半。单超等五人同日封侯,世称"五侯"。梁氏虽被诛灭,以"五侯"为首的宦官集团却控制了朝政,他们干预察举,插手司法,典领禁兵,亲属私党分布内外,势焰之嚣张,又远在此前专权宦官之上。与梁冀擅权时期相比,朝政的黑暗有过之而无不及。

清议与党锢

针对外戚、宦官轮流专权,政治腐败日渐一日的情况,社会上的不满情绪越来越强烈,形成了一个以比较正直的士大夫为主的反对派集团。士大夫是西汉"独尊儒术"以来由儒生、文吏融合形成的新兴社会阶层,皆受到儒家思想熏陶,具有共同的伦理道德价值观念,以"通经致用""济世安民"为人生目标。已入仕者进入官僚集团,为数更多的未入仕者则是官僚预备队。由于东汉朝廷重视儒学教育,太学规模不断扩大,学生人数累增至3万人。他们作为下层士大夫的代表,聚集于京师,其影响舆论、干预政治的潜在能量相当可观。士大夫中有若干经学世家凭借其学术成就和地位,世代有人仕至公卿高位,事实上也成为官僚世家。如世传欧阳《尚书》之学的弘农杨氏,四世皆为三公,世传孟氏《易》学的汝南袁氏,四世中居三公位者多达五人。他们虽未必能掌握实权,却有很高的社会威望和影响。另外当时的选官制度也加强了士大夫集团内部的凝聚力。东汉沿西汉之制,士人主要通过察举、征辟入仕。察举已见前述,指地方向朝廷推荐人才以备擢用,在此过程中地方长官与其推荐人选通常会形成前者施恩、后者图报的密切私人关系。征辟指皇帝征召某人授职,及高级官员直接辟除某人为属官,其中被辟除者就成为辟除人(时称"举主")的"门生""故吏",一般都待举主以君父之礼,依附关系更为紧密。这样,东汉士大夫既有为数广泛、集中而活跃的下层成员,又有少数经学官僚世家作为核心、领袖,加上察举、征辟制度所造成的集团关系,的确已成为一支不容忽视的社会力量。

在外戚、宦官专权时期,固然有一些士大夫为了个人利益进行投靠、攀附,但更多的士大夫却从儒家伦理道德出发,对外戚、宦官专权进行抵制,他们也因而得到广大下层人民的拥戴。上文中提到的"清流""浊流"对立,就是在这一背景下出现的。安帝时出自弘农杨氏、被誉为"关西孔子"的太尉杨震,即因与宦官、外戚进行斗争,最终被迫害自杀。被梁冀杀害的李固、杜乔,也是当时"清流"的代表。到桓帝在位后期,宦官专权,清、浊之争更加尖锐,终于引发了一场大规模的政治斗争。斗争的导火索,则是当时清流士大夫的"清议"活动。

清议本来是士大夫们对当世人物的品评。东汉后期,一些士大夫专精此道,如时称"隐不违亲,贞不绝俗,天子不得臣,诸侯不得友"的名士郭泰,就是这样一位清议专家,经他作出的人物评价往往"先言后验",成为定论。[15]汝南许劭、许靖兄弟定期评论乡里人物,称为"月旦评"。清议对时人的褒贬在很大程度上能够左右舆论乃至选官,影响被评论者的仕途进退。其评价主要仍是以儒家伦理道德为标准,风气所至,士大夫纷纷作出让爵、推财、避聘、久丧等"孝义"行为,希望博得清议赞扬。但伪装"高行"以求名的现象也很常见,其中一些人因真相暴露而导致身败名裂。在腐败的政治形势下,品评人物的清议因其"激浊扬清"性质,很容易染上政治色彩。《后汉书·党锢传》序文概括说:"逮桓、灵之间,主荒政缪,国命委于阉寺,士子羞于为伍,故匹夫抗愤,处士横议,遂乃激扬名声,互相题拂,品核公卿,裁量执政,婞直之风,于斯行矣。"敢于同宦官作斗争的正直官僚李膺、陈蕃、王畅,受到清议的高度评价,被誉为"天下楷模李元礼(膺字),不畏强御陈仲举(蕃字),天下俊秀王叔茂(畅字)"。清议的舆论品评又进一步发展为实际行动。永兴元年(153)和延熹五年(162),由于反宦官的官员遭到处罚判刑,两次爆发太学生的集体诣阙请愿事件,迫使桓帝将受罚官员赦免。得到清议支持的官员因而更加积极地打击宦官势力。李膺任司隶校尉,闯入大宦官张让家中,捕得其弟罪犯张朔,审讯处死。宦官惧怕,连休假日也不敢走出宫门。双方的矛盾日益尖锐。

延熹九年(166),宦官集团终于发起了对反对派的镇压,使人诬告李膺等人与太学及郡国生员结党,"诽讪朝廷,疑乱风俗"。桓帝遂下诏逮捕李膺等"党人",列出名单布告天下,共捕系200余人,逃亡者悬赏通缉。随后将"党人"一律放归故里,禁锢终身,不许出游并做官。史称此事为"党锢之祸"。但这次镇压并未完全震慑住清议舆论。"党人"被逐出政坛后,"天下士大夫皆高尚其道,而污秽朝廷",给有关人物又加上了"三君""八俊""八顾""八及""八厨"等美称。君"言一世之所宗也",俊"言人之英也",顾"言能以德行引人者也",及"言其能导人追宗者也",厨"言能以财救人者也"。[16]有的官员未被列入党人名单,甚至上书自陈与党人的关系,请求连坐。

永康元年(167),桓帝卒,12岁的灵帝即位,太后窦氏临朝,太后之兄窦武任大将军。窦武为东汉初功臣窦融之后,与和帝时专权的窦宪出于一族。虽出自外戚,但同士大夫集团素有交往,曾在党锢之祸爆发后为党人请求赦免。至此他与一向反对宦官的大臣陈蕃共同辅政,策划诛杀宦官,但事机不密,为宦官所知。建宁元年(168)八月,宦官曹节、王甫等抢先发动政变,挟持灵帝与太后,发兵攻杀窦武与陈蕃。宦官得胜后,将报复的矛头又对准了家居的党人。建宁二年,以"图危社稷"的罪名展开大逮捕,李膺等人皆被下狱处死,牵连受祸者六七百人。后来又下诏,党人的门生、故吏、亲属等一概免官禁锢。这就是第二次党锢之祸。第二次党锢之祸使反宦官的士大夫集团受到了沉重打击,其领袖人物几乎被一网打尽。在对党人的残酷镇压浪潮中,党人仍然得到了社会上广泛的同情和救助。"八及"之一张俭逃亡在外,"困迫遁走,望门投止",所到之处"莫不重其名行,破家相容"。由于掩护张俭,"伏重诛者以十数,宗亲并皆殄灭,郡县为之残破"。[17]这反映出党人的活动在当时是人心所向的正义行为。随着两次党锢之祸,东汉王朝的腐败衰颓也终于陷入不可救药的境地。

东汉的边疆形势

东汉的北部边疆形势相对而言比西汉更加稳定。光武帝初年,匈奴仍为边患,并一度立三水(今宁夏同心)人卢芳为帝,与东汉对抗。不久匈奴遇到持续数年的旱蝗灾害,人畜都受到巨大损失,其贵族中又发生内讧,争斗不已。建武二十四年(公元48),匈奴日逐王被南边八部拥立为南单于,他袭用祖父呼韩邪单于的称号,率众内附于东汉朝廷。自此匈奴分裂为南匈奴和北匈奴。南匈奴驻牧于东汉北边诸郡境内,助汉戍守,东汉每年予以大量岁赐,并设"使匈奴中郎将"监护之。明帝时,又专门设置度辽将军,统兵屯扎于五原曼柏(今内蒙古达拉特旗),协助南匈奴单于抵抗北匈奴侵扰及镇压族人叛乱。至和帝初年,南匈奴领有3.4万户,23万余口,包括军队5万。他们逐步向南迁徙,一些人开始转向定居和农耕生活。至2世纪中叶,大多数已集中居于汾水流域。

北匈奴离东汉较远,但起初仍控制西域,并时常侵扰河西与北方边境。明帝永平十六年(公元73),分兵四路北伐,窦固、耿忠一路出酒泉,追击北匈奴至蒲类海(今新疆巴里坤湖),夺取伊吾(今新疆哈密),置官屯田。和帝永元元年(公元89),窦宪、耿秉在南匈奴协助下再度北伐,大破北匈奴,追逐数千里,登燕然山(今蒙古国杭爱山),刻石纪功而还。永元三年,汉将耿夔又在金微山(今阿尔泰山)击败北匈奴军队,单于遁逃,部众破散。大部分北匈奴人向西迁徙,少数降汉或融入其他诸族,漠北渐被新兴的鲜卑占据。

西域诸国在王莽时与中原断绝联系,东汉建立后,一些国家前来通使,请如西汉旧制设置都护。光武帝因力量不及,予以婉拒,各国遂为匈奴所控制。明帝时征伐北匈奴,窦固等将东汉势力伸入西域。永平十七年,东汉重设西域都护。汉将班超率吏卒36人出使西域南道诸国,连定鄯善(今新疆若羌)、于阗(今新疆和田)、疏勒(今新疆喀什)。而北道的焉耆(今属新疆)、龟兹(今新疆库车)仍受北匈奴操纵,攻杀汉西域都护陈睦,东汉被迫撤回西域官兵。班超在南道诸国的恳请下留驻西域,统领诸国对抗匈奴,并降服匈奴在南道的属国莎车(今属新疆),保证了西域南道仍奉汉号令。窦宪北伐击败北匈奴后,龟兹降汉,汉廷遂任命班超为西域都护,驻龟兹,又以徐幹为西域长史(都护副职),驻疏勒。随后班超率诸国兵讨平焉耆,西域50余国全部臣属东汉。安帝时西域一度发生动乱,北匈奴残余势力趁机寇掠,班超之子班勇奉命再定西域,以西域长史行都护之职。总的来说,东汉在大部分时间里维持了对西域的统治。班超在西域时,还曾派甘英出使大秦(罗马帝国),甘英至波斯湾头,闻前路海阔难行,遂折而东还。此后在桓帝时,大秦王安敦曾遣使东汉,抵达洛阳。这是中国与欧洲最早的正式接触。

两汉东北的西拉木伦河、老哈河流域居住着乌桓与鲜卑,它们都是被匈奴冒顿单于击败的东胡的支系。乌桓与汉接境,部落甚众,叛服不定,西汉中期到东汉皆设护乌桓校尉加以监领。鲜卑则在乌桓以北。北匈奴被东汉击溃后,鲜卑逐步向西发展,进入漠北,漠北残留的匈奴人亦皆融入其中。2世纪中叶,鲜卑部落"大人"(即首领)檀石槐统一鲜卑诸部,占有匈奴故地,并将其地分为东、中、西三部,各置大人,由自己总领。桓帝、灵帝时期,檀石槐多次南下侵扰,给东汉造成很大威胁。桓帝曾遣使封檀石槐为王,欲与和亲,但遭其拒绝。灵帝光和四年(181)檀石槐死,鲜卑又趋于分裂,力量渐衰。

东汉中后期,与羌人的冲突成为当时民族关系的焦点。羌人很早就居住于青海一带,部落众多,不相统属,西汉时一部分内迁到陇西地区。因边地官吏处置失宜一度反叛,被汉将赵充国讨平。到东汉,内迁的羌人越来越多,由于受到官吏和内地豪强的压迫,多次掀起反抗斗争。羌人较大规模的暴动共有三次,分别发生于安帝、顺帝和桓帝时期,前后绵延60余年。暴动主要出现于河西、陇西、关中地区,甚至波及河东和蜀地。一些汉族百姓也参加了羌人的队伍,共同与官军作战。东汉朝廷为镇压羌人的反抗,耗费了大量的财力、物力,这也成为它走向衰落的一个重要原因。

东汉帝系表

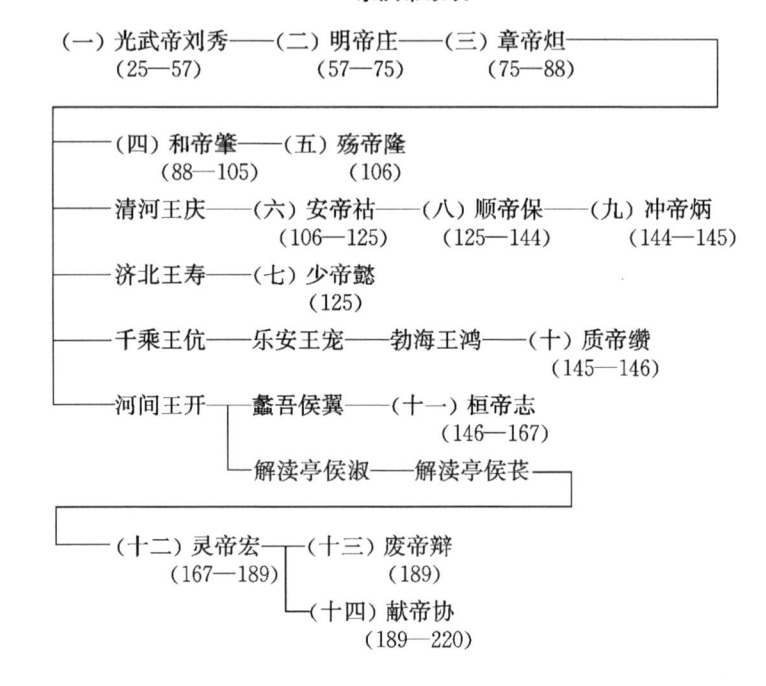

(一) 光武帝刘秀——(二) 明帝庄——(三) 章帝炟——
(25—57)　　　　(57—75)　　　(75—88)

——(四) 和帝肇——(五) 殇帝隆
　　(88—105)　　　(106)
——清河王庆——(六) 安帝祜——(八) 顺帝保——(九) 冲帝炳
　　　　　　　(106—125)　　(125—144)　　(144—145)
——济北王寿——(七) 少帝懿
　　　　　　　(125)
——千乘王伉——乐安王宠——勃海王鸿——(十) 质帝缵
　　　　　　　　　　　　　　　　　　　　(145—146)
——河间王开——蠡吾侯翼——(十一) 桓帝志
　　　　　　　　　　　　　(146—167)
　　　　　　——解渎亭侯淑——解渎亭侯苌
——(十二) 灵帝宏——(十三) 废帝辩
　　(167—189)　　　(189)
　　　　　　　——(十四) 献帝协
　　　　　　　　　(189—220)

注 释

〔1〕《汉书·食货志》。
〔2〕荀悦《汉纪》卷八《孝文二》。
〔3〕《汉书·鲍宣传》。
〔4〕《汉书·李寻传》。
〔5〕《汉书·王莽传》。
〔6〕《汉书·食货志》。
〔7〕《汉书·王莽传》。

［8］ 《汉书·食货志》。
［9］ 《汉书·王莽传》。
［10］ 《汉书·王莽传》。
［11］ 赵翼《廿二史札记》卷四"东汉功臣多近儒"条。
［12］ 《后汉书·仲长统传》。
［13］ 《后汉书·郑众传》。
［14］ 《后汉书·梁冀传》。
［15］ 《后汉书·郭林宗传》。
［16］ 《后汉书·党锢传》序。
［17］ 《后汉书·张俭传》。

第七章
政治分裂的魏晋南北朝(上)

公元2世纪末,东汉统治衰落,中国历史由此进入一个较长的分裂时期。最初是魏、蜀、吴三国的鼎立。三国鼎立局面由西晋结束,但西晋的统一只维持了很短的时间,分裂就又重新开始。西晋皇族在江南建立了东晋,北方则陷入不同民族的混战,出现了许多政权,概称十六国。后来东晋和十六国又被分别由几个王朝组成的南朝、北朝代替,南北形成对峙,直至6世纪末,才重归一统。这段持续近400年的分裂时期,统称为三国两晋南北朝,也简称魏晋南北朝。

一 三国鼎立

三国因魏、蜀、吴三个政权的鼎立而得名。就严格意义而言,三国应开始于公元220年曹魏篡汉,但三国的具体形成过程则要追溯到184年的黄巾起义和189年的董卓之乱。董卓乱后,东汉政权在名义上仍存在了30年,但历史事实上已经进入三国时期。263年魏灭蜀,265年西晋代魏,三国已去其二,不过通常还是将280年西晋灭吴作为三国时期的下限。

三国鼎立局面的形成

东汉灵帝在位时期,镇压了"党人"的宦官完全支配朝政,政治极度腐败。朝廷公开卖官,二千石官以下各有定价,富者先入钱,贫者到官后加倍缴纳。灵帝甚至私卖公卿等朝中高级职务。困于土地兼并、赋役剥削和天灾的农民大批破产流亡,小规模的起事暴动与时俱增。东汉后期的农民起事往往通过宗教进行组织。当时社会上流行的神仙方术与道家黄老思想相结合,形成了一门宗教——道教。钜鹿(今河北平乡西南)人张角自称"大贤良师",在民间传播道教,并以符水咒语为人治病,号为太平道。十余年间,其信徒多至数十万,分为三十六"方",大方万余人,小方六七千,各设首领,皆听张角号令。他们散布谶语,称"苍天已死,黄天当立,岁在甲子,天下大吉",准备在中平元年(184,甲子年)三月五日发动起义。因计划泄露,于二月提前举事,三十六方一时俱起,皆头戴黄巾为标记,东汉的统治顿时陷入一片混乱。但黄巾军虽在起事之前组织严密,起事之后却缺乏统一的调度指挥,基本是各自为战。是年九月,张角病卒。失去了领袖的黄巾军终被官军各个击破,几支主力被歼,起义失败。不过一些分支部队仍在地方上持续作战十余年。

经过黄巾起义的打击,东汉政权濒于崩溃。中平五年,为强化地方的镇压权力,改全国十三部刺史为州牧,选朝廷重臣出任,昔日的监察区州部至此已变成郡以上的一级行政区。一些州牧阴怀割据之志,逐渐发展个人势力,分裂萌芽开始出现。

中平六年(189),灵帝卒,子辩即位。皇太后何氏之兄何进辅政,密谋诛杀宦官,召并州牧董卓入京为援。事泄,宦官先杀何进,何进的亲信袁绍等又尽杀宦官,东汉最后一次外戚、宦官的斗争以两败俱伤告终。率兵抵京的董卓趁乱获利,独揽朝政,废黜刘辩,拥立灵帝另一子协,是为献帝。州郡牧守纷纷起兵,推袁绍为盟主,讨伐董卓。初平元年(190),董卓放火烧毁洛阳,挟持献帝和百万居民西迁长安。讨董联军各怀异志,互相并吞,分崩离析。董卓则于初平三年遇刺,其部将在关中展开混战。全国逐渐形成了多支割据势力,东汉已名存实亡。

在2世纪末的割据者中,以袁绍、曹操实力最强。袁绍出自"四世五公"的经学官僚世家汝南袁氏,其家族的门生、故吏遍于天下。他本人也是汉末名士,与"党人"素有往来。董卓乱后,袁绍先夺得冀州为地盘,又相继兼并青州、并州、幽州,跨有华北,拥众数十万,一时成为最强大的割据势力。曹操,沛国谯县(今安徽亳县)人,也出身于官僚家庭,但其父曹嵩是宦官养子,虽仕至高官,仍为时论所鄙。操因举孝廉入仕,曾参与镇压黄巾,讨伐董卓,后收降青州黄巾军30万,势力陡增,逐步占据了黄河中下游的兖、豫二州。建安元年(196),奉迎汉献帝至许(今河南许昌东),取得了挟天子以令诸侯的战略优势。他为争夺霸业,针对东汉中后期以来用人片面求名的弊端,主张不拘一格,唯才是举;又严明法纪,信赏必罚,不仅能网罗人才,也擅长使用人才。曹操还大力兴办屯田,组织士兵和经过军事化编制的流民开垦荒地,官取收获之半或六成,因而大大提高了经济实力。袁、曹二人隔黄河形成对峙。袁绍兵多将广,家庭背景、声望也优于曹操,但个人才略逊于后者,军事和政治方面多有失误。建安五年(200),双方战于官渡(今河南中牟东北),曹操以弱胜强,击败了袁绍的主力部队。此后袁绍忧愤而卒,其地域相继被曹操兼并,北方已基本上处于曹操控制之下。建安十三年(208),曹操晋位丞相,率兵南征,企图一举统一全国,但在赤壁(今湖北蒲圻西北,或云在今湖北武昌西赤矶山)被孙权、刘备的联军打败,不得已退回北方。此后曹操又平定了北方一些残余的割据势力,镇压了朝中的反对派,于建安十八年受封为魏公,加九锡,二十一年进爵魏王,虽犹名汉臣,实际上已完全成为最高统治者。

刘备,涿郡涿县(今属河北)人,为汉朝皇室疏属。早年在北方活动,曾依附于多支割据势力,被曹操荐举为豫州牧,后南下投奔割据荆州的刘表。孙权,吴郡富春(今浙江富阳)人,其父孙坚讨黄巾、董卓有功,兄孙策渡江发展势力,权袭父兄之业,保有江东六郡。建安十三年曹操南征,时刘表已死,其子降曹,刘备退至夏口(今湖北汉口),与孙权合兵,以少胜多,大败曹军。赤壁之战后,刘备占有荆州,继而入蜀占据益州,从曹操手中夺得汉中,自立为汉中王。不久孙权又夺占荆州,并有长江中下游。这样曹得北方、刘得西南、孙得东南的三分天下格局基本奠定。

汉献帝延康元年(220),曹操病死,子曹丕嗣为魏王,随即正式篡汉称帝,国号魏,都洛阳,建元黄初,是为魏文帝。次年,刘备于成都称帝,仍用汉国号,是为汉昭烈帝。史称其政权为蜀汉,亦简称蜀。同年孙权受魏封为吴王,至229年亦称帝号,是为吴大帝。其都始在武昌,不久迁于建业(今南京)。三国完全形成。

曹魏政治概况

曹魏政权在三国之中版图最大,户口最多,实力也最强。曹魏的建立,是曹操、曹丕父子与汉末大姓名士既斗争又合作的结果。西汉社会中已经出现很多以宗族为纽带的豪强大姓,这些人在"独尊儒术"后逐渐染上文化色彩,成为"士族大姓",东汉创业集团基本出自这一阶层,已见前述。整个东汉,这类士族大姓在地方上一直普遍存在,通常每郡都有若干家"著姓""门阀",他们具有经济实力和文化优势,在州郡辟除中享有很大优先权,往往世代把持州郡僚佐职务。察举制度也在相当大程度上向他们倾斜,一些经学世家甚至可以做到累世公卿。获得"清议"推崇的名士(他们通常进而成为清议的主持者)固然有一部分来自单家庶族,但就整体而言主要出自大姓、或在政治上代表大姓利益的士人。大姓名士构成了东汉士大夫集团的核心。他们虽在"党锢之祸"中受到沉重打击,但在社会上仍然拥有不可低估的潜在势力,实际上也是东汉末年各个割据者主要依靠的政治力量。一些割据者如袁绍,本人就是大姓名士。曹操因其"赘阉遗丑"(袁绍讨曹檄文中语)的出身,与大姓名士有一定隔阂,故而他提出"唯才是举"的用人口号,甚至宣称对"不仁不孝而有治国用兵之术者"也一律擢用。但曹操用人标准最全面的概括其实是"治平尚德行,有事赏功能"。[1]他只是用人不拘一格,并非专门排斥大姓名士,相反还凭借其才略权术吸引、网罗了不少大姓名士为自己服务。特别是到其统治稳定、"治平"之局渐呈后,曹操"尚德行"及与大姓名士合作的趋势愈益明显。

在上述背景下,产生了对以后历史有重要影响的九品中正制度。220年曹操死,曹丕在篡汉前夕采纳陈群建议,颁布了"九品官人之法",各郡皆设中正一职,择朝官中籍贯本郡者兼任,负责品评本郡人才,区分高下为九品(此称"乡品",并非代表职官品秩的官品),上报朝廷作为任命官员的依据。后来各州又设大中正。这也就是所谓九品中正制。它实际上是将东汉后期以来大姓名士控制的地方"清议"纳入朝廷选官制度,既使大姓名士对清议的操纵获得合法地位(中正多出自大姓名士),又体现了朝廷对清议的控制。按制度,中正评定人物品级的标准要兼顾家世、德行与才能,评定之后根据被评定者的具体表现还可对其品级予以升降。九品之中,一品多为虚设,二品实为最高品。后来只有二品可称为上品,三品以下均属下品。九品中正制形成之初,带有较强的中央集权倾向,但在大族力量活跃和膨胀的社会背景下,定品时家世逐渐成为最重要乃至唯一的因素,德、才标准则因其不易量化考评渐被忽视废弃,九品中正制反过来成为巩固大族势力的工具。这样,统治集团中逐渐形成了一个贵族化的阶层——门阀士族。

曹魏中期齐王曹芳在位时(239—254),权臣司马氏家族开始控制朝政。其主要人物司马懿,河内温县(今属河南)人,出身大族,其祖先四代为东汉高官。司马懿早年被曹操辟除任职,后历仕魏文帝、明帝(226—239在位),以谋略知名,长期镇守关中,抵御蜀国丞相诸葛亮的进攻,官至太尉(后又进太傅),与宗室大将军曹爽同受明帝遗诏,辅佐齐王芳。二人争权夺利,矛盾日益尖锐。嘉平元年(249),司马懿发动政变,诛杀曹爽及其党羽,独揽朝政。司马懿卒,二子师、昭相继任大将军,父子三人长期经营,逐一镇压了中央和地方的反对派势力,将曹氏政权渐移于司马氏之手。正元元年(254),司马师废齐王芳,立高贵乡公曹髦。景元元年(260),司马昭杀曹髦,立元帝曹奂。元帝授司马昭相国之职,加封晋公。景元四年,司马昭发兵灭蜀,次年进封晋王。咸熙二年(265),昭死,子司马炎嗣为晋王,随即正式篡魏称帝,建立晋朝,改元泰始,是为晋武帝。曹魏自魏文帝始凡传五帝,共46年。

魏帝系表

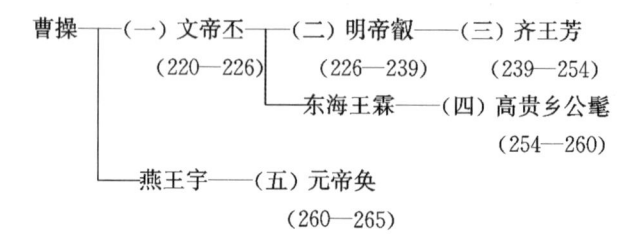

```
曹操─┬─(一)文帝丕──(二)明帝叡──(三)齐王芳
     │   (220—226)   (226—239)   (239—254)
     │              └─东海王霖──(四)高贵乡公髦
     │                           (254—260)
     └─燕王宇──(五)元帝奂
              (260—265)
```

蜀 与 吴

蜀汉在三国中版图最小,户口最少,实力最弱。赤壁战后刘备入川夺取益州,荆州则留大将关羽镇守。建安二十四年(219)孙权袭杀关羽,占领荆州。221年刘备称帝后,随即亲率大军东征,企图重新夺回荆州。次年被吴将陆逊大破于夷陵(今湖北宜昌东南),狼狈撤回,不久病卒。这样蜀国的势力被遏制在三峡以西,只拥有巴、蜀、汉中之地。

刘备既卒,子刘禅嗣立,史称后主。后主为人懦弱无能,蜀国大政方针的实际决策者是丞相诸葛亮。诸葛亮,琅琊阳都(今山东沂南南)人,汉末避乱荆州,隐居于隆中。刘备闻其名,三次亲往拜访,礼聘为谋士。诸葛亮很早就洞察到天下三分的趋势,为刘备制定了跨有荆益、联孙抗曹的基本战略。后受刘备遗命,辅佐后主。诸葛亮是中国古代杰出的政治家,其为政崇尚法纪,循名责实,事必躬亲,治效显著。史称他"科教严明,赏罚必信,无恶不惩,无善不显,至于吏不容奸,人怀自厉,道不拾遗,强不侵弱,风化肃然","邦域之内咸畏而爱之,刑政虽峻而无怨者,以其用心平而劝戒明也"。[2]辅政之初,首先率师征西南夷,恩威并施,对其首领孟获七擒七纵,最终保证西南夷完全臣服于蜀国,巩固了后方的局势。对外重新与吴国结好,共抗曹魏。自后主建兴五年(227)起,诸葛亮多次率军由汉中北伐,虽获得一些小规模胜利,但未取得大的进展,最后在建兴十二年病卒于军中。当时蜀弱魏强,但诸葛亮却屡屡主动进攻,意在以攻为守而求自存。魏国方面则利用关陇险阻的地形,屯兵坚守,以逸待劳,每使蜀军相持既久,饷运不继,无功而还。诸葛亮能以弱国居攻势,体现了他个人的军事才能,但虽有攻势而少战果,则是由蜀魏双方的实力差别所决定的。

诸葛亮死后，蜀国力量渐衰，宦官专权，朝政不修，已难以再对魏国构成大的威胁，双方实力差距进一步增加。后主景耀六年(263)，魏军三路伐蜀，钟会统大军入汉中，蜀将姜维坚守剑阁进行抵御。此时另一路魏军在邓艾统率下取道阴平(今甘肃文县西)山路，突袭入蜀，很快兵临成都。后主奉表出降，蜀亡。自刘备称帝始，共立国43年。

吴国的国力在三国中居第二位。赤壁战后，孙权先后进占交州(今两广地区)和荆州，地盘大增。黄龙二年(230)，遣军万人至夷洲(今台湾)，这是大陆与台湾发生联系的最早记载。吴国使臣还曾到达南海林邑(今越南中部)、扶南(今柬埔寨)诸国。孙吴建国之初，在政治上对避乱南渡的北方士人尚有相当的依赖，以后则越来越多地倚重江南大族，特别是吴郡的朱、张、顾、陆四姓。吴郡四姓久居高位，形成了"张文朱武顾忠陆厚"的不同门风。[3]孙吴政权为照顾大族利益，允许他们占有一定数量不承担官府赋役的"私属"佃客，称为"复客"。另外孙吴将领亦多出自大族，拥有私兵，称为"部曲"，得父子兄弟自相传授，形成世袭领兵制。

军事方面，夷陵之战后吴国与蜀一直修好，主要精力用于对付"山越"和抗衡曹魏。山越指当时居住于江南山区的土著居民，其主体部分是古代越人的后裔，也包括一些因躲避赋役逃入山中的汉人。他们依据山地之险，自组武装，相对孙吴政权来说处于半独立的状态，成为其心腹之患。因此孙吴多次对山越发起征剿。嘉禾三年(234)诸葛恪讨丹阳山越，采取经济封锁的办法，经过三年部署和围困，终于迫使山越10万人出山投降。在孙吴统治的几十年当中，山越的绝大多数都逐渐从山区被徙至平地，一部分用以补充兵源，一部分成为郡县编户或大族佃客。山越的被征服推动了江南经济开发的进程，也促进了其本身与汉族的融合。吴国与曹魏时和时战，其主要争夺战场均在淮南，特别在蜀国诸葛亮去世后，曹魏西线压力减轻，更加强了对吴国的进攻。吴国主要用水军进行防御，魏军虽几度占据优势，但打到长江边上亦只能无功而退。

吴神凤元年(252)，孙权卒。此后吴国统治集团内部争斗频繁，国势渐衰。司马氏灭蜀代魏后，忙于新朝建设，没有马上进攻吴国。时吴末帝孙皓在位，为政残暴，民心不附。晋武帝泰始五年(269)，命羊祜出镇襄阳，策划攻吴，王濬则在蜀地筹建水军。在长期准备之后，晋于咸宁五年(279)发兵五路南征吴国，同时王濬率水军自长江上游顺流而下。太康元年(吴天纪四年，280)，王濬攻入建业，孙皓出降，吴亡。吴国自孙权称帝算起，共历四君，52年。

蜀(汉)帝系表

(一)昭烈帝刘备——(二)后主禅
　(221—223)　　　(223—263)

吴帝系表

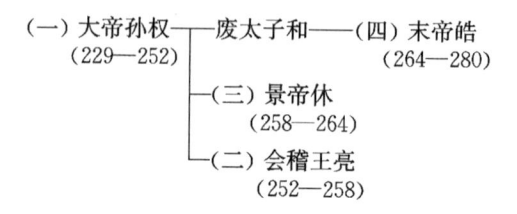

(一)大帝孙权——废太子和——(四)末帝皓
　(229—252)　　　　　　　　(264—280)
　　　　　├──(三)景帝休
　　　　　│　　(258—264)
　　　　　└──(二)会稽王亮
　　　　　　　(252—258)

二　西晋的短暂统一

司马氏建立的晋朝分为两期,前期定都洛阳,史称西晋。西晋虽然结束了三国鼎立的状况,但它的统一表象之下,却隐藏着十分严重的危机。灭吴仅10年有余,即爆发了宗室之间争权夺利的内讧,又过10余年,进一步出现了大规模的民族冲突,最终致使西晋政权短命而亡。

统一局面下的危机

西晋建国之初,社会上基本保持着和平、安定的局面,后虽有灭吴战役,但速战速决,对社会影响不大。晋武帝实施了一些发展经济的措施,注意安抚蜀、吴故地,全国户口、垦田数字都有一定程度的上升。但与此同时,潜在的统治危机也十分严重。

首先是统治集团严重奢侈腐化。魏晋禅代仅仅是更换了皇帝,统治集团的绝大多数成员都未发生变动。这一统治集团并未像在汉魏之际那样经受过社会动乱的洗礼,相反全盘继承曹魏积弊,在西晋建国不久就暴露出严重的腐朽性。晋武帝始即位时尚提倡节俭,平吴后则日益骄侈,荒淫怠政,后宫姬妾多达近万。门阀士族垄断高级职务的格局初步形成,九品中正制的弊端已十分明显,"上品无寒门,下品无势族","据上品者非公侯之子孙,则当涂之昆弟"。[4]大臣多是累代富贵,习惯于骄奢佚乐,不以国事为念。太傅何曾"日食万钱,犹曰无下箸处",其子何劭"食必尽四方珍异,一日之供,以钱二万"。[5]石崇任荆州刺史时靠劫掠商旅获取财宝,后与另一名大臣王恺斗富,穷极珍异,骇人听闻。故傅咸警告晋武帝说"奢侈之费,甚于天灾"。[6]成公绥、鲁褒先后作《钱神论》,讥刺当政者嗜财如命,货赂公行。政治腐败,机构臃肿,效率低下,如干宝《晋纪总论》所评价:"进仕者以苟得为贵而鄙居正,当官者以望空为高而笑勤恪,……选者为人择官,官者为身择利,……机事之失,十恒八九。"[7]

其次是宗王权重。曹魏宗室分封有名无实,且多方猜忌防范。晋武帝认为曹魏因此孤立而亡,可为惩戒,遂大封宗室为王。与西汉封国广大不同,西晋是"以郡为(封)国",全国19州,辖170余郡,其中约30郡各为封国,故封国地小户少,对中央难以形成威胁。但另一方面,相当一部分宗王的权力远不限于其封国境内,而能参政统军,"出拥旄节,莅岳牧之荣,入践台阶,居端揆之重"。[8]东汉末年以来地方设有都督一职,为一州或数州的军事长官,全国形成若干军事性质的都督区。到西晋,这些都督大都由宗王充任。握有重兵的宗王易于对中央权力乃至皇位产生觊觎,成为潜在的不稳定因素。

更严重的统治危机来自因周边民族内迁而引发的民族矛盾。可能是由于气候变冷的原因,自东汉以来,西、北边陲的一些民族不断向内地迁徙,逐渐与汉族形成杂居的局面。在汉末的战乱中,北方各割据者由于劳动力、兵源不足,也大量招引周边民族入塞。到西晋,已由边塞迁入内地的民族主要有匈奴、羯、氐、羌四支,另一民族鲜卑则附塞而居。匈奴即东汉时已内附并开始南迁的南匈奴,汉末居于并州,曹操将其分为五部,分置部帅,派汉人为五部司马加以监督,又多征匈奴人为兵,其"部曲服事供职,同于编户"。[9]此后又有不少匈奴残部由塞外源源内迁,至西晋,并州匈奴已达20余万人。羯是早先出于西域的一批胡人,有高鼻深目多须的特征,曾被匈奴役属,故史称"匈奴别部"。西晋时主要的一支居于上党郡武乡县(今山西榆社北),余地亦有分布。氐与羌都是古代西戎之裔,关系密切,往往联称。东汉以来陆续东迁至陇西、关中,羌人尤为活跃,曾多次掀起暴动。至西晋,以氐、羌为主的内迁民族人数已占关中总人口的一半。鲜卑在东汉末分裂为一些小的部落集团,沿东北和北部边塞散居,较强大的部落有居于辽西的慕容、段、宇文部和居于代北的拓跋部。以上五个民族合称"五胡"。此外,很早就居住在川、鄂山区的古巴族后裔窦人在这一时期也很活跃,他们与"五胡"又统称"六夷"。这些民族在与汉族社会的频繁接触中,受到了汉族统治者的沉重剥削,很多人沦为佃客、奴婢,或被官府征发服役、当兵作战,有时贵族亦不能免。因此,民族矛盾日益加深,"怨恨之气,毒于骨髓"。自曹魏后期到西晋初,很多官员看到了这种状况下隐含的危险,纷纷主张"徙戎",即将内迁诸民族一律迁回其故土,使"戎晋不杂"。[10]但各族内迁和杂居是数百年来历史发展的结果,事实上是不可能在短时期内通过政府的一纸命令强行改变的。平吴之前,凉州鲜卑人秃发树机能即已起兵反晋,持续近10年始败。更大规模的起事则还在逐渐酝酿之中。

八王之乱与永嘉之乱

太熙元年(290),晋武帝病卒,太子衷嗣位,是为惠帝。惠帝天生弱智,近于白痴,根本无法担当治国重任。此前很多大臣鉴于太子"不慧",希望武帝传位于其弟、素有贤能之名的齐王攸。武帝也一度考虑废黜太子,但在皇后和一些宠臣的劝阻下改变了主意,并勒令齐王攸离京前往封国,攸发愤病卒。惠帝终于即位。西晋的统治本来已经危机四伏,皇帝又无理政能力,引发了一批野心家对最高权力的争夺,动乱就此爆发。

动乱的前期表现为宫廷政变。晋武帝临终,命其岳父杨骏辅政。惠帝皇后贾氏凤有干政野心,与宗室楚王玮合谋,于元康元年(291)发动政变杀杨骏及其家属亲党,以辈分较高的宗室汝南王亮辅政。不久,贾后唆使楚王玮杀亮,然后又以专杀之罪杀玮,这样大权就落到贾后手中。此后数年,尽管地方上连续出现流民及内迁诸民族的暴动,朝廷尚相对稳定。元康九年,贾后废黜惠帝后宫所生的太子遹,并于次年将他杀害,此举使西晋统治集团的内部冲突大为激化。统领禁军的赵王伦发动政变,杀死贾后,随后又废黜惠帝,自即帝位。赵王伦的篡位引起了宗室诸王的普遍反对,政变开始演化为内战。在外任都督的齐王冏(时镇许昌)、成都王颖(时镇邺,今河北临漳西南)、河间王颙(时镇关中)起兵讨伐赵王伦,拥惠帝复位,随后三王又互相厮杀,长沙王乂、东海王越也卷入战争。诸王各引效忠于自己的地方官乃至内迁民族参战,北方社会陷入严重的动荡和混乱。自惠帝即位至此,卷入政变和内战的主要为汝南、楚、赵、齐、成都、河间、长沙、东海八位宗王,故史籍称这场动乱为"八王之乱"。至光熙元年(306),前七王皆已败死,东海王越最终控制了朝政,毒死惠帝,立其弟怀帝。八王之乱遂告结束。

在"八王之乱"期间,由于天灾以及地方官府的压迫,流民和内迁诸民族的起义不断爆发。元康四年,匈奴人郝散在上党起兵反晋。六年,关中氐、羌等族暴动,推氐帅齐万年为帝。八年,秦陇地区的天水等六郡流民数万家入蜀觅食,遭到当地官吏驱赶,遂反,推賨人宕豪李特为主。李特死后,其子李雄攻入成都,于永兴元年(304)自立为成都王,以后又进而称帝,国号成。太安二年(303),荆州流民在张昌率领下起事,击斩晋新野王司马歆,众至数十万,波及长江中下游荆、江、扬、徐、豫五州之地。以后还有王如起兵于宛(今河南南阳),杜弢起兵于长沙,皆是以流民为主的反晋集团。

在各地诸多反晋起事当中,最后颠覆西晋王朝的主要力量是匈奴人。永兴元年,并州匈奴首领刘渊起兵反晋。刘渊出自匈奴屠各(亦称休屠各、休屠)部,世为匈奴酋长、部帅,因其先与汉和亲,自认汉朝外孙,故冒姓刘。刘渊少读诗书,曾以匈奴"侍子"身份在洛阳居住,与朝中士大夫交往,汉化程度较高,后被晋廷任命为匈奴五部大都督。八王之乱中,成都王司马颖结纳刘渊为外援,命其调发匈奴五部之众助战。刘渊趁势起兵,称大单于以号召匈奴人反晋,又称汉王,以继承汉朝正统自居。同时反晋的羯人首领石勒和青州流民首领王弥不久都归附刘渊,使其声势更为壮大。晋怀帝永嘉二年(308),刘渊在平阳(今山西临汾)称帝,仍以汉为国号。其子刘聪在位时,于永嘉五年(311)攻陷洛阳,俘虏晋怀帝。两年后怀帝遇害,一批晋朝大臣在长安拥立武帝之孙秦王邺,是为愍帝。到建兴四年(316),匈奴军又攻破长安,愍帝亦被俘虏,西晋至此灭亡。自晋武帝篡魏起,共四帝,52年,但其间真正稳定的统一不过维持了十余年。因为晋怀帝永嘉年间(307—313)是匈奴颠覆西晋的关键阶段,故史称匈奴的反晋为"永嘉之乱"。

西晋帝系表

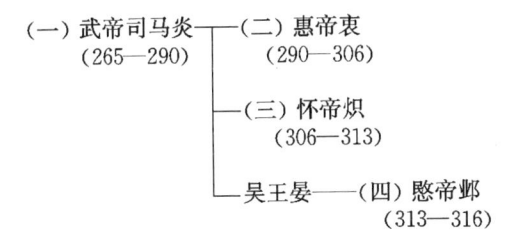

(一)武帝司马炎 ——— (二)惠帝衷
　　(265—290)　　　　(290—306)

　　　　　　　　　├─ (三)怀帝炽
　　　　　　　　　　　　(306—313)

　　　　　　　　　└─ 吴王晏 ——— (四)愍帝邺
　　　　　　　　　　　　　　　　　(313—316)

三　东晋的偏安之局

西晋灭亡后,宗室疏属司马睿在江南重建晋政权,都于建康(今南京),又立国百余年,是为东晋。东晋对北方诸民族纷纷称帝建号、混战不已的形势无能为力,只能固守半壁河山,维持偏安之局。一些南渡的北方士族高门相继支配了东晋朝政,相形之下皇权却趋于萎缩。在军事方面,东晋主要依赖南下流民组成的军队捍御江淮防线,最后其政权也被动乱中成长起来的军阀刘裕所篡夺。

士族当权与东晋统治集团的内争

西晋灭亡次年,即公元317年,出镇江东的琅琊王司马睿被属下推戴称晋王,以是年为建武元年。次年,进而称帝,改元太兴,是为东晋元帝。在西晋末年的大动乱中,江东地区也为流民起义所波及,并且两次发生地方官的叛晋事件,但都被江南大族义兴周玘协助晋军弹压下去。以义兴周氏为代表的江南士族拥护晋朝统治,为稳定地方和东晋的建立创造了条件。但司马睿出于宗室疏属,威望不足,江南士族对他一度持冷淡、观望态度。此时自北方南渡的一些士族高门竭力拥戴司马睿,经他们的示范和拉拢,江南士族的态度才转向合作,东晋因而得以顺利建立。与西晋相比,东晋宗室凋零,皇帝子子孤立于北南士族之间,主要只是作为汉族政权的象征受到推戴。由于具有这样"先天不足"的弱点,东晋政权在相当长时间里一直保持着"君弱臣强"的格局。

晋元帝司马睿即位之前,就与自己封国内的著名高门琅琊王氏深相结纳,至其称帝建号,亦以琅琊王氏翼戴之功为多。时王导在内任相,主持朝政,王敦(导之从兄、晋武帝婿)都督江扬荆湘交广六州诸军事,坐镇长江中游,内外相应,故有"王与(司)马,共天下"[11]之谚。据载元帝即位时百官朝贺,诏命王导登御床共坐,导固辞乃止。后来元帝对王敦日渐嫌恶,引用刘隗、刁协等人以相抗衡。隗、协维护皇室威权,推行了一系列"崇上抑下",约束士族势力的"刻碎之政",引起士族高门的不满。永昌元年(322),王敦以声讨刘隗、刁协为名,发兵攻入建康,晋元帝忧愤而卒。敦自武昌移镇姑孰(今安徽当涂),兼控内外。明帝太宁二年(324),敦病死,临终命部下再次进攻建康,被击败。王敦虽被定为叛逆,但琅琊王氏在朝中的地位基本未受影响,王导仍然担任宰相。

王敦之乱对东晋及以后南朝的历史有重要影响。首先是开启了荆、扬之争的序幕。东晋南朝的经济和军事重心主要有两处,即长江中游的荆州和下游的扬州。扬州是首都所在,自可号令全国,荆州则是上流屯兵之所,有居高控制下流之势,"兵强财富,地逼势危,称兵跋扈,无代不有"[12]。这种"无代不有"的荆州镇将"称兵跋扈"事件,即始于王敦。其次,使江南士族的政治势力受到了较大打击。对东晋朝廷而言,江南士族具有地主之谊和先期安定地方的功劳,但琅琊王氏等北方"侨姓"士族喧宾夺主,后来居上,掌握大权,引起了江南士族的不满,双方矛盾逐渐激化。起初曾"三定江南"的周玘企图发动政变对付侨人,未遂而卒。在王敦之乱中,侨姓士族对江南士族分化瓦解,令其互相残杀,致使江南势力最大的义兴周氏、吴兴沈氏两个家族均被诛灭。此后江南士族只能做到维护自己的经济利益不受侵害,在政治上已无法与北方侨姓士族抗衡了。

太宁三年(325),晋明帝卒,6岁的成帝即位,出自侨姓士族高门颍川庾氏的外戚庾亮与王导共同辅政。时流民军帅苏峻因助平王敦之乱有功,任历阳(今安徽和县)内史,屯兵淮南。庾亮惧其势盛,征峻入朝任职,企图因而夺其兵权。咸和二年(327),峻遂以诛亮为名,与另一流民帅祖约举兵反,次年攻陷建康,焚掠财物一空。叛乱平定后,庾亮引咎出镇荆楚,王导仍居中辅政。庾、王二人争权,矛盾渐深,荆、扬之争几乎又一次爆发。适逢二人相继去世,冲突暂时消弭。

东晋中期,权臣桓温当政。桓温为晋明帝婿,出自侨姓士族高门谯国桓氏,穆帝(344—361年在位)时代替庾氏家族镇荆州,率军攻灭割据蜀地的賨人政权成汉(初国号为成,后改为汉),声望大增。穆帝后期及哀帝(361—365年在位)、海西公(365—371在位)时,桓温发动了三次北伐,先后击败了氐族前秦、鲜卑族前燕的军队,一度进入关中,又曾收复洛阳。但他凤怀政治野心,企图借北伐提高并巩固个人声望,伺机代晋自立,而东晋朝廷为防范桓温篡位,也对其北伐行动多方掣肘。所以桓温的北伐每次都是虎头蛇尾,有始无终。桓温晚年进位至大司马、都督中外诸军事,一身兼统荆、扬两镇,威权震主。太和六年(371),他强行废黜当时的皇帝海西公司马奕,改立会稽王昱,是为简文帝。简文帝在位,屡受桓温逼迫,以至手诏谓温"如其大运去矣,请避贤路"。[13]然而朝中执政的高门士族陈郡谢氏、太原王氏等联合起来对桓温进行抵制、阻挠,致使其功败垂成。简文帝死,桓温尚在姑孰,大臣谢安、王坦之等迅速拥立太子,是为孝武帝。孝武帝宁康元年(373),桓温病重,策动晋廷为其加九锡之礼,谢、王等人托故一再拖延。不久桓温死去,司马氏的统治才转危为安。

桓温死后,陈郡谢氏的谢安主持朝政,他与坐镇荆州的桓温之弟桓冲协力合作,使东晋出现了较为稳定的局面,并且在淝水之战中挫败了前秦的大举进攻(详下)。淝水战后,谢安因功高受猜忌去位,不久去世。孝武帝任用同母弟司马道子为相,企图重振皇权声威,排抑士族势力。各家高门士族的人才日趋凋零,其中太原王氏参政较多,但他们没有获得先前高门那种左右政局、举足轻重的地位,东晋建立以来高门士族专政的格局至此改变。

侨寓流民与东晋的军事形势

永嘉之乱以后百余年间,北方人民为躲避战乱和民族压迫大批南下。他们通常是按籍贯聚集在一起,节节迁移,形成为数众多的流民群。据不完全统计,南下的流民约占当时北方总人口的八分之一,同时又占南方人口的六分之一。他们在南方被称为侨人,大都分布于江、淮之间或长江中下游沿岸。东晋政府在侨人聚居地"皆取旧壤之名,侨置郡县",[14]即按其原籍州、郡、县的名称设立侨州、侨郡、侨县,对其进行登记、管理,任命其中的大族为长官。起初,侨州郡县只是寄治于南土州郡县,本身并无实土,仅在晋陵(今江苏常州)一带就设有侨置徐、兖、幽、冀、青、并六州的10余郡、60余县。其户籍登记用白纸,称"白籍",表示流寓、临时性,区别于土著居民用黄纸书写的"黄籍"。"白籍"侨人享有免调(田租以外按户征收的绢、绵等物)和免役的优待。后来各地侨人的生活逐渐稳定,往往与土著百姓杂居错处,但两者户籍系统不一,负担相异,管理不便,也影响了朝廷的财政收入。因此东晋在南方的统治稳定下来后,就开始针对侨人推行"土断"政策,即将他们就地编入土著百姓的"黄籍",取消原来的优待,一体承担赋役。由于统一户籍的需要,撤销了一批侨州郡县,保留下来的也都获得了从南土州郡县中分割出来的一块实土。土断之举进行过多次,以哀帝兴宁二年(364)由桓温主持的一次较为彻底。当时宗室彭城王司马玄隐匿五户侨人,即被下狱治罪。

侨寓的流民也是东晋政权用以抵御北方民族进犯的主要军事力量。他们经过战乱磨炼,往往有较强的战斗力,同时又有自己的首领、核心,这些人的地位大多通过宗族乡党的势力基础而获得。东晋政权将有战斗力和指挥核心的流民集团安置于江、淮之间,作为捍卫江南的屏障,同时对他们也有一定的疑忌、防范之心。晋元帝时,流民帅祖逖发动北伐,收复了黄河以南的大片土地,但因上层统治集团内争,朝廷掣肘,终至无功而卒。王敦之乱爆发后,晋廷不得已动用流民武装协助平乱。事后因对流民帅苏峻处置失宜,引发了苏峻、祖约的叛乱,致使建康一度失陷,损失惨重。

东晋中期,形成了分据长江中下游、支撑朝廷的两个军事重镇,在中游为襄阳,在下游为京口(今江苏镇江)。它们都是流民集聚的地区,其武力也主要由流民武装构成。襄阳为荆州藩屏,京口则是建康门户。孝武帝时谢安当政,以其侄谢玄镇京口,募集京口、广陵(今江苏扬州)流民劲勇,加以训练,组成一支精兵,作战屡建奇功。因时称京口为"北府",故这支军队被称为"北府兵"。太元八年(383),时已统一北方的氐族前秦政权发兵百万南侵,前锋25万进抵寿阳(今安徽寿县)。晋将谢石、谢玄率北府兵8万应敌,在寿阳以东的淝水以少胜多,大破秦军,不仅挽救了东晋政权,也直接引发了前秦的崩溃。

淝水战后,东晋统治集团忙于内争,未能在北伐事业上有所进展。安帝隆安三年(399),因征发由奴婢放免为佃客者为兵,引起浙东社会骚动,五斗米道(道教的一支)教主孙恩聚众起事,众至数十万,以海岛为根据地,多次登陆攻破州县,杀戮官吏。桓温之子、坐镇荆州的桓玄趁乱起兵攻入建康,篡晋称帝。元兴三年(404),北府兵将领刘裕、刘毅、何无忌等在京口起兵,击败桓玄,拥晋安帝复位。此时自东晋建立以来先后当权的琅琊王氏、颍川庾氏、谯国桓氏、陈郡谢氏、太原王氏等几家高门士族均已衰败,朝廷大权渐为出身于次等士族的刘裕所控制。

东晋帝系表

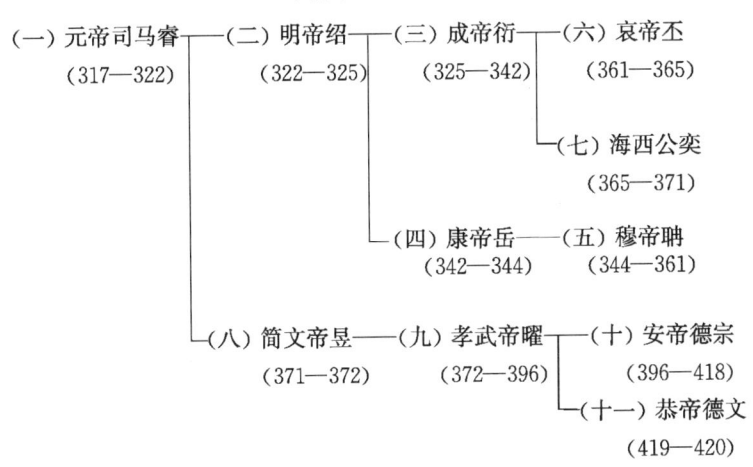

```
(一)元帝司马睿──(二)明帝绍──(三)成帝衍──(六)哀帝丕
   (317—322)    (322—325)   (325—342)    (361—365)
                                        │
                                        └(七)海西公奕
                                           (365—371)
                            │
                            (四)康帝岳──(五)穆帝聃
                            (342—344)  (344—361)
                │
                └(八)简文帝昱──(九)孝武帝曜──(十)安帝德宗
                  (371—372)   (372—396)    (396—418)
                                         │
                                         └(十一)恭帝德文
                                            (419—420)
```

刘裕是侨寓京口的彭城(今江苏徐州)人,其家世虽属士族,但到他这一代家境已陷于贫寒。因在北府兵中累积战功,地位逐渐上升。平桓玄后,于义熙五年(409)率军北伐,攻灭慕容鲜卑建立的南燕(都广固,今山东益都),威望大增。此时孙恩已死,其妹夫卢循统余部浮海南下,占领了广州。义熙六年,卢循大举北上,屡破晋军,击斩何无忌,大败刘毅,分水、陆直逼建康。刘裕迅速从北伐前线赶回,扭转了局势,次年卢循兵败自杀。至此刘裕已完全成为独力再造东晋的权臣。义熙九年,又消灭割据巴蜀的谯纵。十二年,再度北伐,灭掉割据关中的羌人政权后秦。虽长安既得复失,而潼关

第七章 政治分裂的魏晋南北朝(上)

以东、黄河以南尽入东晋版图,为祖逖、桓温诸人所未及。裕声望日隆,异己势力亦已诛锄殆尽。义熙十四年(418),进位相国,封宋公,加九锡。随后他杀死安帝,立恭帝,进爵宋王。恭帝元熙二年(420),刘裕代晋称帝,国号宋,是为宋武帝。东晋共传 11 君,立国 104 年。

注　释

〔1〕《三国志·魏书·武帝纪》。
〔2〕《三国志·蜀书·诸葛亮传》。
〔3〕刘义庆《世说新语·赏誉》。
〔4〕《晋书·段灼传》《刘毅传》。
〔5〕《晋书·何曾传》。
〔6〕《晋书·傅咸传》。
〔7〕载《文选》卷四九。
〔8〕《晋书·汝南王亮等传》序。
〔9〕《三国志·魏书·梁习传》。
〔10〕《晋书·江统传》。
〔11〕《晋书·王敦传》。
〔12〕《通典》卷一八三《州郡十三·古荆州·风俗》。
〔13〕《晋书·简文帝纪》。
〔14〕《隋书·食货志》。

第八章
政治分裂的魏晋南北朝(下)

本章继续叙述魏晋南北朝的政治史。主要介绍大体与东晋同时出现于北方的"十六国",以及随后分据南北,形成对峙的南北朝。

一 十六国的割据

在东晋统治江左的一百余年间,北方政治舞台上活跃的主角是此前内迁的匈奴、羯、氐、羌和附塞的鲜卑族,史称"五胡乱华"。以这些民族为统治主体,先后出现了一系列政权(其中也有少数政权的统治者为汉族)。习惯上将这一时期北方出现的 15 个政权,加上賨人在四川建立的成(成汉),统称为十六国。其中前秦曾一度统一北方,故以前秦为界,十六国可分为前后两期。十六国的概况如下表:

国 名	起止年代	开国君主	统治者族属	都城(及今所在地)	灭于何国
汉 前赵	304—318 318—329	刘渊 刘曜	匈奴	平阳(今山西临汾西) 长安(今陕西西安)	内乱 后赵
成汉	304—347	李雄	賨	成都	东晋
前凉	314—376	张寔	汉	姑臧(今甘肃武威)	前秦
后赵	319—351	石勒	羯	襄国(今河北邢台),又迁邺(今河北临漳西南)	内乱
前燕	337—370	慕容皝	鲜卑	龙城(今辽宁朝阳),又迁邺	前秦
前秦	351—394	苻健	氐	长安	后秦
后秦	384—417	姚苌	羌	长安	东晋
后燕	384—409	慕容垂	鲜卑	中山(今河北定县),又迁龙城	内乱

续 表

国　名	起止年代	开国君主	统治者族属	都城（及今所在地）	灭于何国
南燕	398—410	慕容德	鲜卑	广固（今山东益都）	东晋
北燕	409—436	冯跋	汉	龙城	北魏
后凉	386—403	吕光	氐	姑臧	后秦
南凉	397—414	秃发乌孤	鲜卑	乐都（今属青海）	西秦
西凉	400—421	李暠	汉	酒泉（今属甘肃）	北凉
北凉	401—439	沮渠蒙逊	匈奴	张掖（今属甘肃）	北魏
西秦	385—431	乞伏国仁	鲜卑	苑川（今甘肃榆中东北）	夏
夏	407—431	赫连勃勃	匈奴	统万（今内蒙古乌审旗南）	吐谷浑

从西晋灭亡到前秦统一

　　公元304年，刘渊在并州建立汉政权，李雄在蜀地建立成政权，这是十六国中最早出现的两个国家。虽然西晋尚未灭亡，但十六国的历史已经开始。刘渊之子刘聪在位时（310—318），汉兵相继攻陷洛阳、长安，西晋灭亡。此时中原广大地区基本都在汉的控制之下。刘聪在其以并州为中心的主要统治区采取胡、汉分治之法。设左、右司隶，各领汉民20余万户，万户置一内史，又设单于左、右辅，各领匈奴等各族胡人10万落，万落置一都尉。刘聪本人以汉帝和大单于的双重身份兼统胡、汉。聪荒淫残暴，穷兵黩武，加上天灾饥馑，统治很不稳定。大将刘曜、石勒在外各主一方，隐现割据之势。刘聪死后，汉廷发生内乱。镇守长安的刘曜称帝，改国号为赵，史称前赵。曜为刘渊族子，因为有这一血缘关系，通常将汉与前赵视为同一政权。

　　刘曜在关中称帝不久，石勒也在华北称赵王，史称后赵。石勒世为羯人部落小帅，少时曾被西晋贵族掠卖为奴。永嘉之乱中起兵反晋，辗转归于刘渊属下。311年，在宁平城（今河南郸城东北）歼灭晋军主力20余万，为汉国灭亡西晋立下大功。此后他虽名为汉将，实则自己控制了河北、山东地区。刘曜称帝后，他脱离前赵自树旗帜，并与刘曜多年争战。329年灭前赵，基本统一中原，与东晋隔淮水形成南北对峙，不久称帝。后赵沿用汉国的胡汉分治政策，而民族统治色彩尤重，以羯族为"国人"，禁称"胡"字，带胡字的器物皆予改名。石勒死后，其侄石虎杀勒子夺位。石虎是十六国时期著名的暴君，在位时穷奢极侈，赋役繁剧，刑法严苛，民族压迫严重。349年虎死，诸子争位，政局大乱。石虎的养孙汉人冉闵乘乱夺得政权，利用民族对立情绪大杀羯人,死者20余万,其他民族高鼻多须者亦往往遭到滥杀,后赵亡。

在汉、后赵先后据有中原的同时,西北、华北北缘和东北各存在一支力量较强的割据势力,即汉人建立的前凉、鲜卑拓跋部建立的代和鲜卑慕容部建立的前燕。前凉的奠基者是西晋凉州刺史张轨。他在中原动荡的情况下保境安民,其子张寔被晋愍帝封为西平公。西晋灭亡后,张氏世守凉州,长期使用晋朝年号,但实际上已成为割据政权,史称前凉。前凉据有河西走廊,并在西域设高昌郡(治今新疆吐鲁番)。虽多次击败前、后赵的进犯,但慑于其军事实力,仍不得不称臣纳贡。大批中原士人为躲避战乱逃奔前凉,汉魏传统制度、文化、典籍多赖此存及后世。代是日后北朝之一北魏的前身,故未被计入十六国之列。西晋灭亡前后,鲜卑拓跋部酋长猗卢拥众数十万,占有华北和漠南的交界地带,受晋封为代王,与汉、后赵对抗。338年,拓跋什翼犍正式建立政权,都于盛乐(今内蒙古和林格尔北)。前燕的奠基者是鲜卑慕容部首领慕容廆。慕容鲜卑居于辽河流域,西晋时已从事定居农耕生活。永嘉之乱爆发后,很多中原百姓流向辽东,慕容廆得汉族士人辅佐,自称鲜卑大单于,并通使东晋,受其官爵。其子慕容皝于337年称燕王,史称前燕。后赵灭亡后,皝子慕容儁发兵击灭冉闵,进占华北,并进而称帝。此时氐族在关中建立了前秦,两国在北方形成东西对峙。

这段时间,成在巴蜀的统治相对比较稳定。李雄在位30年,战事稀少,政刑宽简,赋役轻省,百姓富实。雄死,宗室争位,国势削弱。雄从弟李寿在位时,改国号为汉,史称成汉。347年,为东晋桓温所灭。

前秦的出现一度结束了北方割据和混战的局面。氐族长期活动于关中,后赵以其酋长苻洪为流民都督,令率众徙于枋头(今河南汲县东北)。后赵灭亡后,洪子苻健聚众重返关中,称大秦天王、大单于,继而称帝,史称前秦。357年健侄苻坚即位,前秦进入鼎盛时期。苻坚博学通经史,具有政治抱负和谋略。他擢用汉族士人王猛为相,任贤举能,整饬吏治,发展经济,尊崇儒术,致使国力日强,超出北方其他政权。370年,前秦灭前燕,统一中原。373年,从东晋手中攻取巴蜀,占有成汉故地。376年,灭前凉,同年灭代。疆域之广,在十六国中居于首位。北方也由此进入了一个短暂的和平、安定时期。

十六国前期诸胡族政权的统治者,大多数都具有较强的汉化倾向,尤以汉、前燕、前秦为最。与此相联系,他们在治国方面也顺应魏晋以来潮流,尽可能获取汉族士族的合作。即使是文化程度较低的石勒,也在军中专设

"君子营"以处士大夫,即位后沿用九品中正制选官,并明令不得侮辱"衣冠华族"。苻坚在位时恢复"魏晋士籍",承认士族的免役特权。不过另一方面,就各胡族的整体而言,尽管进化程度不一,但距与汉族的融合都还有一个较长的过程,因此民族矛盾是各胡族政权统治下普遍存在的现象。战乱当中,北方社会比较普遍地出现了一种坞壁组织,即地方豪强聚众自保形成的堡垒。通常以宗族、乡里关系为组织纽带,设于有险可守之地,坞主皆为大姓,其成员且守且耕,多者达四五千家,少者亦有数百家。另外还有流民结集形成的坞壁,公推有才能或宗族力量较强者为坞主。胡族统治者为维持在地方的统治,不得不按坞主实力大小授以高低不等的官职,坞壁也就成为各政权地方行政机构的治所。具有独立、割据色彩的坞壁广泛存在,是各政权难以保持长期稳定的一个重要原因。

北方的再分裂与北魏的统一

前秦统一北方后,对东晋发起进攻,于379年攻占军事重镇襄阳。苻坚自以三分天下已有其二,唯东南一隅未平,计划亲统大军,一举攻灭东晋,完成统一。大部分大臣对此持有异议,认为东晋尚有一定实力,且是汉族正统所在,南伐未必稳操胜券。而本国平定北方为时不久,兵疲将倦,被征服各民族并非完全诚心归服,可能成为新的动乱因素,故不宜马上发动战争。但苻坚自恃强盛,不听劝阻,一意孤行。383年正式出兵,以弟苻融率兵25万先行,坚自统步兵60余万、骑兵27万为后继,旗鼓相望,前后千里。临行前为东晋皇帝及谢安、桓冲等大臣在长安修筑住宅,预备俘获后使之入居。十月,战于淝水,秦军大败。东晋兵少,所败者只是前秦的前锋部队,但秦军本无斗志,前锋既败,后军也竞相奔逃,一溃不可收拾,风声鹤唳,草木皆兵,自相践踏及冻饿而死者十之七八。苻坚身中流矢,单骑逃回。这场大张旗鼓的军事行动,遂以惨败告终。

由于北方民族关系复杂,前秦的统治外表强盛而基础不稳,淝水一败之后,在被征服民族纷纷起兵的情况下,竟然陷于瓦解。苻坚在统一北方过程中,对被征服民族的上层人物采取怀柔政策,保证了统一的顺利实现。但这些人一直异志未泯,先是鼓动苻坚冒险伐晋,战败后则乘乱自树旗帜。384年,前燕宗室慕容垂在华北重建燕政权,史称后燕,关东州郡相继被其占领。被前秦迁徙到关中的鲜卑人也在慕容泓、慕容冲率领下起兵,苻坚被迫撤出长安,不久被羌人首领姚苌擒杀。姚苌自称秦王,是为后秦。经过一番混战,在北方又形成了后燕、后秦东西对峙之局。此外周边地区还有一些政权,鲜卑酋长乞伏国仁在陇右建立西秦,氐族将领吕光割据河西走廊建立后凉。鲜卑拓跋部首领拓跋珪则于386年在代北重建代国,稍后改国号为魏,称魏王,这也就是后来统一北方的北魏。398年,拓跋珪称帝,由旧都盛乐迁都平城(今山西大同东北),是即魏道武帝。

与后燕、后秦的对峙相联系,十六国后期的历史也一度在东、西两个区域形成各自的发展线索。在东方,迅速崛起的北魏对后燕构成了巨大威胁。395年,燕军出塞攻打北魏,大败于参合陂(今山西阳高境),死者数万。次年慕容垂亲征,也无功而还,垂病卒于军中。拓跋珪乘机率大军反攻,攻占晋阳(今山西太原),包围燕都中山,燕主慕容宝突围逃奔前燕旧都龙城,河北州郡尽入北魏,后燕被分隔为两部分。僻处龙城的后燕朝廷内乱不断,至409年灭亡。大将冯跋夺得政权,仍用燕国号,史称北燕。后燕宗室慕容德则在慕容宝北逃后据山东地区自立,史称南燕。以后北燕亡于北魏,南燕则被东晋刘裕所击灭。

在西部,姚苌及其子姚兴在位时,后秦消灭了前秦余部,迫使西秦称臣,后凉归降,一度十分强盛。姚兴是十六国后期较有作为的一位君主,他注意整顿吏治、减轻赋役、刑罚,使后秦的经济、文化都有较大发展。姚兴晚年,匈奴铁弗部酋长赫连勃勃叛秦独立,在陕北建立夏政权。勃勃凶暴嗜杀,建统万城为都(取统一天下、君临万邦之义),蒸土夯筑,随筑随命人以铁锥刺之,入土一寸,即杀工匠一并筑入。在他的频繁袭扰下,后秦国势渐衰。姚兴死后,东晋刘裕发动北伐,攻入关中,后秦亡。刘裕急于篡晋,匆忙南返,赫连勃勃遂发兵南下,占领长安,大致据有后秦故地。

这一时期,河西走廊的局势也是变幻莫测。吕氏后凉建立不久,境内即出现若干支新的割据势力,南部有鲜卑秃发乌孤建立的南凉,西部有匈奴沮渠蒙逊建立的北凉和汉族大姓李暠建立的西凉。在多面受敌的不利形势下,后凉最终不得不降附于后秦。此后其余三凉展开混战,北凉渐居优势,占据了前、后凉故都姑臧。414年,屡败于北凉的南凉被西秦偷袭灭亡。421年,北凉灭西凉。此时在关陇地区剩下夏、西秦、北凉三个政权。它们或是统治残暴,民心不附,或是版图狭小,力量薄弱,皆非据有华北、实力日隆的北魏的敌手,北方再统一的趋势日益明显。

425年,赫连勃勃病死。次年,北魏相继攻克长安、统万,夏国疆域丢失大半,嗣君退往陇西。431年,夏主赫连定击灭力量更弱的西秦,携其民欲渡黄河西走,遭到青海地区的鲜卑支裔吐谷浑袭击,赫连定被俘,夏亡。439年,在北魏军队围困下,北凉君主沮渠牧犍出降,北凉亡。至此,北方重归统一，十六国的历史也完全结束。

二　北朝概况

十六国以后，北方进入北朝时期，与南方继东晋以后相继出现的几个政权形成对峙，合称南北朝。北朝一共包括5个王朝，其中以北魏为主，它占去了北朝大部分时间。6世纪上半叶，北魏发生动乱，分裂为东魏和西魏，随后东、西魏又分别被北齐、北周所取代。北齐、北周东西对峙20余年，北周后来居上，灭掉北齐。不久，北周政权被外戚杨坚所篡夺，北朝至此终止。

北魏前期统治

北魏的建立者鲜卑拓跋部是魏晋内迁、附塞诸民族中比较落后的一支。它最早活动于大兴安岭北段，后来逐步向西南迁徙，到达毗邻华北的漠南地区，建立了代国，继而发展为北魏政权。直到北魏建立前夕，拓跋鲜卑还是一个氏族社会尚未解体的游牧民族。魏道武帝拓跋珪始解散部落组织，"分土定居，不听迁徙，其君长大人，皆同编户"。[1]自此拓跋部民开始向农业经济过渡。北魏击败后燕，占领中原后，仿汉族制度设官分职，并将大批中原百姓迁至平城周围，计口授田，分给耕牛农具，令事耕种，经济实力有很大提高。明元帝在位时（409—423），从南朝刘宋手中夺得黄河以南的中原大片土地。第三代皇帝太武帝拓跋焘即位后，相继灭掉夏、北燕、北凉，结束了十六国的割据局面。

这一时期，漠北的柔然和南方的刘宋仍然是北魏的劲敌。柔然是崛起于4世纪中叶的漠北游牧民族，源出东胡，与鲜卑同，或云为匈奴苗裔。其首领称"可汗"，为以后北方草原诸游牧民族所袭用。北魏初年，柔然频繁南下骚扰，魏太武帝也先后七次统军北征。其中神麚二年（429）的一次远征深入漠北腹地，收降柔然统治下的高车诸部30余万落，柔然可汗大檀"焚烧庐舍，绝迹西走"，其"国落四散，窜伏山谷，畜产野布，无人收视"。[2]太平真君十年（449），魏军又一次大败柔然，收民畜凡百余万。十一年，刘宋发动北伐，攻占了河南的一些州郡，随后太武帝发兵南下反击，渡过淮河，前锋直抵瓜步（今江苏六合东南），在江北大肆焚掠后撤退。此役之后，刘宋的势力大为削弱，北魏在南北战争中常居主动地位。献文帝在位时（465—471），击败刘宋军队，夺得山东、淮北的青、齐等四州，完全占有了黄河流域。

北魏统治者为加强对地方的控制,曾于道武帝天赐三年(406)下令,州、郡、县皆置长官三人,其中一人为鲜卑拓跋氏,余二人为其他姓氏的鲜卑人及汉人。但面对北方社会宗族势力强盛、坞壁组织广泛存在的局面,又不得不依靠宗族首领或坞主作为地方统治的支柱,于是形成了"宗主督护"的制度。宗主督护,即承认"宗主"在当地的势力和特权,利用他们代表北魏朝廷"督护"地方,收纳租税,征发徭役、兵役。在这一制度下,充当宗主的豪强大姓控制着大量劳动力,仍然对中央集权形成不小的妨碍。另外北魏佛教兴盛,广占土地、户口,影响了国家的赋役收入。太武帝在位后期,下令灭佛,焚经毁寺,屠戮僧侣,使北方佛教一度陷于衰落。到太武帝死后,禁令始解。

北魏统治者也沿袭了十六国以来尊崇汉族士族的传统。道武帝进占中原后,就积极招引士族成员充实统治机构,由出身于北方第一流高门清河崔氏的崔宏负责制定官制、礼仪、律令。太武帝神䴥四年(431),大规模征召中原高门士族范阳卢玄、博陵崔绰、赵郡李灵、渤海高允等数百人做官。灭北凉后,又擢用了一批河西士族,凉州地区保存的汉、魏经籍和礼乐制度在中原重新得到传播、继承。北魏前期,汉族士族中最受重用的人是崔宏之子崔浩。崔浩博览经史,明敏有谋略,兼通阴阳术数,历仕道武至太武三朝,官至司徒,多次参与重大决策的制定,为北魏统一北方作出了重要贡献。但他自恃门第才学,往往表现出对鲜卑人的鄙夷不屑,又企图按照士族高门的传统理想,整理并区分姓族高下,触犯了鲜卑贵族的民族意识,引起其强烈不满。后因主持编纂国史,公开披露了北魏皇室一些避讳不愿人知的早期历史,终于激怒太武帝,于太平真君十一年(450)被处死,其家族与基本都出自高门士族的姻亲均遭灭门惨祸。崔浩国史之狱表明,尽管北魏已入主中原数十年,但民族矛盾仍然相当尖锐。与此相关,北魏统治者推行了很多民族压迫政策,如作战时多以鲜卑骑兵殿后,驱赶被迫当兵的各族人民在前冲锋。这类残暴的做法致使汉族和其他被统治民族频繁掀起反抗斗争,其中以太平真君六年卢水胡(匈奴别部)人盖吴在关中领导的起义规模最大。北魏的统治很长时期内都未完全稳定。

魏孝文帝改革与六镇起事

魏孝文帝在位时(471—499),北魏统治集团在政治、经济等方面采取了规模较大的一系列改革措施。虽然史籍统称这些措施为孝文帝改革,但事实上由于孝文帝年幼即位,其在位前期的改革措施主要是由当时执政的太皇太后冯氏主持推行的。冯氏出身于北燕皇族,为魏文成帝(452—465年在位)皇后,献文帝时尊为皇太后。献文帝在位数年,内禅于孝文帝,自以太上皇身份掌握朝政。承明元年(476)献文帝卒,冯太后复临朝称制,直至她于太和十四年(490)去世,孝文帝始完全亲政。改革主要包括下列内容:

整顿吏治——规定地方长官的任期按治绩优劣为定,优者升级而久任,劣者降黜。北魏建立以来地方官没有固定的俸禄,贪污勒索公行。太和八年,始颁行俸禄之制,申明在俸禄之外贪赃满绢一匹者,即处死刑。

均田制——太和九年,颁布均田令,规定15岁以上男子皆从政府手中领取露田40亩、桑田20亩,妇女领取露田20亩。露田加倍或加两倍授给,以备休耕,至年满70还官。桑田作为世业,不须还官,可卖有余或买不足,但要栽种一定数量的桑、榆之类树木。奴婢、耕牛皆可受田,故贵族富人仍能由此多占土地。均田农民的赋税负担,以一夫一妇为单位,每年纳帛一匹,为调,粟二石,为租。单身男女、奴婢、耕牛也都按照各自不同的标准缴纳租调。均田令在制度上主要源于北魏初年在代北实行的"计口授田"之制。它适应了当时北方人口减耗、荒地和无主地大量存在的现实,并未对私有土地进行很大的触动(仅是按均田令规定重新登记而已),相反却起到了推动垦荒、稳定土地关系的积极作用。

三长制——均田制实行稍后,又推行三长制,重建秦汉以来的乡官系统,取代宗主督护。民户五家立一邻长,五邻立一里长,五里立一党长,是为三长,负责检查户口,征发赋役。三长虽亦多用豪强大姓担任,但在三长制下豪强不能再随意地荫占民户,国家对社会基层的控制有了显著加强。

汉化政策——孝文帝本人有相当深的汉文化修养,亲政后推行了一系列比较激进的汉化措施。太和十八年,将首都从代北的平城迁至汉魏旧都洛阳。下令改革鲜卑旧俗,以汉族服饰取代鲜卑服饰,朝中禁鲜卑语,改说汉语,是所谓"断诸北语,一从正音"。[3]迁洛鲜卑贵族一律就地落籍,死后不得归葬代北。改鲜卑姓为汉姓,其中皇族拓跋氏改姓元。模仿汉族社会中的士庶门第区别,对鲜卑贵族"定姓族",即人为地定出门第等级,新改的鲜卑穆、陆、贺、刘、楼、于、嵇、尉八姓为一等高门,并鼓励其与汉族高门通婚。汉化改革引起了一部分鲜卑贵族的强烈反对,一度爆发了叛乱,但被孝文帝镇压。太子元恂也因卷入其事被废黜并处死。

上述改革措施促进了社会经济的发展,北方经济进入十六国以来最为繁荣的时期。汉化措施也顺应了北方民族融合的历史趋势,为全国重归统一奠定了基础。南方的汉人"自晋、宋以来,号洛阳为荒土",到北魏后期却不得不承认"衣冠士族并在中原,礼仪富盛,人物殷阜,目所不识,口不能传",感叹"北人安可不重"。[4]但另一方面,汉化措施也给北魏王朝带来了一些消极影响,激化了鲜卑族的内部矛盾。这些消极影响与政治腐败和其他社会矛盾相结合,终于引发了大规模的动乱,导致了北魏的灭亡。

动乱发起于北部边境的六镇。北魏为防御柔然骚扰,在北部边境自西而东设立了沃野(今内蒙古五原东北)、怀朔(今内蒙古固阳西南)、武川(今内蒙古武川西)、抚冥(今内蒙古四子王旗东南)、柔玄(今内蒙古兴和西北)、怀荒(今河北张北)六个屯兵的军镇,军士以鲜卑人为主。北魏前期,六镇地位重要,将士往往以军功得官。孝文帝汉化改革后,朝廷南迁,且重文轻武,六镇地位下降,当地鲜卑子弟受到歧视,仕途艰难,与迁洛并汉化的鲜卑人差距悬殊,"处世无入朝之期,在生绝冠冕之望",[5]不满情绪日益强烈。加上镇民内部贫富分化、将官欺压军士等原因,遂使六镇成为当时社会矛盾的焦点。魏孝明帝正光四年(523),沃野镇民匈奴人破六韩拔陵杀镇将反,六镇军士纷纷响应,并波及到西部的高平(今宁夏固原)等镇。后破六韩拔陵败,北魏朝廷将其部众迁往河北,这批六镇流民又在河北各地起事,并逐渐形成了一支以葛荣为首的强大军事力量。孝昌二年(526),葛荣称帝,国号齐,势力及于河北七州,南逼邺城,对北魏构成了巨大威胁。

此时北魏朝中也发生了事变。孝明帝与其母胡太后争权,于武泰元年(528)被太后毒死。在镇压六镇起事中屡立战功、握有重兵的并州契胡(匈奴别部)酋长尔朱荣以为孝明帝复仇为名,攻入洛阳,杀胡太后,拥立孝庄帝,又在洛阳东北的河阴屠杀北魏王公百官2000余人,史称"河阴之变"。此后尔朱荣独揽大权,相继击败葛荣及各地反魏起事。但朝中的内乱又一发不可收拾,经过一番混斗,北魏终于在孝武帝永熙三年(534)分裂为东、西两部分。自道武帝建国起,共历14君,149年。六镇起事虽然失败,却导致了北魏王朝的崩溃,六镇军人及其后裔也成为此后百余年中北方乃至全国历史舞台上的主角。

从东、西魏对峙到北周灭齐

北魏分裂为东、西两部分后,虽皆沿用魏国号,但拓跋(元)氏的统治早已名存实亡。东、西魏的实际统治者分别是在六镇动乱中成长起来的军阀高欢、宇文泰。高欢自称出自北方士族渤海高氏,但因祖先犯罪被徙,家族久居怀朔镇,已逐渐鲜卑化。宇文泰为鲜卑别部宇文部(据考证其源出南匈奴)人,世代居于武川镇。二人经历相似,皆早年参加六镇起事,辗转归

北魏、东魏、西魏帝系表

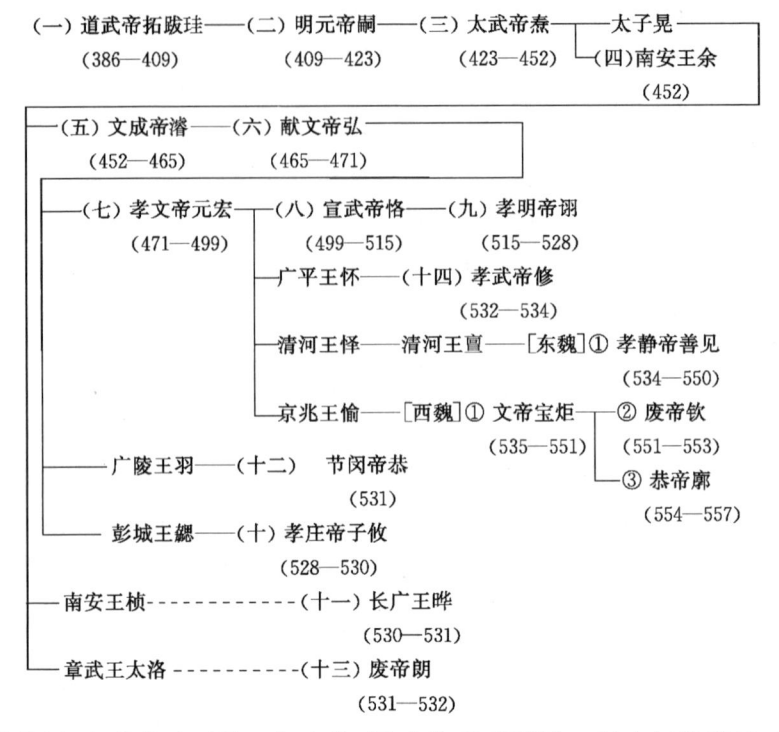

```
(一) 道武帝拓跋珪——(二) 明元帝嗣——(三) 太武帝焘——太子晃——
    (386—409)      (409—423)      (423—452) └(四) 南安王余
                                               (452)
    ┌(五) 文成帝濬——(六) 献文帝弘——
    │ (452—465)    (465—471)
    │    (七) 孝文帝元宏——(八) 宣武帝恪——(九) 孝明帝诩
    │    (471—499)      (499—515)    (515—528)
    │                    广平王怀——(十四) 孝武帝修
    │                              (532—534)
    │                    清河王怿——清河王亶——[东魏]① 孝静帝善见
    │                                          (534—550)
    │                    京兆王愉——[西魏]① 文帝宝炬——② 废帝钦
    │                              (535—551)  (551—553)
    │                                         └③ 恭帝廓
    │                                           (554—557)
    │    广陵王羽——(十二) 节闵帝恭
    │              (531)
    │    彭城王勰——(十) 孝庄帝子攸
    │              (528—530)
    ├南安王桢----------(十一) 长广王晔
    │                  (530—531)
    └章武王太洛--------(十三) 废帝朗
                        (531—532)
```

于葛荣属下,葛荣败后降于尔朱荣,因才能受到擢用。高欢年龄稍长,显露头角更早。他奉尔朱家族之命,统领以六镇军人为主的葛荣余部屯驻河北,由此自专一方。后攻灭尔朱氏势力,拥立魏孝武帝,自任大丞相、太师。宇文泰则从尔朱荣部将贺拔岳平定关陇,贺拔岳死后继统其众。永熙三年(534),孝武帝与高欢矛盾激化,逃往关中投靠宇文泰,高欢另立孝静帝元善见,并将都城自洛阳迁于邺,是为东魏。次年,宇文泰毒死魏孝武帝,立文帝元宝炬,是为西魏。此后东、西魏连年交战,互有胜负。东魏地广人众,力量稍强。孝静帝武定五年(547),高欢病卒,其子高澄、高洋相继秉政。八年,高洋篡位称帝,国号齐,都于邺,史称北齐。高洋即齐文宣帝。西魏恭帝三年(556),宇文泰卒,次年其子宇文觉亦废恭帝自立,国号周,都于长安,史称北周。宇文觉即周闵帝。东魏仅历一帝,17年;西魏三帝,22年。

东魏、北齐统治集团的核心是六镇军人,其中出身怀朔镇者地位尤高。六镇起事在很大程度上是魏孝文帝汉化措施激发的,因此带有反汉化性质,这在东魏北齐的统治上也有明显反映。高欢以河北为基地抗衡尔朱氏势力,曾得到当地汉人士族的支持,但鲜卑集团与汉人士族的矛盾并未因此消除。这种对立主要表现在文化上,并非简单的种族之别。鲜卑集团中包括了大量出自六镇的鲜卑化汉人,而已经迁洛并汉化的鲜卑人则被当作汉人看待。儒士杜弼鼓吹治国当用汉人,鄙视鲜卑为"车马客",齐文宣帝以为讥己,怒而诛之。出自弘农杨氏的高门士族杨愔在文宣帝晚年得到重用,文宣帝死后即被鲜卑集团杀掉,大批士族受到牵连。与魏孝文帝汉化政策相反,鲜卑语言、习俗在东魏北齐重新流行,汉族士人为求进用,也不得不学习鲜卑语。相对十六国北朝民族融合、进步的大趋势而言,东魏北齐的"鲜卑化"风气是一股为时短暂的回潮。在政治上,高欢父子纵容鲜卑勋贵贪赃苛敛,腐败之风迅速蔓延。北齐建国初期,国力尚强,在与西魏北周的争战中具有优势。但文宣帝晚年荒淫酗酒,暴虐嗜杀,政局已显动荡。以后数君亦多昏庸残暴,朝政黑暗,剥削苛重,统治日益衰落。

西魏的情况与东魏有所不同。与高欢集团相比,宇文泰集团力量较弱,不得不团结内部、整顿政治以求自强。虽以六镇军人,尤其是出身武川镇者为统治核心,但对关陇地区的汉族豪强、士人也十分倚重,没有出现明显的民族或文化冲突。宇文泰任西魏大丞相,整顿吏治,精简机构,兴办屯田,治效显著。为强化基层管理,设立计帐,即地方预计次年赋役概数上报朝廷,并制定了较为严密的户籍制度。西魏文帝大统七年(541),颁布由汉族士人苏绰归纳的六条行政原则:先治心,敦教化,尽地利,擢贤良,恤狱讼,均赋役,称为"六条诏书",要求官吏对照执行。不通此六条及不能造计帐者,不准任地方官。上述措施大大强化了各级官僚机构的行政管理职能。军事方面,以六镇鲜卑人为骨干,收编关陇豪强的乡兵部曲,建立起一套称为"府兵"的军队系统,共设八柱国为长官,以下分设十二大将军,再下为二十四开府。府兵的管理采取了早期鲜卑部落兵制的形式,军官皆恢复或赐予鲜卑姓,军士一律以主将之姓为自己的姓氏。这样就在一定程度上照顾了六镇军人的反汉化情绪,也加强了军队内部的凝聚力。政治制度方面,又采取复古之法,按照《周礼》官名更改官制,发布文告模仿《尚书》文体,以此标榜承袭汉族正统,吸引儒家士大夫。在宇文泰的统治下,西魏社会比较安定,国力日渐强盛。废帝二年(553),从南方梁朝手中夺得蜀地,次年又占领长江中游的江陵(荆州),渐呈后来居上之势。

北周建立之初,与北齐作战尚无优势。周武帝宇文邕(泰第四子)即位后,北周进入鼎盛时期。武帝扩大府兵的征发范围,冲淡其民族和部落兵制色彩,强化了中央集权。又禁断佛、道二教,没收寺院的土地、财产,使其役属人口归为国家编户,加强了国家的经济实力。此时北齐后主高纬在位,荒淫怠政,臣民离心。建德四年(575),周武帝向北齐发起进攻。六年(577),攻下邺城,灭北齐。北齐共传六主,28年。次年,武帝病卒,子宣帝继位,不久又传位于幼子静帝,自任太上皇,称天元皇帝。宣帝骄纵残暴,北周国势稍衰。大象二年(580),宣帝死,外戚杨坚秉政。次年杨坚逼静帝禅位,建立隋朝,北周亡,共五帝,25年。其历时虽短,但已初步奠定了全国统一的基础。

北齐帝系表

```
高欢──高澄
      ├─(一) 文宣帝洋──(二) 废帝殷
      │      (550—559)    (559—560)
      ├─(三) 孝昭帝演
      │      (560—561)
      └─(四) 武成帝湛──(五) 后主纬──(六) 幼主恒
             (561—565)    (565—576)     (577)
```

北周帝系表

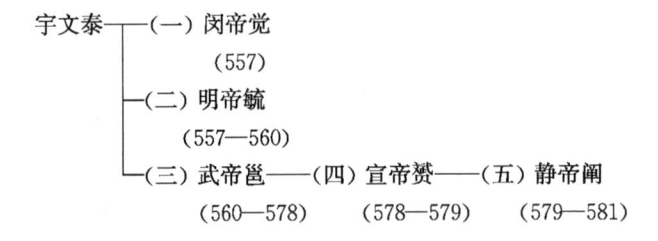

```
宇文泰──(一) 闵帝觉
        │      (557)
        ├─(二) 明帝毓
        │      (557—560)
        └─(三) 武帝邕──(四) 宣帝赟──(五) 静帝阐
               (560—578)  (578—579)  (579—581)
```

三 南朝概况

南朝包括东晋以后依次出现的宋、齐、梁、陈四个王朝,至589年隋灭陈统一全国而止。其中齐又称南齐,以与北朝的北齐相区别。四朝皆以建康(今南京)为首都,加上先前定都于此的吴、东晋两政权,又合称为"六朝"。

宋 与 齐

420年,宋武帝刘裕篡晋称帝,建元永初。由于此前两次北伐获胜,宋初疆域北抵黄河、秦岭,淮河以北和汉水上游皆在境内,为"六朝"版图之最。宋武帝加强皇权,削弱士族和地方豪强的势力,扭转了东晋王朝的衰颓之象。文帝刘义隆(武帝第三子)在位时(424—453),政局稳定,经济繁荣,因其年号为元嘉,史称"元嘉之治"。但此时北魏也正处于上升时期,与宋几度交战,逐渐侵夺了黄河以南的若干州郡。元嘉二十七年(450),文帝发动北伐,东路军围滑台(今河南滑县东),西路军克潼关,兵势甚盛,但随即在魏军的反击下败退。魏太武帝趁势南进,率兵号称百万,直临长江,建康震动。江北宋军坚壁清野,顽强防御,魏军抄掠一番后北撤。此役过后,江淮之间一片萧条,江南也因备战耗费巨大,"元嘉之治"告终。不久文帝为太子刘劭所杀,另一子刘骏起兵诛劭即位,是为宋孝武帝。自此刘宋统治集团内部斗争愈演愈烈。宋明帝在位时(465—472),卷入宗室内争的徐、兖、青、冀州刺史薛安都等人惧祸降魏,于是山东、淮北的大片土地被北魏占据。明帝死后,内乱不已,大权逐渐落入禁军将领萧道成手中。顺帝升明三年(479),萧道成篡位,建立南齐,是为齐高帝。刘宋共传八主,历时60年。

齐高帝先世为东海兰陵(今山东枣庄峄城镇东)人,东晋时南渡,寓居武进(今属江苏),社会地位与宋武帝相仿,均属侨人当中的次等士族。高帝及其子武帝赜在位时(479—482,482—493),赋役刑罚相对宽简,统治较为稳定。但因清理户籍,检查冒充士族逃避赋役的庶族,引起地方纷扰,爆发了富阳(今属浙江)人唐寓之领导的暴动。暴动虽被平息,清理户籍之举亦不了了之。南齐后期,皇位被高帝之侄明帝萧鸾(494—498在位)夺走,高、武子孙被屠杀殆尽。在内争中,汉水以北的南阳和淮河以南的寿阳两地区又被北魏夺去。明帝子东昏侯萧宝卷在位时(498—501),更是专事杀戮,人人自危。中兴元年(501),宗室疏属、雍州刺史萧衍自襄阳起兵,攻入建康。次年萧衍篡位,建立梁朝,是为梁武帝。南齐共传七主,历时24年。

宋、齐两朝政局动荡,统治集团内部矛盾十分尖锐。与东晋高门士族当政、斗争主要在士族之间展开不同,南朝皇权重振,皇帝皆以宗室诸王出镇要地或在朝秉政,掌握大权,结果皇族内部冲突成为统治集团矛盾的主要表现形式。宋文帝时,其弟彭城王刘义康长期执政,势倾天下,终被废黜杀死。宋孝武帝先后诛杀镇守荆州的叔父刘义宣、镇守广陵(今江苏扬州)的弟刘诞,又杀另外三弟。诛刘诞时,调大军围攻广陵,城中五尺以上男子全被屠杀。孝武帝诸子中,数人被继位的长子前废帝刘子业(464—465在位)所杀,余者皆死于明帝(孝武帝弟)之手。明帝在位时尚存五弟,自己又杀其四。齐高帝、武帝吸取刘宋骨肉相残以致亡国的教训,注意保全宗室,但其子孙仍被明帝杀尽。史载齐明帝每"索香火,呜咽流涕",则"明日必有所诛"。[6]两朝还接连出现童昏之君。如宋之前废帝、后废帝(明帝子昱,472—477在位),齐之郁林王(武帝孙昭业,493—494在位)、东昏侯,皆年少即位,种种昏庸残暴之举更是匪夷所思,终至众叛亲离,自己也死于篡弑。

寒人势力的崛起也是南朝的新现象。寒人指与士族相对的"庶族",其先世不显,家无政治背景,多以吏干、军功入仕。东晋末年以来,高门士族已趋于腐朽,不能承担王朝的政治、军事重任,徒以门阀自矜。而寒人中不仅多才能之士,也因社会声望低、宗族实力弱为君主所乐于使用。南朝官制,中书省典掌机密,参与决策,地位重要,但其权力主要并不归于宗室或士族担任的长官中书令,而是归于由寒门担任的品级较低的中书通事舍人。如父亲"贩纻为业"、本人"少卖葛于山阴市"的戴法兴,在刘宋久任中书通事舍人,参掌"选授迁转诛赏大处分",民间称为"真天子"。[7]齐武帝用寒人刘系宗为舍人,语人曰"学士辈不堪经国,唯大读书耳。经国一刘系宗足矣,(士族)沈约、王融数百人,于事何用"。[8]在地方上,虽以宗室出镇,而又多用寒人为"典签"以佐之。典签本为处理文书的小官,但在宋、齐则成为代表皇帝监视、控制诸王的重要职务。时人云诸州唯闻有典签,不闻有刺史。齐明帝杀诸王皆命典签办理,诸王束手就戮,无人能抗。宋、齐拥兵一方、卷入政争的武将,很多也是寒人出身。相比之下,王、谢之类高门士族在政治上的重要性已大为下降,仅是凭门第据虚位,点缀朝堂,于篡夺禅代之际,掌领衔推奉之任,君统变易,视之漠然。而他们也因此远离权力斗争的旋涡,较之横遭杀戮的宗室,却又幸运多了。

刘宋帝系表

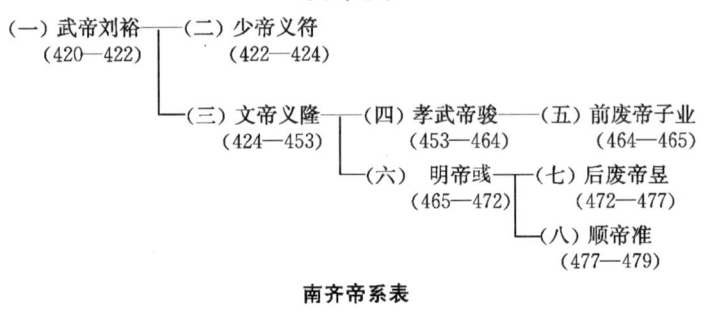

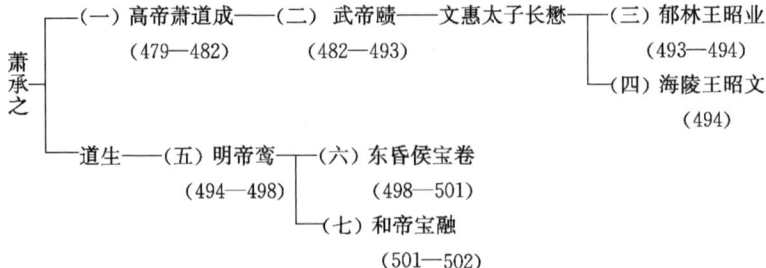

(一)武帝刘裕(420—422) ── (二)少帝义符(422—424)

(三)文帝义隆(424—453) ── (四)孝武帝骏(453—464) ── (五)前废帝子业(464—465)

(六)明帝彧(465—472) ── (七)后废帝昱(472—477)

(八)顺帝准(477—479)

南齐帝系表

萧承之 ── (一)高帝萧道成(479—482) ── (二)武帝赜(482—493) ── 文惠太子长懋 ── (三)郁林王昭业(493—494)

(四)海陵王昭文(494)

道生 ── (五)明帝鸾(494—498) ── (六)东昏侯宝卷(498—501)

(七)和帝宝融(501—502)

梁 与 陈

梁武帝在位近 50 年,这 50 年是继宋文帝之后南朝又一个相对较长的稳定时期。武帝鉴于宋、齐内乱之弊,为政标榜宽和,注意协调、照顾统治集团内部各阶层的利益。他优容士族,维护其特殊政治地位,同时仍旧使用寒人分掌内外实权。改变宋、齐两朝对宗室诸王的猜忌迫害政策,宽以待之,对其违法犯罪行为也百般回护,至少在表面上扭转了此前骨肉相残、动荡不已的局面。武帝本人勤于政务,自奉节俭,且博通经史,大兴儒学,制礼作乐,以粉饰太平。又尊崇佛教,三次舍身出家,宣称为民祈福,然后由朝臣重金赎回。但他虽宽纵权贵,却苛刻百姓,赋役繁重,犯法连坐,佞佛之举更是劳民伤财。在军事上,与渐趋衰落的北魏多次交兵,互有胜负。天监五年(506)梁军北伐,"器械精新,军容甚盛,北人以为百数十年所未之有"。[9]但统帅萧宏(武帝之弟)为人怯懦,指挥无方,竟至惨败而回。六年,梁将韦叡大破魏军于钟离(今安徽凤阳)。十三年(514),梁武帝发兵 20 万筑浮山堰,企图截淮水以攻寿春(今安徽寿县),然淮水暴涨,堰堤崩塌,兵民死者无数。中大通元年(529),武帝又趁北魏内乱,派大将陈庆之奉北魏宗室元颢北上,一举攻入洛阳,最后因孤军深入、后援不继而败还。

武帝晚年,爆发侯景之乱,梁朝受到重创,未久即亡。侯景是东魏军阀,原为北魏怀朔镇戍卒,参加六镇起事,后投靠高欢为大将。高欢既卒,因与其子高澄有隙,遂叛东魏,被击败后降梁。梁武帝不顾朝臣反对,接纳侯景,封为河南王。侯景见梁政日衰,萌发野心,于太清二年(548)举兵反,渡江攻入建康,包围台城(建康宫城)。诸道援军彼此观望莫肯先进,镇守各地的武帝子孙各怀异志,企图趁乱夺取皇位,坐视侯景连续围攻 130 余日,终于在太清三年将台城攻破。梁武帝被囚禁,病饿而卒,年 86。侯景立简文帝(549—551 年在位),自任相国、宇宙大将军、都督六合诸军事。后篡位称帝,国号汉。在此期间,梁武帝子孙在长江中上游展开混战,武帝第七子荆州刺史、湘东王萧绎取得优势,派兵攻灭侯景,并在江陵称帝,是为梁元帝。武帝第八子益州刺史武陵王萧纪东下与元帝争位,败死,益州亦因兵力空虚被西魏侵占。武帝之孙雍州刺史岳阳王萧詧(武帝长子萧统之子)又引西魏军攻梁元帝。承圣三年(554),西魏军攻破江陵,杀梁元帝,劫掠财物一空,将王公以下数万人驱归长安为奴婢。次年,大将陈霸先在建康拥立元帝之子敬帝。太平二年(557),陈霸先篡位,建立陈朝,是为陈武帝。梁朝共传四帝,历时 56 年。

陈武帝为吴兴长城(今浙江长兴东)人,自称祖籍颍川(今河南许昌东)。家世寒微,出身小吏,积军功得高位。虽在南方重建了汉族政权,但版图狭隘,已远非宋、齐、梁之比。除益州已入西魏、北周外,江陵一带被西魏北周扶植的萧詧割据,仍用梁国号,史称后梁。长江下游江北之地,则在乱中尽入于北齐。陈朝只拥有江陵以东、长江以南地区,昔日繁庶的建康、三吴之地经战火焚掠,几为废墟,经济力量也因而大大削弱。侯景之乱,江南动荡,很多原居寒庶地位的南方土豪聚宗族乡里自保,形成新的割据势力。陈朝建立后,这类土豪一部分表示归附,被擢用为地方长官,还有一部分桀骜不驯者,则被次第诛灭。至陈宣帝在位时(569—582),陈朝的统治已基本稳固下来。其时北齐衰落,正困于北周的进攻,陈军也趁机北伐,收复淮南失地。北齐灭亡后,陈宣帝命大将吴明彻继续北上,进攻彭城(今江苏徐州),但为北周军队击溃,吴明彻及3万将士被俘,淮南之地又被北周夺去。宣帝卒,后主陈叔宝继位,荒于酒色,不理政务,政治腐败。而北方隋朝新建,势力蒸蒸日上,南北实力差距更加悬殊。祯明二年(588),隋军大举南征,次年年初攻入建康,后主被俘,陈亡。共传五帝,历时33年。自东汉末年以来,长达400年的政治分裂,至此完全结束。

萧梁帝系表

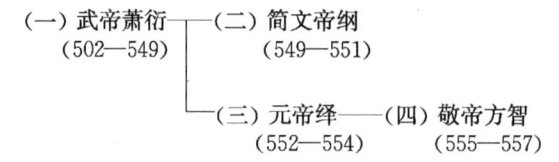

(一) 武帝萧衍 ── (二) 简文帝纲
(502—549)　　　　(549—551)

　　　　　　　└── (三) 元帝绎 ── (四) 敬帝方智
　　　　　　　　　 (552—554)　　 (555—557)

陈朝帝系表

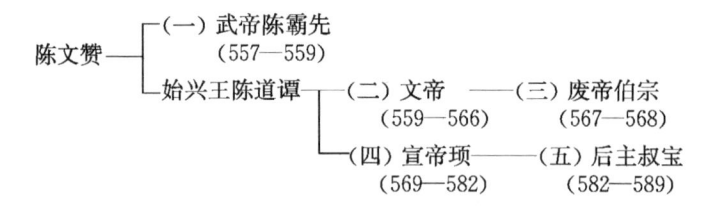

陈文赞 ── (一) 武帝陈霸先
　　　　　 (557—559)
　　　└ 始兴王陈道谭 ── (二) 文帝 ── (三) 废帝伯宗
　　　　　　　　　　　　 (559—566)　　(567—568)
　　　　　　　　　　└── (四) 宣帝顼 ── (五) 后主叔宝
　　　　　　　　　　　　 (569—582)　　 (582—589)

注　释

〔1〕《魏书·贺讷传》。
〔2〕《魏书·蠕蠕传》。
〔3〕《魏书·咸阳王禧传》。

〔4〕 杨衒之《洛阳伽蓝记》卷二《城东》。
〔5〕 《魏书·抱嶷传》。
〔6〕 《资治通鉴》卷一四一齐明帝永泰元年正月。
〔7〕 《宋书·戴法兴传》。
〔8〕 《南齐书·刘系宗传》。
〔9〕 《资治通鉴》卷一四六梁武帝天监五年九月。

第九章
两汉魏晋南北朝时期的经济、社会与文化

本章在此前四章的基础上,从纵向角度简要、概括地叙述两汉魏晋南北朝近800年间有关经济、社会、文化诸方面一些重要问题的演变线索。

一 两汉魏晋南北朝时期的经济与社会

本节拟从五个方面介绍两汉魏晋南北朝时期经济与社会领域的一些重要问题:农业与手工业,商品经济与自然经济的消长,赋役与户籍,人身依附关系,以及门阀士族的兴衰。

农业与手工业

农业是古代国民经济的基础,也是衡量生产力发展水平的主要指标。西汉时期的农业经济,在战国、秦的基础上达到了中国古代的第一个高峰,在生产规模、工具、方法等方面,都为以后2000年农业的发展树立了基本模式。西汉铁农具的使用已相当普遍,时人云"铁器者,农夫之死士也",[1]牛耕也十分普及。西汉中期发明了耦犁,犁铧全由铁铸,形制较大,宜于深耕,用二牛抬杠共挽,三人分别扶犁、按辕、牵牛。西汉晚期又有进一步改进,一人即可操作。播种方面出现了耧车,为后世长期使用。武帝末年赵过在西北地区推行代田法,将一亩耕地分为三甽(沟)三垄,耕作时甽垄逐年代换以恢复地力,从而提高粮食产量。成帝时人氾胜之著有农学专著《氾胜之书》,对当时农业生产的经验进行了系统总结,特别是根据关中地区的自然条件,探讨了精耕细作的先进技术。书中在代田法基础上提出了"区田法",这是一种园艺式的集约耕作方法,掘坑点播,对不同作物采用不同的行距、株距和深度,对中耕除草、施肥、灌溉等环节也都有很高要求,可使单位面积的收获量成倍增加。西汉水利事业发达,关中形成了由郑国渠(秦

时修建)、漕渠、白渠、龙首渠等许多渠道构成的水利网,其余地区也修建了为数众多的大小水利设施。史载西汉末年,全国垦田数字达 827 万余顷,户数 1220 余万,口数 5950 余万。以后近千年各朝官方统计的全国垦田、户口,均未超出上述数字。这里面当然有统计不实、隐漏不报的因素,不可尽信为真,但西汉农业生产所取得的成就,亦足以由此略见一斑。

从新莽到魏晋南北朝,农业经济沿着战乱破坏和和平恢复的轨迹几度反复。东汉时期,农具的改进和水利的兴修都在西汉基础上取得了更新的成就。成书于东汉晚期的崔寔《四民月令》,从地主经营田庄的角度,按季节总结了当时的农业技术知识和管理经验。东汉末年的大动乱使农业生产受到严重打击,经济一片萧条。曹魏时人屡言其户口数仅相当于汉一大郡。西晋统一后版图与西汉相当,而户口数仅及西汉三分之一(其中部分原因为豪强大族隐匿户口)。不久动乱再起,南北分裂,北方农业迭遭毁坏,气息奄奄,南方农业则由于人口大量南流和社会相对安定,而在原来较低的水平上有进一步的发展。另外自两汉之际起,中国的气候开始由温暖期进入寒冷期,北方的年平均气温下降三四度,农业生产受到了严重影响。而南方农业所受影响相对较小,且从此开始发展麦类等旱田作物的种植。总体而言,尽管在动荡中不乏短暂稳定和局部繁荣,但魏晋南北朝的农业生产毕竟没有超出汉代的水平。北朝后期贾思勰著《齐民要术》,总结自西汉以来北方农业生产的经验,是现存最早且完整的古代农业技术著作。

西汉手工业的成就非常突出。冶铁业规模巨大,已使用淬火法铸造铁器,使其坚韧和锋利程度大为提高,燃料也开始用煤。丝织业产品种类繁多而且精美,流及中西亚乃至欧洲,中西交通的"丝绸之路"此时已初步形成。铜器、漆器制造技术复杂,分工精细。东汉手工业继续发展,发明"水排"(水力鼓风炉)用于冶铁,造纸技术开始推广,制瓷业也在制陶业的基础上有了初步萌芽。两汉的官府手工业形成了从中央到地方行业繁多的庞大体系,私营手工业也相当繁荣,包括农村家庭手工业和独立的民营手工作坊,还出现了一些经营手工业致富的大手工业者,尤以西汉前期为最。到魏晋南北朝,手工业的分工状况、产品数量和生产技术仍保持着一定的水平,部分行业如制瓷、造纸比两汉更有进步。但这一时期手工业的成就主要体现在官营手工业上,私营手工业、特别是独立手工作坊的地位较两汉有了大幅度的下降。这与社会动荡和商品经济衰退的背景有密切关系。

商品经济与自然经济的消长

中国古代的商品经济自春秋、战国之际开始发展,至西汉进入一个高峰,"富商大贾周流天下,交易之物莫不通,得其所欲"。[2]全国已形成了若干大的经济区域,各有商业发达的中心都会。首都长安有户8万余,口24.6万,是全国最繁华、富庶的城市。洛阳、临淄、邯郸、成都、宛(今河南南阳)合称"五都",与长安并居全国六大都市之列。位置较偏的吴(今苏州)、蓟(今北京)、番(pān)禺(今广州)也都是一方商业中心。商业行业繁多,商品丰盛,用于商品销售的经济作物在农业生产中也占有一定的地位。政府虽执行重农抑商政策,但目的主要在于限制农民弃农经商和农村人口流入城市,故受影响者首先是中小商人。除汉武帝中后期外,大商人所受触动不大。特别是西汉前期,如晁错所概括,"商贾大者积贮倍息,小者坐列贩卖,操其奇赢,日游都市,乘上之急,所卖必倍。故其男不耕耘,女不蚕织,衣必文采,食必粱肉,亡农夫之苦,有仟伯之得。因其富厚,交通王侯,力过吏势,以利相倾,千里游敖,冠盖相望,乘坚策肥,履丝曳缟"。是所谓"今法律贱商人,商人已富贵矣"。[3]故而司马迁说"用贫求富,农不如工,工不如商,刺绣文不如倚市门",并讽刺"无岩处奇士之行而贫贱,好语仁义,亦足羞也"。[4]

东汉商业仍然比较繁荣,洛阳取代长安成为最大的商业都会,国家对商业经营的垄断、限制也少于西汉中后期。但商业发展主要表现在奢侈品销售上,日常生活用品的交换未见增长。与此同时,自然经济因素却有了一定的上升。豪强地主多经营田庄,组织较大规模的多样性生产,具有很强的自给自足性质。如《四民月令》书中所描述的田庄,既种植谷物、蔬菜、经济作物,又从事纺织、酿造、制药等手工业、副业生产。这类田庄的增多,直接导致了商品交换范围的缩减。大商人也往往将利润所得用以兼并土地,贿买官爵,妨碍了商业进一步发展。西汉钱币使用非常普遍,除黄金、铜钱外基本没有其他物品用作交换媒介。到东汉,黄金首先退出了流通领域,而布帛在交换中的作用日益重要,原来用钱币支付的赏赐、犯罪赎金、人头税等渐次改用布帛。这也潜含着商品经济衰退的趋势。

经过汉魏之际的大动乱,商品经济严重凋敝。洛阳、长安等大城市遭受严重破坏,商业活动在一段时期内几乎陷于停顿,钱币的作用随之严重萎缩。曹魏建立后,"罢五铢钱,使百姓以谷帛为市"。购买物品、计算物价皆普遍使用布帛或谷物,甚至为便于交易,将成匹的布帛裂为片段。奸猾之徒"竞湿谷以要利,作薄绢以为市,虽处以严刑而不能禁也"。[5]此后三百余年,钱币在北方亦偶有使用,如西晋时鲁褒即曾作《钱神论》讽刺贵族官僚聚敛钱币的行为。但其流通都为时较短,且一般只限于各政权都城等局部地区。北魏孝文帝时,铸造太和(孝文帝年号)五铢钱并大力推行,然收效有限,很多地方"犹以他物交易,钱略不入市"。[6]东晋南朝的钱币流通相对广泛,但其商品经济的起点较低,币制混乱,铸币质量不佳,故钱币仍是与谷帛并行。与此相联系,魏晋南北朝的商业活动也以南方为盛,北方商业明显衰退,总体上看,较之两汉远为逊色。

在商品经济凋敝的同时,自然经济的地位继续上升。战乱中大量出现的坞壁成为北方自然经济的主要单位。坞壁一般都据险而设,内部组织严密,耕守结合,自给自足,与外界的经济联系十分微弱,有的甚至长期与外界隔绝。一些坞壁发展为州郡治所后,人口聚集渐多,一定程度上带有城镇性质,同时旧的城市也会在乱后得到部分重建。但这些城镇或城市主要只是作为一个地区的政治、军事中心而存在,缺乏汉代城市的交换职能。在南方,豪强大族广占土地,建立田庄,并在其中实行多种经营,生活所需大都自行解决,对商品交换的依赖也很小。如陈郡谢氏的谢灵运作《山居赋》,夸耀其田庄物产丰富,应有尽有,称"既耕以饭,亦桑贸衣,艺菜当肴,采药救颓","供粒食与浆饮,谢工商与衡牧"。

赋役与户籍

汉承秦制,向普通百姓征收的赋税主要有两项,即按土地征收的"租"和按人口征收的"赋"。汉初轻徭薄赋,田租十五税一,稍后减为三十税一,直至东汉末基本未变。田租征收谷物,并非临时计算实际产量按三十分之一课取,而是通算多年的平均产量,以三十税一的标准折合为固定的数额来缴纳,是一种定额课税制。汉武帝时更改亩制,将各地大小不等的划亩标准(多为百步一亩)统一定为240步一亩,亩的面积增加,而租额大体仍旧,这样田租占亩产量的比率实际上又大大低于三十税一,有"百一而税"之称。赋的征收标准为:民年15至56,每年出赋120钱,为一"算",称算赋。14岁以下(大多数时候起征年龄为7岁)出20钱(武帝时增至23钱),称口赋。与田租的轻省相比,赋的负担对百姓更为沉重,尤其是贫民。武帝时将口赋起征年龄前推至3岁,结果"民重困,至于生子辄杀"。[7]成年男子为政府负担的徭役,主要有三种。一为"正卒",指两年兵役,一年在本地,一年赴京为卫士。二为"戍边",亦为兵役,一生中需赴边疆戍守一年。三为"更卒",指力役,每年在本地从事一个月的无偿劳动。更卒可纳钱代役,称为"更赋"。

为保障赋役征发,维持社会稳定,汉朝实行了一套严密的户籍管理制度。秦末刘邦入咸阳,"收秦丞相御史律令图书藏之",[8]秦朝的户籍资料和有关管理制度因而被汉朝所继承。汉朝户籍又称为"名数",通常每年八月由地方官统一查验户口,称"案户比民"或"案比",在此基础上登记造册,书明每户男女人口、姓名、年龄、身份、相貌、土地、爵级等情况,年终逐级向上申报。秦汉地方官每年向上级汇报治绩,称"上计",户籍状况是上计的一项主要内容。比较而言,西汉时户籍登记相对更为完备,东汉则因豪强地主势力膨胀,大量隐匿人口,致使国家掌握的户口数量始终不及西汉。

汉魏之际,赋税征收制度发生了较大变化。曹操平定河北后,将赋税项目统一规定为田租每亩四升,每户又出绢二匹、绵二斤,此外不得擅征。户出绢、绵后来统称"户调"。自此百姓的赋税负担由租、赋变为租、调。"调"的原义为财政调度,东汉已有此名,主要指租、赋之外的一些临时征敛,至汉末成为正式赋税,取代了赋的地位。调与赋的区别,一是由按口征收变为按户征收,二是由纳钱变为纳实物,这是因为经过汉末丧乱,朝廷难以掌握确切人口数字,而且商品经济严重衰退,不得已而为之。西晋户调之法,丁男之户绢三匹、绵三斤,丁女或次丁男为户者减半征收。但此数只是一个平均数字,征收时官府还要根据事先按资产划分出的九个户等进行调配,户等在上者多收,下者少收,以使负担相对合理,这称为"九品混通"。另外西晋实行"占田制",规定农民占有土地的最高限额为丁男70亩,丁女30亩,其中必须负担田租的"课田"为丁男50亩,丁女20亩,平均每亩四升。但占田制下的田租究竟是完全履亩而税,还是根据课田总租额"九品混通"后按户摊派,史籍的记载不很清楚。东晋南朝田租之制屡变,户调则较长时间内大体沿袭西晋之制,只是征收物品以布为主。梁、陈之时,户调改为按丁征收,称"丁调"。北方的赋税征收亦原则上承袭魏晋旧制,直到魏孝文帝实行均田制后,才统一颁行新的租调制,以一夫一妇为单位,征租粟二石,调帛一匹。统言之,到南北朝后期无论南方、北方,赋税征收都是以丁为主,"九品混通"之制已失去意义。徭役方面,在大部分时间里兵役都由世袭专业化的兵户或胡族成员负担,一般民户主要承担力役。其具体征发名目、期限因时而异,战乱时期更无规制可言。

魏晋南北朝的户籍管理有一些与两汉不同的特点。其户籍种类不一,有若干类特殊身份的人单列户籍。如自曹魏开始一部分百姓世代当兵,专列为兵户,北朝由官府役属、承担某种特殊工作(如手工生产、屯田、放牧之类)的人户列为杂户(亦称隶户),又有专供寺院役属的僧祇户、佛图户,等等。西晋统一后,对户籍进行调查统计,皆用经过药物处理的黄纸书写,以便长期保存,遂有黄籍之称。到东晋南朝,为侨居南方的北方流民设置临时户籍,用白纸书写,称白籍。白籍居民的赋役可得到优免,但经过多次"土断"措施,绝大部分白籍户都就地转为黄籍,一体承担赋役。因"九品混通"制度的需要,在正式户籍之外还出现了记载财产的"资簿"。地方官要定期对民户家产进行评估,定出户等,书于资簿。评资时或过苛,"桑长一尺,围以为价,田进一亩,度以为钱",以致百姓"树不敢种,土畏妄垦,栋焚橑露,不敢加泥"。[9]另外在士族阶层基本凝固成形后,由于他们享有免役特权,故户籍上要注明显示士族身份及等级的家世、婚宦等情况。伪造谱牒、冒充士族以求避役的现象也屡屡发生。在北方,十六国大多统治短暂,户籍紊乱,甚至出现"或百室合户,或千丁共籍"的状况。[10]北魏时户籍制度逐渐完备,至孝文帝时实施三长制,国家对基层户口的控制已较为牢固。西魏、北周编制预算赋役征发情况的计帐,与传统的户籍相配合,其工作更为复杂,为以后隋唐所继承。

就财政角度而言,面向农村社会的赋役征发只是国家收入的一部分,还有另外一部分收入来自工商业及自然资源。西汉前期,租、赋所入归大司农掌管,充国库,此外"山川园池市肆租税之入",皆作为皇帝和诸侯封君的"私奉养",[11]其中皇帝的"私奉养"由少府负责管理。这样就形成了国家财政与皇室财政的区分。汉武帝实行盐铁专卖、均输平准、算缗告缗,使财政收入大幅度增加,但这些来自工商界的收入与租、赋一样仍归大司农与国库。东汉下至南北朝,国家放松了对工商业和自然资源的垄断,这方面收入在财政中所占比例有很大下降。同时少府的财权渐归入大司农,国家财政与皇室财政趋于混合不分。具体的工商杂税名目甚多,前后又有不少变动,兹不具列。

人身依附关系

从两汉到魏晋南北朝,社会上人身依附关系的形态经历了较大变化。两汉人身依附最显著的社会阶层为奴婢(秦朝已然),畜奴现象十分普遍。奴婢又称为奴僮、家人、臧获等,其法律地位几乎与物质财产相同,除任意杀害受到限制外,主人可以随意役使、殴辱、赠送及买卖。奴婢有官、私之分。官奴婢主要来源于罪犯、俘虏,私奴婢主要来自买卖。另外两者之间还通过赏赐、籍没等方式彼此转化,如汉武帝实施告缗后,即从被告发的商人手中没收大批奴婢入官(史称"以千万计"言其多,非实数)。通常认为汉代奴婢人数在200至300万,较高的估计则为600余万。这些奴婢一部分被用于家内服役、贩运贸易之类非生产性劳动,但也有相当多的人从事农业、手工业生产,手工业中使用奴婢尤为常见。西汉中后期,破产农民大量沦为奴婢,致使社会矛盾激化,故而王莽有冻结奴婢买卖之举,东汉光武帝也一再下诏释放奴婢或改善其待遇。在东汉,奴婢数量的增长基本上受到了控制,其待遇和地位也有所提高。

奴婢以外,两汉社会中还存在其他一些具有依附性的社会阶层,其中主要是租种豪强地主土地、缴纳地租的佃农和为豪强地主雇佣耕作、领取雇值为生的雇农。佃、雇农阶层早在先秦即已产生,到西汉人数有了明显增加,佃农尤甚,所谓"或耕豪民之田,见税十五"[12]的现象,自西汉中期以下越来越多。朝廷也常把国有土地出租给破产农民,以缓解流民的压力,称为"假民公田",这些农民于是成为国家的佃农。国家对佃、雇农的法律和社会地位一直没有作出专门规定,在观念上仍将他们与身份完全自由的自耕农同等看待。但事实上,他们在经济上对地主的依赖又必然演化出超经济的人身依附关系。这些依附性的佃雇农通常有宗族、宾客、徒附、部曲等名称。宗族本来是广义的"同宗同族"概念,宾客的原义为依托权门的游士食客,两者自西汉中期起一般分别指代同宗、非同宗的依附农民。因其对地主具有难以随便脱离且通常身份世袭的私人隶属关系,故有"徒附"之称,因在动乱中常被地主组织为私兵,故又称为"部曲"。这样一个介于自耕农和奴婢之间的社会集团,到东汉有了更大的发展。光武帝推行"度田",就是一次国家企图干预豪强地主占有依附农民的举措,但并未完全达到目的。豪强地主广建田庄,从事多种经营,其劳动者既有"奴婢千群",又有"徒附万计"。[13]尽管此时奴婢在生产中仍起着很大作用,但在法律上仍属自由人的依附农民也变得越来越重要。一方面奴婢地位缓慢提高,另一方面依附农民的身份日益卑微,两者逐渐靠拢,以致出现了"奴客""僮客"之类连称。

从东汉末年到魏晋,非奴婢的人身依附关系已完全发展成熟,它通常被称为"部曲佃客制"。战乱使更多的农民被豪强地主所控制,他们不仅要为地主耕种土地,缴纳地租,还要服劳役,任杂务,战时则武装为私兵部曲,不单立户口,而附于主家户籍,世代相袭,非自赎或主人放免不得脱籍。但他们又都有自己的财产,并且不像奴婢那样可以买卖。在动荡的形势下,国家对这些依附人口进行清查、控制更为困难,不得不默许其存在。曹操创立户调制,舍丁而税户,就是这方面的表现。而且曹操兴办屯田,招募流亡农民为"屯田客",父死子继,产品与官府对半或四六分成,不负担自耕农应承担的租调徭役,实际上是国家照搬了民间的人身依附模式。此后曹魏又将一些屯田客赐给大臣充私家佃客,仅供其役属而不承担国家赋役,则表明开始承认私人依附关系的合法性。孙吴也广泛推行了"复客"(即以佃客为赏赐)的制度。西晋颁布占田制时,规定官员可按品级占有不同面积的土地,同时也可以拥有不同数量的合法的"客",称为"荫客"。此举有限制违例多占佃客的用意,但事实上收效不大。以后直到南北朝,无论在北方的坞壁或是南方的田庄,部曲佃客都是其中主要的劳动者。相比之下奴婢的数量越来越少,史籍中常见"免奴为客""免奴为部曲"之类记载,说明大批释放后的奴婢转化成了部曲佃客。随着佛教的流行,寺院经济膨胀,寺院拥有大量称为僧祇户、佛图户的私属人口,实际上也是变相的佃客。部曲佃客数量过多,影响了国家的赋役收入,故而历朝统治者也经常采取检括户口之举,力争将限额外的部曲佃客重新划为国家编户,但只有北魏的三长制、均田制实行效果较为彻底,使自耕农数量有较多的增加。

与民间人身依附关系的发展、变化相适应,魏晋南北朝国家控制的依附人口也主要不再是官奴婢,而是一些与部曲佃客身份类似的阶层。如曹魏的屯田客,所受人身束缚要明显高出西汉"假民公田"下的国家佃农,但又不同于官奴婢,实际上相当于国家的新型依附民——佃客。地位相近的又有专业化的世袭兵士,称为士家。汉朝的普遍义务征兵制在魏晋已经破坏,国家只能牢固控制一部分人户,令其世代当兵。他们单列"士"籍,集中居处,男丁为兵,妇孺转输,役及全家,父子兄弟相继,非立大功不得脱籍改业,婚姻亦仅限于同类,多由官府配嫁。东晋以下,这些世袭兵士又有军户、营户等名称,但性质大体相近,都是民间私兵部曲的变形。另外,北朝还存在一个称为杂户或隶户的贱民阶层,多来自拓跋鲜卑统一北方时的战争俘虏,也包括一部分罪犯。他们为官府承担手工造作、屯田、放牧之类特殊工作,职业世袭,单立户籍,且不得与良人通婚。杂户的地位低于平民而高于奴婢,性质亦与国家控制的部曲相当。

门阀士族的兴衰

从东汉到魏晋,统治集团中逐渐形成一个带有贵族色彩的门阀士族阶层,它拥有特殊的政治和社会地位,其影响由南北朝一直延续到唐代。关于这一阶层的情况,前文已有多处述及,此处再从总体上略加概括,并补前文之未备。

汉武帝"独尊儒术"以后,社会上形成了一批既有经济和宗族实力,又有文化背景的"士族大姓",东汉创业集团即基本出自这一阶层。在东汉,一些士族大姓因世代通经入仕,位至公卿高官,还有一些则长期把持地方政权,往往又被称为世家大族。尽管有"党锢之祸"和汉末战乱的冲击,世家大族整体实力上升的趋势并未改变,而且事实上也成为魏、蜀、吴各政权的骨干力量。曹魏在选拔人才方面实施九品中正制,以收乡里"清议"之权,但九品中正制反过来成为世家大族巩固自己势力的工具,一些当朝为官的家族逐渐独占上品,垄断高官,形成"公门有公,卿门有卿"[14]的局面,门阀士族就此产生。所谓门阀,本为"家门阀阅"的简称,指家族的政治背景。魏晋时形成的门阀士族,虽然就社会阶层整体而言是东汉世家大族的延续,但就具体家族来看则都是当朝显贵,与祖先在东汉的官爵地位不一定有关。然而随着九品中正制的推行,门阀士族很快凝固成为具有封闭性、排他性的集团。一般来说,一些在魏晋连续几代多人被九品中正制评为上品(二品)并因而担任高级官员的家族,以后就成为高门士族。而在九品的评定中未能获得上品(居于三品以下)但仍有多人担任低级官员的士人家族,形成了士族中的"次门"即次等士族。至于那些在魏晋没有"士"的身份,其成员没有资格被中正品评的家族,其后代即使贵盛,通常也不能称为士族,而被称做庶族或寒人。这样自东晋以下,"门阀"逐渐成为门第的同义语,它不完全意味着当时或近期的政治地位,而更多地决定于承自"冢中枯骨"(祖先)的特殊血统。

东晋是门阀士族的鼎盛时期,高门士族琅琊王氏、颍川庾氏、谯国桓氏、陈郡谢氏、太原王氏相继主持朝政,相形之下皇权反而趋于衰弱。这些高门士族都是自北方南迁的侨人。"侨姓"士族门户很多,高下不一,又因南渡早晚拉开身份差距。此外,江南地区还有一些土著的"吴姓"士族。士族身份皆列于户籍,可因此享有免役的优待,又多广占田产,荫庇部曲佃客。这一时期,高门士族尚较有活力,故能支撑东晋百年之久。东晋末高门士族衰落,侨姓次等士族力量上升,相继建立了宋、齐、梁三个王朝。到南朝,作为士族代表的高门士族已经严重衰败。颍川庾氏、谯国桓氏、太原王氏在东晋末年的政争中已基本覆灭,琅琊王氏、陈郡谢氏等剩余的高门也人才凋零,失去实权,仅成为政治上的点缀品。他们首先是鄙薄武职、脱离军权,其次是不耐烦剧,不再担任重要行政职务,最终只能出任俸禄优、品级高、事务清闲的所谓"清官"。面对越来越多掌握实权的寒人,士族被迫深沟高垒,严自标置,宣扬"士庶之际,实自天隔",[15]通过婚(婚姻关系)、宦(所任职务)与寒人严格划清界限,甚至几乎完全隔绝来往。由于长期以来社会上形成了尊崇门阀的观念,显贵后的寒人总想设法与高门士族交结,但却屡屡碰壁,狼狈不堪。然而高门士族的自我封闭、孤芳自赏,只不过使自己变得更加虚弱。至侯景之乱,他们当中的许多人因为"肤脆骨柔""体羸气弱",往往"坐死仓猝",或是颠沛流离,"转死沟壑",受到了毁灭性的打击。[16]陈代高门士族仅存一些残余力量,到隋朝统一后,则已几乎消失无踪。

在西晋灭亡后的北方,士族的命运有所不同。西晋士族凡未南渡者,多凭借宗族力量据险(坞壁)自保,经历了艰难困苦,最后仍得到胡族统治者的依赖、重用,其免役特权和在选官方面的优越地位也大体能够保证。在北魏统一北方的过程中,士族成员发挥了重要的作用。但在民族隔阂尚存的情况下,士族炫耀门第、自我标榜之举也引起鲜卑贵族的敌视,最终引发了崔浩国史之狱,很多士族牵连受祸。魏孝文帝汉化改革中专门有"定姓族"一项,不仅人为地制造出一批鲜卑"高门士族",也对北方汉族士族的门户高下进行了评定。评定标准兼顾各家族魏晋时官爵和在北魏的政治地位,定出清河崔氏、范阳卢氏、荥阳郑氏、太原王氏、博陵崔氏、赵郡李氏、陇西李氏等家族为一流"盛门",以下门户各有差别。这样就一度确立了汉化鲜卑人与汉族的联合门阀统治。虽然此后不久北魏衰亡,门阀统治未能长期延续,但北方士族的活跃程度却明显优于同时期的南朝士族,直到隋唐仍然得到时人企羡、敬重。其所以如此,是因为北方士族在复杂环境下腐朽较为迟缓,进入北魏后仍长期担任军职和繁杂的行政工作,保持了活力。另外他们扎根宗族乡里,基础深厚,故元气长存不衰。即使在时代更易、政治特权丧失后,他们仍能凭借宗族力量和文化传统维护自己的社会地位,从历史舞台消失还要经历一个较长的过程。

二　两汉魏晋南北朝时期的文化

本节分四方面简要介绍两汉魏晋南北朝时期文化的发展状况。

经学与玄学

经学即对儒家经典《易》《书》《诗》《礼》《春秋》进行研究的学问,在中国古代的学术研究中长期占据着核心地位。在先秦诸子百家当中,儒家最重视文字记载和经典传授,故虽经秦火焚毁,至汉初即又重新开始活跃。汉代经学根据所据经书版本、解释的不同,出现了两大流派。一派所据经书为师徒、父子口耳相传,到汉代才用当时通行的隶书笔录下来,故称今文经学。另一派根据的是汉代渐次重现于世的先秦典籍旧本,皆用秦以前文字书写,故称古文经学。在西汉大部分时间里,流行的都是今文经学。今文经学诸经的传授又有不同的门派、家法,其中《易》分四家,《书》《诗》《礼》皆分三家,《春秋》则有公羊、谷梁两《传》。武帝时的儒学大师董仲舒,所治即为《春秋》公羊学。"独尊儒术"之后,今文经各门派大都在朝中设立了博士。甘露三年(前51),汉宣帝曾亲自在石渠阁主持会议,召集儒生讨论诸经各门派的异同。今文经学的特点是讲求"通经致用",借用阴阳五行等学说来发挥经书的"微言大义",鼓吹大一统、正名分、天人感应等思想,但不免空疏之弊。随着谶纬的广泛流行,今文经学亦与其相结合,趋于迷信、荒诞。

与此同时,儒学的发展带动了搜集与整理图书的热潮。汉成帝命刘向等人校勘朝廷征集到的图书,每书校毕皆撰写提要。后来刘向之子刘歆继承父业,完成了中国第一部目录学著作《七略》,分《辑略》(诸书总要)、《六艺略》(六艺即六经)、《诸子略》《诗赋略》《兵书略》《数术略》《方技略》七部分,共著录图书13269卷。刘歆将整理图书时所得古文经篇目上奏朝廷,请求将其与今文经一样立为官学,并因此与今文经博士们进行了激烈争论,由此展开了近200年的经今、古文之争。王莽当权时刘歆得势,将古文《尚书》《春秋》左氏传、毛《诗》《周官》(即《周礼》)等古文经立为博士。王莽托古改制,又多以《周官》记载为范本,古文经学的社会影响大增。东汉建立后,取消古文经博士,官学仍用今文经。章帝于建初四年(公元79)又一次主持了讨论经书异同的白虎观会议,将讨论结果编成《白虎通德论》一书,更系统地将阴阳五行说和谶纬与今文经学融为一体。但此时今文经学弊病已相当明显,而古文经学解经重在"通经识古",考索经文字句本义,不胡乱穿凿比附,其传播反而愈益广泛。古文经学家许慎精研文字训诂,编成古代第一部系统分析汉字字形和考究字源的字书《说文解字》,共收小篆文字9353,相关异体古文字1163,是文字学史上的经典著作。东汉后期经学大师马融、郑玄遍注群经,皆以古文经为主而兼采今文经之说。灵帝熹平四年(175),蔡邕参校诸体文字经书,以隶书书写经文及校勘记,镌刻石碑,立于太学,后世称为"熹平石经",这是古代最早的官定经书版本。

曹魏时期,今文经学早已衰落,古文经学亦因训诂繁琐呈现僵化趋势。思想界出现了一股新的潮流,以道家老、庄思想糅合儒家经义和名家逻辑学,形成玄学。因其探讨玄理,立言玄妙,故有玄学之名。早期代表人物何晏、王弼以《老子》《庄子》的思想解释《周易》(此三书在当时合称"三玄"),认为天地万物以"无"为本,各种具体存在的"有"都是"无"的体现,然去"有"亦不能体"无"。又以道家的"自然"为无,儒家的"名教"(指由名分尊卑决定的礼教和道德规范)为有,从而为儒家的伦理道德标准提供了道家的哲学依据。通过探讨自然与名教的关系,玄学在以后的发展中分化出激进、温和两派。曹魏后期的嵇康、阮籍充分发挥何晏、王弼的"贵无"思想,主张"越名教而任自然",蔑弃礼法,甚至"非汤武而薄周孔",已带有异端色彩。当时司马氏行将篡权,每标榜"名教之治"以笼络人心,嵇、阮的激进言论实际上是针对司马氏,嵇康以至为司马昭所杀。与嵇、阮同时的向秀和入晋以后的裴𬱖、郭象则属温和派。他们提出"名教即自然",致力于论证两者的同一性,并抬高名教的地位。裴𬱖著《崇有论》,认为"至无者无能以生",万物"始生者,自生也,自生而必体有",[17]对早期玄学"以无为本"的观点进行质疑,更多地回归于传统。除有无本末问题外,玄学讨论的重要论题还有才、性离合同异,圣人有情、无情等,总体来看思辨性较强,其命题和论证方法受先秦名家影响较大。东晋以下,随着佛教的传播,玄、佛趋于合流,独立的玄学逐渐消失。

玄学的兴起在一定程度上体现了士族阶层的文化风貌。玄学家讨论问题的方式称为"清谈"。作为一种名士活动,清谈源于东汉的清议,但其内容重点已不再是臧否人物、评论时事,而是抽象的玄理。清谈一般有相对固定的形式,分为宾、主两方。主方提出命题并阐述见解,称"竖义"或"立义",客方加以问难,反复辩论,以概念清晰,语言简练为上。清谈时往往手执麈尾(一种拂尘)为道具,久之麈尾成为名士身份的标志。玄学家不仅口谈玄理,出言玄妙,行事亦多玄远旷达,出现了流于奇诡以表现个性的倾向,尤以嵇康、阮籍等激进派为最,其末流则发展为嗜酒颓废,放浪形骸。讲求审美也是玄学名士中的普遍现象,崇尚仪表端庄,风度潇洒,"望若神仙",甚至变为薰香涂粉的病态女性美。日常行事处处追求气质、风度,言行迟缓,宠辱不惊,喜怒不形于色。这种"魏晋风度"一直为东晋南朝的高门士族所继承。

另一方面,在曹魏西晋,玄学的流行主要限于朝廷和上流社会,传统经学(主要是古文经学)仍然在地方上长期传授。晋室南渡,将玄学思潮带到江南,此后南方经学颇受玄学影响。北方则传统经学根基深厚,继续承袭汉代遗风。到南北朝后期,南北方的学风差异已相当明显,所谓"南人约简,得其英华,北人深芜,穷其枝叶",[18]究其原因,就是由于魏晋新思潮对汉代传统的影响程度各自不同。

佛、道二教的传播

佛教产生于印度,经中亚传入中国。其始入华年代不详,据称在西汉哀帝时。东汉佛教已有一定的传播，光武帝之子楚王英即是佛教信徒，明帝亦曾遣使至西域求佛法。但时人对佛教的认识有限，往往将其当作一种方术。佛学为世所知者主要是清虚无为、省欲去奢等内容，近于黄老之说，故浮屠（佛）每与老子并祭，甚至出现了"老子入夷狄为浮屠"的传闻。东汉后期安息（古国名，在今伊朗）僧人安世高和大月氏僧人支娄迦谶来华，在洛阳翻译佛经，扩大了佛教的影响。东汉末，佛教已开始造像和大量召集信徒的活动。

汉魏之际，士人的精神风貌有较大变化，失去了评论时政、激浊扬清的热情，更多地转向对个人生命的关怀，由感慨时光流逝、人生短促进而产生对生命和万物的怀疑，或饮酒以逃避现实，或服药以企求长生，旷达奇诡之风，于是而盛。佛教的因果报应、轮回转世理论对生死问题提供了一种解答，颇能满足士大夫的心理需求，加上大乘佛教当中的般若学说与玄学有相通之处，故佛学传播渐广。十六国时期，战乱和动荡的局势为佛教传播提供了有利的客观环境，百姓更易于皈依佛教，以为精神寄托。很多胡族统治者也尊崇佛教，以佛为"戎神"，一些西域高僧如后赵的佛图澄、后秦的鸠摩罗什、北凉的昙无谶，都极受敬重。鸠摩罗什主持译经，数量宏富，译文精确达意，将佛经翻译推进到新的水平。本土高僧的代表人物为佛图澄弟子道安，前秦时在长安主持佛事，整理经录，制定僧团法规仪式，寺院制度由此渐备。道安的弟子慧远入东晋，居庐山，为南方佛教领袖。鸠摩罗什弟子众多，其中僧肇、道生都是一代佛学宗师。后秦僧侣法显西行至天竺取经，历时十余年，由海道归至东晋。此后又有不少人西行取经。

南北朝时期，佛教更盛，寺院经济发达，拥有大量的土地和依附人口，还经营商业和高利贷，聚敛财富。南北佛教的发展各有特点。南朝偏重义理，学派众多，各自著述，互相辩难。如以佞佛著称的梁武帝也亲自讲经说法，著书立说，阐释佛教教义。北朝则崇尚修行，广泛建寺造像，还开凿了云岗、龙门等规模巨大的石窟。反佛势力与佛教的斗争，在南北方的表现形式也不相同，南方为论战，北方为灭佛行动。南朝一些士大夫就佛教与儒家伦理的矛盾发起攻击，与僧侣及其信徒争论沙门是否应敬王者，以及夷夏之辨。范缜著《神灭论》，从形神关系的角度出发，论证神为形之用，形亡神亦灭，从而驳斥佛教的因果轮回之说。北朝则由于寺院经济膨胀过速，损害了国家利益，引发了北魏太武帝和北周武帝的两次大规模灭佛行动，均使佛教受到沉重打击。不过，上述反佛的言论和行动都没有从根本上改变佛教流行并在中国扎根的趋势。

道教形成于东汉中后期。假托老子为始祖,实际上是黄老学说中某些思想概念与民间巫术、神仙方术的结合。其早期经典为《太平经》,内容十分庞杂。东汉末,有太平道、五斗米道两大流派。张角通过太平道组织黄巾起义,事败后太平道之名逐渐消失。此前张陵在蜀地和汉中宣传道教,入教者纳米五斗,故称五斗米道。后来张陵之孙张鲁在汉中建立了政教合一的政权,割据约30年,为曹操兼并。此后五斗米道长期流传,成为道教的主要教派,亦称天师道。

西晋灭亡后,社会动荡,道教趁机发展了不少信徒,既有士族、官僚,也有下层百姓。百姓的反抗活动仍往往以道教为号召,如东晋末年孙恩、卢循即利用五斗米道发动起事,一度声势甚大。与此同时,信奉道教的上层士大夫也开始对其进行改革,尽量使它适应统治集团的要求。东晋前期人葛洪著《抱朴子》,讨论道教修炼之术,同时力图将道教信仰与儒家纲常伦理相结合,称"道者儒之本也,儒者道之末也",[19] 主张神仙养生为内,儒术应世为外。南朝道教的代表人物为齐、梁时期的陶弘景,北朝道教的代表人物是北魏前期的寇谦之,他们在改革道教方面都做了很多工作,制作教义,清理道规,各王朝也对道教组织进行了整顿。至南北朝末期,道教已基本成为一门比较正规、得到统治者崇奉和利用的宗教。

道教是中国本土的宗教,其传播较之佛教本来应有优势。但它思想内容贫乏,缺乏深度,虽以"道"为名,与道家哲学的关系却不很大。在道教改革的过程中,很多道士不得不设法抄袭、改编佛经,以杜撰道教经典。另外道教宣扬通过修炼长生不老,也不如佛教的轮回转世之说易于使人信服。由于上述原因,道教势力的发展不及佛教。魏太武帝灭佛是在道教信徒的怂恿下进行的,而周武帝灭佛则连道教一并禁断,后仍与佛教同时恢复。

史学与文学

汉代史学的主要成就,是出现了司马迁《史记》和班固《汉书》两部史学巨著。司马迁,西汉武帝时任太史令,本着"究天人之际,通古今之变,成一家之言"的宗旨,撰成《史记》130卷,52万余字,记事上起传说时期的黄帝,下至汉武帝当朝,首尾3000余年,是中国古代第一部内容完整、结构周密的通史著作。《史记》分12本纪、10表、8书、30世家、70列传,以人物传记为主,兼具编年、记事诸体之长,开创了以后2000年历代王朝编修"正史"的基本体裁。其内容全面,文笔生动流畅,编纂技巧高超,而且"不虚美,不隐恶,故谓之实录"。[20] 班固是东汉前期人,继承其父班彪的工作,续写《史记》至新莽时期,在此基础上完成了专记西汉一代历史的《汉书》100卷,80万字。《汉书》基本沿用《史记》创立的纪传体体裁,分12纪、8表、10志、70传,编纂体例更为严密,文赡而事详,进一步奠定了以后历朝纪传体断代"正史"的编修规范。东汉史学发达的程度高出西汉,史臣编有官修当代史《东观汉记》。赵晔《吴越春秋》和佚名《越绝书》开后代编写地方史志之端。荀悦又将《汉书》改编为比较简明的编年体史书《汉纪》。

魏晋南北朝的史学更加繁荣,私人修史之风尤盛,史著众多。关于东汉、三国的历史出现了多部著作,其中西晋陈寿著《三国志》,刘宋范晔著《后汉书》,质量最高,与《史记》《汉书》并称"前四史",为历代正史中之佼佼者。有关两晋、十六国、南北朝的断代历史著作各有约20种,纪传、编年诸体皆备。其余体裁的史著也十分丰富,包括地方史志、地方人物传记、典章制度、地理、谱牒等等。由于史著的大量涌现,史学从附属于经学转向独立。西汉目录书《七略》中无史书一略,班固《汉书·艺文志》则将史书附属于"六艺"类"春秋家"之下。而到南北朝后期,文献整理已形成经、史、子、集四部分类法,史书单为一门。成书于唐初的《隋书·经籍志》著录汉代至隋代史书数百种,下分13类,各有源流,集中地反映了魏晋南北朝史学发展的成果。

汉代的文学形式主要为赋、散文和乐府诗。赋是一种介于韵文和散文之间的文体,讲究文采、韵节,通过铺陈文辞以"体物写志"。西汉前期赋的形式与楚辞相仿,韵文特点明显。随后开始出现更为散体化、结构庞大、气势恢宏、辞藻华丽的大赋,其中多铺叙宫殿、都城、苑囿之盛,描述帝王行猎、出巡之壮观,也往往有文辞过于雕琢、冷僻之弊。西汉司马相如《子虚赋》《上林赋》、扬雄《长杨赋》,东汉班固《两都赋》、张衡《东京赋》《西京赋》,是这方面的代表作。东汉后期,抒情写物的小赋代之而起,以格调清新见长。散文作品中,西汉前期贾谊、晁错的政论文成就较突出,司马迁《史记》更是以叙事生动精辟在文学史上占有重要地位。汉朝的中央音乐机构称为乐府,掌管采集民歌配曲入乐,兼以了解风俗民情。乐府配乐的民歌就是乐府诗(其中也有少量文人作品),其内容丰富、广泛而深刻地反映了社会现实,情感真挚细腻,具有很高的艺术价值。乐府诗以五言为主。东汉后期,一些文人吸取乐府诗的技巧,创作了反映士大夫内心世界的《古诗十九首》,对后世的文人五言诗有很大影响。

魏晋南北朝的文学成就以诗歌最突出,文人诗创作有明显的进步。曹魏建立前夕的汉献帝建安年间是文人诗创作的一个高峰,代表作家有曹操及其二子曹丕、曹植"三曹"和孔融、王粲等"建安七子",还有女诗人蔡琰

(yǎn)。曹魏时期的重要诗人为阮籍、嵇康。西晋则以左思、陆机、潘岳等人为代表。东晋末年陶渊明的田园诗风格清新自然,独辟蹊径,卓然为一大家。南朝谢灵运、鲍照、谢朓的成就较突出。上述作家的创作以五言诗为主,其中曹丕、鲍照等已开始写作七言诗。南朝谢朓、沈约归纳总结了诗歌创作声律运用的特点,自此古体诗开始向格律化的近体诗过渡。乐府民歌在这一时期继续发展,并且逐渐形成了南方婉约柔美、北方粗犷豪放的不同特征,分别以南朝《西洲曲》、北朝《木兰辞》为其代表。文章写作则以骈文最盛,要求对仗排比工整,声律协和,典故运用纯熟。散文写作亦有可观。东晋干宝《搜神记》和刘宋刘义庆《世说新语》分别是古代志怪小说和文人轶事小说的早期代表性著作。

随着文学的进步,文学批评也在魏晋南北朝发展起来。曹丕的《典论·论文》是古代最早专门探讨文学创作规律的作品。其中称"文章经国之大业,不朽之盛事",充分肯定了文学的社会价值。陆机作《文赋》,区分了十种文学体裁,分别归纳其创作要旨。南齐刘勰著有《文心雕龙》,是一部体大思精的文学批评著作,对历代重要的文学家及其著作进行广泛评论,并论述了文学创作的基本原则和技巧。梁朝钟嵘《诗品》是一部诗学批评专著。梁昭明太子萧统(梁武帝长子)编纂了周、秦以来的文学作品选集《文选》,共分文体39类,也反映出编者的文学思想和文学批评尺度。

艺术与科技

汉代绘画艺术已有一定成就,但今天所见主要是民间画匠的作品,如长沙马王堆汉墓出土的帛画,各处墓室壁画,以及一些画像石刻。魏晋以下开始出现以画知名的画家,东晋顾恺之、刘宋陆探微、梁朝张僧繇皆以人物画著称于世。传说张僧繇作寺院壁画,画四龙,二龙点睛后即飞去,可见其点睛传神之功力。还有一些画家擅长山水画。书法艺术亦随绘画而进步。东汉末年蔡邕以工书著称。汉、魏之际张芝善章草(隶书的草体),钟繇善真书(即楷书)、行书。魏晋以下楷书、行书流行,逐渐取代了汉朝的隶书。东晋王羲之集此前诸家之大成,兼工各体,而又有自己的独特风格,"飘若浮云,矫若惊龙",[21]后人尊为"书圣",其代表作《兰亭集序》被称为书法史上的极品。其子王献之亦擅长书法,有"小圣"之称。汉代除画像石刻外,石雕、陶俑存世或出土颇多,皆有艺术价值。随着佛教的流行,十六国北朝的石窟艺术大为发展,其中兼有雕塑、绘画,主要代表有甘肃敦煌莫高窟、永靖炳灵寺石窟、天水麦积山石窟,以及平城(大同)云冈石窟、洛阳龙门石窟。

汉朝的宫廷娱乐活动主要有乐舞和角抵之戏,魏晋以下继续发展,已初步出现了戏剧的萌芽。

两汉天文学比较发达,已通过观测星辰运行推算出二十四节气。关于天体结构,有宣夜说、盖天说、浑天说三种理论,其中浑天说认为天地之象如卵之裹黄,天外地内,比前两种更近实际。东汉太史令张衡是浑天说的代表人物,著有天文著作《灵宪》,改进了演示天体运行的浑天仪,并发明候风地动仪以测定地震。天文学的发展使历法制订工作逐渐进步,历法制订又带动了数学的发展。西汉已出现古代第一部天文历算著作《周髀算经》,从天文观测中概括出一些数学定理。东汉时出现数学专著《九章算术》,汇集246道数学应用题及解算方法,已涉及开平方、开立方、二次方程和联立一次方程解法,并提出负数概念,系统地总结了先秦以来的数学成就,标志着中国古代数学已形成体系。魏晋之际刘徽注《九章算术》,对圆周率计算法进行修正。到南朝宋、齐时,祖冲之已将圆周率推算到 3.1415926 与 3.1415927 之间,分数值则以 355/113 为密率,22/7 为约率,达到极高的精确度。

中医学的体系在汉朝已经建立。现存中国古代最早的医书是佚名的《黄帝内经》,其编写可能在战国,至西汉最后写定。其书分两部分,《素问》用阴阳五行之说阐释生理病理现象及其治疗原则,《灵枢》记述针刺之法。东汉时问世的《神农本草经》,记载药物 365 种,是中国古代第一部药物学著作。汉、魏之际,张仲景著有医疗专著《伤寒杂病论》,分《伤寒论》《金匮要略》两部分,前者论伤寒诸症,后者论杂病。书中讨论了据以诊断病症的表、里、阴、阳、虚、实、寒、热"八纲",以及有关治疗药方 300 余种,皆长期为以后的中医所继承,张仲景也被尊为"医圣"。同时期另有一位著名的医学专家华佗,精于方药针灸,并发明了用于外科手术的麻醉剂"麻沸散"。西晋时,王叔和著《脉经》,专论切脉之法,将临床常见病脉区分为 42 种,由此判断病情。一些道教信徒因研求长生之术,在医药学方面作出了成就。如东晋葛洪著《肘后卒就方》,南朝陶弘景又进一步修订为《肘后百一方》,皆用常见之药配方,简明切于实用。陶弘景又有《本草集注》,著录草药 700 余种,比东汉《神农本草经》多出近一倍。

造纸术的发明和应用是科技史上的一件大事。先秦以来,书写材料或用竹简木简,以绳联册成编,或用绢帛,曲而为卷。但是简编笨重,绢帛价贵,都不能充分适应文化发展的需要。西汉末,已出现纸的雏形,称"赫蹏",用飘絮时积留在箔上的残丝制成,但价格仍贵,难以大量制造使用。

两汉之际,开始用麻等植物纤维造纸。东汉和帝时,宦官蔡伦进一步改进造纸术,用树皮、麻头、破布、渔网之类低成本原料造纸成功,价格便宜且宜于书写。自此纸的使用逐渐推广,世称"蔡侯纸"。到东晋末,纸的使用已完全普及,并逐步传至周边各国,在世界范围内为文化发展作出了贡献。

注 释

〔1〕 桓宽《盐铁论·禁耕》。
〔2〕 《史记·货殖列传》。
〔3〕 《汉书·食货志》。
〔4〕 《史记·货殖列传》。
〔5〕 《晋书·食货志》。
〔6〕 《魏书·食货志》。
〔7〕 《汉书·贡禹传》。
〔8〕 《史记·萧相国世家》。
〔9〕 《宋书·周朗传》。
〔10〕《晋书·慕容德载记》。
〔11〕《汉书·食货志》。
〔12〕《汉书·食货志》。
〔13〕《后汉书·仲长统传》。
〔14〕《晋书·王沈传》。
〔15〕《宋书·王弘传》。
〔16〕颜之推《颜氏家训·涉务》《勉学》。
〔17〕《晋书·裴頠传》。
〔18〕《北史·儒林传》。
〔19〕《抱朴子·明本》。
〔20〕《汉书·司马迁传》。
〔21〕《晋书·王羲之传》。

第十章
隋朝与唐前期的鼎盛局面

魏晋南北朝以后,中国历史进入隋唐五代时期。隋唐五代以唐中叶为界,又可分为前后两个阶段。隋朝和唐前期重建了大一统的统治,尽管中间也有短暂的战乱,但总体而言政局稳定,社会繁荣,政治、经济、军事各方面都取得了辉煌的成就,也是当时世界上最强大的国家。

一 隋朝的兴亡

隋朝是继魏晋南北朝长期分裂之后出现的大一统王朝,它结束了400余年的分裂局面,开创了隋唐盛世的基本格局。但其统治维持未久,即因暴政而灭亡,共历三帝,38年。

隋朝的建立和统一

隋朝的建立者是北周外戚杨坚。杨坚一家自称出自东汉望族弘农杨氏,确否已难稽考,但在北魏时已迁居武川镇,沾染鲜卑习俗,有较强鲜卑化倾向。杨坚祖父杨祯参加六镇起兵,父杨忠辗转至关中追随宇文泰,为西魏府兵十二大将军之一,至北周封随国公。杨坚袭父爵,其女为周宣帝皇后。宣帝卒,子静帝年仅8岁,杨坚以静帝外祖父身份辅政,掌握大权,镇压了朝内外的异己势力。大定元年(581),杨坚逼静帝禅位,自立为隋文帝,定国号隋(由"随"字更改),改元开皇。隋朝继承了北周三分天下有其二的庞大遗产,也承担了继续南进、统一中国的历史任务。北朝后期,漠北崛起一个新的游牧民族突厥,它起自阿尔泰山南麓,六世纪中叶攻灭柔然,对中原构成强大威胁。隋朝建立后,突厥因内部纷争分裂为东、西两汗国,力量大为削弱,求和于隋,隋朝因而得以集中精力统一南方。开皇七年(587),隋先废黜江陵的傀儡政权后梁。次年十月大举伐陈,发兵50余万,分八路齐头并进。开皇九年(589)正月,隋军渡江攻入建康,俘陈后主,陈亡。江南其他地区也迅速被平定。在此前后,为强化中央集权,防止分裂割据再度出现,隋朝统治者采取了一系列有针对性的措施。

进行户口调查——主要在北齐旧境内进行。北齐政治混乱,户籍管理弊端百出,百姓"诈老诈小","籍多无妻",又有大量人口被地主豪强隐占。隋廷一方面采取轻徭薄赋政策以争夺劳动人手,同时于开皇三年(583)"大索貌阅",令地方阅实户口,不实者向里正、党长问罪,并鼓励互相纠告。结果新查出44万余丁,164万余口。随后制定"输籍定样",即计算人户资产制定户等的标准,用以征发徭役、收附加税。每年正月县令出巡民间,评定户等,使百姓负担合理,"奸无所容",依附人口也更愿意归为国家编户。上述措施使国家掌握了更多人口,财赋来源更有保证,为隋朝的强盛奠定了基础。

改革地方行政制度——东汉末年以来地方行政形成州郡县三级制,机构数目不断增加,疆域则日渐缩小。分裂时期各割据政权侨置州郡招引、安置流民,使地方行政单位愈为破碎支离。以致"或地无百里,数县并置,或户不满千,二郡分领,……民少官多,十羊九牧"。[1]隋文帝遂于开皇三年"罢天下诸郡",三级制变为州、县两级制。后又改州为郡(唐朝重新改为州),并省郡数,全国共190郡,统1255县。这样在一定程度上改变了过去机构臃肿、效率低下之弊。选官方面,废除曹魏以来长期行用的九品中正制,选官之权尽归中央吏部。过去地方官府的属官习惯上由长官辟除,现在也改为统一由吏部任免。"自是海内一命以上之官,州郡无复辟署矣。""五服之内,政决王朝,一命免拜,必由吏部。"[2]这方面的改革是对士族门阀政治的致命打击,大大加强了中央集权。

加强对南方的控制和南北联系——隋平陈后,将北方的社会管理制度推行到南方,颁布"五教"(五常之教)令百姓诵读,违者责罚,政令严急,导致江南豪强纷纷举事反隋。文帝派大军前往镇压,逐一平定。仁寿四年(604)隋炀帝即位,为加强对华北、江南等地区的控制,开始在洛阳营建东都。隋朝承西魏、北周旧制,都于长安,但关中经济难以供应,遇荒年君臣即须到洛阳"就食"。故炀帝建东都,除因洛阳居天下之中、便于控制全国外,也有解决经济消费的意义。此后长安虽仍有京师之名,但朝廷基本常驻东都。以东都为中心,炀帝下令开凿大运河。在一些旧有河道的基础上疏浚贯通,南起余杭(今杭州),向西北至洛阳,又折向东北至涿郡(今北京),全长4000余里。大运河在隋朝和以后朝代的南北交通上发挥了重要作用,为沟通南北经济、文化联系作出了巨大贡献。

　　隋文帝后期到炀帝前期,出现了鼎盛局面。生产迅速发展,"中外仓库无不盈积,……京司帑屋既充,积于廊庑之下"。[3]据称文帝临终时,天下仓库储积可支用五六十年。根据炀帝大业五年(609)统计数字,国家掌握的户数约900万,口数近5000万,达到魏晋以来的一个人口高峰。外部环境也十分稳定。隋廷利用突厥内部纷争,扶植阿史那染干为东突厥启民可汗,妻以公主。启民忠于隋室,曾亲赴东都入朝。炀帝亲征青海吐谷浑(出自慕容鲜卑),取其地置西海等四郡,西域高昌等近30国皆至河西朝觐。炀帝还两次派人至琉球(今台湾)招抚。大业五六年间,隋廷在东都举行盛大的表演大会,"天下奇伎异艺毕集,终月而罢"。周边民族、藩国多遣使前来贸易,"所至之处,悉令邀延就坐,醉饱而散,蛮夷嗟叹,谓中国为神仙"。[4]

隋朝灭亡与唐朝的建立

　　尽管有上述鼎盛表现,但隋朝统治却隐藏着严重的统治危机。文帝时已有徭役过重、刑法严苛的现象。炀帝更是自恃富强,骄奢淫逸,不恤民力。修东都、开运河等工程虽有积极意义,但操之过急,征发过度,期限严迫,民夫大批死亡。此外还修长城,修驰道,建宫室,诸役并举,丁男不足,以至役及妇人。炀帝性好巡游,几乎年年出巡,随从人数常达十万,供需皆仰州县,又要建行宫,造龙舟,发民挽船。浩大而频繁的徭役征发,已超出了百姓的负担极限。

　　炀帝在位后期,对高丽发动战争,将隋朝统治推向了崩溃边缘。高丽长期以来据有朝鲜半岛北部和辽东,虽服属于中原王朝,但亦时有骚扰。隋文帝曾发兵征讨,因高丽谢罪而班师。炀帝欲令高丽王高元来朝,未获理睬,遂决计大举东征。大业七年(611),发布动员令,征调兵马会于涿郡,并在河北、山东大造战船,督运军储。百姓困于苦役,死者相枕。次年春,炀帝亲统大军出征,共发兵113万余人,规模超出平陈之役,"近古出师之盛,未之有也"。[5]高丽坚壁清野,顽强抵抗。隋军劳师远征,饷运难继,前线事权不一,兵士又无斗志,屡战不胜,被迫于七月班师。高丽趁机反击,隋军损失惨重,进攻平壤的30万军队只有2700人生还。此时山东已爆发农民起义,大乱开始形成。但炀帝执迷不悟,下令继续调兵运粮,于大业九年、十年继续两次征伐高丽。后两次征伐同样未获战果,不了了之。与此同时,国内局势却已经糜烂不可收拾。

　　隋炀帝初征高丽,发兵百万,役使民夫,又在百万以上。河北、山东地区作为战争前沿基地,受害最深,遂率先揭竿而起。大业七年,邹平(今山东邹平北)民王薄首先举事。九年贵族杨玄感起兵于黎阳(今河南浚县北),宣称"为天下解倒悬之急,救黎民之命",[6]从者如流。薄、玄感虽相继败死,但大乱局面已经形成。反隋义军由分散渐趋联合,形成河南瓦岗军、河北窦建德军、江淮杜伏威军三大主力。瓦岗军因最初起事于瓦岗(河南滑县南)而得名,基本控制河南全境,众至数十万,推曾为杨玄感谋士的关陇贵族子弟李密为主。大业十三年(617),李密进围东都,发布檄文数炀帝十大罪状,语云"磬南山之竹,书罪无穷,决东海之波,流恶难尽"。[7]炀帝南巡江都(今江苏扬州),不敢北返。隋太原留守李渊乘虚进占长安,立代王杨侑为帝(恭帝)。很多隋朝官僚、贵族也在地方起兵割据。

李渊自称出自北魏士族陇西李氏,为十六国西凉李暠之后。实则其家族背景与杨隋相同,皆早迁武川镇,掺入鲜卑血统并有鲜卑化倾向,为西魏北周以来所形成关陇贵族集团中的重要成员。李渊祖父李虎,西魏时为府兵八柱国之一,追封唐国公,子孙袭爵。渊本人为隋炀帝表兄。隋恭帝义宁二年(618)三月,炀帝在江都为乱兵所杀。五月,渊逼恭帝禅位于己,定国号唐,改元武德,是为唐高祖。唐朝既据有周、隋王畿关中,控制隋朝中央仓库和军事系统,又乘虚据有巴蜀,力量陡增,于隋末诸势力中隐然后来居上。在唐军相继平定西北几支割据势力的同时,杀死隋炀帝的江都叛兵聚众北归,为李密击溃。洛阳隋将王世充又趁机击败李密,李密穷蹙降唐,瓦岗军已告解体。唐朝稳定后方后,在中原的主要对手只剩下王世充和河北的窦建德两支力量。武德三年(620),唐高祖命其次子秦王李世民率军东征王世充,包围洛阳,窦建德自河北来救,阵前被俘,王世充力竭而降,唐军一举消灭两大对手。在南方,唐朝派遣宗室李孝恭、大将李靖自巴蜀沿江而下,平定了杜伏威等各支势力。至武德五年,隋旧日版图基本皆为唐朝所有。此后窦建德、杜伏威的余部又几次起兵反唐,但寻即被镇压,唐朝的统治已完全稳定。

隋朝帝系表

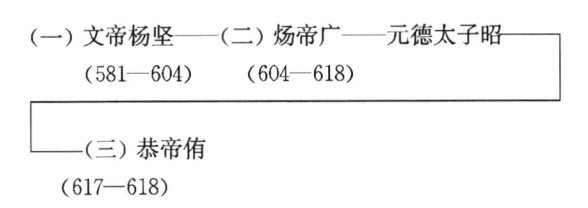

(一)文帝杨坚——(二)炀帝广——元德太子昭
　　(581—604)　　(604—618)

└──(三)恭帝侑
　　(617—618)

第十章　隋朝与唐前期的鼎盛局面

二　从贞观之治到开元盛世

唐朝前期,国家十分强盛,社会安定,经济从战乱中较快地恢复并趋于繁荣,先后出现了被誉为"贞观之治"和"开元盛世"的升平时期。其间,又因皇后武则天一度称帝,出现过短暂的政局变动。

贞观之治

贞观是唐朝第二任皇帝太宗李世民的年号。太宗为高祖次子,唐初封秦王,在开国战争中立下了显赫的功勋。武德九年(626),在长安宫城北门玄武门发动兵变,杀死其兄太子建成、弟齐王元吉,逼高祖禅位于己,于次年改元贞观。

太宗君臣皆亲历隋末战乱,能够居安思危,励精图治,采取了轻徭薄赋、舒缓刑罚、并省冗官、精简宫掖、提倡节俭、劝课农桑等一系列政策。大乱之后,人易为治,加上天时较好,不数年即出现一片升平景象。史称贞观四年(630)"天下大稔,流散者皆归乡里,米斗不过三四钱。终岁断死刑才二十九人。东至于海,南及五岭,皆外户不闭,行旅不赍粮,取给于道路焉"。[8]此类记载可能有过誉之处,其时经济繁荣程度尚远未恢复到隋朝鼎盛时的水平。但毕竟呈现上升趋势,局面稳定,也是不容否认的事实。

贞观之治之所以为人称道,还在于政治风气开明。唐高祖仍沿周、隋传统,多用关陇贵族辅政,太宗则能打破地域偏见,大量拔擢山东(亦称关东,指崤山、函谷关以东,即北齐旧境)和江南士人至中央高层,与关陇集团兼用,又能不问门第,擢用寒人微族,故贞观一朝得人为盛。如房玄龄、杜如晦并称贞观贤相,即分别出自山东、关陇。马周出身寒微,为武将常何门客,因代何言事称旨而被起用,后官至宰相。又魏徵、王珪等人原属太子建成一党,太宗亦不念旧恶而加以重用。在决策方面,太宗能认识到"兼听则明",虚怀纳谏,不罪逆耳之言,大臣亦多遇事直抒己见,不阿顺,不苟从,魏徵尤为古代谏臣之典范。太宗不仅广任贤良,还能注意运用政治体制来保证决策政令的正确制定。他要求协助皇帝决策的中书、门下省对不妥诏旨"皆须执论",反对"惟署诏敕、行文书而已"的不负责态度。[9]凡此种种,皆使贞观时期成为后世政治楷模。唐人乃至誉为"自旷古而来未有如此之盛","虽唐尧虞舜夏禹殷汤周之文武汉之文景皆所不逮"。[10]不过到贞观后期,上述良好政治风气并未能完全保持,太宗的纳谏作风有所下降,还冤杀了一些无罪大臣。

贞观一朝虽仅为经济恢复时期,尚未臻于鼎盛,但与前朝类似时期(如文景之治)相比却并非单纯的"无为而治"。如边疆问题即不是全取守势,而能主动出击并获得显著战果。

首先是对东突厥的战争。东突厥趁隋末之乱重新崛起,扶植内地割据势力,唐高祖起兵时亦曾向其称臣。唐初,东突厥颉利可汗不断骚扰边境,甚至一度深入至渭水北岸,直逼长安。贞观三年(629)冬,唐太宗趁突厥天灾,派李靖、李勣统军分道掩袭,在被突厥役属的薛延陀、回纥诸部配合下一举擒获颉利可汗,东突厥汗国灭亡。原隶属东突厥的诸部族皆奉唐太宗为"天可汗"。东突厥灭后,薛延陀强盛,但不久亦因内外矛盾而瓦解。唐于大漠南北广置羁縻府(都督府、都护府)州,以当地酋长为长官,又为他们开辟"参天可汗道",置邮驿以通往来。

在西方,吐谷浑在隋末又复故地,不时扰边,威胁唐与西域的交通。贞观九年(635),李靖率唐军击败吐谷浑,其可汗走死,河西走廊的威胁暂告解除。唐朝在向西域扩展势力的过程中受到高昌(今吐鲁番)阻挠,遂于贞观十三年发起远征,次年进围高昌城,其王麴智盛出降,唐于其地置西州,后又设安西都护府。隋时西突厥据有新疆北部,西域诸国皆受其控制。唐初其内部分裂,力量削弱。太宗趁机开拓西域,相继控制龟兹(今库车)、焉耆、于阗(今和田)、疏勒(今喀什)等据点,皆由安西都护府统辖,称为"安西四镇"。

上述战争战果显赫,但并未使国内经济恢复的趋势受到太大影响。原因主要在于战机把握得当,战略战术成功,皆能速战速决,一击得手,而非旷日持久,耗师靡饷。另外对边疆问题亦并非纯用战争解决,而是根据形势辅以和平策略。当时吐蕃崛起于青藏高原,建立了强大的政权。太宗对其采取和亲政策,以宗室女文成公主嫁于吐蕃赞普(其君主称号)松赞干布,从而保证西北开拓顺利进行,避免了腹背受敌的不利局面。唐初军队多来自均田农民,如立战功即可获勋级、勋田以进一步扩大财产,士气旺盛,较有战斗力。又大量使用内附的番兵番将配合作战,充分发挥游牧部落兵的作战优势,虽悬师绝域而往往制胜。凡此种种,皆使太宗能以较小代价获得辉煌武功。

太宗晚年,企图解决隋朝遗留的高丽问题,亲统大军亲征。但遇到了与隋相似的困难,饷运难继,气候不利,尤其是高丽防御坚固,使唐军陷入持久战,最终无功而还。

武则天的崛起与武周政权

贞观二十三年(649),唐太宗卒,第九子治即位,是为高宗。高宗前期,承太宗之余荫,边疆开拓取得进一步成就。在西北,西突厥贵族阿史那贺鲁纠集诸部反唐,称沙钵罗可汗。唐军大破其众,擒沙钵罗,西突厥汗国亡。唐于天山北道置昆陵、濛池二羁縻都护府,又以王名远为置州县使,自于阗以西至波斯以东,共置16羁縻都督府,各以当地小国国王为都督,下领州72、县110、军府126,皆遥领于安西都护府。声威之远,前所未有。在东北,龙朔三年(663)刘仁轨渡海平百济(在朝鲜半岛西南),总章元年(668)李勣攻灭高丽,于平壤置安东都护府,统9都督府42州。唐朝疆域,以高宗朝为最盛。

然高宗为人庸懦,在位中后期,权力渐移于皇后武氏(武则天)之手。武则天,并州文水(今属山西)人,因日后加号"则天大圣皇后"而名。其父出身商人,为唐初功臣。则天14岁入宫为太宗才人,太宗死后出家为尼,高宗复召入宫。永徽六年(655),高宗废皇后王氏,立则天为后。王氏出自关陇贵族世家,故此次废立事件受到关陇集团要员、辅政大臣长孙无忌等人的激烈反对。则天既得势,遂将长孙无忌外贬并迫其自杀,关陇集团重要人物多被斥逐。后高宗苦于风疾(头痛),有时目不能视,百司奏事,时令则天参决,则天因而专权,以至"政无大小皆与闻之,天下大权悉归中宫,黜陟杀生决于其口,天子拱手而已,中外谓之'二圣'"。[11]则天与高宗育有四子。长子李弘始立为太子,后暴卒,或云为则天鸩杀。次子李贤继立为储,亦与则天产生矛盾,终被废黜。

弘道元年(683)高宗去世,太子显(高宗第三子)即位,是为中宗,则天临朝称制。次年则天找借口废掉中宗,改立其弟旦(睿宗)。此时武氏代唐的趋势日渐明显,勋臣李勣之孙徐敬业(勣原姓徐)在扬州起兵反武,宗室李贞等也于随后起事,均相继败死。则天为压服异己,推行高压恐怖政策,大量诛杀李唐宗室、老臣,并有意识地奖励告密、任用酷吏。规定"有告密者,臣下不得问,皆给驿马,供五品食,使诣行在,虽农夫樵人,皆得召见,廪于客馆。所言或称旨,则不次除官,无实者不问"。[12]酷吏索元礼、周兴、来俊臣等人都受到重用。来俊臣编有《告密罗织经》,"每摘一事,千里同时辄发,契验不差,时号为罗织"。[13]在武则天的残酷打击下,政敌被消灭殆尽。天授元年(690),武则天正式篡位。事先从佛教《大云经》中找出弥勒佛下生,托胎女身为世界主的经文,制造舆论根据。又暗示臣下制造祥瑞,发动

6万余人劝进,甚至睿宗李旦也被迫上表请改姓武氏。还专门创设若干新字取代天、地、日、月等常用字,则天自名为"曌"(即原"照"字),象征改朝换代之意。既称帝,改国号为周,降睿宗李旦为皇嗣,武氏子嗣皆封为王。是年则天67岁,在长期经营之后,终于成为中国历史上唯一的女皇帝。

武周政权建立之初,继续推行酷吏恐怖政治,株连无辜甚众。后来政权逐渐稳定,滥刑现象得以缓解,一些著名酷吏相继被处死。自高宗去世后,李、武矛盾激烈,李氏宗室被杀戮殆尽,睿宗降为皇嗣后亦屡濒危难,二妃被害,诸子禁闭宫中,形同囚犯。朝臣中武氏亲党和一批投机之徒频繁活动,欲立魏王武承嗣(则天之侄)为储,与亲李派展开激烈斗争,数次酿成大狱。但随着政治气氛趋于宽松,武则天对李氏家族的政策也渐渐改善,将早已废黜的中宗李显召回朝廷,复立为太子,李旦辞皇嗣之位,封为相王,武承嗣怏怏而死。则天复立李氏,主要是考虑到唐朝仍拥有民心,而武氏子嗣并无出色人才,为舆论所不与。为缓和李、武矛盾,则天命李显、李旦与诸武盟誓,为铁券藏于史馆,还多以李氏公主尚武氏子弟。这些措施收效明显,以后则天虽卒,武氏势力犹持久不衰,则天本人在唐朝也一直得到尊奉。

神龙元年(705),亲李派大臣张柬之等趁武则天病重发动政变,重新拥立中宗李显,逼则天退位,武周政权结束。不久则天去世,年82。武则天柄政和称帝时期,社会经济仍然处于恢复、发展之中,户口持续上升。她广开入官之门,用人不拘一格,为以后唐朝的鼎盛培养、储备了不少人才。但她残忍嗜杀,往往及于无辜。选官虽能得人,而已开官员冗滥之途,其中人才被滥杀者亦复不少。又迷信佛教,兴建土木,耗费资财。边疆局势明显恶化,东突厥贵族阿史那骨咄禄自立为可汗,重新复国(史称后突厥),居于辽河上游的东胡之裔契丹起兵反叛,骚扰河北,屡败唐军。则天对此应付乏策,局面被动。凡此种种,都延缓了唐朝鼎盛时期的来临。

开元盛世

武则天死后,唐朝政局一时仍未能稳定。中宗皇后韦氏与皇女安乐公主干政,武氏家族武三思、崇训(安乐公主之夫)父子用事,朝政混乱。景龙四年(710),韦后与安乐公主毒死中宗,立其少子重茂,韦后临朝称制。睿宗李旦第三子临淄郡王隆基与太平公主(则天女、睿宗妹)发动政变诛杀韦后、安乐公主及其党羽,拥立睿宗复位。隆基以功被立为太子,与太平公主又产生矛盾。延和元年(712)睿宗传位于隆基,是为玄宗。次年太平公主又发动政变,被玄宗挫败,动荡局面至是始告终止。

玄宗平定太平公主之乱后，改元为开元。开元年号共行29年，又改元天宝。开元时期和天宝前期，唐朝达到了鼎盛阶段，出现了为时较长的稳定、繁荣局面，史称"开元盛世"。玄宗初政，励精图治，任用姚崇、宋璟为相。史称崇善应变成务，璟善守文持正，二人与太宗时的房玄龄、杜如晦并列为唐朝贤相之首。其余宰相，亦多为一时之选，各有所长。又裁减则天后期以来冗滥官员以整顿吏治，精选地方守令以扭转"重内轻外"观念，用谏官议政以集思广益，贞观之风，一朝复振。其时唐朝建立已至百年，唐初行政、经济、军事的一些制度渐不适用，玄宗亦皆能付托得人，审时度势进行改革，以适应新形势要求。经长期恢复、发展，社会经济出现一片繁荣景象。开元十四年（726），统计户数近707万，天宝时则已近907万，史家估计其时实有户数可能高达1300万。开元中期米价每斗13文，此后长期稳定在20文以下，"天下无贵物"。社会治安稳定，"远适数千里，不持寸刃"。[14]如杜甫《忆昔》诗所描述："忆昔开元全盛日，小邑犹藏万家室。稻米流脂粟米白，公私仓廪俱丰实。九州道路无豺虎，远行不劳吉日出。齐纨鲁缟车班班，男耕女桑不相失。"

文化事业也有显著发展。玄宗素以"好文"著称，即位不久即组织文士搜集、校写天下图书，按经史子集分类，编成《群书四录》200卷，共著录书籍48169卷，时人云"书籍之盛事，自古未有"。[15]又对国家制度进行系统总结，组织人力编成《大唐六典》《大唐开元礼》。玄宗还设立学士院、翰林院等机构，以待文学、伎术之士。唐诗在此时进入鼎盛阶段，音乐、绘画、雕刻等艺术无不取得显著成就。此时唐朝国力强盛，声威远达海外，与东亚的新罗（在今朝鲜半岛）、日本和中亚、西亚地区都建立了密切的关系。大批外国和周边民族使节、留学生频繁前来，中外文化交流非常活跃。因此，盛唐文化也吸收、融会了大量的外来文化因素，具有明显的开放性特点。

边疆方面，由于防御加强，外交策略得当，与北方的突厥和契丹基本维持了和好关系，战事较少。开元、天宝之际，突厥内乱，为其属部回纥所灭，回纥首领亦接受唐朝册封。居于东北松辽平原的靺鞨粟末部建立了渤海国，朝贡不辍。这一时期，唐朝军事经营的重点主要在西部，吐蕃成为其最强劲的对手。双方争夺不相上下，总体而言唐朝略居优势。

然而自开元中期起，唐朝盛极而衰的态势逐渐萌发。玄宗为"盛世"环境所陶醉，骄侈之心日增。开元十三年（725），亲巡泰山行封禅大典，四夷外国君长或使臣皆被邀从行。十七年玄宗45岁生日，令天下大行宴乐，休假三日，自此定为全国节日，名"千秋节"。天宝初，又铸造自己之"真容"供奉于各地道观,与"圣祖玄元皇帝"老子同受崇拜(唐朝崇奉道教,追尊老子为始祖)。早期勤政纳谏作风也逐渐退化,怠于政事,拒谏饰非。开元后期以李林甫为相,林甫奸佞狡诈,善于玩弄权术阴谋,时称其"口有蜜、腹有剑"。[16]他利用玄宗的怠政心理,专宠固位,排斥异己,居宰相之位长达16年,开元前期的良好政风破坏殆尽。天宝时,玄宗宠幸贵妃杨玉环,纵容杨氏家族穷奢极欲,贵妃堂兄杨国忠继李林甫任相,朝政愈益浊乱。此时经济、文化虽仍处于繁荣之中,而政治已急剧腐败,危机潜伏。天宝十载(751),唐将高仙芝与大食(阿拉伯帝国)军会战于怛罗斯(今哈萨克斯坦江布尔城附近),大败,唐朝在西北的经营受到严重挫折。这一时期,云南的乌蛮建立了南诏政权,结好吐蕃,与唐对抗。天宝十至十三载,唐三次发兵攻南诏,俱以惨败告终。不久,爆发了地方军阀的叛乱——安史之乱,唐朝的鼎盛局面遂一去不返。

三 隋唐制度

隋朝及唐前期鼎盛局面的出现,与一些具体制度的制定和贯彻有密切关系。这些制度都较好地适应了隋及唐初的社会现实,在经济、军事、政治各方面发挥了重要作用,与周朝的典制同样是中国古代有代表性、经常被后人提到的典章制度。但随着社会状况的变化,一部分制度到唐朝中期已遭到破坏,最终废弃,还有一部分则在进一步调整、发展后继续发挥作用,并为以后的王朝所继承。

均田制与租庸调制

隋及唐前期继续沿用北魏以来的均田制。北魏均田制是在国家掌握大量荒地的前提下实行的,旨在使人尽其力、地尽其利,发展生产,并非绝对意义上的平均分配。其具体规定历齐周隋唐,屡有变化。唐制:丁男(21—60岁男子)及18岁以上中男(中男原指16—20岁男子)各受永业田(北魏称桑田)20亩,口分田(北魏称露田)80亩,老男、残疾人、寡妇等受田略少,约为其半数左右。永业田皆传子孙,口分田于本人死后归还政府另行授受,但首先照顾本户应受田者。与北魏不同之处,奴婢、耕牛不再受田,代之以按官品、勋级多受土地。官五品以上受永业田5顷至100顷(顷为百亩)不等,勋官受永业田(又称勋田)60亩至30顷不等。有夫之妇女亦不受田。在宽乡(地广人稀之处)可以限外占田,但要另册登记。另外买卖限制有所放宽,身死无以供葬及由狭乡(地窄人众之处)迁往宽乡者可卖永业田,迁宽乡及卖充住宅邸店者亦可卖口分田。官、勋永业田及赐田并许买卖。违限卖永业田,法律亦无惩罚条文。

  在敦煌、吐鲁番出土文书中的户籍残卷里,明确登录了永业、口分、买田之不同,又有退田、转授等记载,足见均田制确曾实行。大体而言,均田制所规定受田数量只是"应受田",即在土地占有现实情况的基础上,以个体农民的耕作能力为依据制定一占田限额,以便充分发挥土地、人力效率,并非强制划一地重新分配土地。民户原有土地按田令重新登记,其不足限额部分是否补足,补充多少,将因时因地而定。狭乡人多地少,民户受田往往不足。总之对均田制字面规定不可苛求,实际上它具有相当弹性。如土地买卖大都可以找到借口,口分田只要有子继承实际上不必还授,只有在绝户、逃亡之类情况下才出现退田问题。法律亦将民户所占永业、口分田皆作私田看待,保护其产权。在隋初与唐初,均田制的实施适应了社会上存在大量自耕农的现实情况,因事制宜,并不专门耗费人力组织推行,亦未引起波动。相反,还起到了固定产权、发展生产、确保赋役来源的作用,为帝国的强盛创造了条件。

  均田制下实行的赋役制度称为租庸调制。租庸调以丁为单位征纳,每年租二石,调绢二丈及绵三两(或折纳布、麻)。服正役 20 日(另有地方政府征发的"杂徭",不计入其内),可按每日折三尺纳绢替代,是为庸。庸的作用是替代正役,纳庸即不服正役,服正役不纳庸。如在 20 日以外加派正役,加 15 日免调,30 日租调俱免,算上加派,总计不能超过 50 日。这方面的规定保证了农民的基本生产时间,有利于经济的恢复、发展。

  与均田制、租庸调制相联系,还实施了严密的户籍制度。唐制:民户每年要向地方政府呈报本户户口、田亩,称为手实。地方政府汇总各户手实,统计出当地"课口"总数及应纳租调总额,逐级上报中央以作财政预算依据,称为计帐。在计帐基础上进一步登记户籍,逐户载明户口、田亩、承担赋役情况,一式三份,分存于县、州、户部。每岁一造计帐,三年一造户籍。这方面制度是自西魏、北周继承下来的,但更加完备。

  然而均田制实施也有很大的不稳定性。隋唐时因各地条件所限,很多农民受田实际上达不到应受额。至唐朝承平日久,人口渐增,贵族官僚通过各种合法或非法途径多占土地,口分田实际还官者又很少,政府所掌握土地已不敷授受。个体农民经济力量脆弱,一旦遇到灾荒或赋役苛重极易破产,往往出卖、抛弃土地,流落异乡。故均田令虽限制土地买卖,实而兼并日盛,难以阻遏。据载武则天时已是"天下户口,逃亡过半",朝廷不得不屡次遣使括户。玄宗时,将括户、括田同时进行,允许逃户于现所在地附籍纳税,共得隐匿户口80万以及相应土地。此举虽一定程度上解决了流民问题,又增加了国家收入,但已与均田制原则相违背。由于均田制的破坏,按丁缴纳的租庸调制也无法保证,两种附加税——按户等每户征收的户税和按地亩征收的地税在国家财政收入中的比重逐渐压倒租庸调。到唐朝后期,均田制和租庸调制已完全瓦解。

征 兵 制

隋及唐前期的军队实行征兵制,其核心又是府兵制。府兵沿自西魏、北周,起初是以六镇鲜卑人为骨干,收编关陇豪右乡兵部曲而组建的军队,具有较强的鲜卑部落兵制色彩,单立户籍,与一般民户分治。隋朝建立后,府兵在长期统一战争中不断扩大,汉族成分大量增加,民族色彩已趋消失。因此统治者改变了军民异籍的传统,令各地府兵"悉属州县,垦田籍帐,一与民同"。[17]平时虽是兵农合一,但府兵仍须定期服役,接受征发,相当于预备兵,故原有军府组织系统依然保留。经隋末动乱,隋朝府兵组织已基本瓦解,到唐初又重新组建。唐制:统领府兵的基层组织称为折冲府,分上中下三等,每府1200人至800人不一。府长官称折冲都尉,以下依次有团、队、火等级别。折冲府总数600有余(多时可能超出800),分布于全国,其中主要又在北方,关中即占三分之一以上。折冲府所辖府兵从当地有财力民户中拣选,原则是"财均者取强,力均者取富,财力又均先取多丁"。[18]成丁而入,六十而免,每三年拣点一次以补充缺额。府兵被拣点后不得随意迁徙,只能在当地务农,农闲时由折冲府组织训练,轮流番上宿卫或接受征调作战。本人不承担国家赋役,但宿卫出征时的衣粮甲胄轻武器均需自备。折冲府分属于中央十六卫统领,宿卫事务亦由十六卫负责,作战时则由朝廷另遣将帅,持兵部符节下折冲府调兵出征,战毕兵散于府,将归于朝。此即唐朝府兵制之大略。

不过在军队构成上,府兵仅可视作唐前期军队的核心而非全部,还有很多在府兵系统以外征发的军队。由于府兵轮流接受调动,数量有限,且首要任务为宿卫,故边疆作战往往需要临时补充兵源。此类临时增兵皆从一般民户中募集,称为"兵募",但带有强制性,实际上仍是征兵。征募原则亦为先取富强多丁,装备由州县供应,不足则自备。征募期内免赋役,口粮给养亦由国家提供。在唐前期边疆战事所用军队中,兵募比例甚大。起初酬赏措施执行较好,立功可授勋官勋田,百姓自愿应募者多。后来随着战争频繁,酬赏不行,服役期又往往被抑留延长,人多逃避,故成为普遍差点征发。另外随边疆拓展,大批蕃族内附,多被安置于边地附近,有事接受征调作战,是为番兵。番兵兵牧合一,骁勇善战,又自备鞍马,不占正规兵额,唐朝对外作战颇赖其力。

上述制度虽为隋唐的边疆开拓发挥了很大作用,但时间既久,也逐渐暴露出许多问题,府兵逃亡渐多,一般民户规避兵募,兵额不能维持。在伍者亦士气低落,作战能力下降。究其原因,其一是由于边防线延长,战事频繁,兵役日趋沉重,军士常久戍不归。其二是军士身份日趋低下,常被官员权贵差使服杂役,民间遂以当兵为辱。其三,随着土地兼并的发展和均田制的破坏,广大服兵役的农民失去了经济支撑,少数富人又仗势逃避服役,先取富强多丁的征发原则也难以维持。迫于形势,制度不得不变。玄宗时,京城番上的府兵严重缺员,朝廷乃从民间招募精壮代为承担宿卫任务,称长从宿卫,后又更名彍骑,共达12万人。此后各地府兵逃死者不补,府兵制逐渐瓦解。在边疆,也同样招募精壮,长征长镇,允许携带家口,官给田地屋宅给养装备,称为长征健儿,亦称官健。轮差府兵、兵募远戍的做法也告废止。"是后州郡之间,永无征发之役",[19]征兵制已为募兵制所取代。到唐朝后期,征兵制仅仅留有少许残余,主要为临时征发、保卫地方之民兵,称为团结兵。团结兵不入正规军籍,亦不长期脱离生产,只是募兵的补充形式。

三省六部制

秦汉中央官制的核心——三公九卿,经过数百年发展演变,到隋唐其核心地位已被西汉中期以后相继出现的尚书、中书、门下三省以及尚书省的下属机构吏、户、礼、兵、刑、工六部所取代。中书省以中书令、中书侍郎为正副长官,负责出令,即秉承皇帝旨意起草诏令文件。门下省以侍中、门下侍郎为正副长官,负责封驳,即对中书诏令和臣下奏章进行审核,不妥者驳还。尚书省长官尚书令基本不授人,副长官尚书仆射实际上居于长官地位,负责将中书、门下通过的决策分别下发六部,监督其付诸实施。在隋和唐初,三省长官中书令、侍中、尚书仆射是当然的宰相。他们每日上午在政事堂(设于门下省)共同商讨国家大事,午后各归本省处理本职工作。随后制度稍变,仆射不再参加宰相议政,皇帝又时而指定某些级别略低的官员参加政事堂会议,以"同中书门下三品"或"同中书门下平章事"系衔,这些人事实上已加入宰相集团。久之"同中书门下平章事"成为宰相专称,无论实居何职,但加此衔即为宰相。唐玄宗时,政事堂更名"中书门下"(时已迁至中书省),并附设吏、枢机、兵、户、刑礼五房作为僚属秘书机构。此后宰相基本专职化,"不归本司",决策功能加强,亦同时具有监督执行的职权。宰相会议所作决策以文字形成"中书门下奏状",报皇帝批准,付外执行。皇帝下发诏令,原则上也须经宰相通过,加盖"中书门下之印"方能生效。如遇需要集思广益的重大问题,则由宰相主持百官集议,以形成决策。

中书、门下两省设于宫内。除正副长官外,其主要职官分别是中书舍人和给事中。唐制,中书省设中书舍人六员,负责起草诏书,并分工审查六部所上奏表,对有关政事向宰相提出意见。草诏时如认为旨意有不妥,可将其封还,拒绝为其"撰词"。门下省设给事中四人,负责封驳中书起草的诏敕,不妥则封还或"涂归"。对六部等所上奏报亦可驳正。这两个职务的作用,主要在于审议未行决策以及可能形成决策的奏报,防患未然,与监察、谏净官员的事后规正、亡羊补牢相配合,共同保证决策尽可能正确。

尚书省和六部设于宫外。尚书省是最高行政机构,以下六部各司其职,吏部主管人事,户部主管财政经济,礼部主管文化教育,兵部主管军事,刑部主管司法,工部主管工程建设。六部皆设尚书为长官,侍郎为副长官。每部下面又各分四司,共二十四司,皆设郎中、员外郎为正副长官,分工处理具体事务,接受尚书、侍郎领导。六部以外的行政机构,还有九寺五监。九寺名称为太常、光禄、卫尉、宗正、太仆、大理、鸿胪、司农、太府,五监名称为国子、少府、军器、将作、都水,它们与六部共同构成了隋唐三省制下的中央行政体系。寺监是由秦汉魏晋九卿一类机构演变而来的,与六部由尚书省附属机构进化而成不同。两系统的职掌互有重复,但实际职能层次有异。一般而言,六部主要职权在于秉承皇帝、宰相的决策,将其落实为具体政令,属于政务机关。寺监则秉承六部政令,亲事执行,并接受六部的节制督责,属于事务机关。另一方面,这一职权层次的划分也并非绝对,六部除节制有关寺监外,自己也时或掌握少量重要的具体事务。如吏部、兵部所掌文武官铨选,礼部所掌贡举,即俱无对应之寺监负责执行,而须躬亲其事。

除行政机构外,隋唐王朝也设置了专门的监察、谏净官员。监察机构御史台,设御史大夫为长官,御史中丞为副长官,后因大夫秩高,多不除授,中丞成为事实上的长官。下设侍御史、殿中侍御史、监察御史诸职。御史台官员作为"天子耳目",按朝廷法规监察百官,弹劾其违法行为,可以风闻言事。在大部分时间里,御史可以独立弹奏,不须禀告大夫、中丞。因弹劾百官,或亦言及皇帝,故御史台实际上也有谏净之权。另外,还常奉命与刑部、大理寺共同鞠审大狱。谏诤官员包括左右散骑常侍、左右谏议大夫、左右补阙、左右拾遗诸职,但并未组成一个单独的机构,而是分属门下、中书两省(凡左皆属门下、右属中书)。就对决策的影响而言,谏官的作用比御史台更为重要。他们可以随宰相入见皇帝议事,有失则谏,还可随时绕过宰相,向皇帝上秘密的"封事"。

上述比较规范的制度,主要存在于唐朝前期。自唐玄宗时起,差遣之制开始流行,往往临时差遣某官去负责某项工作,久之差遣遂成为其真正职掌(唐前期的"同中书门下平章事"实际上即属此例)。任官者既未必实掌其事,往往又被差遣判别司之务。于是三省六部制逐渐瓦解,有名无实,其官多为虚职,被新出现之差遣职务取代。如盐铁使、户部使、度支使取代户部财政权,监选使、监考使分割吏部人事权,等等。这样的状况一直持续到北宋后期。

科举、铨选与考课

科举是隋唐时期新兴的一种选官制度,其主要特点是通过考试选拔官员。因为有多种科目,"分科举人",故名科举。与过去重点在于推荐的察举相比,体现出不问出身与背景、公平竞争的特色。科举在南北朝后期已经萌芽,隋朝废九品中正制,强化考试选官制度,增设考试科目,科举制逐渐定型。唐制,科举分为常科和制科。常科每年举行,只限无官位的平民参加,制科则由皇帝根据需要特诏举行,无定期,有官职者亦可应试。对后世有影响的主要是常科。常科有秀才、明经、进士、明法、明书、明算六种考试科目,其中以明经、进士二科最为重要。明经主要考试帖经,从考生所习之经中选择某行,覆盖若干字,令其填充。因重在测试记诵能力,较易应付,故不甚为时所重,有"三十老明经"之说。进士考时务策、帖经、杂文,杂文为主要录取标准。玄宗天宝以下杂文专试诗赋,进士科实际上已成为文学之科。因其较有难度,录取不易,故登第者有"登龙门""五十少进士"之称。与均田、征兵等制度仅行于唐中叶以前,以后则已废弛不同,科举制在隋和唐前期仅仅是初步成型,在唐后期乃至以后诸朝又获得了更为长足的发展。

唐朝应科举者主要为两类人。一部分是中央官学——国子监和弘文、崇文两馆的学生,学成考试合格即可应举。另一部分则是地方士人投牒自陈于州县,经考试合格举送尚书省应试,称为"乡贡"。正式考试每年十月在礼部(初为吏部)举行。此时考试立法尚不很规范,请托奔竞之风盛行。考生试前往往向达官贵人投呈作品,以加深对己印象,称为"行卷"。录取人数通常不过百余,且以明经居多。科举及第以后,只是取得了入仕的"出身",要真正获得官职,还须到吏部参加专门的铨试。终唐一代,科举取士在仕途中所占比例不算很大,但高级官员中科举出身的比重日渐上升,进士尤受重视。

科举以外,隋唐还有门荫(官员子孙凭父祖地位入仕)、杂色入流(吏职积劳授官)等仕途。官员的选任根据品级高低而有不同方式。唐制,五品以上官员由皇帝、宰相决定任命,六品以下官员则由吏部选授(指文官,武官归兵部)。后者参选人数多,工作量大,每年都要进行。先是各地任满或因事免职的官员及经各种仕途新获出身者报名应选,州府出具证明文书,转至吏部,由尚书、侍郎主持铨试。铨试内容包括身、言、书、判(写作判词),分别取其"体貌丰伟""言辞辩证""楷法遒美""文理优长"。如四事皆可取,则先德行,德均以才,才均以劳,德、才、劳又称"三实"。铨试结果公布后,通过者根据其资级、个人意愿及诸多回避原则(籍贯、亲属等)注职,未通过者可等候下一年铨选。注职者经尚书省审查,门下复审,中书发放"告身",随即上任。五品以上官员的选授,因人数较少,由宰相机构——中书门下根据自己掌握的中高级官员档案资料"具员簿"办理,报皇帝批准。宰相等最高级官员由皇帝直接任命。

隋唐加强中央人事权,中下级官吏考核皆归于吏部考功司,称考课。各部门、州府长官等高级官吏则由皇帝亲自或委派专人考核,制度相对灵活。考课每年一次,评定当年为政优劣,称小考。三或四年综合任期内政绩进行总体鉴定,称大考。考时由官员本人作出自我鉴定,主管长官当众宣读评议,定出初拟考第,报考功司审查重定,加以升降。考第自上上至下下分为九等,各有相应之评定标准及奖惩办法。标准具体分为四善二十七最。"善"属于德行方面对全体官员的共同要求,分德义有闻、清慎明著、公平可称、恪勤非懈四项。"最"则是根据不同部门的性质、职责对有关工作所提出的不同要求,如"礼制仪式、动合经典"为礼官之最,"训导有方、生徒充业"为学官之最,"谨于盖藏、明于出纳"为仓库之最,等等。综合善、最定等第,一最四善为上上,三善为上中,以下至无最一善为中中。小考中中可守本官,大考中中可进一阶,以上递增。"职事粗理、善最不闻"为中下,是为官最低标准。再低即须受黜降处分,至下下"居官诰诈、贪浊有状",则即刻免职。唐前期上述标准尚能较好执行,后期渐趋于形式,但以后王朝的官员考核一直受到这套制度的影响。

律令格式

隋唐立法工作在中国古代法制史上占有重要地位,形成了由律、令、格、式四种形式构成的法典体系。其具体含义,"律以正刑定罪,令以设范立制,格以禁违正邪,式以轨物程事"。[20]大体而言,律为惩罚犯罪行为的刑法典,令是正面规定的规章制度条例,格主要是皇帝制敕形式不断颁布的禁令汇编,相当于律的补充与变通,式为各种章程细则,补令所不及。这四种形式都起源较早,至隋唐始并行而收互相补充之效。

隋及唐初曾数次修律。唐高宗即位之初,在此前基础上颁行《永徽律》十二篇500条,又命大臣长孙无忌等为律文作疏证解释,以问答形式阐明疑义,剖析内涵,成《律疏》30卷,其内容与律文具有同等法律效力。后将二者合并刊行,即《唐律疏议》,为现存最早而且完整的中国古代法典。十二篇篇目和具体针对范围为:名例律,指总则。卫禁律,针对宫廷警卫与关隘边防。职制律,针对官员行政。户婚律,针对户籍土地赋税婚姻等事。厩库律,针对畜牧与仓库保管。擅兴律,针对军队征调与工程营建。贼盗律,针对盗窃、抢劫之类重大刑事犯罪行为。斗讼律,针对斗殴杀伤事件,并述刑事诉讼程序。诈伪律,针对欺诈伪造行为。杂律,拾遗补阙,针对上述诸篇未能涉及的内容。捕亡律,规定追捕犯人事宜。断狱律,规定审判囚禁等事宜。这一分类法源于北齐,影响直至明初。

唐律所载具体刑名有五,称为"五刑",即笞、杖、徒、流、死。笞刑有自10至50下五等,杖刑有自60至100下五等,均为以杖责打身体。徒刑自一年至三年分五等,隶于官府服苦役。流刑为流放外地,分2000、2500、3000里三等,皆服役一年,役满在当地为编户。死刑分绞、斩二种,以斩为重。唐律非常鲜明地体现出儒家"一准乎礼"的量刑定罪原则。如名例律首列"十恶",即常赦所不赦的十项大罪,具体包括谋反、谋大逆、谋叛、恶逆、不道、大不敬、不孝、不睦、不义、内乱,其性质或为危及君权,或为破坏家族伦理关系,皆在厉禁之列。如骂人本不构成犯罪,但子孙骂祖父母父母即属不孝,罪当处死。又如常人通奸徒一年半,而子孙与父祖妾通奸即属内乱,亦为死罪。为优崇贵族官僚,又有议亲、议故、议贤、议能、议功、议贵、议勤、议宾的"八议"之法。凡八议之人犯死罪皆须上奏,再行审议,流罪以下径减一等。唐律深受儒家宗法理论影响,以丧服礼中的五服作为量刑定罪的重要参考标准,将亲属关系由近及远分为斩衰亲、期亲(由礼之齐衰亲演变而来)、大功亲、小功亲、缌麻亲五等。犯罪连坐,先亲后疏。亲属间犯罪,虽行为相同,而视其亲疏量刑大异。以上内容构成了中国古代法律的基本特色,对后世影响极大。另外,唐律量刑定罪还有其他一些重要原则为后世沿用,如界定刑事责任年龄、区别故犯与过失犯罪、区别公罪私罪、犯罪数项合并论罪,等等。总体来说,唐律系统总结了前代法律实践经验,具有立法审慎、内容周详、条目简明、解释准确等优点,影响不仅及于后世,并及于东亚日本、朝鲜等国,在法制史上占有重要地位。

唐令、格、式全貌已不得见,只有部分遗存。唐太宗时颁行令30卷,1590条。后经数次更定,至开元二十五年(737)整理为27篇,1546条,包括官品令、职员令、选举令、田令等等,现在能够见到的有700余条。格本为皇帝所颁临时制敕。贞观时对唐朝建国以来累颁制敕3000余件进行删订,存留尚可行者700条,编为《贞观格》18卷,以尚书省24司分类为篇目。以后每隔一段时间进行一次整理,于是又有《永徽格》《开元格》等等。整理后

唐朝帝系表

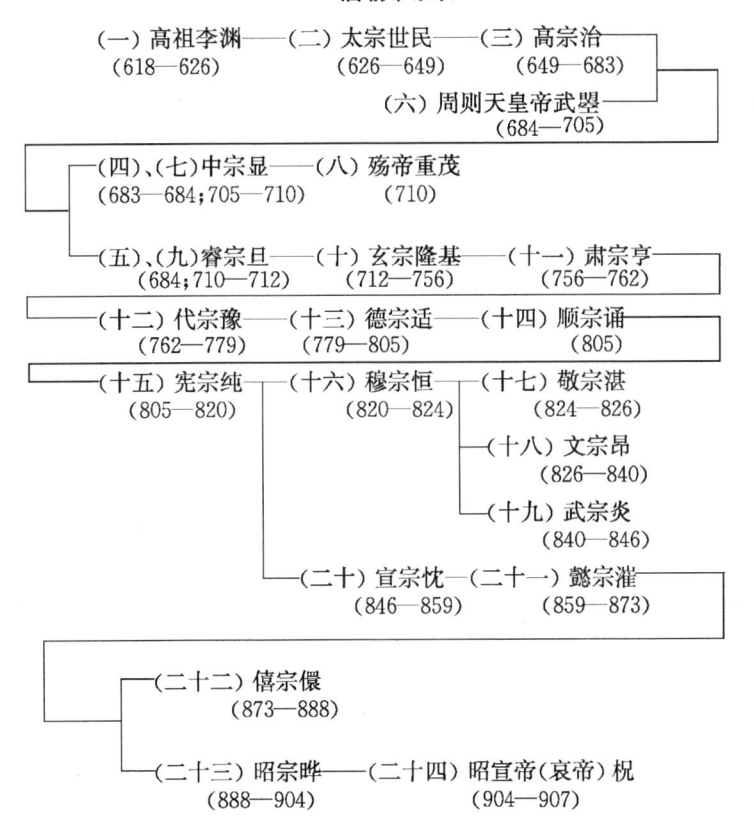

(一)高祖李渊——(二)太宗世民——(三)高宗治
(618—626)　　　　(626—649)　　　　(649—683)
　　　　　　　　　(六)周则天皇帝武曌
　　　　　　　　　　(684—705)

(四)、(七)中宗显——(八)殇帝重茂
(683—684;705—710)　　(710)

(五)、(九)睿宗旦——(十)玄宗隆基——(十一)肃宗亨
(684;710—712)　　(712—756)　　　(756—762)

(十二)代宗豫——(十三)德宗适——(十四)顺宗诵
(762—779)　　　(779—805)　　　(805)

(十五)宪宗纯——(十六)穆宗恒——(十七)敬宗湛
(805—820)　　　(820—824)　　　(824—826)
　　　　　　　　　　　　　　　　(十八)文宗昂
　　　　　　　　　　　　　　　　(826—840)
　　　　　　　　　　　　　　　　(十九)武宗炎
　　　　　　　　　　　　　　　　(840—846)

(二十)宣宗忱——(二十一)懿宗漼
(846—859)　　　(859—873)

(二十二)僖宗儇
(873—888)

(二十三)昭宗晔——(二十四)昭宣帝(哀帝)柷
(888—904)　　　　(904—907)

新颁制敕称为"格后敕"。高宗永徽以下，又将格分为两部分，曹司常务为"留司格"，存本部门行用，天下所共者为"散颁格"，发至州县。格的范围比较宽泛，虽以禁防条例为主，然亦有正面性质的具体办事细则，与式近似。故《新唐书·刑法志》称"格者，百官有司之所常行之事也"。太宗时，颁布《贞观式》20卷33篇，以尚书24司及诸寺监分类定名，以后又颁布数次，仅内容有更动，篇目未变。大抵将各种制度细则按工作性质归口，分别由有关机构掌握执行。唐格、式佚文零散，相对稍完整者主要见于敦煌文书，有《散颁刑部格》《水部式》等。令、格、式与律相辅而行，共同在隋唐大一统帝国的管理上发挥了重要作用。

注　释

[1]　《隋书·杨尚希传》。
[2]　《通典》卷一四《选举二·历代制中》，卷一七《选举五·杂议论中》。
[3]　《隋书·食货志》。
[4]　《隋书·裴矩传》。
[5]　《隋书·炀帝纪下》。
[6]　《隋书·杨玄感传》。
[7]　《旧唐书·李密传》。
[8]　《资治通鉴》卷一九三唐太宗贞观四年十二月。
[9]　吴兢《贞观政要·论政体》。
[10]　吴兢《上贞观政要表》，《全唐文》卷二九八。
[11]　《资治通鉴》卷二〇一唐高宗麟德元年十二月。
[12]　《资治通鉴》卷二〇三则天后垂拱二年三月。
[13]　《新唐书·来俊臣传》。
[14]　《通典》卷七《食货七·历代盛衰户口》。
[15]　刘肃《大唐新语》卷一《匡赞》。
[16]　《资治通鉴》卷二一五唐玄宗天宝元年三月。
[17]　《隋书·高祖纪下》。
[18]　《唐律疏议》卷十六《擅兴》。
[19]　《唐六典》卷五《尚书兵部》。
[20]　《唐六典》卷六《尚书刑部》。

第十一章
割据倾向的再现：从安史之乱到五代十国

唐玄宗天宝末年,爆发了地方军阀发动的安史之乱,唐朝大一统帝国的鼎盛局面自此结束,地方上重新出现了分裂割据的倾向。下至十世纪初,唐朝灭亡,全国进入完全分裂的五代十国时期。

一 安史之乱与藩镇割据

安史之乱因叛乱首领安禄山、史思明而得名。叛乱延续八年后被平定,但唐朝并未就此回归治世,相反形成了藩镇割据的局面,一部分地方军政长官据地自雄,不服从朝廷号令。这样的局面一直持续到唐朝灭亡。

安史之乱

安史之乱是一次地方军阀反抗中央的武装叛乱。究其背景,必须谈到唐玄宗时出现的"外重内轻"局面,即边地军事力量膨胀,压倒内地和中央的状态。

玄宗时期的边疆形势与唐初已颇有不同。唐初开边之后,对当地民族采取羁縻式管理,委其首领自治,驻军较少。但此种统治方式不稳定,后东突厥重为边患,契丹等族也一再生事。为防御边疆诸强敌,守住已开拓的疆土,唐廷吸取教训,被迫大量增加边防驻军,形成若干边防大军区,其长官称为节度使。开元、天宝间,在漫长的边防线上已形成十大军区。东北设范阳(治今北京)、平卢(治今辽宁朝阳)两节度使,北方设河东(治今山西太原)、朔方(治今宁夏灵武)两节度使,西北设安西(治今新疆库车)、北庭(治今新疆吉木萨尔)两节度使,西方设河西(治今甘肃武威)、陇右(治今青海乐都)两节度使,西南设剑南节度使(治今成都),南方设岭南经略使(治今广州),亦概称十节度。节度使本职仅管军事,然边地形势复杂,为重其权,常使之兼管军储、财政,进而兼任边地采访使,监察州县。因联防需要,又时或以一人兼数节度使。于是形成了边将权重的现象。

兵制方面,由于均田制、征兵制的瓦解,兵源枯竭。唐廷不得不普遍推行募兵制,招募民间强壮者入伍,不问出身来历,皆官给资粮,长期服役,甚至还可携带家属随军居住,往往父子兄弟相代为兵。募兵既解决兵源问题,训练长期系统,战斗力较优,又避免往返调遣之苦,在当时为必然之举。但养兵费用也因而大增,且军队成分复杂,颇难驾驭。边将得以专兵,兵将联系紧密,自然于作战有利,然以集边地大权于一身之节度使,统领长期甚至世代服役之职业雇佣兵,终难免成尾大不掉之势。

开元后期李林甫为相,为专宠固位,杜绝节度使入相之途,奏请擢用没有家世背景的番将镇边,称其质朴勇敢,且无党羽,用之有利无弊。于是天宝间几名主要边帅皆用番将。当时边地募兵以就近为原则,其间胡人成分较多,以番将统之,也有其必然性。这些番将基本都出自寒人,并非酋长贵族,但仍能利用异族血统的共同特征团结不同部落胡人,形成有凝聚力的集团。番将的部下或为其义子,或为其亲兵,与酋长之统部众相去无几。这类情况使尾大不掉局面更为加重。

在边疆节度使势力不断膨胀的同时,内地军事力量日衰。一般地方驻军甚少,"包其戈甲,示不复用,人至老不闻战声"。中央虽有禁军,而久处承平,训练废弛,多为富人营求避役之地,战斗力远非边军之比,"有事乃股栗不能授甲"。[1] 隋及唐初行用府兵制,天下军府三分之一设于关中,朝廷举关中之众以临四方,内重外轻,故地方或有叛乱,很快即可扑灭。随着府兵制的瓦解,中央军事优势早已丧失。天宝元年(742),全国兵数57.4万余名,边军已占49万,外重内轻,形势适为相反。唐朝"盛世"局面一朝崩溃,实肇于此。

安史之乱的首领安禄山、史思明,皆营州柳城(辽宁朝阳)杂胡,当出自原居中亚的粟特人。禄山通诸蕃语,初为互市牙郎(交易中介人),从军后积功累迁至平卢节度使,又兼范阳、河东节度使、河北道采访处置使,进封东平郡王。禄山骁勇有智谋,熟悉河北边地情况,又狡黠工于逢迎,故玄宗对其信任不疑,倚为东北长城。在天宝元年49万边军中,范阳、河东、平卢三镇合计即近20万。禄山见玄宗昏庸,朝政日乱,中原武备不修,渐有异志。他以营州胡人聚落成员为集团核心,豢养诸蕃勇士8000人为义子,搜罗汉地失意士人为谋士,又遣胡商兴贩贸易以聚财,多畜战马兵器,形成庞大的地方势力。天宝末杨国忠为相,禄山与之不和,关系紧张。天宝十四载

(755)十一月,安禄山以讨杨国忠为名,正式起兵。所过州县望风瓦解,或临时募兵,亦乌合不能战。叛军势如破竹,起兵 27 日即占陈留(今河南开封),34 日而克洛阳。次年正月,禄山在洛阳称帝,国号大燕。唐以哥舒翰守潼关,郭子仪、李光弼率军出河北袭扰禄山后方,暂时形成相持局面。但玄宗与杨国忠急于求成,不用哥舒翰据险坚守之策,严令其出关进攻叛军。六月,哥舒翰被迫出兵,一战溃败,潼关失陷,长安震动,玄宗仓皇逃往成都。途中经马嵬驿(陕西兴平西),随从军士哗变,杀杨国忠,玄宗被迫令杨贵妃自尽。安禄山叛军随即进占长安。

与玄宗入蜀同时,皇太子李亨率一部分军队前往朔方节度使治所灵武,七月自行称帝改元,遥尊玄宗为太上皇,是为肃宗。肃宗即位虽有专擅之嫌,但起到了协调和统一指挥平叛军事行动的作用。以朔方为中心,征调西北诸镇边兵,又得回纥发兵援助,局面由此逐渐挽回。至德二载(757)正月,安禄山为其子安庆绪所杀。九十月间,唐军相继收复长安、洛阳,安庆绪退保邺郡(今河南安阳),留镇范阳的大将史思明降唐。乾元元年(758)九月,唐郭子仪、李光弼等九节度使统军 60 万围邺,兵力虽多,但未设主帅,仅以宦官鱼朝恩为观军容使加以节制,故迟迟未能攻克。此时史思明降而复叛,率精兵来援,唐军指挥混乱,一败涂地。史思明杀安庆绪,仍称大燕皇帝,随即叛军重新攻占洛阳,形势又告逆转。后史思明为其子史朝义所杀,唐朝借回纥兵之力再度收复洛阳,叛军将领纷纷降唐。代宗宝应二年(763)正月,史朝义穷蹙自杀,历时 7 年有余的安史之乱终于平定。

藩镇割据

安史之乱平定后,节度使(或称观察使)的设置更加广泛,由边疆延及于内地,只是数目既增,辖区有所缩小。其人往往拥兵自雄,不尽服从中央号令。如《新唐书·兵志》所概述:"大盗既灭,而武夫战卒以功起行阵,列为侯王者,皆除节度使。由是方镇相望于内地,大者连州十余,小者犹兼三四。故兵骄则逐帅,帅强则叛上。或父死子握其兵而不肯代,或取舍由于士卒,往往自择将吏,号为'留后',以邀命于朝。天子顾力不能制,则忍耻含垢,谓之姑息之政。"唐后期自肃宗起共 14 帝,历时 150 余年,基本上一直处于藩镇跋扈的局面之下,最终至于五代十国的大分裂。

镇压安史之乱的唐军主力为朔方等西北边镇兵,也有中原新募集的军队。随着乱事渐平,唐廷与平叛将领之间的矛盾日益明显,互相猜忌。皇帝遂重用宦官以牵制武将,但皇帝与宦官也有矛盾。边疆方面,吐蕃趁唐西北边兵精锐内调之机步步推进,夺取河西走廊和西域。回纥虽助唐平乱,但也经常恃势欺凌,双方摩擦不断。由于上述背景,平叛战争很难取得彻底的胜果。唐廷亟待早日结束战事以处理新矛盾,于是尽力招诱安史部将反正,许以节度使职位,共分安史旧地。为维持内外力量均衡,平叛时内地新设节度使及新募军队也不能裁撤,有时还需要多置藩镇以相牵制,于是逐渐形成藩镇林立的格局,其数目累增至40有余。

具体而言,40多个藩镇的割据程度相差很大,不可一概而论。河北地区的卢龙(治今北京)、成德(治今河北正定)、魏博(治今河北大名北)三镇割据程度最强,史称"河朔三镇"。河朔三镇的节度使起初皆为安史降将,治下又是安史叛乱的根据地,民族成分也较为复杂,人多剽悍尚武,有一定胡化色彩。终唐朝后期,三镇节度使的任命朝廷基本不能干预,皆为家族相传或悍将夺位,然后奏报中央予以形式上的承认。累计唐后期三镇节帅57人,其中真正由朝廷任命的只有4人。一些家族世代相传其位,较久者成德王氏传80余年,魏博田氏传50余年。三镇各拥强兵,自行署置官吏,赋税截留本镇不上供,又互结婚姻以为声援。朝廷亦视同度外,"虽名藩臣,羁縻而已"。[2]

中原、西北地区的藩镇与朝廷关系则具有依附和游离双重色彩。他们既起到为朝廷防御河朔、捍卫边境的作用,但也有一批骄兵悍将,不时发生动乱。其赋税大部分留镇养兵,上缴很少。一些割据性较强者的藩镇,如淄青(治今山东东平西北)、横海(治今河北沧州)、宣武(治今河南开封)、淮西(治今河南汝南)、泽潞(治今山西长治),均曾出现较短时期的半独立局面,延续三至五任不等,但毕竟不同于河朔三镇的百余年割据。东南、西南地区的藩镇较为稳定,基本忠于朝廷,虽偶有动乱亦旋即扑灭。其军队不多,节度使常用文臣出任。东南地区是唐朝后期中央的主要财赋来源,其局面的稳定对唐廷意义尤为重大。

藩镇强弱互有不同,然数量既多,互相牵制,很长时间内没有形成像以前安禄山那样过大过强的地方势力。即使是割据性最强的河朔三镇,也须在形式上臣服朝廷,只有当自身利益受到严重侵害时才会公开与中央对抗。如果平时贸然反叛,就有可能自置于孤立位置,被邻近藩镇借"平叛"旗号加以围攻、吞并。正如宋人所云:"弱唐者,诸侯也;唐既弱矣,而久不亡者,诸侯维之也。"[3]另外,唐朝后期藩镇内部权力下移,骄兵杀逐节帅事件频繁发生,也对后者反抗中央形成制约。藩镇军队主要来自破产农民或无业流民,一旦挂名军籍即全家随军,依赖粮饷赏赐维持生计,父终子继,世袭从军,形成新型的职业雇佣兵集团。唐前期农民被征发为兵者,多苦于负担沉重,千方百计逃避军役,后期的雇佣兵恰好相反,以当兵谋生,不愿离开军队。故唐廷数次企图"销兵",都因引发藩镇军士动乱而告失败。如节度使日常发放粮饷、赏赐不及时,也会引起骚动或哗变,久而优待稍不如意即寻衅滋事,乃至杀逐旧帅而立新帅。大抵藩镇军队多较勇悍,兼以成分复杂,自成集团,节度使虽赖其力霸占一方,而终亦为之所制。各藩镇的节度使亲兵称为牙军(因主帅建牙旗而得名,或称衙军),尤为骄兵之核心,即因其均为拣选精锐,"丰给厚赐,不胜骄宠,年代寖远,父子相袭,亲党胶固,其凶戾者强买豪夺,逾法犯令,长吏不能禁",终至"变易主帅,事同儿戏"。[4]此风一直沿至五代。

总之,藩镇跋扈桀骜虽然是唐朝后期的常见现象,但具体各个藩镇的割据程度有强有弱,不可一概而论。诸藩镇彼此之间矛盾以及其各自的内部矛盾也都十分严重。唐朝中央因此才能绵延百余年,勉强维持形式上的一统。

二 安史乱后的唐朝中央

安史之乱以后,唐廷为重振中央权威仍然进行了一系列努力,包括为解决财政困难实施了若干财政经济方面的改革,终于一度出现了短暂的"中兴"局面。但中央统治集团内部的矛盾斗争十分激烈,加上边疆问题的困扰等诸多因素,最终仍然未能挽回衰亡趋势。

财政经济改革

安史乱后,唐廷面临严重的财政困难,国家多事,开支浩繁,而经济凋敝,税源枯竭。迫于形势,统治者着手进行了若干整顿、改革,终使财政危机有所缓解。

首先是改革盐法。唐前期对食盐产销管理不力,仅征收有限的盐税。安史兵兴不久,唐廷即设盐铁使之职,立专卖之法,由官府统一收购产盐区专业"亭户"所制食盐,加价售于盐商出卖,严禁私人盗煮销售。政府收入由此陡增。肃宗后期到代宗朝刘晏任盐铁使,对专卖制度的若干环节进行改进,在距产盐区较远处设常平盐仓,官府储盐以备调剂,防范盐商抬价,又设十三巡院负责查禁私盐。刘晏精于理财之术,筹划细密,主管财政20年,盐利所入由40万缗(贯)增至600万缗。以后"天下之赋,盐利居半,宫闱服御、军饷、百官俸禄,皆仰给焉"。然其弊则在于"亭户犯法,私鬻不绝,巡捕之卒,遍于州县,盐估(盐价)益贵,商人乘时射利,远乡贫民困高估,至有淡食者"。[5]此外唐廷还对茶、酒等商品实行专卖。此时饮茶之风开始盛行,唐廷于德宗建中四年(783)初征茶税,后规定官府在产茶处按时价征税十分之一,然后转给茶商出售,禁止私贩,自此每岁得钱40万缗。榷酒之法屡变,至文宗大和八年(834),收入亦达156万余缗。

刘晏主管财政期间,还推行了其他一些理财措施。一是整顿漕运。唐以关中为腹心,朝廷消费浩大,物产不足供应,不得不依赖江南漕运。安史乱后中原残破,赋入甚微,而运河又因战乱失修,运输成本大增,运量大降。代宗初即位时,长安斗米价至千钱,宫中无隔夜之粮,郊农搓谷穗以输官。刘晏根据运河各段水情特点及船夫对航道熟悉情况,采用分段转输之法(此法玄宗时已创,而刘晏所分更细),又制造专门船只,改进造船材料,用盐利雇船工专司行船,并调军队押运,终使成本降低,安全系数及运输效率大为提高。二是平抑物价。由京师至各地巡院遍设"疾足"(情报员),及时掌握各地物价动向,动用各处粮仓储备以调节丰歉,丰则入籴,贱则出粜,以防商人囤积居奇造成物价波动,官府又从中获利,此名为"常平法"。这两项措施在改善朝廷财政状况方面均有显著功效。

唐后期财政经济方面的最大改革是赋税制度的变化。由于均田制破坏,租庸调制逐渐无法维持,两种附加税——户税、地税所得收入渐增,按户税、地税之制改革租庸调,已是势所必然。另外安史乱后赋税征收已无常规,杂税林立,中央财务机构和地方藩镇皆巧立名目向下摊派,"赋敛之司增数而莫相统摄,……科敛之名凡数百,废者不削,重者不去,新旧仍积,不知其涯,百姓受命而供之,旬输月送,无有休息"。[6]税制混乱导致社会骚动,亦亟须改革以整齐划一,使剥削有则。德宗建中元年,经宰相杨炎筹划,正式颁行新的赋税制度两税法,其基本原则是"户无主客,以见(现)居为簿;人无丁中,以贫富为差"。[7]流亡的客户一律就地落籍,同当地原籍之主户共同承担赋税。地方官府量出制入,将诸项税收合并为一总额,按照先前户税、地税两种征收方法分摊到每户百姓头上。户税按户等征钱,其标准兼顾人丁与资产,地税则是履亩纳粮。与租庸调制相比,丁男、中男之分已不再重要,总体来看确系"以贫富为差"。因每年分夏、秋两次征收,故名两税。

两税法的优点,一方面简化了税收名目,另一方面扩大了征税面,使百姓负担更为合理,即所谓"恒额既立,加益莫由,浮浪悉收,规避无所"。[8]同时,也使政府财政状况继续有所改善。自此国家对百姓征敛的重点由税丁转向税产,这是中国赋役制度发展过程中的历史性变化。这一变化影响到国家经济政策的许多方面,包括对土地兼并开始采取放任态度,重视丈量土地而轻视核实户口,等等。两税法实行后也出现了一些弊端。由于此后唐廷长期不调整户等,使征税"以贫富为差"的原则不能充分体现。户税以钱定数(可折纳相当价格之实物),而钱币流通量不足,渐至钱重物轻,农民实际负担随着物价趋贱而不断加重。另外两税只是大体上确定"恒额"使"加益莫由",一些小的附加税并未完全囊括入内,政府仍有加重剥削的机会。然而总体来看,这些缺陷主要是统治者执行过程中的问题,并非法之不善。

元和中兴

经过上述财政经济改革,唐朝中央的财力得到一定恢复,在此基础上展开了对藩镇的斗争,至唐宪宗朝一度获得较大的成果。因宪宗年号为元和,史称"元和中兴"。

唐廷与藩镇第一次大规模的冲突发生在德宗建中三年到贞元二年(786)。时德宗初即位,有志振作,希望打击藩镇气焰以伸张中央权威,拒绝了藩镇世袭的请求。结果引起河朔三镇和淄青、淮西联兵叛乱,卢龙朱滔称冀王,成德王武俊称赵王,魏博田悦称魏王,淄青李纳称齐王,淮西李希烈称楚帝。泾原节度使(治甘肃泾川北)军奉调东行参战,过长安时因赏薄哗变,拥立前卢龙节度使朱泚为秦帝,德宗仓皇逃往奉天(陕西乾县)。朔方节度使李怀光率军勤王,击败朱泚,但不久也加入叛乱,德宗又逃到梁州(今陕西汉中)。后来忠于唐廷的军队经过苦战收复长安,泚、怀光皆败死,淮西李希烈亦为部将所杀。唐廷对其余反叛藩镇已无力讨伐,只好达成妥协,以诸镇皆削去王号为条件,承认它们在当地的统治权。这次叛乱又称"二帝四王之乱",使唐朝统治一度危如累卵。德宗最初的振作志向也就此消灭,对藩镇的态度转向一味姑息,割据倾向进一步严重。

贞元二十一年(805),宪宗(德宗之孙)即位,整顿朝政,改革旧弊,朝廷威信有所提高。他利用德宗以来积聚的财富,重用强硬派大臣,重新展开对藩镇割据的斗争。即位之初,剑南西川(治今成都)刘闢、夏绥(治今内蒙古乌审旗南)杨惠琳、镇海(治今江苏镇江)李锜相继叛乱。宪宗坚主用兵,命将得人,很快讨平。淮西、淄青两镇时已割据多年,但所处位置较为孤立,非如河朔三镇彼此倚结互为应援。又因位居中原,其长期割据对唐朝威胁尤大,淮西更直接威胁漕运,所以它们成为宪宗用兵的主要对象。元和九年

(814)淮西节度使吴少阳死,其子元济匿丧自领军务,因唐廷不予承认,即发兵四出焚掠。宪宗决意讨伐,分遣军队进剿。相持数年,成德等镇企图调解,为吴元济请赦,朝中主和派亦以师老饷竭建议罢兵,宪宗皆坚拒不许。强硬派大臣李吉甫指出"淮西非如河北,四无党援,国家常宿数十万兵以备之,劳费不可支也,失今不取,后难图矣"。裴度亦云"淮西腹心之疾,不得不除,且朝廷业已讨之,两河藩镇跋扈者将视此为高下,不可中止"。[9] 最终在元和十二年十月,唐将李愬乘雪夜奇袭,攻破蔡州(今河南汝南),俘吴元济送至长安处死。淮西自代宗末年李希烈任节度使以来,五世近四十年跋扈不臣,至此平定。此前淄青节度使李师道干扰平淮西最力,遣人伪装盗贼焚烧河阴(今河南荥阳东北)粮仓,入长安刺杀强硬派宰相武元衡,又在洛阳制造恐怖活动未遂。淮西既平,宪宗于元和十三年下诏数李师道罪状,调各路藩镇兵围攻淄青。淄青将领刘悟倒戈诛师道,以淄青十二州归附朝廷。淄青割据历史约略与河朔三镇相当,早于淮西20余年,至是亦平。

唐廷连平两强藩,声威波及河朔三镇。在先魏博节度使田弘正已表示放弃割据,申报管内户籍,请朝廷置官吏,并纳租税。至此成德、卢龙二镇亦纳地归命。此时藩镇对抗中央的局面似乎已经结束,"元和中兴"达到了顶峰。

然而这次"中兴"为时甚短。在河朔地区,藩镇割据自安禄山以来已形成传统,其割据根源——地方职业雇佣兵力量雄厚,仅主帅归顺中央并不能解决问题。元和十五年(820),宪宗死,其子穆宗即位。穆宗君臣思想麻痹,对河朔复杂形势估计不足。虽企图裁军,但对被裁士卒善后不力,乱源已萌。唐廷派往河朔的官吏,又多昏庸骄奢不得人心。长庆元年(821),河朔三镇皆发生兵变,自行推举节度使。朝廷发兵讨伐,终因指挥、作战不利,饷运艰难,被迫妥协,重新承认三镇的割据现实。由是河朔再失,直至唐亡,不能复取。其余藩镇,以后也时有短期割据。"中兴"之局,遂告终止。

宦官专权与牛李党争

安史乱后的唐朝中央,政局不稳,统治集团内部斗争激烈,这也使它难以集中力量解决藩镇问题。

首先是宦官专权。唐前期宦官不预政事,自玄宗时起,宦官地位明显上升。玄宗晚年怠政,宦官高力士常宿禁中代览四方奏表,小事便自行裁决,安禄山、李林甫、杨国忠诸人均厚加交结,以固将相之位。肃宗时宦官李辅国用事,"制敕必经辅国押署然后施行,宰相百司非时奏事,皆因辅国关白承旨",甚至"口为制敕,写付外施行,事毕闻奏"。[10]代宗即位,以其有拥立功,尊为"尚父"。肃、代两朝,李辅国、程元振、鱼朝恩以宦官身份先后典掌禁军,权势赫然。德宗时,经"二帝四王之乱",禁军多已溃散,早先由陇右边地入援勤王的一支边军——神策军成为保护皇帝的主要力量。德宗命宦官窦文场、霍仙鸣分任左右神策护军中尉统之,予以优厚待遇,戍守长安的其他军队皆请求隶于神策军,神策军人数很快发展到15万人,成为禁军的主力和代名词。此后宦官统神策军形成定制,等于控制了中央的军事力量。政务方面,宪宗设左右枢密使,用宦官担任,负责传达文件,亦渐参机要,与左右神策中尉合称"四贵",任者皆为宦官首脑。在外,自玄宗即用宦官监军,肃宗以下诸道藩镇并以宦官任监军之职,代宗时鱼朝恩任"天下观军容宣慰处置使",相当于全国总监军。监军擅作威福,多次激起兵变及藩镇叛乱。这样宦官内外相结,形成了左右政局的庞大势力。自宪宗至唐亡共九帝,其中八帝(敬宗除外)为宦官所拥立,二帝(宪宗、敬宗)死于宦官之手。宫廷权力下移,与藩镇军士废立节帅类似。大宦官乃至自谓"定策国老",而以皇帝为"门生天子"。

宦官专权自然要与外朝臣僚产生矛盾。皇帝重用宦官,本为强化皇权,约束外朝臣僚,但宦官势力过于膨胀又使皇权受到威胁,有时也不得不与外朝臣僚合作对付宦官。唐中央政府机构位于宫城南部及宫城以南的皇城内,而宦官主要活动于宫城北部,故而外朝臣僚与宦官的斗争被称为"南衙北司之争"。较大规模的"南衙北司之争"共有两次,皆以外朝臣僚失败告终。

第一次发生在贞元二十一年。是年正月德宗死,太子诵即位,是为顺宗。顺宗久厌宦官专权,遂擢用东宫旧臣王伾、王叔文进行改革,罢宦官所掌宫市(在长安市场采购宫中所需物品)及五坊小儿(为皇帝饲养动物),又任用武将统神策军,企图夺宦官兵权。八月,宦官俱文珍等发动政变,迫使顺宗禅位于太子纯,是即宪宗。二王当政146天即告失败,皆被贬死于外地。由于顺宗预定下一年新年号为永贞,故这次改革又称"永贞革新"。

第二次发生在大和九年(835)。时唐文宗在位,先与宰相宋申锡谋诛宦官,事泄未遂。文宗又起用李训、郑注,在二人帮助下毒死大宦官王守澄。李训等进而制定了进一步剪除宦官的计划,于是年十一月二十一日朝会时,遣人奏称左金吾厅内石榴树上夜降甘露,文宗命左右神策中尉仇士良、鱼弘志率众宦官前往观看,李训事先已伏兵于院内,计划将宦官尽数捕杀。不料仇士良等察觉情况有异,抢先挟持文宗退入后宫,遣神策军大杀朝官。结果外朝势力彻底失败,许多大臣全家被杀,死者不可胜数,长安城一片恐怖气氛。此后一段时间"天下事皆决于北司,宰相行文书而已"。[11]此事又称为"甘露之变"。

南衙北司之争虽然激烈,但无论南衙或北司都并非各自铁板一块。宦官内部有不同派系,常在皇位更迭之际拥戴不同继承人,胜者为王,败者为寇。外朝臣僚中的集团矛盾也非常严重,其集中表现就是历时约四十年的牛李党争。

牛李党争以两派首领而得名。牛党首领为牛僧孺、李宗闵,李党首领为李德裕。宪宗时牛僧孺、李宗闵在科举对策中触犯宰相李吉甫,德裕即吉甫之子。穆宗初年李德裕又借一次科场案之机打击李宗闵,此后矛盾日益激化,各分朋党,更相倾轧,历穆宗、敬宗、文宗三朝,双方交替进退,一派得势即贬另一派为外官,文宗以至慨叹"去河北贼易,去朝廷朋党难"。[12]文宗死后武宗即位,用李德裕为相,牛党诸人尽被贬斥。武宗在位七年死,宣宗即位,李德裕被贬至崖州(今海南琼山东南),不久卒于贬所,党争以牛党胜利告终。

关于牛李党争的性质所在,历来众说纷纭。大体言之,牛党多为科举出身之庶族,通过科举相互援引,李党多为山东士族后裔,重视门第而鄙薄科举。牛党在藩镇和边疆问题上倾向于姑息妥协,李党则态度较为强硬。但上述分歧又并非绝对,有时仅仅表现为单纯的人事纠葛以及意气、趣味之争。就个人政绩而言,李德裕更胜一筹。他任相时,辅佐武宗裁抑宦官势力,击败回纥骚扰。会昌三年(843)泽潞节度使刘从谏卒,其侄刘稹欲擅自继位,德裕力主发兵讨伐,终于将泽潞平定。这是唐朝第三次、也是最后一次与藩镇割据的正面冲突,其获胜德裕功不可没。会昌五年,李德裕又协助武宗进行灭佛之举,拆除寺院数万所,勒令僧尼还俗26万余人,没收大量土地,改善了朝廷财政状况。德裕死后,唐朝中央再无杰出人才,衰颓终于难以挽回。

边疆形势

唐朝后期,北有回纥,西有吐蕃,为两大强邻。回纥原居于娑陵水(今色楞格河)流域,为铁勒之一部。铁勒据说是匈奴苗裔,长期游牧于漠北,曾有丁零、高车、敕勒等不同名称。突厥早先可能也出自铁勒,语言、习俗皆与铁勒相近,但因历经迁徙,已形成各自不同的族群意识。突厥统一漠北后,铁勒诸部受其奴役,一再掀起反抗。唐玄宗时,回纥首领骨力裴罗起兵攻灭后突厥汗国,受唐册封为怀仁可汗,铁勒诸部皆归其统治。安史之乱爆发后,回纥以兵助唐平叛,肃宗遂与回纥和亲,未遣宗室女,而以亲女宁国公主嫁与回纥葛勒可汗。此后回纥历代可汗皆接受唐朝册封,未尝大动干戈,且能牵制吐蕃,为唐之助。德宗、宪宗皆以公主与回纥和亲。然回纥与唐也时有小的摩擦。其军队助平安史之乱时恃功骄横,大肆劫掠。唐约定每年以绢购买回纥马匹,回纥借机讹诈,"岁求和市,每一马易四十缣,动至数万匹,马皆弩瘠无用,朝廷苦之,所市多不能尽其数,回纥待遣、继至者不绝于鸿胪"。[13] 德宗即位时,唐朝所欠回纥马价绢已达180万匹,以后旧债未毕,新债又欠,直至回纥汗国灭亡,始不了了之。

回纥可汗本出自药罗葛氏,八世纪末出身异姓的宰相骨咄禄夺得汗位,汗系发生更换。元和四年(809)回纥通报唐朝,请更名为回鹘,取"回旋轻捷如鹘"之义。此后受自然灾害困扰,实力渐衰。文宗开成五年(840)回鹘可汗为黠戛斯所杀,汗国崩溃,诸部离散,一部分南下降唐,一部分西迁。西迁者一支至河西走廊,称甘州回鹘,为今裕固族祖先。一支至西州(高昌,今吐鲁番),以后逐渐形成维吾尔族。

黠戛斯原居于回纥西北的叶尼塞河上游,汉时称为坚昆。唐曾在其地设坚昆都督府,后为回纥役属,叛服不常。回鹘汗国灭亡后,黠戛斯据其故地,仍受唐册封为可汗。然黠戛斯占据漠北为时不长,十世纪时亦逐步西迁,以后形成今之柯尔克孜族。

吐蕃为今日藏族祖先,据称源出西羌,其首领称为赞普。唐初松赞干布在位,统一青藏高原,建立了强大政权,逐渐成为唐朝在边疆的头号劲敌,史称"自汉魏以来,西戎之盛,未之有也"。[14] 安史乱后,吐蕃从唐朝手中夺走河西走廊和西域,代宗即位初甚至一度攻占长安。德宗建中四年(783)双方会盟于平凉(今属甘肃),吐蕃伏兵劫盟,几乎擒获唐朝大将浑瑊。后唐朝结好回纥、南诏共图吐蕃,吐蕃处境孤立,在西边又受到大食牵制,势力削弱,遂向唐朝入贡请盟。穆宗长庆元年(821),吐蕃使节与唐朝大臣在长安西郊会盟,重申甥舅之好,结束对抗状态,并维持边界现状。次年唐朝使节又到吐蕃首都逻些(今拉萨)与赞普再度盟誓,并将誓文刻石立碑,今尚存于拉萨大昭寺前。史称此事为"长庆会盟"。后吐蕃发生内乱,两大贵族集团各拥立一赞普,纷争不绝,导致吐蕃王朝逐渐瓦解。宣宗大中二年(848)沙州(今甘肃敦煌)人张议潮起兵反抗吐蕃统治,复奉唐朝正朔,河西、陇右十余州复归唐朝。唐蕃两政权争雄200余年,各以分裂瓦解告终。

吐蕃人最初信仰本教,其教义较为原始,具有多神崇拜、自然崇拜、注重祭祀巫术等特点。松赞干布迎娶唐朝及尼泊尔公主,佛教随之开始在吐蕃流传。弃松德赞在位时(755—796)佛教有较大发展,从印度迎来寂护及莲华生二位高僧传教,译经、建寺等活动都取得显著成就。在与本教的反复斗争中,吐蕃佛教于密宗基础之上也吸收了本教很多巫术仪轨方面的内容,逐渐形成独具特色的藏传佛教——喇嘛教。

南诏立国云南,玄宗末年受吐蕃册封,与唐对抗。安史之乱爆发后,南诏继续扰边,大渡河以南尽为其所有。德宗贞元十年,南诏与唐恢复盟好,联合击败吐蕃,并接受唐朝册封。但以后南诏对唐仍时有侵扰,一度进围成都,又蚕食唐安南都护府(治今越南河内)之地。唐朝被迫驻军桂林进行防御。懿宗咸通九年(868),戍守桂林的徐州戍卒因不满超期戍边,怨愤起事,推粮料判官庞勋为首领,北上攻占宿、徐二州,阻断漕运,部众号称20万。唐廷调集重兵始将其镇压,但已因此元气大伤。

唐朝后期还有一个比较活跃的边疆部族沙陀。沙陀原为西突厥别部,居于准噶尔盆地。安史乱后吐蕃控制西域,迁沙陀于河西,助己进攻唐朝。元和三年(808),沙陀酋长朱邪尽忠因不满吐蕃欺压,率部降唐,唐为置阴山都督府,将其部众安置于晋、陕北部。沙陀勇悍善战,晚唐用兵多得其助力。至朱邪赤心,助唐平庞勋有功,授大同军节度使,赐名李国昌。唐末到五代,沙陀逐鹿中原,相继建立了三个较短的王朝。

唐朝的对外关系

隋及唐初,朝鲜半岛上存在高丽、百济、新罗三国。高丽在半岛北部,同时占有辽东,百济在半岛西南,新罗在东南。隋唐与高丽关系素不和谐,隋炀帝、唐太宗皆亲征而不克,炀帝至为亡国丧身,前文已述。至唐高宗朝,继续用兵高丽。当时半岛上另外两国立场不同,百济与高丽结盟,而新罗依附于唐。显庆五年(660)至龙朔三年(663),唐军由胶东渡海,与新罗王金春秋合兵攻灭百济,高丽之势已孤。时值高丽内乱,大臣争权,唐朝遂出动大军,由名将李勣、薛仁贵等率领,最终于总章元年(668)攻占平壤,高句丽灭亡。唐于其地设9都督府42州,皆统于安东都护府,治平壤。此时半岛上独剩新罗。新罗表面上事唐甚谨,实则利用唐鞭长莫及之苦,逐步蚕食百济、高丽故地。唐朝不得已步步后退,将安东都护府治所一迁至辽东郡故城(今辽宁辽阳),再迁至新城(今辽宁抚顺北),默认了新罗对大同江以南土地的占有权。此后双方一直维持稳定的朝贡关系,贸易往来不断。大量新罗人入唐求学、求法(学佛)、经商、游历甚至应举做官,很多城市都建有专供新罗侨民居住的"新罗坊"。新罗在当时"号为君子之国,颇知书记,有类中华",[15]受唐朝文化影响甚深。如土地、赋役制度和国家机构设置皆仿唐制,又设立儒学,开科取士。以汉文为书面文字,士人多能用其进行文学创作。7世纪末创立用汉字部首或读音标记本民族语言的方法,称为"吏读",成为朝鲜早期文字。后来新罗内乱频作,半岛又趋分裂。10世纪初,王建建立后高丽,甄萱建立后百济,新罗仅据有半岛东南部,重新形成三足鼎立之势。不久王氏高丽统一朝鲜半岛,中原五代政权亦照例予以册封。

唐朝与日本也建立了密切的官方往来。隋时日本曾四次遣使前来,到唐朝沿袭旧制,继续派出"遣唐使"。终唐一代,日本共遣使十九次,其中四次未成行或中途折回,实际到达者十五次。使团多时达数百人,包括大量留学生、求法僧人、工匠、翻译等。唐朝亦时遣"送使"同回,不少人因而留居日本。时航海技术尚不发达,遣使须经历极大风险,且耗资非常可观。在此期间,日本文化深受中国影响。646年日本发生"大化革新",经济、政治、教育改革多仿唐制。汉文典籍在日本社会流传很广,日文"假名"的形成也大量借用了汉字字形、部首,并吸收汉语借词。日本留学生阿倍仲麻吕在唐朝中进士,更名晁衡,擅长诗文,与诗人李白、王维有密切交往。扬州僧人鉴真赴日本传授佛教戒律,出行五次皆遇风涛折回,第六次始最终成行,后卒于日本。日本僧人圆仁在扬州、五台等地学法近十年后归国,著有《入唐求法巡礼行记》。

唐朝前期,中亚地区有粟特昭武九姓国以及吐火罗诸国,西亚有波斯萨珊王朝,后皆为大食(阿拉伯帝国)所灭。粟特人居于阿姆河、锡尔河之间,建立了康、安、石、史等一批小城邦国家。据载他们最初都来自祁连山北昭武城,因被匈奴击破而迁于河中,故自称"昭武九姓",示不忘本。吐火罗居于阿富汗北部,可能是大月氏后裔,其地人种混杂,共有20余小国。唐高宗灭西突厥后,在粟特、吐火罗地区广设羁縻州、府,以当地小国君长为刺史、都督,遥领于安西都护府。玄宗时又在这一地区广泛封王,加"特进"之类荣誉散官号。萨珊波斯在隋及唐初曾来通使,不久被白衣大食(阿拉伯倭马亚王朝)灭亡,其王子卑路斯请援于唐。唐高宗将他安置于波斯东部呼罗珊地区,立为波斯都督府都督。后大食继续东进,卑路斯无法立足,只好要求入朝,最终客死于长安。玄宗后期,黑衣大食(阿拔斯王朝)取代白衣大食,继续与唐争夺中亚诸小国。时安西都护高仙芝处理边事不当,擅伐石国,掳掠丁壮财物,石国引大食攻唐军。天宝十载(751),双方战于怛罗斯(今哈萨克斯坦江布尔城附近),唐军大败,被俘2万余人,其中有一些造纸工匠,造纸术因而西传。安史乱后,西域为吐蕃占据,唐朝已无力再向中亚发展。

唐朝与西方的经济贸易联系十分活跃,主要交通线为著名的"丝绸之路",东起长安,沿河西走廊至敦煌,然后出玉门关或阳关,分途抵达葱岭(今帕米尔高原),再分数道至南亚、西亚北非或欧洲。唐朝出口的大宗货物为丝及丝织品,次为陶瓷,由西方输入者则有珠宝、药材、香料等。海路贸易也很活跃,有"海上丝绸之路"之称,主要贸易门户为广州,唐朝在此处设有市舶使管理外贸事宜。

陆海丝绸之路主要属于商路,但在政治来往、文化交流方面的意义同样十分重要,大批中亚、西亚移民沿之而东来。唐朝人数最多的西方移民为昭武九姓粟特人,当时通常以狭义的"胡人"概念称之,其人擅长经商,足迹甚广,于唐朝两京之外,在北部沿边亦有广泛分布。安禄山的籍贯营州(今辽宁朝阳)即是粟特聚居之处,唐后期沙陀活动的雁北地区亦有大量粟特人。安史集团及五代沙陀三王朝中以安、史、康、石、何、米为姓者甚多,绝大部分皆与粟特有关。波斯、大食人寓居中国者则以广州、泉州、扬州为多。唐代诗文小说对波斯商胡多有描述,阿拉伯记载则称黄巢入广州,大食人遇害者以数万计。另外十国之中的南汉建立者刘氏家族可能也是大食商人后裔。这一时期,西方宗教文化在中国的传播引人瞩目,主要有祆(xiān)教、景教、摩尼教、伊斯兰教等,对此将在后文介绍隋唐宋元文化时述及。

三　五代十国

9世纪晚期,唐朝在农民起义的打击下崩溃。10世纪前半期,中原地区继唐之后相继建立了五个短命王朝。与此同时在南方以及北方的山西地区,又出现过十个大小不等的割据政权。从907年唐朝正式灭亡,到960年北宋建立,这段历史时期被称为五代十国。

唐朝的覆亡

唐末政治腐败,剥削苛重,民不聊生,终于爆发了大规模的起义。僖宗乾符二年(875),濮州(今山东鄄城北)人王仙芝趁累年天灾饥荒之际聚众反唐,自称"天补平均大将军兼海内诸豪都统",冤句(今山东曹县西北)人黄巢亦起兵响应,揭开大动乱之序幕。王、黄二人原皆以贩私盐为业,尝纠集武装对抗官军,故能成为起义首领。后二人分兵作战,仙芝败死,余众复多归黄巢,推其为"冲天大将军"。黄巢鉴于中原唐军力量尚强,遂率众渡长江向南发展,由浙江开山路700里入闽、广,先后攻占福州、广州。乾符六年,黄巢在广州发表文告指斥唐朝弊政,统军北伐,于广明元年(880)渡江,力量愈益壮大,号称百万,相继占领洛阳、长安,唐僖宗逃往成都。黄巢遂于长安称帝,国号大齐,建元金统。

黄巢起自"贩盐白丁",举兵五年而连克两都,几倾唐室,主要得益于从中原渡江南下的战略决策。当时南方经济已发展到较高水平,而军力相对薄弱,巢众遂如蛟龙入海,周回万里,连下重镇,逾两年重返中原,力量已远超前日。但黄巢始终流动作战,所得之地旋而复失。既入长安,为胜利所陶醉,热衷于称帝建元,反为各路唐军环围于内,攻守之势已异。中和二年(882),巢军将领朱温被唐军策反,以同州(今陕西大荔)降唐。同年驻兵阴山的沙陀族首领李克用(李国昌之子)应唐室之邀率精兵南下助剿,而关中粮储不足,黄巢被迫于次年放弃长安东撤。此时巢军力量尚强,至河南击败并迫降唐蔡州节度使秦宗权,复进围陈州(今河南淮阳)。陈州刺史赵犨全力固守,巢军屯兵坚城之下,围攻300日不能克,力量消耗殆尽。唐各路援军陆续进逼而至,黄巢被迫撤围而走,此后屡战不利,部下多逃窜降唐。中和四年六月,黄巢败死于狼虎谷(今山东莱芜西南)。

黄巢虽败,大乱方兴未艾。在动乱中成长起一批新军阀,遍布各地,割据程度超出此前的河朔三镇,"皆自擅兵赋,迭相吞噬,朝廷不能制,江淮转运路绝,……大约郡将自擅,常赋殆绝,藩侯废置不自朝廷,王业于是荡然"。[16]"自国门以外,皆分裂于方镇。"[17]中央宦官和朝臣的倾轧也趋于白热化,各结藩镇为援,藩镇又借中央旗号互相攻杀,几乎是无地不藩,无时不战。

唐僖宗自蜀返京不数年即卒,宦官拥立其弟昭宗。南衙北司之争继续进行,南衙朝官主要倚仗宣武节度使朱全忠(朱温降唐后赐名)为援,北司宦官则先后结纳河东节度使李克用、凤翔(治今陕西宝鸡北)节度使李茂贞。李茂贞凭借地利之便,几次出兵长安,挟制朝廷。光化三年(900),昭宗与朝臣谋夺宦官兵权,密召朱全忠入关,宦官韩全诲等劫持昭宗逃往凤翔。朱全忠占领长安,进围凤翔,李茂贞势力不敌,被迫杀韩全诲,送出昭宗。全忠奉昭宗回长安,尽诛朝中宦官,解散宦官控制的神策军。又颁诏天下藩镇,令诛杀当地监军宦官。除个别藩镇未奉诏外,各地宦官基本被杀尽。唐中叶以来宦官专政之局至此结束。此时朱全忠已成为中原势力最强的藩镇,既控制昭宗,遂图谋篡夺帝位。天祐元年(904),强行劫持昭宗及百官迁往洛阳,长安宫殿全部被毁。随即杀昭宗,立其子昭宣帝(又称哀帝)。次年杀宰相裴枢等高官 30 余人，投尸黄河，因其"常自谓清流"，故"使为浊流"。[18]南衙与北司已同归于尽，唐室名存实亡。

朱全忠，宋州砀山（今属安徽）人，幼随母为佣工，后加入黄巢部队，积功至同州防御使。降唐后得赐名，授宣武节度使，遂开始以汴州（今河南开封）为中心发展势力。十余年中，相继兼并中原多处藩镇，控制了河南、山东地区，受唐封为梁王。此时在北方主要形成朱全忠与河东李克用（受唐封为晋王）争霸的政治格局，双方主要围绕山西南部、河北西南部一带诸州进行争夺，数次易手，最终朱全忠占得上风。河朔三镇同样是双方争夺对象，结果三镇也倒向朱全忠一方。天祐四年，朱全忠正式篡位，国号梁，都于汴，史称后梁。全忠更名晃，即后梁太祖。后梁虽代唐而立，然疆域狭小，只能控制河南、山东地区及河北、陕西、湖北、安徽之一部，共 21 节镇。在其余地区，还存在着李克用等许多割据势力，或仍沿用唐朝年号对抗后梁，或径自称帝建元，或表面接受后梁册封而行割据之实，全国遂陷入大分裂之中。

五代的更迭

自朱全忠篡唐后半个多世纪内，中原地区走马灯般更换了五个短命王朝，它们分别是梁（907—923）、唐（923—936）、晋（936—947）、汉（947—951）、周（951—960）。为与前代同名王朝相区别，史籍多称之为后梁、后唐、后晋、后汉、后周。

后梁建国不久即陷入内乱当中，梁太祖于 912 年为其子朱友珪所杀。此时河东李克用已死，其子存勖嗣晋王位，整顿内政，兼并河朔三镇辖区，梁晋强弱发生转化。923 年存勖称帝，因曾受唐赐姓，遂以唐朝继承人自居，仍定国号为唐，是为后唐庄宗。同年唐军奇袭汴京成功，灭后梁。与后梁相比较，后唐尽有晋、冀、陕之地，925 年灭前蜀王氏政权后奄有两川，版图大增。但庄宗恃胜而骄，信用宦官、伶人，专以享乐聚敛为事，朝政腐败，人心不附。926 年魏州（今河北大名北）兵变，禁军亦从而响应，庄宗死于乱军之中。军士拥立李克用养子李嗣源（原无姓，名忽邈佶）为帝，是为后唐明宗。明宗留心国事，改革前朝弊政，在位 8 年，局面粗为安定。

在中原连年战乱之际，契丹崛起于北边，使华北政治形势更为复杂。契丹长期以来活动于辽河上游，为唐朝边患，至五代势力愈盛。916 年，其部落联盟首领耶律阿保机正式称王，建元神册（后定国号辽，是为辽太祖）。随后东灭靺鞨所建渤海国，西略漠北，建立起强大的游牧国家。后唐统治期间，契丹多次南下骚扰。后唐河东节度使石敬瑭（明宗之婿）与末帝（明宗养子)不协,谋夺帝位,遂求援于契丹。允以称臣,事契丹主耶律德光(阿保机子,辽太宗)为父,割让沿边幽、蓟等16州(后称燕云十六州,今北京及晋、冀北部),并岁贡绢帛30万匹。936年,契丹遣使至太原,册立石敬瑭为帝,国号晋,是为后晋高祖。后晋与契丹联兵攻灭后唐,晋高祖如约割地。自此华北失去长城、燕山屏障,无险可守,而北方民族南侵则大为便利。

晋高祖卒,其侄出帝即位,与契丹书信称孙不称臣,以示两国均礼,双方关系恶化。契丹两次发兵南侵,皆为晋军击退。946年,耶律德光又一次大举南下,晋军元帅杜重威迎降。次年初,契丹长驱入汴,俘晋出帝,后晋亡。德光于汴称帝,定国号为辽,企图在中原进行统治。但契丹军队四出劫掠,引发中原百姓群起反抗,各地藩镇也伺机而动,故德光未敢久留,旋即北返。后晋河东节度使刘知远称帝于太原,随后收复河南、河北州县,仍定都于汴,是为后汉高祖。汉高祖不久即卒,其子隐帝嗣位,任用酷吏苏逢吉等,为政残暴,邺都(即魏州)留守郭威起兵攻入汴京,建立后周,是为后周太祖。后汉凡四年而亡,于五代中寿命最短。后周整顿军务,改良政治,气象渐新,战乱局面已行将结束。

五代总的特点是政局动荡、政治黑暗、法制败坏、经济凋敝,故宋人欧阳修著《新五代史》,发论必以"呜呼"开端,称"五代之乱极矣"。50余年中,皇帝更换14人,分姓八姓。其中后唐三姓、后周两姓,皆因收养义子所致。后唐、后晋、后汉三朝君主皆为沙陀人,然民族特色不明显,基本已汉化。由于政权更迭频繁,大臣"视事君犹佣者焉,主易则他役,习以为常",[19]其典型代表为冯道。道历官唐、晋、汉、周四朝(中间还曾仕于辽),临难不赴,遇事依违两可,唯以圆滑应付为能事。然时人多称其贤,"至谓与孔子同寿"。[20]不过五代虽乱,其间亦有短期的稳定、恢复与创造。如由于"天子惟兵强马壮者为之",诸帝遂多重视禁军建设,唐中叶以来外重内轻现象逐渐扭转,逐渐为北宋的统一和集权奠定了基础。

十国概况

与五代更迭同时,全国其他地区(主要是南方)还存在着另外一些割据政权。其中比较重要的十个,与五代合称五代十国。在今江苏、江西、皖南先后有吴(杨行密所建,892—937)、南唐(李昪所建,937—975),在四川先后有前蜀(王建所建,891—925)、后蜀(孟知祥所建,926—965),浙江有吴越(钱镠所建,893—978),福建有闽(王潮所建,893—945),两广有南汉(刘隐所建,905—971),湖南有楚(马殷所建,896—951),湖北西部有南平(高季兴所建,907—963),以上共为九国。加上五代后期立国于山西的北汉(刘崇所建,951—979),是为十国。此外还有几个割据政权,如刘仁恭、守光父子据幽蓟建燕国(895—923)、李茂贞据凤翔称岐王(887—923)等,因地域小而为时短,史家未计入十国之列。以十国言之,也是寿命长短不一,疆土大小各异。版图最大者为南唐,它不仅据有两江、皖南,到后来还灭掉闽、楚二国,占领福建大部并一度占有湖南。最小者为南平,仅占有鄂西荆(今湖北江陵)、归(今湖北秭归)、峡(今湖北宜昌)三州,地瘠民贫,常截夺过往诸国使臣财物,"诸道以书责诮,或发兵加讨,即复还之而无愧",或"所

五代帝系表

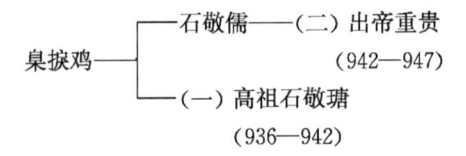

后梁

(一)太祖朱温——(二)庶人友珪——(三)末帝友贞
(907—912)　　　　(912—913)　　　　(913—923)

后唐

李克用┬(一)庄宗存勖(923—926)
　　　└(二)明宗嗣源(926—933)┬(三)闵帝从厚(933—934)
　　　　　　　　　　　　　　└(四)末帝从珂(934—936)

后晋

臬捩鸡┬石敬儒——(二)出帝重贵(942—947)
　　　└(一)高祖石敬瑭(936—942)

后汉

(一)高祖刘知远——(二)隐帝承祐
(947—948)　　　　(948—951)

后周

(一)太祖郭威——(二)世宗柴荣(郭威养子)——(三)恭帝宗训
(951—954)　　　(954—959)　　　　　　　　(959—960)

向称臣,盖利其赐与",故诸国皆目为"高赖子"。[21]

十国政治的特点,基本上是乱而后治,治中有乱。唐末大动乱波及全国,大小军阀混战不休,南方社会所受破坏也相当严重。如江淮、剑南在唐朝最称富庶,有"扬一益二"之称,乱后均遭到严重毁坏,十室九空,饿殍狼藉。十国创建人大都是各地军阀混战的获胜者,多出身微贱,颇知民情,据有一方后基本能实行保境安民、休养生息政策,使所占地区得以较快地从战乱中恢复。很多地方数十年无战事,此为中原难以企及之处。吏治亦有所整顿,可谓乱而后治。治中有乱的表现,是各国建立后虽一时粗安,然嗣君多不得人,昏庸、荒淫、残暴之主比比皆是。且政局不稳,骨肉争位相残,内乱频作。剥削较重,百姓虽暂免刀兵之苦,复困于诛求之苛。

总体而言,唐末南方所受战乱破坏仍较北方为轻,加上在南方诸国治下社会环境相对稳定,故南方经济于恢复之中亦略有发展。各国为自保之需,皆致力于发展农业,垦荒并兴修水利。如吴越濒海之地海潮为患,钱镠主持兴修捍海石塘,泽及后世。传言海潮汹涌,筑塘受阻,钱镠派部下用强弩射退潮头,工程始毕。北宋范仲淹谓五代时南方割据诸国"各兴农利,自至丰足",而统一后"江南不稔则取之浙右,浙右不稔则取之淮南,故慢于农政,不复修举,江南圩田、浙西河塘太半堕废,失东南之大利",以致江浙之米比十国时"其贵十倍"。[22]其余如手工业和商业,恢复、发展的程度都超出北方。早在唐朝,南方经济在全国的地位已十分突出,经五代十国,此趋势有增无减。宋初地理书《太平寰宇记》载五代十国时期全国新置59县,其中绝大部分位于南方。至北宋统一南北,于后周、北汉治下的北方得户约百万,而于南方诸国原辖区得户230余万。消长之机,于此可见一斑。

后周时的统一趋势

五代之乱,至后汉已极,后周则出现趋治迹象。后周太祖郭威、世宗柴荣(荣为郭威妻侄,养为义子,又立为皇储)是五代诸帝中罕见的政治家,非此前一介武夫、马上治天下者可比。二人在位前后9年,推行一系列改革措施,使长期混乱的北方社会逐渐走上安定之路。经济上振兴生产,招抚流亡,奖励垦荒,减免苛捐杂税,均定赋役。世宗显德二年(955),下诏裁并寺院,减少游食末作,仅存寺院2694所,裁废30336所,僧尼存者61300人,勒令还俗当在此数十倍以上。又销毁佛像并收购民间铜器铸钱,以副商业流通之需。佛教史籍将这次事件与北魏太武帝、北周武帝、唐武宗的灭佛行动合称"三武一宗之厄"。政治上澄清吏治,整顿司法,提高文臣地位,抑制武将跋扈。又发展文化事业,完成始于后唐、久未竣工的雕版印刷《九经》工作,下诏访求、整理图书,修订历法。

史称"五代为国,兴亡以兵",[23]然此时之"兵"以中央为重,与晚唐已有差异。五代统治者既以兵得国,深知武装之重要,故皆致力于建设禁军,削弱藩镇。禁军数量渐增,并被派往地方驻防,对藩镇形成牵制。朝廷还频繁调动节度使,分割地域较大之藩镇,以防范割据威胁。故禁军渐取代藩镇成为左右中原政局之主要力量,如后唐明宗、后周太祖,皆由禁军拥戴登位。但禁军亦承藩镇骄兵之习,成分混杂,不易驾驭。后周世宗在位时,着手对禁军进行整顿。显德元年(954)伐北汉,战于高平,禁军将领樊爱能、何徽临敌溃退并劫掠辎重,周军几乎大败,赖世宗统余部奋战,始转败为胜。战后世宗严肃军纪,斩樊、何以下禁军将校70余人,自是骄将惰卒始知畏惧。世宗又对禁军实行选拣,存留精锐,淘汰老弱,并招募地方有勇力者充实其中。经过一番整编,"诸军士伍无不精当,由是兵甲之盛,近代无比,且减冗食之费",[24]为统一战争创造了条件。

显德二年,世宗命臣下各撰《平边策》,讨论对外作战方略。王朴提出"攻取之道,从易者始"的观点,主张用兵先易后难,先南后北,这一策略基本被世宗所采纳。同年周军西征后蜀,攻下秦、凤、成、阶四州之地(均在甘肃南部)。次年又大举征伐南唐,经三年激战,迫使南唐求和,割让江、淮之间14州64县,并岁输贡物,后周实力因而大增。南边初步稳定后,世宗于显德六年(959)四月出兵北伐,仅40余日即从辽国手中收复瓦桥关(今河北涿县南)以南瀛、莫、易3州17县。适逢世宗突患重病,被迫班师。六月,世宗病卒,年39岁。

世宗死后,其子恭帝即位,年仅7岁。禁军统帅殿前都点检赵匡胤觊觎皇位,于次年(960)正月制造辽兵来犯的假情报,统兵出征,于陈桥(开封东北陈桥镇)发动兵变,黄袍加身,返京废黜恭帝,建立北宋,改元建隆,是为宋太祖。太祖继承周世宗事业,削平南方的南平、后蜀、南汉、南唐诸国。至其弟太宗即位,又灭北汉,统一遂告完成。

注　释

〔1〕《唐会要》卷七二《军杂录》。
〔2〕《资治通鉴》卷二二三唐代宗永泰元年五月。
〔3〕《宋史·尹源传》。
〔4〕《旧唐书·罗弘信传》。

[5] 《新唐书·食货志》。
[6] 《唐会要》卷八三《租税上》。
[7] 《唐会要》卷八三《租税上》。
[8] 《通典》卷七《食货七·丁中》。
[9] 《资治通鉴》卷二三九唐宪宗元和九年九月,十年六月。
[10] 《资治通鉴》卷二二一唐肃宗乾元二年四月。
[11] 《资治通鉴》卷二四五唐文宗大和九年十一月。
[12] 《资治通鉴》卷二四五唐文宗大和八年十一月。
[13] 《新唐书·回鹘传》。
[14] 《旧唐书·吐蕃传》。
[15] 《旧唐书·新罗传》。
[16] 《旧唐书·僖宗纪》。
[17] 《新唐书·兵志》。
[18] 《资治通鉴》卷二六五唐昭宣帝天祐二年六月。
[19] 《宋史·李谷等传》传论。
[20] 《新五代史·冯道传》。
[21] 《新五代史·南平世家》。
[22] 范仲淹《范文正公政府奏议》卷上《答手诏条陈十事》。
[23] 《新五代史·康义诚传》。
[24] 《五代会要》卷十二《京城诸军》。

第十二章
北宋变法

960年,宋太祖赵匡胤建立宋朝,都于汴梁(时称东京)。至1127年,政权南迁,以后定都临安(今浙江杭州)。通常将1127年以前的宋朝称为北宋,以后称为南宋。北宋共传九帝,168年。其间,围绕宋初制定的一套"防弊"之政,统治集团内部展开了变法与守旧的反复斗争,这一线索基本上贯串了北宋政治史的始终。

一 宋初"防弊"之政及其新弊

北宋建立后,结束了五代十国的分裂局面。当时面临的首要问题,是如何使自己避免成为五代以后又一短命王朝。换言之,即消除唐后期以来地方权重、武将跋扈、纪纲不立等现象,保证新王朝的长治久安。宋初统治者为此殚精竭虑,制定了一系列富于针对性的政策、措施,其成效堪称卓著,专制集权得到空前强化。然而新的问题随之出现。由于宋初制度的针对性过强,"以防弊之政,作立国之法",制定时主要是从消极方面考虑,尽量预想可能导致动乱的各种因素,加以事先防范,而并非从积极方面考虑,使国家机器如何最有效、合理地发挥作用。久之旧弊虽防,新弊渐生,积重难返,国势不振,出现了严重的统治危机,则又非宋初君臣始料所及。

防弊之政的制定

宋太祖建国后,十余年内相继削平南方诸割据政权。开宝九年(976),太祖卒,其弟晋王光义通过宫廷政变夺取皇位,是为太宗。太祖之卒,史籍记载迷离恍惚,可能并非正常死亡。太平兴国四年(979),太宗灭北汉,此后两度伐辽,但均为辽军所败。宋初统治者虽未能尽复汉、唐旧疆,然孜孜致力于整顿内政、巩固中央集权,基本奠定有宋三百年制度的规模。太宗尝云:"国家若无外忧,必有内患。外忧不过边事,皆可预防,惟奸邪无状,若为内患,深可惧也。帝王用心,常须谨此。"[1]所谓防弊之政,就是围绕着预防"无状"的"奸邪""内患"而展开的。

防弊之政的第一原则是收权,即尽量将地方权力收归中央,从制度上保证藩镇割据局面不复出现。具体言之则包括"稍夺其权,制其钱谷,收其精兵"[2]等几方面。

稍夺其权——稍,意为逐渐。最初于平定南方诸国后,在当地各州设通判一职,选京官充任,号为"监郡",后全国普遍设立,对节度使形成牵制。继而罢领"支郡",命节度使只负责其驻节所在州的政事,其藩镇境内余州皆直隶朝廷,由朝廷委任中央文官"权知军州事",简称知州。此举使节度使行政权力大为缩减,与一般之知州相等,仅级别稍高,以后更渐演变为虚衔,只领取俸禄而不赴任。对包括宋初节度使在内的州长官,一方面采取三年一易之法,经常调动,另一方面充分利用通判一职的监督权,规定凡事须通判共同签署始得实行,以此保证中央对诸州的控制。

制其钱谷——改变过去节度使把持地方财政,以大量财物留使、留州的现象,令各州财赋除留必需之经费外一律上缴,由中央财政机构三司统一管理。设诸路转运司,代表中央综理一地区财政(全国共分十五路),加强对地方的财政检查。又下令废止晚唐以来藩镇经营贸易的特权,"由是利归公上,而外权削矣"[3]。

收其精兵——继续推行周世宗时期的政策,将地方精锐部队尽量征入禁军,地方所统皆老弱不堪攻战,仅任工程力役,称为"厢军"。禁军的布置采取"守内虚外"策略,20余万禁军之中,京师附近驻扎10余万,地方分驻10余万。地方的禁军皆非常驻,而是实行"更戍法",定期更换移动。如此,使中央相对于地方的军事优势较之五代更为强化。

防弊之政的第二原则是分权,即尽量使各层权力机构的权力趋于分散,令其互相牵制,防止出现专擅现象。在中央,宰相(同中书门下平章事)之外,增设参知政事为副宰相。又改变昔日宰相机构"事无不统"的状态,令枢密院专掌军政,三司专掌财政,其中枢密院与宰相分掌文武大政,号为"二府"。三司长官三司使则号称"计相"。枢密院虽掌军政,其权主要限于发令调遣,并不参与日常统辖。统辖军队的是殿前都指挥使司、侍卫亲军马军都指挥使司、侍卫亲军步军都指挥使司三机构,合称"三衙"。即所谓"天下之兵,本于枢密,有发兵之权而无握兵之重,京师之兵(按指禁军),总于三帅,有握兵之重而无发兵之权"[4]。不仅如此,日常统兵与战时统兵又有区分,三衙仅是日常统兵,遇战事由朝廷另委将帅统兵出征,战毕兵归三衙,将还本职。

在地方管理方面,初设诸路转运使司(简称漕司)监管地方财政,兼及行政监察,号为"监司"。但以后又增设多种名目的路级监司,提点刑狱司(简称宪司)主管司法,提举常平司(简称仓司)主管仓储,安抚使司(简称帅司)主管军务、治安,合称"四监司"。它们互不统属,路之辖境划分不尽相同,或虽相同而治所未必在一地。既各有主管范围,但也互有重叠,往往使之兼理他务。州级机构中(宋朝州以外又有府、军、监等地方机构,大体与州平级),通判与长官形成分权,同签文书,"既非副贰,又非属官,故常与知州争权,每云'我是监郡,朝廷使我监汝',举动为其所制"。以致"州郡往往与通判不和"。[5]

又有一项与分权原则相关的制度,即官、职、差遣分离。隋唐传统官称至宋依然保留,但徒具形式,仅代表资历、俸禄的高低,居其官者通常不掌其事。文官又有称为"职"的衔号,如殿阁学士、修撰之类,亦与实际工作无关,只是荣誉头衔。实际工作、权力则由差遣决定,多称为权知(或提举、提点、管勾)某机构事、充(或判、行等)某职之类,表示为临时委派之职事。这种官职差遣分离、名实混淆的现象自唐中叶以来已经大量出现,宋初统治者未予重新规范,反而有意识地使其更加普遍化,意图在于表现官员"名若不正、义若不久",其工作带有临时性质,不得长期专擅某项权力。

防弊之政的第三原则是重文轻武。为抑制武将势力,巩固皇位,宋太祖即位不久即利用举行宴会"杯酒释兵权",剥夺宿将石守信等统领禁军的权力,代以资浅才庸之将领。以后更是有意识地压制武将,枢密院长官皆用文臣,作战时多不设主帅,将从中御。大行募兵之法,多招地方流亡无赖之人为兵,本来主要是为了消除动乱因素,但也使军队形象与社会地位日渐下降。与轻武相对,大力抬高文官、士人地位,提倡文治,扩大科举规模,鼓励台谏言事,强化监察工作,逐渐形成了"不杀士大夫及言事者"和"与士大夫治天下"的传统"家法"。大抵文臣多受儒家伦理熏陶,尊君敬上,而武将往往不读诗书,跋扈无礼。宋初惩戒晚唐五代的教训,故有重文轻武之举。

统观宋初防弊之政的具体内容,可以说是用心深远,几乎算无遗策。无怪宋太祖感叹"为天子亦大艰难","终夕未尝敢安寝而卧"。[6]如宋人范祖禹所云:"唯本朝之法,上下相维,轻重相制,如身之使臂,臂之使指,……藩方守臣,统制列城,付以数千里之地,十万之师,单车之使,尺纸之诏,朝召而夕至,则为匹夫。"苏洵也赞扬说:"吾宋制治,有县令,有郡守,有转运使,以大系小,丝牵绳联,总命于上。虽其地在万里外,方数千里,拥兵百万,而天子一呼于殿陛间,三尺竖子,驰传捧诏,召而归之京师,则解印趋走,惟恐不及。"[7]但另一方面,上下约束过紧,牵制过密,"遂废人而用法,废官而用吏,禁防纤悉,特与古异,而威柄最为不分",乃至"人才衰乏,外削中弱,以天下之大而畏人(按指辽夏金等北方民族政权)"。[8]其消极影响在后来的历史进程中也得到了充分暴露。

积贫积弱局面

宋太宗以后,真宗(997—1022在位)、仁宗(1022—1063在位)、英宗(1063—1067在位)先后继统,北宋立国及于百年。这段时间,"防弊"之政的隐患逐渐显露出来,其最集中的体现则是时人所概括的"积贫""积弱"。积贫即财政危机,积弱即军力衰弱不振。积贫又有"三冗"之说,即"冗官""冗兵""冗费",其中冗官、冗兵为因,冗费为果。

冗官——真宗以下,官员队伍人数日渐增长,严重超编。从真宗初年到仁宗中叶的四十年间,正官增长近一倍,由9000余增至1.7万,至英宗时更达2.4万。此外还有大量有空衔候实缺者,"三员守一缺","一位未缺,十人竞逐"。真宗初年杨亿即云当时朝中"员外郎及三百余人,郎中亦及百数,自余太常国子博士。殿中丞、舍人、洗马,俱不下数百人,率为常参,皆著引籍,不知职业之所守,多由恩泽而序迁"。仁宗时宋祁谓"州县之地不广于前,而陛下官五倍于旧"。[9]冗官现象的出现,主要是因为官僚机构设置叠床架屋,职能交叉,又常因人因事添设职务。就入官途径而言,科举、恩荫、进纳、吏员出职诸途并开,每年都有大量新人涌入官僚队伍。官员待遇也较为优厚,俸禄之外,频有赏赐,既可免役,复得荫子。故多一官,国家即增加数笔有形的开支,减少一笔无形的收入,官愈冗而费愈冗。相关者还有冗吏。真宗初年,有司请减天下冗吏19.5万余人,未减之数更不知有多少,其害亦同。

冗兵——军队数量更是恶性膨胀。宋初禁军20余万,太宗时30余万,真宗时至40余万,仁宗时达到82.6万,加厢军则达125.9万。冗兵的产生源于宋朝养兵政策。宋初继承中唐以来募兵制并加以发展,使兵、民互相绝缘,将其作为消除动乱的良法。每遇灾荒,即大行招兵,身体条件亦可放宽。入伍者均携带家属,终身为兵,倚食于朝廷。又实行更戍法,频繁调动,"往者纷纷,来者累累",如同"数十万之兵三岁而一出征"。[10]如此皆导致军费直线上升,成为财政支出的大宗。故张方平说"天下之所以困,本于兵"。

英宗初蔡襄云"一岁所用,养兵之费常居六七",又曰"天下六分之物,五分养兵"。[11]

冗费——冗官耗于上,冗兵耗于下,加上其他费用,财政自然会出现问题。而且宋朝财政管理不善,机构重叠,彼此牵制、扯皮,收入分散数处,互不相知、互不调用。财物积贮库中不参加流通或正常流通,却时为贪官污吏中饱私囊。凡此种种,皆使财政危机日益严重。真宗至仁宗前、中期,尚能勉强应付,仁宗末年到英宗之初开始出现赤字,以下年年亏空。这一时期,随着社会经济的发展,朝廷财政收入不断增加,仁宗、英宗时的岁入较之太宗时已增长五六倍,然太宗时能余大半而前者不敷支出。财政状况之恶化,可谓惊人。

积弱现象更具讽刺意味。宋廷虽斥巨资养兵,却未得其用,对外被动挨打,屡战不胜。自太宗北伐失利,宋兵不敢北向,辽方掌握战争主动,频频南侵。真宗被迫与辽签订"澶渊之盟",换得苟安。至仁宗时,西北党项崛起,建立西夏政权,引发历时7年的宋夏战争。宋朝国力远胜西夏,然而却是"师惟不出,出则丧败,寇惟不来,来必得志",以至"屯二十万重兵,只守界壕,不敢与敌,中夏之弱,自古未有"。[12]积弱现象的出现,主要源于军政败坏。由于实行养兵政策,招兵过滥,导致军队素质下降,"羸疾老怯者又常过半,徒费粟帛,战则先奔,致勇者亦相率以败"。[13]军士骄惰,训练废弛,战斗力低下,"卫兵入宿,不自持被而使人持之,禁兵给粮,不自荷而雇人荷之","被甲行数十里,则喘汗不进,遇乡邑小盗,则望尘奔北"。[14]除此之外,还有诸多致弱因素。其一,军事指挥混乱,将从中御,以文制武,兵权分散,互相牵制。其二,兵不识将,将不专兵,上下无凝聚力。其三,消极防御,战略呆板,兵分势孤,被动挨打。其四,长期重文轻武,忽视将才培养,将领有勇无谋,临敌每多失当。上述种种,都是宋初防弊政策的恶果。用兵有其一即可致败,更何况诸项兼备。

因循苟且与"异论相搅"之风

宋太宗在即位大赦诏书中宣称:"先皇帝创业垂二十年,事为之防,曲为之制,纪律已定,物有其常,谨当遵承,不敢逾越。"[15]自此以防弊为核心的宋初政策、制度逐渐确立了"家法"地位,历代皇帝奉为圭臬,只能附益,不敢更改。与此相联系,北宋前期黄老政治思想颇为流行。赵普历相太祖、太宗两朝,于厅中坐屏后置二大瓮,凡有人进利害文字皆投置其中,满则焚之。太宗后期,任命有"为人糊涂"评价的吕端为相,制辞中明确勉励他"思尧舜以致君,无使其不及,体黄老而行化,用致乎无为"。[16]又如真宗宰相李沆自评"居重位实无补万分,惟四方言利事者未尝一施行,聊以此报国尔。朝廷防制,纤悉备具,或徇所陈请,妄有更张,即所伤多矣"。真宗问其治道所先,沆答曰:"不用浮薄新进喜事之人,此为最先。"[17]吕端、李沆诸人皆有"守成贤相"之称,一代风气可见。

黄老政治思想在西汉前期亦曾流行,卒成"文景之治"。北宋前期再度活跃,对经济恢复、社会稳定同样起到一定作用,不可否认。但与西汉前期不同的是,时隔千余年,社会问题更为复杂,国家管理难度更大,绝非简单之"无为"原则所能应付。事实上北宋前期之"无为"确非简单"无为",而是立足于"纤悉备具"的防弊之政基础上的"无为"。西汉"无为"无此复杂背景,故改之易,北宋"无为"有"朝廷防制、纤悉备具"的基础,故变之难,即李沆所谓"妄有更张,即所伤多矣"。吕端则更直率地说"利不百,不变法"。[18]

另外北宋"无为"思想的盛行,很大程度上又是由防弊原则造成的。防弊原则的出发点即体现消极思想,宁可不求有功,必须先求无弊。加上机构重叠,官员繁多,权力不专,权限不明,互相牵制,动辄得咎,导致官员遇事唯恐承担责任,皆以老成持重相标榜,无过贤于有功,"守道者以躁进为耻,怀能者以自炫为非","一切因任自然之理势,而精神之运有所不加"。[19]个别有开拓精神、勇于任事的官员,总是不合时宜,难行其志。真宗时宰相寇准因破格用人,即引起同僚不悦。辽兵南侵,寇准力主真宗亲临前线,使局势未至大坏,本属有功之臣,却被攻击为以皇帝作"孤注",签订"城下之盟",终被罢相。如欧阳修所总结:"国家自数十年来,士君子务以恭谨静慎为贤。及其弊也,循默苟且,颓堕宽弛,习成风俗,不以为非。至于百职不修,纪纲废坏,时方无事,固未觉其害也。"[20]北宋前期贫、弱局面皆累"积"而成,实与政坛的因循苟且风气密切相关。

因循苟且之外,又有"异论相搅"之风。这也是防弊原则的表现之一,即以观点、作风不同之人共谋朝政,彼此"异论相搅,即各不敢为非"。[21]北宋台谏合一,以前代负责监察百官的御史台和负责谏诤皇帝的谏官共同承担"言官"职责,上谏天子,下察百官,对重大问题可以"风闻言事",与宰执大臣形成"异论相搅"的格局。宋初以来不杀言事者,"纵有薄责,旋即超升,许以风闻,而无官长,风采所系,不问尊卑。言及乘舆,则天子改容,事关廊庙,则宰相待罪",甚至有时出现"宰相但奉行台谏风旨"的状况。[22]这样的做法本来有利于更广泛地反映士大夫阶层的意见,收集思广益之效,预防错误决策,保证统治稳定。但其形成政策的主要动机则在于防范大臣专权,仍属消极防弊。况且北宋值晚唐五代乱离之后，士大夫致力于重建儒家伦理道德体系以改变社会风气，不免于矫枉过正。其具体表现，即重义轻利，重名轻实，重道德轻事功，重原则轻表现，重动机轻结果。流弊所及，遂至务为高名，好持苛论，意气用事，舍大就小。这本来是中国古代儒家士大夫的共同缺点，而尤以两宋为甚。《宋史》卷一二六《食货志上一》评论说："大国之制用，如巨商理财，不求近效而贵远利。宋臣于一事之行，初议不审，行之未几，即区区然较其失得，寻议废格。后之所议未有以瘉于前，其后数人者，又复訾之如前。使上之为君者莫之适从，下之为民者无自信守。因革纷纭，非是贸乱，而事弊日益以甚矣。世谓儒者论议多于事功，若宋人之言食货，大率然也。"此语深中宋人"异论相搅"之病。贫、弱痼疾，也因此日重而难除。

庆历新政及其失败

宋仁宗在位中期，部分士大夫针对日益严重的统治危机，发起一次政治改革。因其时年号为庆历，故史称"庆历新政"。新政的主要领导者为范仲淹。范仲淹，苏州吴县人，少孤贫力学，27岁中进士，素怀大志，以天下为己任。为人正直，为官有政声，受到当时士大夫的推崇。因抨击朝中的因循苟且之风，被当权宰相吕夷简排斥在外任职多年，而名望愈高，与韩琦、富弼、欧阳修等人结成改革派集团。庆历三年（1043），此集团重要人物悉数被起用，范仲淹拜参知政事，韩琦、富弼拜枢密副使，欧阳修等任谏官。天下引领观望，以为将大有振作。仲淹遂奏《答手诏条陈十事》，提出具体改革方案，并着手付诸实施。

改革方案分为"十事"，其内容一为明黜陟，二为抑侥幸，三为精贡举，四为择官长，五为均公田，六为厚农桑，七为修戎备，八为减徭役，九为覃恩信，十为重命令。其中前五事有关吏治，后三事论富强，最后两事系前八事之运用。具体思想，大致是欲强国，先富民，欲富民，先澄清吏治，澄清吏治则先裁冗滥，继任贤才。总体而言前四项最重要，而第三项又属长期规划，当时推行并引起震动的，主要是一、二、四项，余者皆未及实施。

明黜陟——是针对当时的磨勘制度而发。磨勘指官员升迁官阶（即官、职、差遣中的官）时的考核手续。北宋官阶可分为京朝官、幕职州县官两大部分。凡幕职州县官升阶为京朝官，须经改官磨勘，京朝官系列内升级，须经转官磨勘。京朝官属于官僚队伍当中的上层，虽只占官僚少数，但分阶细密，北宋前期共有40余阶。其转官磨勘的手续较为简易，通常到规定期限（文职三年，武职五年）即予转阶，甚至双转、超转。这实际上是因循苟且之风在人事制度上的表现,反过来更进一步助长了因循苟且之风。范仲淹在其"十事"疏中批评转官磨勘,谓:"不限内外,不问劳逸,贤不肖并进。假如庶僚中有一贤于众者,理一郡县,领一务局,思兴利去害,众皆指为生事,必嫉沮非笑之。稍有差失,随而挤陷。故不肖者素餐尸禄,安然而莫有为。虽愚暗鄙猥,人莫齿之,而三年一迁,坐至卿监、丞郎者,历历皆是。谁肯为陛下兴公家之利,救生民之病,去政事之弊,葺纪纲之坏哉!"他提出对磨勘进行严格管理,按政绩升迁,改变论资排辈、鱼贯而升之弊。

抑侥幸——针对恩荫制度。北宋恩荫亦称"任子",指为现任高、中级官员的子孙提供出仕机会。实际上除子孙外,还可以荫及旁亲,级别愈高,荫亲愈多。且名目繁杂,一人可多次获荫,如郊祀(三年一次祭天之礼)、圣节(皇帝生日)、临时庆典(皇帝即位、改元等)、官员致仕等,皆有荫叙机会。每年由恩荫入仕的官员(包括宗室、外戚)子弟数量庞大,下级官员多出于此途。宋朝恩荫之滥,是统治者优待官僚士大夫、扩大统治基础的表现,但却成为冗官现象的主要原因。范仲淹因而提出限制官员恩荫人数,或加以考试,合格者始授官。

择官长——委各路"监司"官员以更大权力,同时兼按察使、转运使,精选其人,负责甄别州县官吏善恶,不任事者即予罢黜。此举有加强地方责任制的含义,希望改变人事权力过分集中于中央的呆板状况。

上述三项改革措施刚一出台,即遭到极大阻力,"按察使多所举劾,人心不自安,任子恩薄,磨勘法密,侥幸者不便。于是谤毁浸盛,而朋党之论滋不可解"。[23]在反对派激烈攻击下,范仲淹不得不于庆历四年六月自请出外巡边,改革集团其他人物继之纷纷贬逐出朝。庆历新政昙花一现即终。

新政失败的原因,主要是由于范仲淹等人直接从整顿吏治下手,与同属既得利益者的整个官僚集团为敌,难度、阻力过大,众寡悬殊。另外仲淹一派因与吕夷简等资深官僚斗争而得名,上台后仍未尽除朋党之习,自命君子而以小人责人。新政期间,欧阳修曾专上《朋党论》宣扬朋党有理,提出"退小人之伪朋,进君子之真朋"。另一名改革集团成员石介作《庆历圣德颂》,点名歌颂"惟仲淹、弼,一夔一契",又云"众贤之进,如茅斯拔,大奸之去,如距斯脱"。如此,团结中间力量不够,置己于孤立无援之地,更使失败加速。

二 王安石变法

庆历新政失败后,积贫积弱局面一沿其旧,且有继续恶化的趋势,故改革议论仍不绝于朝野。至神宗在位时(1067—1085),起用王安石,推行变法。新法实施十余年,至神宗死后始被废罢。变法的余波,则一直影响到北宋灭亡前夕。

变法的经过和内容

王安石,字介甫,临川(今江西抚州)人。早年经历与范仲淹相近,中进士后长期在地方任职,对百姓疾苦、社会弊病有较多了解,学问、道德、政绩俱获称颂。仁宗在位后期,上万言书呼吁改革,其议论之全面深刻,皆非时人所及。至神宗即位,安石已是"独负天下大名三十余年",众人皆谓"不起则已,起则太平可立至,生民咸被其泽"。[24]熙宁二年(1069)擢拜参知政事,次年升任宰相,变法遂次第举行。因神宗在位时曾行用熙宁、元丰两个年号,故亦称"熙丰变法"。

王安石的改革思想,以富国强兵、扭转积贫积弱趋势为目的,富国强兵则以理财为先务,理财则首重开源,其次节流。当时以司马光为代表的保守派拘于义利之辨,反对倡言理财,安石则云"政事所以理财,理财乃所谓义也"。[25]司马光以为"天地所生,货财百物,止有此数,不在民间,则在公家","善理财之人,不过头会箕敛以尽民财"。安石则认为"善理财者,民不加赋而国用饶"。[26]又尝云"因天下之力以生天下之财,取天下之财以供天下之费","欲富天下,则资之天地"。[27]王安石主张通过发展生产、开发人力及自然资源来增殖社会财富,其见解显然高出时辈。柄政之后,保守派官员群起攻之,然安石不为所动,倡言"天变不足畏,祖宗不足法,人言不足恤",勉励神宗坚持改革。至熙宁九年,安石罢相家居,神宗亲自主持变法工作,新法继续实行。元丰八年(1085),神宗病卒,其子哲宗即位,由神宗之母太皇太后高氏摄政。高氏起用司马光为相,将新法全部废罢。次年,王安石病逝于家中。

王安石变法的内容涉及很多方面,然就目的而言,大体可分富国、强兵、培养人才三类。富国一类又可分农业政策和商业政策。

富国类(农业政策)——其一为青苗法。各处官府于每年青黄不接之际,分两次贷款给农民,收成后加息20%(个别地区曾收30%),随夏秋两税还官。借贷听从民户自愿,贷款限额按户等递增,贷者五户或十户结合互相担保。此法的用意在于"使农人有以赴时趋事",防止"兼并之家乘其急以邀倍息"。[28]其二为募役法,又称免役法,针对地方州县职役而行。职役指基层衙门吏职及乡村办事人员,如衙前(负责看管仓库、运送官物、管馆驿等)、里正、户长(均掌管督催赋税)、弓手、壮丁(均负责捕盗)、承符、人力、手力(分管衙门杂务)之类,名目繁多。此前官府按户等轮差乡村主户(指纳税有常产者)充役,应役者皆无偿服务,无报酬,又缺乏相应的职权保障,常因服役而耽误农作,乃至因事故或官吏敲诈而赔补钱物,重者倾家荡产。而官户、坊郭户(城市居民)、未成丁户、单丁户、女户、寺观户皆免役,苦乐不均,应役者百计逃避,应役面日渐缩小,严重影响农业生产及基层社会稳定。安石改差役为募役,停止轮差,由官府出钱雇人应役。雇募费用根据各地所需数目,由民户按户等高下分摊。原应役者交纳"免役钱",原不应役者(官户等)减半交纳"助役钱"。各自定额之外,一律多交20%以备荒年之需,称"免役宽剩钱"。其三为农田水利法。鼓励民间开垦荒田,兴修水利,费用由受益人户按户等高下出资分摊,不足者由官府依青苗钱例贷款,可延期偿还。或劝谕富室提供贷款,依例计息,官府置簿催还。其四为方田均税法。针对农村土地买卖频繁、富户多隐瞒土地数量以逃避赋税的状况,规定每年九月由县官派人丈量土地,核实每户土地数量、质量,从而确定税额,发给文帖。此法主要在北方实行,通过核查隐漏田产以增加税入。

富国类(商业政策)——其一为均输法。此法于诸新法中实施最早。宋初于江淮诸路设发运使,督运各地上供物资。时间既久,往往不顾出产及需求双方情况变化,简单照本宣科,所取或非所产,致使百姓负担加重,运至又或非所需,只能贱价抛售,形成浪费。商贾则得以操纵市场,囤积居奇以获重利。安石当政,提出由朝廷"稍收轻重敛散之权",责成发运使周知东南财赋所出及京师物资需要情况,根据"徙贵就贱,用近易远"原则,"从便变易蓄买",既节省购物价钱及运输费用,又可获取商业利润。朝廷拨巨款以充发运使周转之费,从而大夺商人之利。其二为市易法。在东京等大城市设"市易务",朝廷拨款作本,收购滞销货物至需要时出售,并依据市场情况评定物价。向商人提供贷款,五人以上互保,年息20%。商人亦可赊购货物,仍同样计息还钱。其三为免行法。免去东京各行商铺承担供应官府需求的任务,改为交纳"免行钱",由官府用以购买所需物品。此法杜绝了官吏从中勒索渔利之弊,朝廷收入亦有所增加。

强兵类——其一为保甲法。规定乡村民户每十家(后改为五家)组成一保,五保一大保,十大保一都保。凡家有两丁以上,皆出一人为保丁。选物力殷实、有才干者任保长、大保长、都保正,负责督催保丁农闲时军训,平时夜间轮差巡逻,维持治安。保内互相监视,犯罪连带承担责任。此法主要目的在于逐步恢复"兵农合一"的征兵制,最终取代募兵。至熙宁九年,全国保甲"民兵"已达693万余人。其二为将兵法。在部分精简军队的同时，将其划分为若干称为"将"的编制单位，各设正将一人，挑选武艺精熟、作战经验丰富的武官充任，专掌军事训练，以下有副将、部将等。此法目的在于改变兵将不相知、训练废弛的状况，提高军队战斗力。其三为保马法。北宋原置官牧监养马，管理不善，耗费巨大而成效有限。至此在北方五路保甲中按自愿原则择人养马，可免除部分赋税。如此则"省官费而养马于民"。其四为设立军器监，专门负责监督兵器制造，以提高其质量。

培养人才类——其一为改革科举。废除唐以来浮华无用的诗赋和呆板的帖经、墨义几种考试方式，代以考试经义、时务策。经义主要考察"大义"，以通经书义理为主，不重章句训诂。其二为整顿学校。在太学实行"三舍法"，分外舍、中舍、内舍三级，学生经考试逐级而升，上舍生成绩优异者可不经科举直接授官。安石与子弟门人撰著《诗义》《书义》《周礼义》，合称《三经新义》，作为统一教材，也以之作为科举取士的依据。又设立武学、律学、医学等专科学校，增设地方学官，充实师资，拨学田以支经费。

以上新法，基本都是熙宁时期由王安石亲自策划、制定的。其中推行范围最广、影响与争议最大的，首推青苗、募役、保甲三项。元丰时安石去位，神宗仍皆继续执行，虽小有更益而大体未变。在此期间神宗又有一大举措，即在中央机构中改变此前官、职、差遣分离的状况，按照《唐六典》记载重新恢复唐朝三省六部的职官体系，使机构、官员名副其实，皆有定编、定员及固定职责。史称此事为"元丰改制"。此举与王安石关系不大，但广义上也可划入"熙丰变法"范围之内。

变法的效果和评价

王安石变法规模宏大，具体措施细密，推行时间也较长，但最终并没有完全达到预期效果，而施行之间又生出新弊。故神宗一卒，新法全废，其间有反对派势力过强的因素，同时也有新法本身的原因。

就安石富国强兵的初衷而论，新法主要实现了前一半目的，即富国。变法扭转了国家财政的困难局面，不仅消除了财政赤字，而且积聚起大量钱币谷帛，仓库无不充实。据哲宗初年户部所奏，"天下常平、免役、坊场积剩钱共五千六百余万贯，京师米盐钱及元丰库封桩钱及千万贯，总金银谷帛之数，又复过半"。[29]据估计这些财物可供户部20年经费，成绩可谓显著。全国兴修水利工程1万余处，溉田36万余顷，推动了生产发展。

但另一方面，就富国的财物来源而言，仍以发展生产所得为少，直接征敛于百姓者居多。如青苗钱(即"常平"钱)、免役钱,即其典型。青苗钱虽号称自愿借贷,实则结保共借,成为强行摊派,"上户自足,无假官钱,而强与之,使出息"。[30]既成制度,一次付息20%或30%,年息即达40%或60%,"秋放之月与夏敛之期等,夏放之月与秋敛之期等,不过辗转计息,以给为纳,使吾民终身以及岁岁世世两输息钱,无有穷已。是别为一赋,以敝海内"。[31]免役、助役钱也是"岁岁输缗,……是乃直率其缗,以为常赋"。[32]定额之外,复征"宽剩钱",名为备荒,实为苛敛,况地方执行,常超出20%标准。一些地区甚至既收役钱,又利用保甲变相恢复差役。百姓应役负担减轻无多,国库却多出大笔收入。另外青苗、役钱强令纳钱,当时货币流通不足,"百物最贱,而唯钱最贵",[33]官府又因而得益,百姓受损。所以王安石所言"民不加赋而国用饶",实未兑现,而司马光谓"不过头会箕敛以尽民财",却不幸言中。况且新法所敛财富,除一部分用以增加吏员俸禄外,绝大部分都囤积库中,"贯朽不用,利不及物"。[34]并未真正用于发展生产,加强国力,供天下之费,又是变法的一项缺陷。

强兵方面,则成果甚微。军器监监督制造出大量兵器,可供数十年之用。熙宁年间,安抚使王韶出兵攻取了原为吐蕃活动区的熙(今甘肃临洮)、河(今甘肃临夏)、岷(今甘肃岷县)三州之地。尽管有这些成就,但总体来说军政腐败依旧,将兵法并未使军队素质有所提高。保甲民兵训练日浅,尚远不能取代正规禁军。保丁不堪官府役使及保长、保正欺压,往往起而反抗,流窜为盗,反而成为新的动乱因素。元丰时与西夏两次作战,损失军士、民夫共约60万人,物资不计其数,充分反映出"强兵"梦的破灭。神宗闻讯恸哭,精神受到重创,终至数年后抑郁而卒。

总体上看,特别是就主流及初衷而言,王安石变法是一次失败的改革,未能扭转北宋衰亡趋势。安石博通古今,志存高远,对社会弊病有深刻认识,诸新法用意大多未为不善,"其施设之意厚矣,……而民反有受其弊者"。[35]其缘故主要是由于操之过急,执行未得其人,导致法度走形。陆佃即谓新法"非不善,但推行不能如初意,还为扰民"。[36]如青苗法实行,地方官吏为讨好上级,以多散为功,向百姓摊派。有钱者不愿借而勒令借,无钱者患不易偿,因而不许借。出入之际,官吏往往勾结豪强,刻剥平民。免役钱已交,而差役或未免。均输、市易法旨在夺富商大贾之利,而富商大贾多能交结官府,渔利不绝,中小商人则受害最深。大抵古代自上而下的改革,有很多在推行中渐失立法原意,至最下甚至于全失,王安石变法只是在这方面表现更加突出而已。

以安石新法与范仲淹新政纲领"十事"比较,大抵相当于其中六、七、八诸项,似乎范仲淹的改革重点在制度执行者,王安石的改革重点在制度本身。其实安石对制度执行者的重要性并非没有认识,早年上仁宗万言书尝再三论及其事,变法中改革科举、整顿学校亦无非为了培养理政的人才。但他主政时已年近半百,急于立事功以自效。于是"富强"措施接踵出台,特别致力于可以立竿见影的聚敛创收。对防弊之政的主体内容,如中央过分集权、各层机构事权分割、重文轻武、冗官冗兵,皆基本采取回避态度,勇于治标,不敢治本。对于反对意见,又执拗不回,变本加厉,不免意气用事。终至新法弊端日深,距其发展生产、去民疾苦的初衷也越来越远,其失败实有内在的必然性。

变法余波:北宋晚期党争

宋哲宗即位时,年仅十岁,太皇太后高氏摄政,起用反变法派首领司马光为宰相。司马光熙宁时被贬出朝,寓居洛阳十余年,由于新法弊端逐渐显露,司马光声望日隆,入京时居民叠足聚观,颇为轰动。光既执政,欲除新法之弊,走到另一极端,凭借"以母改子"旗号,将新法不分青红皂白全盘废罢。在反变法的浪潮中,变法派官员被列为"奸党",榜名于朝堂,其主要成员蔡确、章惇、吕惠卿、曾布均被贬至外地。因此时年号为元祐,故史称上述举措为"元祐更化"。但司马光措置过急,只是简单恢复变法以前旧制,对旧制中的问题并没有提出新的解决方案,能废新法,而不能足财用,"其意专欲变熙宁之法,不复较量利害,参用所长"。[37]对此反变法派中颇有不同意见,如范纯仁即认为"去其太甚"即可,不主张完全废除青苗、募役法,苏轼、苏辙兄弟亦反对尽改募役为差役。光皆不听。

司马光为相一年有余即病卒,反变法派开始分裂。原来反变法派人数众多,成分复杂,政见、学术不尽相同,仅在革除新法弊病一点上形成同盟,新法废后即按出身地域分化为若干小集团。苏轼、吕陶、上官均等形成"蜀党",程颐、朱光庭、贾易等形成"洛党",刘挚、梁焘、王岩叟、刘安世等形成"朔党",三派斗争被称为"蜀洛朔党争"。洛党崇尚经术,讲求古礼,循规蹈矩,蜀党崇尚文学,涉猎释老,有纵横家策士色彩。二派作风迥异,凤不相能,互相攻击,终至两败俱伤。朔党主要为司马光门人,是反变法派中的强硬势力。蜀、洛二党既败,朔党活跃,又攻击无党而政治态度稍温和的宰相范纯仁、吕大防,朝政一片混乱。

元祐八年(1093),太皇太后高氏去世,哲宗亲政。此前诸臣言事纷纭,皆取决于太后,哲宗无权,发言有时无人应对,早已积郁不满情绪。至此遂去元祐年号,改次年为绍圣元年,取绍述神宗事业之意。变法派得到哲宗支持,东山再起。章惇进拜左相,曾布、蔡卞(王安石婿)、蔡京(卞兄)等人亦纷纷起用。章惇等大行报复,贬吕大防、范纯仁、刘挚、梁焘等人于岭南"远恶州军",其余贬官者30余人,并追夺司马光等已卒者谥号,仆其碑。逐步恢复新法,稍有调整。但变法派内部不久也出现分裂。曾布与章、蔡诸人相争,章惇复与蔡氏兄弟不和,变法派力量因而削弱。元符三年(1100)哲宗卒,无子。皇太后向氏与曾布定策,立其弟佶嗣位,是为徽宗。向太后主持朝政,贬斥章惇等变法派,用反变法派韩忠彦为相,旧党复起。但时隔两年向太后即卒,徽宗亲政,再行"绍述",改元崇宁,取崇法熙宁之意。前变法派成员蔡京在宦官童贯帮助下登上相位,自此进入蔡京当政时期。

蔡京当政后,首先继续贬斥反变法派,定司马光、吕大防、苏轼、程颐等120人为"元祐奸党"。不久又加上向太后临朝时期反变法的官员,以及变法派中与蔡京意见不合的章惇、张商英、陆佃等人,共309人,合为一籍,刻石朝堂,颁行全国,称为"元祐党籍碑"。其中死者削官,存者贬窜,子孙皆不得官于京师。长时间的党争暂时告一段落。党争反复数次,严重削弱了北宋统治力量。官员频繁升降,机构近于瘫痪。如陆佃所云,其时"天下之势,如人大病向愈,当以药饵辅养之,须其安平。苟为轻事改作,是使之骑射也"。[38]元祐以来政局,恰似使大病之人屡屡骑射,最终至于气息奄奄而已。

宋徽宗在位20余年,政局黑暗,北宋已呈现覆亡之象。蔡京当政,沿用王安石新法,刻意发展其聚敛功能。又更改盐法、茶法、币制,一以尽力搜刮为目的。神宗时搜刮所得尚入国库,至此搜刮所得则入私门,成为皇帝、权臣挥霍之资。蔡京为专权固宠,提出"丰亨豫大"之说,鼓励徽宗穷奢极侈,以天下自奉。徽宗还宠信佞臣王黼、高俅、朱勔、宦官童贯、杨戬、梁师成等人,沆瀣一气,腐败不堪。徽宗迷信道教,大兴土木,又特好奇花异石,专于苏、杭一带置应奉局掌其事,采办编装"花石纲"运京(官物编组运输,称为"纲"),官吏趁机敲诈勒索,民不聊生。宣和二年(1120),睦州青溪(浙江淳安西北)人方腊利用摩尼教组织起义,次年失败。稍前北方有宋江起事,活动范围遍及河北、京东(即今山东)、淮南,后接受招安。不久,北宋就被新兴的东北女真族金朝所灭。

宋朝的文官政治

中国古代的官僚政治发展到宋朝,已经进入了一个相当完备、成熟的阶段，皇帝"与士大夫治天下"成为宋朝政治的基本特色。考虑到宋朝统治具有比其他朝代尤其明显的重文轻武色彩，也可以将宋朝的官僚政治更确切地称之为文官政治，或是士大夫政治。由于北方民族入主中原的影响，宋朝文官政治的具体内容、因素在以后各朝代仅仅是得到了大部分保存，而并没有被全部继承下来。

文官政治发达的首要表现是考试选官制度——科举制的完备。此前唐朝的科举制尚未得到充分发展，录取人数少，并存在荐举制的残余"行卷"，以致形成请托奔竞之风。宋朝则形成了严格的三级考试、三年一考制度。初级为地方性的解试，由州、转运司或国子监举行，合格者解送礼部。二级为省试，由尚书省礼部主持，合格者奏名于皇帝。三级为殿试，由皇帝亲自策试省试合格者，初尚有黜落，后不加淘汰，只是重定名次。科举的规模明显扩大，录取人数数倍于唐。据现有资料，唐朝登科总数为6603人，两宋则达到45640人。考试手段更加严格，力求做到公平竞争，"一切以程文为去留"，为此采取了多种前所未有的防弊措施。一为搜身，以防考生挟带。二为弥封，亦称糊名，将考卷上的考生姓名籍贯封贴，使考官无法得知考生身份。三为誊录，将原卷封存，另抄副卷交考官批阅，以防考官辨认考生笔迹。四为锁院，考官皆为临时差遣，受命后即入住于考场——贡院，非至阅卷完毕，不得外出及接见亲友，以避免请托。五为别试，与考官有私人关系（如子弟、亲戚、门客之类）的考生应试仍须回避，由朝廷另遣考官，单设场屋考试。与唐朝相比，进士科已成为宋朝科举的主要名目，其他科目无足轻重。至北宋晚期，进士科又根据考试内容区分为诗赋进士、经义进士两类。科举考试向读书人广泛开放，不问家世，一旦录取，即刻授官，且升迁前景远较其他仕途优越。两宋宰相90%以上系科举出身，故朱熹曰"居今之世，虽孔子复生，也不免应举"。[39]科举制的完备程度和重要地位，在以后明清两朝仍然保持，但其基本规模则奠定于宋朝。

文官政治发达的表现之二，是人事管理制度更加复杂、严密，在古代堪称首屈一指。其法规之细、条文之繁，任法而不任人，使官僚制作为"理性行政秩序"的特点得到了充分体现。官员通常带有包括实际职务、官阶、勋、爵、贴职、检校官、功臣号在内的多重头衔，其中最重要者为实际职务和官阶。官阶代表官员个人的资历，它决定官员的基本待遇，包括俸禄、恩荫亲属为官、封赠父母妻室等，职务则决定了官员的实际权力，同时还可由此领取高低不等的职务津贴"职钱"。官员的职、阶不一定对应，可能阶卑职高，也可能阶高职卑，甚至有阶无职。这种职、阶分立，各有权益的制度沿自唐朝而更加发达,反映出国家对官僚阶层的优遇。但后代对此并未予以承袭,而是转向职阶合一,待遇统一因职务而定。由于宋朝的职务和官阶各具重要意义,因此其迁转均有一套相当复杂的程序。

职务迁转——职务系列的高低次序称为资序,任某职满一定年限即可"成资",有资格升任高一资序之职务。同一职务,又可以"副""权""权发遣"等名目分为不同的资序。任职期满、赴吏部注拟新职者,须先将各种文状(申请书、个人档案、推荐信等等)上呈供审查,合格后被定为"到部",即获得参加铨选的资格。吏部将待除官阙张榜公布,到部者可根据自身条件及愿望报名"指射"某阙。多数情况下因一阙有多人指射,不得不令大部分人"待次"。吏部审查文状、拟定应阙者,通常以"循资"为首要原则,而宋朝职官分类和层次复杂,人事规定具体细致,用于指导具体操作的"条""例"累积繁多,乃至重复歧互,也为吏部官吏特别是从事文书工作的吏员提供了作弊机会。

官阶迁转——宋朝官阶共分朝官、京官(合称京朝官)、幕职州县官(又称选人)几大级别。升迁官阶时须经历一套复杂的考核手续,称为磨勘。凡幕职州县官升阶为京朝官,须经改官磨勘,京朝官系列内升级,须经转官磨勘。绝大多数官员初仕皆为幕职州县官,根据其不同出身、所任不同职务,在积累一定资考后,理论上皆有改入京朝官的可能,其政治地位、经济待遇均将因此大为提高。故改官成为官员仕宦生涯中的一件大事。如苏洵所云:"凡人为官,稍可以纾意快志者,至京朝官始有其仿佛耳。自此以下者,皆劳筋苦骨,摧折精神,为人所役使,去仆隶无几也。"[40]朝廷对改官磨勘这一关卡约束甚严,不但要严格考察其出身、资历、政绩、家庭背景(有无犯罪人员),还需要有数名中高级官员保荐并连带承担责任,称为"举主",举主的人数、身份皆有具体要求,不得稍有差错。京朝官人数虽少,但分阶细密,北宋前期共有40余阶,元丰改制后亦有30阶。其转官三年一磨勘(后改为四年),手续较为简易,通常至即转阶,甚至双转、超转。范仲淹"庆历新政"企图对转官磨勘进行限制,结果招致官僚群起反对而失败。磨勘制度也成为宋廷奖惩官员的手段之一,对有功官员常予减少磨勘年限之奖励,有过者则增加磨勘年限以惩戒。官员同样对磨勘十分重视,苏轼即云"今之君子,争减半年磨勘,虽杀人亦为之"。[41]

文官政治发达的表现之三,是宗室、外戚、宦官等各种非理性政治因素在政治领域受到了比较成功的抑制,两宋300余年间基本上做到"无内乱",没有出现宗室谋篡、外戚干政、宦官专权以及因其而引起的内讧、残杀。这主要是因为在制度上有种种预防措施,且执行较好。如为防止宗室成员预政,规定除远亲外不许参加科举考试,担任官职也有诸多限制。与前后朝代不同,宋朝的皇子都不直接封王,通常先授防御使头衔,然后经由国公、郡王等级别,逐渐升至亲王。亲王又不得世袭,其子孙比照官员恩荫制度,爵位渐次递降,其中只有少数"历任年深,齿德稍尊"才有可能特封王位,但并不属于袭爵性质。亲王朝会班序居于宰相之下,官属亦从简。对外戚、宦官预政,也都防范甚密,使"与士大夫治天下"的基本国策得以顺利保持。从纵向上看,宋朝可以说是历代王朝中"家天下"色彩最为薄弱的一个朝代,皇帝的家人、亲属、家奴对政治和社会的影响被控制到了最低程度。

文官政治发达的表现之四,是士大夫集团与皇权之间形成了相对合理的制衡关系。中国古代的官僚政治从总体上来说是服务于专制皇权的,但官僚政治长期发展后也形成一定的自主性,对皇权形成限制,并且具有将皇帝包容于官僚机器之中的趋势,要求其尽可能扮演好自己的特定"角色"。经筵制度的形成就是这方面的典型表现。经筵是专门为皇帝学习经书、史书而开设的课程,汉朝以来即有零散事例,但未成定制。宋朝经筵则完全制度化,除寒暑期外均隔日一讲。大儒程颐论述经筵的重要性说:"臣窃以人主居崇高之位,持威福之柄,百官威慑,莫敢仰视,万方承奉,所欲随得,苟非知道畏义,所养如此,其惑可知。"故云:"天下重任唯宰相与经筵,天下治乱系宰相,君德成就责经筵。"[42]他在经筵讲书时以师道自居,表情严肃,多所规谏,使得皇帝畏惧,以致有"瞽横"之称。另外宋朝台(御史台)谏(谏官)合一,共任言责,不仅起到了牵制宰相的作用,也对皇帝形成约束,常言人之所不能堪,有时还与宰相联合起来对抗皇帝。宋朝皇帝大多数时候也能做到从大局出发,节制自己的私欲,在一定程度上体现出"公天下"的面貌,如宋仁宗所谓"措置天下事,不欲从中出"。

宋朝士大夫虽然在具体问题上对皇权形成制衡,但在思想上又竭力鼓吹绝对、单方面和无条件的忠君观念(当然"忠"的范畴内仍然包含着斗争因素)。其背景主要是值晚唐五代乱离之后,士大夫致力于重建传统的伦理道德秩序以保证社会稳定,不免矫枉过正,将忠君观念提到了人生第一原则、"天理"所在、"无所逃于天地之间"的高度。五代时历仕四朝官位不坠而被人称羡的冯道,在宋朝则成为"无耻之尤"的反面教材,受到严厉抨击。唐朝的统治虽有过辉煌业绩,但也经常被宋人挑出"三纲不立"的毛病,冷嘲热讽。宋朝还出现了一部托名东汉马融所著的伪书《忠经》,以与传统儒家经典《孝经》相对应。总之忠君观念强化是宋朝的一个显著现象,对后代也产生了深远影响。不过,宋朝的皇权在官僚体制约束下尚未膨胀到过高的程度,对臣下的基本人格和尊严还保留有一份尊重,与士大夫集团在政治领域也还能够较好地协调关系,这都是它与以后朝代不同的地方。

北宋帝系表

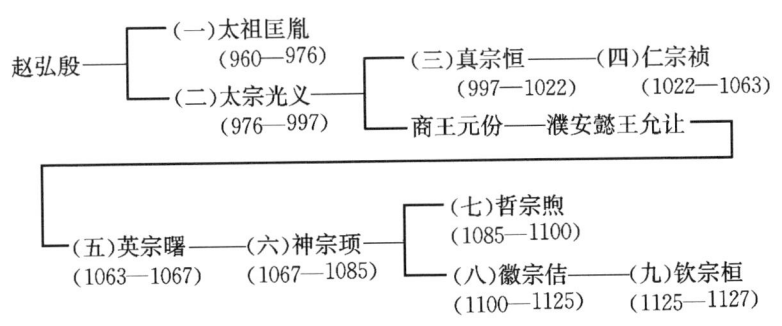

```
赵弘殷 ┬ (一)太祖匡胤
       │     (960—976)
       │                    ┌ (三)真宗恒 ── (四)仁宗祯
       └ (二)太宗光义 ──────┤     (997—1022)   (1022—1063)
             (976—997)      └ 商王元份 ── 濮安懿王允让

┬ (五)英宗曙 ── (六)神宗顼 ┬ (七)哲宗煦
│  (1063—1067)  (1067—1085) │    (1085—1100)
│                            └ (八)徽宗佶 ── (九)钦宗桓
│                                 (1100—1125)   (1125—1127)
```

注　释

[1]　李焘《续资治通鉴长编》卷三二太宗淳化二年八月。
[2]　《续资治通鉴长编》卷二太祖建隆二年七月。
[3]　《续资治通鉴长编》卷六太祖乾德三年三月。
[4]　范祖禹《范太史集》卷二六《论曹诵札子》。
[5]　欧阳修《归田录》卷二。
[6]　司马光《涑水纪闻》卷一。
[7]　范祖禹《范太史集》卷二二《转对条上四事》,苏洵《嘉祐集》卷一《审势》。
[8]　叶适《水心别集》卷一〇《始议二》。
[9]　《宋史·职官志八》,宋祁《景文集》卷二六《上三冗三费疏》。
[10]　苏轼《东坡应诏集》卷四《策别十九》。
[11]　张方平《乐全集》卷二三《再上国计事》,蔡襄《端明集》卷二二《论兵十事》,《国论要目·谨财用·强兵》。
[12]　《续资治通鉴长编》卷一三三仁宗庆历元年八月,卷一三一仁宗庆历元年二月。
[13]　《宋史·吕景初传》。
[14]　欧阳修《欧阳文忠公文集》外集卷九《原弊》,司马光《司马文正公文集》卷三八《横山疏》。
[15]　《续资治通鉴长编》卷一七太祖开宝九年十月。
[16]　《宋大诏令集》卷五一《吕端拜相制》。
[17]　《续资治通鉴长编》卷五六真宗景德元年七月。
[18]　《续资治通鉴长编》卷四三真宗咸平元年十月。
[19]　《宋太宗实录》卷四一雍熙二年正月甲寅,王安石《临川先生文集》卷四一《本朝

百年无事札子》。
[20] 欧阳修《欧阳文忠公文集》奏议集卷一五《论包拯除三司使上书》。
[21] 宋真宗语,见《续资治通鉴长编》卷二一三神宗熙宁三年七月。
[22] 苏轼《东坡奏议》卷一《上皇帝书》。
[23] 《续资治通鉴长编》卷一五〇仁宗庆历四年六月。
[24] 司马光《司马文正公文集》卷六〇《与王介甫书》。
[25] 王安石《临川先生文集》卷七三《答曾公立书》。
[26] 司马光《司马文正公文集》卷三九《八月十一日迩英对问河北灾变》。
[27] 王安石《临川先生文集》卷三九《上仁宗皇帝言事书》,卷七五《与马运判书》。
[28] 《宋会要辑稿》食货四之一六。
[29] 《续资治通鉴长编》卷四〇七哲宗元祐二年十一月。
[30] 毕仲游《西台集》卷五《青苗议》。
[31] 《宋史》卷三三一《陈舜俞传》。
[32] 《续资治通鉴长编》卷三六四哲宗元祐元年正月。
[33] 苏辙《栾城集》卷三五《自齐州回论时事书·画一状》。
[34] 《续资治通鉴长编》卷三八四哲宗元祐元年八月。
[35] 杨时《龟山集》卷一五《策问》。
[36] 《宋史·陆佃传》。
[37] 《续资治通鉴长编》卷三九四哲宗元祐二年正月。
[38] 《宋史·陆佃传》。
[39] 《朱子语类》卷一三《学七·力行》。
[40] 苏洵《嘉祐集》卷一三《上韩丞相书》。
[41] 《宋史·苏轼传》。
[42] 程颐《河南程氏文集》卷六《论经筵第三札子》。

第十三章
两宋与辽、夏、金、蒙的对峙

两宋统治的300年间,边疆形势和民族关系十分复杂,北方民族先后建立了强大的辽、夏、金、蒙古政权,与宋朝形成对峙。金朝还进占了中原,将宋廷逐至东南半壁。蒙古继金而起,最终将宋朝灭亡。两宋与辽、夏、金、蒙古政权的和、战关系,也因而成为这一时期的一条重要历史线索。

一 辽、西夏的统治及其与北宋的关系

辽是契丹族建立的王朝,据有北方草原和华北农耕地区的北缘,在五代即已建国,历史早于北宋。北宋初期,宋、辽数次交锋,辽占有明显优势。11世纪初双方签订"澶渊之盟",此后长期维持和平关系。12世纪前期,辽为金朝所灭,共历9帝,210年。后其支裔又在中亚建立西辽。西夏是党项族在西北地区建立的政权。它在唐末五代及北宋前期只是一个半独立的边疆藩镇,后称帝建国,经过数年交战,迫使北宋承认了其独立政权的地位。此后它在名义上仍是北宋的藩属国,但双方屡次发生战事。北宋灭亡后,西夏称臣于金,两国相安无事。后西夏为蒙古所灭,共历10帝,197年。

辽朝统治概况

辽朝统治民族契丹族出自东胡,与鲜卑同源。传说最初有男子乘白马,女子乘青牛,相遇为配偶,生八子,是为契丹之始。北魏时契丹见于史载,居于潢水(今西拉木伦河)以南,黄龙(今辽宁朝阳)以北,分八部,据称即八子之后。唐初形成部落联盟,以大贺氏为联盟长,称可汗。唐中期大贺氏联盟在动乱中瓦解,重建后遥辇氏成为联盟长,八部亦重新编组,名称全变。八部之一迭剌部内的耶律氏家族重建联盟有功,世代担任联盟军事首长夷离堇,势力不断壮大。至10世纪初,耶律阿保机遂取代可汗之职,并于916年

正式称帝（后追尊辽太祖），建元神册，然未专定国号，即以契丹为国名。委派汉人兴建都城于临潢（今内蒙古巴林左旗），称上京，又创制文字，制定法律。阿保机先征服邻近的奚族，继之讨平漠北诸部室韦（亦称达怛、鞑靼）。926 年，攻灭号称"海东盛国"的靺鞨政权渤海国。其次子德光（辽太宗）利用中原混乱局势，助后晋灭后唐，取得燕云十六州，947 年灭后晋。德光于汴梁模仿汉族礼仪受百官朝贺，始建国号为辽。然立足不稳，被迫北撤，病卒于归途。其侄世宗（947—951）、子穆宗（951—969）、世宗子景宗（969—982）相继即位，皇位继承不固定，政局动荡，国势略显衰颓。

辽景宗死后，子圣宗即位，年幼，皇太后萧氏主持政务，号承天皇太后。在萧太后指挥下，辽击败了北宋的北伐，又转守为攻，迫使北宋签订澶渊之盟。圣宗在位近 50 年（982—1031），是辽朝的鼎盛时期，国家制度亦渐趋完备。此后兴宗（1031—1055）、道宗（1055—1101）依次嗣位，上层统治集团内部斗争激烈，多次发生宫廷政变，辽的统治渐衰。另外边境民族的反抗也日益频繁。漠北的室韦（鞑靼）诸部虽早已服属于辽，但辽对它们的统治并不稳固，仍属于"羁縻"性质，"朝贡无常，有事则遣使征兵，或下诏专征，不从者讨之。助军众寡，各从其便，无常额"。[1] 至道宗朝，诸部鞑靼一度在磨古斯的领导下起兵反辽，辽竭尽全力，历时 9 年始将其讨平。东北的女真以完颜部为首形成部落联盟，亦日渐不驯，对辽形成威胁。

道宗既卒，其孙天祚帝即位。此时辽的统治危机已十分严重，汉人、渤海人聚居地区都出现动乱。1114 年，女真联盟长完颜阿骨打起兵反辽，连败辽师于宁江州（今吉林扶余东南）、出河店（今黑龙江肇源西南），并于次年称帝，建立金朝。天祚帝御驾亲征，仍被击败。此后形势急转直下，至 1123 年，金军已基本攻占辽朝统治的核心地区，天祚帝遁入夹山（在今内蒙古土默特右旗西北）。1125 年，金兵俘天祚帝，辽亡。皇族耶律大石率一部分军队北走，于西北部落征兵数万，重建统治机构。随后继续西进，至西域称帝，仍用辽国号，史称西辽，都于八剌沙衮（今吉尔吉斯斯坦托克马克东南），号虎思斡耳朵。西辽立国中亚 80 余年，至 1218 年为蒙古所灭。

作为北方民族政权，辽朝有着自身的独特之处。它并非匈奴、突厥一类纯粹游牧帝国，亦不像北魏那样完全移入中原农业区，而是一个半游牧半农耕国家，兼有两种不同的社会经济形态，并且两种形态在国家经济生活中所占比重大致相当。反映到政治制度上，也与前两类北方民族政权有区别。其主要特征，就是南、北面官制度。契丹之俗崇拜太阳，故皇帝御帐朝东，中枢官员分列南北，两面官各司其职，双轨理政，"北面治宫帐、部族、属国之政,南面治汉人州县、租赋、军马之事","(北面)以国制治契丹,(南面)以汉制待汉人"。[2]北、南面官的最高机构均称枢密院,相当于全国宰相机构。北枢密院以下北面官制,大量保存契丹部落旧制,兼采突厥、回纥以至汉族政权职名,包括北、南府宰相,北、南院大王,大惕隐司(管皇族事务),大国舅司(管后族事务),夷离毕院(管司法),大林牙院(管起草文书),敌烈麻都司(管礼仪)等。南枢密院以下南面官制,则设有中书省、御史台、大理寺、翰林院等汉地传统机构。地方官制在广义上也可纳入南、北面官系统。契丹、奚以及其他草原民族居住地实行部族制,按地区划分为数十部,设节度使管理,汉人和渤海人居住地则按照汉制设置州县。

辽的部族和州县不完全由国家直接管辖,有一些隶于斡鲁朵或头下。斡鲁朵出自突厥语,意为宫帐或宫殿。辽每一皇帝(包括摄政的皇后和个别皇子)都建立自己的斡鲁朵,其下有直属的军队、民户、奴隶、部族州县,构成独立的经济军事单位,为其个人私有,死后由家属后代继承。终辽一代共有12斡鲁朵,亦称12宫。其属民世隶宫籍,不得脱离。头下全称头下军州,又作投下,是贵族的领地。贵族将战争中所掠或皇帝赏赐的人口自置城堡管理,即为头下,又称"私城"。亲王、国舅、公主等高级贵族的头下可建立州城,低级者仅为寨堡。头下属民依附于领主,但在向领主交租的同时仍需向官府纳税,称为"二税户"。目前可考的辽朝头下军州约40有余,总的趋势是逐渐减少,而斡鲁朵属邑同时却渐增,可见皇权强化的趋向。

辽又有四时捺钵之制。捺钵,契丹语,意为行营。辽虽建立了汉族模式的王朝,但其皇帝始终保持着先人的游牧生活传统,居处无常,四时转徙,"秋冬违寒,春夏避暑,随水草,就畋渔,岁以为常,四时各有行在之所,谓之捺钵"。[3]四时捺钵又分别有"春水""秋山""坐冬""坐夏"等称,主要活动为春捕鹅、捕鱼,夏放鹰,秋射鹿,冬猎虎,皆有大致固定的地区。大部分贵族和高级官员皆随从皇帝而行,捺钵成为国家政治中心,又称"行朝",禁卫森严。皇帝通过捺钵进行军事训练,并笼络归属民族酋长。冬夏捺钵还要举行北、南臣僚会议,商讨国家大政,决定重要人事任命。辽建有五京,上京(亦称临潢府)之外还有中京大定府(今内蒙古宁城)、东京辽阳府(今属辽宁)、南京析津府(今北京)、西京大同府(今属山西),严格说来都不是正式首都,更类于镇抚地方的首府,真正首都则是流动的捺钵。

辽朝贵族政治色彩明显,高级官员多由"世选"产生,显贵家族世代产生高官,但具体由何人任何职则不固定。世选原则并不限于契丹贵族,一些燕云地区的汉族大姓亦有特殊政治地位,代有闻人,最显者有韩、刘、马、赵诸家。其中玉田韩氏的韩德让受承天皇太后宠信,赐姓名耶律隆运,总北、南枢密院事,位亲王上。死后专置"文忠王府",其制全类斡鲁朵,为辽代唯一非皇族所立的宫卫。世选以外也有科举选官之制,但地位不重要,仅针对汉人,契丹人不得应试,韩刘马赵之类汉人大族入仕亦多不由此途。至辽末情况稍变,西辽创建者耶律大石即为进士及第。这是契丹人日久趋于汉化的表现。意识形态方面,儒、佛并崇,而佛教尤盛,现在见到的辽朝文化遗存中有关佛教者最多,包括以木版雕印全部汉文大藏经(号"丹藏"),以及于云居寺(在今北京房山)刊刻的石经,等等。

辽朝(契丹)帝系表

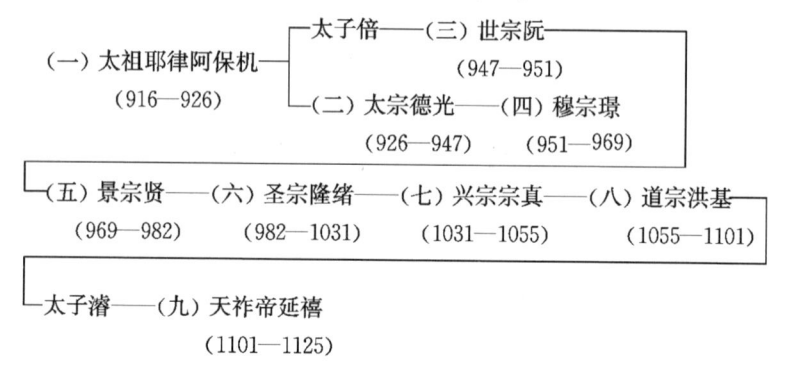

```
                     ┌─太子倍──(三)世宗阮─┐
(一)太祖耶律阿保机─┤              (947—951)  │
     (916—926)      └─(二)太宗德光──(四)穆宗璟│
                         (926—947)   (951—969)│
┌────────────────────────────────────────────┘
├(五)景宗贤──(六)圣宗隆绪──(七)兴宗宗真──(八)道宗洪基
│ (969—982)   (982—1031)   (1031—1055)   (1055—1101)
│
└太子濬──(九)天祚帝延禧
           (1101—1125)
```

北宋与辽的关系

宋太祖赵匡胤建立北宋后,于开宝元年(968)、二年两次出兵攻打北汉,包围太原,但都因北汉凭城固守,辽军及时增援,无功而还。到宋太宗即位时,南方已全部平定,十国仅存北汉。太平兴国四年(979),太宗亲征北汉,筑长围以困太原,别遣军队阻击辽的援军,终使北汉力竭而降。太宗陶醉于胜绩,决定即刻北上伐辽,企图一举收复燕云十六州。宋军包围燕京,猛攻不下,而辽将耶律休哥、耶律斜轸率精锐部队前来救援,内外夹击,大败宋军于高粱河(在今北京西直门外)。太宗股中两箭,乘驴车逃走,从行宫嫔尽数陷没。此役后宋太宗并不甘心失败,积极策划再次北伐。辽景宗死,圣宗年幼即位,皇太后萧氏柄政,太宗认为有机可乘,遂于雍熙三年(986)进兵。宋军分为三路,曹彬统东路主力趋燕京,田重进统中路趋蔚州(今河北蔚县),潘美统西路趋云州(今大同),总兵力在30万人以上。但未设主帅,而是由太宗本人居于后方节制。宋军初期进展顺利,然不久东路军与辽军主力相遇,粮运不继,大败于歧沟关(今河北涞水东),中、西两路军也被迫撤退,为辽军追击,损失惨重,名将杨业被俘而死。史称此役为"雍熙北征"。此后,宋朝统治者"不敢北向",[4]基本放弃了收复燕云十六州的努力,只能保持有限的统一规模,已无法恢复汉、唐的大一统局面。

在另外一方,辽朝却趁机掌握了战争主动权,转守为攻,频频南侵。宋军消极防御,被动挨打而无险可守,只能在华北平原上开挖河沟,利用河渠、水泊阻挡辽军进犯。至真宗景德元年(1004),辽萧太后挟圣宗率军大举南下,避实击虚,绕过河北宋军固守的城池,直抵黄河北边的澶州(今河南濮阳),汴京震动。一些大臣提议迁都江南或四川,只有宰相寇准等少数人力主御驾亲征之策。真宗渡河至澶州,宋兵士气稍振,射死辽军大将萧挞览。辽方未敢恋战,于是双方进行议和。真宗迫切求和,指示谈判使臣不惜让步。最后达成协议,两国约为兄弟,各守疆界,互不招纳降附,取消敌对行动,沿边不得创筑城堡,改易河道。辽圣宗尊宋真宗为兄,宋真宗尊辽萧太后为叔母。北宋每年向辽支付"岁币"银10万两,绢20万匹。此协议史称"澶渊之盟"。

澶渊之盟订立后百余年,宋、辽之间一直维持着和平关系,通使不断,彼此以南、北朝平等相待。沿边开设榷场,进行互市贸易。其间,也出现过两次较大的边界纠纷。仁宗庆历二年(1042),辽朝趁西夏崛起、北宋困于宋夏战争之机,屯兵境上,遣使至宋索要"关南旧地",即周世宗北伐时从辽手中夺得的瓦桥关以南地区,北宋派大臣富弼赴辽进行交涉,最终拒绝了割地要求,但以每年增付"岁币"银10万两、绢10万匹为补偿。神宗熙宁八年(1075),辽朝又就与北宋河东路(今山西境内)接壤的边界提出异议。北宋沈括奉命前往谈判,临行在枢密院查阅档案,查出以前宋、辽划境以古长城为界的事实。到达辽廷后,据理力争,反复辩论,终于挫败了辽朝占地的企图。

12世纪初,女真族建立金朝,向辽发起进攻,辽兵屡败。宋徽宗与蔡京、童贯等密谋,希望从中渔利,乘乱收复燕云地区。重和元年(1118),宋廷以买马为名,遣马政由海路使金,次年金使回访宋朝。双方使节经海上往来数次,终于在宣和二年(1120)订立"海上之盟"。盟约商定,两国共同灭辽,不单独媾和。由金攻取辽的中京,宋攻取燕京,灭辽后宋廷将过去送辽的"岁币"转付于金朝。然而徽宗君臣只是想趁火打劫,不劳而获,并未认真备战。至宣和四年,金军已攻陷辽中京,而宋军在童贯、蔡攸率领下进攻燕京,却遭到辽军痛击而大败。童贯被迫求助于金军,金军顺利攻下燕京,要求以燕京地区每年赋税为酬劳。几经交涉,北宋收回燕京空城,城中人口财物已被金军劫掠而去。北宋还要每年向金交纳"燕京代租钱"100万贯，随岁币一同支付。其腐朽脆弱，完全暴露无遗。金朝在消灭了辽的残余势力后，随即大举进攻北宋，北宋遂继辽之后被金灭亡。

西夏建国及其与北宋的和战

西夏是以党项族为主体建立的民族政权。党项出自羌族，原居于四川西北、青海东部，部落甚众，不相统属，而以拓跋氏为最强。这一拓跋氏有可能是居于羌中的鲜卑拓跋氏。大抵党项羌并非纯粹的单一民族共同体，其中混杂有其他民族成分，汉文史书即经常称之为"杂虏"。唐前期因吐蕃逼迫，内徙甘、陕一带，数易其居，唐皆为置羁縻府州进行统辖。唐朝后期，拓跋氏居于陕北，力量渐强。其首领拓跋思恭助平黄巢有功，授夏州节度使（治今陕西横山，亦名定难军节度使），封夏国公，并赐姓李，遂成为唐末藩镇之一。五代更迭迅速，对其无暇顾及，只能遥示羁縻，直至宋初仍保持藩镇地位。宋太宗时，其统治家族内部发生矛盾，节度使李继捧献地入朝。继捧族弟李继迁反对内附，率部众反宋，不断袭扰宋边，又称臣于辽，受辽册封为夏国王。北宋无力将其消灭，被迫妥协，仍授继迁为节度使，又赐其姓名为赵保吉。但继迁并未完全臣服，不久复从北宋手中夺取灵州（今宁夏灵武）。后继迁略地河西，为吐蕃人袭杀。其子德明嗣位，向宋纳贡乞和，宋加封之为西平王，后进封夏王。德明得以专力西向，击败吐蕃及甘州回鹘，基本控制河西走廊。又修筑兴州城（今宁夏银川），作为统治中心。

宋仁宗天圣九年（1031），德明死，子元昊袭位。元昊民族意识较强，一向反对其父的附宋政策。袭位后首先放弃唐、宋王朝赐与的李、赵二姓，改本家族姓氏为嵬名氏（但史书中仍多以李姓称之），并自行创立开运、广运等年号。下达秃发令，恢复本族旧俗，又创制本族文字。升兴州为兴庆府，广建宫殿。宋宝元元年（1038），元昊正式即皇帝位，国号大夏，建元"天授礼法延祚"，自己更名"曩霄"，是为夏景宗。此时西夏疆域，东临黄河，西尽玉门关（今甘肃敦煌西），南抵萧关（今甘肃环县北），北连大漠，有州十九。

元昊既称帝，与北宋关系恶化，展开为时七年的宋夏战争。北宋在陕西地区的驻军大大多于西夏攻宋兵力，但消极防御，兵分势弱，互不应援。数年间双方连续大战于三川口（今陕西延安西北）、好水川（今宁夏隆德东）、定川寨（今宁夏固原西北），宋军皆以惨败告终，大将刘平、石元孙被俘，任福、葛怀敏战死。而西夏毕竟国力有限，不能承受长期战争的损耗。至庆历四年（1044），宋、夏达成和议，宋册封元昊为"夏国主"，元昊对宋称臣，结束战争状态。宋每年"岁赐"西夏绢15万匹、银7万两、茶3万斤。重开沿边榷场贸易,恢复民间商贩往来。此后元昊"帝其国中自若"。[5]

宋、夏议和之后,边境常有冲突。宋神宗元丰四年(1081),宋趁西夏皇室内乱,兵出五路,攻入夏境。夏军诱敌深入,凭城坚守,袭扰宋军后方。宋军最终无功而返,损失惨重。次年,神宗用徐禧之议,在宋夏边境修筑永乐城(在今陕西米脂西北),以为进攻西夏的军事基地。虽尽力完工,而西夏大军旋至,城小无水源,宋军多饥渴致死,城被西夏攻陷。这样宋神宗时的两次大战,又以宋败告终。哲宗、徽宗两朝,战事仍不绝,互有胜负,北宋稍占上风。宋、夏和平不稳定的原因,一则与西夏经常挑衅有关,另外北宋欺软怕硬,每欲以西夏检验"强兵"效果,亦不得辞其咎。

西夏建国前后,采取结辽抗宋政策,辽亦欲联夏制宋,册封之外,又先后以宗室女与李继迁、元昊和亲。宋夏战争期间,夏、辽亦彼此利用,讹诈北宋。而在宋夏逐渐达成和议同时,夏辽矛盾因对宋关系、边界人口逃亡等问题趋于激化。和议当年(1044),辽兴宗即亲征西夏,兵分三路,渡河深入夏境。夏人坚壁清野,待敌师疲反击,辽军败绩。1048年元昊卒,其子毅宗谅祚即位。辽兴宗以为有机可乘,再度伐夏,仍是小胜大败。交战数年后西夏主动请和,双方又渐归于盟好。至辽末,天祚帝复以宗室女嫁与夏崇宗乾顺。辽金之战,西夏曾出兵援辽,然终非金军之敌,未能挽救辽朝覆灭命运。

金灭北宋,入主中原,西夏仍称臣于金,事以藩属之礼。双方划疆而守,设榷场进行贸易。七八十年间,基本维持和平无战事。夏仁宗仁孝在位时,外戚任得敬控制朝政,胁迫仁宗"分国",要求以西夏之半归他统治。仁宗被迫上奏金廷,代任得敬请求封册。金世宗览奏不许,指出"有国之主,岂肯无故分国于人,此必权臣逼夺",[6]退还贡物。在金朝支持下,仁宗捕杀任得敬及其族党,使西夏免于分裂。

13世纪初,蒙古崛起,西夏大难来临。成吉思汗统一漠北前后,于1205、1206、1209年三征西夏。西夏国势已经衰弱,远非蒙古铁骑之敌,襄宗安全纳女求和。此后蒙古用主要力量伐金及西征,西夏亦被迫附蒙攻金。自1211年后十余年间,夏金边界战事不断,"一胜一负,精锐俱尽,而两国俱弊"。[7]后来西夏终不堪蒙古诛求,与金讲和,约为兄弟之国,联合抗蒙。1226年,成吉思汗率蒙古军西征精锐征伐西夏,西夏州县相继失守。次年蒙古攻破兴庆府(时已更名中兴府),西夏末帝李睍出降被杀,国亡。

西夏立国近200年,形成了内涵丰富、颇具特色的本民族文化。其中最令人瞩目的是西夏文字。西夏文字在元昊时期创制完成,称为蕃书、蕃文。

215 | 第十三章 两宋与辽、夏、金、蒙的对峙

就目前所知,字数约 6000 有余。它是模仿汉字创造的,因此与汉字有很多共同之处,形体方整,构字方式相似,大多类似于汉字中的会意、形声字,同属表意文字体系而兼有表音成分,但意符、音符无明显标志且位置不固定,因而同样具有难认、难记、难写的特点。所区别者,结构稍复杂,笔画更烦冗,斜笔较多,且象形、指事字极少,表意文字特色比汉字更纯粹。西夏文创制后曾在西夏境内大力推行,所以今天尚存有数量相当丰富的西夏文文献,不下数百万字。西夏统治者崇信佛教,曾以西夏文翻译《大藏经》,译出佛经 820 部,3579 卷,存于世者甚多。

西夏的官制主要模仿宋制,有尚书省、枢密院、三司、御史台、开封府(指首都兴庆府衙门)、农田司、群牧司、磨勘司等等,"设官之制,多与宋同"。[8]但根据史书记载,西夏还有一套"番号"官称,有宁令、谟宁令、丁卢、素赍、祖儒、吕则等。这套"番号"与汉式官称只是对同一套官制的不同语言称谓,并非两套官制。"番号"官称绝大多数见于从事对宋外交的官员头衔,用本族语言自称官名,是出于民族自尊的表现,而宋朝方面亦出于民族歧视态度加以记录,两相情愿,各得其所。

西夏虽崇佛,但对儒学也十分重视。设置蕃学教习西夏文字,同时翻译儒家经书。崇宗时特建"国学",学生 300 人,以习儒学为主。后来又建有宫学、太学,州县则普遍设立小学。仁宗时尊孔子为"文宣帝",为古代诸王朝唯一为孔子加帝号者。西夏中后期开设科举,有童子科、进士科。宗室子亦可应科举,后期皇帝神宗遵顼早年即由科举出身,且是廷试第一。大臣斡道冲为童子举出身,精通五经,尝用西夏文写作《论语小义》《周易卜筮断》等书。到元朝,西夏人多以好文崇儒著称,曾对元朝发展文治起过重要作用。

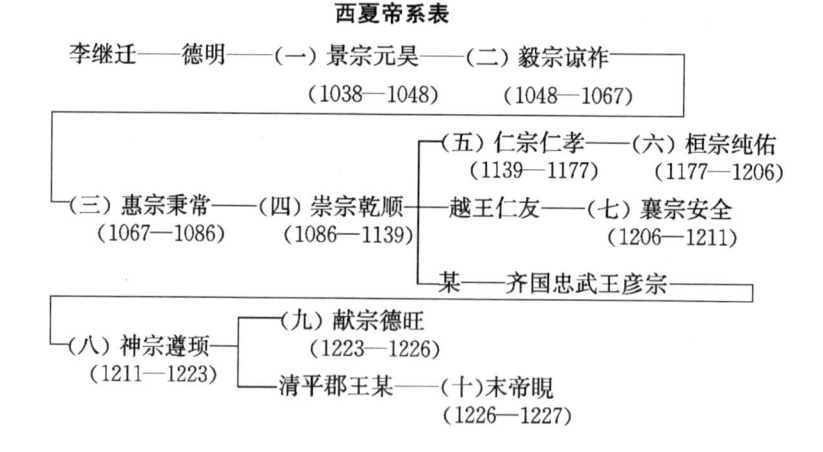

西夏帝系表

李继迁──德明──(一)景宗元昊──(二)毅宗谅祚
　　　　　　　　　　(1038—1048)　　(1048—1067)

　　　　　　　　　　　　　　　　┌(五)仁宗仁孝──(六)桓宗纯佑
　　　　　　　　　　　　　　　　│　(1139—1177)　　(1177—1206)
(三)惠宗秉常──(四)崇宗乾顺──┤越王仁友──(七)襄宗安全
　(1067—1086)　　(1086—1139)　│　　　　　　　(1206—1211)
　　　　　　　　　　　　　　　　└某──齐国忠武王彦宗

┌(八)神宗遵顼──┬(九)献宗德旺
│　(1211—1223)　│　(1223—1226)
　　　　　　　　└清平郡王某──(十)末帝睍
　　　　　　　　　　　　　　　　(1226—1227)

二　南宋与金朝、蒙古的对峙

1127年,金灭北宋,宋高宗赵构重建宋政权,后定都于临安(今浙江杭州),史称南宋。经过十余年的战斗,双方大致形成南、北对峙的局面。对峙期间以和平通使为主,虽几度发生战事,而战毕又归于和。南宋苟安半壁,连续出现权臣专权,政治每况愈下。虽勉强能够与金抗衡,但最终仍被更强大的蒙古所灭亡。

宋、金南北对峙局面的形成

宋徽宗宣和七年(1125)春,金灭辽。金军主帅完颜宗翰、宗望在此前与北宋交涉过程中发现其虚弱可欺,遂力主继续伐宋。秋,宗翰等统大军分两路南侵。西路军进围太原,东路军占领燕京,直逼东京。徽宗惶恐,宣布退位为太上皇,并急忙逃往东南避祸。太子桓嗣位,是为钦宗,定新年号为靖康。在朝野官民激烈声讨下,蔡京、童贯、王黼等奸臣或贬或诛。大臣李纲负责京城防御,指挥军民多次击退金军进攻。太原宋军凭城坚守,拖住西路金军,与此同时陕西等处"勤王"宋军亦纷纷开至。东路金军不敢继续进攻,遂与宋廷讲和。钦宗答应交付巨额赔款,割让太原、河间、中山三镇,并遣亲王为人质。金军于是北撤,徽宗亦返回东京。然未逾数月,金军即于靖康元年(1126)八月再度南下。太原军民反对割地,坚持守御,至此终被攻破。而宋廷形势粗定即开始政争,抗战派官员李纲等已被贬出朝。闰十一月,金军对东京发起进攻,城破,钦宗被迫亲赴金营投降。金军花费数月,清点搜刮皇宫及城中金银钱帛。至次年四月,金军俘虏宋徽宗、钦宗及后妃宗室,满载大批财物而归。北宋至此灭亡。北宋自初受金兵进攻至最后覆亡,竟不出二年,可谓一触即溃。

靖康二年(1127)五月,徽宗第九子康王赵构被臣下拥戴即位于南京(今河南商丘),改元建炎,是为南宋高宗。高宗此前曾赴金营为短期人质,又被任命为河北兵马大元帅,在外募兵勤王,得免于靖康之难。即位后应舆论要求,以抗战派大臣李纲为相,宗泽任东京留守。金人初入中原,立足未稳,两河反金民军蜂起,但缺乏统一领导,各自为战。高宗本人却慑于金军兵威,消极避战,未能利用这一机会收复失地,反而逃往扬州。李纲任相75日即被罢免,金朝逐步进占河南、陕西。

建炎三年(1129)秋,金军继续南进,企图一举消灭南宋朝廷。宋高宗经镇江逃往杭州,金将完颜宗弼率军渡江追击,相继占领建康、杭州。高宗由明州(今宁波)泛海走温州,金军亦入海追之,不及。这是历史上北方民族军队第一次渡过长江天险。但金军南渡并非有全面计划、准备的战略进攻,故未敢孤军深入,很快北返。宋将韩世忠在建康东北的黄天荡阻截金军40日,金军用火攻始得脱身。宋军收复淮东,双方重新形成对峙。在西线,两军于建炎四年会战于富平(今属陕西),宋军溃败,关中丧失。此役虽以宋败告终,但却是南宋方面第一次有组织地以大兵团主动出击,缓解了江淮战场的压力,使南宋朝廷有了喘息之机。金军企图乘胜入蜀,但连续被宋将吴玠、吴璘兄弟击败于和尚原(今陕西宝鸡附近、大散关以东)、仙人关(今甘肃徽县南),未能遂愿。

金朝既一时无力消灭南宋,遂于建炎四年建立傀儡政权,册封宋降臣刘豫为齐帝,统治河南、陕西地区。此后一段时间,南宋的统治逐步稳定。一方面逐步消灭、收编了战乱当中形成的大量溃兵、盗匪集团,另一方面屡次挫败伪齐的南侵。至绍兴七年(1137),金廷废掉伪齐,直接对南宋进行诱降。宋高宗擢用秦桧为相,主持和议,反对者皆被斥逐。秦桧原为北宋御史中丞,本来主张抗战,被金人掳居北边,居数年放回,一变而为专主议和。绍兴二年秦桧初任相,即提出"南人归南,北人归北"的投降主张,在舆论指斥下被免职,数年后始东山再起。而高宗亦一贯倾向于对金妥协,即位后向南一逃再逃,满足于偏安局面,很早就向金朝陈诉"以守则无人,以奔则无地",乞求"愿去尊号","比于藩臣"。[9]因秦桧倡导议和,故誉之为"朴忠过人",称"朕得之喜而不寐",一意擢用。仅因金朝逼迫过甚,始不得不组织抵抗以自保。至金人主动诱降,高宗大喜过望,秦桧复力赞其事,君臣沆瀣一气,遂定和局。高宗反战求和的动机主要出于两端,一惧获胜,一惧大败。惧获胜是因为胜则将领功高,尾大不掉,且一旦钦宗南返,不易措置。惧大败是因其本人有在金营为质及被金军穷追的经历,形成心理恐惧,总是过高评价金朝实力,对大局估计悲观,无视双方强弱出现转化趋势的事实。总之不外源于维护一己皇位的目的,纵使苟且屈辱,也是在所不计。

绍兴九年(1139)初,和议成,南宋向金称臣,纳贡,金朝将河南、陕西地归还南宋,并送回徽宗棺木。金使持册封诏书至临安,要求高宗北面拜受。南宋方面以有损国体,议论纷纷,有人提出"列祖宗御容,而置金人诏于其中拜之",[10]后由秦桧代高宗拜接诏书,和议始毕。但不久局面发生变化,金廷中主持议和一派在内争中失势,主战派首领完颜宗弼掌权,于绍兴十年撕毁和约,大举南侵。宋军奋起抵抗,刘锜败金军于顺昌(今安徽阜阳),岳飞败金军于郾城(今属河南)、颍昌(今河南许昌),形势对南宋十分有利。高宗、秦桧却强令宋军班师,河南之地复为金朝所占。

绍兴十一年(1141),高宗、秦桧与金朝重定和议。南宋仍称臣于金,保证"世世子孙谨守臣节",同时每年仍纳"岁贡"银绢各25万两、匹。两国以东起淮水中流、西至大散关(在今陕西宝鸡西南)一线划界。与上次和约相比,版图割让更多,称臣纳贡之屈辱条款则未变。史称"绍兴和议"。高宗、秦桧又以"莫须有"罪名杀害主战派代表将领岳飞,宋、金南北对峙的局面至此基本奠定。

南北对峙局面形成后的宋、金(蒙)关系

绍兴和议后20年,南北无战事。至绍兴三十一年(1161),金海陵王完颜亮又大举南侵,兵分四路,自统主力渡淮。两淮宋军防务混乱,一触即溃。金军长驱直抵江北,企图于采石(今安徽马鞍山)渡江。南宋文臣虞允文至前线犒师,临时组织江边溃军及民众进行防御。海陵王轻敌,命部下仓促渡江,为宋水军击败,不得不退回北岸。此时金军西路攻四川一支军队已败于吴璘,由海上进攻临安一路尚未出发,即被南宋水军突袭歼灭于胶西沿海。海陵王攻宋计划严重受挫,后方又发生政变,金世宗即位于辽阳。海陵王欲孤注一掷,移师至瓜州(今江苏扬州南),严令部下再次渡江。金军厌战,发生哗变,杀死海陵王后北归。宋军随即收复两淮之地。

金朝南侵失败,南宋朝野上下主战舆论重新高涨。次年高宗宣布禅位于太子昚,是为孝宗。孝宗主张抗金,即位后追复岳飞官爵,并起用抗战派大臣张浚主持军务。隆兴元年(1163),宋军出师北伐,以李显忠、邵宏渊为将,相继攻占灵璧(今属安徽)、虹县(今属安徽)、符离(今安徽宿县)。此时金朝内部局势已经稳定,很快调集重兵反击。南宋李、邵二将不和,为金军所败,所得之地相继复失。宋廷主和派鼓噪议和,张浚被免职,不久病卒。隆兴二年,宋、金重订和议。金朝作出若干让步,宋帝对金不再称臣而称侄,岁币亦酌减为银、绢各20万两,双方各守旧疆。史称"隆兴和议"。

隆兴和议之后,宋孝宗仍致力于训练军队、整顿财政,希望伺机再度北伐。然时值金朝鼎盛时期,无衅可乘,故终未举事。孝宗又力图改变两国往来关系中南宋的屈辱地位。当时和议规定两国交接国书之礼,金使至南宋呈递国书,宋帝须起立降榻,亲自受书,然后交大臣宣读。而金朝则是由专职官员阁门使受书。孝宗多次企图恢复平等的受书礼仪,但金朝方面态度坚决,不肯让步。淳熙元年(1174)金使完颜璋至临安,孝宗不欲起立受书,

219 | 第十三章 两宋与辽、夏、金、蒙的对峙

遣人至宾馆将国书强行夺取,完颜璋未予抗议,赴宴后多受礼物而还。金世宗闻报大怒,将璋杖责除名,又致书宋廷严厉诘斥。此后仍用原礼不变。

南宋第四代皇帝宋宁宗在位时,外戚韩侂胄秉政,欲立功名以自固,又一次发动北伐。当时出使金朝的南宋使节目睹金政渐衰,且困于北边诸部族骚扰,归报其事,侂胄以为恢复时机成熟,遂决意兴兵。先追封岳飞为鄂王,同时削夺秦桧追赠王爵,改谥之为"缪丑",以激励士气。开禧二年(1206),在未正式宣战的情况下,出兵攻取淮北数处城池。初战告捷后,始于五月下诏正式伐金,史称"开禧北伐"。但北伐军事准备并不充分,对敌情估计亦未尽准确。金朝军力虽已衰落,对付南宋仍为有余。八月,金军发起反击,渡淮攻占安丰(今安徽寿春)、滁州(今属安徽)等地,前锋直抵江北,在中路亦相继攻占枣阳、信阳、随州。南宋四川驻军主将吴曦(吴璘之孙)久蓄异志,至此公开叛变,自立为蜀王,称臣于金。四川官员、将领等多不愿叛宋,击杀吴曦,而金朝在西线的压力已因此次事变大为减轻,得以并力于东方。韩侂胄见兵事不利,企图议和,但金方提出诛韩作为先决条件,故未达成协议。此时宋廷内部主和派发动政变,刺杀韩侂胄,函其首送金讲和。嘉定元年(1208),订立"嘉定和议"。改两国叔侄关系为伯侄,宋帝称金帝为伯父。岁币数目增至银、绢各30万两、匹,此外南宋另付"犒军银"(战争赔款)300万两。

嘉定和议订立之时,蒙古已建国于漠北,不久即大举侵金,北方形势发生了巨大变化。嘉定六年(1213)南宋数次派人使金,皆因无人接待而折回。次年有蒙古使节三人渡淮至濠州(安徽凤阳东北),约南宋共同伐金,同时金朝亦以都城南迁之事来告。面对新的局势,宋廷内部展开争论,或主张乘金之危与其断绝关系,停付岁币,或持"唇亡齿寒"之说,认为仍应交付岁币,以助金拒蒙。最后采取折中方案,仍向金朝遣使通好,同时又借口漕渠干涸不发岁币。不久金朝即以岁币不至为由起兵南侵,盖以北方疆土日蹙,"而欲取偿于宋"。[11] 双方交战数年,互有胜负,得失大致相当。此间南宋亦派苟梦玉两次出使蒙古,在中亚谒见成吉思汗,达成"和好"协议。理宗绍定四年(1231),蒙古军由拖雷率领,假道宋境,经汉中迁回河南攻金,宋边将任之,不敢阻挡。蒙古既破金军,金哀宗辗转逃往蔡州(今河南汝南),南宋应蒙古要求出兵夹击。端平元年(1234)春,蒙、宋联合攻破蔡州,金亡。蔡州无兵无食,破亡已属必然,南宋又是与蒙古合军攻击,胜之本为不武。然宋廷却张大其事,备礼告太庙,又发布平金露布,"具述得蔡之由,若尽出于我者"。[12]

金朝灭亡后,宋廷认为有机可乘,企图趁蒙古尚未全力南向之际进占中原。当年六月,诏遣赵范、赵葵、全子才统军北上,收复"三京"(指东京开封,西京洛阳,南京归德)。此时蒙古主力已经北撤,河南空虚,宋军一路"捷虽屡至,实未尝战"。[13]虽进入开封、洛阳,但蒙古军突然来袭,宋军粮饷不继,只得狼狈撤回。在蒙古军追击之下,"兵民死者数十万,资粮器甲悉委于敌"。[14]此次冒险行动遂以惨败告终,充分暴露出南宋军事力量的虚弱。史称其事为"端平入洛"。

端平二年,蒙古对南宋发起进攻,皇子阔端攻蜀,曲出攻襄、汉。次年,阔端于阳平关(今陕西宁强西北)击败宋将曹友闻所部,蜀门洞开,曲出亦占领长江中游重镇襄阳。此时蒙古军主力西征,尚未全力伐宋。宋军在长江中游奋力抵抗,打退了蒙古进攻,后又夺回襄阳。但在长江上游,蒙古已长驱入蜀,一度攻占成都。宋廷被迫将四川军政治所迁往重庆,命余玠为安抚制置使,负责四川防务。余玠利用蜀地多山的特点,大规模因山筑垒,并移各州治所于其中。山城防御体系的建立,使敌方骑兵纵横驰骋的长处无法发挥,有效地遏制了蒙古的进攻。宝祐六年(1258),蒙古蒙哥汗大举攻宋,自统主力入蜀,即在合州钓鱼城(今重庆合川东)受挫,本人亦卒于钓鱼城下。

在蒙哥汗入蜀的同时,其弟忽必烈奉命进攻长江中游,与南宋宰相贾似道相持于鄂州(今武昌)。贾似道惧实力不敌,暗中遣使求和,表示愿称臣纳贡,划江为界。忽必烈得知蒙哥死讯,急于北归争夺汗位,遂允诺求和而撤兵。蒙古军既撤,贾似道却谎报"鄂州大捷",加官晋爵。后忽必烈即汗位,建立元朝,派郝经出使南宋。贾似道害怕求和真相泄露,命边将扣留郝经,不许入见。宋度宗即位后,忽必烈再次整军南伐。他吸取以前的教训,改以长江中游为进攻重点,调集主力围困襄阳,并屯田为持久之计。襄阳宋军坚守数年,终于在咸淳九年(1273)失陷,中游门户大开,至此南宋覆亡已成定局。次年,元军沿汉、江东下,水陆并进,南宋沿江守御望风瓦解。恭帝德祐二年(1276),元军进占临安。南宋余部又坚持抵抗至1279年,最后为元军消灭。共传九帝,153年。

南宋的内政

宋朝重文轻武、以文制武的传统家法,在南宋建立之初一度受到破坏。经激烈战争,宋军主力大部分溃散,随后又被重新收编组建。其重编过程实际上成为武将扩展私人势力的良机,而南宋朝廷处于颠沛流离之中,一时无力进行干预。相反为内平动乱,外御金人,不得不予诸将以较大自主权。韩世忠、岳飞、张俊、刘光世、吴玠等主要将领各拥精兵,自擅兵权,民间皆以韩家军、岳家军等称之。他们的地位已足以与文臣平起平坐,乃或凌驾其上,跋扈不服朝廷调遣之事亦时有发生,朝廷甚至长期不了解各大将下辖军队的人数。建炎三年(1129),大将苗傅、刘正彦发动兵变,高宗被迫一度让位于幼子,性命几乎不保。至南宋统治基本稳定后,武将势力膨胀已成为高宗的心腹之患。而在维护宋朝家法、削弱武将势力方面,士大夫文臣集团与高宗的立场基本一致,即使抗战派亦不例外。

南宋朝廷对于削武将兵权进行了多次努力。绍兴七年(1137),在宰相张浚主持下,先罢刘光世兵柄,其部众不另委将帅,而以文臣吕祉节制。吕祉处置失宜,导致光世部将郦琼挟众数万叛投伪齐,张浚也因而被罢相。随即又行"抚循偏裨"之策,即提拔部将以分主将兵权,亦未完全见效。后秦桧任相,与高宗精心策划,将削兵权与对金议和两项工作结合起来一同进行。在与金朝往来谈判同时,罢去张俊、韩世忠、岳飞三大将所统宣抚司,改授三人为枢密使、副使,升以虚职而夺其实权。不久,又将岳飞杀害。岳飞之死,固然因为他抗金最力,与高宗、秦桧的妥协投降政策形成冲突,同时也是高宗君臣压抑武将势力、杀一儆百的需要。此后又采取分割掌兵与发兵权力、控制军饷、换易军官等办法,将削兵权的成果稳定下来。南宋初年削兵权之举,固然对保障政权内部安定起到一定的积极作用,然稍有转机之军政,亦因而复衰,"迁劫之仇,百世而不可复"。[15] 就宋朝的政治传统而言,这一结果也带有必然性。

秦桧既佐成高宗削兵权、对金议和两件大事,遂深受信用,进太师,封国公,终身任相。其用事本有金人胁迫的因素,即所谓"借外权以专宠利","挟房势以要君"。[16] 而在制度上实开南宋权相专政之渐,宋初削弱相权诸措施,至此已基本不起作用。如参知政事之设,原可稍分相权,然秦桧任相19年,参政共易28人,措置如弈棋,即使陪位画诺,亦已有所不暇。北宋台谏往往与宰相相抗,而桧则能控制言路,凡论人章疏,皆自操以授言官。又交结内侍,伺高宗微旨,动静具知,"郡国事惟申省,无至上者"。为巩固个人权势,打击反对派不遗余力,"一时忠臣良将,诛锄略尽,其顽钝无耻者率为桧用,以诬陷善类为功。……察事之卒布满京城,小涉讥议,即捕治中以深文"。[17] 甚者屡兴文字狱,语言文字稍触其忌,即横遭诬害。党羽充于朝列,颂桧为"圣相""元圣",诏佞无所不至。经秦桧专权,南宋积弱不振的国势基本奠定。

南宋前三代皇帝皆行内禅。高宗在位36年,内禅于孝宗。孝宗本为宋太祖七世孙,高宗因无子(有一子,早卒)加以收养。既即位,皇位复归太祖一系。高宗退位为太上皇,又过26年始卒,其间亦颇预政,而孝宗以"能尽宫廷之孝"著称,时受掣肘。至高宗卒,孝宗已年逾60,倦于政务,两年后即禅位于太子惇(光宗),被尊为寿皇圣帝。光宗受制于皇后李氏,与孝宗关系不和,长期不去朝见。朝臣多以为言,光宗不听。绍熙五年(1194)孝宗病卒,光宗借口有病不肯主丧,致使葬礼无法举行,朝中骚动。大臣赵汝愚、韩侂胄奏请太皇太后吴氏(高宗皇后)下诏,强迫光宗退位,立太子扩,是为宁宗。

孝宗、光宗两朝,南宋士大夫集团中展开了关于"道学"的争论。所谓道学,即北宋新儒学程颐一派,到南宋由程颐四传弟子朱熹发扬光大,形成更加完整、系统的理论。因其核心概念"理"亦称"道",其人又多"以道德名世",故时称道学。朱熹多次上奏于孝宗,要他按照《大学》修齐治平之序,先讲求格物致知、正心诚意之学,如此则本正而万事理。孝宗以为迂腐,未予重视。但朱熹长期聚徒讲学,著书立说,影响不断扩大。大抵将儒家传统的纲常伦理学说理论化、通俗化,严义利之辨,高自标置,论事必归于天理道德。同时还有张栻、陆九渊等人思想相近,互相唱和。然攻者亦出,或因学术不同,或因政见相左,或因作风有异。宁宗即位后,赵汝愚以宗室为宰相,擢用道学之士,召朱熹为宁宗讲书。而韩侂胄与汝愚不和,用阴谋手段逐之出朝。侂胄为进一步排除异己,遂将道学争论扩大化。"凡不附己者,指为道学,尽逐之。已而自知道学二字本非不美,于是更目之为'伪学'"。[18]除毁道学家的语录一类著作,官员荐举必须声明"非伪学之人",科举报名必须写明"委不是伪学"。庆元三年(1197),定"伪学逆党"名籍,包括赵汝愚、朱熹等59人,皆受到程度不等的处罚,亲属及有荐举关系者亦受连累。赵汝愚此前已暴卒,朱熹不久亦病死。史称此事为"庆元党禁"。

韩侂胄是南宋第二位专权的宰相。他出身外戚,以恩荫入仕,其母为高宗皇后之妹,从侄孙女则为宁宗皇后。既逐赵汝愚,遂专国政13年,累进太师,封平原郡王,官平章军国事,三日一朝,班丞相上。朝官多出其门下。后发动开禧北伐,于家中置机速房,"假作御笔升黜将帅,事关机要未尝奏禀,人莫敢言"。频繁出入宫闱,诏书以"元圣"褒之,谄佞者请加九锡,置王府官属。终因北伐失败,金人欲致其死,身首异处。所任多出自吏胥厮役,货贿盛行,政治愈加腐败。

韩侂胄死后,礼部侍郎史弥远以诛韩主谋之功拜右丞相兼枢密使,此后久任宰相。弥远出身于官僚世家,精于权术,虽昭雪赵汝愚、朱熹诸人以收人望,而专擅朝政,顺者昌逆者亡,招权纳贿,朝野侧目。宁宗无子,收养宗室子竑为嗣。竑恶弥远擅权,尝谓"弥远当决配八千里",弥远惧,潜谋废立。先于民间求得宗室子立为宁宗从弟沂王之后,赐名贵诚,教以读书,极力扶植。嘉定十七年(1224),宁宗病重,弥远矫诏以皇侄贵诚为皇子,改赐名昀。宁宗卒,弥远胁迫皇后杨氏立昀为帝,是为理宗。改封竑为济王,出居湖州。次年湖州人潘壬等密谋拥立济王,事败,弥远逼竑自缢,以病故闻。理宗即位后,弥远以有拥戴之功,势焰愈盛,拜太师,封会稽郡王。至绍定六年(1233)卒,理宗始亲政。弥远历相两朝26年,柄国时间之长,权势之盛,又在秦桧、韩侂胄之上。其时宋廷财政支绌,弥远当政,以滥发纸币解决国用,实无异饮鸩止渴。物价飞涨,民不聊生,国势日非。

　　道学派诸臣在史弥远当政之初一度被起用,然日久不合,又纷纷被逐。弥远死后,一批道学"正人"重新登朝,当时号为"小元祐"。其代表人物真德秀被理宗召见,进献自己所撰《大学衍义》,要求理宗首先做到"居敬"。另一名道学家魏了翁则"首乞明君子、小人之辨,以为进退人才之基"。真、魏在当时享有很高声望,舆论期以致治,然二人本以道德学术名世,政务非其长,所论多迂远不切时用。理宗亦孜孜于尊崇道学,于淳祐元年(1241)下令以二程、朱熹诸人从祀孔庙,而以王安石学术为邪说,夺其配享。时值蒙古勃兴,强敌窥伺,宋廷内部却是"薄物细故,纷拿不已,急政要务,谦逊未遑",民间则流传谚语讽刺谓"不言防秋而言《春秋》,不言炮石而言安石"。[19]

　　宝祐六年(1258)蒙古攻宋,理宗拜贾似道(理宗贾妃之弟)为右丞相,率兵援鄂州。贾似道于军前私订和议,归后谎称大捷,自此长踞相位16年。理宗卒,度宗即位,以似道有定策拥立之功,每朝必答拜,呼以"师臣"(时加太师衔)而不名,朝臣称之为"周公"。似道当政,因财政匮乏,实施"公田法",将浙西官民户逾限田产,抽三分之一回买以充公田。实际回卖时低压田价,将小户田地合并后强令出卖,又以无用的官诰度牒及日益贬值的会子(纸币名)充值,民间怨声载道。权势既盛,穷奢极欲,于西湖畔广筑亭台楼阁,日于其中淫乐,朝政尽委门客。边警皆秘而不报,朝士有言者辄予贬斥。恭帝德祐元年(1275),元军已陷襄阳、鄂州,沿江直下,似道被迫督师迎战,大败于丁家洲(今安徽铜陵东北),宋军主力尽丧。至是群臣始加弹劾,似道被落职流放,途中为仇人所杀。权臣虽亡,而南宋政权也继之灭亡。

南宋帝系表

(一) 高宗赵构(北宋徽宗第九子)
　　　(1127—1162)

(二) 孝宗昚(赵匡胤子德芳后)——(三) 光宗惇
　　　(1162—1189)　　　　　　　　(1189—1194)

　　　(四) 宁宗扩
　　　(1194—1224)

(五) 理宗昀(赵匡胤子德昭后)——(六) 度宗禥(理宗侄)
　　　(1224—1264)　　　　　　　　(1264—1274)

　　　(七) 恭帝㬎(1274—1276)
　　　(八) 端宗昰(1276—1278)
　　　(九) 帝昺(1278—1279)

注　释

[1]　《辽史·兵卫志下·属国军》。
[2]　《辽史·百官志一》。
[3]　《辽史·营卫志中·行营》。
[4]　《辽史·耶律休哥传》。
[5]　《宋史·夏国传上》。
[6]　《金史·西夏传》。
[7]　《金史·西夏传》。
[8]　《宋史·夏国传下》。
[9]　李心传《建炎以来系年要录》卷二三建炎三年五月。
[10]　徐梦莘《三朝北盟会编》卷一八九《炎兴下帙八十九》。
[11]　《金史·杨云翼传》。
[12]　真德秀《真文忠公集》卷一三《甲午二月应诏上封事》。
[13]　《历代名臣奏议》卷九九《经国》引李鸣复奏疏。
[14]　《宋史·杜范传》。
[15]　叶适《水心别集》卷一四《纪纲四》。
[16]　朱熹《朱文公文集》卷七五《戊午谠议序》。
[17]　《宋史·秦桧传》。
[18]　周密《齐东野语》卷一一"道学"条。
[19]　刘克庄《后村先生大全集》卷五二《召对札子·淳祐元年八月二十三日》。

第十四章
金朝与大蒙古国

12世纪初,东北的女真族崛起,建立了金朝。13世纪初,蒙古族又兴起于漠北,建立了大蒙古国。金朝与大蒙古国先后进占中原,与南宋形成对峙。大蒙古国又成为后来统一全国的元王朝的前身。

一 金朝历史概况

女真族首领完颜阿骨打于1115年在会宁府(今黑龙江阿城南)称帝,建立金朝。此后十余年内,女真统治者相继攻灭辽和北宋,逐渐征服了华北和黄河流域。1153年,金朝迁都至中都(今北京),将统治重心从东北移入中原。13世纪初蒙古崛起,金朝势衰,被迫又将首都南迁汴京(今河南开封),至1234年灭亡。前后共传10帝,历时120年。

金朝建立与疆域的奠定

女真是隋唐时靺鞨(黑水等部)之裔,因避辽兴宗(名耶律宗真)之讳,亦称女直。10至11世纪主要活动于黑龙江、松花江流域,一部分人被辽迁至辽东,编入户籍,称为"熟女真"或"曷苏馆(意为篱笆之内)女真"。未迁徙者亦羁縻纳贡于辽,社会形态相对落后,称为"生女真"。约在辽朝中期,居于按出虎水(今黑龙江阿什河,在哈尔滨东南)的生女真完颜部建立起小范围的部落联盟,完颜部酋长为联盟长,接受辽节度使官号。后完颜部联盟击败徒单、乌古论、蒲察等部落联盟,将生女真统一为规模更大的部落大联盟。12世纪初,完颜阿骨打(汉名完颜旻)为联盟长,率众反辽,屡败辽军。1115年正月称帝,定国号金,建元收国,是为金太祖。定都于会宁府,称上京。

金初国家制度比较简单,在中央主要是勃极烈辅政体制,在地方则为猛安谋克管理体制。勃极烈是女真社会中部落酋长"孛堇"(意为长官)的异译,但专用于中央辅政会议成员,皆以宗室贵族担任,人数不定,有谙版(意为大)勃极烈、国论(意为国家)勃极烈、阿买(意为第一)勃极烈等名目。猛安谋克也是女真族原有的社会组织,可能来源于因征掠、围猎需要而设置的军事单位,也可能来源于早期农村公社。金朝建立后将其制度化,每300户编为一谋克,10谋克为一猛安。战则以之统军(或称百夫长、千夫长),平时则通过这套系统进行行政管理。另外,金太祖还命宗室贵族完颜希尹仿契丹字、汉字创制了女真文字。

金朝势力发展迅速,至天会三年(1125)即已攻灭辽朝。此时太祖已卒,其弟吴乞买(汉名完颜晟)在位,即金太宗。金初定辽地,在燕、云等汉人聚居区沿用辽南面官制度,仍保留州县而不置猛安谋克,在其上设立枢密院进行统治(亦称汉人枢密院)。又开科取士,搜罗汉族士人为自己服务。同时,继续对宋用兵。灭辽不久即兵分两路伐宋,西路军由宗翰(太祖族侄,女真名粘罕)统领,出云中(今山西大同),东路由宗望(太祖次子,女真名斡离不)统领,出燕京。次年再次南伐,终将北宋灭亡。随后金军相继略定华北、河南、陕西地区,并由宗弼(太祖四子,女真名兀术)追击南宋朝廷,一度渡过长江,掳掠而返。灭宋之初,曾临时立宋降臣张邦昌为帝,国号楚。后于天会八年建立伪齐傀儡政权,册立另一宋降臣刘豫为帝,命其统治中原,"世修子礼",为金藩属。

天会十三年(1135),金太宗死,熙宗完颜亶(太祖之孙)嗣位。熙宗汉化较深,即位后废除勃极烈会议,改行汉族模式官制,在中央建立起三省六部制度。天会十五年,废黜伪齐。此时金朝统治中心仍处于东北,故以宗磐(太宗长子)为代表的一批贵族定议将河南、陕西地归还南宋,换取其纳币称臣。而宗弼等人则仍然主张用兵。天眷二年(1139)宗弼一派得势,诛杀宗磐,撕毁与南宋的协议,发兵复攻河南。金军虽为岳飞等所败,但南宋朝廷还是下令撤军,金朝重得河南、陕西之地。皇统元年(1141),金与南宋签订"绍兴和议",划定淮水、大散关一线为边界,南宋继续向金称臣纳币。

皇统九年,宗室完颜亮(熙宗堂弟)发动政变杀死熙宗,夺取皇位,是即金海陵王。金朝建立以来,灭辽蹙宋,版图不断扩张,大批女真猛安谋克军也已进入中原,"方疆广于万里,以北则民清而事简,以南则地远而事繁"。但首都一直设在上京会宁府,位置偏远,"州府申陈,或至半年而往复",经济上则"供馈困于转输,使命苦于驿顿",十分不便。[1]海陵王即位后,下令扩建燕京城,修筑宫室,于贞元元年(1153)正式迁都于此,定名中都大兴府。同时拆毁上京宫殿,将宗室贵族及其所属猛安谋克尽行迁入内地,太祖、太宗陵寝一并迁至中都近郊。此举标志金朝统治重心的内移,也是北京在历史上第一次成为王朝首都。海陵王还罢废中书、门下二省,仅保留尚书省为最高行政机构。其余官制也进一步规范化,职有定位,员有常数,终金一代守而不变。正隆六年(1161),海陵王大举进伐南宋,企图荡平江南,完成统一。但他在位期间统治残暴,渐成众叛亲离之势。宗室完颜雍在东京(今辽宁辽阳)发动兵变,自即帝位,改元大定,是为金世宗。海陵王渡江受挫,在前线为部下杀死。南宋试图反攻,发起北伐,复为金军击败。大定四年(1164),金宋重定"隆兴和议",约为叔侄之国,各守疆界,互不相犯。南宋不再对金称臣,岁币亦酌减。金朝疆域至此完全稳定下来。

从宗室共治到皇权独尊

金朝建国之初,宗室贵族的势力十分强大。最高议政机构勃极烈会议虽来源于建国前的联盟议事会,但与后者相比有一重大区别,即全为完颜氏宗室贵族所把持。金初勃极烈任职可考者共 12 人,皆为宗室成员,其中太祖、太宗兄弟及太祖从兄撒改三系子孙共占 7 人,且所任多为位序较高之勃极烈。时人称金"宗室皆谓之郎君。事无大小,必以郎君总之。虽卿相,尽拜于马前,郎君不为礼,役使如奴隶"。[2]可见宗室,尤其是宗室近属事实上成了金初贵族政治的主角。在金初扩张版图的过程中,大批完颜家族成员受命出外统兵作战,独当一面。在平定辽东、西和燕云地区之后所设诸路都统、军帅中,完颜氏人数占到 60% 以上。宗翰、宗望分别在云中、燕京开设枢密院,统领被征服地区事务,权力极大,金人呼为"西朝廷""东朝廷"。《金史·兵志》指出金朝勃兴的一个重要原因就是"兄弟子姓才皆良将"。清人赵翼也总结说:"金初风气淳实,……开国之初,家庭间同心协力,皆以大门户启土宇为念,绝无自私自利之心,此其所以奋起一方,遂有天下也。"[3]王朝开国时宗室建功立业本为常事,但金朝在这方面极其突出,灭辽蹶宋,奄有中原,几乎所有重要战役都是由完颜家族成员指挥完成的。金初宗室势力之盛,似乎与女真社会的家庭结构有关。女真人建国前从事粗放农耕,活动范围相对狭小,个体家庭尚未完全独立,父系大家族作为社会、经济实体仍普遍存在,即所谓"兄弟虽析,犹相聚种"[4](这一点与北方草原游牧民族明显有异)。表现在政治上,即完颜氏家族团结一致,共同创业,体现出极强的凝聚力。

女真社会原有军事民主制的传统。金太祖即位后赴臣下宴集,"主人拜,上亦答拜"。"虽有君臣之称,而无尊卑之别,乐则同享,财则同用"。[5]

而在金初宗室贵族崛兴的背景下,军事民主制传统实际上变成了宗室内部的"民主"。皇权虽依赖血缘宗族力量得以建立,但也因此淹没于完颜氏家族的集体权力当中,君主个人权威尚未得到充分发展。据称太祖入燕京,"与其臣数人皆握拳坐于殿之户限上,受燕人之降,且尚询黄盖有若干柄,意欲与其群臣皆张之,中国传以为笑"。太宗私用国库财物过度,被诸勃极烈数以"违誓约之罪","群臣扶下殿,庭杖二十"。[6]皇帝立储亦不得自由。金初谙版勃极烈一职实居皇储之任,太祖死后太宗即由此职即位。太宗在位时有意传子,然为宗室贵族所迫,仍不得不立太祖之孙合剌(即熙宗)为谙版勃极烈。史称太宗在位,面对"桀黠难制"的宗室功臣,只能"拱默而已"。宗室代表人物宗翰等"专权,主不能令,至于命相亦取决焉"。[7]宗室贵族权力膨胀过度,逐渐与皇权形成了矛盾,孕育着激烈的冲突。

第三代皇帝熙宗即位后,宗室共治的局面开始向皇权独尊转变。在这一变革过程中,汉族社会尊君卑臣的传统政治观念发挥了关键作用。熙宗幼与儒士游处,汉化较深,已"失女真之本态"。左右的汉族儒士"日进谄谀,教以宫室之状、服御之美、妃嫔之盛、燕乐之侈、乘舆之贵、禁卫之严、礼义之尊、府库之限,以尽中国为君之道"。于是熙宗"出则清道警跸,入则端居九重",与贵族功臣渐渐疏远。[8]他废除了勃极烈会议,建立起听命于皇帝的汉式政务机构三省六部,使得朝中的贵族专政色彩大为减弱。熙宗还利用宗室贵族内部矛盾,数次兴起大狱,铲除宗室成员,元勋重臣宗磐、宗隽、挞懒等人皆被处死。海陵王通过政变篡位后,更是"深忌宗室",[9]先后诛杀太宗子孙70余人,宗翰、宗弼子孙30余人,太宗弟杲子孙100余人,其余宗室又50余人。正是在对宗室贵族残酷屠杀的过程中,金朝的专制皇权得到了充分确立。

熙宗与海陵王打击宗室贵族时援用了中国古代传统的官僚制度。后者在历史上本来是伴随着专制君主同时出现的,它既有从属并服务于皇权的特征,同时也具备公共服务趋向和一定程度的自主性。但作为北方民族政权,金朝带有浓重的"家产制国家"色彩,皇权由父家长权力发展而来并大幅度外延,官僚制度自主性的一面难以发展,其作为专制皇权工具的作用则得到了充分发挥,亦即史书所谓"鄙辽俭朴,袭宋繁缛之文,惩宋宽柔,加辽操切之政"。[10]故金朝皇权之独尊,更胜于前代。如君臣关系方面,皇帝滥施淫威,动辄对大臣施以刑罚,尤其是杖刑。海陵王曾得意地对臣下说:"古者大臣有罪,贬谪数千里外,往来疲于奔走,有死道路者。朕则不然,有过则杖之,已杖则任之如初。"又云"大臣决责,痛及尔体,如在朕躬,有不能已者"。[11] 廷杖的传统由此一直影响到元、明。《金史》卷四五《刑志》对此总结道:"原其立法初意,欲以同疏戚、壹小大,使之咸就绳约于律令之中,莫不齐手并足以听公上之所为,盖秦人强主威之意也。是以待宗室少恩,待大夫士少礼。终金之代,忍耻以就功名,虽一时名士有所不免。至于避辱远引,罕闻其人。"

就中国古代皇权的发展线索而言,两宋金元是孕育明清极端专制主义皇权政治的关键阶段。在宋朝,相对于晚唐五代伦常纲纪废弛的混乱局面,统治者和士大夫集团致力于传统伦理道德的重建和加强,"忠"的观念尤其被提升到人生第一伦理原则的高度,其地位超出前代,忠君成为臣民绝对、无条件必须履行的准则。但宋朝同时也是士大夫政治的黄金时期,发达的官僚制度尚能尽量约束皇权在合理的范围内运行。至金朝(还有后来的元朝)以北方民族入主中原,家天下色彩明显,传统官僚制度对皇权的约束、限制机能大为削弱。这种家天下的政治模式,辅以宋朝以来逐渐深入人心的绝对、无条件忠君观念,导致了皇权的显著强化,影响后代历史至为深远。

金朝的鼎盛与衰亡

金世宗完颜雍在位期间(1161—1189),是金朝统治的鼎盛时期。世宗为太祖之孙,与熙宗、海陵王皆为从兄弟。即位之初,政局动荡,南边海陵新败,南宋趁势发起北伐,西北有移剌窝斡等因抵抗征兵领导契丹人起事,称帝建元。世宗革除海陵暴政,笼络人心,南败宋军,北擒窝斡,结束了混乱局面。此后与南宋重订和议,并与高丽、西夏通好,使金朝转入和平发展轨道。在位29年,勤于政事,作风俭朴,拔擢人才,整顿吏治,减轻赋役,尊崇儒学,政治清明,政局稳定,经济恢复并趋于繁荣,颇有"盛世"景象。《金史·世宗纪》赞语称颂其"躬节俭,崇孝弟,信赏罚,重农桑,慎守令之选,严廉察之责,……孳孳为治,夜以继日,可谓得为君之道矣"。又评述当时"群臣守职,上下相安,家给人足,仓廪有余,刑部岁断死刑或十七人或二十人"。史载世宗即位之初,境内户数仅300余万,至其去世前夕已增至678万。因当时年号为大定,故又称"大定之治",世宗本人则有"小尧舜"之美誉,其名甚至播及南宋。不过世宗为治标榜"中庸",稳健保守有余,开拓进取不足,对女真人土地、漠北游牧民族威胁等一些潜在的统治危机解决不甚得力,给后代留下了隐患。

世宗死后,皇太孙璟嗣位,是为章宗。章宗在位期间(1189—1208),袭世宗余荫,基本维持升平景象,户数上升至768万有余,口数约4581万。在位后期,还击败了南宋宰相韩侂胄的北伐。章宗本人深受汉文化熏陶,喜爱书法、音律,大力提倡文治,定金朝"德运"为土德,以继北宋之火德。《金史·章宗纪》赞语谓其"承世宗治平日久,宇内小康,乃正礼乐,修刑法,定官制,典章文物粲然成一代治规"。史称金朝"一代制作,能自树立唐、宋之间",又云"金源氏有天下,典章法度几及汉、唐"。[12]这类效仿汉族王朝的制度建设,主要发源于熙宗,而完成于章宗。

但章宗时期也是金朝盛极而衰的转折点。天灾频仍,黄河三次决口,而统治者养成奢靡之风,政治趋于腐败。财政上逐渐出现入不敷出的局面,金廷为解决危机,盲目印发交钞(纸币名)以解燃眉之急,导致通货膨胀,经济秩序愈加紊乱。

北部边疆始终是困扰金朝的重大问题,也是其由盛转衰的关键原因之一。漠北鞑靼诸部比辽时更加强盛,成为中原严重的威胁。而金朝崛起于东北,灭辽后并力南向,并未认真解决漠北问题,仍然是羁縻约束,漠北诸部叛服不常。早在金初,由于鞑靼扰边,宗磐、宗弼等人即曾统兵往征。世宗苦于鞑靼骚扰,每隔数年派兵"巡边"剿杀,同时开始在边境上修筑"界壕"以事备御。章宗曾先后派大臣完颜襄、夹谷清臣、完颜宗浩等人统大军北伐,虽屡有斩获,然鞑靼等败而复聚,出没无常,总是不能完全除患。于是又在世宗基础上大规模重修界壕等防御工事,战守并用。总的来看,则是日益被动支绌,捉襟见肘。故时人李纯甫说:"中原以一部族待朔方兵,然竟不知其牙帐所在,吾见华人为所鱼肉矣。"[13]

在外部环境恶化的同时,金朝统治所倚赖的基本力量——女真猛安谋克户却出现了"积弱"的现象。金灭北宋后,将猛安谋克编制下的女真人户大量南迁,"令下之日,比屋连村,屯结而起"。既入中原,"与百姓杂处,计其户口以给官田,使自播种以充口食,……所居止处皆不在州县,筑寨处村落间"。[14]这些猛安谋克户实际上也就是由女真人充任的世袭职业军户,平时从事生产,兼事军训,遇战事由丁壮自置鞍马器械出征,家口仍留居务农。女真人原从事粗放农耕,与汉族社会经济生活相近,故较易接受汉族文明影响。入居中原既久,多习汉语,衣汉服,效仿汉族生活、享乐习惯,本民族原有之尚武精神逐渐沦丧,走向积弱。世宗有鉴于此,力图保留女真旧俗。他曾亲临上京旧址巡视,召集当地耆老演习女真歌舞,并亲自以女真语歌唱祖先创业艰难。又下诏禁女真人改称汉姓,服汉人衣装,犯者抵罪。推广使用女真语言文字,专门开设女真进士科,应试者以女真文作策论。世宗还多次训诫臣下,提倡节俭、率直、骑射、力田等"女真旧风",反对奢华、狡诈、游逸、不事产业等汉族社会"恶习"。但毕竟于大势无补。

猛安谋克的生产原带有农村公社性质,父子兄弟督率奴婢共同耕作。入居中原后,贫富逐渐分化,公社趋于瓦解。贫者多卖掉奴婢,自耕田地,由于劳动力不足,耕作技术差,生产不积极,土地每致抛荒,人户陷于贫困。又有不少人模仿汉地租佃制经营方式,"骄纵不亲稼穑,不令家人农作,尽令汉人佃莳,取租而已",自己则耽于吃喝享乐,"惟酒是务",甚至"预借三二年租课",或"种而不耘,听其荒芜"。[15] 而地租所得每不足供从军费用,终之仍归于典卖田地。在世宗、章宗时期,猛安谋克户贫困化以及相关的积弱现象,逐渐成为金朝统治的一大痼疾。金廷为保护猛安谋克这一"国本",采取括地重授之策。猛安谋克户土地既抛荒或典卖,政府复搜觅良田重授。在原则上所括应为官地,实则几度重括,往往及于民田,"名曰官田,实取之民以与之,夺彼与此,徒启争端"。"山东河朔上腴之田,民有耕之数世者,亦以冒夺之",结果"得军(按指猛安谋克军户)心而失天下心",成为金朝的最大弊政。[16] 猛安谋克户倚仗国家优待,有恃无恐,得地未必认真耕种,往往重归荒芜,政府则重新为其括地,形成恶性循环,军日骄而民日困。民族矛盾也因此激化,直接导致了金末动乱中的民族仇杀,加速了金朝的衰亡。

章宗死后,其叔卫绍王永济即位。此时成吉思汗已统一漠北,建立大蒙古国,于大安三年(1211)发兵来侵。金军迎战大败,蒙古军进围中都,后撤退。此后数年,蒙古频繁来攻,兵锋遍及河北、山西、山东、辽东诸地,劫掠财

金朝帝系表

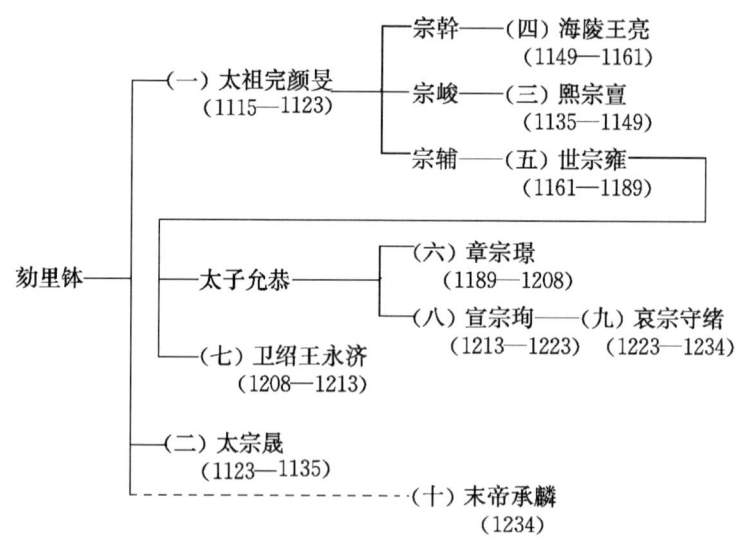

```
                                ┌─ 宗幹 ──(四)海陵王亮
                                │          (1149—1161)
                                │
              ┌─(一)太祖完颜旻 ─┼─ 宗峻 ──(三)熙宗亶
              │  (1115—1123)   │          (1135—1149)
              │                 │
              │                 └─ 宗辅 ──(五)世宗雍
              │                            (1161—1189)
              │                                │
              │                          ┌─(六)章宗璟
              │                          │   (1189—1208)
劾里钵 ───────┼─ 太子允恭 ──────────────┤
              │                          └─(八)宣宗珣──(九)哀宗守绪
              │                              (1213—1223)  (1223—1234)
              │
              ├─(七)卫绍王永济
              │   (1208—1213)
              │
              └─(二)太宗晟
                  (1123—1135)
                  - - - - - - - - - - - - (十)末帝承麟
                                              (1234)
```

物、人口,金朝统治受到沉重打击。至宁元年(1213),金军将领纥石烈执中发动兵变,杀死卫绍王,拥立章宗庶兄珣,改元贞祐,是为宣宗。宣宗迫于蒙古兵威,决意放弃中都,于次年携后宫百官迁都于南京(今河南开封),史称"贞祐南迁"。此后金朝大势已去。蒙古占领中都,逐渐控制华北,金廷只能聚保河南,屯兵自守。天兴元年(1232),蒙古占领南京开封,金哀宗(宣宗之子)逃往蔡州(今河南汝南)。天兴三年正月,蒙古与南宋合兵攻破蔡州,哀宗自缢而死,金亡。

二 大蒙古国

13 世纪初,蒙古崛起并统一漠北,由成吉思汗建立了大蒙古国,昔日分散游牧、争战不休的草原各部从此逐步凝聚为统一的蒙古民族共同体。蒙古铁骑横扫欧亚大陆,所向披靡,将大蒙古国发展成一个疆域空前庞大的世界性帝国。它以漠北草原作为统治重心,对包括中原汉地在内的各被征服地区,实施以征敛财富为重点的间接统治。大蒙古国的草原本位统治持续了半个世纪,虽然尚未转变为汉族模式的元王朝,但就广义而言,它通常也被看做元朝的一部分。

蒙古的崛起与建国

蒙古的名称最早可以追溯到唐朝。汉文史料将当时分布在大兴安岭北段,位于契丹以北、靺鞨以西、突厥回鹘以东的一些部落统称为室韦,他们与鲜卑、契丹同属于东胡之裔。其中有一部称"蒙兀室韦",居于望建河(今额尔古纳河)以东,即为蒙古之前身。回鹘汗国瓦解以后,包括蒙古在内的室韦诸部大批西迁,逐渐填充了漠北回鹘故地,但也有一些与突厥、回鹘同源的部族留居下来。西迁后的蒙古部居于斡难河(今蒙古鄂嫩河)上游的不儿罕山(今蒙古肯特山)地区。辽朝时,对已迁入漠北的室韦诸部落称为鞑靼。久之一些非室韦系统的草原部落也被纳入"鞑靼"范畴,鞑靼成为北方诸多游牧部族的泛称。此时蒙古只是"鞑靼"之一部,草原上还有很多大小不一的游牧部落集团,如克烈、塔塔儿、蔑儿乞、斡亦剌、乃蛮、汪古等。辽、金王朝对这些游牧民族只是羁縻约束,控制并不牢固,金朝更是一再受到"鞑靼"诸部的侵扰,渐居守势。另一方面,草原上的诸多游牧部落集团,甚至同一部落集团当中的不同氏族、支系,又处于频繁的混战当中,分合不定。

成吉思汗的出现,结束了北方草原诸部争雄的混乱格局。成吉思汗名铁木真，是蒙古部中乞颜氏分支乞颜·孛儿只斤氏贵族，生于1162年。因其父早卒，部众离散，年幼时处境十分困窘。后被迫投靠势力强大的克烈部部主王汗，拜其为义父，同时渐渐收复部众，重建以本家族为核心的统治集团。约1189年，铁木真被一些乞颜氏贵族和异姓侍从拥立为汗。1196年，协助金朝攻灭塔塔儿部，被金廷封授以"札兀惕忽里"官号，相当于部族长。1203年，与王汗的同盟关系破裂，兵戎相见。铁木真先败后胜，兼并了地广人众的克烈部。1204年，击败漠北西部的强大部落乃蛮部，其余部落亦或败或降，草原基本统一。1206年春，铁木真在斡难河源召开贵族大会，被推戴为全草原的大汗，号成吉思汗（后元朝追尊为太祖），大蒙古国由此建立。在此前后，成吉思汗创建或完善了一系列国家制度，对大蒙古国的巩固、强盛和有效管理，发挥了重大作用。

建立千户、百户授封制度——将全体草原牧民都按千、百、十户的十进制方式编组起来，分别让贵族功臣世袭统领。它们既是军事组织，也是大蒙古国统治草原社会的基本行政单位。大部分千户都是混合不同部落、氏族的成员重新组成的，尤其是被成吉思汗征服的塔塔儿、克烈、乃蛮、蔑儿乞等部族百姓，基本都被拆散，属于不同的千户。这样千户、百户制度实际上取代了旧日的部落、氏族结构，大蒙古国百姓通过这一制度被纳入严密的组织系统，在指定的牧地范围内居住，接受赋役征调，并由大汗委任的贵族功臣世袭管理。千户、百户授封制度将漠北草原游牧国家的政治制度发展到了一个新阶段，它的长期实行使得草原上原有的氏族共同体逐渐分解，各部族不再像以前游牧国家治下的被征服部族那样能够保持自己组织的完整和相对独立，它们在以后几十年中与统治部族——蒙古趋于合一，逐渐形成了全新而有持久生命力的蒙古民族。此前千余年，漠北的统治民族更迭频繁，兴衰无常，而自蒙古建国之后，漠北草原上就只剩下蒙古一个主体民族，即使在元朝灭亡、蒙古统一政权解体之后亦不例外。这应当说是漠北草原历史上的一个阶段性变化。

创建怯薛护卫军——早在1204年，成吉思汗就挑选了一部分贵族、平民子弟充当自己身边的护卫亲军。1206年建国后，又将这支精锐的卫队扩充到1万人，分为四班，轮番值宿，每番三昼夜，总称为四怯薛。怯薛，即蒙古语轮值之义。四怯薛各有怯薛长，由成吉思汗的亲信功臣"四杰"博儿术、博儿忽、木华黎、赤老温担任，并世袭其职。怯薛除保卫大汗外，还负责承担大汗宫帐内的各种服役，因而有火儿赤（佩弓矢环卫者）、云都赤（带刀环卫者）、必阇赤（充书记主文史者）、博儿赤（厨师）之类不同名目。怯薛护卫军是由过去草原贵族军事侍从"那可儿"（汉语意为"伴当"）演变而来的,它在新形势下起到了巩固、强化汗权的作用,一方面以内御外,从军事上对在外的贵族将帅形成制约,另一方面其中相当一部分贵族将帅子弟具有人质的性质,大汗可以因此更方便地驾驭臣下。同时,怯薛作为大汗的侍从近臣,自然地参与了军政事务的策划、管理,在很大程度上承担了蒙古早期国家行政中枢的职能。

创制蒙古文字——蒙古本无文字,成吉思汗从乃蛮部俘获其掌印官畏兀儿人塔塔统阿,命其教授汗室子弟"以畏兀字书国言",[17]最初的蒙古文由此产生。此后它被用来发布命令,登记户口,记录审断案件,编纂成文法,蒙古人的文化水平因而有了很大提高,后来还出现了用畏兀儿体蒙古文撰写的历史、文学巨著《元朝秘史》。在创制文字的同时,也制定了使用这种文字的印章、牌符制度,从而加强了国家管理。

颁行法律与设置司法长官——蒙古人原有自古相传的习惯法,成吉思汗在其基础上重新颁行了一系列法律条文,蒙古语称为"札撒",后来还用蒙古文记录成卷,名为《大札撒》。其中包括维护汗权、维护游牧社会的等级制度、保护牧业经济等基本内容,也残存了一些蒙古人传统的习俗和迷信禁忌。此后每逢新汗即位或遇重大征伐等事,在贵族聚会、典礼上都要诵读《大札撒》条文,以示遵行祖制。成吉思汗又任命了掌管司法的官员大断事官,蒙古语称也可札鲁忽赤,以其养弟塔塔儿人失吉忽秃忽担任。大断事官除审断刑狱、词讼外,同时负责主管贵族属民的分配。其下还置有若干级别较低的断事官（札鲁忽赤）。

分封子弟——成吉思汗将大蒙古国的全部民户、国土视为家族共同财产,按照草原牧民分割家产的习俗进行了分配。其诸弟、诸子都分得一部分民户,后来还具体划分了地域。诸弟合撒儿、合赤温、别里古台、铁木哥斡赤斤的封地都在蒙古高原东部,从克鲁伦河、额尔古纳河流域到呼伦贝尔草原,被称为"东道诸王"。长子至三子术赤、察合台、窝阔台被分封于阿尔泰山以西,称为"西道诸王"。分配给诸王的民户同样处于千户、百户的编制之下,其千户长成为诸王的家臣。诸王对属民有绝对支配权,可在领地内将他们再行分封给自己的子弟。另一方面,大蒙古国民户、土地真正被分封出去的又只占少数。大部分民户和由克鲁伦河直至阿尔泰山的蒙古高原中心地区,作为父家长权力的象征,仍由成吉思汗自己直接统领,并按照蒙古人"幼子守产"的习俗,预定将来交付给幼子拖雷继承。成吉思汗家族的姻亲和一些重要功臣也得到了世袭封地,但其地位低于子弟诸王,带有大汗恩典赏赐的性质。对新征服的农耕地区,亦作为家族公产,由大汗统一派官治理。

上述国家制度的具体环节,都是以保障最高统治者大汗的个人权力为前提的。可能是由于草原游牧民经济生活的不稳定性,他们当中普遍存在着对绝对权威的需求。草原社会等级观念的发展,成吉思汗在艰苦创业过程中形成的个人崇高威望,加上蒙古国家最高权力与草原原始宗教萨满教神权的结合,使成吉思汗完全成为凌驾于众人之上的"超人"型统治者。波斯史家拉施特称成吉思汗即位以后,"所有血亲与非血亲的蒙古氏族和部落,都成了他的奴隶和仆役"。[18] 汗权的强大,是大蒙古国政治的突出特征。与金朝相比,蒙古君主的个人权威一开始就非常突出,并未湮没于家族集体权力之中。而且其权威主要来自北方民族自身的政治观念,并非依赖汉族社会政治传统始得建立。

蒙古的对外征服战争

像以前统一漠北的游牧帝国一样,大蒙古国很快转入对农业定居社会的掠夺和扩张。西夏与金首先成为其侵掠对象。早在1205年,成吉思汗就一度攻入西夏,劫掠大批牲畜、财物而还。蒙古建国后,又于1207、1209年连续对西夏发动战争,迫使其称臣纳贡。1211年,成吉思汗大举进攻金朝,击败金军主力,进抵中都,分兵深入劫掠后北撤。此后几年内,蒙古军一再深入华北腹地抄掠,"凡破九十余郡,所过无不残灭,两河山东数千里,人民杀戮几尽,金帛子女牛羊马畜皆席卷而去,屋庐焚毁,城郭丘墟",[19] 金廷被迫南迁。此后黄河以北的地主豪强纷纷起而割据自保,一时间"河北群雄如牛毛"。[20] 1217年,成吉思汗封拜其"四杰"之一木华黎为太师、国王,全权负责对金战事。木华黎大力招降并利用地方地主武装与金朝作战,而金朝也以高爵招徕华北土豪,分别依附蒙、金两方的地方势力彼此展开了拉锯式的争夺。战斗虽有反复,总的趋势仍然是附蒙一方渐居上风,越来越多的地方军阀倒向蒙古。在山东,尽管南宋也加入了对当地势力的争取,但该地最终仍然落入蒙古的控制。蒙古对率部或纳土归降的军阀、官僚,通常沿用金朝官称,授予元帅、行省之类职务,许其世袭,并可自辟僚属,称为"世侯"。在东北,契丹人耶律留哥和金朝官员蒲鲜万奴先后叛金自立,蒲鲜万奴一度建立"东真国",但后来仍为蒙古所征服。

除向南方扩张之外,蒙古也很早开始向西拓展势力。首先是收服畏兀儿。畏兀儿在宋时称高昌回鹘,其地以哈剌火州(即高昌,今新疆吐鲁番)和别失八里(亦称北庭,今新疆吉木萨尔)为中心,首领称亦都护(源于突厥语,意为"幸福之主"),臣属于西辽。1209年,畏兀儿亦都护巴而术阿而忒的斤杀西辽官员,遣使降于蒙古,后又亲赴蒙古朝见成吉思汗。成吉思汗对其十分优待,以女许嫁,又使与诸子约为兄弟,并保持对畏兀儿领地和百姓的世袭统治权。畏兀儿以西还有另一个依附于西辽的民族哈剌鲁,是唐时西突厥支裔葛逻禄之后,首领称阿儿思兰汗。至此他们也杀掉西辽监护官,向蒙古归降。这一时期,西辽国势衰颓,被蒙古击败的乃蛮王子屈出律逃到西辽,篡夺了帝位。1218年,成吉思汗遣哲别率军征讨屈出律,将他捕获杀死。至此西辽完全灭亡,蒙古的势力范围伸展到中亚,与中亚伊斯兰教古国花剌子模相邻。花剌子模的统治中心位于阿姆河下游,原为西辽藩属国,13世纪初摆脱西辽统治,成为中亚地区最强大的势力。1218年,蒙古所遣商队为花剌子模边将所杀,财物尽被劫掠。成吉思汗派使臣前去交涉,又被其国王摩诃末杀死。成吉思汗大怒,决意兴兵复仇,遂于1219年统蒙古军大举西征。花剌子模军队数量占优,但采取了分兵把守、消极防御的错误战略,以至局面被动,屡战屡败。蒙古军很快攻占了花剌子模的大部分城市,摩诃末逃到里海中的岛上,不久病死。1223年,成吉思汗率军东返。此前由哲别、速不台领的一支蒙古军追击摩诃末不获,由波斯越过高加索山进入钦察草原和乌克兰地区,击败了斡罗思诸国王公与钦察人的联军后退兵,渡过亦的勒河(今伏尔加河),与成吉思汗会师,一同东归。

结束对花剌子模的西征后,成吉思汗发动了灭亡西夏的战争。西夏在蒙古胁迫下长期与金朝作战,且困于蒙古征发诛求,国力疲乏,遂又与金朝结盟共抗蒙古。1226年,成吉思汗以抗命之罪对西夏发起进攻,至1227年已攻破西夏多处城池,包围其首都中兴府。同年七月,成吉思汗病卒于营中,蒙古军秘不发丧,继续围困,终于破城,将西夏灭亡。

到成吉思汗去世时,蒙古已在对金朝作战中取得压倒性优势,金朝只能固守黄河防线,苟延残喘。据载成吉思汗临终曾拟定借道于南宋、迂回从后方给金朝致命一击的战略计划。1231年,蒙古第二代大汗窝阔台决定分兵三路伐金,自统中路军由山西正面发起攻击,铁木哥斡赤斤统左翼军由山东进兵,拖雷则统右翼军从宝鸡南下,绕道宋境,包抄金朝后方。拖雷从大散关入汉中,沿汉水东下,经过长距离的艰苦行军,自邓州(今河南邓县)迂回进入金境。1232年春,拖雷趁天降大雪之机,大破金军主力于钧州(今河南禹县)南边的三峰山,金朝灭亡的大局已定。1234年正月,蒙古与南宋合兵,将金朝最后一支势力消灭。

灭亡金朝以后,蒙古贵族发动了第二次西征。1235年,大汗窝阔台下令征讨钦察、斡罗思方向的未服诸国,命宗室、贵族都派出长子参加西征,由成吉思汗之孙、术赤之子拔都任统帅。蒙古军由钦察进入俄罗斯平原,相继攻灭也烈赞、莫斯科、弗拉基米尔、科泽里思哥等公国或城市,又分兵征服高加索山和黑海以北钦察、阿速诸部。至1241年,俄罗斯、乌克兰平原已基本被征服,拔都遂分兵两路,继续西征欧洲诸国。北路进攻孛烈儿(今波兰),在里格尼茨(在今波兰西部)击溃孛烈儿和捏迷思(德意志)诸侯联军,转而南下同南路军会合。南路军进攻马札儿(今匈牙利),攻占其都城佩斯,前锋追击马札儿国王别剌四世直至亚得里亚海畔,不及,遂由塞尔维亚返回。1242年,大汗窝阔台的死讯传到西征军中,拔都始收兵东返,驻节于伏尔加河下游,统治钦察、斡罗思地区。此次西征给欧洲各国造成极大震动。教皇英诺森四世和法国国王路易九世先后派遣教士普兰诺·加宾尼和威廉·卢布鲁克出使蒙古,希望与蒙古达成和议并传教,但均不得要领而归。

与第二次西征基本同时,蒙古挫败了南宋的"端平入洛",窝阔台之子阔出、阔端领军对南宋发起进攻。阔出一度占领襄阳,阔端则长驱入蜀,攻占成都。南宋军队顽强反击,夺回襄阳,在四川则把防御重点放在川东,凭借险要修筑城堡,与蒙古相持。阔端经略四川期间,开始与吐蕃地区建立联系。1239年,蒙古将领朵儿答进兵吐蕃,抄掠后退回。1246年,吐蕃最有影响的宗教首领之一、喇嘛教萨斯迦派座主萨班到凉州谒见阔端,双方就藏地归附蒙古达成了协议。萨班致函吐蕃各教派、各地区僧俗首领,宣谕其事。后来蒙古派人入藏清查户口,划定地界,任命当地上层人物为官。已分裂割据四世纪之久的吐蕃地区,在蒙古的统治下重新趋于统一。

蒙古第四代大汗蒙哥即位后,命其次弟忽必烈总领汉地军务,进攻南宋,三弟旭烈兀西征波斯以西未服诸国。忽必烈提出远征云南大理国,从侧后方迂回包抄南宋的战略计划。1253年,忽必烈统兵取道吐蕃东部南征,一路艰难跋涉,征服了一些割据的吐蕃部族,进一步加强了蒙古对吐蕃的控制。蒙古军进入云南,攻陷大理城(今云南大理),俘获大理国王段兴智。不久忽必烈北还,留大将兀良合台镇守。1258年,蒙哥大举伐宋,自统主力入蜀,命忽必烈进攻荆襄、两淮,兀良合台自云南北上,对南宋形成钳形攻势。1259年七月,蒙哥病卒于合州(今四川合川)钓鱼城下,或云为飞石击中,不治而死。忽必烈在东路包围鄂州(今湖北武昌)两月,与南宋秘密议和,率军北归。这一次大规模的攻宋战争,遂因大汗暴卒而中途流产。

旭烈兀西征的对象主要是祃拶答而(今伊朗马赞德兰省)地区的木剌夷国和都于报达(今伊拉克巴格达)的阿拉伯阿拔斯王朝(汉文史籍称为黑

衣大食)。木剌夷国是伊斯兰教亦思马因派建立的宗教政权,广蓄敢死之士从事暗杀活动,又不尽守伊斯兰教戒律,被其他穆斯林视为异端。1256年,蒙古军灭木剌夷国,随后进围报达。1258年,攻陷报达,杀阿拔斯王朝末代哈里发谟斯塔辛,并纵火屠城,据载居民死者达80万人之多。此后旭烈兀继续西征叙利亚,但不久得知蒙哥死讯,遂率主力部队返抵波斯。留驻叙利亚的蒙古军被埃及军队击败,西征结束。

蒙古在建国后数十年内,横扫欧亚大陆,所向披靡,建立起一个疆域空前庞大的世界性帝国,极大地改变了欧亚内陆的政治格局,也影响了世界历史发展的进程。蒙古军兵锋所及,杀戮人民,毁坏城镇,给被征服地区带来浩劫,中亚、西亚伊斯兰文明受到的破坏尤为严重。另一方面,蒙古的征服战争也为中国大一统的重建奠定了基础,同时打通了中西往来的道路,促进了中西文化交流。大批中西亚各族人陆续东来,使蒙元时期的民族状况更加复杂,对中国作为统一多民族国家的民族格局也产生了重大影响。

大蒙古国的内政及其对汉地的统治

大蒙古国的统治历时50余年,先后更替了四任大汗,其间还曾出现宗王监国和皇后摄政的情况。按照草原传统,汗位继承必须经过诸王、贵族的"忽里台"(蒙古语聚会)会议的推选确认方才有效,这导致了接连不断的汗位纷争。成吉思汗正妻孛儿帖生有术赤、察合台、窝阔台、拖雷四子。根据蒙古人自古流行的"幼子守产"习俗,成吉思汗分封子弟时,只将小部分军队、资产分给术赤等三子,大部分自己留下,预备死后传给拖雷。然而在考虑汗位继承人时,他又从政治才能出发,选择了窝阔台(后追奉庙号太宗)。其他两子当中,术赤与拖雷友善,而察合台与窝阔台交好,四子实际上形成两党,矛盾延及子孙。成吉思汗死后,因忽里台会议一时未能举行,窝阔台无法即位,拖雷以守产幼子的身份监国二年。窝阔台虽然仍如愿即位,但对拖雷不无疑忌,1232年三峰山战役之后不久,拖雷即神秘地暴卒。1241年窝阔台死,忽里台会议仍未马上召开,皇后乃马真氏脱列哥那临朝称制五年之久。1246年,窝阔台长子贵由被推举为大汗(追奉庙号定宗)。贵由与术赤之子拔都一向不和,图谋对后者采取军事行动,但他在1248年即卒,内战终未爆发。此后贵由皇后斡兀立氏海迷失摄政,同时拔都以资深宗王的身份在其封地召集忽里台,推举拖雷长子蒙哥为新汗,窝阔台、察合台两系诸王拒不承认。拖延到1251年,在漠北汗廷重开忽里台,蒙哥经推戴正式即位(追奉庙号宪宗)。窝阔台、察合台两系诸王企图借朝会之机策划兵变,被蒙哥镇压。事后蒙哥又诛杀了海迷失皇后和窝阔台等两系的大批臣属。这样大蒙古国的汗位由窝阔台系转至拖雷系。在此过程中成吉思汗子孙的矛盾完全爆发,自相屠戮,家族裂痕已无可弥缝,为日后大蒙古国的分裂埋下了伏笔。

　　大蒙古国的疆域虽然辽阔,但却只是一个依靠军事力量来维系的政治联合体。境内被征服的民族繁多而庞杂,其语言、宗教、风俗习惯各不相同,社会发展水平也有很大的差异。尽管征服了大片农耕地区,但大蒙古国的统治中心一直处于漠北草原,实行草原本位政策。窝阔台时,于斡耳寒河(今蒙古鄂尔浑河)东岸建造国都,定名为哈剌和林(今蒙古哈尔和林),简称和林。通过对被征服地区的掠夺和剥削,漠北草原出现了前所未有的超常繁荣,专门建造有许多仓库,贮藏财物谷帛。相比之下,蒙古统治者对被征服地区的治理不很重视,主要是实施间接统治。在一些重要城市,设置了受大汗控制、较强有力的统治机构,并驻扎军队,重点在于保证其对大蒙古国的臣服和缴纳财赋。在较低的管理层次,则大量保存当地传统制度并任用当地上层人物,同时委派蒙古人担任达鲁花赤(蒙古语镇守者),掌握最后裁定的权力。大约在窝阔台时期,已将被征服的农耕地区划分为汉地、中亚和波斯三大部分,分别设置也可札鲁忽赤(即大断事官)进行管理。后来汉文史料将其比附为"行尚书省"。其中"燕京等处行尚书省"统治汉地,"别失八里等处行尚书省"统治畏兀儿、中亚地区,"阿母河等处行尚书省"统治阿姆河以西波斯之地。

　　大蒙古国统治下的中原汉地,长期处于动荡、混乱之中。蒙古初入中原,以劫掠为主,不重视地区占领,屠杀之残酷,于史少见。战乱引起的饥馑和疾疫,又使劫后余生的百姓大批死亡。人口掳掠也非常严重,贵族、军阀在战乱中大量役占私属奴婢,称为驱口(意即"被俘获驱使之人"),据说其数目"几居天下之半"。经过战争浩劫,中原已陷于"天纲绝,地轴折,人理灭"的悲惨境地。[21]金朝盛时有户 768 万,而蒙古灭金前后两次在中原括户,仅得户 110 余万。蒙古虽然设置了"燕京行尚书省"控御汉地,但却是专以搜刮为务而忽略治理,统治黑暗,法制不立,百姓饱受虐政而无从控告。汉人世侯在地方上的势力依然很强,兼统军、民,世袭其职,在向蒙古统治者履行纳质、从征、贡献等义务的条件下,即可专制一方,自擅生杀祸福、聚敛封殖之权,对百姓形成沉重的剥削和压迫。蒙古统治者还将草原分封之制推广到汉地,将登记过的大部分中原民户按地区分封给诸王、贵戚、勋臣为采邑,称为"投下"或"头下"(语出辽代,意为"头项之下")。投下封主往往违制径自设官征赋,征敛各种所需物品,或将投下民户抑占为私属人口。总的来说,由于历代蒙古大汗一直以漠北草原作为国家本位,"视居庸以北为内地",[22]只将汉地看做大蒙古国的东南一隅,因此从未考虑过针对其特殊状况,采用历代中原王朝的典章制度进行正规管理。相反,却置汉地混乱局面于不顾,不满足于按部就班、取民有度的正常剥削方式,而是竭泽而渔,百般敲诈,使中原百姓处于水深火热之中,社会经济长期无法恢复。

在大蒙古国上层统治集团中,也有一部分人曾试图对"汉地不治"的混乱状况进行整顿。窝阔台时,汉化契丹人耶律楚材担任怯薛必阇赤长,主掌汉文文书,参与机要,被汉人按照汉地制度比附称为"中书令"。他经常向窝阔台陈说马上可得天下不可治天下的道理,推行了一系列有利于恢复中原正常统治秩序的措施。首先是按照中原传统订立赋税制度,设立燕京、平阳、真定、东平等十路课税所主其事,使剥削有所节制。灭金后,在中原推行投下分封之制,楚材劝说窝阔台对封主的权力进行一定的约束,令其不得在赋役定额外擅自征敛,且封地官吏仍由大汗任命。经楚材奏准,大蒙古国于1238年(戊戌年)在中原诸路举行了一次儒士考试,共有4030人中选,其中四分之一的人来自驱口,因此而重获自由。中选者可在本地担任"议事官",免其家赋役,其中一些人后来成为元朝名臣。史称此事为"戊戌选试"。这些措施使大蒙古国在汉化方面作出了试探性的迈进,但同时也受到了蒙古贵族、西域官僚和商人的抵制、破坏。窝阔台死后,耶律楚材在汗廷受到排挤和冷遇,不久抑郁而终,其改革措施亦大都中止。

时间稍后,在蒙古汗室内部也出现了倾向于汉化的代表人物,即拖雷次子、蒙哥之弟忽必烈。忽必烈年轻时与汉族士大夫有较多接触,颇知前代王朝治乱兴衰之事。蒙哥即位后,忽必烈受命统领漠南汉地军务,采纳汉人幕僚的建议,在邢州(今河北邢台)设安抚司,汴梁(今河南开封)设河南经略司,京兆(今陕西西安)设陕西安抚司,进行推行"汉法"的改革试点,"选人以居职,颁俸以养廉,去污以清政,劝农桑以富民"。结果"不及三年,号称大治"。[23]他在攻灭大理和对南宋的作战中,约束军队不使恣意杀戮,更加提高了自己在中原的威望。忽必烈势力的膨胀一度引起蒙哥的疑忌。1257年,蒙哥解除忽必烈的兵权,又派亲信至陕西、河南检察财赋出入情况,忽必烈的王府人员多受罗织获罪。忽必烈亲自去朝见蒙哥,表示驯服,事态始得缓解,但邢州安抚司等机构悉数撤罢,汉化改革又一次在蒙古贵族保守派的阻挠下被中止。到蒙哥死后,忽必烈终于依靠汉地人力物力的支持登上汗位,正式结束了大蒙古国的草原本位政策。

注 释

[1] 《建炎以来系年要录》卷一六二绍兴二十一年十二月。
[2] 《三朝北盟会编》卷三《政宣上帙三》。
[3] 《廿二史札记》卷二八"金初父子兄弟同志"条。
[4] 《金史·兵志》。
[5] 《金史·撒改传》,《三朝北盟会编》卷一六六《炎兴下帙六十六》引《金虏节要》。
[6] 《三朝北盟会编》卷一二《政宣上帙十二》引《北征事实》,卷一六五《炎兴下帙六十五》引《燕云录》。
[7] 宇文懋昭《大金国志》卷八《纪年·太宗文烈皇帝六》,卷二七《开国功臣传·粘罕》。
[8] 《三朝北盟会编》卷一六六《炎兴下帙六十六》引《金虏节要》。
[9] 《金史·世宗昭德皇后传》。
[10] 《金史·食货志一》。
[11] 《金史·萧玉传》。
[12] 《金史·文艺传》序,《元好问传》。
[13] 元好问《遗山集》卷二一《雷希颜墓铭》。
[14] 《大金国志》卷八《纪年·太宗文烈皇帝六》,卷三六《屯田》。
[15] 《金史·食货志二》。
[16] 《金史·张行简传》,元好问《遗山集》卷一六《张文贞公神道碑》。
[17] 《元史·塔塔统阿传》。
[18] (波斯)拉施特《史集》第一卷第二分册(余大钧、周建奇汉译本,商务印书馆,1983),第15页。
[19] 李心传《建炎以来朝野杂记》卷一九"鞑靼款塞"条。
[20] 魏初《青崖集》卷三《重修北岳露台记》。
[21] 宋子贞《中书令耶律公神道碑》,《元文类》卷五七。
[22] 袁桷《清容居士集》卷二五《华严寺碑》。
[23] 姚燧《牧庵集》卷一五《中书左丞姚文献公神道碑》。

第十五章
元朝百年统治

元朝是中国历史上由蒙古族建立的王朝,它的前身是大蒙古国。1260年,成吉思汗之孙忽必烈在汉地即汗位,推行汉法,建立起汉族模式的中央集权官僚制统治。1271年,正式定国号为大元。1368年,蒙古统治者被新兴的汉族王朝明朝逐回漠北,元朝灭亡。从严格意义上说,元朝应当自1260年忽必烈建立汉族模式政权算起,至1368年为止,共传10帝,109年。

一 元朝的建立与统一

元世祖忽必烈登上并巩固汗位,将大蒙古国的统治重心由漠北移到中原,形成了汉族模式的元王朝。横跨欧亚的大蒙古国,自此逐渐趋于分裂。而元朝随即灭掉南宋,结束了中国境内数百年来不同民族政权分立的局面,重建了中国历史的大一统。

从大蒙古国到元王朝

1259年蒙哥汗暴卒于四川前线,大蒙古国的汗位纷争又一次爆发。汗位争夺主要在忽必烈及其同母幼弟阿里不哥之间展开。忽必烈长期经营汉地,得到中原士大夫和汉族军阀的拥戴,而阿里不哥此时正按照蒙古传统的幼子守产习俗,留守漠北,代掌国政。1260年三月,忽必烈在其王府所在地开平(今内蒙古正蓝旗东)召开忽里台大会,即位称汗,建元中统,是为元世祖。阿里不哥也于此前后在和林即汗位,形成了一国两君的局面。阿里不哥虽据有漠北本土,但兵力、物资与忽必烈相比均明显不足。交战数年,阿里不哥屡败,被迫于中统五年(1264)向忽必烈投降。这样忽必烈最终控制了大蒙古国的"龙兴之地"漠北,他作为大蒙古国大汗的地位得到了确认。

通过军事征服建立起来的大蒙古国,实际上只是一个缺乏统一经济基础的政治联合体。成吉思汗分封诸子于西方,史称"西道诸王"。他们治下的疆域随着蒙古几次西征大大扩展,境内被征服民族十分庞杂,语言、宗教、生活方式、风俗习惯以及社会发展水平与漠北本土相比都有较大差异。在激烈的汗位争夺中,西道诸王彼此之间的矛盾也愈演愈烈,产生了很大的离心倾向。因此大蒙古国早就孕育着分裂的因素。以忽必烈登上汗位为契机,分裂终于成为现实,在大蒙古国汗廷以外产生了相对独立的四大汗国——钦察、伊利、察合台、窝阔台汗国。

钦察汗国——拔都在结束蒙古第二次西征后,将营帐迁至伏尔加河下游,建立萨莱城(今俄罗斯阿斯特拉罕一带)作为封国首都。以钦察草原为中心,形成了东起额尔齐斯河、西括俄罗斯平原的钦察汗国。拔都曾主谋推戴蒙哥为大汗,蒙哥因而承认他对钦察汗国的世袭统治权。至忽必烈即位,拔都早已去世,其弟别儿哥继任。对万里之遥的钦察汗国,忽必烈除要求承认自己的大汗名义外,也已不可能进行实际的控制。双方关系日趋疏远。

伊利汗国——忽必烈和阿里不哥争位时,旭烈兀尚远在波斯。在双方拉拢下,旭烈兀最终倒向忽必烈。鉴于旭烈兀握有重兵,"其势足以自帝一方",[1]忽必烈只好顺水推舟,传旨承认他对阿姆河以西波斯、阿拉伯地区的统治权。旭烈兀的封国称为伊利(突厥语"从属"之意)汗国,东起阿姆河和印度河,西达小亚细亚,南抵波斯湾,北至高加索山。

察合台汗国——成吉思汗第二子察合台的封地在中亚。忽必烈和阿里不哥都曾竭力控制这一地区,阿里不哥起初占得上风,他扶植的阿鲁忽(察合台之孙)掌握了中亚地区的统治权。但阿鲁忽站稳脚跟后,与阿里不哥矛盾激化,反而遣使归附于忽必烈。忽必烈委任他统治阿尔泰山以西、阿姆河以东地区,实际上承认了他对中亚草原和农耕地区的占有权。在此基础上形成了察合台汗国。

窝阔台汗国——中亚地区的另外一支势力是窝阔台后王。窝阔台最初的封国中心在今新疆北部,包括蒙古高原西部的乃蛮故地。其后裔后来在汗位争夺中失势,各自只占有原窝阔台封国境内一些小的封地。在忽必烈和阿里不哥争位时,窝阔台之孙海都的势力膨胀起来。他积极谋求自任大汗,拒不归附忽必烈,后来还联合察合台后王兴兵内犯,与忽必烈及其子孙长期敌对。窝阔台诸后王的小块封地,被海都逐渐统一为一个位于察合台汗国以北,包括新疆北部、蒙古高原西部的窝阔台汗国。

忽必烈在接受阿里不哥归降后,曾郑重邀请钦察汗别儿哥、伊利汗旭烈兀、察合台汗阿鲁忽等宗王东来参加正式的忽里台选汗大会。但三汗很快相继去世,他们的继承人各主一方,对于共同选举大蒙古国大汗一事不感兴趣,却纠缠于彼此之间的领土争端,大动干戈,形同敌国。正在崛起当中的海都,也一再拒绝忽必烈的征召。这次忽里台会议的流产充分表明,昔日统一的大蒙古国已经不复存在。代之出现的,就是上述各自独立发展的四大汗国,以及忽必烈以汉地为中心建立的元王朝。

大蒙古国转变为元王朝的主要标志是"汉法"的推行,即有计划地吸收、采用前代中原王朝的一系列典章制度和统治经验。用当时人的话说,就是"帝中国当行中国事"。[2]具体而言,主要包括以下几方面内容:

建立年号、国号——忽必烈一即位,即仿汉族传统定年号为"中统"。至阿里不哥归降,复改年号为"至元"。至元八年(1271)十一月,取《易经》"大哉乾元"之义,定国号为"大元"。在此以前,"大蒙古国"并没有类似于中原王朝的国号,汉族文人往往简称之为"大朝"。元朝之名,至此正式确立。

建立汉式官僚机构——中央设中书省掌政事,为宰相机构,下辖吏、户、礼、兵、刑、工六部,处理具体行政事务。又设枢密院掌军事,御史台掌监察。在地方上,最初设立十道宣抚司监临路、府、州、县,后来统一设置行省作为地方大行政区。地方监察则由提刑按察司(又改肃政廉访司)负责。忽必烈还采取了一些措施来强化中央集权的官僚制统治。首先是限制诸王勋贵的特权,禁止其越轨违制行为,如擅取官物、擅征赋役、擅招民户、擅用驿传等等。其次即解决汉人世侯割据的问题,在中统三年(1262)镇压了山东军阀李璮的叛乱后,陆续颁布命令,地方实行兵、民分治,停止世侯世袭,立官吏迁转法,结束了金末以来北方军阀割据的局面。

定都汉地——忽必烈即位后不久,开始对金朝旧都燕京进行重建。至元九年新城建成,成为元朝的正式首都,定名大都。忽必烈原藩府所在地开平,则作为陪都,加号上都,主要起着联络中原与漠北的纽带作用。元朝皇帝每年大部分时间居于大都,四月至八、九月间赴上都避暑,其间各中央机构派少量官员扈从北上,大多数人仍在大都办公。而大蒙古国旧都和林,至此已降为地方机构治所。

此外,忽必烈还推行了一系列发展农业生产、尊崇儒学的政策。这些"汉法"的推行,奠定了汉式王朝的基本框架。蒙古游牧民族在征服中原后,必然要逐渐适应发展程度较高的汉族农业文明,这是历史的趋势。忽必烈顺应了这一趋势,推动大蒙古国最终转变为元王朝。旧史家称颂他"用能以夏变夷,立经陈纪,所以为一代之治者,规模宏远矣",[3]这个评价是基本符合事实的。

大一统的重建

在北方政局基本稳定后,忽必烈很快发动了灭亡南宋、统一全中国的战争。他改变了以前主攻四川的战略,改以长江中游的襄阳、樊城作为突破口。至元五年至十年,经长期围困,元军终于占领襄、樊,在南宋的国防线上打开了缺口。至元十一年忽必烈委任伯颜为统帅,大举伐宋。元军沿汉水入长江,顺流而下。十二年,大败宋军于池州(今安徽贵池)下游的丁家洲,相继占领建康(今江苏南京)、镇江、常州等要地。十三年正月,元军会集临安城下。南宋太皇太后谢氏和恭帝赵㬎奉传国玺及降表降元。南宋大臣文天祥、陆秀夫等先后拥立赵㬎的两个幼弟——益王赵昰和广王赵昺,活动于福建、广东一带,图谋复宋。至元十六年二月,元军追击至崖山(今广东新会南),陆秀夫抱赵昺赴海自尽。文天祥被俘,后就义于大都。南宋残余力量完全被消灭。

元朝攻灭南宋的战争,在性质上与大蒙古国时期的对外征伐不同,原始掠夺的色彩大大减少,而基本已成为汉地政权之间的兼并、统一战争。因此,江南地区所受战争破坏,较之北方要轻得多。元廷对南宋官僚士大夫也尽力招降、笼络。大批南宋旧臣,如状元留梦炎、王龙泽、宗室赵孟𫖯、谏臣叶李等等,接踵北上仕元,出任要职。但同时也仍有很多遗民坚持民族气节,拒不出仕。

元灭南宋之后,版图辽阔,超出汉、唐。为管理这样广袤的疆土,元朝逐渐形成一套行省制度。因中央宰相机构为中书省,派高级官员外出镇遏方面,称"行中书省事",简称行省。起初行省带有比较明显的中央派出机构色彩,至忽必烈后期已基本上转变为地方常设的最高行政机构,全国形成辽阳、甘肃、陕西、河南、江浙、江西、湖广、四川、云南九行省。后来又设立了岭北行省,共10个行省,皆"掌国庶务,统郡县,镇边鄙,与都省为表里,……凡钱粮、兵甲、屯种、漕运,军国重事,无不领之"。[4]在邻近首都大都的河北、山西、山东等地区,不设行省,由中书省直辖,称为"腹里"。元人评价说:"国家置中书省以治内,分行省以治外,其官名品秩略同,所以达远迩、均劳逸,参错出入,而天下事方如指掌矣。"[5]行省辖区广阔,权力集中,地方军、政、财权无所不统,与宋朝分割地方权力的制度明显有异。这种情况很大程度上渊源于元朝特殊的民族征服背景。中央只有加重行省权力,才能够及时并有效地镇压反抗行动,同时也能对分封在边疆地区的诸王贵族进行节制。行省官员中仅有主要长官能掌握军权,而这类职务通常不授予汉人，因此地方权重之弊可以通过民族防范、民族控制得到部分弥补。中央还通过监察等各种制度杠杆对行省进行遥控。在后来的历史发展中，元朝行省极少扮演体现地方独立性、代表地方利益的角色，相反主要起到了代表中央控制地方局势、搜刮财富的作用。

元朝大一统的成果，不仅表现为版图辽阔，而且表现为对边疆控制的强化。很多过去大一统王朝的"羁縻之州"，到元朝"皆赋役之，比于内地"。[6]对漠北、东北、云南、吐蕃等边远地区，元朝都因地制宜地实施了有效的行政管理。漠北在忽必烈定都汉地以后失去了国家政治中心的地位，改设宣慰司都元帅府，后升为岭北行省。这一地区没有州、县建置，实际基层行政单位仍然是蒙古社会中传统的千户、百户组织。在民族复杂的东北地区，设立了辽阳行省，辖境东到大海，包括库页岛在内，东南与高丽接壤。云南地区早在至元十一年即设置行省，下辖37路、2府，多用土官任职，可世袭，犯罪也仅罚不废。吐蕃作为一个单独的大行政区，未设行省，由中央的宣政院直接统辖。元朝皇帝信奉吐蕃喇嘛教，尊喇嘛教萨斯迦派僧侣为帝师，因而由掌管全国佛教事务的宣政院兼领吐蕃之地。宣政院下属的地方行政机构分为三道，分别为吐蕃等处宣慰使司都元帅府（辖吐蕃东北地区）、吐蕃等路宣慰使司都元帅府（辖吐蕃东南地区）、乌思藏纳里速古鲁孙等三路宣慰使司都元帅府（辖吐蕃中西部、今前后藏和阿里地区）。官员皆由宣政院或帝师荐举，皇帝予以任命，低级地方官可由当地僧俗首领按本地习惯自相传袭。为加强统治，元廷还在吐蕃进行了清查户口、设置驿传等工作。

为加强大一统国家的内部联系，保证中央对地方的有效控制，迅速传递信息，元朝在全国范围内建立了驿站和急递铺系统。驿站之"站"是蒙古语Jam的音译，即汉语"驿传"之意。在元朝它往往与"驿"合用，并渐渐取代后者，沿用至今。元朝以大都为中心修筑了四通八达的驿道，东连高丽，东北至奴儿干（今黑龙江口一带），北达吉利吉思，西通伊利、钦察两汗国，西南抵乌思藏（今前、后藏地区），南接安南（今越南北部）、缅国，范围之广，前所未有，做到了"人迹所及，皆置驿传，使驿往来，如行国中"。[7]全国共设有陆站、水站共约1500处，为各级政府因公差遣人员服务，提供交通工具、住所、饮食、薪炭等，也用来运输官府物资，是当时最便利的交通体系。服务人员从当地百姓中签发，单立户籍，称站户。急递铺是元代的官方邮递系统。每10或15、25里设一铺，置铺兵五人，负责传递文书。传递速度规定为一昼夜400里，急件500里。

元朝前期，西北、东北的宗室诸王发动叛乱，对大一统的局面一度构成威胁。至元六年春,以海都为首的窝阔台、察合台后王大会于塔拉斯河上,划分各自在中亚地区的势力范围和财赋收入,宣誓保持蒙古传统的游牧风俗、制度,并遣使质问忽必烈:"本朝旧俗与汉法异,今留汉地,建都邑城廓,仪文制度遵用汉法,其故何如?"[8]表明了反对"汉法"、与元廷为敌的政治立场。此后海都等"西北叛王"与元朝军队在漠北西部和天山南北长期交战,互有胜负。至元二十四年,东北宗王乃颜发动叛乱,忽必烈御驾亲征,将其讨平。忽必烈死后,海都等叛王领袖也相继死去,西北宗王与元廷约和,仍承认元朝皇帝作为全蒙古大汗的地位。除去前期宗王叛乱的因素外,元朝可以说是中国历史上极少见的没有外患的朝代。如时人所言,"圣朝之疆宇,固如金瓯,平如衡权,三代以来,罕能同议"。[9]

二 汉化迟滞与元朝的早衰

作为几乎没有外患的大一统王朝,元朝享国百年,寿命并不长久。与其他大一统王朝相比,元朝统一后并未出现一个呈上升趋势的"盛世",相反却显露出早衰的迹象。这在很大程度上与文化差异的背景有关。从统治集团的文化素质以及具体政策的制定、运行上看,元朝明显呈现出汉化迟滞的特点,统治者对国家"马上得之,马上治之",长于镇压、聚敛而短于改革、治理,与被统治地区的文化差异一直没有很好地弥合。加上政治腐败、内讧、社会贫富分化、自然灾害等其他王朝常见的问题,终于导致了元王朝短命而亡的历史命运。

忽必烈时期治国方针的变化

忽必烈虽行汉法而建元朝,但他对"汉法"的推行并不彻底。随着政权设置的大体完备和仪文礼制的基本告成,推行、贯彻汉法的政治革新工作渐趋停顿。若干事关政权进一步汉化的重大举措,如开科举、颁法典等,皆屡议屡置,悬而不决。而大量阻碍社会进步的蒙古旧制,因为牵涉到贵族特权利益,都在"祖述"的幌子下被保存下来。它们被配置、分布在国家机器的不同领域发挥作用,从而在总体上使元朝的国家体制呈现出二元性的特点。代表性的有下列内容:

投下制度——投下语出辽代,意为分地、采邑,又引申为拥有分地、采邑的诸王贵族。中原地区的投下形成于大蒙古国时期。忽必烈即位后为加强中央集权,采取了一些措施限制投下权力,但投下旧制并未受到根本触动,其独立性依然很强。封主往往专擅自恣,奴视地方官府,非法征敛,欺侵隐占人户,甚至私置牢狱枷锁,接受诉讼。大批半独立的投下,在地方上构成一批以蒙古游牧习俗为主的民众集团;而众多的投下封主,则成为元朝政治领域中游牧贵族保守势力的主要代表。

斡脱制度——斡脱原意为突厥语"同伴",后指为蒙古统治者经营商业和高利贷的西域商人。他们所放钱债利息很高,息转为本,又复生息,时称"羊羔息"。斡脱经商通常持有皇帝和诸王的圣旨、令旨,可使用驿站马匹,官给饮食,货物可以减免课税,或携带军器,或有官军护卫。他们还往往假公济私,夹带私人资金营运牟利。斡脱所到之处倚势横行,为非作歹,追征钱债,导致许多人倾家荡产。

怯薛制度——如上章所述,怯薛是蒙古大汗的宫廷护卫亲军,分工执役,同时也承担着大蒙古国早期行政中枢的职能。入元后,怯薛组织继续掌管宫禁事务,并成为元朝高级官员的主要来源。怯薛成员本身并无品级,未纳入官僚系统,但他们却能够凭借近侍身份干预朝政,扰乱政事,并对朝廷大臣进行弹射奏劾,使后者处于受监视、被约束的尴尬境地。元朝皇帝与怯薛的关系,实际上是草原时代贵族与其"伴当"(家臣)关系的遗存,具有较强的私人领属性质。因此怯薛干政不仅是皇帝集权专制的产物,也是蒙古传统影响的结果。这使得怯薛成为一个最接近权力源头、超越于官僚机构之上的决策团体。

达鲁花赤制度——达鲁花赤为蒙古语"镇守者"的音译,汉文亦称"监临官",最初指蒙古征服某地后设立的监治长官。元朝建立后,达鲁花赤一职在中下级行政、军事机构中得到广泛设置,位于正官之上,掌握最后裁定权力。它具有蒙古皇帝"特派员"的身份,原则上都要由蒙古人担任。达鲁花赤制度是蒙古统治者民族防范心理的体现,加剧了官员的冗滥倾向。被选任者文化素质通常都比较低,很难对政治起到积极作用。

在用人方面,起初汉族官僚在政权中掌握着主要权力,但随着忽必烈对汉人疑忌情绪的增加,色目官僚集团乘机崛起。"色目"是元朝对除蒙古之外的西北诸族,包括西夏、中亚、西亚乃至欧洲等地人的泛称。他们大都有较高文化水平,长于经商理财,或擅长一些特殊技艺,并且远来中土,在汉地无势力基础,因而与蒙古统治者结合紧密,颇受倚重。以色目人为主的一批"敛财之臣"在忽必烈一朝尤为活跃。先是花剌子模人阿合马用事,其人"多智巧言,以功利成效自负,众咸称其能",忽必烈"急于富国,试以行事,颇有成绩,由是奇其才,授以政柄,言无不从"。[10]后来阿合马党人卢世荣和

249　第十五章　元朝百年统治

吐蕃大臣桑哥又相继当政理财,三人合计柄政二十余年。他们的理财工作使元朝财政收入一度有较大提高,但所增收入,基本上来自对社会的搜刮和巧取豪夺,包括增加税课、官营牟利、滥印纸币等等,使社会经济受到很大破坏。

在对外关系方面,忽必烈平定南宋后未能偃兵息民,而又发动了大规模的对外扩张,先后对东亚、东南亚一些国家发起远征(参见下文),超出了社会的承受能力。使得"百姓罢(疲)于转输,赋役繁重,士卒触瘴疠多死伤者。群生愁叹,四民废业,贫者弃子以偷生,富者鬻产而应役,倒悬之苦日甚一日"。[11]

总体而言,大一统并未给元朝带来一个繁荣的"盛世",相反统治危机很快出现,人民起义频繁爆发。当时大规模的起义多发生在江南,起义者起初尚以"复宋"旗帜相标榜,后则大都称王称帝,自立旗号。据元朝官吏报告,至元二十年"江南盗贼"有"二百余所",二十六年已达"四百余处"。[12]可以说元朝早衰的征兆,在忽必烈时期就已经表现得比较明显了。

元朝中后期的政治

至元三十一年,元世祖忽必烈卒,其孙成宗即位。自此直至元统元年(1333)元朝最后一个皇帝顺帝即位,通常被称为元朝的中期。这一时期的皇位争夺非常激烈,三十余年中更换了八个皇帝,其中大部分都不是按照正常传接次序即位的。造成皇位争夺的主要原因,是大蒙古国忽里台选汗传统在元朝的遗存。忽必烈虽力图确立嫡长子继承制,但在忽里台传统的影响下,仅有前任皇帝的遗命仍然不足以成为继承皇位的充分条件,必须通过忽里台会议的合辞拥戴,皇位继承才最后生效。这种由草原社会流传下来的贵族选君观念,缺乏对被推举者身份的具体限制,实际上为争夺皇位的行动提供了意识形态上的依据,也为有野心的大臣进行政治投机提供了可能性。

忽必烈因太子真金早卒,遂将皇太子印授予真金第三子铁穆耳(即成宗)。忽必烈死后,成宗遇到了长兄甘麻剌的竞争,经过忽里台大会上的激烈争执,拥戴成宗一方力量较强,成宗始得顺利即位。大德十一年(1307)春成宗卒,皇后卜鲁罕企图援立成宗的堂兄弟安西王阿难答,而中书右丞相哈剌哈孙则与成宗之侄爱育黎拔力八达(真金次子答剌麻八剌次子)合谋发动政变,拥立爱育黎拔力八达的长兄海山,是为元武宗。武宗立爱育黎拔力八达立为皇太子(仁宗),相约兄终弟及,叔侄相承,以后再将皇位返还武宗一系。但仁宗即位后违背誓约,仍立己子硕德八剌为皇太子(英宗)。武宗长子和世㻋举兵反抗失败,被迫远走西北,投依察合台后王。英宗在位时任用年轻贵族拜住为丞相,清算以已故权臣铁木迭儿为首的腐朽势力。铁木迭儿余党、御史大夫铁失等人渐不自安,希望借拥立新君来摆脱困境。至治三年(1323)八月,铁失等人在上都以南三十里的南坡将英宗、拜住刺杀,史称"南坡之变"。甘麻剌之子晋王也孙铁木儿接受推戴即位,是为元泰定帝。

致和元年(1328)七月,泰定帝卒于上都,宰相倒剌沙迅即拥立太子阿剌吉八,而掌握大都兵权的钦察贵族燕铁木儿却发动政变,迎立武宗次子图帖睦尔,改元天历,是为元文宗,史称"天历之变"。天历之变很快演化为两都的内战,并且波及陕西、四川、云南等地。最终大都方面获胜,文宗初步稳定了局势,派使节到西北恭请其兄和世㻋,宣称要让位于他。天历二年(1329)正月,和世㻋在漠北即帝位,是为元明宗,但很快又在南下途中神秘暴卒,文宗"名正言顺"地重登帝位。至顺三年(1332)文宗去世,遗诏立明宗之子为嗣,明宗次子、年仅七岁的懿璘质班被拥立为帝,但在位一月即夭折,庙号宁宗。明宗的长子妥欢帖睦尔又于次年即位,是为元顺帝。顺帝在位长达三十余年,通常被视为元朝的后期,中期激烈的皇位争夺至此始告一段落。但在频繁的内讧中,元朝统治集团的力量已经大大削弱了。

元朝中后期,权臣专权的现象逐渐突出。由于分封制的发达,元朝的贵族政治主要表现为家臣政治,执政大臣基本出自怯薛,君臣关系当中具有一种自草原时代继承而来的私人隶属色彩。而忽必烈以后的元朝诸帝绝大多数权力欲不强,满足于深居宫中、垂拱而治,习惯于对相当其"家臣"的朝廷高官放手使用、不加疑忌。大臣(特别是宰相)虽然权重,但一般情况下他们的权力只是皇权的外延,不会对整个政治结构造成很大破坏。但有些时期,个别大臣权力过度膨胀,形成专权,也对国家政治体制的正常运作造成了危害。如仁宗、英宗时右丞相铁木迭儿长期专权,贪污受贿,提拔亲党,打击异己,朝野侧目。天历之变后,政变主谋燕铁木儿独揽大权,"礼绝百僚,威焰赫赫,宗戚诸王无敢以为言者"。他的儿子唐其势甚至说"天下本我家天下也"。顺帝在位前期,右丞相伯颜掌权,进号大丞相,兼职累计头衔竟达246字,"天下人惟知有伯颜而已"。[13]政治腐败现象日益严重,"居官者习于贪,无异盗贼,己不以为耻,人亦不以为怪。其间颇能自守者,千、百不一、二焉"。顺帝时地方官吏贪污,问人讨钱,各有名目,"上下贿赂,公行如市",地方监察官员至州县巡视,"各带库子检钞称银,殆同市道"。[14]

财政危机也成为元朝中后期的一个严重问题。元朝财政支出制度混乱,皇室、贵族生活腐化,宴享频繁,豪华奢靡,浪费严重。宫中经常举行喇嘛教的宗教活动,称为做佛事,每年用钞常至数千万锭,甚至杀羊即达上万头。元朝诸帝还大量兴建佛寺、铸造佛像、用黄金写佛经,以至时人云"国家经费,三分为率,僧居二焉"。[15]对宗亲贵族不断进行赏赐是大蒙古国以来的传统,这类赏赐在元朝中后期达到了恶性发展的地步,还兼及近侍、官僚和佛寺道观。在帝位争夺中,即位的皇帝为酬谢支持者,安抚反对者,都要大行赏赐,称为"朝会赐赉",其数额之巨难以估算,平时较小规模的赏赐更是随时有之。面对入不敷出、捉襟见肘的财政窘境,元朝统治者采取了一些"理财"措施,但都未从根本上改善财政状况。顺帝至正十年(1350),元廷下令"更钞",大量印行新纸币,公开宣布通货膨胀,借以掠夺民间财富。结果钞币信用暴跌,百姓弃钞不用,视如废纸,地方甚至以物货相贸易,直接导致了财政的崩溃。

　　元朝中后期,社会上始终孕育着动荡不安的因素,下层人民起事绵延不断,愈演愈烈。到顺帝在位前期,由于地方动乱频繁,加深了蒙古保守贵族对汉人的仇视情绪,据称伯颜甚至向顺帝提出尽杀张、王、刘、李、赵五姓汉人的建议。因黄河屡次决口,元廷征发民工大举治河,成为元末大动乱的导火线。至正十一年,韩山童、刘福通等在治河工地组织起义,并且迅速蔓延到南方,元廷顾此失彼,难以应付。各地豪强组织"义军"与起义者对抗兼自保,也逐渐转化为地方割据势力。在一片大乱中,出身于贫民的起义将领朱元璋脱颖而出,奄有东南半壁。至正二十七年,朱元璋派遣大军北伐,元顺帝见大势已去,于至正二十八年放弃大都北逃。此后顺帝及其子孙在一段时间内仍以大元之名号令部众,史称"北元",但作为中国历代统一王朝之一的元朝,事实上已经灭亡。

汉化迟滞的若干具体表现

　　忽必烈在位后期,推行汉法与改革蒙古旧制的工作基本上趋于停顿。不过在元朝中后期,仍然取得了一些局部性的汉化成果。仁宗皇庆二年(1313),正式下诏开设科举,自次年起三年一试,分乡试、会试、殿试三级。元朝科举取士人数很少,进士的地位和仕途也难望唐宋之项背,但毕竟部分地满足了汉族儒士开辟读书做官途径的要求,也促进了汉文化在蒙古、色目人中的进一步推广。英宗在位时,编成法令文书类编《大元通制》,在一定程度上带有法典性质,其细目与唐、金两代法典的沿袭关系十分明显,部分地解决了元朝法无定制的问题。文宗时又组织一批文人学士,模仿唐、宋《会要》体例,编纂了政书《经世大典》,共 880 卷,成为一部集元朝典制之大成的著作。

尽管有上述汉化成果,但如与中国古代其他北方民族王朝相比,元朝的汉化进程仍然较为明显地呈现出迟滞的特点,显得更为艰难、更为迂回曲折。这一特点表现在许多方面。就制度层面而言,主要表现为大量不适应汉地情况的蒙古旧制继续存留,其具体情况在前文已经述及。除去那些从草原移植到汉地的制度以外,还有一些自大蒙古国以来长期执行的消极政策到元朝中期逐渐制度化,也可划入传统的蒙古旧制之列。其中最典型的就是将全体百姓分为四等的民族等级制度,关于它将在下文详述。这里主要从有关统治集团文化素质的角度来看元朝汉化迟滞的一些表现。

总体而言,元朝包括皇帝在内的蒙古贵族接受汉族文明比较缓慢,其中大多数人在相当长时间里都对中原地区的一套典章制度、思想文化十分隔膜。历朝皇帝均信奉喇嘛教,加封吐蕃萨斯迦派僧侣为帝师,"所以敬礼而崇信之者,无所不用其至,虽帝后妃主,皆因受戒而为之膜拜"。[16]仁宗、英宗时还下令在地方广设帝师殿,祭祀第一任帝师八思巴,其规模制度超出孔庙。相比较而言,在蒙古统治者心目中,儒学的地位就要逊色许多。社会、文化背景的差异,使他们对儒家学说的概念、体系感到难以理解。忽必烈早年虽曾对儒学产生一些兴趣,但体会粗浅,后来在理财问题上与儒臣产生分歧,认为后者不识事机,与其渐渐疏远。成宗时大臣因为"天变屡见",按照儒家传统的天人感应理论请求"引咎辞位",成宗即轻蔑地说:"此汉人所说耳,岂可一一听从邪?"[17]元朝最后一个皇太子爱猷识里达腊(后为北元昭宗)则说:"李先生(按指其师傅李好文)教我儒书许多年,我不省书中何义;西番僧教我佛经,我一夕便晓。"[18]元朝诸帝中只有仁宗、英宗儒化稍深,但他们同时也仍然是喇嘛教的虔诚信徒,且因具体政治环境的制约都未能有太大作为。大多数蒙古、色目贵族对儒学的态度亦与皇帝近似。就整个朝廷而言,可以说儒家思想在昔日作为治国主导方针的"独尊"地位,始终没有得到明确的承认,而与儒学格格不入的保守势力直到元亡都相当强大。顺帝一度讲习经史,左右近臣即多加阻挠。帝师则对太子习儒提出异议:"向者太子学佛法,顿觉开悟,今乃受孔子之教,恐损太子真性。"[19]

语言文字的使用也反映出类似问题。元初,忽必烈命八思巴仿吐蕃文字母创制"蒙古新字",颁行天下,凡官方文书必用其书写,再以当地文字(汉文、畏兀儿文等)附之。为推行这种文字,朝廷在地方上广设蒙古字学校进行教授。有元一代,大批汉人为获进身之阶,入蒙古字学校读书。精熟蒙古语、取蒙古名字、具有蒙古化倾向已成为汉族官僚中并不鲜见的事例。蒙古语的语法、词法还渗入汉语当中,形成一种独特的"元代白话"文体。汉语文对蒙古贵族虽有一定影响,但并不突出。宫廷中主要使用蒙语。大多数皇帝(仅后期的文宗、顺帝例外)虽有一定程度的汉语水平,但仍不能完全脱离翻译。元朝的儒臣们为了向皇帝灌输儒家思想,不得不十分费力地将经书、史书和有关讲解用蒙文翻译出来进讲。不仅皇帝多不习汉文,蒙古大臣中习汉文者也很少。如元朝后期的右丞相阿鲁图就对顺帝称"臣素不读汉人文书,未解其义"。[20]有的蒙古贵族到地方任官,执笔署事,写"七"字之钩不从右而从左转,成为笑柄。

在用人政策上,元朝统治者心目中的民族畛域根深蒂固。他们极力维护蒙古、色目贵族在上层统治集团中的垄断地位,排斥汉族官僚进入统治核心。如时人所云:"台、省要官皆北人为之,汉人、南人中万无一二。"[21]在进入上层统治集团的一小部分汉族官僚中,以吏进身者又占了绝大多数,儒士得重用者寥寥,大都只在文化、教育机构中起一种点缀作用,不能尽展抱负。中下级官员当然是以汉族为主,其中也是吏员出职者居压倒优势,即使在科举开设后,这种状况也未从根本上得到改变。元朝重吏轻儒的用人方针,与前后朝代明显有异,从根本上说是蒙古统治者特殊统治意识渗透的结果,是他们对汉族典章制度认识不深、汉化不彻底的产物。由怯薛、吏员两条主要仕途出身的官员,有一个大体共同的特点,即缺乏正统儒家思想熏陶和巩固统治的长远目光,文化素质较低,社会责任感、道义感薄弱,只知剥削百姓、营私聚敛。元朝政治腐败严重,与此有相当大的关系。

造成元朝汉化迟滞的因素是多方面的。首先,蒙古族在进入中原以前从事比较单纯的游牧、狩猎经济,对汉族农业文明几乎全无接触和了解。认识农业经济的重要性、接受相关的一套上层建筑、意识形态,对他们来说相对比较困难。第二,蒙古建国后除汉文化外,还受到吐蕃喇嘛教文化、中亚伊斯兰文化乃至欧洲基督教文化的影响,对本土文化贫乏的蒙古统治者来说,汉文化并不是独一无二的药方。第三,尽管横跨欧亚的蒙古帝国在建立不久就陷于事实上的分裂,分化出元王朝和四大汗国,但在相当长的时间里,元朝在名义上一直还只是蒙古世界帝国的一部分。漠北草原在国家政治生活中占有重要地位,存在着一个强大而保守的草原游牧贵族集团。这就使得元朝统治集团仍不能摆脱草原本位政策的影响,长期难以做到完全从汉族地区的角度出发来看问题。汉化迟滞在一定程度上导致了元朝的早衰,但蒙古民族却也因此而能够在元亡之后长期保持自身的传统,为中华民族大家庭历史的发展作出自己特有的贡献。

三 元朝的民族关系与对外关系

作为北方民族建立的大一统王朝,元朝的民族关系比前代王朝更为复杂。同时,元朝与外国的战争和和平往来,也都在中外关系史上书写了新的内容。

元朝的民族关系

作为北方民族王朝,元朝的统治带有很强的民族歧视与压迫色彩。统治者按照被征服的先后将全体百姓分为蒙古、色目、汉人、南人四等,地位依次由高降低。这种划分方法在忽必烈后期事实上已经形成,到成宗以下更进一步贯彻于各种具体政策规定。蒙古人作为元朝的"国族",也称"自家骨肉",是统治者依赖的基本力量。蒙古以外的西北、西域各族人,包括唐兀(即西夏)、汪古、回回、畏兀儿、哈剌鲁、钦察、吐蕃等等,统称为色目人,系取"各色名目"之义。他们是蒙古统治者的主要助手。四等人中的"汉人"是一个狭义概念,主要指淮河以北原金朝统治区以及较早为蒙古征服的四川、云南地区的汉族人。另外长期以来居于北中国的契丹、女真人也包括在"汉人"之内,他们中的绝大多数在元朝已趋于汉化。南人则指最后被征服的原南宋统治区(元朝江浙、江西、湖广三行省)内的居民。

四等人地位、待遇的不平等体现在许多方面。从政治出路看,蒙古、色目人通过怯薛入官保证了他们对高级职位的垄断,汉人、南人进入高层的机会则受到种种限制。原则上无论中央还是地方官,"其长则蒙古人为之",汉人、南人只能担任副职。军事方面规定"汉人不得与军政"。地方监察方面"各道廉访司必择蒙古人为使,或阙,则以色目世臣子孙为之,其次参以色目、汉人",南人完全被排斥。[22]科举开设后,总人数相差悬殊的四等人在录取名额上却平均分配,蒙古、色目人的考试场次又少于汉、南人。从法律地位看,法律规定:蒙古人因争执殴打汉人,汉人只能向官府申诉,不得还手;若因争执或乘醉殴死汉人,无须偿命,只征收一笔烧埋银,并断罚出征。四等人犯相同罪名,量刑轻重也有差异。如同为盗窃得财,汉、南人杖断刺字,蒙古人则可免受刺字之刑。从军事防制的角度看,元廷以蒙古军镇戍中原防范汉人,以汉军镇戍江南防范南人,禁止汉、南人持有弓箭等兵器、畜鹰犬打猎、习学枪棒,乃至祈神赛社、演唱戏文。其余有关百姓服色、婚娶聘礼等问题,都对汉、南人定有歧视性的规定。

四等人制总的精神,首先是区分蒙古、色目人和汉族人(包括汉、南人)两大集团,保证蒙古贵族的统治地位。其次还有一层意义,即在被统治的汉族人民中制造分裂,将其分为汉人、南人两部分,从而便于蒙古统治者自上操纵、控制。江南地广人众,是元朝主要经济命脉所在和文化最发达的地区,而南人却居于四等人最底层,他们与北方汉人间自宋金对峙以来形成的畛域之见也因而不能泯灭。"南北之士,亦自町畦以相訾甚,若晋之与秦,不可与同中国"。[23]这对元和元以后中国政治的发展,都有很大的消极影响。另外需要指出的是,虽然蒙古统治者从总体上贯彻民族分化、歧视政策,但对少数较早投附蒙古的汉族军阀、官僚家族则有特殊优待,视同"国人"。这些家族已成为蒙古、色目特权统治集团中的一分子。南人虽位居四等人之末,但南方大地主仍然可以凭借自己的雄厚财富把持官府,武断乡曲,"无爵邑而有封君之贵,无印节而有官府之权,恣纵妄为,靡所不至"。[24]而广大的蒙古下层百姓,要为国家承担沉重的军役、赋税,不少人破产流亡或卖身为奴婢,他们也没有从四等人制的特权规定中得到多少实际好处。

元朝的统治虽有民族歧视、压迫的一面,但它也同时促进了各民族之间的融合与交流,加强了周边民族与内地的经济、文化联系和认同感、凝聚力。这是元朝对中华民族历史发展所作出的重要贡献之一。

今天中华民族大家庭的重要成员蒙古族,是在元朝正式形成的。大蒙古国时期,蒙古融会漠北被征服部族的进程已经开始。进入元王朝后,统治者在广泛接触、吸收各民族文化的基础上,大力推动本民族文化的建设,如新创文字、设学校、编史书等,在待遇上也将原漠北各部族共同列入"蒙古人"的范畴,定为第一等。元廷对作为"祖宗龙兴之地"的漠北始终牢牢控制,在行政上设宣慰司、行省等机构进行治理,在军事上屯驻大量军队,在财政上不断拨赐巨额经费,这都极大地促进、巩固了蒙古对漠北诸部族的消化。到元朝中后期,漠北诸部族已经习惯于使用"蒙古"作为它们的总名称,原有的克烈、塔塔儿、蔑儿乞等部族名使用渐少,且通常都居于蒙古总称之下,加上一些从其他地区掳掠来的外族成员,共同形成了更大范围的、全新的蒙古民族。另一个重要民族回族也在元朝开始形成。随着蒙古对中亚、西亚的征服,大批信奉伊斯兰教的突厥、波斯、阿拉伯人移居到中国,当时的文献称之为回回人,为色目人之一种。他们的种族、语言、原籍并不相同,但在伊斯兰教强大的整合作用下形成了一个新的文化共同体。回回人散居全国各地,受到汉文化较深的影响,多习汉语,读儒书,仿汉人立姓氏字号,同时仍保持着自己的宗教信仰、风俗习惯,进行兴教建寺的活动。以元朝回回人为主体,再加上进一步融合其他民族居民中的伊斯兰教信徒,最终形成了中国的回族。

在大一统局面之下,元朝出现了引人瞩目的民族杂居现象。一些周边民族,主要是漠北的蒙古人和西北的色目各族人,因从政、驻防、屯田、谪戍、流亡、经商等原因大量涌入内地,与汉族混杂而居。同时内地汉人因被俘、罪徙等原因迁往边地的也不在少数。各民族的杂居共处促进了民族融合。原居内地的契丹、女真人,在元朝已渐与汉族合一;新入居的蒙古人和回回以外的色目人,也与汉族居民交往渐深,在元亡后自然地融入了汉族。迁居边疆地区的汉人则与当地民族相融合。民族杂居也加强了彼此的文化交流。内地的蒙古、色目人研习儒学或以诗文书画知名者不乏其例,而蒙古语文在汉族社会亦颇为流行。不同民族文化相互影响,交相辉映,成为元朝显著的时代特色。

元朝的对外关系

忽必烈继承了历代蒙古大汗以扩张为天职的传统,并不以统一中国为满足。灭宋前,他就多次通过已成为元朝藩属国的高丽与日本进行联系,后又直接向日本派遣使节,希望迫使日本臣服朝贡,达到扬威异域的目的。但日本的镰仓幕府始终拒绝答复。至元十一年(1274),忽必烈即遣军2.5万人远征日本,登陆后因后援不继,又仓促撤回。到至元十八年,南宋已灭,忽必烈遂决定发动一场大规模的侵日战争。远征军兵分两路,忻都、洪茶丘率蒙古、高丽、汉军共4万人、战船900艘由高丽出发,阿塔海、范文虎、李庭率新附军(南宋新降附的军队)10万人、战船3500艘由庆元(今浙江宁波)出发,志在必取。两路军队在日本沿海会师后,因将帅内部出现矛盾,且日军防守严密、无隙可乘,故而驻于近岸岛屿,逗留不前。不久台风大作,元军战船多毁,大批军士淹死。忻都、范文虎等将帅乘好船逃走,大部分军队被丢弃在岛上,遭到日军猛烈袭击,几乎全部被歼,得还者仅五分之一。这次大张旗鼓的侵日之役,遂告惨败。

忽必烈在位后期,还两次对安南(今越南北部)发动战争。安南早已向忽必烈称臣,但忽必烈屡次提出"臣服六事"的条件,要求其君主入朝、子弟入质、编民数、出军役、输纳税赋、置达鲁花赤,事实上是要取消安南的国家主权,故而遭到拒绝。至元二十一、二十四年,忽必烈命其子镇南王脱欢为统帅，两次发兵攻入安南。安南军民采取坚壁清野、诱敌深入、不断骚扰、待敌之疲然后反击的战术，两次大败元军。曾参与平宋的元朝著名将领唆都、李恒、樊楫都在征安南之役中丧生。至元二十九年，忽必烈又调发军队2万人远征爪哇（今印度尼西亚爪哇岛），虽有所掳获，但丧失士卒3000余人，亦是得不偿失。直到忽必烈去世，对外征伐才基本中止。

与战争相比，和平往来仍然是元朝中外关系的主流。特别值得提出的是中国与欧洲进入了直接往来的时代。大蒙古国时期，欧洲使节即曾到达漠北蒙古汗庭。忽必烈在位时，意大利旅行家马可·波罗（Marco Polo）来华，成为中外关系史上的大事。马可·波罗出生于意大利威尼斯的一个商人家庭，约于至元十二年随父到达中国。由于他聪明谨慎，擅长辞令，因而颇得忽必烈赏识，共在元朝留居十七年。至元二十八年始由泉州乘船启程，途经伊利汗国，四年后终于回到威尼斯。以后根据马可·波罗的记忆与口述，由鲁思梯切诺笔录，写成《马可·波罗行记》一书。此书轰动一时，在中世纪欧洲人面前展示了一个崭新而神奇的东方世界，影响了以后几个世纪的欧洲航海家、探险家。

这一时期，中国旅行家在历史上第一次访问了欧洲。汉文史料没有提到这位旅行家的名字和事迹，其有关情况仅见于西文记载。他的名字为列班·扫马（Rabban-Sauma），Rabban为本名，Sauma为叙利亚语"教师"之意，是尊称。扫马是生活在大都的畏兀儿人，自幼信奉景教，东胜州（今内蒙古托克托）人马忽思（亦为音译，Marcus）从其学。约至元十二年，二人由大都出发赴耶路撒冷朝圣，因故只走到报达（今伊拉克巴格达）。后来马忽思被拥戴为景教新教长，称雅巴·阿罗诃三世（Yahbh-Allaha Ⅲ），扫马也被任命为教会巡视总监。1287年，扫马受雅巴·阿罗诃三世及伊利汗阿鲁浑的委派，率使团出使欧洲。他在法国会见了法王腓利普四世和英王爱德华一世，又到罗马觐见教皇尼古拉斯四世，都受到热情款待。后来扫马回到报达，辅佐雅巴·阿罗诃三世管理教务，直到去世。

忽必烈死后，随着对外战争的中止，元朝与东亚、东南亚各国逐渐恢复到正常往来的状态，交流频繁。同时与欧洲的人员、文化交流更加活跃。列班·扫马访欧后不久，天主教教士孟特·戈维诺（Monte Gorvino）受教皇尼古拉斯四世委派，涉海来华，于至元三十一年到达大都，向新即位的元成宗呈递了教皇的书信，被允许进行传教工作。根据现存孟特·戈维诺写给本国教友的信件，他曾长期居于大都，翻译《新约》和祷告诗，并兴建教堂二所，收养幼童150人，为大约6000人进行了洗礼。元朝贵族、驸马高唐王阔里吉思也跟从他改奉天主教。1307年,教皇克利门特五世正式任命孟特·戈维诺为大都大主教,并遣教士七人东来相助,其中三人到达,在福建泉州设立了分教区。后来孟特·戈维诺病卒,教皇又向中国派出第二任大主教,但他只到达了察合台汗国,随后下落不明。意大利教士鄂多立克(Odoric)也曾来中国作私人旅行。他先由海路抵达广州,又经泉州、杭州等地北上,在大都居住三年,后由陆路经西藏、中亚回到欧洲,并著游记传世。

后至元二年(1336),元顺帝派出一个十六人使团出使罗马教廷。使团携带了顺帝致教皇的书信,并带有元廷阿速贵族福定、香山等人代表中国教徒恳请教皇速派第二任大主教的上书。1338年,使团抵达教皇伯涅的克十二世的驻地阿维尼翁(在今法国南部),受到热情款待,游历了欧洲很多地方。随后教皇派佛罗伦萨教士马黎诺里(Marignolli)等数十人随元朝使团回访中国。马黎诺里一行经陆路于至正二年(1342)到达上都,向顺帝进呈教皇书信,以骏马一匹作为礼物。其马高大,身纯黑,而后二蹄皆白。史书记为"拂郎国贡异马",[25]轰动一时。马黎诺里等人在大都留居三年,后乘驿至泉州,经海道西返。元朝灭亡后,奥斯曼土耳其帝国崛起于西亚,帖木儿帝国崛起于中亚,中、欧之间的陆海路联系都被阻断,往来遂告中止。

位于东欧的钦察汗国和位于西亚的伊利汗国,名义上都是元朝的"宗藩",有驿路相通,元朝与这两个地区的联系因而远较前代密切。钦察汗国首都萨莱(今俄罗斯阿斯特拉罕附近)是当时沟通东西的国际性都市,输入的中国商品十分丰富,还有不少中国工匠在那里从事手工业生产。当地的原居民钦察、阿速、斡罗思(即俄罗斯)人入居中国者也相当多,皆属色目人之列,其中大部分又被编入侍卫亲军。伊利汗国与元朝的陆、海路往来都非常频繁,人员移居的规模也更大。双方在医学、天文学、地理学、航海技术等方面都有密切的交流。

元朝与非洲也有交往,主要是东非和北非。成宗大德五年(1301),元廷曾遣使赴索马里、摩洛哥等地采办狮、豹等珍禽异兽。元中后期人汪大渊曾随商船出游南亚、东非数十国,所著《岛夷志略》一书,记游历见闻,述及东非层拔罗国(今坦桑尼亚桑给巴尔)物产、风土人情等事。摩洛哥旅行家伊本·拔图塔(Ibn Batuta)于元顺帝时自印度至中国,曾到达广州、泉州、杭州诸地,后由泉州回到摩洛哥。他著有《伊本·拔图塔游记》一书,其中描述了中国南方的经济和社会生活。

元朝帝系表（含大蒙古国）

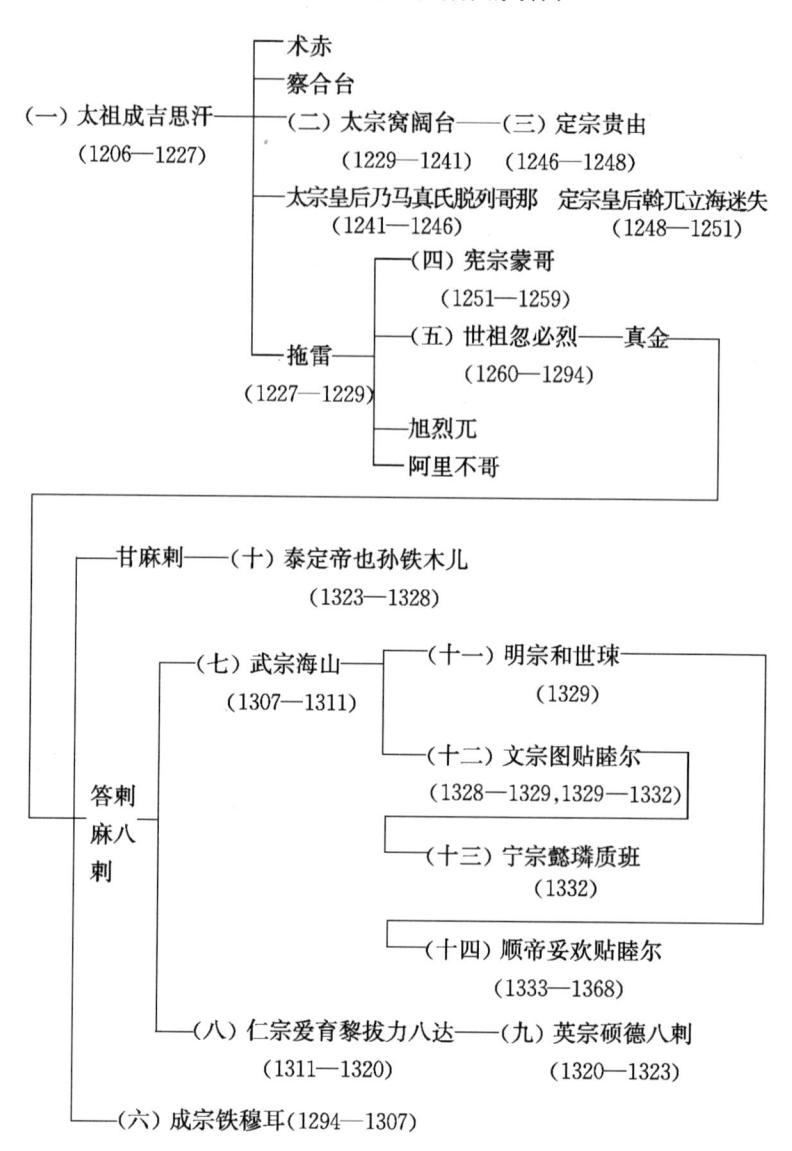

```
                    ┌─术赤
                    ├─察合台
(一)太祖成吉思汗────┼─(二)太宗窝阔台────(三)定宗贵由
(1206—1227)         │   (1229—1241)      (1246—1248)
                    │   太宗皇后乃马真氏脱列哥那   定宗皇后斡兀立海迷失
                    │   (1241—1246)               (1248—1251)
                    │        ┌─(四)宪宗蒙哥
                    │        │   (1251—1259)
                    └─拖雷──┼─(五)世祖忽必烈────真金
                      (1227—1229) (1260—1294)
                             ├─旭烈兀
                             └─阿里不哥

    ┌─甘麻剌────(十)泰定帝也孙铁木儿
    │            (1323—1328)
    │                    ┌─(十一)明宗和世㻋
    │                    │       (1329)
    │   ┌─(七)武宗海山──┤
    │   │   (1307—1311)  │   ┌─(十二)文宗图贴睦尔
    │   │                └───┤   (1328—1329,1329—1332)
答剌│   │                    │   ┌─(十三)宁宗懿璘质班
麻八┤   │                    └───┤   (1332)
剌  │   │                        │
    │   │                        └─(十四)顺帝妥欢贴睦尔
    │   │                            (1333—1368)
    │   └─(八)仁宗爱育黎拔力八达────(九)英宗硕德八剌
    │       (1311—1320)                (1320—1323)
    └─(六)成宗铁穆耳(1294—1307)
```

注　释

〔1〕 郝经《陵川集》卷三八《复与宋国丞相论本朝兵乱书》。

〔2〕 《元史·徐世隆传》。

〔3〕 《元史·世祖纪十四》。

[4] 《元史·百官志七》。
[5] 虞集《道园学古录》卷三四《江西行省平章政事伯撒里公惠政碑》。
[6] 《元史·地理志一》。
[7] 《元史·地理志六》。
[8] 《元史·高智耀传》。
[9] 《历代名臣奏议》卷二三五《征伐》引赵天麟奏议。
[10] 《元史·阿合马传》。
[11] 《元史·安南传》。
[12] 《元史·崔彧传》,《世祖纪十二》。
[13] 《元史·燕铁木儿传》,《伯颜传》。
[14] 吴澄《吴文正公集》卷一四《赠史敏中侍亲还家序》,叶子奇《草木子》卷四下《杂俎篇》。
[15] 张养浩《归田类稿》卷二《时政书》。
[16] 《元史·释老传》。
[17] 《元史·成宗纪三》。
[18] 权衡《庚申外史》卷下。
[19] 陶宗仪《南村辍耕录》卷二"后德"条。
[20] 《元史·阿鲁图传》。
[21] 叶子奇《草木子》卷三下《克谨篇》。
[22] 《元史·百官志一》,《王克敬传》,《成宗纪二》。
[23] 余阙《青阳集》卷四《杨君显民诗集序》。
[24] 《历代名臣奏议》卷一一二《田制》引赵天麟奏议。
[25] 《元史·顺帝纪三》。

第十六章
隋唐宋元时期的经济、社会与文化

本章在前六章的基础上,从纵向角度简要、概括地叙述隋唐五代宋辽金元时期近 800 年间有关经济、社会、文化诸方面一些重要问题的演变线索,其中主要是以唐、宋、元三朝为重点。

一 隋唐宋元时期的经济与社会

本节拟从六个方面介绍隋唐宋元时期经济与社会领域的一些重要问题:农业与手工业,商业与城市,赋役与户籍,经济重心的南移,租佃制及其他人身依附关系,统治集团身份的变动。

农业与手工业

唐宋时期,社会生产力走出了汉末魏晋以来的低谷,进入西汉以后的又一高峰。虽然中间亦有战乱破坏,但取得的成就仍然非常显著,在当时世界上居于绝对领先地位。首先是户口的增长。隋朝鼎盛时期户数约 900 万,经隋末动乱降至不足 300 万。至唐玄宗天宝年间,统计户数近 907 万,口 5288 万。然据唐后期史学家杜佑估计,其时实有户数当在 1300 万以上,按政府统计的户口数字比例折算,则人口总数应达 7000 至 8000 万。晚唐五代动乱中户口下降明显,至北宋又趋恢复并进一步增长。至徽宗大观四年(1110),户部统计全国户数为 2088 余万,口 4673 余万。学者大多认为此处口数仅指男丁,实际人口当超出 1 亿。南宋虽只保有半壁江山,但户数最多时仍达 1267 万,实际口数应逾 6000 万,加上金朝的最高人口数字 4581 万,也基本与北宋相当。

唐宋农业的发展十分突出。学者估算唐朝的耕地面积最多时约合今亩 5 至 6.6 亿,北宋则达今亩 7 至 7.5 亿。政府重视水利,设有工部水部司、都水监等机构掌其事,既注意维护、利用旧有水利事业,又因地制宜新建了大量中小型水利工程。如唐时南方广修陂塘,"春贮水雨,夏溉旱苗"。[1]五代至宋又出现圩田(亦称围田),在水边低地垦田,筑堤围之,兼具排、灌功能。"每一圩方数十里,如大城,中有河渠,外有门闸,旱则开闸引江水之利,潦则闭闸拒江水之害,旱潦不及,为农美利"。[2]农具方面,唐朝出现了轻巧灵便、宜于深耕和精耕的曲辕犁,以及用于灌溉高地的筒车。宋朝农具品种更加复杂多样。唐时北方开始实行麦粟复种制,两年三熟。南方则出现稻麦复种。至宋朝,江南稻麦复种已相当普及,在闽、广还出现了双季稻。茶树种植在唐朝初具规模。宋朝开始种植由海外引进的占城稻以及由西北引进的西瓜,另外茶树、甘蔗、果树等经济作物的种植都有进一步发展,在某些地区(如洞庭湖区)出现了比较固定种植某种经济作物的"农村专业户",对传统自然经济结构有一定突破。棉花的栽培也始于宋朝。唐朝粮食的基本亩产量约在一石左右(合今每亩51.5公斤),高者二石。宋朝多在一石以上,长江流域达到二至三石,甚至有高至六七石者。若除去高产杂粮种植的因素,明清粮食生产基本没有逾越这一水平。

　　唐宋手工业也有很大进步。纺织业以家庭手工业为主,高级丝绸、麻布仍由官私作坊生产,技术逐渐由北向南传播。南宋时棉织业已开始出现。制瓷业在唐朝已完全从制陶业中分离出来,分为青瓷、白瓷,名窑众多。到宋朝,瓷器已成为重要的外贸出口产品。矿冶业是当时规模最大的手工业,除官营外亦允许私人经营,征收课税。除铁、铜等金属外,宋朝还开始开采煤与石油。唐朝已出现雕版印刷业,并因而刺激了造纸业发展。宋朝造纸分类细密,能够造出非常精美的印花笺纸。印刷业大为发达,以杭州、成都、福建、汴梁为四大印书中心,对文化普及起到非常重要的作用。其他重要手工业还有制盐、造船、印染、金银器加工等等。

　　金、元入主中原,使北方社会经济迭遭打击,随后又逐渐恢复。南方经济的发展所受影响不大。元朝人口最高数字据估计有8000至9000万,略低于北宋。元朝边疆地区的农业发展显著,通过政府屯田、移民等措施,汉族地区先进的农作技术推广到边区,使当地的农业生产或从无到有,或明显改进。棉花种植虽始于宋朝,在元朝才得到大力推广。手工业中官手工业尤为兴盛,虽剥削苛重,生产效率低下,但规模大,产品多,制毡、丝织、兵器、矿冶等行业尤为发达。棉纺织在南宋基础上成为元朝新兴的民间手工业。

商业与城市

与魏晋南北朝时期相比,隋唐的商业已开始呈现出复兴趋向。统一带来国内交通的发展,如运河的开凿,驿路的修建,为商业活动提供了便利。州县城中通常设有进行商品交易的"市",有市门、围墙,与居民区"坊"相隔。每日日中开市,日没前闭市。市中交易之所称为邸店。出售同一类商品的店肆通常集中排列,称为行。因商品种类不一,故行的名目繁多。另外还有经营车马出租(或寄存)的车坊,以及从事典当、高利贷的质库。货币流通仍是钱帛兼行,不过随着商品经济的复兴,绢帛的货币职能正在逐渐减弱。唐朝后期,城市中坊、市分隔的制度开始打破,开市时间也根据交易需要而延长,大城市中出现夜市。城外的定期集市贸易也发展起来,有的集市长期开设,有商人定居置店,日久升格为县。由于政府铸币数量不能满足流通需要,社会上出现了柜坊,为商人寄存钱物,收取一定的保管费用,可根据商人所出凭据代为支付钱货,避免现钱交易,类似于近代信托业。另外还有飞钱,可在长安将钱币折换成特定文券,赴地方验券提取现钱,避免携带钱币奔走,类似于近代汇兑业。隋及唐前期最大的都市为长安和洛阳。长安城面积达 84 平方公里,人口多时近百万,也是当时国际第一都会。城中南北向大街 11 条,东西 14 条,将全城分为 108 坊。市分为东、西两部分,集中大量店肆。洛阳城规模与长安接近,共分 113 坊,有南、北、西三市。唐后期南方城市迅速发展,尤以扬州、益州为盛,有"扬一益二"之称。此外广州、杭州、洪州(今南昌)也都达到相当规模。

宋朝商品经济非常繁荣。农业发展使剩余农产品大量增加,新兴经济作物茶叶、甘蔗之类绝大部分进入市场,一些"专业化农业区"主要依赖外地提供商品粮,均使商品流通规模继续扩大。市场形成城市、镇市、草市三级金字塔型结构。北宋后期全国镇市 1900 有余,大者年税收万贯以上,经济地位超出其所属之县。草市作为乡村定期集市更加普遍。在地方贸易网的基础上,初步形成了江南、川峡、北方、西北几个较大的区域市场。商品流通不限于州县的狭小范围,而相当多地在各大区域内互通有无。海外贸易规模超出唐朝,朝廷在南方沿海港口设立了多处市舶司,英宗时市舶收入年 63 万贯,至南宋前期已增至 200 万贯。输出商品以丝绸、瓷器为大宗,输入者有珠宝、药材、香料等等。北宋铸币量很大,最多时高出盛唐十余倍,但仍不能满足商业发展需要。因此民间开始出现中国古代最早的纸币,称为交子,后其发行权为政府掌握,发行量不断增加。南宋纸币使用更加普遍,在商业活动中的重要性超出了铜钱。政府共发行过四川钱引、两淮交子、湖广会子、东南会子四种纸币,各有固定流通地域,彼此之间又有一定的兑换比例。宋朝城市繁华,汴京和临安盛时人口均超出百万。大城市数量激增,加上广大州县城居人口及集镇人口,城市人口占全国总人口的比例可能达到20%以上。城市中坊、市之分已完全打破,大城市中消费水平的涨高,文化娱乐活动的丰富,夜生活的发展,都达到空前水平。

元朝商业的成就也很突出。大一统的重建,使南北经济联系显著加强。沟通南北的大运河在宋金对峙时期已多处淤塞,元廷先后在山东开凿会通河,在大都近郊开凿通惠河,经重新疏浚,改变了运河过去迂回曲折的航线,河道基本取直,航程大为缩短,在以后明、清两代一直发挥着重要作用。另外元朝还开辟了海运航线,由长江口之刘家港入海,北行绕胶东半岛入渤海抵直沽,顺风时十天即可驶完全程。元朝基本不用铜钱,而是在全国范围内将纸币作为主币发行,称为钞。这些都推动了商业的发展。海外贸易继承了宋朝的成果,不仅活跃了国内市场,也给元朝政府带来了巨额收入。首都大都既是全国政治中心,也是北方最大的经济中心和商品集散地,"东至于海,西逾于昆仑,南极交广,北抵穷发,舟车所通,货宝毕来"。[3]南宋故都杭州基本保持了宋代旧貌,其繁华与大都比较有过之无不及。意大利旅行家马可·波罗称其中有大市十所、小市无算,"贸易之巨,无人能言其数",并赞扬它为"世界最富丽名贵之城"。[4]随着运河的恢复和海运的开通,在其沿线又出现了一批新兴的工商业城市、城镇,其中主要有淮安、临清、济宁、松江、太仓、直沽等。在元朝政府设置市舶司的泉州、广州等沿海城市,其经济状况也非常活跃。

赋役与户籍

隋唐赋役制度以两税法的颁行为界,可分前后两阶段。前期正赋为租庸调,另有两种附加税户税和地税。随着均田制瓦解,租庸调征收难以维持,户、地税在国家收入中所占比重日渐增加,最终扩大形成两税法。对此前文已述。役有正役、杂徭、色役之分。法定正役时间为每年20日,但通常都纳庸代役(即租庸调中的"庸")。杂徭指正役以外的一类劳役,由地方政府随事征发,名目不定,如修筑城池、维修河道之类,每夫每年不得超出40日。色役指各种名目的职役("色"即名目),即衙门杂务,亦可纳钱代役,称为"资课"。与赋役制度相配合,隋唐王朝将民户划分为不同户等。隋初"大索貌阅"后即实行"输籍定样"。唐初按照资产(土地、屋宅、牲畜等)分定民户为三等,太宗时又进一步划分为九等。按规定每三年重定一次,载入户籍。租调及正役征发(或纳庸)以丁为单位,与户等无关,但受田先后,赋役蠲免,纳赋远近,乃至杂徭、征兵次序,都要考虑户等高低,户税更是直接按户等征收。故户等仍与民户负担密切相关。

唐德宗建中元年(780)两税法实行后,原有的租庸调、杂徭全部除去。两税法按户等征钱,田亩纳谷物,原则上"以贫富为差",又将正役、杂徭纳入赋税,似乎民户可免去力役负担。但同时规定"丁额不废",其实还是为临时加派力役留有余地,也表明人丁税的因素仍有少量残存(有些地方仍征收丁口赋、丁钱等)。在实际执行中,三年一定户等、税额的制度难以充分贯彻,百姓负担不合理,日久愈甚。两税定额以外,临时征调摊派以及力役征发仍然随时有之。两税负担既不平均,而科配、力役征发又逐渐加重,百姓不堪承受,成为唐末社会动乱的原因之一。

宋朝户籍之制,以有无常产(在农村主要为土地)为标准,划分为主、客户两大类。主户根据其资产多少分为五等。其中一至三等户为上户(二、三等又称中户),大抵属地主之列。四、五等为下户,占主户大多数,属自耕农、半自耕农。客户则基本为佃农。不同户籍者赋役负担各不相同。宋朝赋役征发在晚唐以来制度的基础上进一步复杂化,具体标准不外田亩、户等、人丁三项,而又以前两项为主,总的原则是富者重贫者轻。但在实际生活中,富人往往串通官吏作弊,假立契书,将田产诡称献纳或典卖于寺观、官户(指品官之家)等可减免赋役之处,或多立户名使田产人丁化整为零,以降低户等,逃避赋役。这样先富后贫的征发原则并不能充分实现,繁重的赋役很多被转嫁到下户、客户头上,造成社会分化进一步严重和社会矛盾的尖锐。

宋朝赋税仍以两税为主,且已演变成比较单纯的土地税,基本定额是亩纳一斗,视肥瘠而作升降。税额本身不算高,但附加剥削名目繁多。如因两税输纳有时需运至较远仓库,故责税户于正额外加纳运费,称"支移"。两税所输以粮食为主,但官府常临时改变名目令税户折纳,其间利用物价变动增值多取,使税户负担成倍增加,称"折变"。又时而以补充税物损耗为名而加征,称"加耗"。这些附加剥削原则上规定先富后贫,户等在上者从重。两税之外,还有其他许多名目不一的杂税,集前代之大成,如朱熹所云"古者刻剥之法,本朝皆备"。[5] 役分为职役和夫役。职役由唐朝色役发展而来,而范围更扩大,包括了基层衙门吏职及乡村办事人员,按户等轮差乡村主户担任,上户役较重,下户役较轻,而上户常设法逃避,转嫁其役于下户。因民间负担沉重,弊端丛生,故王安石改差役为募役。后几易其制,至南宋差募兼行,既征收免役钱,又多通过保甲差使乡户充役。夫役是前代力役的残存,在宋已大量用厢军承担,但仍有差派民户者。征调时以丁为主,故下户、客户负担较重。

元朝的赋税主要为税粮(主要征粮食)和科差(征丝、钞)两大类。北方税粮分丁税(每丁粟二石)、地税(每亩三升)两种缴纳方法,民户纳丁税,普通民户以外的一些专业性人户(详下)纳地税。南方基本沿袭两税法,按亩征收秋粮(税额因地而异),夏税以秋粮数额为基数折征实物或钞币。科差的征收以北方为主,分征丝、钞,南方只征钞。役主要分两类,一类属于力役,称"杂泛",另一类属于职役,亦称"差役"。户籍管理上,按照资产多少将居民划分为上中下三等,每等之内又分上中下三甲。科差征收和杂泛差役的摊派都与户等有密切关系。除划分户等外,元朝统治者又按职业等因素将全体居民分为若干种类,称诸色户计,分别为国家承担不同义务,世代相袭不得脱籍,其正规赋役则可得到部分优免。"诸色户计"的名目,主要包括承担军役的军户,承担驿站服务工作的站户,从事官手工业生产的匠户等等,甚至儒士也单列为儒户,以遣人入学读书为义务。

就财政角度而言,除针对农业人口的正额赋税收入之外,来自工商业的专卖和商税收入也同样是财政来源的大宗。安史乱后,唐廷为解决财政困难,对盐、茶、酒等物资实行专卖,代宗、德宗时盐利所得相当于两税收入一半左右。宋朝专卖制度更加发达。食盐生产或官制,或民制官收,由商贾向官府购买售盐凭证——钞引,用钞引至指定盐场支盐,在指定区域销售,不得越境。茶叶专卖之制与盐相仿,酒则以官造官卖为主,或订立课额令人承包生产。元朝承袭宋制,盐利所得达到每年国家钞币收入一半以上,又有茶课、酒醋课等专卖税。商税之制定于中唐以后,分过税(流通税)、住税(交易税)两类,税率初为2%,后增至十分之一。宋朝商税仍降为2%至3%,但官吏往往额外多取。元朝规定商税三十分取一。市舶司所征外贸税收,在广义上亦属商税范围。元朝定市舶税十分取一,其中"粗货"十五分取一。

经济重心的南移

经济重心(以及文化重心)南移是中国古代历史上的一个明显的现象,隋唐宋元则是这一转变的关键时期。秦汉时北方为全国经济重心所在,南方十分落后,自永嘉之乱,大批中原人口随晋室南渡,推动了南方的开发。不过降及唐朝前期,南方开发尚较为有限,北方尽管屡经战乱破坏,而旧基未隳,潜力犹存,恢复亦较迅速,故经济重心仍然在北不在南。据唐玄宗天宝年间全国户口数字,秦岭、淮河以北地区户数仍占54.5%,其中仅河南、河北两道户数即占全国37.1%。隋朝开大运河,本为沟通南北交通,加强联系,并非纯出于将南方财赋北运的目的。隋及唐朝前期,关中地区经济状况已不及西汉,如收成正常,尚能维持朝廷所需,一遇灾荒,即需从关东大量补充粮储,皇帝百官甚至要到洛阳"就食"。但补充关中的粮食并非专赖江淮,相当多出自河南河北(甚至还有西北)。武则天、玄宗时曾令江南纳麻布代租,称为"回造",即表明当时北方粮食生产已基本满足朝廷需要。不过宏观来看,北方经近千年开发,土地利用已比较充分,农业生产技术亦臻于极限,因此经济增长的余地已经不多。而南方经济自东晋南朝以来逐渐上升,且自然条件优越,蕴藏着非常巨大的开发潜力,其取代北方的经济重心地位已是势所必至。

　　安史之乱成为影响南北经济地位消长的关键事件。乱后北方著籍户口严重减耗,"东至郑汴,达于徐方,北自覃怀,经于相土,人烟断绝,千里萧条"。[6]同时中原人口大量向南方迁徙。唐宪宗时李吉甫撰《元和国计簿》,计天下方镇48道,申报户数224万有余(很多藩镇未报户口)。其中"每岁赋税倚办,止于浙江东、西、宣歙、淮南、江西、鄂岳、福建、湖南八道四十九州,一百四十四万户",[7]此所谓"东南纳赋八道",其户数已占到全国申报户数58.3%。这时的南方已是朝廷的主要财赋来源,运河也真正成为朝廷的生命线。与北方经济的凋敝相比,南方经济发展取得了进一步的成果,兴建了很多水利工程,丘陵山区得到大片开发,出现一批新的人口聚落,经济作物(茶树等)种植更加广泛。手工业方面丝织业开始推广,其技术逐渐赶上以至超过北方,造船、制瓷、制盐等业均有显著发展。城市的繁华超过北方,作为运河枢纽的扬州几乎已具有全国经济中心的地位,其城市生活之丰富侈靡大为时人倾倒,至有"人生只合扬州死","天下三分明月夜,二分无赖是扬州"之咏。草市的大量涌现、海外贸易的活跃也都引人瞩目。

　　唐末大动乱中,南北方经济均受到严重破坏。但五代十国时期,南方经济恢复较为顺利,而北方朝代更迭频繁,战乱不休,故南北经济差异继续扩大。北宋建国,放弃汉唐旧都而定都于无险可守之汴京,主要出于接近漕运的考虑;而统一方略先南后北,很大程度上亦在于利用南方财赋。据宋初《太平寰宇记》所载户数,大致秦淮以南户数已占到全国59.1%,以北仅有40.9%。以十万户以上州府论,北方二南方三;五万至十万户州,北方五南方十七。可见户口分布南多北寡的格局已经形成。北宋统治期间,北方经济较之晚唐五代也有很大恢复,但受与辽、夏战争的影响,黄河又屡发水灾,故经济恢复程度仍受牵制,难以追赶南方。南粮北运不但未见终止,其规模反而继续扩大。唐朝漕粮最高数字在 300 至 400 万石之间,宋朝则平均达 600 万石,最高时 700 万石。北宋后期,东南户数已占到全国一半,加上西南则超出三分之二。至"靖康之难",北方再遭战火蹂躏,大批人口南渡,则又一次促使南北经济差异扩大,完全奠定了南方经济重心的地位。

南方经济发展带动文化发展,进而提高了南方人在政治舞台上的地位,这在宋朝也有明显表现。唐朝宰相十分之九为北人,北宋宰相 72 人中,南人已占到 31 人。时云"东南之俗好文","西北之人尚质",[8]南人在科举考试中优势突出,故北宋后期被迫采取南、北分卷制度,特许北方五路别考而单独录取,以维持取士人数之均衡。结果东南百人取一而西北十人取一,录取水准高下判然。南宋立国南方,南人顺理成章地在政府中占压倒多数,已与东晋南朝"侨人"掌权之格局大异。

在蒙元统一全中国的过程中,江南所受战争破坏比北方轻得多,南、北经济差异因而继续扩大。元朝定都华北,"去江南极远,而百司庶府之繁,卫士编民之众,无不仰给于江南"。[9]南方江浙、江西、湖广三行省的税粮总数占全国一半以上,其中仅江浙一省即超出全国的三分之一。元廷疏通漕运,开辟海运,都是为了征调南方财赋的需要。但作为北方游牧民族王朝,元朝实行民族等级制度,南人位居四等人最底层,"士生于南方者,为时所弃,恒不得为显官",甚至为求仕不得不"诡籍于北,而讳弃父母之邦"。[10]这就又与宋朝的情况不同了。

租佃制及其他人身依附关系

隋唐宋元时期,租佃制取代了魏晋南北朝的部曲佃客制,成为社会上最常见的土地剥削关系。唐朝前期实行均田制,自耕农比例较大。唐律中虽专门对部曲的地位作了规定,但除少量出土文书外,部曲一称却罕见于唐朝史料记载。估计唐律的有关条文袭自前代旧律,名为"部曲"的依附人口在唐朝社会实际上已存在甚少。而相对自由的契约租佃关系则逐渐增多,吐鲁番出土文书中即出现了不少唐前期的租佃契约。官田中作为官吏俸禄的职分田和充当办公经费的公廨田,皆通过租佃方式获取收入。随着均田制瓦解而日益发展的大土地所有制,同样主要采取租佃制的经营方式。即如陆贽所言,"贫者无容足之居,依托强豪,以为私属,贷其种粮,赁其田庐,终年服劳,无日休息,罄输所假,常患不充。有田之家坐食租税,贫富悬绝,乃至于斯"。[11]到宋朝"田制不立",国家承认土地转移让渡,并对此制定了详细的法律规范,社会上"贫富无定势,田宅无定主"。[12]与此相联系租佃制也更为发达。佃农在户籍中专门被列为"客户",指失去土地、佃耕于人的农民,据估计其比重至少要占到总户数的35%左右。租佃土地与买卖一样须订立正式契约,办理法律手续。地租以分成租(通常五成)为主,亦有定额租,视地主对土地管理的不同力度而定。缴纳方式绝大部分为实物,但也有货币地租之例。随着大土地所有制的发展,还出现了两层以上的租佃关系,即由名为管庄、干仆、管田人的中间承佃者(二地主)再行转佃,收取额外地租。宋朝官田数量较前代为少,亦大多用于租佃。

在唐朝绝大部分时间里,佃农并不是一个合法存在的社会阶层,而属于国家与大土地所有者的争夺对象,因而其法律地位与凡人并无区别。而在事实上,佃农地位虽高于过去的部曲佃客,但也不可能完全逃脱地主的人身束缚。由五代及宋,国家不得不对越来越普遍的租佃关系予以承认并加以规范化,反映到法令上就是佃农专门注籍为"客户",既在原则上保证其国家"编户齐民"的地位,又将这一庞大阶层与有"常产"的主户区别对待。就前一方面而言,国家承认佃农在契约期满后可以自由迁徙,地主不得阻拦。就后一方面而言,对于主佃之间互相侵犯同罪异罚,以显示其身份差别。如关于主犯佃客,最初无明文规定,只是殴打致死要"奏听敕裁"。至北宋后期定制,主犯佃客罪减凡人一等(佃客犯主则加一等),因殴致死流配邻州。南宋初罪名又减,殴死仅配本城。总体来看,佃农对地主的依附关系在其"编户齐民"地位确立后有强化倾向,但比魏晋南北朝部曲仍属削弱,应当说是人身依附关系削弱大趋势中的小曲折。另外佃农的依附程度亦因具体环境而不同,如官田佃户依附性即较弱,而在土旷人稀、劳力缺乏的夔州路等地,地主对佃农控制甚严,以至往往随田典卖,夫死妻亦不得自由改嫁。

隋唐社会中还存在着若干人身依附色彩较强的贱民阶层。如有一批隶属于官府的贱民称为官户,其法律地位比同唐律中的"部曲"。另外还有一些供官府役使的各类特殊人户,如造作、屯田、畜牧、音乐等,称为杂户,亦皆同类为婚,不得脱籍。奴婢作为地位最低的非自由人依然存在,唐律规定"奴婢比之资财","律比畜产",其地位最低。到宋朝,贱民阶层已显著减少,官户、杂户等名目的依附人口基本从记载中消失(官户的概念转指品官之家)。奴婢虽存,但数量少于唐朝,地位也有所上升。"类比畜产"的提法已被认为"不可为训",将奴婢当作资财随意处理的事例亦十分少见。除少数官奴婢外,私家奴婢明显地出现了向雇佣制演变的趋势,往往订立契约,约以时限,付以雇值,又称"人力""女使"。贱民阶层总体数量的下降和社会地位的提高,反映出由唐及宋人身依附关系削弱的一面。

金、元的统治将女真、蒙古社会的奴隶制因素重新注入中原,奴婢数量大增。不过总体来看,租佃制的剥削形态仍占主导地位。如金朝的女真猛安谋克户起初多役使奴婢从事生产,后来大都改为出租土地,坐食地租。元朝奴婢比金朝更多,称"驱口",意为"被俘获驱使之人",主要存在于北方,多来源于战争俘虏,亦有因债务等原因被贩卖甚至强抑者,一些罪犯及其家属则被籍没为官府的驱口。驱口没有人身自由,子孙相袭,作为主人财产的一部分,与钱、物同,可任意转卖。大都、上都等重要城市曾设有人市,以供买卖驱口。主人按法律不能任意杀害驱口,但杀害后最多只杖87。不过另一方面,驱口地位虽然低下,但一般仍有自己的财产。按制度驱口也要向国家交纳税粮、科差,仅数额较少。法律规定捉获逃亡驱口后,要将该驱口家产没收一部分,赏给捉获人。有的驱口因生产致富,自己亦蓄有驱口,后者称为"重驱"。驱口亦可在积蓄了一定的财产后向主人赎身,以求脱离奴籍。与此相联系,主人往往对驱口采取"岁纳丁粟以免作"[13]的剥削方式,与租佃制有近似之处。

由于战乱破坏,元朝北方地主经济的规模明显小于南方,租佃制不如南方发达,甚至比金朝也有所倒退。而南方地主经济则在南宋的基础上继续有所发展,土地兼并严重,租佃制居支配地位。时人云:"江南与江北异,贫者佃富人之田,岁输其租。"[14]有的大地主拥有佃户数千,一年收租即达二三十万石。很多地方租佃制中的人身依附关系似比南宋又有所强化,地主往往不以按期征收地租为满足,而要巧立名目,强迫佃户承担更多的义务。他们干预佃户及其子女婚姻,对佃户进行人身役使,勒逼佃户代服刑罚,私设刑堂拷打佃户,甚至于将佃户夹带在土地上典卖于人。主佃之间名分森严,不容干犯,佃户即使年长,在地主面前仍处于卑幼的地位。法律规定,地主殴死佃户仅杖107,征烧埋银50两。元朝官田较多,官田佃户所受人身束缚和超经济强制也重于宋朝,往往不得随便退佃,违制多交租、旱涝不免租等现象也很常见。

统治集团身份的变动

隋唐时期,统治集团中的成员尚存在身份区别,亦即士、庶之别以及士族内部的等级区分,这主要是魏晋南北朝士族门阀政治的残存影响。虽然作为门阀政治支柱的中正品第、州郡辟举、官职清浊等制度至隋唐皆已不存,但士族门阀作为一种社会现象尚未退出历史舞台。具体而言,士族的不同地域集团在隋唐的命运也有差别。南方士族(包括侨姓、吴姓)在南朝即已衰落,至此除个别家族外皆基本无闻于世。关中士族与代北鲜卑士族合流形成关陇贵族集团,长期把持朝政。山东士族则政治地位已失,而以礼法门风、文化传统高自标置,社会影响长久不衰。他们虽"世代衰微,全无冠盖",却仍矜夸门第,互结婚姻,如嫁女于一般族姓,就要多取聘财。唐太宗时,命大臣搜求全国谱牒,评定姓族等第,编《氏族志》,仍以博陵崔氏的崔民干为第一等。太宗阅后大为不满,曰"不解人间何为重之",并称"我今特定族姓者,欲崇重今朝冠冕,……不须论数世以前,止取今日官职高下作等级"。[15]于是重修,先列皇族,次及外戚,崔民干降为第三等。高宗时又加修订,成《姓氏录》,进一步贯彻"以品位为等第"的原则,五品以上官全部收入,乃至包括士卒以军功晋升者,旧士族耻之,号为"勋格"。

　　唐朝统治者一再修订姓谱,虽有打击山东士族之目的,而其用意又在建立以李唐皇室为首、关陇贵族为核心的新门阀体系。然而门阀制度毕竟已经过时,关陇贵族已不能长久维持其在政权中的垄断地位,山东士族以及大量无门第背景的一般士人逐渐通过科举制等新的仕途涌入上层统治集团。就史料所见,士族后裔为高官者为数甚众,但其实质已与魏晋南北朝不同。首先,其出身多由科举,所依赖者为家族文化熏陶而非单纯门第郡望,有一定偶然性,故难免宦海升沉,未必世代通显。其次,所谓士族之郡望很多是假冒伪滥,恰好表明郡望实际价值的下降。故真伪混杂之士族后裔活跃于政坛,实质上反映了旧士族本身的衰落以及士庶之别趋于泯灭。具体而言,关陇、山东两大士族集团衰落进程亦有差异。关陇贵族凭借武功崛起,基础本浅,在唐前期政治斗争中又屡遭打击,故作为集团整体衰落较快。而山东士族仰仗其久远根基,百足之虫,死而不僵,至唐朝后期犹保有一定的封闭色彩。高宗时为打击山东士族,尝禁其七姓十家"不得自为昏(婚)",并限制其聘财数目。然诸家"男女皆潜相聘娶,天子不能禁",甚至其"衰宗落谱,昭穆所不齿者"亦以"禁昏家"自我标榜。[16]唐初皇室婚姻皆取勋贵,以后则渐求于山东旧族,而后者自矜礼法门第,每不乐与皇室联姻,以至唐文宗慨叹"我家二百年天子,顾不及崔、卢耶"。[17]

　　经唐末五代动乱,关陇、山东两大士族集团都受到毁灭性打击,到宋朝已"绝无闻人"。与唐朝相比,宋人已无所谓士、庶之别,"家不尚谱牒,身不重乡贯"。[18]稍具身份性的统治集团主要是称为"官户"的品官之家(唐朝"官户"系贱民之一种,见上),其比例约占总户数的千分之一二左右。宋朝官户享有免役并减免部分赋税、荫补亲属等特权,但与过去的士族相比,其政治、社会地位并不稳定,很难世代为官,一旦失去官位即与普通百姓无异。由于"取士不问家世",大量普通士人得以通过科举考试获得官户身份。而品官之家如非世代登科,两三代之后就会降为普通民户。北宋张载云:"今骤得富贵者,止能为三四十年之计。造宅一区及其所有,既死则众子分裂,未几荡尽,而家遂不存。"[19]总之,社会成员政治地位的升降,与其经济地位的频繁变动一样,在宋朝都属常见现象。另外"婚姻不尚阀阅"也是宋朝社会的新特点。据统计,宋朝后妃半数以上选自平民之家,余者又有近半数出自中小官僚(22%),与唐朝显著不同。一般社会成员的婚姻观念或贵进士,或求资财,至于族望门第云云,早已非世俗所重。

与唐宋不同,金、元王朝直接脱胎于"前官僚制"的边疆部族政权,因而又造成了贵族政治形态的回归。女真、蒙古贵族作为统治特权阶层,成为皇帝控制官僚机构的得力工具。他们分别在两朝政治领域中拥有身份性的世代垄断地位,可以仅凭出身就骤列高位,拔置要津。如元末人权衡所总结:"元朝之法,取士用人,惟论根脚(按指门第出身)。其所与图大政、为将为相者,皆根脚人也;居纠弹之首者,又根脚人也;莅百司之长者,亦根脚人也。"[20]不过就汉族社会而言,除极少数勋贵家族外,社会成员的阶层流动、地位升降仍然是比较频繁的,与宋朝并无大异。

二　隋唐宋元时期的文化

本节分四方面简要介绍隋唐宋元时期文化的发展状况。

从经学到理学

魏晋以来,南北分裂,经学异趋。唐初统治者力图汇总南北经学,太宗时颜师古考订五经文字,成"五经定本"。孔颖达等又在汉晋传注的基础上作《五经正义》,成为国学的法定教科书。经学虽归一统,但长期以来局限于名物训诂,以传说经,以注说传,以疏说注,墨守成规,僵化缺乏生命力,明显呈现出衰颓趋势。与此同时佛教大盛,很大程度上是因为它注重对心性义理、人生观、宇宙观、认识论的探求,与刻板枯燥的儒学相比,更加具有哲学思辨色彩,能够满足士大夫的精神需求。在佛教强有力的挑战下,儒学否极思变,新儒学的萌芽开始产生。唐朝中期啖助、赵匡、陆质师徒治《春秋》,以"舍传求经"著称,不仅不为三传旧说所拘束,且专攻三传之失,已与汉以来学风迥异。唐后期韩愈著《原道》等五篇论文,抨击佛、老,大力提倡儒家纲常名教。他吸取了佛教宗派衣钵传授系统之观念，排列出儒家的"道统"，自尧舜至孔子、孟子，谓孟子既没，"不得其传"，将汉以来儒学成果基本否定，而实以"道统"继承人自居。又力图扫除章句之繁琐，穷理明心，直指人伦。愈门徒李翱作《复性书》，阐释性、情之别，认为人性本善，而受情之累不得发扬，因此修养目标即是"复性"，破除情欲，弗思弗虑，达到"清明""至诚"之境界。韩、李二人虽排斥佛、老，实际上却从释、道两家汲取了大量思想资料以救传统儒学之弊，为宋朝新儒学奠定了思想基础。

宋朝是新儒学完全建立并蓬勃发展的时期，亦名"宋学"。宋学早期的代表人物胡瑗、孙复、石介聚徒讲学，又相继入国子监为教官，时称"三先生"。其授徒摒弃汉、唐注疏，不重章句训诂，而是通过讲论形式探索经书义理，力求把握儒家学说的实质。还有一些学者倡导疑古之风，不仅轻视传注，甚至疑及经文本身，只求"心解"，不尚字字计较。神宗前后，宋学进入昌盛阶段，出现以王安石为代表的王学（又称荆公新学）、以程颢、程颐兄弟为代表的洛学、以张载为代表的关学、以苏轼为代表的蜀学等分支，稍前还有周敦颐、邵雍等著名学者。各家各派具体论学虽有差异，但都侧重抽象思维，探讨宇宙社会生成之源，力图建立一套包括宇宙观、认识论、人生观在内的理论体系。其论学多围绕理、气、心、性等哲学范畴展开，通常以"理"概括精神，"气"概括物质，对"性"则有不同理解。张载将性分为天地之性、气质之性两个层次，前者出于天赋，人人所同，后者是后天习染，人人不同。修养之道，即在磨去气质之性，展现天地之性。程颐则将人性的两个层次命名为天理、人欲，提出"存天理，灭人欲"。其论理气心性，又必以儒家纲常伦理为依归，将自然、道德合二为一。如将意识的"理"与社会秩序的"礼"相等同，并升格为"天理"。三纲五常都是"天理"流行的必然结果，"无所逃于天地之间"。因而又主张天地人本为一体，提出化小我为大我，与天地万物浑然合一的人生观，溥怀众生，泛爱万物，明理尽分，乐观通达，退则独善其身，进则兼济天下。

宋学发展至南宋，正式衍生出理学。理学定型的关键人物朱熹，歙州婺源（今属江西）人，其学主要承自程颐，而于周敦颐、张载、邵雍等人亦多所吸收，基本上做到了集宋学诸家诸派之大成，形成一套完整而系统的思想体系。因其以"理"为哲学核心，故有理学之名，亦称程朱理学。朱熹论"理"，一则明其绝对、永恒，在气之先，二则明其运动不息而无处不存。针对佛教"空虚"之说，特别强调"理是实理"，"万理皆实"。在人性论方面，朱熹用伪《古文尚书》中"人心唯危，道心唯微，唯精唯一，允执厥中"一语加以概括,称其为尧舜相传十六字"心法"。"道心"禀受于天地,为"理"之体现,至纯至善,虽下愚小人亦皆有之。"人心"则生于形体之私,善恶相混,驳杂不纯,虽上智君子亦不能无。道心、人心既集于一人之身,即须以"精""一"功夫加以扩充制约。精、一之道,其一则在"内省""居敬",其二则是"践履","格物致知"。朱熹将此前已经颇受重视的《论语》《孟子》《大学》《中庸》四部著作编定为《四书》,表彰其为"初学入道之门""六经之阶梯",并为之作《四书章句集注》。另外还针对儿童编有《小学》一书,以立教、明伦、敬身、稽古为纲,汇辑古书中有关纲常伦理之格言、故事及若干基本知识技能。此二书在后代影响极大。

与朱熹理学同时,还存在其他一些宋学学派,论学互有歧异。其中主要为以陆九渊为代表的心学和以陈亮、叶适为代表的事功学派。陆九渊对理的理解与朱熹不同,主张"心即理",因而有心学之称。朱陆二人尝于信州鹅湖寺进行学术论辩(史称"鹅湖之会"),又多次书信争论,然观点终未归一。关于"理"的性质,朱熹认为"理兼体用",是客观外在的,并体现于万物。心本身不等于理,心之性才是理。陆九渊则以为心性无别,理心合一,由内向外贯诸万物。故曰"万物森然于方寸之间,满心而发,充塞宇宙,无非此理","宇宙便是吾心,吾心便是宇宙"。[21]关于修养途径,朱熹强调格物致知,即物穷理,累积递进,以求贯通。陆九渊则主张由内入手,直接发明本心,以求彻悟。不必去费心认识外部事物,而是"先立乎其大者",通过自我反省、自我体验达到修养目的,"一是即皆是,一明即皆明"。陈亮、叶适论学重视事功,认为"孝悌忠信常不足以趋天下之变","既无功利,则道义者乃无用之虚语尔"。[22]陈亮曾与朱熹就王霸、义利问题展开激烈的论争。到南宋后期,程朱理学终于被朝廷尊为官方学术,获得了在思想界的统治地位。

理学在金元之际北传。元初理学家许衡长期主持国子学教育,编写了多种浅近的理学著作用于教学,大大扩展了理学的影响,被后人尊奉为程、朱道统的继承者。后来国子学的教育体制推广到全国地方学校,理学的社会影响因而大增。元朝中期开设科举,考试内容基本以理学著作为主,"非程朱之学不试于有司,于是天下学术,凛然一趋于正"。[23]元朝的理学虽在学术界取得统治地位,著作也比较多,但就学术本身而言创新并不明显。比较值得注意的是出现了朱、陆调和的倾向。如理学家吴澄在师承上与朱熹有转相传授的关系,毕生钻研诸经,"读书穷理",但对陆九渊也十分敬仰,推崇他发明本心的修养理论,希望吸取陆学合理因素,在传授朱学过程中用作方法论的补充。陆学传人兼采朱学者同样不乏其例,意在吸取朱学缜密、笃实之功以补陆学空疏弊病。

宗　　教

佛教的发展在隋唐进入鼎盛时期。中国成为与印度并峙的世界佛学中心,一方面仍从印度输入理论,另一方面又成为东亚各国"求法"目标。寺院数量之多、组织体系之严密、经济实力之雄厚,均属空前。寺院往往拥有大量图书资料,成为社会基层的文化中心。僧侣为宣传教义进行俗讲(用通俗语言夹叙夹唱)、写作变文(俗讲稿本),则开后世白话文学之先河。石窟、雕塑等佛教艺术,都达到相当高成就。隋唐的名僧大师皆为本土出身,理论亦经过充分消化吸收而中国化,形成若干大的宗派,各有自己的思想体系、禁律和派别传承系统。其中主要有天台宗、唯识宗、华严宗、净土宗、三论宗、律宗、密宗、禅宗等宗派。中唐以下,诸派多因教义繁琐趋于衰微,唯禅宗因其传布、修行简便风靡于世。禅宗最初出现于南北朝,相传由菩提达摩创立,以坐禅之法参究佛性。唐前期分南、北二宗,后南宗压倒北宗,其创始人慧能被尊为禅宗六祖。慧能以下参禅主顿悟,以为"一切万法,尽在自身中","本性是佛,离性别无佛",故觉悟不假外求。主张不立文字,教外别传,直指人心,顿悟成佛,实则是将复杂的宗教理论简单化、世俗化。另外以念佛为基本修行方法的净土宗后来主要向下层社会发展,组织佛教结社,并汇杂若干民间信仰,衍生出白莲教等支派。

宋朝佛教以禅宗为主,起初分为临济、沩仰、曹洞、云门、法眼五派,后临济宗又分出杨岐、黄龙二派,故有"五家七宗"之说。宋朝禅宗的传习主要围绕前代著名禅师具有典型启发意义的"语录""机锋""公案"展开,经典早已不受重视。问答时不能正面应对,而须含蓄有玄言,追求言外之意,在若即若离、似与不似之间。围绕各种机锋、公案,宋朝禅僧进行了大量文字阐释,过去"不立文字"的禅宗很大程度上已被"文字禅""看话禅"所代替。亦有不重视公案,而以静坐守寂、空幻体验求顿悟者,则称"默照禅"。元朝吐蕃佛教(喇嘛教)受到蒙古统治者尊奉,汉地佛教的势力也因而有所发展,但佛学理论方面的创新不多。

道教在唐宋时期也很活跃。唐朝建立后,尊道教"创始人"老子(李耳)为始祖(后加号太上玄元皇帝),并确定了道先、儒次、佛后的三教次序。玄宗尝亲为《道德经》(即《老子》)作注,令全国各地为老子立庙,加封庄子、列子等"真人"称号。北宋虚构出一名赵姓祖先赵元朗,将其奉入道教诸神之列,尊为太上混元皇帝。徽宗亦亲注《道德经》,为老、庄诸书立博士于太学,并自称"神霄帝君"临凡,讽臣下加尊号为教主道君皇帝。不过道教作为一种宗教,思想内容明显比佛教贫乏,巫术迷信色彩浓重。因此其兴盛主要依赖于最高统治者的崇奉,影响范围更多地局限于社会上层,在基层的传播程度远比佛教逊色。南宋时道教声势已经衰微,但在金朝占领下的北方却出现了一些新兴的道教支派,有别于正宗的"正一道"。新教派中以王喆(号重阳真人)创立的全真道势力最盛。王喆对传统道教进行改革,兼容儒、释学说,又提倡修炼"内丹",以别于传统道教修炼的"外丹"。内丹并非实在的丹药,而是指一种除尽俗念、脱出凡躯束缚的精神。修炼的方式是"清修",即禁欲苦行,隔绝世事,除却情欲,达到返本还真、得道成仙的目的。成吉思汗西征时,曾召王喆弟子丘处机(号长春真人)至军前问道,全真道因而贵显,不复能遵循禁欲苦行原则,生命力渐衰。全真以外的新道教支派,还有萧抱真创立的太一道,刘德仁创立的真大道,其理论与全真道颇多相通之处。

隋唐宋元时期,还有另外一些外来宗教。唐朝有祆教、摩尼教、景教,合称"三夷教"。祆教又名拜火教,崇拜火及天神(胡天),出于波斯,南北朝时即传入中国,隋唐时传播更广,朝廷置萨宝府(隶于礼部)专掌其事。摩尼教又称明教,亦出于波斯,糅合祆、佛、基督等教教义而成,前期即传入中国,后为回纥所尊信,因回纥助力而进一步传播。景教是基督教中的聂斯脱里教派,出于东罗马,经波斯、中亚传至中国,寺名大秦寺。现存唐德宗时所立《大秦景教流行中国碑》,敦煌亦发现其经文数种。"三夷教"在唐武宗会昌灭佛时一并遭禁,后虽弛禁而势力已衰,仅摩尼教在民间流行较久。另外,伊斯兰教也在唐朝由大食(阿拉伯)商人传入中国,广州等地大食人聚居的"蕃坊"往往建有清真寺。到元朝,由于中西交通的重新活跃,伊斯兰教随着大批中亚居民东来而传播更加广泛,其信徒在元代音译为木速蛮或答失蛮,汉文史籍常称之为回回人,并逐渐形成了中国的回族。元廷在中央设有回回哈的司,掌管伊斯兰宗教事务。景教在辽金草原诸部中一直较有影响,到元朝继续传播,而罗马教廷遣教士来华,又导致了天主教的传入(见上章)。元人称包括景教、天主教在内的基督教徒为也里可温,中央设崇福司管理其事务。犹太教在元朝也比较活跃,其教徒被称为"术忽"。

史学与文学

唐宋时期的史学发展显著。首先是官方修史制度日趋完善。唐初设立史馆,置史官编修前代及本朝历史,由宰相监修。自此历代纪传体正史基本上都出自官方修撰。关于本朝历史,唐有起居注记皇帝言行,时政记记皇帝与宰相所论政务,皇帝死后即由史官在起居注、时政记的基础上编修编年体的实录(唐后期又先修日历,以为编修实录的长编),每隔一段时期又在实录基础上编修纪传体的国史。宋朝官修本朝史,除起居注、时政记、日历、实录、国史以外,又有专记典章制度的会要,皆历两宋三百年不间断,其记载之全面详赡,卷帙之浩大,又出唐朝之上。私人修史也取得了多方面的成就,尤以宋朝为盛。

政书的编纂——唐朝后期杜佑著《通典》200卷,将以往正史中记载典章制度的"书""志"贯通发展为典制体通史,开创了古代史学中"政书"这一新体裁。南宋初年郑樵仿《史记》编纂纪传体通史《通志》,其中二十《略》叙述历代制度沿革,为全书精华所在。宋朝遗民马端临入元后撰成制度通史《文献通考》,分类更为细密合理,研讨宋制尤详。此二书与杜佑《通典》为古代"政书"类名著,并称"三通"。

编年体巨著《资治通鉴》及相关著作——北宋司马光主编《资治通鉴》294卷,是一部规模宏大的编年体通史。《通鉴》记载始于战国,止于五代,取材详赡,考订精确,体例严谨,叙事生动。南宋袁枢将《通鉴》所载重要事件分门别类,按标题各述每事始终,撰成《通鉴纪事本末》,开创了纪事本末这一新的著史体裁。朱熹则将《通鉴》简编为《通鉴纲目》,简明扼要,并注重以理学观点进行历史阐述和评价。宋元之际人胡三省为《通鉴》作注,具有重要的学术价值。

史学理论的发展——唐前期刘知几著《史通》20卷,是中国古代第一部系统的史学评论著作。书中讨论了编年、纪传等史书体裁的得失以及编写史书的方法、技巧,表彰秉笔直书,反对曲笔,并提出史学家必须具有才、学、识"三长"的论点。南宋郑樵在其《通志》的总序中发挥了"会通"和"极古今之变"的思想,对史学理论也进行了探讨。

此外,宋朝学者在私修当代史方面成就突出,代表著作李焘《续资治通鉴长编》、徐梦莘《三朝北盟会编》、李心传《建炎以来系年要录》皆卷帙庞大,史料翔实。宋朝方志的著述、金石学的研究,也都取得了显著的成绩。

元朝史学相对而言不算发达,值得一提的是统治者在编写汉文史书的同时,又以蒙古文修史,称为"脱卜赤颜"(蒙古语"历史")。现存记载蒙古早期源流和大蒙古国前期历史的《元朝秘史》即是脱卜赤颜的残余,其组织结构、叙事方式都与汉文史籍有明显不同。

唐朝文学成就以诗歌最为突出。今存唐诗约50000首,作者达2800余人,体裁众多,风格各异。李白、杜甫、白居易三大诗人的作品代表了中国古代诗歌艺术的最高水平,李白被誉为"诗仙",杜甫被尊为"诗圣"。其余重要作家还有陈子昂、王维、元稹、李贺、杜牧、李商隐等。唐诗内容丰富多彩,相当全面地反映了当时的社会生活。唐朝后期,带有配乐并且句式长短不等的诗歌新体裁——词开始流行,至五代而愈盛。散文创作以唐朝后期的韩愈、柳宗元影响最大,他们发起了古文运动,反对魏晋以来骈体文的形式主义文风,提倡恢复先秦两汉的古代散文,崇尚文字顺畅简练,言之有物。唐朝后期的文言传奇小说创作出现了不少名著。由于佛教的流行,以佛经故事为主要内容的讲唱文学十分活跃,并且渐及于历史等世俗内容,其底本称为变文,对后世民间通俗文学的发展具有重要影响。

宋朝诗文创作在唐朝基础上又有新的发展。宋诗与唐诗相比具有崇尚"理趣"的特点,代表作家有苏轼、黄庭坚、陆游、杨万里等。北宋欧阳修等人继承唐朝后期的古文运动,使古文完全压倒骈文。欧阳修、曾巩、王安石、苏洵、苏轼、苏辙与韩愈、柳宗元并称为古文创作的"唐宋八大家"。词的繁荣是宋朝文学最突出的成就,主要有婉约派、豪放派之分。北宋前期婉约派占主导地位,柳永尤以创作慢曲长调见长。苏轼开创豪放词派,至南宋辛弃疾获得充分发展,其词作豪迈慷慨、气势磅礴,充满爱国主义热情。北宋中叶到南宋的婉约派词人周邦彦、李清照、姜夔等人的创作都达到很高的艺术水准。城市经济的繁荣刺激了曲艺、戏曲等通俗文学的成长。城市说书人的底本称为话本,主要以白话写成,语言生动,富有表现力,其中既有篇幅较长的"讲史",也有短篇的"小说"。戏曲则出现了诸宫调、杂剧、南戏等体裁。

元朝的诗词散文创作成就不大,但通俗文学取得了空前收获。其主要戏剧形式——杂剧已发展得相当完备。元杂剧是一种综合性的表演艺术,具有非常广泛的表现内容。代表性作家作品有关汉卿《窦娥冤》《单刀会》、王实甫《西厢记》、马致远《汉宫秋》等。元朝另一种有代表性的文学体裁是新兴韵文——散曲,其长短句变化比词更为灵活,可使用衬字,并较多地采用俗语、口语。散曲与杂剧合称为元曲,杂剧作家往往兼擅散曲创作。元朝后期,江南的戏曲品种南戏兴盛,其剧本结构比杂剧更自由,演唱形式也更为灵活,最著名的作品是高明《琵琶记》。话本在元朝继续发展,并与戏剧互相影响,在情节、内容上也彼此渗透。"讲史"和"小说"的创作都很繁荣,"讲史"的发展直接孕育了元明之际的两部长篇巨著《水浒传》和《三国演义》。

艺术与科技

隋及唐初,书法艺术在东晋南朝的基础上兼融北方风格,更趋繁荣,虞世南、欧阳询、褚遂良是当时书坛的代表人物。盛唐时期的颜真卿在书写楷书时融会了篆、隶等其他书体的笔法,形成了气势雄浑、形体敦厚、笔势遒劲的"颜体",在书法史上占有重要地位。唐朝后期,柳公权的书法端庄谨严,而又有开阔疏朗的神致,其名与颜真卿并称。孙过庭、张旭、僧怀素则以草书知名。宋朝书法家以苏轼、黄庭坚、米芾、蔡襄最著名,宋徽宗亦工于正楷(号"瘦金体")和狂草。元朝大书法家赵孟頫的作品度越两宋,融会魏晋隋唐诸名家而自成风格,圆润遒丽,兼擅诸体,对明清两代书法有重大影响。

唐朝的绘画仍以人物画为主,后起的山水画发展也很迅速。人物画以阎立本、吴道子成就最突出,吴道子被尊为"画圣"。李思训、李昭道父子以及诗人王维均以山水画见长。另外曹霸、韩干画马、韩滉、戴嵩画牛、边鸾画花鸟等,亦皆名重一时。雕塑作品中,现存昭陵(唐太宗墓)六骏浮雕及"唐三彩"陶俑等,都达到了很高的艺术成就。融聚了绘画、雕塑两种形式的石窟艺术十分发达,其代表为闻名世界的敦煌莫高窟。莫高窟中,唐朝石窟约占半数,其中所塑佛像比魏晋南北朝更具世俗色彩,具有慈祥、温和的特征。石窟壁画以演示佛经故事的经变画为主,画面巨大而内容丰富,构图紧密。宋朝画家中,李成、范宽、李唐等工于山水,李公麟、刘松年善画人物,北宋张择端的长卷《清明上河图》描绘汴京街市的繁荣景象,是风俗画的杰作。宋徽宗在绘画上也有很深的造诣,尤工花鸟。两宋一些画家绘画不求形似,崇尚意趣、神韵,称为文人画。元朝的绘画进一步向写意风格发展,文人画已成为画坛主流。赵孟頫同样是绘画史上承先启后的集大成者,人物、山水、花鸟、竹石无不精工。稍后有黄公望、王蒙、倪瓒、吴镇并称"四大家",皆以水墨山水见长。元朝一些汉化色目人的书画作品达到了很高水准,如康里人巎巎的书法、回回人高克恭的绘画,当时皆与赵孟頫齐名。雕塑方面,元朝引进了尼波罗(今尼泊尔)的梵式造像术,所塑佛像与唐宋迥然有别。

隋唐科技成就十分显著。隋朝李春所造赵州(今河北赵县)安济桥,是现存世界上最早的单孔石拱桥,反映了当时建筑学的高超水平。隋唐之际的孙思邈精研医学和药物学,著有《千金方》《千金翼方》,被后世尊为"药王"。唐高宗时颁行《新修本草》,是世界上第一部官修的药典。唐玄宗时,僧人一行主持修订历法,首次实测地球子午线长度,还发现了恒星位置变动的现象。雕版印刷术也在隋唐时期发明,至迟在中、晚唐已付诸应用。五代后唐时，朝廷组织雕版刻印儒家经典《九经》，至后周始刻印完毕，大大推动了儒学经典在社会上的普及。

宋朝是中国古代科技发展的高峰时期。指南针已开始应用于航海，火药亦应用于火器制造。雕版印刷术使用更加普遍，"转相摹刻，诸子百家之书，日传万纸"，[24]对文化发展是一个明显推动。宋仁宗时，毕昇进一步发明了活字印刷术，用胶泥刻制活字，排版印刷。指南针、火药、印刷术与东汉时发明的造纸术并称为中国古代四大发明。天文学方面苏颂等人制造了世界上最早的天文钟"水运仪象台"，数学方面秦九韶著《数书九章》提出"大衍求一术""正负开方术"等新的算式，农艺学方面陈旉著《农书》，总结两浙地区的先进农业技术，建筑学方面李诫著《营造法式》阐述建筑理论，都在当时世界上居于领先地位。北宋后期的沈括是代表宋朝科技发展水平的典型人物，在数学、物理学、天文学、地质学、生物医学等自然科学的许多方面都有重要贡献，见于其所著《梦溪笔谈》。

元朝科学家郭守敬在天文历法、数学、机械制造、水利工程方面均有显著成就。他致力于改制、创造天文仪器，共造出简仪、仰仪、圭表、正方案等近二十种，随后于至元十六年（1279）主持了一次空前规模的天文测量，全国共设立27处观测台，所得数据与今天的纬度值相比较，平均误差不超出半度。观测恒星近2500颗，其中1000余颗是第一次测出。根据大量实测资料，修成《授时历》，其精密程度大大超出前代。如测定一回归年平均长度为365.2425日，与地球绕太阳公转周期仅差26秒，早于西方《格利高里历》的相同数据300余年。元朝统一后，农学家王祯著《农书》，总结介绍各地不同的农业技术，"使南北通知，随宜而用，使无偏废"。[25]这是中国历史上第一部从全国范围内对农业进行系统研究的著作。

注　释

[1]　白居易《白氏长庆集》卷七〇《河南元公墓志铭》。
[2]　《续资治通鉴长编》卷一四三仁宗庆历三年九月。
[3]　程钜夫《雪楼集》卷七《姚长者碑》。
[4]　马可波罗《马可波罗行纪》，冯承钧汉译本，上海商务印书馆，1936，中册第571页。
[5]　《朱子语类》卷一一〇《论兵》。
[6]　《旧唐书·郭子仪传》。
[7]　《资治通鉴》卷二三七唐宪宗元和二年十二月。
[8]　《文献通考》卷三一《选举四》。
[9]　危素《元海运志》。

〔10〕 杨翮《佩玉斋类稿》卷四《送崇仁县尹陈子英之任序》，王礼《麟原集》后集卷三《西溪八咏序》。

〔11〕 陆贽《陆宣公翰苑集》卷二二《均节赋税恤百姓六条》。

〔12〕 袁采《袁氏世范》卷下《治家》。

〔13〕 《元史·吕思诚传》。

〔14〕 《元史·成宗纪一》。

〔15〕 《旧唐书·高士廉传》。

〔16〕 《新唐书·高俭传》。

〔17〕 《新唐书·杜中立传》。

〔18〕 陈傅良《止斋文集》卷三五《答林宗简》。

〔19〕 张载《经学理窟·宗法》。

〔20〕 权衡《庚申外史》卷下。

〔21〕 陆九渊《象山先生全集》卷三四《语录》，卷二二《杂说》。

〔22〕 陈亮《陈亮集》卷二四《祭吕东莱文》，叶适《习学纪言序目》卷二三《汉书三》。

〔23〕 欧阳玄《圭斋集》卷五《赵忠简公祠堂记》。

〔24〕 苏轼《东坡集》卷三二《李氏山房藏书记》。

〔25〕 王祯《农书》卷二《农桑通诀二·耙耢篇》。

第十七章
朱元璋与明初政治

明朝(1368—1644)是由元末贫苦农民朱元璋建立的汉族统一王朝,共传 16 帝,历时 277 年。明太祖朱元璋及其子明成祖朱棣在位期间,是明朝的创建和巩固阶段。这一时期形成的国家制度、政治体制不仅笼罩有明一代,而且对随后统治中国的清朝都有很大影响。经过这一时期的高压统治、皇位争夺等一系列动荡、波折,明朝政治才走上了正常发展的轨道。朱元璋尤其是明初政治的关键人物,就其对君主专制体制发展的影响而言,中国古代帝王中只有秦始皇、汉武帝等少数人可以与之比肩。

一 明朝的建立及开国制度

明朝是在元末社会大动乱废墟上建立起来的。明太祖朱元璋起自寒微,而能于元末群雄中脱颖而出,除暴止乱,重建一统,史称其"得国之正,皆非汉唐宋所及"。[1]此前元朝国家制度的建设相对粗略,且往往带有草原游牧民族色彩。作为新兴汉族统一王朝的建立者,明太祖在对元制进行因革损益的基础上,建立起一套比较规范的国家制度,影响十分深远。虽然其中一些内容在后来随着社会的发展而有所变化,但明初制度作为明朝的"祖制"(明朝制度又直接影响清朝),其历史地位仍然不容低估。

明朝的建立与统一

元末大起义的主要组织、发动者是白莲教徒。白莲教本为佛教净土宗的一个支派,以普劝在家人斋戒念佛、死后同生净土为宗旨。因其教义浅显,修行简便,允许"在家出家",故而在民间得到广泛传播,并且较多地被利用来组织民众起事。元顺帝至正十一年(1351),北方白莲教首领韩山童、刘福通借元廷治河之机策划起义,山童被地方官府捕杀。刘福通仓促起兵,其众头裹红巾,故称红巾军(或红军)。稍后徐寿辉据蕲水(今湖北浠水)、郭子兴据濠州(今安徽凤阳东北),皆以白莲教聚众号召。又有方国珍据浙东,张士诚据淮东,但他们不属白莲教系统。至正十五年,刘福通在亳州(今安徽亳县)拥立韩山童之子韩林儿为帝,又号"小明王",国号宋,建元"龙凤"。随后他们发动了三路北伐,一度势如破竹,后因兵力分散、后援不继而失败。与此同时,徐寿辉部将陈友谅杀寿辉自立为帝,国号大汉,占有长江中游大片地区。徐氏另一名部将明玉珍则进入四川,建立"大夏"政权。张士诚南下占领平江(今江苏苏州),接受元朝官号,实则仍自主一方,形同割据。

在群雄逐鹿的混乱局面中,朱元璋后来居上,最终获胜。朱元璋,濠州钟离(今安徽凤阳东北)人,出身贫苦,父母和长兄皆死于疾疫,曾为生活所迫出家为僧,游方乞讨。至正十二年(1352)投入濠州红巾军郭子兴部,以才干渐受子兴赏识,娶子兴养女马氏为妻。郭子兴卒后,朱元璋成为郭氏余部的统帅。他接受龙凤大宋政权的官号,渡长江向南发展,于至正十六年攻占江南重镇集庆(今江苏南京),被小明王韩林儿任命为江南行中书省平章政事、兼行枢密院同签,得自置官属。朱元璋以集庆作为中心根据地,更名应天府,并采纳儒士朱升的"高筑墙、广积粮、缓称王"[2]之策,在加强政权建设、发展生产的同时,不急于自立旗号,仍长期遵用龙凤正朔。此时元朝在南方的统治已经趋于瓦解,虽有一些地方官仍效忠元廷,但基本上只限于自守。与朱元璋争衡的对手,主要是东面的张士诚和西面的陈友谅。朱元璋先与张士诚交战,屡挫其锋;又向南打败几支残余元军,基本控制了浙西地区。从至正十八年起,他将军事进攻的重点转向西线,在与陈友谅的拉锯战中取得了比较显著的战果,势力伸入江西。由于朱元璋的力量不断壮大,龙凤政权也一再给他加官晋爵,升其为江南行省左丞相,封吴国公。后大宋红巾军在中原被元军击败,朱元璋将小明王救回江南,佯为奉养,实则严密监视,龙凤大宋政权已是名存实亡。

至正二十三年(1363),陈友谅统军六十万包围洪都(今江西南昌)。朱元璋率舟师二十万赴救,双方在鄱阳湖恶战一月有余,陈友谅中流矢死,余众大溃。此战确立了朱元璋在南方的霸主地位。至正二十四年,朱元璋称吴王。二十六年,暗害小明王韩林儿,停用龙凤年号。二十七年,击败并俘虏张士诚,又迫降浙东沿海的方国珍,江南大局已定。这一年十月,朱元璋命徐达为征虏大将军,常遇春为副将军,率军二十五万,正式对元朝发起北伐。军行前发布北伐檄文,提出了"驱逐胡虏,恢复中华,立纲陈纪,救济斯民"的政治口号,同时又表示"如蒙古、色目,虽非华夏族类,然同生天地之间,有能知礼义、愿为臣民者,与中夏之人抚养无异"。[3]出兵不足两月,即已占领山东、河南。至正二十八年(1368)正月,朱元璋在应天府称帝,国号"大明",建元洪武,是为明太祖。闰七月,明军直抵通州(今属北京),元顺帝见大势已去,北奔上都。八月初二日,明军攻入大都,元亡。明改大都之名为北平。

明朝建立之初,北奔的元顺帝及其子孙仍以元朝之名号令部下,史称北元。元朝的一些军阀、宗王尚占据东北和云南,明氏大夏政权割据四川。洪武二年(1369),明军攻占元上都,元顺帝退至应昌(今内蒙古克什克腾旗西)。三年,明朝兵分两路讨伐北元,时元顺帝已卒,其子北元昭宗爱猷识里达腊放弃应昌逃往漠北。四年,明军进攻四川,夏主明升(明玉珍子)出降。洪武十四年,明军进入云南,元宗室梁王自杀,云南平。洪武二十年,明军远征东北,盘踞东北的蒙古贵族纳哈出穷蹙归降。同年底,明太祖又以蓝玉为大将军北伐,大败北元军队于捕鱼儿海(今内蒙古贝尔湖),元主脱古思帖木儿(北元昭宗之子)为部下所杀。此后北元内乱不止,几任君主都死于非命,渐趋灭亡,蒙古分裂为鞑靼、瓦剌、兀良哈几部分。这样经长期征战,明朝囊括了元朝的大部分疆土,虽漠北、西域、西藏尚未进入直接控制,但也是"禹迹所奄,尽入版图",[4]成为中国历史上又一个强大的统一政权。

官制的变化

明朝建立之初,官制基本承袭元朝之旧。中书省掌行政,统领六部,御史台掌监察,皆同元制。大都督府为最高军事机构,相当于元朝的枢密院。地方最高行政机构仍为行中书省,简称行省。统治基本稳定以后,明太祖即着手进行官制改革,从而奠定了有明一代职官制度的基础。

改革官制的工作先从地方开始。洪武九年,诏改行省之名为承宣布政使司,强调"所以承者,朕命也,宣者,代言之也,布者,张陈之也",[5]即上承皇帝政令,布置于地方执行。明太祖时,除京师(南京)外,地方共设有北平、山西、山东、河南、浙江、江西、福建、湖广、广东、广西、陕西、四川、云南十三布政使司。以后北平布政使司升为北京,与南京并为两京,又增设贵州布政使司,这样明朝全国的一级行政区划即为两京十三布政使司。尽管在习惯上布政使司仍沿行省之名,被称为"省",但其品秩稍低,职权范围也比元朝行省狭窄,仅限于民政、财政,与此前地方上已经设立的都指挥使司、提刑按察使司形成明确分工。都指挥使司简称都司,掌军政,提刑按察使司掌监察、司法,与布政使司合称都、布、按"三司",互不统属,同对朝廷负责。布政使司以下的行政机构有府、州、县。基本管理模式是以府统县,州则分为直隶州、属州,直隶州隶于布政使司而统县,地位相当于府,属州隶属于府,地位相当于县。这样基层管理分为两级,比元朝行省下面路、府、州、县的多重设置更为简明。

中央官制的最大变化是宰相制度的废除。明太祖曾多次批评元朝"主荒臣专,威福下移"、"委任权臣,上下蒙蔽",认为皇帝怠政、中书省权重是元朝衰亡的重要原因。[6]故明初虽设中书省,但宰相多不满员,僚属也比元朝大为削减。洪武十一年,命诸司奏事不必关白中书省。十三年,以谋反之罪杀中书左丞相胡惟庸(详下),因而宣布废除中书省,不设宰相,由皇帝直接统领六部等具体行政机构。明太祖废相之举,与其权力欲旺盛以及对大臣疑忌心理过重的性格特征有很大关系。他认为"自古三公论道,六卿分职,并不曾设立丞相,自秦始置丞相,不旋踵而亡。汉、唐、宋因之,虽有贤相,然其间所用多有小人,专权乱政",因此废相,"事皆朝廷(按指皇帝)总之,所以稳当"。他并且将这一措施作为硬性制度规定下来,宣布"以后子孙做皇帝时,并不许立丞相,臣下敢有奏请设立者,文武群臣即时劾奏,将犯人凌迟,全家处死"。[7]

中书省既罢,原隶属其下的吏、户、礼、兵、刑、工六部地位提高,上承皇帝之命,分工督理庶务,在一定程度上分割了昔日宰相的事权。其中吏部掌文官选授、考核,为六部之首,"视五部为特重",具有"赞天子之治"的特殊地位。[8]余者户部掌财政、经济,礼部掌礼仪、教化,兵部掌军政,刑部掌司法,工部掌土木营建。各部长官皆为尚书,正二品,副长官侍郎,正三品。每部下面又分若干司,各设郎中、员外郎等职。御史台更名为都察院,设左、右都御史,左、右副都御史,左、右佥都御史,监察御史等官。都御史与六部尚书合称"七卿"。监察御史是都察院监察工作的主要承担者,分十三道布政司设立,每道7至11人,共110人。明太祖又设吏、户、礼、兵、刑、工六科,分工对六部进行行政监督,并负责侍从规谏,向皇帝进言,审核皇帝批复过的奏章和下发的诏旨,有失得以封驳。各设给事中之职,每科数人至十数人不等。六科给事中与十三道监察御史合称"科道官"或"言官",品秩均不超过正七品,但承担监察、规谏之职,权力颇重,在政治生活中非常活跃,升迁也很迅速。监察御史还往往出外担任巡按、监军、提学等"外差"。

部、院、六科以外,还有其他一些重要的中央机构。大理寺主管复审、平反刑狱,与刑部、都察院合称"三法司","刑部受天下刑名,都察院纠察,大理寺驳正"。[9]通政使司掌出纳帝命,受理臣民章奏,互通上下之情,是皇帝的"喉舌之司"。大理寺长官大理寺卿、通政使司长官通政使,与六部、都察院长官并称"大九卿",同为明朝中央机构中地位最显要的官员。洪武十三年废相之时,也撤销了最高军事机构大都督府,立前、后、中、左、右五军都督府,分掌天下军籍,统领都指挥使司及其下属的卫、所。五军都督府在军事方面与兵部分权,兵部掌武官选授、军队调发等事,五军都督府负责军队的日常管理,兵部有出兵之令而无统兵之权,五军有统兵之权而无出兵之令。又有翰林院,专司笔札文翰之事,包括起草制诰、修史、备皇帝顾问咨询等等,其工作有"清要"之名,接近皇帝,亦时而参与机密,后来从中分化出了皇帝的秘书机构——内阁。

卫所制度

明初创立了一套以卫所为骨干的军事制度。大抵每5600人设一卫,长官为指挥使,下辖五千户所。每千户所1120人,长官为千户,下辖十百户所。每百户所112人,长官为百户,下面分为二总旗,每总旗又分五小旗。这样"大小联比以成军",[10]构成明朝的基本军事力量。卫的上级机构为都指挥使司(都司)。都司以都指挥使为长官,掌一省或一方军政,全国共设十六都司,其中十三都司与十三布政使司、按察使司同名同治,并为一省中之"三司"。另外三都司设于北部边境,兼治军、民,分别是辽东都司(治今辽宁辽阳)、大宁都司(治今内蒙古宁城,后迁治今河北保定)、万全都司(治今河北宣化)。原则上都司统卫,卫统千户所,但也有一部分千户所直隶于都司,称守御千户所。都司以外,还设有若干行都司、留守司,皆统领卫所,地位与都司相近。都司、行都司等起初统于大都督府,洪武十三年(1380)以后分统于五军都督府。根据洪武二十六年(1393)的记载,全国共设立329卫,另有65守御千户所,以此估算,士兵总人数约为180余万。根据"居重驭轻"的原则,京师(今南京)一带驻军较密集,共有48卫,20余万人。

卫所有实土、非实土之分。大部分卫所设于府、州、县境内,并非自成区域,为非实土卫所。在北部、西部一些未设府州县而又归明朝直接控制的边区,卫所拥有较为完整的单独辖境,为实土卫所。这些地方通常民政事务稀少,其事即由卫所兼领。如辽东都司下属全为实土卫所,万全都司大部分为实土卫所。大宁都司在明太祖时为实土,后内迁,所辖卫所即变为非实土。在归附明朝的边疆民族聚居地区,也有卫所乃至都司之设,长官由当地民族首领充任,以羁縻为主,其性质与上述实土、非实土卫所均不相同。

卫所军士皆另立户籍,称军户。此制承自元朝,除元朝旧有的军户外,又有从征、归附、谪发、垛集等新的军士来源。从征即早年跟随明太祖起义的嫡系部队,归附即降附的元末割据群雄部伍及元朝官军,谪发指罪犯免死充军者(亦称"恩军"或"长生军"),垛集指明朝建国后用强制手段新征调一批民户为军。无论何种来源,皆父子、兄弟相继,世代为军,非奉皇帝特恩不得更换脱免。军籍由都督府掌管,与由户部掌管的民籍分属不同系统。每户军户中必须有一人在指定的卫所服役,称为正军,其子弟称余丁或军余。正军所属卫所不一定在其原籍附近,往往相隔甚远,应役时须携妻及一名余丁共同前去。正军死亡,即以余丁替代,如家中已无余丁,亦须勾取其族人顶丁,称为"勾军"。

卫所制度以军屯为经济支柱。卫所军皆有屯田、守御的不同分工,以"边地三分守城,七分屯种,内地二分守城,八分屯种"为大致比例,原则上"临边险要,守多于屯,地僻处及输粮艰者,屯多于守"。[11]每名屯军都有官拨的一份屯地,多少不等,以50亩为基本标准。工具、种子、牲畜等由工部屯田司统一供给。屯地不准买卖、转移,如屯军因调迁、老疾、事故等原因不能耕种,必须交还官府。由于屯地的性质属于官田,故屯粮征收数额很高,后定制每"一分"(50亩)纳"正粮"12石,"余粮"12石。军屯带有明显的超经济强制特征,剥削苛重,但推动了明初经济的恢复和发展,基本保证了当时的军储供应。在这个意义上,卫所制具有寓兵于农、兵农合一的色彩。而且卫所主要是一种驻防体系,并非战时编制。卫所军平时进行军事训练,遇战事则由朝廷命将充总兵官,抽调卫所精锐出征,战毕将领归还总兵印绶,军士各回卫所。因此卫所制度被评价为"得唐府兵遗意"。[12]

卫所虽是有明一代的法定军事编制,但到明朝中期已出现瓦解的趋势。由于军士社会地位低,应役负担重,又时受军官欺压,故逃亡现象不断发生。朝廷频频"勾军",引起地方社会的动荡不安。军屯制度也逐渐破坏,屯地、屯粮缺额的现象日益严重。在此背景下,明朝统治者被迫开始推行募兵制,招募职业兵,由国家颁发军饷。募兵制减少了社会不稳定因素,军队战斗力也有所提高,但军事开支也成为明廷日益沉重的财政负担。

学校与科举

明太祖十分重视治国人才的培养,建国前即在应天府创办国子学。洪武元年,命选拔品官子弟及民间俊秀通文义者充国子学生。次年诏天下府、州、县广设学校,并选其学生优秀者入国子学。洪武十五年,更国子学名为国子监。国子监长官为祭酒,以下有司业、博士、助教等教官。其学生通称监生,其中品官勋戚子弟为官生,地方保举的民间俊秀及府州县学校生员为民生。洪武初年官生数量较多,后来民生占了压倒多数。洪武二十六年(1393)监生总人数达到8124名。国子监的教学内容以《四书》《五经》为主,洪武时还包括《大明律》《大诰》等法律文书,以及西汉刘向《说苑》等杂书。监生待遇较优,生活费用官给,又时有赏赐,岁久探亲亦赐路费。监中分为正义、崇志、广业、修道、诚心、率性六堂,初入学通《四书》未通《经》者居正义、崇志、广业三堂。一年半以上,文理条畅者,升修道、诚心二堂,又一年半,经史兼通、文理俱优者,升率性堂。入率性堂后每季度都有经义、策、论、判语、诏诰表章等考试,一门考试文理俱优即予一分,理优文劣者半分。一年中积至八分为及格,即可出身任官。才学超异者,可奏请皇帝破格授职,不受积分之限。监生坐堂到一定期限,又有被分拨到朝廷各机构实习"吏事"者,称历事监生,实习期满无大过,亦得补官。洪武时期监生任官者甚多,有的出职即超擢布政、按察使,"为四方大吏者,盖无算也,……其常调者乃为府、州、县六品以下官","其时布列中外者,太学生最盛"。[13]

府、州、县学之制,府设教授,州设学正,县设教谕,各一人,为教官之长。普通教官称训导,府四人,州三人,县二人。生员人数,起初规定为府学四十,州学三十,县学二十,皆官给廪膳。以后数目又有增加。他们专治一经,不能直接做官,必须参加科举考试,或是经"岁贡"入国子监,才可能有做官的机会。此外,还有在民间乡村设立的社学,为宗室子弟开设的宗学,为武官子弟开设的武学,等等。几乎做到"无地而不设之学,无人而不纳之教",故史谓"明代学校之盛,唐、宋以来所不及也"。[14]

明朝科举始于洪武三年。因取士效果不尽理想,洪武六年一度停罢,至洪武十五年始重新开设。洪武十七年,命礼部定科举程式,颁行各省,其后遂为定制。按规定,士子必须先在州县通过预备考试,获得府、州、县学的生员资格(亦称秀才)之后,才能参加科举考试。这种使官办学校与科举密切结合的做法,为明朝首创。正式考试三年一次,分乡试、会试、殿试三级。考试内容包括四书义、经义、论、判、诏(或诰、表)、经史时务策等多项科目,其中最重要的是四书义、经义,即从四书五经原文中择句命题,敷衍成文。作文时必须根据程朱理学的注疏,模仿古人语气进行发挥,而且要遵循固定的格式。每逢子、卯、午、酉年在各省举行乡试,中试者为举人。举人可直接赴吏部授官,也可继续参加会试。会试于乡试次年在京师举行,由礼部主持,中试者随即参加由皇帝举行的殿试,重新排定名次,分三甲发榜,统称进士。第一甲称进士及第,只有三人,第一名称状元,第二名称榜眼,第三名称探花。二甲若干人,称进士出身。三甲若干人,称同进士出身。进士大部分直接授官,二、三甲中的一部分人经考选再入翰林院学习深造三年,然后授职,称为庶吉士。洪武二十年,还开设了武举,用以选拔军事人才。

明太祖在学校、科举之外,又通过荐举途径选官,时称"三途并用"。科举停废期间,荐举尤为兴盛。其方法为订立人才名目,由各级官吏推举,具体名目有耆儒、儒士、秀才、聪明正直、贤良方正、孝弟力田、税户人才等十余种,被荐者往往得到破格超擢。史称其时"中外大小臣工皆得推荐,下至仓库司局诸杂流,亦令举文学才干之士。其被荐而至者,又令转荐。以故山林岩穴、草茅穷居,无不获自达于上,由布衣而登大僚者不可胜数"。[15]

明初三途用人,学校、荐举为盛,相比之下科举地位不算重要。以后则科举独尊,荐举渐成虚文,学校在选官方面的地位也日益下降,主要成为为科举储才之所。由科举出身者,又以进士为重,举人为轻。由于科举发达,对其考试标准化的要求不断提高,四书义、经义的写作格式日益严格,形成"八股文"。它由一些规定的段落组成,其主体为四段对偶排比文字、八个部分,故有八股之称。直到清末为止,八股文一直是读书人用以博取功名的敲门砖,在社会上有极大影响。另外洪武三十年发生"南北榜案",因是年会试录取者皆为南方人,明太祖疑其间有弊,杀主考官,重试结果全取北方人。以后明朝科举会试遂分为南、北两榜,分别录取,以保证南北士人入仕机会的相对均等。

明朝开国制度还包括法律、基层管理、户籍赋役等其他一些重要内容,将于后文叙述。

二　洪武时期的重典统治

明太祖在位 30 余年,为政崇尚刚猛严厉,"惩元纵弛之后,刑用重典",且谓"吾治乱世,刑不得不重"。[16]洪武重典统治明显带有极端强化君主集权的色彩,由此形成的高压政治气氛和君主绝对独裁观念,对明朝中后期以及以后清朝的历史产生了重要影响。

四起大案

洪武重典统治最集中的表现,是大开杀戒、株连广泛的四起重要案件:

胡惟庸案、蓝玉案、空印案和郭桓案。其中胡、蓝两案主要针对功臣集团，亦合称"胡蓝党狱"。另外两起案件涉及的则多为一般官吏。

胡惟庸案——胡惟庸，凤阳定远（今属安徽）人。早年为明太祖幕僚，洪武前期累迁至中书左丞相，位居百官之首。史称惟庸"总中书政，专生杀黜陟，以恣威福。内外诸司封事入奏，惟庸先取视之，有病己者，辄匿不闻，由是奔竞之徒趋其门下"。[17]明初勋贵多为最早追随明太祖起事的淮西人，朝官出身淮西者初以开国文臣之首李善长（亦定远人）为核心，善长致仕后渐归于胡惟庸。他们排斥、打击非淮西势力，专擅朝政，结党营私，引起了明太祖的疑惧。洪武十三年（1380），胡惟庸被告发谋反，以"窃持国柄，枉法诬贤，……蠹害政治，谋危社稷"[18]之罪被诛，御史大夫陈宁、御史中丞涂节等高官一同被处死，中书省和宰相职务也被废罢。此后十余年，明太祖又逐渐将胡案扩大化，新增加了"通倭""通虏（指蒙古）"等罪名，对功臣牵连罗织，大肆诛戮。二十三年，以知胡惟庸逆谋不举、狐疑观望持两端、大逆不道之罪，处死已经退休多年、77岁高龄的太师韩国公李善长，并及其家口七十余人。总计前后因胡案被诛，或已死被追夺封爵的功臣有二十一侯，株连而死者共达三万余人。明太祖亲制《昭示奸党录》布告天下，述其罪状。

蓝玉案——蓝玉，凤阳定远人，明朝开国功臣常遇春妻弟。以勇略著称，参与平云南、征纳哈出，俱有功。洪武二十年拜大将军，北伐蒙古获大捷，归封凉国公。当时开国大将或老或卒，蓝玉在诸将中最受明太祖倚赖。但他居功自傲，骄横跋扈，渐为明太祖所不容，屡次降诏责备，君臣关系日益紧张。二十六年，蓝玉被告发谋反，下狱鞫讯后族诛，牵连景川侯曹震、鹤庆侯张翼等多名将领以及文官吏部尚书詹徽、户部侍郎傅友文等，皆处死，死者约二万人。诏辑案犯口供为《逆臣录》颁行天下，列名其中的功臣除蓝玉外，尚有十三侯、二伯。蓝案牵连武将尤多，军中骁勇之士被大批屠戮。

空印案——"空印"指预先盖好官印的空白账册。空印案是一起明太祖严惩地方财政人员持空印账册至户部结算钱谷的重大案件，发生于洪武八年至九年。按制度，每年各省（布政使司）下至府州县均须派计吏赴户部，呈报财政收支账目及钱谷等项数字，户部审覆稍有出入，即驳回令重造账册。计吏为免于往返奔走，皆带有空印账册，遇部驳即随时重新填报。此法作为"权宜之务"，习以为常，但明太祖得知后勃然大怒，认为是官员互相串通舞弊，下令各地方衙门主印长吏及署字签名者一律处死，佐贰官杖百戍边。

郭桓案——郭桓是洪武中期的户部侍郎。洪武十八年，御史弹劾郭桓等人与北平布、按二司官吏勾结贪污、侵盗官粮。除郭桓等主犯外,牵连六部尚书、侍郎以下官员及各布政使司官吏,又因追理赃粮700万石,波及民间富人,"核赃所寄借遍天下,民中人之家大抵皆破"。[19]由于牵连过广,民间骚动,明太祖不得不杀此案主审官员吴庸等以平息众怒,并称折算赃粮实有2400万石,"恐民不信,但略写七百万耳"。[20]空印、郭桓两案,坐死者又达数万人。

上述四起大案虽然同样是诛杀甚众,但性质不尽相同。胡、蓝党狱主要是集中杀戮功臣之举,事实上两案之外,功臣因他事被杀者尚多,只有若干早卒或身罹重病者方才幸免于难。大批屠杀功臣的原因,除功臣往往不学无术、骄纵违法之外,很大程度上是由明太祖本人猜忌多疑、近于草木皆兵的"忧危"情绪所造成的。特别当他年事渐高之后,更是不惜对功臣深文周纳,斩尽杀绝,以求为子孙清除隐患,保证朱氏天下传之久远。空印案和郭桓案则是洪武时期以重典整肃吏治的表现。明太祖起自社会下层,对元末吏治的腐败有切身体验,故即位后采取严刑峻法惩办官吏的贪污、渎职行为。洪武前期,"官吏有罪者,笞以上悉谪屯凤阳,至万数"。十八年"诏尽逮天下积岁官吏为民害者,赴京师筑城"。[21]对罪行严重者诛戮相继,甚至使用了剥皮实草之类酷刑。在重典"警惧"之下,一时官吏谨畏,的确使吏治颇有改善。时人称"郡县之官虽居穷山绝塞之地,去京师万余里外,皆悚心震胆,如神明临其庭,不敢少肆。或有毫发出法度,悖礼仪,朝按而暮罪之"。[22]但另一方面,明太祖为人刻薄少恩,迷信暴力,又求治太速,用刑过苛,"无几时不变之法,无一日无过之人",甚者常以区区小故纵无穷之诛,"大戮官民,不分臧否"。[23]大量无辜者被滥杀冤杀,乃至死于法外酷刑,也充分暴露了专制统治的残暴和黑暗。

大明律与大诰

洪武时期立法工作频繁,制定了多种充分体现重典政治特征的法典、法令,其中以《大明律》和《大诰》为主要代表。

《大明律》是有明一代遵用的正式刑法典,其制定和修订工作基本与洪武朝相始终。明朝建立前,即开始制定律令,成律285条、令145条,于洪武元年颁行。洪武七年,在此前基础上颁行《大明律》30卷,606条。此后又反复增删修订,于洪武三十年重颁《大明律》30卷,460条,成为定稿。重颁《大明律》的篇目由《唐律》十二篇改为七篇,首列《名例律》一卷,然后按六部划分,依次为《吏律》二卷,《户律》七卷,《礼律》二卷,《兵律》五卷,《刑律》十一卷,《工律》二卷。这是传统法典结构的一大变化。刑名方面仍继承唐律以来的笞、杖、徒、流、死五刑体制,其中增加了两种重要的补充刑罚。一是凌迟,亦称磔刑,即分割犯人肢体,令其受尽痛苦而死,为死刑中重于绞、斩的残酷极刑,以处大逆不道等重罪。二是充军,指将罪犯发往远地卫所充军籍服役,轻者止役终身,重者子孙世代不免,距离上又分附近、沿海、边卫、边远、烟瘴、极边六等,为流刑范围内最重的刑罚,其严厉程度仅次于死刑。

《大明律》有相当多内容沿袭《唐律》,但也充分体现了明初的重典政策。对直接危害国家统治的谋反贼盗及重大经济犯罪,其量刑较唐律更重。例如位居"十恶"前列的谋反、谋大逆之罪,唐律规定犯者斩,其父及年十六以上之子绞,其余亲属不处死。明律则犯者凌迟处死,亲族男子如祖、父、伯叔父、兄弟、子、侄、孙,不限籍之异同,以及异姓同居之人(包括同居之外祖父、岳父、女婿等),但年十六以上一律处斩。唐律对此类大罪注意区分情节,如"口陈欲反之言,心无真实之计"及"词理不能动众,威力不能服人"之类,皆适当从轻处理,明律则无此区别。又如私铸铜钱之罪,唐律流三千里,明律则论绞。不过有关典礼、风俗、教化等危害政权、社会并不严重的犯罪行为,明律量刑则比唐律为轻,故后人评价《大明律》的特点在于"轻其轻罪,重其重罪"。[24]

与前代相比较,《大明律》中新增了若干条旨在强化皇权、严格维护皇帝个人独裁权威的严惩"奸党"之罪。其中规定:"凡奸邪进谗言左使杀人者斩,若犯罪律该处死,其大臣小官巧言谏免、暗邀人心者亦斩。若在朝官员交结朋党、紊乱朝政者皆斩,妻子为奴,财产入官。""凡除授官员须从朝廷选用,若大臣专擅选用者,斩。""凡诸司衙门官吏及士庶人等,若有上言宰执大臣美政才德者,即是奸党,务要鞫问穷究来历明白,犯人处斩,妻子为奴,财产入官。若宰相大臣知情,与同罪。"[25]另外,与明初整肃吏治的背景相适应,《大明律》中官吏徇私犯罪行为的惩处也比前代更加周备、严厉。如《刑律》中"受赃"单列为一卷,枉法受赃一贯以下杖七十,每五贯加一等,至八十贯即处绞刑。

《大诰》是洪武中后期明太祖亲自撰写、刊布的刑事法规,分大诰、大诰续编、大诰三编、大诰武臣四部分,共236条。其书并非抽象的法律规定,而是汇总了一批官民犯罪受到严惩的具体案例,辅以明太祖本人的训导之辞,成为一部集重刑恫吓与宣传说教于一体的特种法典。按照明太祖的要求,"一切官民诸色人等"每户都必须收藏《大诰》,为"臣民之至宝"。如犯死罪以下,家有《大诰》者罪减一等,无者罪加一等。"敢有不敬而不收者,非吾治化之民,迁居化外,永不令归。"[26]各级学校及民间私塾并令讲读《大诰》,由教师率学生至礼部背诵,视所诵多寡加以奖赏。洪武三十年,天下讲读《大诰》师生至京师朝见者即达19万余人。

《大诰》更加充分地反映了明太祖治乱世用重典的施政思想。总计其中所列案例,处凌迟、枭首、族诛之刑者千余,弃市(斩首)以下刑者上万。所诛杀以贪官污吏、害民豪强为主,但也有纳粮违限、沉匿卷宗、不对关防勘合、诡名告状等普通犯罪行为。其惩断极为严酷,绝大多数都超出了《大明律》的有关量刑标准。处刑方式大量使用上古的肉刑,包括阉割、刖足、膑膝、斩趾等等,又创设了断手、剁指、挑筋等古所未见的刑罚,甚至集数刑于一身。《大诰》在整顿吏治方面还采取了一些特殊的做法,如称"若靠有司辨民曲直,十九年来未见其人",故而鼓励百姓绑拿害民官吏,"以其良民自辨是非,奸邪难以横作,由是逼成有司以为美官"。[27]因为过于严酷和过多体现明太祖的个人特征,故《大诰》在洪武以后基本不再行用。

强化社会控制

明太祖起自民间而得天下,对基层管理的重要性有深刻认识,因而大力加强国家对基层社会的控制,其中很多措施也带有重典色彩。

明初通过严密的户籍清查,国家个体农民的人身控制更为强化。军户、匠户等特种户籍一旦金定,即世代相袭,不得脱籍。逃离原籍者,必须穷究勾追,依律问罪,仍令复业。军民人等出行超过百里,皆须向官府申请路引(通行证)。州县关津要害之处遍设巡检司,稽查往来行人,核验路引,捕捉盗贼、奸伪、可疑之徒。洪武十四年,在全国范围内推行里甲制度,每110户为一里,推丁、粮多者10户为里长,其余100户分为10甲,每甲又以一户任甲首。里长、甲首皆轮流担任,10年轮换一遍。他们要负责管束所属人户,统计丁、产变化状况,督促生产,调解纠纷。一里一甲之内,百姓必须"互相知丁,互知务业",彼此了解每户丁数,从事士、农、工、商之业者各有几人。如有强窃盗贼、逃军、逃囚及生事恶人,里甲必须会集里人将其擒拿送官,违者加罪。

明太祖严格要求所有百姓为国家各尽职分,因此发起了严治"旷夫"(亦称"逸夫",即无业游民)的行动,同时严禁官府滥设吏员,尤其不准使用市井无籍之徒。洪武十九年,明太祖在为《大诰续编》所作序文中称上古"先王之教精,则野无旷夫",而时下"旷夫多,刁诈广,致有五福不臻,凶灾迭至,殃吾民者,为此也"。随后命户部下达榜文,要求"四民务在各守本业,医卜者土著不得远游,凡出入作息,乡邻必互知之。其有不事生业而游惰者及舍匿他境游民者,皆迁之远方"。《大诰续编》则规定,"市村绝不许有逸夫,……若一里之间,百户之内,见《诰》仍有逸夫,里甲坐视,邻里亲戚不拿,其逸夫者,或于公门中,或在市闾里有犯非为,捕获到官,逸民处死,里甲四邻化外之迁"。[28]福建沙县"不务生理,专一在乡构非为恶"的罗辅等十三人企图靠自断手指之法逃过惩罚,且称"如今朝廷法度好生利害,我每各断了手指,便没用了"。被告捉到官,明太祖亲自审问,处以严刑,"枭令于市,阖家成丁者诛之,妇女迁于化外"。[29]

在以严刑峻法控制社会的同时,明太祖还采取了一些辅弼刑治的"教化"措施。如令地方基层普遍设立申明亭,凡境内百姓犯有过失,即书写公布于亭上,使人知所惩戒。又另置旌善亭,书善人善事以示表彰。每里推选一年高有德之人负责书写善恶,称老人。毁坏亭舍、涂抹榜文者,予以严惩。老人同时负责向里民宣讲法律、圣谕,使民知法畏法,各守本分。明太祖复命民间仿古制举行乡饮酒礼,每季一次,以百家为一会,高年者居于上席,余者以年齿序坐。此礼于古制尊老仪式以外,新增了读律的内容,并且要求在席间"别奸顽,异罪人","其有曾违条犯法之人,列于外坐,同类者成席,不许干于善良者之席"。如主持人(里长等)未加分别,罪以违制。若"奸顽不由其主,紊乱正席",则"全家移出化外"。[30]这种做法实际上类似于一种社会隔离刑罚。

明太祖对元朝以来"威福下移"的现象予以严厉打击,其矛头不仅针对官吏,也指向民间的豪富地主。洪武三年召见各地富民,谕以"循分守法","毋凌弱,毋吞贫,毋虐小,毋欺老,孝敬父兄,和睦亲族,周给贫乏,逊顺乡里,如此则为良民。若效昔之所为,非良民矣"。[31]洪武时期,多次实行"徙富民"措施,将各地富民迁徙到京师或凤阳附近。明朝建立前平定张士诚,即徙苏州富民以实濠州。后又大举迁徙江南百姓14万户至凤阳,其中颇多富民。洪武十三年起,取苏、浙等处上户4.5万余家填实京师,将其中壮丁发充官府工匠。又命户部统计浙江等九布政使司、应天等十八府州有田七顷以上富民,得14300余户,皆徙京师。被徙富民绝大多数因而财势俱失,被迫自食其力,或承担屯田工役等沉重劳动。在重典政治的大气候下,富民又往往首当其冲,成为诛戮对象,尤以经济发达的江南地区为甚。胡蓝党狱中,大批富民被指控与胡惟庸、蓝玉等人通财,"犯者不问实与不实,必死而覆其家。当是时,浙东西巨室故家,多以罪倾其宗"。[32]如元末江南首富沈万三的后人,即在蓝玉案中被牵连抄斩。郭桓案追赃波及的富民,更是遍于全国。

特务政治与文化专制

洪武重典统治还表现在其他一些方面。例如特务的活跃。明太祖要求臣僚对自己绝对忠诚,时常采用特务手段侦察臣下的言行。洪武初年,置有"检校"之职,以高见贤、夏煜等人为之,"专主察听在京大小衙门官吏不公不法,及风闻之事"。检校倚势横行,百官畏惧,明太祖则得意地说"有此数人,譬如恶犬,则人怕"。[33]但由于检校并非专门化的机构,只能侦察而无权逮捕、判刑,明太祖因而又在洪武十五年设立了锦衣卫,置指挥使、指挥同知等官,下属有将军、力士、校尉等司侦察,名为"缇骑"。蓝玉案即由锦衣卫首先举发。锦衣卫所属镇抚司中设有监狱,有权审判、处刑,亦称"诏狱"。洪武后期大狱,多使锦衣卫断治,诛杀甚众。明太祖还时常在殿廷上杖责大臣,称廷杖,重者立毙杖下。廷杖行刑任务后来也固定由锦衣卫校尉承担。

明太祖厉行文化专制,对士人思想、言论的钳制大为强化。明初相当一部分士人怀念元朝,对出身红巾军的洪武君臣持鄙视态度,又畏惧当时的重典治吏政策,因此甘愿隐居,不肯出仕。明太祖对这种态度十分痛恨,他说:"朕闻昔之至智者,务志以崇身,专利济以名世,未见独善其身而为智贤者。……安有怀大材,抱厚德,视君缺佐,目民受殃,恬然自处者?"又以东汉隐居垂钓而不仕的严光、周党等人为例,抨击他们"受君恩罔知所报,禀天地而生,颇钟灵秀,故不济人利物。……假使赤眉、王郎、刘盆子等辈混淆未定之时,则光钓于何处?当时挈家草莽,求食顾命之不暇,安得优游乐钓欤?今之所钓者,君恩也"。因此"罪人大者,莫过严光、周党之徒。不正忘恩,终无补报,可不恨欤!"[34]在这种思想指导下,明太祖对持不合作态度的士人严厉惩处。贵溪(今属江西)儒士夏伯启自断手指拒绝出仕,被拿至京师,明太祖亲自审问,责以"人之生,父母但能生其身体而已,其保命在君,……今去指不为朕用,是异其教而非朕所化之民",乃将其押回原籍枭首示众,家产籍没。由此在《大诰》中专论对君主的"全生保命之恩,再生之德",应当"梦寐于终身,有所不忘",并进而规定"寰中士夫不为君用,是外其教者,诛其身而没其家,不为之过"。[35]甚至对士人自取别号的行为,明太祖也十分反感。湖广参政陶凯致仕后自称"耐久道人",明太祖认为他不署朝廷官爵而署别号,是"轻君爵而美山野","是其自贱也,此无福之所催如是"。[36]后来终于找借口将他下狱处死。

明太祖出身贫贱，早年尝出家为僧，游方乞讨，通过参加农民起义才起家创业。他自知这些早年经历不可能掩盖，但又对其十分忌讳，形成一种自尊与自卑混合的复杂心理。一方面自诩本是"淮右布衣"、"起自田亩"，毫无政治资本而能夺得天下，另一方面又不许别人触及此事，稍涉疑似者即认为是有意讥讽，予以严惩。特别在他年事渐高之后，疑心愈重，专门吹毛求疵，挑剔文字细节，制造了一大批文字狱。各地儒士为官府起草骈文表笺，堆砌典故，若不慎使用"僧""发""光""贼"等字，即往往获罪被诛。甚至用字谐音，如"生"近于"僧"，"则"近于"贼"，亦不能幸免。其余用典被牵强坐罪也很多，如"藻饰太平"被理解为"早失太平"，"遥瞻帝扉"被理解为"遥瞻帝非"，作者均以诽谤之罪被处死。洪武末年颁布《庆贺谢恩表式》，将表笺制成固定套语，各官府自填机构职名即可，才使这类望文生义的文字冤案得以缓解。

明太祖以身兼君、师双重身份自命，力图充当文化、教育领域的最高主宰者。因读《孟子》发觉其中有"君视臣如草芥，则臣视君如寇仇"等不尊重君权的言论，几乎剥夺孟子在孔庙中的配享牌位。后来下令编纂《孟子节文》，将原书中具有民主色彩的八十五条删除，规定学校考试不以命题，科举不以取士。虽大力兴办教育，国子监规模甚盛，但制定了严厉的学规，严防出现东汉、宋朝一类学生干预政治的现象。如规定"敢有毁辱师长及生事告讦者，即系干名犯义，有伤风化，定将犯人杖一百，发云南地面充军"，[37] 仅谋反等大罪不禁告发。洪武二十七年监生赵麟贴出"没头帖子"抗议国子监虐待学生，即被枭首示众。地方学校也定有禁例十二条，刻为"卧碑"，统一置立，中称"军民一切利病，并不许生员建言"。[38] 厉行专制教育，成为明初学校有别于前朝的显著特点。

三 从靖难之役到仁宣之治

明太祖希望利用家族力量维护朱姓政权，广兴分封，造成部分藩王尾大不掉之局，以致在他死后爆发了藩王夺取皇位的"靖难之役"。通过靖难之役上台的明成祖朱棣继续巩固了明朝的统治，明朝政治逐渐走上正常发展的轨道，随后出现了"仁宣之治"的祥和局面。

诸王分封与靖难之役

明太祖早在洪武三年即下诏分封诸子，到洪武末先后分封二十三子为亲王,年稍长即出镇地方,各立王府,设置官属。其"冕服车旗邸第,下天子一等,公侯大臣伏而拜谒,无敢钧礼"。[39]诸王在原则上不得过问地方民政事务,但却可以统兵,拥有一支护卫军队,少者三千人,多者近两万。诸王除直辖护卫军外,对各地都司统领的守镇兵也有监控之权,遇紧急情况可一并调遣。而都司平时调动军队,不仅要得到中央命令,同时也必须经由当地诸王令旨的认可。诸王之中,分封并开府于北方边塞的九位亲王习称"塞王",负有捍御边防的任务,兵力尤其雄厚。洪武后期,功臣宿将或死或诛,与蒙古作战多依赖"塞王"。太祖第三子晋王朱棡、第四子燕王朱棣数次出塞北征,诸将均受节度。明初诸王因负有镇遏要害、藩屏王室、抵御边患等重大任务,实际上成为皇帝在地方上的军事代表。但同时大行分封之举也造成了诸王尾大不掉的隐患。洪武前期,宁海人叶伯巨上书力陈"分封太侈"之弊,以汉之七国、晋之八王为例。太祖览奏大怒,以为离间骨肉,伯巨下狱瘐死。明太祖晚年制《皇明祖训》,规定新天子即位后,"如朝无正臣,内有奸恶,则亲王训兵待命,天子密诏诸王统领镇兵讨平之"。如亲王不幸为"奸臣"所害,王府官员和护卫军有权"移文五军都督府,索取奸臣"。[40]这些规定更给以后诸王举兵对抗中央提供了根据。

明太祖起初立长子朱标为皇太子。朱标为人仁厚,颇得臣民爱戴,但不幸于洪武二十五年病卒,谥为懿文太子,其子朱允炆继立为皇太孙。洪武三十一年闰五月,年逾七十的明太祖驾崩,皇太孙即位,是为明惠帝。因次年改元建文,亦称建文帝。惠帝标榜文治,实行宽政,同时针对诸王势大难制的问题,与亲信文臣齐泰、黄子澄、方孝孺等策划削藩。当时太祖诸子中,次子秦王、三子晋王均已去世,封藩北平的四子燕王朱棣年最长,且长期统兵作战,尤为建文君臣所惧。惠帝用黄子澄"剪燕手足"之策,先废黜燕王的同母弟周王橚,又相继废齐王榑、代王桂、岷王楩为庶人,湘王柏获罪自焚死。建文元年(1399)六月,惠帝密敕北平布政使张昺、都指挥使谢贵、张信逮捕朱棣,而张信原为朱棣旧部,将朝廷计划向朱棣揭发。七月,朱棣设计擒杀张昺、谢贵,发护卫兵攻夺北平城门,遂据北平。随即援引《皇明祖训》,以"清君侧",诛除朝中"奸臣"齐、黄等人为名起兵叛乱。不用建文年号,仍称洪武三十二年。因其自称"靖难"即平定朝廷祸难,史称此事为"靖难之役"。

靖难之役初起,北方诸将多为朱棣旧日下属,降燕者甚众。惠帝先后任命耿炳文、李景隆率师伐燕,都被燕军击败。建文二年,燕军乘胜进围济南,都督盛庸、参政铁铉固守反击,燕军久攻不下,败退回北平。不久两军又大战于东昌(今山东聊城),燕军惨败,朱棣突围逃走。此后双方交战互有胜负,燕军所占之地旋得旋弃,进展不大。至建文三年年底,朱棣得到朝中奸细密报,知京师防卫空虚,遂倾力发兵南下,表示要"临江一决,不复返顾"。[41]四年四月,大败朝廷军队于灵璧,五月攻占扬州,六月渡江进围京师。谷王朱橞等开城门迎降,宫中火起,惠帝失踪。或云在宫中自焚而死,或云潜逃出亡,成为疑案。朱棣入城后,大索"奸党",实施残酷报复。方孝孺因拒绝为朱棣起草即位诏书,亲属"九族"之外又株连朋友、门生,合为"十族"一并杀害,死者873人。其余建文遗臣齐泰、黄子澄、铁铉等都死于酷刑,族人处死,妻女下教坊司,姻党戍边,有的甚至"转相扳染,谓之瓜蔓抄,村里为墟"。[42]在对政敌的野蛮屠杀中,朱棣登上皇位,定次年为永乐元年,是为明成祖(初奉庙号太宗)。

靖难之役的结局有一定偶然性。如就实力、道义诸因素而论,这次叛乱取得成功的可能性本来十分微弱,但此时斗争双方领导者的个人政治、军事素质起到了关键作用。建文君臣多属文弱书生,缺乏政治经验,用人失当,军事策略也一误再误,直至败亡。而朱棣工于权谋,老于行阵,坚忍持久,屡挫不蹶,始为困兽之斗,终而一掷获胜。这也成为中国古代大一统王朝中绝无仅有的一次地方藩王叛乱成功之例。

永乐政局与仁宣之治

明成祖在位二十三年(1402—1424),明朝统治得到进一步巩固。成祖起自藩王而夺天下,深知藩王尾大不掉之弊,继惠帝之后继续推行削藩政策。首先是将原来统兵较多的"塞王"内迁,取消其驭将出征之权。又制定许多"藩禁"约束藩王,一旦违制即削其护卫,重者废为庶人。到永乐末年,诸王护卫人数大减,也不再拥有代表皇帝镇遏地方的军事权力。大多数人都是徒拥虚名,坐縻厚禄,已成为比较单纯的皇族地主。

明成祖御下严厉,鼓励告讦,永乐政治仍然带有比较明显的重典色彩。另一方面,成祖为改变"篡逆"形象,也推行了一些标榜文治、尊崇儒学的措施。其主要表现,就是连续进行了一系列大规模修书工作,包括编成古代最大的类书《永乐大典》。《永乐大典》由解缙、姚广孝等主编,参与其事者达3000余人,于永乐五年(1407)修成,共22937卷,分装为11095册,以韵统字,以字系事,辑录了明初以前书籍8000余种。其卷帙之浩繁,搜罗之宏富,前所未有。另外明成祖还命人汇集宋、元理学家著述,编撰《四书大全》《五经大全》《性理大全》,成为以后士人应付科举考试的重要教科书。

永乐二十二年七月，明成祖病死，太子朱高炽即位，是为明仁宗，次年改元洪熙。洪熙元年五月，仁宗亦病卒，太子朱瞻基即位，是为明宣宗，次年改元宣德。仁宗、宣宗在位期间（1424—1435），君臣关系较为融洽，改变了明初以来大臣动辄得咎、轻者下狱重者丧命的状况。洪武、永乐用人文武并进，武将在国家政治生活中有较大的发言权，至仁、宣则文臣独重，文官政治的格局完全形成。这一时期政治比较清明，经济继续发展，社会保持稳定，被誉为"仁宣之治"。一时"吏称其职，政得其平，纲纪修明，仓庾充羡，闾阎乐业，岁不能灾。盖明兴至是历年六十，民气渐舒，蒸然有治平之象矣"。或称"明有仁、宣，犹周有成、康，汉有文、景，庶几三代之风焉"。[43]

从永乐到宣德，明朝统治者采取了一项重大举措，即将都城北迁。永乐元年，诏升北平为陪都，更名北京。此后成祖数次北巡，长时间驻跸北京，在北京设立了"行在"六部、都察院，实际上逐渐组织起另外一套政府机构。十九年，正式宣布迁都北京，原来的"京师"改称南京，居于陪都地位。迁都之举一方面因为北京是明成祖的"肇基"之地，另一方面也是出于加强北部边防的需要。南京位处江左，经济条件较优，但从军事角度而言不易控御北方。明初为防御蒙古，北边必须屯驻重兵，而成祖将"塞王"内迁后，北方缺乏高层军事指挥核心，如皇帝仍驻南京，则鞭长莫及，调度难免失灵。故迁都在当时实为势所必然。北京作为首都的缺陷，在于远离江南经济中心，物资供应困难，因此迁都行动在当时遇到了不少反对意见。仁宗初即位，一些大臣提出还都南京之议，遂下诏复都南京，北京仍旧改称"行在"。但其具体行动尚未全部实施，仁宗即已去世。宣宗在位时，根据仁宗遗诏，"京师"仍为南京，但宣宗常驻北京，北京虽名为"行在"，而有"京师"之实。宣宗去世后，至英宗正统五年（1440），诏北京诸衙门去"行在"二字，南京诸衙门加"南京"二字，北京作为正都的地位自此奠定不变。

这一时期的政治制度也出现了若干变化。成祖时在宫城内建立了内阁，辅佐处理政务。仁、宣时内阁的地位已有显著上升，成为皇帝不可缺少的秘书咨询机构（详见下章）。明初地方都、布、按三司并立，造成事权不一、效率迟缓之弊，至此遂有中央派遣官员"巡抚"地方之举。永乐十九年，诏命吏部尚书蹇义等26人分巡全国各地，安抚军民，询察利病。宣宗时，"巡抚"之名经已确立，并由临时派遣变为专门设置。巡抚的任务因时因地有不同侧重，如督理税粮、总治河道、抚恤流民、整饬边防等等，但总体上又具有协调地方"三司"、监察官吏、安抚百姓的共同职责，加强了中央对地方的控制，提高了统治效率。以后，巡抚逐渐固定统一以都察院官系衔，与稍晚出现的总督合称"督抚",共同成为位居三司以上的方面大员。

明成祖时,对外大事开拓进取,北征蒙古,南伐安南,又遣郑和率船队下"西洋",国势强盛,为明朝之最。仁宗、宣宗则提倡节俭,边疆政策由开拓转为收缩,严守边备,与民休息。这些方面的内容,将于后文详述。

注　释

[1]　解缙《大庖西封事》,《明经世文编》卷一一。
[2]　《明史·朱升传》。
[3]　《明太祖实录》卷二一吴元年十月丙寅。
[4]　《明史·地理志》序。
[5]　朱元璋《明太祖集》卷四《承宣布政使诰》。
[6]　《明太祖实录》卷一四甲辰年正月戊辰,卷五九洪武三年十二月己巳。
[7]　朱元璋《皇明祖训·祖训首章》。
[8]　《明史·职官志一》。
[9]　《明史·刑法志二》。
[10]　《明史·兵志二》。
[11]　《明史·食货志一》。
[12]　《明史·兵志》序。
[13]　《明史·选举志一》。
[14]　《明史·选举志一》。
[15]　《明史·选举志三》。
[16]　《明史·刑法志一》。
[17]　《明史纪事本末》卷一三《胡蓝之狱》。
[18]　《明太祖实录》卷一二九洪武十三年正月己亥。
[19]　《明史·刑法志二》。
[20]　朱元璋《大诰·郭桓造罪第四十九》。
[21]　《明史·韩宜可传》《朱煃传》。
[22]　方孝孺《逊志斋集》卷一四《送祝彦芳致仕还家序》。
[23]　《明史·解缙传》《周敬心传》。
[24]　薛允升《唐明律合编》卷九"奸党"条。
[25]　《大明律集解附例》卷二《吏律·职制》。
[26]　朱元璋《大诰·颁行大诰第七十四》,《大诰续编·颁行续诰第八十七》。
[27]　朱元璋《大诰三编·民拿害民官吏第三十四》。
[28]　《明太祖实录》卷一七七洪武十九年四月壬寅,《大诰续编·互知丁业第二》。
[29]　《大诰续编·断指诽谤第七十九》。
[30]　《大诰·乡饮酒礼第五十八》。

[31] 《明太祖实录》卷四九洪武三年二月庚午。
[32] 方孝孺《逊志斋集》卷二二《郑处士墓碣》。
[33] 刘辰《国初事迹》。
[34] 朱元璋《明太祖集》卷一〇《敕问文学之士十三篇之十一》,《严光论》。
[35] 《大诰三编·秀才剁指第十》,《苏州人材第十三》。
[36] 《明太祖集》卷一六《设大官卑职馆阁山林辩》,《辩答禄异名洛上翁及谬赞》。
[37] 黄佐《南雍志》卷九《谟训考上篇·学规本末》。
[38] 《明会典》卷七八《礼部三十六·学校·儒学》。
[39] 《明史·诸王传》序。
[40] 朱元璋《皇明祖训·法律》。
[41] 《明史纪事本末》卷一六《燕王起兵》。
[42] 《明史纪事本末》卷一八《壬午殉难》。
[43] 《明史·宣宗纪》,《明史纪事本末》卷二八《仁宣致治》。

第十八章
明朝中后期政治述略

宣德十年(1435)明宣宗卒,"仁宣之治"终止。此时明朝建立近70年,制度创建工作早已告一段落,王朝的上升期也基本结束,进入了中后期的历史阶段。本章将分别根据几条线索,简要地概述明朝中后期朝政的发展、演变情况。当然其中很多地方仍然要追溯到明朝前期。

一 皇位继承与"家天下"的皇权

明朝共有十六位皇帝。除去上章述及的明太祖、惠帝、成祖、仁宗、宣宗外,中后期又更替了十一位皇帝。作为汉族王朝,明朝实行比较严格的嫡长子继承制,故除某些特殊时期外,皇位更迭基本未引发大的动荡。与前代汉族王朝相比,明朝皇权出现了显著的膨胀,"家天下"的政治色彩也十分突出。

中后期的皇位继承

明宣宗去世后,太子朱祁镇嗣位,是为英宗,年号正统。其时英宗年仅九岁,朝廷大政皆奏太皇太后张氏(仁宗皇后)而行。张氏委任仁、宣旧臣杨士奇、杨荣、杨溥等辅佐政务,故而正统前期仍然维持着"海内富庶,朝野清晏"[1]的局面。但随着英宗年龄的增长,他所宠信的宦官王振开始用事,杨士奇等人或老或卒,渐无力与王振抗衡。到正统七年(1442)太皇太后卒后,王振更是无所顾忌,朝政日趋混乱。正统十四年蒙古瓦剌部大举南侵,英宗在王振鼓动下御驾亲征,兵败被俘。朝臣拥立英宗异母弟郕王祁钰,是为景帝。景帝景泰元年(1450),英宗被瓦剌放还,景帝尊其为太上皇,将他安置在皇城内的南宫,严加守护,实同软禁。直到景泰八年景帝病重,武将石亨、文臣徐有贞、宦官曹吉祥合谋发动政变,将英宗由南宫接出,夺东华门入紫禁城,拥其重新即位,改元天顺。史称此事为"夺门之变",或称"南宫复辟"。景帝仍被废为郕王,不久病卒。明朝皇帝在位时都只行用一个年号,独英宗因曾两次即位,用过两个年号。

天顺八年(1464)英宗卒,太子见深嗣位,是为宪宗,年号成化。宪宗生活荒淫,宠爱比他年长19岁的万贵妃,长年不见大臣,不理朝政,大权更加旁落于宦官之手。成化二十三年宪宗病死,太子祐樘即位,是为孝宗,年号弘治。孝宗是明朝中后期诸帝中唯一受到较高评价的君主,史称"明有天下,传世十六,太祖、成祖而外,可称者仁宗、宣宗、孝宗而已"。[2]他在位期间,整顿朝政,广开言路,斥逐奸邪,任用贤能,在一定程度上扭转了正统以来政治衰颓的趋势,被誉为"弘治中兴"。

弘治十八年(1505)孝宗病逝,太子厚照即位,是为武宗,年号正德。武宗自幼荒唐顽劣,即位后贬斥孝宗旧臣,委政于宦官刘瑾,自己唯以纵情嬉戏为事。他在紫禁城西侧另筑宫苑密室,称为"豹房",日居其中淫乐。正德后期,武宗又宠幸边将出身的佞臣江彬。江彬迎合武宗喜好逸乐的心理,鼓动他出外巡游,谓宣府(今河北宣化)等边镇"乐工多美妇人,且可观边衅,瞬息驰千里,何郁郁居大内,为廷臣所制"。[3]于是武宗数次西出巡幸,所到之处骚扰百姓,搜掠妇女,一度与蒙古骑兵遭遇,几乎被俘。又不用皇帝身份,自称"总督军务威武大将军总兵官朱寿",自封"镇国公",朝野惊骇。其时政局混乱,社会动荡,刘六、刘七等人起事于华北,宗室宁王朱宸濠则在南昌发动叛乱。武宗不顾朝臣反对,又以"威武大将军朱寿"的名义亲征朱宸濠。到南方时乱事已平,游乐后北还。途中舟覆落水致病,回京不久,即于正德十六年(1521)病卒。

武宗死后,因其无子又无兄弟,大臣定议拥立其从弟、宪宗之孙、兴献王朱祐杬之子厚熜,是为明世宗,年号嘉靖。世宗即位之初,革除武宗弊政,颇有振作气象。但不久即与大臣在定拟兴献王尊号以及决定自己以何种身份"继统"的问题上产生分歧,引发绵延十余年的"大礼议",开启了朝臣大规模结党纷争的风气(详下)。在"大礼议"之争中,武宗时期元老旧臣的势力受到沉重打击,世宗的独裁地位得以巩固。但到嘉靖中叶,世宗沉溺于道教方术不能自拔,自称"真君""仙翁",移居于西苑(今北海及中南海),潜心修炼,朝臣进谏者多遭严惩。一意迎合的严嵩则以内阁首辅身份专权十余年,政治急剧腐败。蒙古在北方频繁骚扰,倭寇肆虐于东南沿海,内忧外患。民间流传谚语讽刺曰"嘉靖者,言家家皆净而无财用也"。[4]

嘉靖四十五年(1566)世宗卒,太子载垕即位,是为穆宗,年号隆庆。穆宗为人庸懦,怠于政务,大臣争权夺利,攻讦不已,政局依然比较混乱。不过这一时期与蒙古订立和议,纾缓了北部边防的压力。隆庆六年(1572)穆宗卒,太子翊钧即位,是为神宗,年号万历。万历前期因神宗年幼,内阁大学士张居正辅政,在政治、经济等方面推行了一系列改革措施,使明中叶的统治危机得到了一定的缓解。张居正死后神宗亲政,局面又变。神宗热衷于聚敛财物,时人评他有"好疑、好逸、好货"的"三好"和酒、色、财、气"四病"。他派遣大批宦官出外,以开矿征商为名肆行掠夺,称为"矿监""税使",流毒天下,多次激起民变。另一方面,又以身体欠安为由长期怠政,不上朝,不见大臣,不批阅奏疏,"万事不理"。[5]到万历后期,官吏任免处于半停顿状态,在职者不能正常升迁,空缺者不能及时递补,政府机构几至于瘫痪,基本上仅仅是依靠惯性运作。朝臣党争与皇室宫闱之争却互相纠结,愈演愈烈。与此同时,东北女真建立后金(清)政权,击败明朝军队,形成新的边患。神宗为抵御后金的进逼,又加派赋税以充军饷,百姓怨声载道,社会矛盾进一步激化。神宗是明朝在位时间最长的皇帝,而明朝覆亡的命运也是在他在位期间基本奠定,"论者谓明之亡,实亡于神宗"。[6]

万历四十八年(1620)神宗死,太子常洛即位,是为光宗,年号泰昌。光宗在位仅一月即暴卒,太子由校嗣位,是为熹宗,年号天启。熹宗即位前没有受过正规教育,不曾读书识字,而喜好营建房屋,自操斧锯油漆之事,据说"巧匠不能及"。宦官魏忠贤柄政,残酷镇压了由正直朝臣组成的东林党势力,明朝政治进入最黑暗的时期。天启七年(1627)熹宗卒,无子,其弟由检即位,是为思宗,年号崇祯。至此外有后金步步侵逼,内有大规模的农民起义,尽管思宗力图振作,但明朝覆亡之局已经无法挽回。

皇权的行使与"家天下"特征

已建立近两千年的君主专制制度,到明朝又有了新的发展。由于宰相的废罢,皇帝以国家元首的身份兼任官僚机构首脑之责,在政治生活中的作用变得更加重要。同时因受金、元两朝"家产制国家"政治特征的影响,家天下的色彩十分浓重,皇帝至高无上,奴视臣僚。而明朝中后期的皇帝绝大部分都不是称职的君主,或昏庸,或荒淫,或贪婪,或暴虐,经常抱着我家天下任我为之的心理,恣意妄行。按照中国古代的传统观念,宰相制度是"贤人政治"的体现,宰相选贤而任,统百官,平庶政,可以适度弥补君主世袭带来的一些弊病。现在宰相已经废除,官僚机构对皇权的调节机能大为削弱,政治正常运作也因而受到严重影响。虽然新出现了辅佐皇帝处理政务的秘书机构内阁,但其地位并不能同前代的宰相相比。故后人云"有明之无善治,自高皇帝罢丞相始也"。[7]

明朝皇帝通过接见大臣、批阅章奏等渠道了解国家政务,然后形成决策,颁发诏旨,这是其行使最高统治权的基本方式。按制度,接见大臣的主要方式是上朝,上朝又有大朝、朔望朝、日朝之分。大朝只在春节、皇帝生日等主要节日举行,规模盛大,礼仪隆重,但主要内容为百官因节日向皇帝"称贺",基本不涉及政事。朔望朝每月初一、十五日举行,礼仪色彩亦较重,与大朝性质相近。日朝顾名思义,是每日举行的朝见,亦称常朝。一般在上午进行,皇帝至宫门接受百官谒拜,然后退入便殿,百官有事者依次入奏,无事者回本衙门理政。明初,太祖、成祖皆以勤政著称,日朝之制执行较好。成祖不仅进行上午的"早朝",还在午后举行"午朝","早朝多四方所奏事,午朝事简,君臣之间得从容陈论"。[8]英宗年幼即位,日朝制度发生变化,午朝停罢,早朝也出现形式化倾向。一次早朝只许言事八件,而且前一日将文本送内阁,由内阁拟定处理意见,奏事时皇帝依拟传旨。以后午朝时辍时复,早朝的实际作用也根据皇帝年龄和勤政程度而异。神宗即位时,亦因年幼,定日朝仅于每月逢三、六、九日举行。实际上在很多时候,日朝仅仅是纸面上的规定。如宪宗、世宗、神宗均长年不上朝,百官虽一再呼吁,仍是无济于事。

上朝之外,皇帝临时召见个别臣僚入内奏事,称为召对。作为接见大臣的方式,召对比上朝仪节简单,形式灵活,在明朝中后期政治中的作用更为重要。另外皇帝听讲也是与臣下沟通的一条渠道。按规定,皇帝要定期召见儒臣讲读经史,称为经筵,这一制度创立于北宋。明朝经筵正式开设于英宗正统元年,自此除寒暑外,每月逢二日举行皇帝学习经书的经筵典礼,其间每日都有讲授安排,称日讲。经筵日讲虽以讲解经史知识为主要目的,但担任讲授任务的官员也往往顺便言及时政,对皇帝进行讽喻规谏。当然,在皇帝严重怠政的时期,召对和经筵日讲的进行同样无法保证。

皇帝即使不与大臣见面,也可以通过批阅章奏了解下情。各机构章奏均由通政使司汇总,呈送皇帝。明初皇帝皆亲自批阅章奏,后来改为先送内阁草拟处理意见(称"票拟",详下),再由皇帝审定,称"批红"。批红后的章奏下发到六科,检查无误,即发送有关机构办理。明朝中后期宦官专权,皇帝往往将章奏批红工作交给宦官代行。万历中后期神宗怠政,对臣下章奏搁置不理,既不送内阁票拟,也不予批红下发,如石沉大海杳无音信,时称"留中"。如皇帝主动发布诏旨,按制度也应由内阁拟稿,发六科审核后付诸执行。但皇帝也经常不理这一程序,直接将旨意交宦官发送各衙门实施,称为"中旨"或"内批"。对于"留中""中旨"一类违反制度的做法,大臣除一再表示批评外,实亦束手无策。

明朝的君臣关系与前代汉族王朝相比出现了较大变化。"君使臣以礼,臣事君以忠"的传统观念受到明显破坏,皇帝只是单方面要求臣下绝对效忠,而对臣下的礼遇程度大大降低,动辄采取简单粗暴的惩罚方式,随意折辱。明初即有廷杖之法,自正统以下"殿陛行杖,习为故事",有时集体杖责臣僚达上百人。重者立毙,轻者杖毕仍督催照常工作,又有人在节日朝贺时被"朝服予杖",史谓"公卿之辱,前此未有"。[9]明初的特务政治后来更是恶性发展,得罪皇帝的官员常被投入锦衣卫"诏狱",酷刑折磨,乃至虐待而死。大部分皇帝都继承了明太祖重典御下的传统,恩威莫测,大臣一旦失宠就可能遇到飞来横祸,"脱冠裳,就桎梏,朝列清班,暮幽犴狱,刚心壮气,销折殆尽",[10]君臣关系的冷酷性暴露无遗。这也是皇权膨胀的重要表现。

分封宗藩的做法同样鲜明地体现了明朝的家天下特征。由两汉至唐宋,分封制度总的趋势是逐步衰微,宗室子弟享受的特殊待遇日渐减少。明朝则受到元朝影响,分封制重新抬头,这是一种历史的倒退。明太祖广封诸子为王,并为子孙预赐名字,太子和诸王各自以下二十代,每代拟定一字,以示传世久远。实际上这些名字刚用到十代,明朝即已灭亡。明初分封之制规定,皇帝之子除太子外皆封亲王,亲王嫡长子袭爵,余子封郡王。以下类推,郡王嫡长子孙世代袭爵,余子授镇国将军,孙授辅国将军,曾孙奉国将军,四世孙镇国中尉,五世孙辅国中尉,六世孙以下并奉国中尉。上述宗室子孙皆按爵位高低终身支取俸禄,即使最低一级的奉国中尉亦是从六品禄秩。明初藩王权重,引发"靖难之役",成祖以下继续削减藩王的政治、军事权力,制定各种"藩禁",使其不再能构成对中央的威胁。宣宗时汉王朱高煦叛乱,武宗时安化王朱寘鐇、宁王朱宸濠先后举事,都很快被扑灭。但终明一代,宗室子孙一直享受着体现"亲亲之谊"的经济待遇,如禄米、赏赐、婚丧费用之类,因其人口繁衍不绝,日增一日,给国家财政造成了沉重负担。根据明太祖的"祖训"和"藩禁",他们不能从事士农工商"四民"之业,完全成为腐朽的寄生阶层。明朝后期,亲王、郡王等上层宗室凭借其较高地位广占庄田,鱼肉百姓,将军以下的下层宗室子弟则因岁禄不足或不能按时发放,时而聚众滋事,甚或白昼劫掠。出于维护"家天下"目的的分封宗藩制度,最终成为加速明朝衰亡的一大弊政。

二　内阁与宦官

明初废除宰相之后,皇帝的日常工作量大为增加,日理万机,疲于应付,不得不挑选一些官员承担秘书、顾问工作,辅佐理政,逐渐形成一个固定的秘书咨询机构,即内阁。与此同时,宦官集团也利用接近皇帝的特殊地位,乘机扩张其势力,渐掌国政,使明朝成为继东汉和中晚唐以后第三个宦官专权的时期。明朝皇权虽然膨胀,但由于很多皇帝怠于政事,个人能力也不强,因此内阁与宦官在国家政务当中发挥了重要作用,共同成为明朝上层权力结构的重要组成部分。就权力分配而言,内阁与宦官当然存在矛盾,双方的势力往往互为消长,因时而异。不过总的来说,由于宦官对皇权的依附性更强,其在权力结构中的地位也更加突出一些。

内阁政治

内阁在明太祖时即有萌芽。太祖废相之后,政务集于一身,每日"昧爽临朝,日晏忘餐"。据载在洪武十七年(1384)九月十四至二十一日的八天之内,诸司奏章即多达1660件,共3391事。因此他废相不久就不得不设立辅佐官员,先置春夏秋冬"四辅"官,选民间老儒充任,后又改设殿阁大学士,皆轮值备顾问,"大率咨询道理,商榷政务,评骘经史,而使之援据古今以对"。[11] 此外,又临时任用一些翰林院官员协助处理章奏。成祖即位后,从翰林院官中特简侍读解缙、胡广,编修黄淮、杨士奇,修撰杨荣,检讨金幼孜、胡俨七人入宫内文渊阁当直,参预机密,自此秘书官员常设,渐有"内阁"之称,且以某殿或某阁大学士名职。对阁臣而言,殿阁大学士只是兼衔,其正式职务仍为翰林院官,品秩不超过五品,且"不置官属,不得专制诸司,诸司奏事,亦不得相关白"。但他们朝夕侍内,接近皇帝,"进呈文字,商机密,承顾问,率漏下十数刻始退",其意见和建议对皇帝制定决策具有重要影响。[12]

仁宗、宣宗到英宗正统前期,内阁的地位有了显著上升。当时永乐旧臣杨士奇、杨荣、杨溥(合称"三杨")主掌内阁,其"大学士"头衔之外所带本官的级别一再提升,达到二品的尚书和一品的少傅、少保,内阁之职亦因而"渐崇"。内阁的主要工作,也从过去比较空泛的"参预机务"转变为固定的"票拟",即代替皇帝阅读臣僚章奏,草拟处理意见,"用小票墨书,贴各疏面上进",亦谓"条旨"。[13] 自此票拟逐渐成为内阁最重要和制度化的职掌。

虽然内阁的法定角色仍不过相当于皇帝的秘书处,并未获得昔日宰相领导和监督六部行政工作的权力,但在皇帝对阁臣倚赖甚殷的背景下,"纶言批答,裁决机宜,悉由票拟",内阁已开始给人以"俨然汉、唐宰辅"的印象。[14]

正统以下,内阁制度继续发展。内阁大学士(亦称辅臣)排名有先后,到英宗天顺时,位居第一者开始有了"首辅"的尊称,其次者称次辅,余人称群辅。首辅设置并非制度规定,而是在实际政务运作当中形成的,一般指大学士中入阁最早、资历最深、加官最高者,而此人通常又最受皇帝信任。后来票拟权力逐渐专归于首辅,更加大了首辅与其他辅臣的身份差距。就在朝廷中的地位而言,六部(尤其是六部之首吏部)凭借其最高行政机构身份,时常与内阁相抗衡,但最晚到嘉靖时期,内阁朝会班次已列于六部之前,在阁、部之争中占得了上风。

从嘉靖即位起,内阁首辅在朝中的地位日益突出,权势更重。与此相关,阁臣之间围绕首辅位置的倾轧争夺也愈演愈烈。武宗死后,储位空虚,内阁大学士杨廷和等人与皇太后定议迎立世宗。世宗由湖北藩府远道入京,其间近四十日,朝政总于内阁。杨廷和以首辅身份起草武宗遗诏和世宗即位诏,革除正德时诸多弊政,民心大悦。在嘉靖初年的"大礼议"争论中,廷和坚持与世宗对抗,"先后封还御批者四,执奏凡三十疏",[15]直至被迫辞职。嘉靖前期,张璁、夏言因议礼称旨先后被世宗擢为首辅,都独揽阁权,凌驾同僚之上。但他们勇于任事,引起了世宗的猜疑,张璁致仕而去,夏言则被同僚严嵩寻衅诬陷,下狱处死。严嵩继夏言之后任首辅十余年,利用世宗热衷"玄修",不理政务的机会,专权固宠,贪污受贿,擢用亲党,打击异己,"俨然以丞相自居,凡府部题奏,先面白而后草奏,百官请命,奔走直房如市"。史称世宗"虽甚亲礼嵩,亦不尽信其言,间一取独断,或故示异同,欲以杀离其势",但严嵩精于权术,巧妙地利用了世宗"英察自信,果刑戮,颇护己短"的性格弱点,使世宗堕其术中而不觉,"欲有所救解,嵩必顺帝意痛诋之,而婉曲解释,以中帝所不忍。即欲排陷者,必先称其媺(美),而以微言中之,或触帝所耻与讳。以是移帝喜怒,往往不失"。[16]官员沈炼、杨继盛皆因劾奏严嵩罪状,被严嵩罗织罪名,诬陷处死,不露形迹。直至严嵩晚年昏耄,才在另一名辅臣徐阶的离间下渐渐失宠于世宗,最后夺官家居而卒。

自嘉靖末年历隆庆一朝,首辅之争激烈,数次易人。神宗即位后,张居正在宦官冯保的协助下升任首辅,又得到皇太后信任,神宗年幼,对其言听计从。张居正充分利用了这一难得的机遇,在政治、经济等方面大规模推行改革,使明朝统治一度出现振兴迹象。在政治上,针对长期以来政坛中的因循苟且风气,创立"考成法",命六部都察院将拟办的公事登记造册,酌量事务轻重缓急、路程远近,皆订立限期,责令下属机构按时完成,逐一注销。公事册一式三份,一份留部存底,一份送六科备注,一份送内阁查考。这样以部、院督下属及地方,六科督部、院,内阁督六科,使得事事责实,赏勤罚惰,从而提高行政效率。在经济上,通过紧缩政府开支以节流,通过丈量土地、清查隐瞒拖欠赋税以开源,并改革赋役制度,推行"一条鞭法",既增加了财政收入,又有利于缓和社会矛盾(详后文)。此外,还采取了裁减冗吏、整顿学校、加强边防建设等一系列措施。张居正长期以来究心时务,对明朝各方面社会积弊有比较清醒的认识,又知人善任,施政雷厉风行,从而使改革取得了较为明显的成效。与此同时,他本人也成为明朝历史上权势最重的阁臣,"威柄之操,几于震主"。万历五年(1577)居正丧父,不愿因服丧守制而失去权力,乃由别人代请"夺情"起复继续任职,反对官员多被廷杖谪斥。随后居正回江陵家中葬父,"所过守臣率长跪,抚按大吏越界迎送,身为前驱"。内阁中大事,皆驰驿送江陵,听居正处分。[17]张居正权势过盛,已超出了明朝"祖制"的限度,神宗年龄渐长,亦暗积不平。万历十年居正卒,随后即受到猛烈弹劾,官号被削,家产籍没,改革措施除"一条鞭法"外亦大多废止。自张居正之死直到明亡,内阁大臣基本上都是碌碌无为,浮沉守位,没有再出现此前一类"权臣",内阁政治的黄金时期已经结束。

尽管明朝中叶的内阁出现了若干"无宰相之名,行宰相之实"的权臣,而且阁臣也常常被俗称为"相",但从严格意义上说,内阁仍不能与过去的宰相等同。首先,内阁在制度上只承担秘书、顾问工作,虽有议政之权,而无监督百官执行之权,不能指挥六部等行政机构。虽然严嵩、张居正诸人事实上控制了六部,张居正还企图通过"考成法"使这种控制正规化,但这只是特殊形势下出现的情况,违反了明朝的制度常规。居正卒后,考成法即被废止。其次,内阁的议政权也受到很大限制,其票拟是否生效,要取决于皇帝批红,如不合皇帝之意,就必须"改票",甚或去职。在批红权被宦官窃取的情况下,内阁更是要看宦官的眼色行事。张居正之所以能够专权,很大程度上是因为宦官头目冯保的合作。而且内阁议政带有很大的被动色彩,即主要是被动地接受顾问,在制度上缺乏就大政方针向皇帝主动提出建议的权力。在皇帝怠政时期,阁臣只能通过票拟与皇帝进行文字联络,往往长期不能见面。有明一代共有160余位阁臣,其中像张居正那样勇于任事者只是少数,大部分人的作为十分有限。第三,在明朝绝大部分时间里,内阁并未被看做正式机构,而只是一个临时性的办公场所,在官修行政法典《大明会典》中也只是附属于文化机构翰林院之下。内阁大学士多从翰林学士中选任,两者都从事文字工作,性质相近,故内阁时常被称为翰林院的"内署"。总之,内阁最多只具有"准宰相"的性质,并非真正的宰相。

宦官专权

明朝宦官专权的历史也可以追溯到明初。明太祖鉴于历史上宦官专权乱政的教训,曾颁布禁止宦官干政的命令,但因其秉性多疑,不信任大臣,仍然不时派遣宦官出外办事。明成祖夺位时,朝中宦官曾为其刺探情报,手下的一些宦官也立有战功,故即位后对宦官十分倚重,放手使用,充当统治耳目。史称"明世宦官出使、专征、监军、分镇、刺臣民隐事诸大权,皆自永乐间始"。[18]宦官机构的设置逐渐增多,达到十二监、四司、八局,合称"二十四衙门"。各机构主管宦官皆称太监,以后太监一名遂成为宦官的代称。不过在英宗以前,皇帝勤政,与大臣联系比较密切,宦官专权的现象还不明显。自英宗即位,宦官王振恃宠专擅用事,才正式开启明朝宦官专权的局面。

宦官对朝政的控制主要体现在"二十四衙门"之首——司礼监身上。内阁制度形成后,凡奏章皆由内阁票拟,皇帝批红,而协助批红正是司礼监的主要职掌。通常皇帝只是御笔亲批数本,其余皆由司礼监众太监分批。司礼监属下设有文书房,负责收录通政使司每日封进奏章,经司礼监呈皇帝阅后,始交内阁票拟。内阁票拟毕,仍经文书房、司礼监呈送皇帝。司礼监还负责传旨。遇皇帝怠政,内阁臣僚与皇帝长期不能见面,皇帝给内阁的命令皆由司礼监宦官传达,内阁有陈说也通过司礼监转呈。如司礼监改动甚至假传圣旨,亦是真伪难辨。司礼监横隔在皇帝与外廷、内阁之间,实际上成为政务的枢纽。《明史·职官志》总结说:"内阁之拟票,不得不决于内监之批红,而相权转归之寺人。于是朝廷之纪纲,贤士大夫之进退,悉颠倒于其手。"明末黄宗羲也评论"有宰相之实者,今之宫奴也"。[19]

宦官在明朝特务政治中扮演了主要角色。成祖永乐十八年(1420),设立东厂,掌侦伺缉捕之事,由宦官统领,后例用司礼监太监提督。东厂与洪武时期设置的锦衣卫工作性质相近,合称厂卫,因厂属内官,其权势又在卫上。东厂番役皆自锦衣卫差拨,后来锦衣卫即归于东厂节制,卫官多用宦官弟侄、党羽。宪宗、武宗时,还曾一度于东厂之外增设西厂、内行厂,后罢。东厂在京番役每月都分配侦察任务,谓之"打事件"。侦察所得随时上报,即使在深夜,亦可从东华门缝递入,"以故事无大小,天子皆得闻之,家人米盐猥事,宫中或传为笑谑,上下惴惴,无不畏打事件者"。[20]锦衣卫司侦察的

"缇骑"多达数万人，横行天下，百姓避之唯恐不及。厂卫的侦讯工作不受刑部、大理寺等正规司法机构约束，可直接奉诏行事，受理词状，逮捕吏民。民间地痞无赖往往与厂卫人员勾结，罗织富户，或报私仇，受害人如不重金贿赂，即被当场拷掠，楚毒备至，再则送入锦衣卫属下镇抚司"诏狱"，即几乎必死无疑。皇帝廷杖官员时，由锦衣卫校尉执行，司礼监太监监杖，行杖下手轻重根据太监暗语或站立姿势而异，重者多致死。在宦官严重专权的时期，厂卫横行亦更甚，全国上下告密盛行，一片恐怖气氛。

在经济方面，宦官负有管理皇室产业和代皇帝监督财政税收之责。明朝皇帝拥有大片私人庄田、店铺，称为皇庄、皇店，多由宦官代为经营。地方定期进贡土特产供宫廷消费，称为岁办，所贡不足需求临时再加征购，称为采办，皆由宦官掌之。宫廷日用物品在地方设局制造，如丝织、毛织称织造，制瓷称烧造，亦由宦官督理。明朝库藏有内、外之分，宦官主管内府的内库，常以圣旨名义支取户部属下太仓银库的钱财入内，将其变为皇帝的私产。地方仓库也都派遣宦官监督。中央和地方税务同样是宦官监督的重要对象，监税宦官越派越多，实际上成为皇帝增税、滥税的工具。万历时期，广遣宦官出任"税使"，"视商贾懦者肆为掠夺，没其全货，……穷乡僻坞，米盐鸡豕，皆令输税"。[21]与此相联系，又在全国派出二十余处"矿监"，督民开矿，以搜刮财富。他们与地痞恶棍勾结，往往诬富户以"盗矿"，滥指民间田宅、坟墓下有"矿脉"，勒索重贿，或虽实未开矿，而将虚拟的"应得"收入强行摊派于百姓，称为"包矿"。矿监税使的粗暴掠夺给社会经济和人民生活造成极大破坏，在苏州、临清、武昌等地爆发了多处民变，严重激化了社会矛盾。

宦官在军事上也承担着重要职责。护卫京师的军队——京营要受宦官监督。于各省各边镇广泛设立镇守太监，以监视武将，控制地方驻军。遇征伐之事，在委任将帅的同时还要派遣宦官监军。宫内的宦官还多次组织起来进行军事训练，称为内操。

总之，明朝宦官的权力十分广泛，几乎无所不包。举凡政治、经济、军事各领域，只要国家官僚系统延伸所及，宦官的触角也随之而入，他们实际上成为皇帝监视官僚机构的代表。与此相关，明朝宦官总人数也大大多于前代，通常都在数万人左右，多时可能达到十万人。另一方面，宦官系统内部也有复杂的等级，宦官头目如同昔日官僚中的宰相，在他们身上尤其集中地体现了宦官专权这一历史现象。有明一代，擅权的宦官头目以王振、汪直、刘瑾、魏忠贤四人最为著名，此亦所谓明朝"四大权阉"。

王振——英宗朝权阉。英宗在东宫读书时，王振因通书史，得侍讲读，由是得宠。英宗即位后,命王振掌司礼监,呼为"先生"。正统中期,王振渐专国政。他毁掉明初建于宫中的"内臣不得干预政事"铁牌,通过安插其侄任职控制了锦衣卫,对不附己的朝官残酷打击。翰林院侍讲刘球上疏言事触犯王振,被逮入锦衣卫诏狱处死。国子祭酒、户部尚书等高官均因触犯王振被枷号示众。百官畏祸,对王振争相逢迎,公侯勋戚尊称之为"翁父"。正统十四年,王振挟英宗亲征瓦剌,战败,被军官樊忠趁乱击死,家属皆为景帝所杀。后来英宗复辟,恢复王振名誉,建祠祭祀,赐额曰"旌忠"。

汪直——宪宗朝权阉。宪宗不理政事,又不信任朝官,于东厂之外又增设西厂负责特务侦察,即命汪直主其事。汪直趁机屡兴大狱,陷害朝臣,每出外,百官皆避道。又奉命巡视边防,所至械系边臣,棰挞守令,威势倾天下,时称"知有汪太监,不知有天子"。后因宦官内部矛盾激化,失去宪宗信任,调往南京任职,病死。

刘瑾——武宗朝权阉。侍武宗于东宫,武宗即位后与另外七名宦官并受重用,号称"八虎"。内阁大学士刘健等孝宗"托孤"臣僚欲将其驱逐,刘瑾先发制人,率"八虎"哭诉于武宗,反将健等免职。此后刘瑾主掌司礼监,在内阁、六部安插党羽,外廷形成"阉党"。官员奏事皆先送刘瑾,再投通政使司。瑾又创立特务机构内行厂,权在东、西厂之上。制重枷惩罚得罪官员,戴者数日即被压毙命。正德三年(1508)夏,一日早朝时发现指斥刘瑾的匿名书帖,结果朝臣皆被罚跪一日,数百人送镇抚司究问,三人因中暑、惊吓而致死。一时政事皆决于瑾,有"刘皇帝""站皇帝"之称。刘瑾柄政期间,在财政经济方面进行了一些整顿工作,包括核查各地钱粮、清丈田土等,但这些工作也明显带有打击反对派官僚的目的,加深了积怨。正德五年,被其他宦官揭发不法诸事,以谋反罪处死。

魏忠贤——熹宗朝权阉。万历时入宫,在宫中与熹宗乳母客氏相勾结,熹宗即位后擢为司礼监秉笔太监,并提督东厂。他利用朝中的党争,纠集起庞大的阉党势力,通过厂卫特务机构残酷打击迫害正直官僚东林党人(详下),因而操纵了朝廷大权。朝官投靠忠贤门下者,有五虎、五彪、十狗、十孩儿、四十孙等称。天启后期,魏忠贤势焰极盛,地方官员普遍为其建立生祠,上奏无论何事,起首必先谀颂忠贤,称"厂臣"而不名,献媚者又呼为九千岁、九千九百岁。家人皆至大官,其侄魏良卿加官太师,代天子行郊祀礼,祭太庙。思宗即位,素知其恶,诏发配凤阳,忠贤畏罪自尽。

从上述几名权阉的经历来看,明朝宦官专权的性质,主要是以皇帝家奴身份窃取了"管家"权力。即使不可一世如刘瑾、魏忠贤,最后也被皇帝比较轻易地铲除。这表明宦官权力只不过是皇权的延伸。另外明朝宦官人数众多,其内部同样存在派系斗争和权力争夺。宦官的人品和所作所为,实际上也是良莠不齐,有一些宦官为巩固明朝统治起过积极的作用。对此限于篇幅,不再详述。

三　士大夫集团与党争

中国古代士大夫读书做官的传统,在元朝一度几乎中断。明朝建立后,兴学崇儒,士大夫的入仕权利得到恢复,重新成为统治阶层的主体。由于皇权的膨胀,明朝士大夫集团在与皇权的关系上呈现出复杂的政治品格。明朝中后期,士大夫集团内部的矛盾、斗争愈演愈烈,这种斗争有时表现为个人之间的权力冲突,有时则发展为大规模的党派之争,尤以明朝后期的党争最为激烈。

明朝士大夫集团的政治品格

中国古代士大夫集团在与皇权的关系上历来都呈现出两重性。一方面,他们对专制皇权具有很强的依附色彩,恭敬事上,为君主竭忠尽力;另一方面,又要发扬儒家"以道事君"的理想,为君主补愆纠谬,在某些问题上与皇权及依附于皇权的势力(如宦官、外戚、权臣、佞臣等)进行斗争。宋朝以来形成并逐渐深入人心的理学,既强调"君臣之义无所逃于天地之间"的绝对忠君观念,又将"理"或"道"视为居于皇权之上的自然界普遍规律和社会构成根本原则,即使对天子而言也是"道理最大"。这种两重性格和思想同样明显地体现在明朝士大夫身上。

如前文所述,明朝的君臣关系较之前代汉族王朝出现了较大变化,士大夫对君主的忠诚受到了更加严格甚至苛刻的要求。明初重典治国,取士求才"网罗掊摅,务无余逸",而"洎乎居官,一有差跌,苟免诛戮,则必在屯田工役之科"。百官"以屯田工役为必获之罪,以鞭笞棰楚为寻常之辱"[22]。皇帝创设厂、卫等特务机构对付臣下,动辄施以廷杖,投入诏狱。由于皇权空前膨胀,而又缺乏有效的限制、调节因素,士大夫与皇权及其依附势力的斗争大多会以失败告终,自己则要面临不测之险,生命安全根本无法得到保障,甚至还会祸及家人亲友。但尽管如此,受儒家乃至理学思想影响,崇尚气节、舍生取义的人生态度仍然相当普遍地存在于士大夫阶层之中。"靖难之役"后,方孝孺等建文遗臣面对明成祖的屠刀,坚贞不屈,视死如归,就是这种气节观的突出表现。明朝中后期,皇帝昏庸、宦官专权、权臣用事等现象频繁出现,而直言极谏、不畏强权、将个人安危生死置之度外,与黑暗势力勇敢斗争的士大夫,同样代不乏人,社会舆论也都给他们以极高的评价。

　　明朝士大夫与皇权的抗争,出现过许多感人的事例。英宗时,大臣刘球就王振擅权之事进行谏诤,与同僚钟复相约共同上疏,复为其妻所阻。刘球下狱遇害,钟复不久病卒。钟妻深悔其事,每哭辄曰"早知尔,曷若与刘君偕死"。复子钟同"幼闻母言,即感奋,思成父志",后中进士为官,亦在景帝时因直言极谏毙于杖下。武宗时御史蒋钦疏劾刘瑾,疏入廷杖为民,再上疏,又遭杖责系狱,三上疏,竟被杖死。正德十四年(1519)武宗欲以"威武大将军镇国公朱寿"之名南巡,朝官舒芬、黄巩等上疏切谏,巩疏中危言"古之天子亦有号称独夫,求为匹夫而不可得者"。群臣相继上疏者146人,俱被披戴桎梏,罚跪于午门之外,至晚则出宫关进监狱,"晨入暮出,累累若重囚,道途观者无不泣下"。最后施以廷杖,杖死者10余人。嘉靖末,户部主事海瑞上疏严厉抨击世宗沉溺道教、不理政事的行为,指斥他"法纪弛""名器滥""薄于父子""薄于君臣""薄于夫妇"等诸般过失,谓"陛下之误多矣","天下之人不直陛下久矣"。疏出,"自知触忤当死,市一棺,诀妻子,待罪于朝,僮仆亦奔散无留者"。结果被逮下诏狱,昼夜拷掠,世宗不久死去,方得脱祸。[23]士大夫在与皇权抗争时表现出了不屈不挠、前仆后继的精神,"窜谪接踵,而来者愈多,死相枕藉,而赴蹈恐后","主威愈震而士气不衰,批鳞碎首者接踵而不可遏"。[24]这种现象在历史上也是罕见的。

　　另一方面,在皇权膨胀、朝政昏暗的大背景下,随着时间推移,士大夫中趋炎附势、阿谀奉承、献媚取容之徒也在不断增加。如宪宗时的内阁大学士万安,以同姓巴结万贵妃,自称子侄,又向宪宗进献房中术以固宠,召对时只知"顿首呼万岁",被称为"万岁阁老"。嘉靖前期阁臣翟銮在位缄默无言,世宗诘问则曰"陛下明圣,臣将顺不暇,何献替之有",又云"陛下即天也,春生秋杀,何所不可"。[25]世宗迷信道教,许多大臣都通过撰写斋醮时所用骈俪体"青词"以取媚,出现了一批"青词宰相"。在宦官当政时期,甚至有相当一部分士大夫形成"阉党",推波助澜,助纣为虐,为汉、唐宦官专权时所未见。《明史》为此专立《阉党传》,序称"明代阉宦之祸酷矣,然非诸党人附丽之,羽翼之,张其势而助之攻,虐焰不若是其烈也"。阉党的形成始于刘瑾专权。当时大学士焦芳、刘宇,吏部尚书张䌽、兵部尚书曹元等高官皆为瑾党,以至刘瑾下狱后声称"满朝公卿皆出我门,谁敢问我者"。[26]魏忠贤专权时"自内阁、六部至四方总督、巡抚,遍置死党",全国普遍掀起对魏忠贤的效忠之风,各地官员"争颂德立祠,汹汹若不及"。所建生祠皆"穷极工巧,攘夺民田庐,斩伐墓木,莫敢控诉"。内阁大学士顾秉谦、魏广微等"曲奉忠贤,若奴役然"。百官上疏歌颂忠贤功德,佞词累牍,"一如颂圣",称以"尧天帝德,至圣至神",阁臣则代表皇帝以骈语褒奖,"中外若响应"。国子监生陆万龄建议于国子监侧建忠贤生祠,使与孔子并尊,监官即为举行,适逢忠贤倒台,方止。[27]士大夫道德廉耻的沦丧,至是达于极点。

士大夫阶层的内部矛盾无代无之,明朝自不例外。出现矛盾的原因,通常是由于政见不同,个人性格有异,意气不投,再加上出身地域、亲戚师生关系、科举同年(同时登科者)关系等诸多复杂因素影响,就会形成一些不同的集团、派别。明朝中后期,士大夫的内部矛盾与其各自对皇权斗争、依附的不同态度结合起来,演化为大规模的党争。在党争中,皇权的倾向性对各方胜败荣辱至关重要。另外,明朝一些特殊的制度在特定条件之下也成为党争的锐利武器,对党争的扩大和深化产生了重要影响。其中,主要为廷推和考察。

廷推——亦称会推,指由吏部主持,会集其他官员共同推举朝中重要职务和朝外方面大员人选的制度。明朝以前,宰相为百官之长,皇帝任命宰相,其余重要官员由皇帝、宰相商议决定。明初废相之后,重要官职的任用完全决于皇帝。后来因皇帝年幼、怠政等因素,便将这方面工作交由主管人事的吏部主持,但因所举皆内外要职,为防吏部专擅,兼收集思广益之效,又命其他部门的官员参与其事,于是形成廷推。廷推的对象,主要包括内阁大学士,六部尚书、侍郎,都察院都御史、大理卿、通政使,以及各处总督、巡抚。参与廷推过程的人员,因被推举对象的不同而有小异,通常包括六部、都察院、大理寺、通政使司的三品以上官员(有时增加为五品以上),以及全体科道官。推出人选排列名次,分为正推、陪推,呈送皇帝点用。廷推过程中,吏部官员仍然具有主导作用,同时科道官也很活跃。在党争激烈时期,各派为争夺重要职位,在台上、台下尽施所能,廷推即成为他们重要的角逐场所。

考察——明朝的官员考核制度分为考满、考察两大类。考满是对任职届满官员任期内政绩的检核,针对不同的个人随时进行,形式化倾向较为明显,通常是"例书称职",循资而进,满考即升。考察则是对全体官员(不管任满与否)定期统一进行的任职情况大检查,京官六年一次,外官三年一次,目的重在惩黜、淘汰不合格官员,其事由吏部、都察院共同主持,科道官再行"拾遗"纠劾。所察对象分为贪、酷、浮躁、才力不及、老、疾、疲软无为、素行不谨八类,分别处以革职为民、冠带闲住、勒令致仕、对品降调的惩罚。

明朝后期,考察往往成为党争的工具,主其事者党同伐异,或徇私报复,加剧了政局的混乱。

党争概况:从大礼议到东林党议

明朝大规模的党争始于世宗时的"大礼议"。正德十六年(1521)武宗死,其堂弟世宗以外藩入继皇位。在议定世宗之父兴献王朱祐杬尊号、决定世宗以何种身份"继统"的问题上,统治集团内部出现了不同意见。以首辅杨廷和为代表的大部分朝臣主张维持孝宗的"大宗"之统,认为世宗应以孝宗过继之子的身份尊孝宗为"皇考",以兴献王为皇叔父。而张璁、桂萼等一部分下级官僚则迎合世宗之意,提出"继统不继嗣",仍以兴献王为父,追尊帝号,而以孝宗为"皇伯考",并提出庙祀、乐舞等一系列相应礼仪方案。两派争论激烈,人数较少的张璁"议礼"派因得到世宗支持,渐占上风,杨廷和被迫辞职。嘉靖三年(1524)七月,"反议礼"派的杨慎(廷和子)、何孟春以"仗节死义"号召朝官,聚众跪哭于左顺门,声震殿廷。世宗大怒,逮众人下狱,廷杖180余人,17人被杖死。此后斗争大局已定。嘉靖五年,有人告发曾组织秘密宗教起事的李福达更名张寅,与武定侯郭勋相结交。初审之后,原属议礼派的郭勋向世宗鸣冤,称自己"以议礼触众怒"。世宗遂命张璁等人重新审理,尽翻原案,以张寅非李福达,释之不问,而以原审案官员为挟私报复,借机打击反议礼诸臣,谪戍革职40余人,是谓"李福达之狱"。此案开创了大礼议被用作党争工具的先例,以后朝官为排斥异己,即尽量将对手与反议礼派牵连起来,激怒世宗以成其私。嘉靖七年,正式颁布《明伦大典》,备述议礼过程,并定反议礼诸臣罪名,这些人被目为"仇君无上",终嘉靖朝不再起用。十七年(1538),追奉皇考献皇帝(即兴献王)庙号睿宗,祔于太庙,"大礼议"宣告结束。

万历中期,党争再起。其时内阁大臣吸取张居正专权"祸发身后"的教训,循默避事,标榜中庸,阁权明显下降。而神宗又怠惰不理政事,朝中缺乏权威约束,以至朋党树立,纷争不已。以一部分科道官为代表的中下级官员频繁上疏进谏,批评朝政,斥责内阁不能匡扶,尸位素餐,而阁臣则指使自己的党羽(也包括一部分科道官)进行反击,以谏诤派为不识大体,沽名钓誉。神宗则对双方大部分奏疏皆予"留中",置之不理,听任其互相攻击。总体而言,谏诤派虽时有偏激,但其主张基本上仍是出于王朝长远利益的考虑,如呼吁减轻赋役,整肃吏治,抨击"矿监""税使",甚至指斥神宗本人劣行,具有一定的"为民请命"色彩。而阁臣一派的言论虽亦偶有合理之处,但仍以苟且、谋私为多。随着党争的延续,谏诤派官员形成了被称为"东林党"的集团。东林党因其领袖顾宪成曾在其家乡无锡的东林书院聚友讲学而得名,他们自命"清流",对中枢政务多所批评。内阁首辅王锡爵曾对顾宪成抱怨"当今所最怪者,庙堂之是非,天下必欲反之",后者针锋相对地回答:"吾见天下之是非,庙堂必欲反之耳!"[28]以代表"天下是非"自居的东林党人,以一批江南士大夫为核心,同时包容了政见相近、以名节自励的其他籍贯官僚,逐渐发展为一支强大的政治力量。而万历中期内阁一派势力,加上其余被东林"清流"认为品行有缺的官僚,因地域不同也结成党派,主要有"齐党""浙党""楚党"等,共同组成了反东林集团。

在长期的党争中,双方主要通过京察(指六年一次的京官考察)互相打击,如一方掌握京察之权,即大力斥逐对方官员。在具体问题上,万历时期持续时间较长的斗争焦点为"争国本"。神宗皇后无子,恭妃王氏生长子常洛,贵妃郑氏生三子常洵。神宗宠爱郑贵妃,欲立常洵为太子,东林党人根据"无嫡立长"的传统宗法观念极力反对,阁臣则依违其间,"婉转调护",以东林党为"多事"。最终神宗屈服,立常洛为太子,封常洵为福王,就藩洛阳。但"国本"虽立,余波未止,党争随着此后发生的三起宫闱疑案而进一步深化。万历四十三年(1615)五月,一名名为张差的男子持木梃闯入东宫,打伤守门太监。东林党人认为此事出于郑贵妃等福王一系势力唆使,意在谋害太子,反东林者则主张作为"疯癫"事件结案。神宗从后议,仅处死张差含糊了事。是为"梃击案"。万历四十八年(1620)八月神宗死,光宗(常洛)即位,数日后患病。内监崔文升进泻药,朝官李可灼又进红丸两粒医之,光宗卒致病重身死。东林党人怀疑其中有阴谋,要求严查,浙党首领、内阁首辅方从哲则予以压制。是为"红丸案"。光宗既卒,长子由校当嗣位,光宗宠妃李选侍以曾抚育由校为名,仍占据皇帝所居乾清宫不出,希望获得皇太后身份,操纵朝政。东林党人杨涟等发动舆论,逼迫李选侍移出乾清宫,熹宗(由校)顺利即位。反东林者则认为此举操之过急,事涉"犯上"。是为"移宫案"。以上三案均系宫闱之事,但党争双方就其展开激烈斗争,使其影响大为扩展,以后又随双方胜败一再翻案。

天启前期东林党得势,掌握了阁、部的许多重要职位,一时"众正盈朝"。他们虽推行了一些改良政治的措施,但同时将更主要的精力投入朋党门户之争,抓住梃击、红丸、移宫"三案"的处理问题猛烈攻击齐、浙、楚党等异己官僚,后者被目为"邪党",废斥殆尽。此时魏忠贤趁熹宗荒嬉,逐步掌握内廷大权,反东林的"邪党"相继投至忠贤门下,形成了庞大的阉党势力。随着魏忠贤的介入，政局发生转折。天启四年（1624），杨涟疏劾忠贤二十四项大罪，熹宗昏庸不察，温旨慰留忠贤，切责杨涟。魏忠贤趁势发起反击，将东林诸臣相继逐出朝廷，随后又将杨涟等主要人物逮入诏狱，酷刑折磨致死。阉党官员编纂了《缙绅便览》《东林点将录》《同志录》《天鉴录》等书，开列东林党人名单，指为"奸党"，而标榜自己一方为"正人"。在阉党怂恿下，魏忠贤又命仿嘉靖朝《明伦大典》之例，编修《三朝要典》，收录关于"三案"的争论奏疏，推翻东林党人所做三案结论，给东林党罗织了更多的罪状。在残酷打击下，东林诸臣"毙诏狱者十余人，下狱谪戍者数十人，削夺者三百余人，他革职贬黜者不可胜计"。[29]当锦衣卫旗校赴江南逮捕东林党人时，苏州、常州先后爆发了大规模的民变，反映出东林党在民间享有崇高的威信。

　　思宗即位后，逐杀魏忠贤，毁《三朝要典》，东林党人得到平反昭雪。阉党虽被贬黜，居于劣势，但还在伺机反扑，党争仍未结束。崇祯元年（1628），江南士人张溥等将当地一些研习科举时文的文社合并组织为"复社"，取"兴复古学"之义，以后发展迅速，成员多时遍及七八省，达2000余人。复社虽以"以文会友"为宗旨，但实际上政治色彩很浓，多次利用集团

明朝帝系表

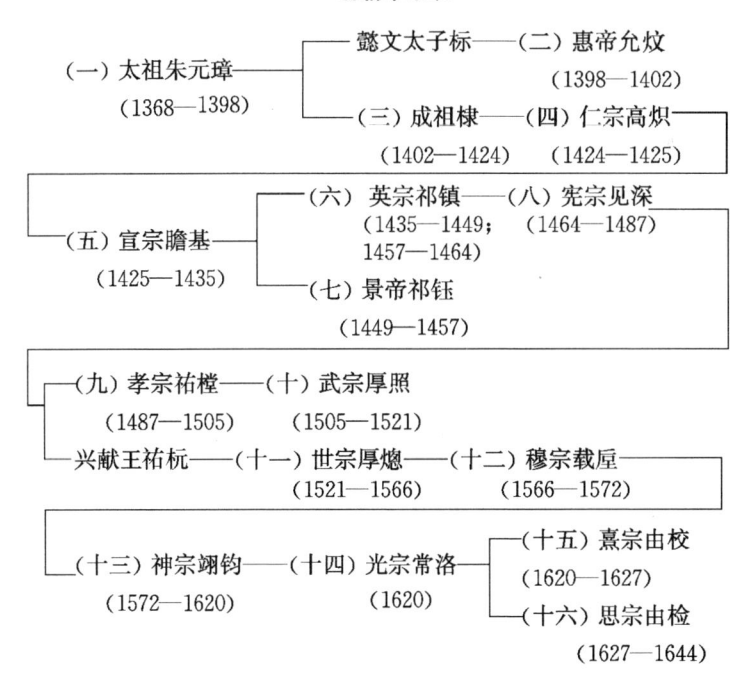

```
（一）太祖朱元璋 ─┬─ 懿文太子标 ── （二）惠帝允炆
  （1368—1398）  │                    （1398—1402）
                 └─ （三）成祖棣 ── （四）仁宗高炽
                    （1402—1424）   （1424—1425）

（五）宣宗瞻基 ─┬─ （六）英宗祁镇 ── （八）宪宗见深
  （1425—1435） │   （1435—1449；     （1464—1487）
               │    1457—1464）
               └─ （七）景帝祁钰
                   （1449—1457）

─ （九）孝宗祐樘 ── （十）武宗厚照
   （1487—1505）   （1505—1521）

─ 兴献王祐杬 ── （十一）世宗厚熜 ── （十二）穆宗载垕
                  （1521—1566）    （1566—1572）

─ （十三）神宗翊钧 ── （十四）光宗常洛 ─┬─ （十五）熹宗由校
   （1572—1620）      （1620）         │   （1620—1627）
                                       └─ （十六）思宗由检
                                           （1627—1644）
```

势力和领袖人物的影响干预科举考试、地方行政,乃至内阁大臣的廷推。复社又以东林党的继承者自居,一部分东林党子弟也加入其中,因此号称"小东林"。终崇祯一朝,复社与阉党残余势力的斗争或明或暗,绵延不绝,直到明亡以后,其余波犹有影响。

注　释

〔1〕　《明史·英宗后纪》。

〔2〕　《明史·孝宗纪》。

〔3〕　《明史·江彬传》。

〔4〕　海瑞《海瑞集》上编《治安疏》。

〔5〕　《明史·叶向高传》。

〔6〕　《明史·神宗纪》。

〔7〕　黄宗羲《明夷待访录·置相》。

〔8〕　《明史·礼志七》。

〔9〕　《明史·刑法志三》。

〔10〕　《明史·刑法志三》。

〔11〕　黄佐《翰林记》卷八"备顾问"条。

〔12〕　《明史·职官志一》;杨士奇《三朝圣谕录序》,《明经世文编》卷一六。

〔13〕　廖道南《殿阁词林记》卷九"拟旨"条。

〔14〕　《明史·宰辅年表》序。

〔15〕　《明史·杨廷和传》。

〔16〕　《明史·杨继盛传》,《严嵩传》。

〔17〕　《明史·张居正传》。

〔18〕　《明史·宦官传》序。

〔19〕　《明夷待访录·置相》。

〔20〕　《明史·刑法志三》。

〔21〕　《明史·食货志五》。

〔22〕　《明史·叶伯巨传》。

〔23〕　《明史·钟同传》,《蒋钦传》,《黄巩传》,《夏良胜传》,《海瑞传》。

〔24〕　《明史·李文祥等传》传赞,《杨最等传》传赞。

〔25〕　《明史·万安传》,《翟銮传》。

〔26〕　《明史纪事本末》卷四三《刘瑾用事》。

〔27〕　《明史·魏忠贤传》,《顾秉谦传》,《阎鸣泰传》。

〔28〕　《明史纪事本末》卷六六《东林党议》。

〔29〕　《明史·石三畏等传》。

第十九章
明朝边疆局势与清朝的兴起

明朝的边疆形势比较复杂。在大部分时间里,边疆上的主要对手是北方的蒙古和东南沿海的倭寇,合称"南倭北虏"。但当明朝后期南倭北虏的威胁基本消失之时,在东北却崛起了更为强大的女真(满族)后金政权。不久后金改国号为清,在明朝灭亡后统一全国,成为继元朝之后又一个北方民族建立的大一统王朝。

一 "南倭北虏"及其他问题

明朝前期,一度采取比较积极的边疆政策,大力对外开拓,但不久即转向收敛。在"南倭北虏"的频繁骚扰下,明朝捉襟见肘,边疆形势相当长时间内颇为被动。在西北、西南边疆,也曾遇到一些棘手问题,不过相对而言影响不大。

明初边疆形势及对外政策

"南倭北虏"的边防格局,在洪武时期已经形成。一方面蒙古"北元"政权仍对明朝构成威胁,另一方面日本海盗集团——倭寇出没于沿海,骚扰劫掠。倭寇的产生始于元朝。当时日本镰仓幕府统治衰落,经济凋敝,大批中小武士陷于贫困化,下海从事走私贸易,很多人亦商亦盗,常以劫掠为生,元人称之为倭寇。由于"南倭北虏"的威胁,明初朝野上下普遍对这两支势力怀有敌对情绪,所以明太祖杀胡惟庸后,在将胡案扩大化时,加上了"通倭""通虏"两项大罪。针对蒙古的威胁,明朝几次发动北伐,并在北方选将练兵,分封"塞王",严加备御。对倭寇除在沿海修建城戍防备外,又实施经济封锁,亦即"海禁",禁止百姓私自出海贸易,"片板不许下海"。而对于其他海外国家,明太祖仍采取睦邻友好政策,即使对日本也是以防御为主,并未轻言出兵,这多少是吸取了元朝海外扩张失败的教训。在晚年所撰《皇明祖训》中,太祖将边疆睦邻政策作为"祖制"规定下来,称"四方诸夷皆限山隔海,僻在一隅,得其地不足以供给,得其民不足以使令。若其不自揣量,来挠我边,则彼为不祥。彼既不为中国患,而我兴兵轻犯,亦不祥也,吾恐后世子孙倚中国富强,贪一时战功,无故兴兵,杀伤人命,切记不可"。并把当时所知道的海外国家、地区基本上都列为"不征之国"。[1]

由于实施海禁,明朝与海外诸国的经济往来主要采取朝贡贸易的形式,即所谓"惟不通商,而止通贡"。各国官方使者以朝贡名义向明廷献上"方物",明廷将对方所需物品作为赏赐颁发,实际上是一种具有政治色彩的交换行为。此外,也允许贡使将所带多余物品与民贸易,但"有贡舶即有互市,非入贡即不许其互市"。[2]明廷通过发放称为"勘合"的执照来限制各国朝贡次数,故又有勘合贸易之称。由于倭寇的存在,明朝与日本官方的关系比较紧张,日本入贡往往不奉表文,或表文中多有"诡辞""狂言",因此明廷对日本朝贡次数的限制也最严格,定为"十年一贡,人止二百,船止二艘,不得携军器,违者以寇论"。[3]而对海外其他国家、地区的朝贡限制就比较宽松,永乐时,明廷还多次派人招徕海外诸国来朝,在京师设会同馆,在宁波、泉州、广州三处市舶司分别设立了称为安远、来远、怀远的宾馆,负责接待外国使节,礼遇优厚。在明廷招徕之下,东南亚地区一些小国君主也亲自前来朝贡,其中有的人长时间逗留,甚至卒于中国。

明成祖在对外政策上比其父更为积极,不仅大力发展传统的朝贡贸易,还将这一贸易形式主动推往海外进行,这就是著名的"郑和下西洋"之举。郑和是明成祖十分宠信的宦官,原姓马,云南回族人。自永乐三年(1405)至宣宗宣德八年(1433),郑和先后七次奉命率船队出海远航,到达了东南亚、南亚、西亚直至东非地区的30多个国家。明人将海外诸国以婆罗洲(今文莱)为界分为两部分,以东称东洋,以西称西洋,郑和所到地区在当时都属于"西洋"的范围。郑和的船队规模巨大,船只上百,多时在200艘以上,其中长达44.4丈的大船60余艘,满载瓷器、丝绸、铁器等货物,称为"宝船"。随行人员多达27000余人,包括官员、水手、军士、工匠、翻译、医生等各类专业人员。船队所到之处宣扬明朝国威,邀请各小国前往朝贡,并就地进行交易,用所载货物换取当地特产。郑和出航所带军队很多,但主要是用于自卫,为和平贸易服务。海盗首领陈祖义(广东人)出没于马六甲海峡一带,劫掠过往船只,即被郑和擒归伏诛。又一次在锡兰山(今斯里兰卡)遇其国王亚烈苦奈儿发兵抢劫,郑和将亚烈苦奈儿生擒带回北京,明成祖又放其归国。航海技术方面,郑和下西洋在当时的世界上也大大领先。郑和的船队已经熟练掌握潮汛、季风、洋流等自然规律,以航海天文学与指南针定位技术相结合,保证了较高的航行精确度,开辟了多条新的航海路线。另一方面,郑和下西洋主要是出于政治目的,"耀兵异域,示中国富强"。[4]其贸易并非等价交换,往往入不敷出,所得又多为奢侈品、珍禽异兽等无用之物,而航行成本巨大,颇有劳民伤财之弊。因此到成祖死后,航行规模已有所缩减。宣德八年郑和在航海归途中去世,以后下西洋之举即不再进行。

明成祖在位时,还对安南发动了战争。安南是明朝的藩属,本来属于"不征之国"。建文二年(1400)安南权臣黎季犛篡夺陈氏王朝,永乐初入贡,称陈氏嗣绝,请代为国王,获准。但不久老挝送陈朝王孙陈天平入明,成祖遣使诘问,黎氏假意谢罪,请天平回国,于途中将其袭杀。成祖大怒,于永乐四年(1406)大举发兵征讨,次年明将张辅攻下河内,将安南征服。明廷诏以"求陈氏后不得",宣布安南"内属",设立交趾布政使司,进行直接统治。然而安南已立国400年,其民不乐"内属",加上明朝治理欠善,因此反抗不断。明廷数次出兵镇压,"前后用兵数十万,馈饷至百余万,转输之费不与焉",[5]成为沉重的负担。宣德二年(1427),宣宗与廷臣定议,罢交趾布政使司,撤兵民北还。命反抗者首领黎利继续寻访陈氏子孙,权署安南国事,后正式册封黎氏为安南国王。

北部边防的压力

洪武后期,北元政权在明朝打击下逐渐分崩离析。游牧于漠北东部和辽东边外的兀良哈部较早降附明朝,明设朵颜、泰宁、福余三羁縻卫以统之。建文四年(1402),"非元裔"的鬼力赤夺取汗位,去元国号,仅称蒙古,明朝史籍则称之为鞑靼。与此同时漠西的蒙古别部瓦剌(蒙元时斡亦剌部后裔)崛起,成为蒙古本部(鞑靼)以西的一支重要力量。此后鞑靼、瓦剌成为明朝的主要边患,同时彼此又展开混战,各自内部也不尽统一。明成祖时,鞑靼、瓦剌诸部首领先后向明朝纳款,受封为王,但实际上仍经常扰边。成祖曾五次亲自统军深入漠北进行征讨,虽获得一些胜利,但并没有真正给对方造成致命打击,他本人也在最后一次北征时病死。

永乐时期对外大举开拓,征需频繁,民力凋敝。至仁、宣两朝,遂本着休养生息的方针调整边疆政策,转向收敛防御。其时鞑靼、瓦剌相争不休,亦未对明朝形成较大威胁,北部边疆形势相对比较稳定。明朝北方的军事防御体系在这一时期已完全形成,主要设施就是今天所见到的明长城,时称边墙。沿长城一线,共设置了九个边防重镇,自东向西分别是辽东(治广宁,今辽宁北镇)、蓟镇(治三屯营,今河北迁西)、宣府(治今河北宣化)、大同(治今山西大同)、太原(又称山西,治山西偏关)、延绥(治今陕西榆林)、宁夏(治今宁夏银川)、固原(治今宁夏固原)、甘肃(治张掖,今属甘肃),统称"九边"。九边各驻重兵,设总兵官、副总兵官、参将等职,分区防守。洪武时在长城防线之外,还设立过大宁(治今内蒙古宁城)、开平(治今内蒙古正蓝旗东)、东胜(治今内蒙古托克托)三个前沿防御据点,永乐以下随着"塞王"的内迁逐渐被放弃,长城最终成为明朝与蒙古势力范围的基本分界线。明朝通常在每年秋季派兵出塞放火"烧荒",以阻碍蒙古骑兵南下,或趁蒙古部落男子出外放牧之际偷袭其营盘,称为"捣巢",但已无力发动大规模的主动进攻。

英宗即位后,瓦剌势力渐盛,兼并鞑靼诸部,基本统一漠北。正统十四年(1449),瓦剌首领也先大举南侵,在大同击败明军,攻陷多处城堡。英宗在王振蛊惑下,不顾大臣反对,决定亲征。京军50万仓促上道,准备不足,自相扰乱。八月初一日,英宗、王振至大同,闻前方败报,又惧而回撤。王振欲炫耀乡里,请英宗南幸其家乡蔚(yù)州(今河北蔚县),途中又改变主意,继续折而东行,延误了时间。十三日行至土木堡(在今河北怀来附近),被瓦剌骑兵追上包围,明军不得水源,饥渴疲惫。至十五日,欲移师取水,瓦剌趁明军拔营之际发起猛攻,明军大溃。英宗被俘,随从大臣数百人战死,王振也在乱中被明朝军官击毙。是为"土木之变"。败讯至京,兵部侍郎于谦力排众议,抵制南迁逃跑之论,调集军队加强防御。景帝即位,委于谦以战事。十月,瓦剌兵临北京城下,遇到顽强抵抗,不利而撤还。也先欲以英宗要挟明廷,亦未得逞,遂于景泰元年(1450)八月将英宗送回,恢复与明朝的朝贡贸易。

景泰末年,也先死于内乱,瓦剌衰落,退回漠北西部。鞑靼再度崛起,仍奉成吉思汗后裔为汗(明朝史籍多称之为"小王子"),实则异姓贵族各据一方,互争雄长。一部分蒙古贵族进占河套地区,以此为基地骚扰边境,来去频繁,"套寇"成为明朝中叶的主要边患。弘治年间,把秃猛可重振汗权,统一鞑靼诸部,号达延汗("大元汗"的异译)。达延汗压制异姓贵族势力,将蒙古划分为六个万户,分授诸子,自领左翼三万户中的察哈尔万户。达延汗死后,六万户虽各主一方,但成吉思汗后裔的统治权力均得到长期保持。嘉靖时,右翼土默特万户的统治者、达延汗之孙俺答汗控制了右翼三万户,成为蒙古最强盛的势力。俺答汗势力范围的中心位于漠南,控有河套,对明朝形成直接威胁。明朝负责陕西边防的三边总督曾铣计划收复河套,得到内阁首辅夏言的支持。但觊觎首辅之位的严嵩却趁机策划了一起政治阴谋,诬曾铣、夏言好大喜功,穷兵黩武,激怒世宗,将二人处死,"复套"方案遂告流产。

嘉靖二十九年(1550),俺答汗对明朝发起了一次大规模的进攻。先攻大同,又转由古北口入塞,直抵北京城下。明朝军备久弛,无法反击,十余万军队据城而守,不敢出战,听任对方在北京周围大掠数日,仍由古北口退走。因是年为庚戌年,史称"庚戌之变"。俺答汗南侵并无灭亡明朝的企图,主要是出于经济目的。当时蒙古各部"生齿浩繁,事事仰给中国",明朝有限的朝贡贸易渠道不能满足其需求,又是时开时闭,故俺答汗希望通过战争掠夺财物,并逼迫明朝扩大"贡市"往来。然而战争又使双方的敌对状态一时难以消除,明廷认为"虏情多诈",对俺答的要求不予理睬。庚戌之变后,俺答继续发动小的进犯,"且犯且求开市",明朝高级边将先后战死十余人,北京多次戒严,边防形势一直比较紧张。

穆宗隆庆五年(1571),明朝与蒙古终于达成和议。和议的直接起因出自俺答汗的家庭纠纷。当时俺答汗强娶其孙把汉那吉已聘之妻三娘子,把汉那吉愤而降明。围绕把汉那吉回归蒙古一事,明朝开始与俺答汗进行和谈,迫使其交出叛明投蒙的汉人赵全等作为交换。在此基础上,双方协议结束敌对状态,明朝封俺答为顺义王,其家族成员和蒙古其他首领也都封授了大小不等的官职。恢复通贡关系,每年一贡,贡马不得超过500匹,来使不得超过150人。并在大同、宣府等边镇开设互市场所,大市每年一次,小市每月一次,听边民自相贸易。此即"隆庆和议",亦称"俺答封贡"。和议使蒙古各部的物质需求得到了较大满足,明朝北部边防的压力也终于缓解,"边境休息,……数千里军民乐业,不用兵革,岁省费什七"。[6]直至明亡,蒙古不再构成边疆的威胁。

倭患与明后期沿海形势

从洪武至正德,倭寇对明朝沿海的骚扰时断时续。永乐十七年(1419),明朝将领刘江在辽东望海埚歼灭来犯倭寇数千人,一时倭患稍稍敛迹。正统以下,随着明朝海防逐渐废弛,倭寇又有活跃趋势,不过总的来说其骚扰范围仍限于个别地区,势力未至大盛。到嘉靖年间,倭寇活动进入了空前猖獗的时期。其中一个标志性事件是嘉靖二年(1523)的"争贡之役"。是年日本诸侯大内氏、细川氏均遣使至宁波通贡,细川氏使团后至,但其中的华人宋素卿买通市舶司太监,得先行贸易。大内氏使者宗设怒而与细川使团发起仇杀,追逐直至绍兴,复折回宁波大掠,夺船而走,沿途杀死明朝军官及居民多人。此事充分暴露了明朝沿海军备的虚弱。明廷由此认为"倭患起于市舶",罢市舶司,厉行海禁,绝日本贡使。中日朝贡贸易规模有限,不能满足日本各诸侯的物资需求,这本来就是倭患持续不断的一个重要原因,现朝贡完全中止,遂使倭患更为严重。另外当时南方商品经济已有很大发展,很多人靠商业为生,沿海地主、富民往往从海外贸易中获利。厉行海禁同样损害了这些人的利益,中国的海上走私集团因而发展起来。他们亦商亦盗,多以日本为根据地,在日本支持下袭用倭人的服饰旗号从事劫掠,大大加剧了倭患的声势。见于史载的嘉靖倭寇重要首领,也是以华人为主,如徽州人许栋、王直、徐海,福建人李光头,广东人张琏等。嘉靖倭寇"虽曰倭,然中国之人居三之二",[7]这是其有别于嘉靖以前倭寇的重要特点。

嘉靖中叶,倭患已蔓延东南数省,烧杀抢掠,造成巨大损失。明廷先后派出朱纨、张经、胡宗宪等高级官员前往主持平倭。朱纨在闽、浙强化海禁措施,力图切断内地与倭寇的联系,捕杀许栋、李光头和"通倭"的富豪商贾多人。朝中闽浙官员攻击其"擅杀良民",朱纨被革职按问,自杀身亡。张经奉命总督东南诸省军务,在浙江嘉兴取得王江泾大捷,但却因为得罪严嵩亲信赵文华,被后者弹劾"縻饷殃民,畏贼失机",下狱处死。胡宗宪代为总督,用离间、诱降等计谋杀死徐海、王直,倭寇势焰稍挫。著名将领戚继光奉调至东南平倭,在浙江招募农民、矿夫等"乡野老实之人"组成一支新军,严加训练,时称"戚家军"。同时,又针对倭寇的作战特点,在阵法、兵器等方面进行创设和改进。结果"戚家军"屡战皆捷,名闻天下。另一位名将俞大猷也招募组建了"俞家军"。到嘉靖末年,长期骚扰东南沿海的倭寇基本被戚、俞等人荡平。

嘉靖以后,日本国内的形势发生了变化,割据的诸侯逐步统一,昔日分散和相对独立的武士、海盗集团被组织起来进行有计划的对外扩张,扩张的重点则放在朝鲜。因此明朝东南沿海没有再产生新的倭寇,中国海盗也不再假借倭名。朝鲜政权是在明初取代宋、元时期的高丽而建立的,一直向明朝称臣纳贡,是明朝关系最为密切的藩邦。日本统一后,军阀丰臣秀吉被天皇任命为关白(相当于宰相),掌握实权。他积极策划对朝鲜发动战争,企图通过征服朝鲜进而征服中国。万历二十年(1592)四月,日本军队在朝鲜南部登陆,不足两月,朝鲜大部分国土即告沦陷。明廷闻讯震动,"廷议以朝鲜属国,为我藩篱必争之地",[8]决定出兵救援,将日军逐回朝鲜半岛南端。此后中朝联军与日军长期处于相持状态,中间还进行了和谈,但未获成果。万历二十五年,日本重新发起进攻,联军尽力抵御,又形成拉锯战局面。适逢次年丰臣秀吉病死,日军无心恋战,乘船撤回,中朝联军追击于海上,击沉、焚毁大批敌舰,明神宗以"平倭"诏告天下。这次战争虽以日本失败告终,朝鲜得以转危为安,但明朝的国力也大为损耗,衰颓趋势进一步加剧。

明朝后期,东南沿海形势也出现了新的变化。在平倭过程中,明廷逐渐认识到"海禁愈严,贼伙愈盛",因此在隆庆时期开始解除海禁,有条件地允许私人从事海外贸易。隆庆、万历年间,福建、广东等地的私人海外贸易有了很大的发展。活动于东南沿海的私人贸易集团,大多还带有亦商亦盗的性质,其中有不少仍是嘉靖"倭寇"残余,与日本也继续存在联系,但他们已不再使用"倭"的旗号。明末,泉州人郑芝龙成为东南海商中最强大的势力。芝龙早年经澳门到日本,被定居在那里的华商头目李旦收为义子,后来继承了李旦的产业,又兼并了另一大海商颜思齐的财产。天启七年(1627),他主动接受明朝的招抚,借助官府庇护,先后消灭了多名其他私人海商首领,官升总兵。到明朝灭亡前夕,郑芝龙基本控制了东南沿海的对外贸易,已成独霸一方之势。

沿海形势的另一大变化是西方殖民者的东来。随着新航路的开辟,欧洲诸国开始向东发展,较早来到东方的是葡萄牙、西班牙和荷兰。葡萄牙早在十六世纪初已占领东南亚重要港口满剌加(今马六甲),随后于正德十二年(1517)遣使至广东,要求入见皇帝,未遂。嘉靖时,葡萄牙人与倭寇勾结,一度在宁波双屿、泉州浯屿建立据点,后被朱纨逐走。嘉靖三十二年(1553),复以晾晒货物为名,贿赂明朝官员,在澳门登陆。其时明朝政治腐败,上下姑息容忍,听任葡萄牙长占澳门不去,只是每年征收税银两万余两。西班牙则于嘉靖末占据了菲律宾群岛,残酷镇压当地华侨,在万历三十一年(1603)一次即屠杀华侨25000人。明廷一向将华侨视为"海外奸民",对西班牙的暴行未予反击。十七世纪初,荷兰的势力在东方发展起来,先后窃据澎湖列岛和台湾。当时荷兰只占有台湾南部,北部则由西班牙控制。至崇祯十五年(1642),荷兰击败西班牙,独占台湾。但由于郑氏海商集团势力的强盛,荷兰始终未能进一步向中国大陆扩张,打开与明朝的直接贸易渠道。

西北与西南边疆

明初与蒙古抗衡,西北是一条重要战线。洪武时征伐蒙古,多次由西路出兵,在今甘肃西部、青海北部直至新疆东部设立了一系列羁縻卫、所。新疆的大部分地区在元朝居于察合台汗国控制之下,到明初,察合台汗国已经分裂,其地各自割据,不相统属,地大者称国,小者止称"地面"。各割据政权统治者仍多为蒙古人,居民则以畏兀儿人为主。明朝前期,以哈密为经营西域的主要据点,封当地蒙古贵族安克帖木儿为忠顺王。永乐四年(1406),设立哈密卫,以忠顺王部下头目任卫指挥、千户、百户等职,又派汉人充任忠顺王府长史、纪善等官,协同理事。明朝政府希望通过对哈密的经营,使其起到"西域之喉襟"的作用,"以通诸番之消息,凡有入贡夷使方物,悉令至彼,译表以上"。[9]永乐、宣德时期,哈密及其以西地区与明朝建立了比较固定的朝贡贸易联系。当时在中亚崛起了一支新的势力,即由突厥化的蒙古巴鲁剌思部贵族帖木儿建立的帖木儿帝国。帖木儿晚年企图东侵明朝,仿效成吉思汗建立庞大的征服国家,但因其去世而未能实现计划。此后帖木儿帝国与明朝恢复了和平往来。

明朝中期,哈密受瓦剌侵扰,日渐衰落。另一个地方政权土鲁番(吐鲁番)的势力发展起来,在与明朝保持朝贡关系的同时,开始争夺哈密,并骚扰肃州(今甘肃酒泉)等地。明朝为"南倭北虏"所困,无力西顾,最终失去了对哈密的直接控制。土鲁番的首领本是元朝察合台汗国后裔,但已改信伊斯兰教,称速檀(即"苏丹")。后来土鲁番的王族赛伊德建立叶尔羌汗国,基本统一了天山以南地区。天山以北则主要是瓦剌的势力范围。

西藏地区在明朝称为乌斯藏。明初,派人入藏招抚,承认元朝对当地僧俗首领所加封的称号。洪武六年(1373),乌斯藏摄帝师喃加巴藏卜入朝,明太祖封之为"炽盛佛宝国师",并设立了一些宣慰司、元帅府、万户府之类羁縻性机构,以当地首领任长官。不久将藏区的乌斯藏、朵甘两卫升为行都指挥使司,由设于河州(今甘肃临夏东北)的陕西行都指挥使司兼辖。明成祖即位后,相继派宦官侯显等多人持节入藏,与各地方、各教派的领袖人物广泛接触,封授了一批首领,最高者为王和法王。直到宣德时,共封授了大宝、大乘、大慈三大法王和阐化、护教、赞善、辅教、阐教五大地方之王,各有封地,互不统属。另外还加封过两名西天佛子、九名灌顶大国师、十八名灌顶国师以及大量的禅师之类僧官,"俾转相化导,以共尊中国"。[10]这一阶段,每年都有大量的番僧来朝,甚至留居京师。明朝还与以藏族为主体的"西番"诸部建立起了茶马贸易关系,在藏区沿边设立茶马司,储茶以易马,严禁私贩,犯者罪至处死。事实上私人贸易并不能完全禁绝,藏民经常以马匹、毛毡、毛缨等物至边地换取盐、茶、布匹,汉族商人亦多有深入藏区交易者。永乐时,开通了自雅州(今四川雅安)至乌斯藏的驿路,更为汉、藏经济往来提供了便利条件。

明朝前期,西藏喇嘛教中出现了一个新兴的教派——格鲁派,因其僧侣戴黄色僧帽,俗名黄教,创立者为宗喀巴。当时喇嘛教各教派戒律松弛,在社会上影响力下降,已有衰落趋势。宗喀巴因而进行宗教改革,要求僧人严守戒律,禁止其娶妻生子和从事世俗活动,同时加强对经典的研究,以知识服众。格鲁派的建立时间以永乐七年(1409)宗喀巴在拉萨发起大祈愿法会为始,此后影响逐渐扩大。明成祖派人召宗喀巴进京,宗喀巴命其弟子释迦也失代行。宣宗时,封释迦也失为大慈法王,为藏地三大法王之一。以后格鲁派逐渐成长为西藏地区占统治地位的教派。明朝中期,格鲁派宗教领袖的产生开始采用"灵童转世"制度。万历初年,蒙古俺答汗在青海会见格鲁派领袖索南嘉错,宣布皈依格鲁派"黄教",并为索南嘉错奉上"达赖喇嘛"的尊号。格鲁派教徒遂追尊其前任领袖为达赖一世、二世,索南嘉错为达赖三世。俺答汗的曾孙按"灵童转世"之法被确认为达赖四世,成为历代达赖中唯一的非藏族人,黄教在蒙古地区的传播因而得到了进一步推动。后来黄教内部又出现另一位宗教领袖,尊号班禅,亦用"灵童转世"之法递相传袭。

在云南、贵州两省,四川南部,以及湖广、广西西部,居住着苗、瑶、彝、僮(壮)、黎、傣、白、布依等许多民族,明朝政府对这些地区的统治也带有与内地不同的特点。省级机构仍与内地一样设都、布、按三司,民族聚居区的基层管理则主要依靠土官,亦称土司。土司的名号,属武职系统者有宣慰(司)使、宣抚(司)使、安抚(司)使、招讨(司)使等,文职系统者有土知府、土知州、土府(或州)同知、土知县、土县丞等。绝大多数为世袭其职,不受朝廷遣调,但要负责谨守疆界,缴纳赋税,进贡土产,修护驿道,有事时还要出兵供调遣。土司的承袭在形式上必须经过中央批准,武职归兵部,文职归吏部,对桀骜不驯者往往以"姑准任事"相要挟。一部分土司衙门中的佐贰职务由朝廷任命流官担任,以对土司形成牵制。这一套土司制度是从元朝继承而来的,管理力度比元朝更为加强。不过尽管如此,土司的割据性仍然很明显,在辖境内近于为所欲为,时常互相仇杀,甚至起兵反抗朝廷。在明朝,西南土司较大规模的叛乱一共发生过三次,都给明朝统治造成了一定的打击。

麓川之乱——麓川宣慰司(治今云南瑞丽)位于中缅边境,为傣族聚居区。英宗正统二年(1437),其宣慰使思任发叛,自称滇王。明廷发兵征讨,大将方政败死。随后继续增兵,思任发惧而入贡谢罪。时王振专权,希望"示威荒服",坚主镇压。共调军 15 万,转饷半天下,至正统十年,终于俘斩思任发。但思任发家族的势力并未全被消灭,其子仍占据麓川,维持土司的地位。

播州之乱——播州宣慰司(治今贵州遵义)位于四川、贵州、湖广交界处,苗族酋长杨氏自唐朝以来长期统治此地,至明朝世袭播州宣慰使。万历十七年(1589),播州宣慰使杨应龙作乱,多次出兵攻掠附近州县,随后又佯称伏罪。至二十七年,明廷终于下决心彻底镇压,调集八路军队,共 20 余万人,于次年平定播州,杨应龙自缢死。明朝在播州实行"改土归流",将其地分割为遵义、平越二府,分隶四川、贵州,设立流官统治。此前在万历二十年明朝曾平定宁夏蒙古军官哱拜的叛乱。平哱拜、援朝鲜、平播州合称"万历三大征",将明朝自张居正改革以来的财政储备大部分耗尽。

永宁、水西之乱——永宁宣抚司(治今四川叙永)、水西宣慰司(亦名贵州宣慰司,治今贵州大方)均是彝族聚居区。天启元年(1621)永宁宣抚使奢崇明反,进围成都。次年水西宣慰使安邦彦起兵响应,围困贵阳。明军虽解二城之围,但未能消灭奢、安的有生力量,形成了拉锯战,直至崇祯三年(1630)才将叛乱最后平定,在永宁实施改土归流,水西因主动投降,仅削其地。此役加速了明朝的灭亡。

二 满族的崛起

明朝对东北地区的控制本来相对稳固,但十六世纪晚期建州女真的兴起改变了这一局面。1616 年,建州女真首领努尔哈赤称汗,国号大金,史称后金。1636 年,后金改国号为大清,族名由女真改称满洲。经过与明朝 20 余年的交战,清逐步成长为一个雄踞关外的强大政权,为入主中原奠定了基础。

明朝东北局势与后金的建国

在明朝,东北地区的居民以女真人分布最广。此外,在东北北部还有吉里迷、苦夷、达斡尔诸族,西部有蒙古的兀良哈三卫,南部的辽东、辽西则主要居住着汉人。明朝的管理机构,在南边辽河流域设有辽东都指挥使司,治辽阳;北边的黑龙江、松花江流域,则设立过奴儿干都指挥使司,治所奴儿干,位于距黑龙江入海口约 200 公里的特林地方。奴儿干都司设于明成祖永乐七年(1409),其辖区西至斡难河(今鄂嫩河),北抵外兴安岭,东越海直达苦兀(即库页岛,今俄罗斯萨哈林岛)。明朝前期,曾经开通奴儿干通往内地的驿路,还曾数次派人前往奴儿干地区巡视抚谕。后来随着边疆政策的收缩,奴尔干都司罢废,对黑龙江、松花江流域的女真等民族完全实施羁縻统治,任命其酋长担任都督、都指挥、指挥、千户、百户等职务,授以敕书,定期入京朝贡。同时,又在辽东开设马市,允许女真人以马匹、貂皮、人参等特产交换汉族的耕牛、铁器、布匹绢帛及其他生活用品。

    明朝的女真分为建州、海西和野人女真三大部分。建州、海西女真原居黑龙江流域,元末明初开始逐步南迁。到明朝中期,建州女真主要活动于图们江、鸭绿江流域,海西女真分布于建州女真以北、松花江流域的广大地区。随着与汉族经济联系的加强,这两部分女真人的经济实力也有了很大发展。野人女真位于建州、海西以北和以东,基本上仍活动于黑龙江流域,距汉族地区较远,社会发展相对落后。对濒临辽东的建州、海西女真诸部,明朝采取"使其各自雄长,不相归一"、分而治之的政策,相机使用镇压、招抚、防范等不同手段,尽可能使各部互相牵制,不使一部坐大。尽管女真部落不时有跋扈、反抗之举,但都被很快平定,明朝的统治地位基本未受影响。隆庆末到万历前期,名将李成梁出任辽东总兵,整顿边备,镇压了力量较强、渐难驾驭的女真首领王杲、阿台父子,明朝对女真的分治政策得到继续保持。但到万历十九年(1591)李成梁去职以后,辽东军帅频繁更换,军备日趋废弛,建州女真酋长努尔哈赤的势力又逐步膨胀起来。

    努尔哈赤出身于建州爱新觉罗氏的贵族世家。明朝在建州女真居地设有建州卫、建州左卫、建州右卫三个羁縻机构,努尔哈赤的六世祖猛哥帖木儿在明成祖时曾任建州卫都指挥使之职,其祖父觉昌安任建州左卫都指挥使、父亲塔克世为指挥使。努尔哈赤早年丧母,分家自立为生,后投入李成梁部下,有战功,且粗通汉语,喜读《三国演义》和《水浒传》。万历十一年(1583)李成梁征建州右卫首领阿台时,误杀觉昌安、塔克世。明廷遂命努尔哈赤袭职为建州左卫指挥使,以报偿其祖、父之冤屈。努尔哈赤迁怒于引导明军进攻阿台的另一名建州左卫贵族、图伦城主尼堪外兰,起兵伐之,由此开始统一建州女真的事业。其间对明朝十分驯服,数次赴北京朝贡,被赞为"忠顺学好,看边效力"。到万历十六年,已统一建州女真各部,明廷升其职为左都督,又加号龙虎将军。此后经过20余年的艰苦战斗,征服了海西女真的叶赫、乌拉、哈达、辉发四大部落,以及一部分野人女真,基本完成了女真社会的统一。在其统一进程的后期,一些明朝官员已预见到努尔哈赤

"最为可忧,度其事势必至叛乱,……天下之事将大坏不可收拾矣"。[11]但明朝正值神宗怠政,又为其他内外问题所困扰,因此除继续对女真推行挑拨离间、分化瓦解策略,以及实施经济封锁外,未能采取更为有力的措施来限制努尔哈赤势力的膨胀。

在统一女真的进程中,努尔哈赤开始着手进行政权建设工作,其中最主要的是创立了八旗制度。万历二十九年将部众编为黄、白、红、蓝四旗,各以相应颜色的旗帜作为标志。具体每300丁为一牛录,五牛录为一甲喇,五甲喇为一固山,固山(7500丁)即为一旗。后因部众增加,到万历四十三年又新编镶黄、镶白、镶红、镶蓝四旗,皆在相应颜色旗帜上加镶边,原来的四旗则分别称正黄、正白、正红、正蓝,是为八旗。这套制度是在女真社会原有狩猎组织(即称"牛录")的基础上加以整齐、扩充而成的,其特点是兵民合一,兼有行政、军事、生产的多方面职能。努尔哈赤身为八旗共主,又自统两黄旗,以子、侄、孙统领其余六旗。到努尔哈赤死后,随着大批蒙古、汉人的降附,又按同样的形式编制了蒙古八旗和汉军八旗,总旗数达到二十四,但仍泛称八旗。

努尔哈赤还注意进行本民族的文化建设。以前金朝统治者曾参照汉字创制女真文,但金亡以后逐渐失传,明朝女真人在书面表达时多借用蒙古文字。万历二十七年,努尔哈赤命下属以蒙古文字母拼写女真语言,创立了新的女真文字。后来这套文字经过改进,形成满文(亦称"新满文",努尔哈赤所初创者则相应称为"老满文")。

万历四十三年,当女真的统一接近完成之时,努尔哈赤设置了理政听讼大臣五人、断事官十人,处理行政事务。又命人翻译明朝的行政法典《大明会典》,参考制定各项法规律令。此时女真的国家规模已具雏形。万历四十四年,努尔哈赤终于在他的统治中心赫图阿拉城(今辽宁新宾老城)正式称汗,号"英明汗",建元天命,改赫图阿拉为兴京。其国号仍沿用昔日金朝之名,称"大金",史家一般称之为后金。

后金(清)对明战争及其势力的发展

努尔哈赤称汗后不久,即主动与明朝决裂。万历四十六年(后金天命三年)四月,努尔哈赤率军队向明朝的直接控制区发起进攻,行前以"七大恨"誓师告天,指斥明朝压迫女真人、阻挠女真统一等罪责。后金军很快攻占辽东重镇抚顺,明廷"举朝震骇",决定对后金发动大规模的进剿。经过十个月的准备,从全国调集大批军队至辽东,又从朝鲜征兵助战,共十万人,号称四十七万。以杨镐为辽东经略,指挥全局,分兵四路合围夹击,志在必取。努尔哈赤则充分利用了明军骄傲轻敌、兵力分散、地形不熟、联络不便等弱点,集中八旗兵六万,予以各个击破。万历四十七年三月初二至初四日,后金军主力接连击溃西、北、东南三路明军,南路明军闻讯遁逃,明朝精心策划的进剿遭到惨败,官兵阵亡近半。双方交战的主战场在萨尔浒(今抚顺东浑河南岸),史称萨尔浒之战。自此后金在辽东转入进攻,明朝元气大伤,只能勉强防御。

萨尔浒战后,熟悉边务的熊廷弼代任辽东经略,采取"坚守渐逼"之策,使明朝的被动局势有所缓解。但仅过一年,廷弼即因朝中党争去职,继任者袁应泰不习兵事,疏于防守。天启元年(后金天命六年,1621),后金军攻占沈阳、辽阳,尽有辽河以东之地。努尔哈赤迁都于沈阳,称盛京。明廷被迫重新起用熊廷弼为辽东经略,同时又任命王化贞为广宁(今辽宁北镇)巡抚,共同主持对后金战事。熊、王二人一主守,一主攻,意见不合,号令不一。努尔哈赤抓住这一机会,于天启二年一举攻克广宁,又连陷辽河以西四十余城。明朝只好将战线退收到辽西走廊,利用那里狭窄的地形阻碍后金进攻。重点建设宁远(今辽宁兴城)、锦州为山海关外屏障,其间又修筑了大凌河、小凌河、松山、塔山、杏山、右屯等多处要塞,形成一条比较坚固的防线。天启五年,阉党高第出任辽东经略,认为"关外必不可守",尽撤其防御,驱兵入山海关。驻守宁远的兵备道袁崇焕抗令不从,执意坚守。六年(后金天命十一年,1626)正月,努尔哈赤率军直抵宁远,发起猛攻。守城明军顽强抵抗,用购自葡萄牙的"红衣大炮"轰击城外,后金军伤亡惨重而退。宁远之战是后金对明作战以来首次重大失败,努尔哈赤愤恚得疾,于当年八月死去,后被追尊为清太祖。

努尔哈赤死后,第八子皇太极被拥戴嗣位,建元天聪。皇太极再攻宁远、锦州不克,遂改变策略,在一段时期内对明朝打出"议和"牌,而将主要精力转向其他方面。天启七年(后金天聪元年,1627)和崇祯九年(清崇德元年,1636),两次发兵进攻朝鲜,最终迫使朝鲜签订城下之盟,断绝与明朝的关系,向皇太极称臣纳贡。皇太极还展开了对蒙古的扩张。明末蒙古已分为漠南、漠北、漠西三大部分,漠西即瓦剌后裔,时称厄鲁特蒙古。漠南、漠北蒙古均为达延汗所分封六万户之后。其中漠南察哈尔部的统治者林丹汗拥有蒙古大汗名号,兵马强盛,得到明朝的支持。但他对蒙古其余部落肆行欺凌侵扰,漠南蒙古科尔沁、翁牛特、郭尔罗斯等部落都在皇太极拉拢下倒向后金。崇祯元年(后金天聪二年)到八年,后金军三次西征察哈尔,夺得元朝传国玉玺,林丹汗走死于青海,漠南蒙古诸部皆归附后金,漠北蒙古随后也遣使进贡。崇祯六年(后金天聪七年,1633)到七年,皇太极招降了明朝将领孔有德、耿仲明、尚可喜,皆封以王爵,倍加荣宠。在北方,继努尔哈赤之后,完全征服了黑龙江流域的野人女真和其他土著民族,控制了西起鄂霍次克海、东到贝加尔湖的广大地区。

皇太极对后金政权内部也进行了整顿。努尔哈赤在位后期,将家族人口、财产分为八部分,命子侄八人分领,称八和硕贝勒(贝勒意为"首领",和硕贝勒意为"一方之首领")。其中代善(努尔哈赤次子)、阿敏(努尔哈赤侄)、莽古尔泰(努尔哈赤第五子)与皇太极合称四大贝勒,地位最高。皇太极即汗位后,仍是与其他三大贝勒轮流执掌国政,权力分散,事事掣肘。他采取措施,逐步剥夺了三大贝勒的执政权,使得政由己出。政治制度方面,设立了六部、都察院、内三院(内国史院、内秘书院、内弘文院)等汉式官僚机构,既推动了政权的汉化,又巩固和加强了汗权。努尔哈赤晚年对辽东汉人采取高压政策,皇太极则注意调整民族关系,减轻对汉人的剥削压迫,又充分重用汉族知识分子。随着对外扩张的发展和内部局势的稳定,后金统治者已不满足于边疆民族政权的地位,而希望成为统治中原的汉族模式正统王朝。崇祯九年(后金天聪十年)四月,皇太极在盛京举行盛大典礼,接受诸贝勒大臣、蒙古贵族、汉族降将官员共同奉上的"宽温仁圣皇帝"尊号,改元崇德,新定国号大清,并改女真族名为满洲。皇太极后来被追尊为清太宗。

从崇祯二年(后金天聪三年)到十一年(清崇德三年),皇太极先后四次发兵,取道蒙古,从北京北面的喜峰口、独石口等处入塞侵扰,给明朝造成重大打击。在崇祯二年的进攻中,后金军包围北京,并施反间计,造成明朝负责对金战事的督师袁崇焕暗中"通敌"的假象,诱骗明思宗以谋叛之罪处死了袁崇焕。崇祯十一年的进攻则一直打到山东,攻占济南。但因来去迂回,长途跋涉,担心归路断绝,每次都无法在内地立足,只能掠夺财物后匆匆撤兵。经过对历次侵明战役的总结,皇太极最后决定仍将主攻方向放在山海关外,力图先拔除明朝在关外的防御据点,取得关外一统之局,然后相机进取。崇祯十三年,清军开始在辽西的义州(今辽宁义县)修城屯田,逐步逼近明朝宁、锦防区,次年完成了对锦州的封锁。明思宗以大臣洪承畴为蓟辽总督,统八总兵十三万军队赴援。洪承畴考虑到锦州兵精粮足,有能力长期守御,而援军人数众多,粮饷供应困难,故主张步步为营,且战且守,稳健推进,逐渐压迫清军,使其在人力物力衰竭后自行退走。但明思宗和朝中官员急于求成,连连催战。崇祯十四年(清崇德六年,1641)七月,洪承畴开始向锦州推进,打到锦州南侧的松山,对围锦清军发起猛攻。八月,皇太极亲统精锐自后方飞速驰援,绕到洪承畴身后,形成了反包围。明军粮道被切断,军无斗志,诸将相继拔营西逃,被清军伏击截杀,一败涂地。洪承畴被俘降清,锦州明军亦绝望缴械。史称"松山之战"。此战使明朝丧失了最后一支能与清朝抗衡的军事主力,关外防御也仅剩宁远一座孤城,覆亡大局基本奠定。

三　清朝的统一

崇祯十七年(清顺治元年,1644),历史出现了重大的波动和转折。这一年三月,李自成领导的农民起义军攻入北京,推翻了明朝的统治。清朝军队则在明朝降将吴三桂的配合下迅速入关,逐走李自成,占领北京,坐收渔人之利。此后又经过近20年的征战,清朝逐一消灭明朝和农民军的余部,统治地位最终完全确立。

农民起义与明朝的灭亡

天启七年(1627)明思宗即位时,明朝已陷入严重的统治危机,政治腐败,军备废弛,财政濒于崩溃。自万历四十六年(1618)起,为解决对后金作战的军费,明廷在全国普遍加派赋税,平均每亩加征银九厘,称为"辽饷"。实际上文官武将大肆贪污,加派所得多入私囊,不足而复行加派,形成恶性循环。思宗提高"辽饷"至每亩一分二厘,后来又因镇压农民起义而加征"剿饷""练饷",合称"三饷"。残酷的剥削致使民不聊生,无异于剜肉补疮。另一方面,社会上的贫富分化极端严重,财富急剧地集中到皇亲国戚、官僚、宦官、乡绅等特权地主手里,大多数农民赤贫如洗,朝不保夕。在这种情况下,农民起义终于爆发并愈演愈烈,使大半个中国陷入动乱之中。

明末农民起义在天启七年最初爆发于土地贫瘠、天灾严重的陕西,随后波及山西,形成多支部队,推举盟主,协同作战。崇祯六年(1633)冬,农民军在盟主"闯王"高迎祥率领下冲破明军包围圈,进入河南,发展到十三家七十二营。八年,高迎祥攻克明"中都"凤阳,焚毁明朝皇帝的祖陵,明廷大震。九年,高迎祥被俘杀,其部众推李自成为"闯王",流徙于川、陕边界,暂时处于消沉。明朝调集兵力对付另一支农民军主力张献忠部,迫其投降。但到崇祯十二年,中原大旱,张献忠趁势复反,李自成也从陕南商洛山中进军河南,以"均田免粮"号召百姓,饥民群起从之。十四年春,李自成克洛阳,杀福王朱常洵(神宗第三子),张献忠克襄阳,杀襄王朱翊铭,自此农民军进入极盛。李自成先后三次围攻开封,屡战皆捷,被部下推举为"奉天倡义大元帅",其众号称百万。十六年,在襄阳称新顺王。张献忠则转向长江中游活动,攻陷武昌,称大西王。

崇祯十六年十月,李自成在河南大败明朝督师孙传庭的军队,乘胜破潼关,占领西安,略定全陕之地。十七年正月,在西安建立政权,定国号为大顺,建元永昌。二月,分兵两路进军北京,以偏师出河北,牵制明朝南方援军,自成自统主力经太原出大同、宣府,于三月抵达北京城下。明思宗杀死幼女、嫔妃,于三月十九日自缢于煤山(今北京景山),李自成进入北京,明朝灭亡。此时大顺政权版图,东自山东,西抵甘、宁,北沿长城,南达江淮,基本奄有明朝北方之地。同年张献忠进占四川,在成都建立政权,国号大西。

明思宗与明朝前面的一些童昏、怠政君主不同,律己较严,自奉俭朴,十七年间勤于政事,未尝稍懈。清修《明史》评论说,思宗就个人品行而言本来算不上"亡国之君",但却不幸遇上了"亡国之运",而能力有限,又缺乏"救亡之术"。当其即位之初,明朝已是"元气尽澌,国脉垂绝","臣僚之党局已成,草野之物力已耗,国家之法令已坏,边疆之抢攘已甚"。[12]思宗虽有志"中兴",但秉性多疑,用人不专,刚愎自用,重典责下,急于求治,果于刑戮,喜怒无常,不辨是非。明朝内阁大学士共有164人,思宗十七年就占了50人,更易频频,席不暇暖。在位期间共诛杀大学士二人,总督七人,巡抚十一人,中下级官员更是诛戮相继。功勋才能之臣常不自保,获存者畏罪饰非不敢任事,庸佞之徒却多得柄用。史称:"赏罚太明而至于不能罚,制驭过严而至于不能制,加以天灾流行,饥馑荐臻,政繁赋重,外讧内叛。譬一人之身元气羸然,疽毒并发,厥症固已甚危,而医则良否错进,剂则寒热互投,病入膏肓而无可救,不亡何待哉!"[13]从某种程度上说,这也是明初强化君主专制独裁的最终恶果。

李自成能够推翻明朝,也有其自身的原因。与明末其他起事者相比,自成有大志,不好酒色,能与部下同甘苦,军事才能也较为突出。针对明末土地集中、赋税苛重的社会现实,及时提出"均田免粮"口号,得到了广大百姓的拥护。但另一方面,他对全国局势未能作出全面清醒的估计,自己的基础尚未稳固就过早地占领北京,灭亡明朝,后来事实证明这可能是一个致命的错误。崇祯十六年自成在襄阳称新顺王时,曾有部下提出先取江南,截断漕运,坐困京师的方案。对长期流动作战的李自成部队来说,如能占领江南富庶之地,则可从容整顿内部,积蓄实力,根据明、清两方力量对比和政局的变化相机进取,不失为一个稳健的策略。但李自成受农民乡土观念影响,却选择了经济凋敝的陕西作为发展方向,在陕西立足未稳又直取北京,虽逞一时之快,却不知螳螂捕蝉,黄雀在后,出现了清朝这一更强大和更难应付的对手。宏观战略上的失误,已为李自成随后的失败埋下了伏笔。

清兵入关

明朝灭亡时,清太宗皇太极已于前一年去世,其第九子福临嗣位,年号顺治,是为清世祖。福临年幼,其叔父睿亲王多尔衮摄政,掌握大权。与李自成相比,以多尔衮为代表的清朝上层统治集团对时局有着更为清醒的洞察。崇祯十七年(清顺治元年)正月,多尔衮了解到李自成势力不断壮大的消息,即致书表示愿与对方"协谋同力,共取中原,倘混一区宇,富贵共之"。[14]得知李自成包围并占领北京的消息后,清廷迅速作出反应,大规模征集军队,几乎是倾国出动,南下抢夺胜利果实。临行前制定了军事政策,决定改变过去入关后大肆抄掠的做法,以为明朝复仇、"吊民伐罪"自命,注意整肃军纪,安抚地方,以争取明朝士大夫和百姓的支持。四月初九日,多尔衮以"奉命大将军"的名义率军由盛京出发。原计划仍沿旧路,取道蒙古从长城北面迂回入塞,但途中接到明朝山海关守将吴三桂的降书,遂改道直趋山海关,行动速度因而大大加快了。

吴三桂出身于明朝武将世家,官至总兵,曾参加松山之战,战后驻守宁远,清廷多次对他进行招降,均未遂愿。明朝灭亡前夕,有较强作战能力的部队只剩下吴三桂所统数万人。李自成兵临北京,明思宗急调吴三桂自宁远入援,援军尚未到达,北京已经失陷。吴三桂退据山海关,成为明朝孤臣,而其父吴襄和其余家属居于北京,都落入李自成手中。经吴襄写信劝说,吴三桂决定降附李自成。但李自成对吴三桂部队在当时的重要性仍然认识不足,争取工作未尽全力,相反却在北京大行"追赃助饷"之举,拷掠明朝降官令其缴纳财物,吴襄亦未幸免。大顺大将刘宗敏还夺去了吴三桂的爱妾陈圆圆。吴三桂得知上述情况后,怒而改变初衷,拒不投降,杀逐大顺使节,转而与清朝接触。他致信多尔衮,请求合兵进攻李自成,复辟明朝,并许诺在事后"裂地以酬"。多尔衮复信劝降,谕以"若率众来归,必封以故土,晋为藩王,一则国仇得报,一则身家可保,世世子孙长享富贵,如河山之永"。[15]此时李自成亲征吴三桂,兵临山海关,吴三桂兵力不敌,处境窘迫,急乞援于清军,使者相望于道。四月二十二日,清军到达山海关,吴三桂出关谒见多尔衮,称臣剃发,正式降清,清朝封之为平西王。

李自成占领北京后,则一度沉浸在盲目乐观的情绪之中,认为大局已定,开始筹划举行登基典礼。同时将此前在地方上使用过的"追赃助饷"政策用来对付明朝降官,无论在大顺朝任职与否,一律责令缴纳巨额金银,不足额即严刑拷掠,为此专门制造夹棍5000副作为刑具。此举打击面过大,手段过于急迫,使得各地官绅人人自危,严重削弱了大顺政权的统治基础。农民军官兵基本上都处于懈怠状态,热衷享乐,士气消磨殆尽。由于李自成计划复都关中,不准备在北京久驻,所以没有认真整顿军纪,奸淫掳掠之事时有发生,民心不附。等到吴三桂拒降的消息传来后,李自成又临时决定东征,出兵仓促,没有进行细致的情报侦察工作,对清军的迅速到来和参战缺乏思想准备。四月二十一日,大顺军与吴三桂激战整日,疲惫不堪,次日清军突然加入战场,大顺军在对方冲击下全线崩溃,自相践踏,死者数万人。李自成败回北京,在二十九日草草举行了预定的登基典礼后,当天即从北京撤走。五月二日,清军进入北京,下令安抚百姓,为明思宗发丧,又宣布明朝官员皆照旧录用,即使曾投降大顺者亦既往不咎。这些措施成功地起到了笼络人心的作用。从李自成进入北京到其撤出,历时42天,而清军自盛京出师到进占北京,仅用时23天。九月,清廷宣布自盛京迁都北京。十月,顺治帝在北京祭天登基,颁诏天下。

多尔衮既入北京,命英王阿济格、豫王多铎统军追击李自成,以吴三桂为前锋。李自成退守陕西,败势不可遏止。顺治二年正月,清军攻破潼关,李自成被迫放弃西安,南走襄阳、武昌,在湖广、河南、江西一带迂回转战,连连失利。五月,自成率残部行至通山(今属湖北)九宫山,遭乡民袭击,被杀身亡。另有史料称自成实未被杀,而是转投石门(今属湖南)夹山隐居为僧。无论真相究竟如何,一度叱咤风云的农民军领袖李自成,自此已从政治舞台上消失。稍后在顺治三年十一月,张献忠在川北的一次战斗中被清军射死,大西政权亦告瓦解。

清朝统治的确立

清朝入关之后,随着对李自成作战的频频告捷,开始将重点打击目标转向江南的明朝残余势力。当时明朝虽已灭亡,而南方官僚又先后拥立一些朱明宗室,继续使用明朝旗号,史称南明。南明的第一个君主是福王朱由崧(明神宗孙、福王朱常洵子),他于顺治元年(明崇祯十七年)五月即位于南京,年号弘光。面对北方复杂的形势,弘光政权采取"联清灭顺"策略,派人携礼物前往北京,答谢清朝"逐寇"之功,并幻想清朝在彻底消灭李自成后退回关外,准备"奉送"山海关以外的土地,并年赠"岁币"银10万两。但清朝对南明的态度十分强硬,并不理睬其"通好"之意,反而于这一年十月发布檄文,指斥弘光政权"国破家亡,不遣一兵,不发一矢,如鼠藏穴","未知京师确信,又无遗诏,擅立福王",[16]随即派豫王多铎统兵南伐。时弘光政权建立未久已陷入党争,阉党用事,斥逐东林、复社,内讧不已,政局混乱。顺治二年四月,多铎攻占扬州,南明督师大学士史可法不屈遇害。清军在扬州城内大肆屠戮,十日后始宣布"封刀",史称"扬州十日"。五月,清军渡江进入南京,弘光帝被解送北京处死。

鉴于入关以来军事进展极为顺利,清朝统治者过分乐观地估计了形势,认为天下皆可传檄而定。在这种心理支配下,开始推行强制性的民族同化措施,勒令全体汉族居民照依满族习俗剃发蓄辫,改易服饰。清朝在关外时,对降人皆令剃发易服,入关后为争取民心,一度停止了这项规定。到顺治二年六月,也就是占领南京后一个月,重下剃发令,要求各地不分文武官民,在接到命令十日之内必须剃毕,违抗者杀无赦,时称"留头不留发,留发不留头"。服饰也必须改依清制,但执行可以稍缓。剃发令迫使广大汉族百姓在几天内改变几千年来的风俗习惯,严重伤害了他们的民族自尊心。令下,各地骚动,尤以江南为甚。很多已经降清的地方重举义旗,社会贵贱贫富的不同阶层都广泛卷入。江阴人民在阎应元、陈明遇领导下顽强抗击清军围攻80日,毙敌7.5万余人,城破尽被屠杀,无一降者。嘉定人民由黄淳耀、侯峒曾领导反清,嘉定城几度易手,被清军先后屠城三次,史称"嘉定三屠"。各地反剃发斗争虽然最终失败,但已给清朝统治造成了沉重打击,声援了南明政权的武装抵抗活动,使清朝对南方的统一大为延迟。

弘光政权覆灭后,东南地区又出现了两个南明小朝廷。顺治二年闰六月,唐王朱聿键即位于福州,年号隆武。同月鲁王朱以海在绍兴自称"监国"。他们同以反清号召百姓,而又彼此争夺正统,互不相下。隆武帝虽有志恢复,但其政权实际上控制在久踞福建的郑芝龙手中,多受挟制。顺治三年六月,清军渡过钱塘江,攻占绍兴,鲁王出海逃往舟山。七月,清军入闽,诱降郑芝龙,俘斩隆武帝。十一月,明朝官员又在广州拥立隆武帝之弟聿𨮁,年号绍武,但也很快被清军消灭。

顺治三年以后,南明抗清斗争的主战场转向华南和西南,其政治核心为桂王永历政权。这一年十月,一批大臣在肇庆拥戴桂王朱由榔监国,不久因与绍武政权争夺正统而又进位为帝,年号永历。绍武政权被消灭后,永历政权在清军进攻下迁往桂林,也一度危在旦夕,此时农民军余部正式加入南明抗清斗争,使局势开始出现转机。最先加入南明的是大顺军余部。他们此前一直在湖广地区活动,由李自成之侄李锦、部将郝摇旗等统领,接受了南明总督何腾蛟的招抚,分别被隆武帝赐名李赤心、郝永忠。顺治四年(南明永历元年)十一月,郝永忠与何腾蛟合兵,大败清军于全州,收复了湖南的许多州县。次年清朝将领李成栋、金声桓因怨恨功高赏薄,以广东、江西"反正",倒向永历政权,抗清战争一时进入高潮。但永历政权内部党争激烈,又对农民军不完全信任,未能充分利用当时的有利局势取得更大战果。顺治五年至七年,清朝发起大规模的反击,夺回江西、湖南、广东,占领广西大部,永历帝退入贵州。李赤心病卒,其养子李来亨与郝永忠等辗转进入鄂西、川东山区,继续抗清。

　　永历政权在颠沛流离之际,又得到了另外一支农民军——大西军余部的拥戴。张献忠败死后,余部由其养子孙可望、李定国统领,进入贵州、云南。至此他们与永历政权达成协议,共同抗清,永历帝封孙可望为秦王。顺治九年(南明永历六年)七月,李定国率军攻克桂林,清朝的汉军高级将领、定南王孔有德自杀。随后又在湖南衡州阵斩清朝敬谨亲王尼堪,取得了南明抗清的最大胜绩。但此时大西军内部出现内讧,孙可望野心膨胀,图谋取永历帝而代之,而又畏惧李定国的声望和实力,二人矛盾逐渐激化。清廷委派熟悉明朝情况的降官洪承畴主持西南战事,李定国屡战不胜,收复的地区相继丧失。顺治十四年(南明永历十一年),孙可望发兵进攻李定国,被击败后降清,永历政权由是一蹶不振。次年清军兵分三路,占领贵州,进入云南。永历帝逃往缅甸,李定国撤至云南边境。顺治十八年(南明永历十五年),吴三桂率清军入缅甸,俘获永历帝,次年将其杀害,李定国亦病卒,永历政权覆灭。

　　当时在永历政权直接控制范围以外的抗清力量,还有郑成功和夔东十三家军。郑成功是郑芝龙之子,曾被隆武帝赐姓朱,时称"国姓爷"。郑芝龙降清、隆武政权崩溃后,郑成功聚集郑氏家族的武装力量,以厦门为根据地,"凭海为巢,倚船为窟",又通过海外贸易获取经济来源,坚持抗清。永历帝册封他为延平王、招讨大将军。顺治十五年(南明永历十二年)到十六年,郑成功由海路举行了一次大规模的北伐,进入长江,攻占芜湖,包围南京,附近州县纷纷归降。清军利用郑成功的轻敌情绪,行诈降计,伺机发起突袭,郑军大溃,退回厦门。此后清朝加强对厦门的经济封锁,郑成功处境窘迫,遂于顺治十八年(南明永历十五年)渡海远征台湾,将盘踞台湾多年的荷兰殖民者逐走。次年郑成功卒,子郑经嗣位。此后郑氏集团全部退至台湾,厦门被清朝占领。夔东十三家军即是李来亨、郝永忠等所统大顺军余部,他们占据川、鄂边境山区,与永历政权互为声援,进行抗清斗争,直到清康熙三年(1664)才被消灭。自此除海外的郑氏集团外,"中原无寸土一民为明者",[17]清朝的统治最终完全确立。

  在持续镇压各地反清势力的同时,清廷中枢的政局也发生了一些变化。入关以后,多尔衮的权力和威望继续提高,顺治五年(1648)由"叔父摄政王"进号"皇父摄政王",几乎比同皇帝。多尔衮摄政期间,主持推行了一系列民族压迫政策,加剧了社会的动荡不安,致使清朝的统治迟迟不能完全稳定。这些措施除上面提到的剃发易服外,主要还有圈地令和逃人法。顺治元年,下令圈占北京附近的无主荒地和明朝皇亲、勋贵、宦官庄田,分给入关的八旗官兵,实际上圈占了很多汉族地主、农民的土地,致使原田主流离失所,饥寒迫身。另外受满族社会奴隶制因素的影响,大批汉人被强迫"投充"于满族贵族门下,沦为奴仆,生活悲惨,往往伺机逃亡。清廷就此颁布逃人法,予以严惩。逃人法对隐藏逃人的"窝主"处罚最重,处以绞刑,妻子财产籍没,邻居流放边远。而逃人本人则仅处以黥刑和鞭刑,连逃三次始处死。窝主之罪重于逃人,主要是为了保护满族贵族的利益,但由此株连广泛,引起了北方社会普遍的骚动。

  顺治七年多尔衮卒,被追尊为"成宗义皇帝"。但时隔未久,亲政的顺治帝即开始清算多尔衮"僭逆"之罪,削其爵号,平毁墓葬,籍没家产。顺治帝勤于政事,军事策略和用人得当,最终平定了南明的抵抗。他减小了圈地规模,放宽逃人法,使社会不安定因素有所缓和。又采取措施整顿吏治,发展农业生产,使清朝统治稳定下来,并进入正常运行的轨道。顺治十八年,顺治帝去世,其子年仅8岁的玄烨即位,是为清圣祖,年号康熙。鉴于多尔衮擅权的教训,顺治帝临终决定不再用宗室摄政,而委任异姓满族贵族索尼、苏克萨哈、遏必隆、鳌拜四大臣辅政。至康熙八年(1669),四大臣辅政结束,康熙帝亲政,清朝由此进入了长达百余年的鼎盛时期。

注 释

[1] 朱元璋《皇明祖训·箴戒章》。
[2] 王圻《续文献通考》卷三一《市籴考·市舶互市》。
[3] 《明史·日本传》。
[4] 《明史·郑和传》。

〔5〕《明史·王通传》。
〔6〕《明史·王崇古传》。
〔7〕林希元《拒倭议》,《明经世文编》卷一六五。
〔8〕《明史纪事本末》卷六二《援朝鲜》。
〔9〕严从简《殊域周咨录》卷一二《哈密》。
〔10〕《明史·西域传三》。
〔11〕叶向高《纶扉奏草》卷七《处置边饷揭》。
〔12〕《明史·流贼传》序。
〔13〕同上。
〔14〕《明清史料》丙编第一本《顺治元年致西据明地诸帅书稿》。
〔15〕《清世祖实录》卷四顺治元年四月癸酉。
〔16〕《清世祖实录》卷一〇顺治元年十月戊寅。
〔17〕王夫之《永历实录》卷一五《李来亨列传》。

第二十章
康乾盛世及其余波

自努尔哈赤建立后金政权算起,直至二十世纪初中华民国建立,清帝退位,清朝一共经历了十二位皇帝,历时296年。在第三代皇帝清世祖(顺治)定鼎中原、基本统一全国之后,到第四至六代皇帝清圣祖、世宗、高宗(年号分别为康熙、雍正、乾隆)在位的一百多年时间里,清朝统治进入了鼎盛阶段,通常被称为"康乾盛世"。康乾盛世在文治、武功方面都取得了辉煌的成就,这也使它成为中国古代君主专制王朝"回光返照"的最后一个黄金时期。随后的仁宗、宣宗二朝(年号分别为嘉庆、道光),仍然维持着大一统局面和表面的繁荣,可以看做是康乾盛世的余波。而在康乾盛世后期逐渐开始显露的各种社会危机,到嘉庆、道光也变得愈加严重。漫长的中国古代历史,至此已濒临结束。道光二十年(1840)鸦片战争爆发,中国历史终于进入了近代时期。

一 君主集权的巅峰

中国古代君主专制集权的政治体制,至"康乾盛世"达到巅峰。清朝皇帝大权独揽、勤于政事的个人特点,是君主集权体制能够正常运作和充分发挥效能的基本前提。秘密立储、奏折制、军机处等一系列新制度的出现,进一步保证了皇帝个人意志不受外部环境影响而全面贯彻。历代王朝反复摸索、调整的中央地方关系问题,也在君主集权强化的大前提下得到了比较完满的解决。文字狱的频繁出现和文化专制的发展,则使君主至高无上、生杀予夺的专制权威笼罩了思想文化领域。康乾盛世取得的辉煌成就,很大程度上是与君主高度集权分不开的,但君权的极端强化,也预示着君主专制体制即将走到历史的尽头。

大权独揽、勤于政事的清朝皇帝

与明朝皇帝往往怠政不同,清朝皇帝几乎一直保持着大权独揽、勤于政事的传统,而且大都具有较高的政治才能。太祖努尔哈赤、太宗皇太极作为创业之君,自不必论。即使是亲政时年仅 14 岁的顺治帝,也能做到乾纲独断,"坐殿上指挥诸将,旁若无人",[1]显示出过人的智慧和胆略。随后的康熙、雍正、乾隆三帝,更是十几、几十年如一日,励精图治,事必躬亲,不仅总揽大纲,而且揽庶务。其处理政务认真勤勉的态度,在中国古代数以百计的帝王中十分罕见。

康熙帝即位时年仅 8 岁,由索尼等四大臣辅政。后来位居四大臣之末的鳌拜逐渐把持了主要权力,结党营私,跋扈乱政。康熙八年(1669),康熙帝定计将鳌拜逮捕拘禁,并清除其党羽,开始掌握实权。自此他长年始终如一地坚持勤政,孜孜不倦,经常是"未明求衣,辨色视朝"。康熙帝处理政务的主要方式为"御门听政",即在故宫乾清门听取各部、院官员面奏政事,并与内阁臣僚讨论处理重要章奏。如出巡外地,也要求各衙门章奏每三日一次驰驿送到"行在",就地处理,且无论出巡时间长短、路程远近,返京后次日即照常听政。通过长期的御门听政,康熙帝与各机构臣僚接触频繁,对大多数人的才学、品行都有比较深入的了解。听政时态度专注认真,以身作则,对面奏不实、语词含混或不专心听他人陈奏的官员,都当场予以严厉批评。他还坚持当天政务必须当天处理完毕,晚上回宫后仍然继续批阅章奏,时至深夜。康熙帝处理政务时虽然十分注意垂询下情,听取众议,但归根结底仍要"独断"。正如他自己所总结:"今天下大小事务,皆朕一身亲理,无可旁贷。若将要务分任于人,则断不可行。所以无论巨细,朕必躬自断制。"晚年又尝感叹工作繁重,谓:"诸臣视朕如驾车之马,纵至背疮足瘸,不能拽载,仍加鞭策,以为尔即踣毙,必有更换者。惟从旁笑视,竟无一人怜恤,俾其更换休息者。"[2]

雍正帝即位后,进一步完善了康熙时创立的奏折制度,朝廷内外之事大都通过奏折的渠道呈报于皇帝,皇帝批示后发回,或交军机处办理(详下)。这样批阅奏折就成为雍正帝处理政务的主要方式。他在位 13 年,批阅满、汉文奏折数万件,每折朱批数十字至数百字不等。自称:"朕自朝至夕,凝坐殿室,披览各处章奏,目不停视,手不停批,训谕诸臣日不下数千百言"。又云"各省文武官员之奏折,一日之间尝至二三十件,或多至五六十件,皆朕亲自览阅批发,从无留滞,无一人赞襄于左右。"[3]乾隆帝继承了祖、父的勤政作风,不仅朝廷政务皆由己出,对地方具体事务也是不厌其烦地过问。又多次出巡,了解地方统治情况。年过花甲后,仍然宣称"今朕虽逾六秩,而精力强盛如常,不惮万机之劳勤。尝欲俟八旬以后,春秋渐高,……或可稍安颐养,而此时正振作有为之日,方当乾惕日加,励精求治,不肯纤毫自懈"。[4]至86岁传位于嘉庆帝自任太上皇之后,仍以"训政"名义掌握最高权力,即使在"昨日之事,今日辄忘,早间所行,晚或不省"[5]的老年痴呆状态下亦不放权,直至89岁去世。康、雍、乾三帝继承、发展了明朝以来的种种君主集权措施,而本人事必躬亲,未使权柄旁落,则远为明朝所不及。正如乾隆帝所总结:"皇祖、皇考至朕躬百余年来,皆亲揽庶务,大权在握,威福之柄皆不下移,实无大臣敢于操窃","本朝纪纲整肃,无名臣,亦无奸臣。"[6]这种乾纲独断的政治传统,在嘉庆、道光两朝也都得到了继续保持。

康、雍、乾三帝虽然出身边疆民族,但自幼都接受过良好教育,个人文化素质达到很高水平,甚至超出了历史上绝大多数汉族皇帝。康熙帝一生以好学著称,凡古代经史名著多曾用功钻研,亲自撰写了多种解经著作,诸子百家、名贤诗文,亦皆广泛涉猎。又爱好自然科学,对农学、医学、气象都有浓厚兴趣,还专门向欧洲传教士学习过几何学等西方科学知识。雍正帝于经史之外,通晓佛、道之学,又尝自撰论著阐述治国思想,对华夷之别、君臣职分等重大政治问题都进行过深入透彻的论述。乾隆帝擅长诗文字画,题字遍及天下,在历史、地理、考古等方面都有一定的造诣。与宋徽宗等一类"风流天子"不同,康、雍、乾三帝对文化的爱好并未妨碍政务,而且他们还都擅长骑射,文武兼备。良好的文化修养,对其成为合格的最高统治者,充分发挥君主集权的积极作用具有很大帮助。随后的嘉庆、道光二帝,虽然个人才能有所逊色,但就综合素质而言,至少仍属中材以上。前代王朝不时出现的昏庸、暴虐君主,在清朝并未产生。

储位争夺与秘密立储制

与前代北方民族王朝相类似,清朝在建立初期并未形成严格的嫡长子继承制,亦不预立皇储。太宗皇太极和世祖顺治帝即位时,都曾发生不小的政治风波。康熙帝有鉴于此,很早就立自己唯一的嫡子胤礽(康熙共有35子,胤礽行次居二)为太子,希望通过确立嫡长继承之制来消除皇位争夺。但胤礽居储位30余年,恃势骄纵,又因久不得继位有所怨望,逐渐引起康熙的反感。一部分大臣希图异日荣宠,预结太子,隐然形成集团,更为痛恨"朋党"的康熙所不容。在这样的背景下,康熙与胤礽之间的隔阂越来越深，终至父子感情破裂。康熙四十七年(1708)，下诏废黜胤礽的太子之位。胤礽被废前后，诸年长皇子频繁活动，争夺储位。皇八子胤禩最为众望所归，但却被康熙视为"阴险""钻营"，受到严厉戒责。出于对其余皇子的不满，康熙于四十八年突然宣布复立胤礽为储。胤礽复立之后，父子隔阂、兄弟矛盾、臣下投附结党等问题并未解决，至五十一年以"狂疾未除，大失人心"的罪名再度被废。剧烈的储位纷争使得康熙愤懑抑郁，心力交瘁。他在告祭天地之文中称"臣虽有众子，远不及臣"，又对臣下表示立储之事"关系匪轻"，"未可轻定"。[7]到康熙晚年，立储成为一大忌讳，大臣言及此事者皆被目为别有用心，遭到严惩，有的甚至被处死刑。

　　康熙六十一年十一月，康熙帝在北京西郊的行宫畅春园突然病逝，遗诏传位于皇四子胤禛，是为清世宗，年号雍正。这份遗诏的真实性以及雍正帝的即位过程，扑朔迷离，疑点甚多。史实表明，康熙晚年最宠爱和重用的儿子是雍正帝的同母弟、皇十四子胤禎（雍正时更名允禵），相比之下雍正帝虽也受到一定信任，却无特殊荣宠。但当康熙驾崩时，胤禎正以"抚远大将军"的身份出征青海，远在万里之外。由于康熙之死事出突然，负责戍卫任务的步军统领隆科多一时成了左右大局的关键人物。雍正的即位，很可能是隆科多抢先通报消息，协谋假造遗诏，并利用手中兵力威慑其余皇子和朝臣的结果。据雍正事后追述，当遗诏宣布之后，其弟胤禩"于院外倚柱，独立凝思，派办事务全然不理，亦不回答"，胤禟（康熙第九子）"突至朕前，箕踞对坐，傲慢无礼，其意大不可测"。[8]他们的异常举动，显然是对雍正即位的合法性抱有深切怀疑，而最终也都被雍正借故迫害致死。立下大功的隆科多，在雍正即位之初恩宠备至，被誉为"圣祖皇考忠臣，朕之功臣，国家良臣，真正当代第一超群拔类之希有大臣"。雍正的藩邸旧臣年羹尧，则因在西线有牵制胤禎之功，又迅速平定青海蒙古叛乱，巩固了雍正的地位和威信，也是大受褒奖，雍正表示要和他"做个千古君臣知遇榜样，令天下后世钦慕流涎"。[9]但二人恃宠而骄，又引起雍正疑忌。时隔未久，年羹尧即被迫自尽，隆科多亦幽禁而卒。

　　鉴于康熙后期诸子争储的教训，雍正帝在即位之后不久，即于雍正元年(1723)正式宣布了秘密立储的决定。他写下储君之名，密封藏于匣内，放置在乾清宫"正大光明"匾额之后。又另书密封一匣，随身携带，以备不虞。有迹象表明，康熙帝晚年已经决定采用秘密立储的方案，但并未向臣下说明。由于他的暴卒，其预定储君人选为谁，已成为历史上永远的谜团。雍正则吸取了康熙的教训，将秘密立储决定和密旨放置地点公诸于众，从而保证了即使遇到突发事件,皇位的传递仍然能按照皇帝的旨意顺利实现。雍正十三年(1735)八月,雍正帝患急症突然去世。由于他事先的稳妥安排,皇位继承十分顺利。大学士鄂尔泰、张廷玉等当众取出雍正密旨,公开宣读,确定了皇四子弘历的储君身份。随后弘历正式即位,是为清高宗,年号乾隆。

乾隆帝即位之初,密旨立嫡子永琏(皇次子)为储,仍希望以秘密立储形式,行嫡长继承之实。但永琏不久病殁,其余嫡子和皇后也相继去世。到乾隆三十八年(1773),他终于决定再行秘密立储,并将这一做法完全制度化。在乾隆四十三年发表的长篇"上谕"中,乾隆帝对历代王朝立储的经验教训进行了系统的总结,称:"朕历览诸史,今古异宜,知立储之不可行与封建、井田等,实非万全无弊之道也。""立嫡立长之说,尤非确论","不可不立储,而尤不可显立储,最为良法美意"。因此将秘密立储赋予了清朝"家法"的地位,要求"世世子孙,所当遵守而弗变"。[10]四十八年,又下令将历代立储事迹可为鉴戒者,纂成《古今储贰金鉴》一书。至乾隆六十年(1795),年已85岁的乾隆帝决定退位,向全国公布了乾隆三十八年写好的立储密旨,宣布皇十五子永琰为继承人,更名颙琰。次年正月初一,颙琰即位,是为清仁宗,年号嘉庆。嘉庆帝亲政后,则将皇次子绵宁(即位后更名旻宁)秘密立为储君,也就是后来的清宣宗,年号道光。

秘密立储是清朝一项独具特色的制度。它的特点在于皇帝全权决定储君人选,不受"嫡长"传统观念约束,并且彻底排除了统治集团中任何其他势力、个人对建储一事的干扰,是皇权强化的重要表现。另一方面,秘密立储之法于传子之中寓传贤之意,起到了杜绝储位纷争、保持政局稳定的作用,也的确比前代的嫡长继承制度更具合理因素。

奏折制度与军机处

奏折是清朝官员向皇帝上呈的机密文书,亦称密折。明朝及清初制度,官员向皇帝奏事,公事用"题本",私事用"奏本",两种文书都具有公开性,要经通政使司阅览、登录,内阁票拟,通常在皇帝审阅之前其内容已为外界知晓,致使上奏人不便畅所欲言,下情不能完全上达,而且往来周转,耽误时间。自康熙时起,开始出现奏折这一新的文书形式,上奏人撰写奏折后不得泄密,不经过其他机构、官员,直达御前。奏折起初的用途,主要是让一些在外公干的近臣汇报地方情况和官民舆论,皇帝阅后在原折上朱批发回,顺便交代新的任务。这种联系方式既快速又保密,使皇帝能够更多、更直接地获取信息,提高了宫廷决策效率,执行决策也少了许多中间环节,更加有利于君主集权。因此到康熙帝在位后期，撰写奏折的人员已扩展到总督、巡抚等地方大员，以及一部分朝廷大臣。

雍正帝即位后，进一步扩大奏折的使用范围，规定内外大臣对属于机密、紧急的事务均可先以奏折上闻，然后再写题本作为正式报告。奏折撰写人不仅包括高级官员，一部分中下级官员经皇帝批准后也获得了此项权力。按照雍正的要求，他们对政务利弊、吏治勤惰、上下级官员及同僚品行、百姓生计、地方风俗各方面事务，凡有重要问题，不必等到完全核实，即可先在奏折中"风闻"上报。为加强保密性，对奏折的缮写、呈递过程都作出了更为严格的规定，如有违犯要受到严厉处分。这样奏折逐渐成为清朝最重要的官文书，题本、奏本等则变成例行公事。通过奏折制度，清朝皇帝不仅能够多渠道地了解下情，同时对官僚机构的控制也大为强化。由于写折官员都通过奏折与皇帝形成单线联系，皇帝就可以使不同等级、不同部门的官员进行复杂而秘密的互相监督，自己则从中充分施展权术，或进行"私人"感情笼络，或挑拨离间令臣下互相猜疑，使得官员们"涕泪如雨，肺肝感振"，反复表白"惟知有皇上，不知其他"。[11]这种效果是以前很难达到的。

在奏折逐渐制度化的同时，辅佐皇帝决策的中枢机构也出现了比较大的发展变化。清初，这方面的主要权力出自议政王大臣会议，成员皆为满洲亲贵，故亦称"国议"。议政王大臣会议带有满族社会早期军事民主制的残余，从入关前一直到康熙初年，议政范围都很广泛，对决策的影响也比较大。康熙亲政以后，采取措施削弱议政王大臣会议的权力，主要是裁减或斥罢亲王、郡王等高级宗亲贵族参与议政的资格，代之以级别较低的贵族和大臣。到康熙后期，因已无亲王、郡王参加，议政王大臣会议遂取消"王"字，仅称"议政大臣会议"。议政范围也逐渐缩小，只限于八旗事务及边疆、征伐等内容。另外，清朝也从明朝继承了内阁这一机构（初名内三院），并将其设置完全正规化，仍掌草拟制诏、票拟题奏等事。由于清初议政王大臣会议权力较重，"大事关大臣，群事关内阁"，[12]后来又遇上皇帝勤政，事必躬亲，故清朝内阁虽然表面上地位高于明朝，号称"百僚之长"，但实权反而下降。康熙十六年（1677）起，专门挑选一批翰林院儒臣到乾清宫西南的南书房当值，备皇帝读书时顾问咨询。由于南书房密迩内廷，与皇帝朝夕相处，因而也承担了一部分拟写诏旨、参预谋议的工作，具有一定的辅助决策功能。正因如此，入值南书房的官员品级虽不高，但却被视为"清要""异数"，颇受时人看重。

雍正时，出现了一个新的内廷秘书机构军机处。当时因对西北蒙古准噶尔部用兵,在雍正帝寝宫养心殿附近的隆宗门内设立了军需房,协助其处理军务文书,后更名军机处。由于军机处具有浓重的保密色彩,故其始设年代众说纷纭,有雍正四年(1726)、七年、八年等不同说法。后来军务虽缓,但军机处并未裁撤,相反其职权范围由军机进一步扩展到了所有机要政事,"掌书谕旨,综军国之要,以赞上治机务"。[13]军机处是一个非正式机构,官员包括军机大臣和军机章京,皆为兼职。军机大臣主持军机处工作,全称"军机处大臣上行走",俗称"大军机",由皇帝特旨指定大学士、尚书、侍郎等高官兼任,人数、任期均不固定,通常以资历较深者一人为领班,称"首揆"。新任军机大臣习惯上又于职名加"学习"二字,称"军机处大臣上学习行走"。军机章京承办具体事务,俗称"小军机",于中级朝官中选文才敏捷者充任,初无定员,后定制满、汉各两班,每班8人,共32人。军机处成立后,基本包揽了协助皇帝决策的重要秘书工作。议政大臣会议变得徒有虚名,于乾隆五十六年(1791)取消。内阁亦与机务完全无涉,大学士"必充军机始得预政事",平时的工作仅是"秉成例而行,如邮传耳"。[14]南书房也不再参与拟旨一类事务。

军机处以人员简练,办事迅速机密为主要特点。有官无吏,大臣、章京总计不过数十名,皆选有才干练之人,不称职即随时"罢值"回原任。接近皇帝,基本上天天召见,有时一日数召。其最重要的职掌,是将皇帝口谕拟写为文字"上谕"下发。有必要公开以及关于日常政务的上谕通过内阁对外公布,称为"明发"。事关重大的机密性上谕则在加盖军机处印章后,不经过任何其他机构、官员,直接驰驿发送到受谕人手中,称为"寄信谕旨"或"廷寄"。在拟旨过程中,军机处完全秉承皇帝旨意,处于皇帝的严密监督之下,不能另立意见与皇帝相抗。故清人有言"军机处虽为政府,其权属于君",[15]它事实上成为清朝君主集权的得力工具。当然某些得宠的军机大臣也有借机弄权的机会,但这仅仅是"偶尔"窃取一部分君权而已。

督抚制度的固定

如何调节中央与地方的关系,使地方长官既拥有相对集中、足以应付突发事变的权力,又不使其权力尾大不掉而违背中央集权原则,是历代统治者反复思考的一大难题。而这一难题在清朝得到了相对完满的解决,其主要标志就是总督、巡抚制度的固定。

明初在地方设承宣布政使、提刑按察使、都指挥使"三司",互不统属,虽是强化中央集权之举,但事权不一,不利于弹压地方。于是相继出现了巡抚、总督的设置,以节制三司,统一协调地方权力,消除牵制、扯皮、效率迟缓之弊。有明一代,地方上先后设立巡抚30余处,总督10余处,但设置尚未完全固定,辖区大小不均,如内地巡抚通常兼治一省之事,而边地巡抚辖区却小于一省。另外它们是作为中央都察院的"外差"设立的,皆带都御史、副都御史等都察院官衔。总的来说,巡抚和总督在明朝还算不上真正的地方官。

清朝的内地政区划分,在明朝两京十三布政使司(省)的基础上稍作调整,形成十八省。其中明朝的京师(北京)直辖区改称直隶省,南京直辖区分设江苏、安徽两省,湖广分为湖北、湖南两省,陕西分为陕西、甘肃两省。其余山东、山西、河南、浙江、江西、福建、广东、广西、四川、贵州、云南十一省,皆大体沿袭明朝旧制。十八省均设巡抚,为一省之长。每两到三省(有的地方仅一省)又设总督一名,类似大军区长官。乾隆时,全国总督共置八处,两江总督辖江苏、安徽、江西三省,闽浙总督辖浙江、福建二省,湖广总督辖湖北、湖南二省,两广总督辖广东、广西二省,云贵总督辖云南、贵州二省,陕甘总督辖陕西、甘肃二省,直隶总督、四川总督各管一省事,通常即兼署该省巡抚。山东、山西、河南三省则无总督管辖。总督例兼兵部尚书、右都御史头衔,从一品,巡抚例兼兵部侍郎、右副都御史头衔,正二品。尽管仍带京官头衔,但设置固定,实际上已经地方化,是名副其实的"封疆大吏"。明朝的"三司"之中,都指挥使司废罢,布政使司掌一省财赋,按察使司掌一省司法,居于督、抚下属的地位。明朝曾广泛派遣巡按御史监察地方,号称"代天子巡狩",大事奏裁,小事立断。清朝则除清初一段时间外,不再设立巡按御史,地方监察与行政趋于合一,概由督抚负责。这种由上级监察下级的做法削弱了地方监察工作,很大程度上加速了吏治的腐败。

按清朝制度,总督的职掌为"总治军民,统辖文武,考核官吏,修饬封疆",巡抚则是"宣布德意,抚安齐民,修明政刑,兴革利弊,考群吏之治"。[16]同为地方重臣,而所掌各有侧重,总督偏于军事,巡抚偏于民政,后者原则上要受前者节制。但在不设总督的省份,军务亦由巡抚兼理。总体而言,督、抚权力相对集中,且辖区较为广阔,起到了承上启下、代表皇帝控制地方的作用。地方事权的统一,使得统治责任更加明确,有利于中央政令的迅速贯彻执行和地方行政效率的提高。另一方面,在全国政局相对稳定的大背景下,督抚权力强化并未造成地方尾大不掉的状况。他们办理政务必须严格遵循皇帝的指令,在人事、财政、司法等关键问题上并无最后决定之权。虽可以节制军务,但各省驻军的日常管理皆由武职的将军、提督负责,督抚很难完全凌驾其上。布、按二司以下行政官员与督抚只是公务上的上下级关系,并无私人领属性质,相反其中不少人还可以通过密折上奏与皇帝单独沟通,成为皇帝监视督抚的工具。总督、巡抚级别相近,又可收彼此牵制之效。总之,清朝的督抚虽然品高权重,但并未构成独立的地方权力中心,难以为所欲为,专擅行事。绝大多数督抚对皇帝都唯命是从,乃至阿谀逢迎,刻意求媚。个别例外者如雍正初年统重兵出征青海的川陕总督年羹尧,稍显僭越之迹即被加上92款大罪,迅速铲除。雍正帝事后自信地总结说:"年羹尧之不叛,非不为也,实有所不能也;朕之不提防年羹尧,非不为也,实有所不必也。"[17]

清朝的总督、巡抚仍然残留了一些中央差遣的特征。除带京官头衔外,其印信也不像布、按等官那样用正规的正方形官印,而是使用临时遣官所用的长方形"关防"。另外他们手下没有官方设置的属员,文牍事务主要依靠私人聘请"幕宾"协助处理。幕宾亦称幕友、师爷,在明朝即已出现,清朝数量更多,不仅督抚衙门,布、按二司下至州县长官聘请幕宾的现象也很普遍。其特点是不受学历高低、有无功名、曾否任官等身份限制,长官待以宾友,合则留,不合则去,其薪酬亦由长官私人支付,不纳入国家开支。幕宾通常具有钱谷、刑名之类某方面的专长,能够协助长官统率吏员,分担繁杂的行政事务。浙江绍兴府多出幕宾人才,往往家传其学,故"绍兴师爷"几乎成为专业性幕宾的代称。

文字狱与文化专制

清朝君主专制集权的高度强化,在文化领域也有明显的表现。统治者对思想文化界的控制非常严密,多次大兴文字狱屠戮士人。康雍乾时期,特别是乾隆一朝,成为中国古代文字狱最为频繁的阶段。

清室的祖先曾经长期臣属于明朝,受官袭爵,而清廷入关之后对此讳莫如深,私人著述凡有涉及必获重罪。同时,清朝统治者对士人眷念明朝、尊奉南明、否定清廷正统地位的民族意识也十分疑忌,将其视为"反清复明"的思想苗头,予以严厉镇压。康熙朝有两大文字狱,都是在上述背景下出现的。第一次是康熙二年(1663)的庄廷鑨《明史》案。庄氏为浙江富户,目盲,慕左丘明"失明著史"典故,购得明末朱国祯《明史》残本,请人加以补写,以为己作。书中多有清廷忌讳的"违碍"词句,以"逆书"罪名被告发。时庄氏已死,剖棺戮尸,作序、校补、审稿、出资助刊、刻印及买卖之人皆被株连杀害,死者七十余人,其中多有名士。至康熙五十年(1711),又发生戴名世《南山集》案。戴氏为翰林院编修,著《南山集》,其中引用方孝标《滇黔纪闻》一书,议论南明史事,并用南明诸帝年号,比为蜀汉,予以正统。结果被劾奏"语多狂悖",戴名世处死,方孝标戮尸。牵连两家家属及刊印、作序之人,共及数百,皆议处死,后从宽戍边。

雍正六年(1728),发生曾静、张熙谋反案。湖南人曾静及其学生张熙策动川陕总督岳钟琪反清,指斥雍正弑父篡立、杀兄屠弟,被岳告发逮捕。此案本为政治案件,但雍正将其作为文字狱进行处理。经审讯,查明曾静"华夷之辨"等思想来自已故学者吕留良,遂将吕氏剖棺戮尸,其后人及弟子或杀或充军,而以曾静、张熙师徒为"误信邪说"之从犯,赦而不杀。又将经过歪曲的雍正与曾静的辩论文字颁行天下,名为《大义觉迷录》。其中,雍正主要就清朝统治的合理性(如何看待"华夷之辨")以及自己即位的合法性问题与曾静展开辩论,最后以曾静理屈词穷、"叩首谢罪"告终,但实际上仍然明显给人以捏造、欺骗、掩耳盗铃的印象。乾隆即位后,即迅速处死曾静、张熙,将《大义觉迷录》全部收缴销毁。雍正一朝还发生过其他几起文字狱。汪景祺著《读书堂西征随笔》,中有诗句"皇帝挥毫不值钱",又有《功臣不可为》一文,感慨君主杀功臣的现象,遂以"讥讪"之罪被处死。陆生楠著《通鉴论》,鼓吹分封,抨击君主专制独裁,亦以"诽议时政"罪名被诛。

乾隆一朝的文字狱更为频繁,大大多于康、雍两朝,而且绝大部分都是吹毛求疵、望文生义、穿凿曲解,加以莫须有之罪。如诗文中"明""清"二字的使用,往往遭到深文周纳。"问谁壮志足澄清""翘首待重明""明朝期振翮,一举去清都"之类,都被视为反诗,作者生则处死,死则戮尸。又如"天地一江河,终古自倾泻",虽无"明""清"字样,也被理解为希望天下大乱,居心叵测。更有极荒唐可笑之例,如程明諲为人作祝寿文,有"绍芳声于湖北、创大业于河南"句,即以"语言悖逆"被杀。黎大本为母祝寿,称其为"女中尧舜",结果充军新疆。秀才安能敬写诗"恩荣已千日,驱驰只一时,知主多宿忧,能排难者谁",被曲解为咒骂皇帝有忧有难、无人辅佐而治罪。其实如安所言"原要竭力称颂,无奈说不上来"。另外王锡侯编著字书《字贯》,刘峨编纂工具书《圣讳实录》,皆因将清朝皇帝名讳本字公开刊刻,被定为"大逆不道"处决。在清朝皇帝生杀予夺的专制淫威之下,士人畏首畏尾,动辄得咎,"一涉笔惟恐触碍于天下国家,……消刚正之气,长柔媚之风",[18]形成了"万马齐喑"的可悲局面。至嘉庆、道光两朝,文网始逐渐疏解。

文字狱以外,文化专制的另一重要表现为禁毁书籍,亦以乾隆朝最盛。

乾隆后期借编修丛书《四库全书》(详下)之机,要求各地广泛搜求、进献书籍,然后予以全面检查,凡"悖逆""违碍"著述概予销毁或抽毁。通过这种寓禁于征的做法,销毁书籍三四千种,大体与《四库全书》所收书籍数量相当。禁毁的重点,主要包括明朝述及满族(女真)早期史事的著作,反清人士著述,气节有亏被定为"贰臣"的明朝降官著述,文字狱案犯著述,以及强调华夷之辨、贬斥君权的作品,等等。经严格的检察、禁毁,大批重要文献自此湮没无闻或残缺不全,在整理、保存文化的同时也严重地破坏了文化。另外古籍中凡有"夷""虏""戎""狄"等字均被挖改,北方民族人名多按清朝译法予以重新改译,给后人的阅读、研究带来了很大的不便。

二 文治与武功

"康乾盛世"在文治和武功两方面都取得了辉煌的业绩。经济恢复并继续发展,政局稳定,国力强盛,版图在前代王朝的基础上进一步开拓、巩固,对边疆民族地区的统治管理也取得了突出成就,在中国作为统一多民族国家的发展史上具有极其重要的历史地位。

发展生产的措施

康熙、雍正、乾隆三代皇帝都十分注意发展生产,标榜"藏富于民"的经济思想。针对明末以来战祸连年、土地荒芜、经济凋敝的状况,康熙帝大力推行鼓励垦荒的措施。康熙八年(1669),下令停止圈地,当年新圈者皆给还民间。明朝的北方存在大片藩王贵族庄田,明末藩王或死或逃,其土地到清初大都为当地地主、农民所占。清廷原议"藩产变价",将这些土地卖给耕种者,或保留国家的所有权,用以出租佃种。到康熙八年,为推动垦荒,宣布将其无偿给予现种之人,照民地征收钱粮。于是大量明朝藩王庄田"改入民名",百姓耕种的既成事实得到了确认,"止更姓名,无庸过割",史称"更名田"。康熙帝还一再延长新垦荒地的科税年限。康熙十年(1771),下令新垦荒地四年起科,次年延长为六年,又次年延长为十年,后统一规定为六年起科。对于应召垦荒的贫苦农民,清廷还通常借贷给"牛种"工本银两。地主富户能招民垦荒较多者,按面积授以官职,以示奖赏。至康、雍之际,全国垦田数字已大体超过明朝后期的水平。

雍、乾两朝,全国垦田数字继续上升,边疆和山区的开发成就尤为显著。雍正曾推行"老农总吏"制度,命州县在下属各乡选择一二名"勤朴无过"的老农，予以八品顶戴，负责督课农业生产。乾隆时期，面对日益增长的人口压力，清廷继续强调"重农务本"，力行劝垦，规定凡开垦零星土地永免起科，自然环境较差、开垦不易的土地，按低标准起科。同时，还陆续有条件地开放一些原来作为禁地的海岛、滩涂、山区，允许百姓垦种。如湖北郧阳、施南两府山地，原属封禁之区，至乾隆三十八年开禁，大大加速了当地的开发。蒙古、东北等地的荒地，按法令严禁开垦，但实际上私垦者也得到官府的默认。在新疆等地，则大力开展屯田，使当地军民自给有余。

随着土地的不断开垦，清廷的财政收入明显增加，在此基础上又采取了蠲免赋税的政策，进一步推动了经济发展。康熙时期，除遇水旱灾害例行蠲免赋税外，还多次下诏蠲免各地积欠赋税，逢皇帝出巡或重要庆典又实行"加恩"蠲免，往往"一年蠲及数省，一省连蠲数年"。[19]康熙中后期，又开始实行"轮蠲"，将全国诸省分为三批，每三年轮流蠲免一次。在国家蠲免赋税的同时，又要求地主同样减免佃户的地租。康熙四十九年规定，以后凡遇蠲免钱粮，按比例在地主、佃户间分摊，地主蠲免七分，佃户蠲免三分，永著为例。乾隆时期，继续推行蠲免政策，除灾荒蠲免、积欠蠲免、恩典蠲免外，也曾数次普遍蠲免全国钱粮，其蠲免总额，又在康熙朝之上。类似频繁蠲免赋税的做法在历代王朝十分少见，因此它也成为康乾盛世的重大"德政"，受到时人的高度赞誉。与蠲免政策相联系，清廷在赋税征收制度方面还进行了一系列改革，主要包括康熙时实行的"滋生人丁永不加赋"和雍正时实行的"摊丁入亩"，都在不同程度上减轻了百姓负担，对经济发展形成推动。对此将在下章详述。

康乾盛世在兴修水利方面也做出了很大成绩。其中，治理黄河是当时水利工作的重点。黄河自北宋以来夺淮入海，下游泥沙淤积，时常泛滥成灾，不仅威胁黄河下游的农业生产和人民生活，而且往往倒灌入运河，阻断漕运，影响京师地区的物资供应。明末战乱造成河道失修，使河患更为加剧。康熙帝亲政后，下决心对黄河进行综合治理，以求一劳永逸。他投入大量人力、财力，任命靳辅为河道总督，主持治河。靳辅以疏通河道、筑堤束水、建闸引水诸法并行，使黄河水流渐趋稳定，苏北地区新增出大片肥沃土地，同时也保证了漕运的畅通。康熙本人也多次亲临治河工地视察，指导治河工作。乾隆时期，在沿袭康熙旧规的基础上，又继续对黄河河道进行了一系列整修。康熙还曾修治永定河。永定河原名卢沟河，流经京畿，是海河的支流。因上游水土流失，造成泥沙淤积泛滥，灾情与黄河类似，故在当时又有"小黄河""无定河"之称。康熙中期，在其沿岸建堤挑河，浚深河床，并开挖部分新的河道,工成,赐名永定河。江浙沿海为抵御海潮冲刷而修建的石筑海塘,至清朝年久失修,潮灾不断。自康熙末年到乾隆时期,清廷自内地调运大量石料、木材予以重新修筑,以竹篓装石块沉入海中,再以木桩固定,有些地方还修建了更加坚固的鱼鳞石塘。重修后的海塘长达数百里,有效地保护了江浙沿海的民居和农田。

笼络士大夫与开局修书

清廷入关之初,面对各地此起彼伏的反清斗争,一方面迅速开设科举,满足汉族士大夫的入仕需要,消除其"从逆之念",另一方面对参与抗清的士人严厉镇压,尤其注重对明中叶以来经济、政治势力尤为强盛的江南士大夫实施打击。到康熙时期,反清武装斗争已被压平,统治者对汉族士大夫更多地转向笼络。康熙十七年,诏于常规科举之外临时增开特科取士,名为"博学鸿儒科",重点拉拢士大夫(尤其是明朝遗民)中的知名人士。先由中央、地方官吏广泛推荐"学行兼优、文词卓越之人",已仕者未仕者均可包括在内。次年,被推荐的一百数十人齐集京师,参加了象征性的考试,作赋、诗各一首,最终录取一等 20 人,二等 30 人,俱入翰林院供职,参与纂修《明史》。由于这类特科考试是数百年未行的"旷典",社会影响很大,被征召者大都欣然就道,包括相当一批本以遗民自居的名士也入于清廷彀中,时人喻为"一队夷、齐下首阳"。对少量坚持"守节"、拒不出山者,清廷也未过分逼迫,这些人的反清情绪因而有了很大缓和。到乾隆元年,为点缀升平,又曾举行一次"博学鸿儒"特科考试。康熙、乾隆先后多次到文化发达的江南进行巡视,所到之处召见名流学者,赐以官位,或临时对当地士子进行考试,中者授官。一方面通过文字狱一类案件厉行控制士人的言论和思想,另一方面又标榜"崇儒重道",优礼顺从的士人,这样的两面手法,成为清朝统治者变换使用、相辅而行的重要统治策略。

"崇儒重道"国策的又一表现,是在思想上尊崇程朱理学。康熙后期,以"御纂"的名义,令臣下汇编朱熹论学精义为《朱子全书》,又编写了大批体现理学思想的解经、注经著作。为表示对朱熹的尊崇,康熙专门下令将其牌位由从祀孔庙的历代"先贤"中抬出,列入正殿的孔门弟子"十哲"之后,成为第十一哲。康熙精研理学著作,以朱熹"道统"的继承人自居,并充分利用理学思想为君主专制独裁进行宣传,称"果系道学之人,惟当以忠诚为本"。[20]对所厌恶的儒臣,则往往斥之为"假道学"。

康雍乾时期,政局稳定,财政较为宽裕。为装点"文治"局面,清廷频繁组织儒臣,开设书局,进行大规模的修书工作。除去上面提到的官修正史《明史》和各种"御纂""钦定"解经著作外,还修纂了记载清朝国家制度的《清会典》《会典事例》《八旗通志》、各部《则例》,记载清朝历次军事行动的各种《方略》,为前代政书"三通"进行续修的《续通典》《续通志》《续文献通考》(合称"续三通")和《清朝通典》《清朝通志》《清朝文献通考》(合称"清三通"),字书《康熙字典》,韵书《佩文韵府》,书画鉴赏专著《佩文斋书画谱》,诗集《全唐诗》等等,内容广泛,卷帙浩繁,成为古代文化史上的一段奇观。其中篇幅最巨,尤其集中体现康乾盛世文化成就的,则是大类书《古今图书集成》和大丛书《四库全书》。

《古今图书集成》——编纂于康熙后期至雍正初。始由词臣陈梦雷倡议并主持编纂,名《古今图书汇编》,集录图书 3600 余卷。雍正即位后,又命蒋廷锡加以修订,更今名,卷数则重新划分为一万卷。《古今图书集成》将所录各书内容加以剖析,分门别类,归入历象、方舆、明伦、博物、理学、经济六编之内,六编下面分 32 典,再下分 6109 部,每部又包括汇考、总论、图表、列传、艺文、纪事、杂录等不同篇目。读者欲检索一事,都可以根据其分类很快查阅到不同古籍中的相关记载。作为类书,《集成》的篇幅逊于明朝《永乐大典》,但《大典》绝大部分皆已散佚,故《集成》成为现存篇幅最大的古代类书。

《四库全书》——编纂于乾隆后期。起初是出于增加宫廷藏书的目的,广泛征求天下古籍,后进而决定对传世的古籍作一次总清理,择重要者重新缮写,汇集为一部大规模的丛书。以纪昀、陆锡熊为总纂官,并征召大批名儒参加编修工作。经努力访求,各地图书源源不断地聚集京师,编修者从中精择约 3500 种,近 80000 卷,按照传统的经史子集四部分类法排列次序,逐书缮写,共抄写七部,分别贮藏于北京、承德、杭州等地。在整理过程中还编成《四库全书总目》200 卷,为所收诸书逐一撰写提要,未收诸书亦同样写出提要,列为"存目"。各篇提要通过综述作者生平、书籍内容得失、版本源流,从目录学的角度对中国古代文献进行了一次系统和全面的清理。《四库全书》的编纂固然是古代文献整理方面空前巨大的成就,但如前文所言,清廷在编纂时趁机销毁大批不利于己的图书,也对古代文献造成了一次严重的破坏。

巩固国家疆域的斗争

康雍乾时期,清朝统治者为稳定和巩固国家疆域进行了不懈的努力,现代中国的版图在这一阶段完全奠定。

首先是平定三藩与统一台湾。三藩是清朝统一过程中封为藩王、镇守南方的三名汉族降将，平西王吴三桂镇云南，平南王尚可喜镇广东，靖南王耿精忠（袭祖父耿仲明爵）镇福建，各拥重兵，渐成割据之势。康熙十二年（1673），尚可喜疏请归老，康熙帝趁机命撤平南一藩。吴三桂、耿精忠亦自请撤藩以行试探，康熙皆予批准。撤藩令下，吴三桂遂起兵反，耿精忠及尚可喜之子尚之信亦先后响应，史称三藩之乱。吴三桂自称"兴明讨虏大将军"，但他曾在清廷驱使下攻灭南明永历政权，其"兴明"口号对汉族百姓号召力甚微，后来乃径自称帝，国号大周。叛军起初气焰很盛，几乎占有南方半壁，然相持数年后，清军渐获优势，耿、尚两藩相继穷蹙而降。康熙十七年，吴三桂病卒，其孙世璠嗣位。二十年，清军进占云南，吴世璠自杀，三藩彻底失败。随后康熙又命大将施琅进取台湾。二十二年，清军渡海攻占澎湖，郑氏集团首领郑克塽（郑成功之孙）请降，台湾平。清朝在台湾设府统治，下辖三县，隶于福建省，并驻军镇守。

十七世纪前期，沙皇俄国的势力已伸展到中国东北的黑龙江流域，以雅克萨城（在今黑龙江漠河以东，江北岸）为主要据点，出没劫掠。康熙二十四、二十五年，清朝两次发兵围攻雅克萨，俄军死伤惨重，被迫求和。二十八年，中俄双方在尼布楚（今俄罗斯涅尔琴斯克）签订条约，划定了两国东段边界线，以格尔必齐河、额尔古纳河和外兴安岭为界，同时确立了和平贸易关系。雍正六年（1728），中俄又签订《恰克图条约》，划定两国中段边界线。

清朝在边疆上最强大的威胁来自西北的蒙古准噶尔部。准噶尔为漠西厄鲁特蒙古（瓦剌之裔）四部之一，原活动于伊犁河流域，明清之际势力壮大，奄有天山南北，并与清朝展开争夺外蒙古（即漠北蒙古，时称喀尔喀蒙古）和西藏的斗争。康熙二十七年，准噶尔汗噶尔丹趁外蒙古诸部内部纷争之际东向大举进攻，一路势如破竹，追击外蒙古部众直至漠南草原，与清朝形成直接军事冲突。二十九年，康熙帝统军亲征，与噶尔丹大战于乌兰布通（今内蒙古克什克腾旗境），噶尔丹战败逃走。三十四年，噶尔丹再次进军漠北，窥伺漠南。康熙帝于三十五年发兵十万北伐，分为三路，自统中路军。噶尔丹闻讯西撤，与清朝西路军遭遇于昭莫多（今蒙古乌兰巴托东南），又被击败。当时准噶尔统治集团内部已经发生分裂，噶尔丹之侄策妄阿拉布坦聚众自立。昭莫多战后，噶尔丹力量衰弱，众叛亲离，于康熙三十六年暴病而卒。

噶尔丹死后，策妄阿拉布坦掌握了准噶尔统治权，将扩张重点转向西藏。明清之际，厄鲁特蒙古四部之一和硕特部由青海入西藏，与黄教领袖达赖、班禅建立了联合统治，并且接受清朝的册封。十八世纪初，和硕特首领拉藏汗与西藏地方势力的矛盾逐渐激化，策妄阿拉布坦趁机发兵入藏，于康熙五十六年攻占拉萨，杀拉藏汗。康熙帝决定"驱准保藏"，以皇十四子胤祯为抚远大将军，至西宁全权指挥军事行动。五十九年，清军从准噶尔军手中夺回拉萨，并举行达赖六世册封典礼，控制了西藏局势。雍正初年，和硕特部贵族罗卜藏丹津又在青海发动叛乱，被川陕总督年羹尧镇压。

雍正五年策妄阿拉布坦死，子噶尔丹策零嗣位，与清军数次交战，互有胜负。乾隆十年噶尔丹策零亦死，诸子争位，内讧不已，力量大为削弱。十九年，准噶尔贵族阿睦尔撒纳率部降清，清军以之为向导，在次年终于将准噶尔平定，俘其汗达瓦齐，但阿睦尔撒纳随即又举兵叛乱。二十二年，清军再次平定准噶尔，阿睦尔撒纳逃入俄国病死。经过康、雍、乾三代皇帝的长期经营，清朝终于彻底击败了准噶尔这一强劲对手，对稳定国家版图的意义非常重大。但由于准噶尔长期与清朝为敌，清军在两次平准过程中多所滥杀，导致准部人口急剧下降。

平准稍后，又有"平回"之役。当时天山南路的维吾尔聚居区被称为"回疆"，清初为准噶尔征服。清朝平准后，维吾尔首领波罗尼都、霍集占兄弟（尊称大、小和卓）由伊犁回归故地，策划建立独立的伊斯兰汗国，于乾隆二十二年起兵反清。二十四年，清军平定回疆，大、小和卓出逃被杀。此后在道光六年（1826），大和卓之孙张格尔以中亚浩罕国为根据地，在英国支持下一度潜入回疆，策动叛乱，攻占喀什，自称赛义德·张格尔苏丹。但这次叛乱持续一年即告平定，张格尔被清军俘获，解送北京处死。

因地制宜的民族统治政策

在统治大一统国家的民族地区方面，清朝积累了不少成功的经验。最重要的一点，就是采取"修其教不易其俗，齐其政不易其宜"的基本原则，保持各民族自己的社会习俗、宗教信仰，笼络其上层分子，大事集权，小事放权，根据不同情况进行有特点的行政管理。

清朝中央设有专门负责边疆民族事务管理的机构理藩院，地位同于六部。理藩院在清朝入关前即已建立，起初只是管理蒙古事务，后来随着疆域的开拓，将新疆、西藏等地区的事务也纳入其内，凡爵禄、朝贡、定界、官制、兵刑、户口、耕牧、赋税、驿站、贸易、宗教诸政令，并归管辖。清朝皇帝频繁出巡承德避暑山庄和木兰围场，在那里轮流召见边疆各族的上层人物，赏赐财物,共同宴享射猎,笼络感情。又在各民族聚居区开通驿路,加强其与内地的联系。边境上则广泛设立卡伦(满语台、站之意,即哨所),把守山川隘口和交通要道。

蒙古族在边疆诸民族中分布范围最广,力量最强,也最受清朝统治者的重视。漠南蒙古诸部在清廷入关前即已归附,清廷将其编制为若干旗进行统治。编旗时在蒙古原有社会组织的基础上再予分割,通常分一部为多旗,仅有少量的部得以原部编为一旗。旗的长官称为札萨克,由清廷任命蒙古王公担任,可以世袭,但要报请皇帝批准。各旗都有固定的地界,旗民不得越界游牧,日常往来亦受限制,从而贯彻了"众建以分其力"的统治目的。漠北蒙古起初与清廷只是建立了朝贡关系,康熙时因受噶尔丹攻击,南下投清。康熙三十年,康熙帝与漠北、漠南蒙古各部王公贵族在多伦(今属内蒙古)举行会盟,确立了清朝对漠北蒙古的正式管辖,保留土谢图、车臣、札萨克图三大部首领汗的称号,以下贵族则改用清朝亲王、郡王、贝勒、贝子等爵位,在行政管理上则依照漠南蒙古之例编旗。后来相继平定青海、漠西蒙古,均予编旗。蒙古原有若干部"会盟"的传统,编旗之后地区相邻的旗也形成会盟单位,即称为盟。盟长作为会盟召集人,由皇帝在盟中诸旗札萨克中指定一人担任,同时起到代表朝廷监督各旗的作用。总计全蒙古共19盟,200余旗。清朝统治者反复宣称"满蒙一体",大力发展满、蒙贵族的联姻关系,对蒙古王公百般优待,爵同宗室,使其成为清朝统治的得力柱石。又广建喇嘛庙,尊崇漠北、漠南蒙古的两大活佛哲布尊丹巴呼图克图和章嘉呼图克图,以适应蒙古百姓崇尚黄教的心理。康熙帝曾得意地说:"昔秦兴土石之工,修筑长城,我朝施恩于喀尔喀,使之防备朔方,较长城更为坚固。"[21]乾隆三十六年,早先远徙伏尔加河下游的蒙古土尔扈特部(原属漠西厄鲁特蒙古)不堪沙俄压迫,万里东行,回归中国,即是清朝治蒙政策成功的体现。

清朝对西藏的统治也取得了显著成果。"驱准保藏"之后,清廷改组了西藏地方政府"噶厦",清除蒙古贵族势力,任用藏地上层人物协助达赖、班禅治藏。继续尊崇黄教,以稳定西藏局势。雍正五年起,正式在西藏派设驻藏大臣二员,代表朝廷监督西藏政务。乾隆十六年颁布《西藏善后章程》,五十七年颁布《钦定西藏章程》,逐步加强对西藏的控制。特别是后一章程,规定驻藏大臣地位与达赖、班禅平等,西藏僧俗官员"事无大小,均禀驻藏大臣办理",并开始训练藏军,统一铸币。同时,还规定达赖、班禅及其他黄教活佛"灵童转世"之时,俱采用"金瓶掣签"之法,将灵童候选中姓名放入清廷所颁"金瓶",在驻藏大臣监督下公开抽签,决定中选者,从而抑制了地方贵族势力的操纵、舞弊行为。

在新疆地区,于伊犁设伊犁将军一职,总领天山南北的军民事务。其他重要城市则置参赞大臣、办事大臣、领队大臣等职以镇守。同时,对维吾尔社会采用了其原有的"伯克"制度进行统治。伯克是维语职官名,高者称阿奇木伯克,次者称伊什罕伯克,原皆为贵族世袭。清朝则为其订立品级,由官方委任,使掌管维吾尔民政。东北地区设黑龙江、吉林、盛京三将军,兼统军、民之政。除满族仍通过八旗制度进行统治外,对其余鄂伦春、鄂温克、达斡尔、赫哲诸族,亦予编旗练兵,使之保卫边境。

在云、贵、川、广西、湘鄂西等西南民族土司统治区,清朝在明朝的基础上继续推行"改土归流"政策,在条件成熟的地区取消土司世袭之制,设立府、厅、州、县,任命流官管理,逐步消除其割据因素。大规模的改土归流始于雍正四年,改后地区皆清查户口、丈量土地,统一征收赋税,并建城池学校。一部分地区的改土归流是通过战争进行的,其中尤以乾隆时的大、小金川之役为剧。大、小金川位于四川西北部大渡河上游,是藏族聚居区,乾隆十二年与清廷矛盾激化,清朝派大兵前往征讨,土司莎罗奔力屈投降。三十六年莎罗奔之孙索诺木又反,至四十一年始被镇压,金川改为流官。西南地区的改土归流并非完全彻底,很多地方还保留了土司制度的一些残余,如下级官员有土目、土舍等,但总体来说仍然大大强化了中央政府的统治,为当地经济发展和社会进步创造了条件。

三　盛世的危机

康乾盛世虽然取得了文治武功的辉煌成就,但鼎盛中逐渐孕育着危机。这些危机有些是以前朝代反复出现过的旧问题,有些则是新形势下的新问题。乾隆一朝是康乾盛世的顶峰,而就在乾隆帝以"持盈保泰"自诩的同时,统治危机也已表现得相当明显。至作为康乾盛世余波的嘉、道两朝,危机更是日益严重。中国历史就在这一背景下迈向了近代。

人口压力

康乾盛世是中国人口发展史上的一个高峰时期。此前的一次人口高峰出现于北宋,学者通常认为当时中国人口已经逾亿。此后数百年人口发展处于波动之中,明朝见于记载的人口数字最多时仅有7000余万,实际上明朝鼎盛时期的人口应超过1亿。明清之际战祸遍及全国,人口出现较大幅度的下降。清初,清查人丁数字以征丁赋,顺治八年(1651)丁数约1400万,至康熙五十年(1711)已恢复到2460万。实际上清查人丁时不仅百姓多方隐匿,地方官也担心丁增赋重,不便办纳,有意少报数字,"并未将加增之数尽行开报",乃至"一户或有五六丁,止一人交纳钱粮,或有九丁十丁,亦止二三人交纳钱粮",[22]因此实际上的人丁数量应当大大多于统计数字。加上未进入统计的老人、少儿、妇女,到康熙后期,全国的实有人口也应在1亿以上。康熙五十一年,宣布以后征收丁赋的数额只以五十年的人丁数为准,新滋生人丁,一律"永不加赋"。随后雍正又实行"摊丁入亩",使清查人丁的工作完全失去了意义,长期未再进行。乾隆五年(1740),开始进行正式的人口统计,次年上报全国人数共1.4亿有余。此后人口数字直线上升,至乾隆二十七年(1762)超过2亿,五十五年(1790)突破3亿大关。嘉庆、道光时期人口继续膨胀,到道光二十年(1840)鸦片战争爆发时,全国人口已达到4.1亿。一百年内,人口数字多出两倍,平均每年递增287万。

　　清朝中叶出现人口剧增,至少有以下两方面的原因。其一,"永不加赋"和"摊丁入亩"相当于固定和取消人头税,既刺激了人口生殖,又消除了隐匿丁口不报的情况。与此同时政府对基层社会的控制更为强化,对定居乃至流动人口的清查更加严密,技术手段不断完善。版图扩张和改土归流也增加了不少新注籍的人口。其二,社会经济的发展是推动人口增长的主要因素。在清政府重农政策的引导下,土地开发范围更广,利用亦更为精密。番薯、玉米一类高产作物的引进和广泛种植,使客观上有可能养活更多的人。然而,在社会局面相对稳定的前提下,人口增长趋势形成并持续较长时间之后,已经脱离了统治者的主观意志而向前发展,并且超出社会经济增长所提供的限度。人口压力成为一个新出现但却非常严重的社会问题。

　　人口增长的直接结果是耕地不足。乾隆中期,官方记载的全国耕地面积为7.8亿亩,通常认为实有耕地面积当在10亿亩左右。尽管这一数字比过去有很大提高,但远远赶不上人口增长的速度,而且也已接近发展极限。根据清人估计,按照当时的生产力水平,人均占有耕地应达到4亩,方能维持温饱。以此测算,则在乾隆末年人均耕地占有量已经不足,到道光后期更降到2.5亩,表明有相当一部分人处于饥饿或半饥饿状态。对此清朝统治者也早有预感。康熙在位后期即已感叹:"户口虽增,而土田并无所增,分一人之产供数家之用,其谋生焉能给足?"雍正也忧心忡忡地说:"国家承平日久,生齿殷繁,地土所出仅可赡给,偶遇荒歉,民食维艰。将来户口日滋,何以为业?"[23]作为耕地不足的表现,自康熙后期起,粮价、地价直线上涨,涨幅高达数倍,并带动了其他商品物价的普遍上扬。人口过剩现象也逐步出现,无业流民数量日增,加剧了社会的不稳定因素。到乾隆前期,朝廷上下对人口压力已经有了明显感受。乾隆十三年(1748)各省督、抚奉命就粮价上涨原因陈述己见,结果大多数人都将原因归结于"生齿日繁"。

乾隆末年,大臣洪亮吉著《意言》一书,在其中的"治平""生计"两篇里,比较全面地讨论了人口压力问题。他指出,在长时间的"治平"之世,人口的增长必定会超出生产、生活资料的增长,"田与屋之数常处其不足,而户与口之数常处其有余"。加上贫富分化造成的财产兼并,"一人据百人之屋,一户占百户之田",会使更多的人处于贫困、饥饿之中,其"不能束手以待毙",终将"生攘夺之患",造成社会动乱。他认为这种危险只能通过两个途径来相对地调节缓和,一是"天地调剂之法",指自然灾害导致的人口下降,二是"君相调剂之法",指统治者尽力发展生产,倡导节俭,抑制兼并,但这两条途径又都不能从根本上解决问题。嘉庆末年,龚自珍作《西域置行省议》,提出移民垦荒之策,主张由朝廷将内地过剩人口组织起来,迁往西北从事开发,稍后魏源也鼓吹类似的观点。士大夫对人口问题进行了前所未有的关注和探讨,从另一角度反映出人口压力带来的社会危机。

吏治腐败

与人口压力相比,吏治腐败则是一个无代无之的老问题。清初为稳定统治,广开用人之途,大量招降明朝官员,吏治也因而沿袭了明朝官场种种陋习,腐败现象一开始就较为严重。顺治帝曾就此颁布一系列整顿条例,并严办一批案件。康熙前期,注意整饬吏治,奖励清官,树为典型,政风出现好转。但在专制体制之下,腐败的根源终难消除,而就具体制度而言,清朝也存在着若干促成腐败的因素。一是如前文所述,地方监察不设专官,行政、监察合一,上级监察下级,这种做法存在明显的缺陷。二是官俸低微,大都不足维持家庭生活所需,因而难以养廉。三是开"捐纳"之途,允许以钱买官。康熙十三年(1674)由于平定三藩军费不足,实行捐纳以辟财源,三年内得银200万两,"卖出"知县五百余缺。以后因治河、赈灾、边疆用兵等原因又多次开捐(限下级官员),捐纳收入逐渐列为国家正项财政收入。因捐得官者往往更是肆意剥削百姓,中饱私囊,加剧了官场风气的败坏。康熙后期,标榜"安静""宽舒",对官员趋于放纵,认为"所谓廉吏者,亦非一文不取之谓,若纤毫无所资给,则居官日用及家人胥役何以为生",表示对一般性的收受钱财"亦不必究","朕非不知,亦不追求"。[24]在这种纵容态度下,腐败之风益盛。其时腐败现象的主要表现,一是挪用、亏欠国家钱粮,二是从民间获取非法收入"陋规"。陋规中最常见的一项称为"火耗"或"耗羡",原指征收赋税时因补贴合理损耗(如镕铸银锭所损)而多收的附加税,实则大大超出"损耗"的范围,通常加至三四成以上,有至七八成者,尽为官吏私吞。地方官直接获得这类非法收入,再用其中一部分来向京官行贿办事,内外沆瀣一气,政风每况愈下。

雍正即位后,大力整顿吏治,清查亏空,严惩贪官。同时针对官俸低微的现实问题,推行"耗羡归公"的改革,承认耗羡合法,但将其数额控制在正额赋税的一二成之间,由官府统一征收。征收所得,除一部分用于弥补各地钱粮亏空及充办公经费外,较大部分都作为"养廉银"即生活补贴发放给官员。对官员个人而言,养廉银的数量大大高于正俸,为正俸数倍乃至数十倍。这一高薪养廉政策取得了一定的效果,吏治在短时期内有了较为明显的改善。但它仍然是治标而不治本的措施,无法满足官吏无尽的贪欲。随着时间推移和物价的上涨,官场贪风复炽,非法"陋规"再度抬头。在改革实行之前,反对者即云"耗羡归公,必成正项,势将耗羡之外,又增耗羡",[25]后来的事实被不幸而言中。乾隆在位时,继续采取措施严厉惩贪,重点清查大案、要案,二品以上大员因腐败行为被处死刑者达30余人之多。然而腐败之风仍未遏止,反而有愈演愈烈之势。乾隆也无奈地哀叹:"察吏非不严,而贪墨未息,锄恶非不力,而纵逸尚闻。"[26]

乾隆时期官场风气恶化最严重的表现,是官僚队伍的腐败已经积重难返,腐败往往成为一种集体行为,官官相护,共同作弊,互不题参,代为辩解,事先通风报信,事后鸣冤翻案,形成盘根错节的腐败网络。发生于乾隆四十六年(1781)的"甘肃捐监冒赈案",是一个集体腐败的典型案例。此前在乾隆三十九年,陕甘总督勒尔锦以储粮备荒为名,奏请在甘肃省开行"捐监",号召富人缴纳粮食入仓,国家酬以国子监"监生"学历。实行时则与甘肃府以上官员通同作弊,不收粟而改收"折色"即白银,将其私分,布政使王亶望一人即贪污白银300余万两。然后连年捏造灾情,申报赈灾,将并不存在的"捐粮"渐次开销。这种明目张胆的贪污行径,虽然缺漏甚多,但却历时七年方才败露。乾隆诧为"从来未有之奇贪异事",即将勒尔锦、王亶望正法,其余官员先后被处死者数十人。而负责查抄王亶望家财的闽浙总督陈辉祖,却趁机"抽换挪掩",侵吞财物,事发亦被赐死。这起案件是当时官场黑暗程度的一个缩影。

乾隆"反贪"失败还有一个重要原因,就是他惩贪往往以个人好恶为转移,带有很强的随意性,因而不可能彻底。特别到统治后期,乾隆为"盛世"表象所陶醉,多次庆寿、出巡,铺张浪费。为解决宫廷挥霍之需,暗示官吏进行"贡献""报效",又对很多贪污官员实行罚款赎罪之法,其费不入国库而入内务府,被罚款官员因此得以减轻罪责,或仍旧"弃瑕录用"。这实际上严重助长了腐败之风。如清人所评论,其时"诛殛愈众而贪风愈盛,或且惴惴焉惧罹法网,惟益图攘夺刻剥,多行贿赂,隐为自全之地"。[27]乾隆晚年最宠信的军机大臣和珅即是一个超级贪官,他当权20余年,内外大僚多重贿倚结,以为奥援,各地进贡珍宝往往入其私门。至嘉庆四年(1799)乾隆卒,和珅因而倒台,被勒令自尽。查抄其家产,共编109号,其中已估价者26号,即值银2亿2千多万两,相当于当时五年的国库收入,以致民间有"和珅跌倒,嘉庆吃饱"之谚。这样触目惊心的贪污腐败现象,表明清朝统治机器已经严重腐朽。

秘密宗教会社与反清起义

在人口压力、吏治腐败、贫富分化、自然灾害等因素交相作用下,到"康乾盛世"后期,内地社会开始出现不稳定的迹象,多次发生反清起义,大者波及数省,成为清朝由盛到衰的明显转折点。这些起义大都是在秘密宗教会社的组织下进行的。

清朝民间的秘密宗教会社主要有两大系统,一为白莲教,二为天地会。白莲教是由佛教净土宗衍生出来的民间宗教,历史悠久,曾发动起义推翻元朝。由明及清,因被朝廷作为"邪教"禁止,故在社会上时隐时现,且为躲避追查,不断改用新的支派名目,多达数十、上百种。教派虽多,但官府和民间通常仍笼统地称之为白莲教。其教义发生了一些变化,主要崇拜对象由阿弥陀佛、弥勒佛逐渐转为虚拟的世界创造者"无生老母",声称无生老母将尽度尘世凡人回归天界"真空家乡",反映出对现实的否定。提倡均财产、泯类别、"穿衣吃饭,不分尔我"的平等思想,并在佛教"劫变"观念基础上,提出青阳(过去)、红阳(现在)、白阳(未来)的三世说,宣称"红阳劫尽,白阳当兴",入其教则可免劫难而登极乐、升天堂,不入教则将临大劫,堕入地狱苦海。上述教义多以说唱文学形式写成通俗易懂的经卷,在民间广泛传播,影响很大。天地会又称"洪门""洪帮",并非宗教,而是清朝新出现的一种以歃血盟誓异姓结拜方式组织起来的秘密团体。其创始时间众说纷纭,尚无定论。最初似主要是南方诸省游民、商贩、手工业者的互助组织,标榜患难相助,两肋插刀,具有严格的誓约和会规。乾隆中期以下,天地会与官府的冲突日益激烈,遂打出"反清复明"口号,以民族意识号召百姓,但实际上与明朝遗民可能并无太大关系。

  康、雍两朝到乾隆前期,地方上已出现过不少民众骚乱,但或是规模较小,或是地处偏远,没有对清朝统治造成很大震动。如康熙时数次发生以明室后裔"朱三太子"为名号召起事的事件,都很快被扑灭。乾隆三十九年(1774),山东清水教(白莲教支派)教主王伦聚众起事,围攻运河重要枢纽临清,一度中断漕运。起事虽一月即败,但在华北腹地公开与官军对垒,攻城略地,产生了极大的影响。五十一年,天地会首领林爽文在台湾发动起义,攻占彰化、凤山(今台湾高雄)二县,围困台湾府城(今台湾台南),自称顺天大盟主。清廷调集重兵,渡海征讨,至五十三年始将起义镇压。乾隆帝对此役十分重视,将镇压林爽文与平准噶尔、平回疆、平金川等其他九次战役共同列为自己的"十全武功"。

  乾隆、嘉庆之际,爆发了规模巨大的白莲教起义。起义发源于川、楚(湖北)、陕三省交界的山区,当地贫民聚集,交通不便,官府控制相对薄弱,白莲教各支派得到了广泛传播。乾隆五十九年(1794),清廷加紧对川、楚、陕三省白莲教组织的清查,多名教首和大批教众被捕杀,地方官府则借捉拿邪教为名对百姓肆意勒索,民怨沸腾。白莲教徒遂倡言"官逼民反",于嘉庆元年(1796)在三省的不同地点先后举事。初起之时,分支众多,声势甚盛,除川、楚、陕外,还波及河南、甘肃,共达五省。此时清朝军事力量已明显衰弱,官兵怯懦,士气低落,不得不大量招募"乡勇""团练"协助镇压。起义者不相统属,各自为斗,在长期作战消耗和清朝"坚壁清野"围困下渐趋衰落,至嘉庆九年(1804)最终失败。清朝在镇压过程中共耗费饷银2亿两,元气大伤,"盛世"局面基本宣告结束。

  嘉庆十八年(1813),白莲教支派天理教发动起义。天理教首领李文成举事于河南滑县,攻占县城,余众相继占领山东定陶、曹县等地。另一名教首林清在北京策划事变,以太监为内应,聚众攻入紫禁城。时嘉庆帝正巡幸热河,宫中猝然遇变,一片恐慌,皇子绵宁(即道光帝)持鸟枪指挥抵御,驻京火器营入宫增援,终将事变镇压,李文成等亦相继失败。这次起事威胁到宫廷,震动极大,嘉庆帝下罪己诏,检讨此次"变生肘腋,祸起萧墙",实为"汉唐宋明未有之事"。[28]此前在嘉庆八年,还曾发生平民陈德在嘉庆帝出巡时持刀企图行刺的事件,也是震惊一时,内外骚动。

  乾隆中期以下,地方上还爆发过一些白莲教、天地会系统以外的反抗斗争。规模较大者,一是乾隆后期甘肃、青海发生的撒拉族、回族起义。当地为穆斯林聚居区,回民马明心别创伊斯兰"新教",在贫民中传播甚广,与"旧教"形成冲突。地方官府在双方争端中袒护旧教,使得矛盾激化,撒拉族新教教首苏四十三等于乾隆四十六年举事,回族新教阿訇田五于四十九年举事,都一度形成很大声势,清廷调集重兵始予镇压。这类源于伊斯兰新、旧教矛盾的起事,一直延续到近代。二是乾隆六十年湖南、贵州边境发生的苗民起义,由石柳邓、吴八月等领导。清廷动用七省之兵十余万人征讨,起义持续近两年后失败。三是嘉庆时期东南海盗蔡牵反清事件。蔡牵初于乾隆五十九年率福建失业渔民、船工下海为盗,逐渐发展为东南沿海一支强大的武装力量,与清朝水师多次交战,并一度登陆台湾,围攻府城,至嘉庆十四年(1809)败死。这些反清斗争都使清朝统治遭受了沉重打击。

外部环境的潜在威胁

与前代大一统王朝相比,清朝的内陆边疆形势相对稳定,但在沿海却遇到了西方殖民者的潜在威胁。"康乾盛世"时期,葡萄牙、西班牙、荷兰等国在东方的势力已经衰落,英国逐步掌握了海上霸权,成为清朝与欧洲交涉遇到的主要对手。法国、美国也渐次向东方发展,但势力还远不及英国。

清初,为对付出没于东南沿海的郑成功集团,厉行海禁,严禁民间船只私自出海,违者本人正法,货物没官。又颁布"迁海令",强迫海岛及沿海居民内迁数十里,设界不得逾越。对外贸易和沿海经济都因此大受影响。康熙平台湾后,于二十四年解除海禁,指定广州、漳州、宁波、云台山四地为对外通商口岸。但到乾隆二十二年,又将通商口岸缩减至广州一处。二十四年,颁行《防范夷商规条》,在对外贸易方面设置了种种严格的管理规定,以后又多次续颁补充条款。清朝对外贸易皆由官府指定的广州"十三行"行商代理,行商作为清廷与外商的中介,要负责向外商征收关税,代为管理外商,并从事对外交涉。外商在广州活动以及与"行商"以外的其他商民进行交往,都受到严格限制。如禁止外商在广州过冬(必须冬住者只能转往澳门),禁止外商雇役华人办事(官府指定的通事、买办除外),禁止外国妇女进入广州,等等。广州的外商平时不能随便走出商馆,只能在每月逢八之日出外游览散步,且人数不得超过十人。这类繁琐限制的真实目的主要在于"防民",担心外国人与内地的"不法之徒"进行勾结,是一种消极自卫的做法。关税方面,由于清廷以"天朝大国"自居,所定税额很低,但税制紊乱,税则不明,附加税名目繁多,官员、吏役、行商上下其手而牟利,外商怨声重重。对华人出洋贸易同样限制甚严,对其船只型制大小、货物品种数量、商贩水手人数、往返期限等都有非常严格的规定。

康雍乾时期,清朝的对外贸易一直居于出超地位,所输出茶叶、生丝、土布、瓷器等物在欧洲市场销路广阔,而欧洲商品则始终难以打开中国市场。作为欧洲对华贸易额最高的国家,英国不甘心长期入超,力图进一步开拓中国市场,平衡贸易逆差。乾隆五十七年(1792),英国派出了以孟加拉总督马戛尔尼(G. Macartney)为首的庞大使团,借为乾隆帝祝寿之名,出使清廷。次年,马戛尔尼一行到达热河行宫,受到隆重款待,然而在觐见乾隆帝礼仪的问题上与清方产生分歧,拒绝按中国传统行跪拜礼。清廷称"向闻西洋人用布扎腿",对其"跪拜不便"表示理解,但仍然劝说"叩见时暂时松解,行礼后再行扎缚,亦属甚便",[29]最终达成折中意见,改行免冠屈一膝之礼。乾隆帝对英国使团的"妄自骄矜""无福承受恩典"十分不悦,当觐见完毕,英方提出改善贸易条件、增开通商口岸的诸项要求时,概予严词拒绝。在颁发给英国国王的敕谕中,乾隆帝宣称"天朝物产丰盈,无所不有,原不借外夷货物以通有无,……今尔国使臣于定例之外多有陈乞,大乖仰体天朝加惠远人、抚育四夷之道","念尔国僻居荒远,间隔重瀛,于天朝体制原未谙悉,是以命大臣等向使臣等详加开导,遣令回国"。[30]马戛尔尼的出使遂以失败告终。

嘉庆二十一年(1816),英国又派阿美士德(W. Amherst)率团使华。嘉庆帝吸取前次经验,事先谕令务必将使团的礼节"调习娴熟",方许入觐。但阿美士德等不肯就范,觐见竟告流产。嘉庆帝十分恼怒,敕谕英王,称:"尔国距中华过远,遣使远涉,良非易事。且来使于中国礼仪不能谙习,重劳唇舌,非所乐闻。天朝不宝远物,凡尔国奇巧之器,亦不视为珍异。……嗣后毋庸遣使远来,徒烦跋涉。"[31]两次"礼仪之争"充分反映出清朝统治者对世界局势的懵懂无知和妄自尊大。中西双方的政治、文化观念存在着巨大的鸿沟,在即将日趋频繁的接触当中,不得不经历一个长期和艰苦的彼此适应过程。

十八九世纪之交,鸦片大量输入中国,逐渐改变了中欧贸易的顺逆差关系。鸦片最初作为药品输入,数量很小,随着越来越多的人吸食上瘾,需求量日增。英国殖民者有鉴于此,遂有意识地对华倾销鸦片,以改变贸易入超的被动地位。清廷觉察到鸦片贸易的危害,于嘉庆五年(1800)下令禁止鸦片进口,来粤外国商船必须具结保证不夹带鸦片。但由于各级官府的腐败,鸦片继续通过走私渠道输入,数量有增无减,地方官吏反而从中渔利。到十九世纪三十年代,鸦片每年输入量高达4万箱,其价值已超出了输出茶丝布瓷等商品的总和,中国在对外贸易中由出超变为入超,白银大量外流,国家财政受到严重影响。清廷被迫采取更严厉的禁烟措施,与英国利益形成冲突,战端渐萌。而英国方面对战争也已有所准备。道光十二年(1832),英属东印度公司派船以赴日本贸易为名,在中国沿海巡游近半年,进行侦察活动,获取大量情报,特别是充分了解了清朝军备废弛、武器与军事技术陈旧的状况。道光二十年(1840),鸦片战争爆发,中国历史由此进入了近代时期。

八旗与绿营

八旗与绿营是清朝常备兵的两大系统,其中八旗又是满族社会的基本组织形式。八旗的建立前文已述,分别以正黄、正白、正红、正蓝、镶黄、镶白、镶红、镶蓝八种旗帜为标志,每种旗帜又有满洲、蒙古、汉军之分,不管原来是何族属,编入八旗后统称"旗人",逐步形成统一的满族共同体。最初的制度每旗(固山)下辖五甲喇,每甲喇下辖五牛录,每牛录300丁,后来每旗所辖牛录数和每牛录所辖丁数都时有变化,但基本编制体系未变。清初规定,八旗中的两黄旗和正白旗由皇帝直接控制,称为上三旗,其余五旗由诸王、贝勒统辖,称为下五旗。下五旗王公对旗众拥有一定程度上类似于君臣关系的人身统辖权力,成为君主集权的障碍。雍正时,下诏将下五旗首领固山额真(满语,意为旗主)之名改为固山昂邦(意为旗的大臣),确认了皇帝对下五旗的绝对领导权。对下五旗旗务多指派王公临时管理,不得世袭,并派御史监察,从而逐渐消除了下五旗对皇权的离心倾向。

八旗制度的特点是兵民合一,既以旗统兵,又以旗统民(兵之家属、仆从等)。入关以后,旗下人口不断膨胀,而兵额有限,遂改变全民(丁)皆兵的做法,从人丁中挑补兵员。初为三丁抽一,后又变为五丁、八丁抽一,并重点发展满洲八旗,蒙古、汉军八旗编制很少扩充,后来还令一部分汉军"出旗为民"。因此清朝八旗兵额基本固定,最多时亦保持在20万人左右。其中镇守京畿、分驻地方大约各占一半,前者称为禁旅八旗,后者称为驻防八旗。禁旅八旗有郎卫、兵卫之分,郎卫又称亲军营,负责卫戍皇帝和皇宫,皆从上三旗满、蒙兵丁中选拔,兵卫则负责护卫京师,分骁骑、护军、前锋、步军等营。驻防八旗驻扎于全国要害之地,多在各省省会或重要城市附近,运河沿线、东南沿海、东北关外亦为重点防区。在重要的驻防区设将军(从一品),其次有副都统(正二品)、城守尉(正三品)、防守尉(正四品)等职。禁旅八旗和华北、东北、内蒙古等地的驻防八旗是清朝一支庞大的机动武装力量,地方有大战事往往迅速调发出征。

八旗兵被清朝统治者视为"国家根本",待遇较为优厚,可领取高额粮饷。但到清朝中叶,旗下人口日增,一名八旗兵的粮饷渐渐难以养活日趋膨胀的家族,"旗人生计"成为一个严重问题。清廷的对策,一是令汉军出旗为民以减轻八旗人口压力,二是不时颁发赏赐,三是适度增加兵额(称"养育兵"),四是组织旗人屯垦荒地,包括雍正时一度模仿先秦井田制在直隶新城、固安二县开辟由旗人耕种的"井田",但都没有从根本上解决问题。另外由于承平日久,八旗兵训练废弛,战斗力逐渐衰退,同时沾染汉族社会的种种享乐习俗,趋于腐化。清朝皇帝曾多次下谕,要求八旗官兵保持"国语(按指满语)骑射"的传统,实际上入居汉地的八旗成员已逐渐被汉族社会所同化,满语满文多不熟习,骑射技能亦趋荒废。他们作为统治民族,倚仗国家的优待保护政策,追求享受,好逸恶劳,丧失了开国时的勇猛作风和进取精神。到清末,八旗已几乎成为纨绔子弟的代名词。

绿营是清朝入关以后收编、招募的汉族军队,用绿色旗帜以别于八旗诸色,故称绿营。人数多时达到60余万,数倍于八旗兵。各地绿营兵均受总督节制(无总督省份由巡抚节制),同时各省又设一名武职的提督,为该省绿营兵长官。提督以下军官,依次有总兵、副将、参将、游击、都司、守备、千总、把总等。绿营编制根据所属长官不同而有不同名目,总督(或巡抚)、提督、总兵统属者称标,驻于各省要冲之地,副将统属者称协,参将至守备统属者称营,千、把总统属者称汛,分驻各省其余地区。与八旗兵比较,八旗兵人数少,地位高,具有监督作用,故驻屯较集中,而绿营兵人数众,地位低,居于被监督的地位,故驻屯较分散。绿营兵最初是根据募兵制的原则组建起来的,入伍后基本上终身为兵,年老始得退役。募兵原则上只限本地人,不用外来无籍之徒,以便管理、控制,实际上营中出现缺额,往往即由兵士的子弟(称为"余丁")递补。因此绿营在一定程度上也带有世兵制的特点。其粮饷待遇明显低于八旗兵,在驻地地区除日常训练外,还往往要承担一些杂役。遇有战事,则从各驻屯地抽调精锐,临时命将指挥,战毕各归原地。

清朝入关之初,绿营兵训练较正规,战斗力较强,在平定三藩之乱等内外战役中发挥过重要作用。到清朝中叶,训练废弛,作战能力日趋下降。而且由于作战临时抽调,兵将不相习,往往配合失灵,败不相救。乾隆时征伐金川,绿营兵军无斗志,战多败绩。一次敌兵数十人发起冲锋,官军竟至"三千余众拥挤奔回","闻声远遁,自相蹂躏"。[32]嘉庆初年镇压川楚陕白莲教起义时,绿营兵已明显衰朽,清廷不得不另行招募"乡勇"进行作战。到近代,此类新募的乡勇成长为清朝的主要军事力量,绿营被渐次裁汰,最终趋于瓦解。

清朝帝系表(含鸦片战争以后)

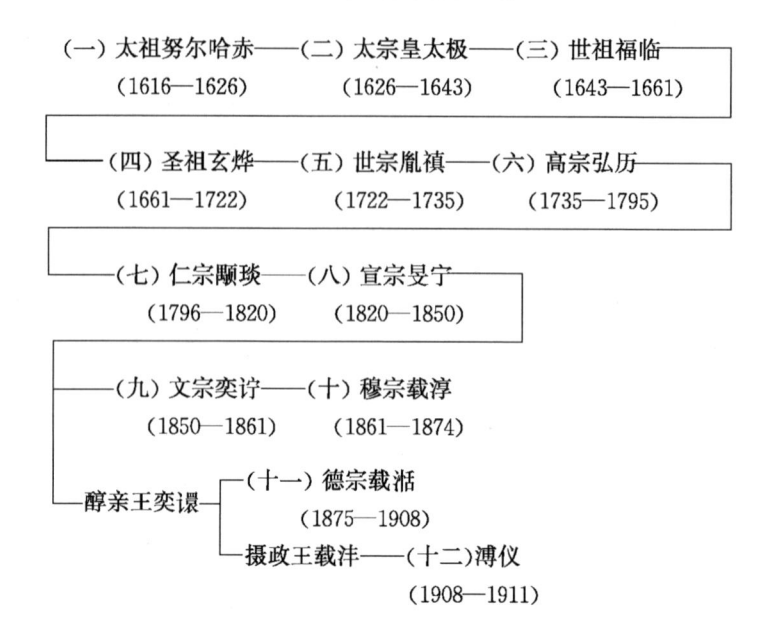

```
(一)太祖努尔哈赤——(二)太宗皇太极——(三)世祖福临
   (1616—1626)        (1626—1643)       (1643—1661)

——(四)圣祖玄烨——(五)世宗胤禛——(六)高宗弘历
    (1661—1722)      (1722—1735)     (1735—1795)

——(七)仁宗颙琰——(八)宣宗旻宁
    (1796—1820)     (1820—1850)

——(九)文宗奕詝——(十)穆宗载淳
    (1850—1861)     (1861—1874)

  醇亲王奕譞——(十一)德宗载湉
                 (1875—1908)
              ——摄政王载沣——(十二)溥仪
                             (1908—1911)
```

注　释

〔1〕 吴晗编《朝鲜李朝实录中的中国史料》孝宗二年二月。

〔2〕《清圣祖实录》卷二八四康熙五十八年四月辛亥,《康熙起居注》第三册康熙五十六年十二月二十五日。

〔3〕《清世宗实录》卷四九雍正四年十月甲戌,卷九六雍正八年七月甲戌。

〔4〕《清高宗实录》卷九三二乾隆三十八年四月庚子。

〔5〕《李朝实录中的中国史料》正宗二年三月。

〔6〕《清高宗实录》卷一〇五一乾隆四十三年二月庚戌,卷一一二九乾隆四十六年四月辛酉。

〔7〕《清圣祖实录》卷二三四康熙四十七年九月辛卯,卷二五三康熙五十二年二月庚戌。

〔8〕《大义觉迷录》卷一,《清世宗实录》卷四五雍正四年六月甲子。

〔9〕《年羹尧满汉奏折译编》汉文奏折雍正元年正月初二日《会陈军务事情请先具稿密呈折》,二年三月十八日《奏谢自鸣表折》。

〔10〕《清高宗实录》卷一〇六七乾隆四十三年九月丁未。

[11]《雍正朝汉文朱批奏折汇编》第四册雍正三年二月十二日《云贵总督高其倬奏谢谕训如何与年羹尧相处并陈下悃折》,第六册雍正三年九月十二日《山东登州总兵黄元骧奏谢面谕温旨屡蒙赏赐折》。

[12]龚自珍《龚自珍全集》第三辑《徐尚书代言集序》。

[13]《清会典》卷三《办理军机处》。

[14]《清史稿·张廷玉传》;程晋芳《章奏批答举要序》,《清经世文编》卷一四。

[15]《清末筹备立宪档案史料》第二编之一《官制·御史张瑞荫奏军机处关系君权不可裁并折》。

[16]《清朝通典》卷三三《职官十一》。

[17]《世宗宪皇帝上谕内阁》卷五六雍正五年四月十八日。

[18]李祖陶《迈堂文略》卷一《与杨蓉渚明府书》。

[19]《清圣祖实录》卷二四四康熙四十九年十月甲子。

[20]《清圣祖实录》卷一六三康熙三十三年闰五月癸酉。

[21]《清圣祖实录》卷一五一康熙三十年五月庚辰。

[22]《清圣祖实录》卷二四九康熙五十一年二月壬午。

[23]《清圣祖实录》卷二四〇康熙四十八年十月庚辰,《清世宗实录》卷六雍正元年四月乙亥。

[24]《清圣祖实录》卷二三九康熙四十八年九月己未,卷二四五康熙五十年三月庚寅。

[25]孙嘉淦《办理耗羡疏》,《清经世文编》卷二七。

[26]《清高宗实录》卷八三三乾隆三十四年四月癸酉。

[27]薛福成《庸庵笔记》卷三"入相奇缘"条。

[28]《清仁宗实录》卷二七四嘉庆十八年九月庚辰。

[29]《清高宗实录》卷一四三二乾隆五十八年七月己亥。

[30]《清高宗实录》卷一四三五乾隆五十八年八月己卯。

[31]《清仁宗实录》卷三二〇嘉庆二十一年七月乙卯。

[32]《清高宗实录》卷三二三乾隆十三年八月庚子。

第二十一章
明清时期的经济、社会与文化

本章在此前四章的基础上,从纵向角度简要、概括地叙述明朝与清朝(鸦片战争前)近 500 年间有关经济、社会、文化方面一些重要问题的演变线索。

一 明清时期的经济与社会

本节拟从五个方面介绍明清时期经济与社会领域的一些重要问题:农业与手工业,商品经济的繁荣,赋役与户籍,土地关系与依附关系,乡绅阶层与宗族制。

农业与手工业

明清时期,社会生产力的发展水平较之唐宋又有一定的提高。人口方面,《明实录》所载明朝最高人口数字只有 7000 余万,学者多认为实际上应超出 1 亿(还有人认为可能达到 1.5 亿)。清朝人口数字则出现了更大的飞跃,相继突破 2 亿、3 亿大关,至鸦片战争爆发时已达 4.1 亿。耕地面积也在逐渐增长,明朝耕地面积最多时超过 8 亿亩,清朝则可能超过 10 亿亩。但在清朝,耕地面积增长速度已明显落后于人口膨胀规模,形成了人口压力严重和耕地不足的局面,已见前述。

在农具、耕作技术、灌溉技术、粮食产量等方面,明清农业较之前代的发展相对有限,但农作物品种的增加,多种经营方式的推广,则是比较突出的成就。自明朝中期起,高产作物玉米、番薯、马铃薯自海外传入中国,它们不仅单位亩产量大,而且适应性强,不与五谷争地,旱地、山地等处皆可种植,因此得到广泛传播,在一定程度上缓解了人口增长对土地造成的压力。烟草、花生等新的经济作物也大致于同时引进,进一步丰富了农产品结构。在江南等经济发达地区,传统的农业单一经营方式已被突破,多种经营兴盛,经济作物棉、麻、桑、蓝靛、茶树、甘蔗、蔬菜、果木、花卉等品种的种植日益广泛,产品大量流入市场。很多农民在种植经济作物时还往往进行一些初级加工,或兼营相关副业,获取更多的收入,以补粮食生产之不足。明朝人总结说,三吴地区赋税苛重,然而"闾阎不困",就是因为当地人"射利无微不析,真所谓弥天之网,竞野之罘,兽尽于山,鱼穷于泽者矣"。[1]在松江、苏州二府,棉作已经压倒稻作,"邑之民业,首藉棉布";嘉兴、湖州二府,则是蚕桑压倒稻作,"蚕或不登时,举家辄哭"。清朝更进一步通过政府手段发展多种经营,包括推广蚕桑、植棉、植树、畜牧等等,福建、四川、广东等省的多种经营都颇见成效。以经济作物种植为主的地区需要依赖邻近地区提供商品粮,湖广、江西等地成为新的粮食生产中心,承担了向江南、福建、广东供给粮食的任务。江南本为唐宋以来最大的粮食产区,时谚云"苏湖熟,天下足",而到明清,由于经济发展格局的变化,谚语已变为"湖广熟,天下足"。另外清朝边疆地区农业的发展,较之前代也有明显的进步。

经营地主的出现是明朝后期到清朝农业生产领域中的新现象。他们与单纯出租土地、坐收地租的传统地主不同,以对农业进行农场式管理为特点,亲自参与生产过程,注重集约经营,改良土壤、水利,进行认真、细致的经济核算,以提高生产效率。其所经营,通常也已不是单一的粮食生产,而包括了许多经济作物的种植和相关的副、牧、渔业,与市场有着密切的联系。如明朝后期的常熟人谭晓,因当地"田多洼芜",低价购买了大量空闲土地,雇佣乡民百余人,"凿其最洼者为池,余则围以高塍,辟而耕,岁入视平壤三倍"。所凿水池养鱼,池上筑舍养猪,其余空地视地形、土壤情况种植不同的果木蔬菜,顺带捕捉鸟凫昆虫,此类副产品销售所得"视田之入复三倍"。其本人"纤啬惮费",生活节俭,因此"赀日益,窖而藏者数万计"。[2]经营地主对僮仆、雇工等劳动者注意改善待遇,以充分发挥其生产积极性。成书于明末的《沈氏农书》总结这方面的经验称:"炎天日长,午后必饥,冬月严寒,空腹难早出,夏必加下点心,冬必与以早粥,……饱其饮食,然后责其工程,彼既无词谢我,我亦有颜诘之。"[3]

明清手工业各部门的生产规模在前代基础上继续有所扩大,技术也有所提高。如制瓷业中以吹釉法代替过去的刷釉法,施釉更加均匀光泽,有利于烧制大型瓷器。采矿业较多地使用火药爆破技术,冶炼业则广泛利用煤为燃料,并使用活塞式木风箱。丝织业中改进了提花织机,使织品档次提高,更加富于变化。印刷业中铜活字普遍使用,套印和饾版、拱花技巧的发展,可以印出非常精美的彩图。明初沿袭元制,官手工业发达,工匠单立为匠户,世代不得脱籍。其中少量为在京的住坐匠,无工作自由,每月定期服役;大部分为各地轮班匠,轮流至京服役,四年一次,每次三月,往返路费自理,其余时间可以自行从事手工业生产。明朝中叶,工匠逐渐可以纳银代役,身份趋于自由。到清朝,完全废除匠籍,官手工业劳动者皆出自官府雇募,其规模也已明显衰落。与这一过程相对应,民营手工业在手工业生产中的地位日益突出。以丝织业为例,清朝官设的江南三处织造局共拥有织机2千张,而江、浙两省民间的织机即多达10万张。官、民手工业的此消彼长表明手工业者所受人身束缚的减少,有利于手工业的进步。

明朝后期,在若干手工业部门中出现了使用雇佣劳动进行较大规模工场式生产的经营手段,这也就是学术界习称的"资本主义萌芽"。这方面较早的记载见于苏州丝织业。当地以织绢为生的"机户"多达数万家,其中大部分仍属家庭手工业性质,但一部分经营成功、扩大生产规模的人已发展为拥有织机数十张、雇佣工人数十上百名的手工工场主。工场中的劳动者"织工"完全脱离了生产资料,以出卖劳动力为生,"得业则生,失业则死",形成"机户出资,织工出力,相依为命"的状况。[4] 而且他们与雇主并无主奴、师徒一类依附关系,基本上都是"自食其力之良民",是"利其雇募"而来的自由劳动者。类似的生产关系,在明后期南方一些地区的榨油、制瓷、矿冶、造纸等行业中均有出现。到清朝,这类情况继续有所发展,江南大机户拥有织机多者已达五六百张,矿冶业雇佣劳动的规模也明显高于明朝。一些商人插足于棉织、丝织生产,通过贷款、预付原料、提供织机等方式,以包买商的身份控制了一批家庭手工业者,将他们变成在家工作的雇佣工人。不过就总体而言,这种出于市场需求、以自由雇佣关系为基础的规模化生产,在明清两朝仍然只是出现于局部范围的局部行业,尚不足以成为整个社会经济发展的导向。

商品经济的繁荣

自明朝中期起,商品经济呈现出空前繁荣的局面,进入了继西汉、宋朝之后的第三个高峰。除明清之际因战乱一度受到破坏外,这一高峰基本上持续到了清朝。如上文所述,由于农业多种经营方式的推广,很多地方的农业染上了商业色彩,农产品主要面向市场而并非自己消费,同时粮食商品化的趋势也日益明显。商业性农业的发展增加了全国各地区的商业联系,也引起了农业各部门及其与手工业相关部门之间的连锁反应和相互依赖。许多重要商品的贸易,已不再局限于地方局部范围内的狭小市场,而是被长途贩运到很远的地方销售,乃至行销全国。奢侈品在商品总量中仍占一定比例,但人民日常生活用品仍然占据了市场流通总额的大部分,尤以粮食、棉花、棉布、生丝、丝织品、盐、茶七类物品最为商品中的大宗。

在国内贸易发展的基础上,海外贸易的需求日益强烈。明朝中期,有关禁海、开海的斗争由地方达到中央,私人海外贸易与倭寇合流,成为影响沿海社会稳定的重大问题,这种情况为前所未有。隆庆开放海禁之后,大批中国商品以东南亚为跳板流入欧洲和美洲,在一定程度上刺激和影响了欧洲工业技术的革新,为西方资本主义的兴起作出了贡献。与海外贸易的发展相联系,白银货币化成为明朝后期到清朝引人瞩目的现象。明初以铜钱、纸钞为法定货币,白银在禁止流通之列。但纸钞因政府未能控制投放量而导致信用下降,渐至名存实亡,铜钱则因币材缺乏,铸币量难以满足流通的需要。明朝中期,朝廷被迫弛用银之禁,而通过海外贸易大量流入中国的白银恰好弥补了国内银矿不足的缺陷。张居正推行"一条鞭法"时,即规定赋税折银征收,说明民间使用白银已比较普遍。清朝历朝都铸造铜钱,并在云南等地大力开采铜矿,但仍不能完全解决币材问题,同时用银之势也不可遏止,因此在流通领域仍然是"用银为本,用钱为末"。大额交易通用白银,政府财政也以白银为计算单位。白银作为货币,具有不变质、易分割、价值高等优点,其货币化本是商品经济发展的产物,反过来又进一步推动了商品经济的发展。

在商业资本日益膨胀的趋势中,逐渐形成了一些具有地方特色的商人集团,其中尤以南方的徽商和北方的西商最为著名。徽商出于安徽南部的徽州府(治今安徽歙县),其地属山区,人多而耕地少,居民遂多出外经营工商业谋生。当地物产丰富,木器、漆器、茶、文具之类特产都驰名全国,为商业资本的积累提供了物质条件。全国经济最发达地区苏、浙邻近徽州,交通便利,成为其绝好的商业市场。在上述诸多因素的综合作用下,徽商实力勃兴,长江中下游地区至有"无徽不成镇"之谚。部分徽商还把经营方向发展到海外,嘉靖倭患的著名首领许栋、王直、徐海等都是徽商出身。久之经商成为徽州普遍的风气,"其俗男子受室后,尊者即督令行贾,无赢折皆不得速归,久者数十年,近亦逾纪"。[5]他们的商业活动以贩盐为主,亦兼营粮、棉、丝、茶等多种贸易,很多人通过与官府的合作演变为豪富特权商人。西商主要是指山西和陕西商人,他们在明朝通过经营边防军需物资起家,积累了大量资本,入清后继续为政府和皇室经营专卖物资,并兼营典当、汇兑等业务，势力经久不衰。此外其他地方还有很多较小规模的商人集团，其经商活动大都带有地域性、宗族性的共同特点。清朝广东的"行商"（又称"十三行"）则是在清廷外贸政策背景之下新兴的商帮，通过代替政府经营对外贸易赚取了巨额利润。

宋朝时开始出现的地方性镇市、集市(草市)，在明中叶以后有了更大的发展，几乎遍及全国，对各地自然经济起到了一定的调剂作用。一部分地理位置较好的镇市，人口逐渐聚集，越来越多地吸引外地商业资本，逐渐发展为专业性市镇，在一定程度上具有地区工商业中心的性质。这类市镇以江南地区最为普遍，如以棉织业为主的松江朱泾镇、以丝织业为主的苏州盛泽镇、湖州南浔镇，人烟繁庶，名闻全国。到清朝前期，四所规模巨大的专业性市镇——广东佛山镇、江西景德镇、湖北汉口镇、河南朱仙镇合称"天下四大镇"，俨然已成为新兴的城市。它们与作为州县治所的传统城市不同，行政级别低下，机构设置简单，完全是因为经济发展而崛起的工商业中心。发展进程稍晚的近代大都市上海和天津，基本也属于同类性质。即使是传统的政治型城市，如北京、南京、杭州、广州之类，由于城市经济的繁荣，其本身的经济职能也在明显强化。由城市到市镇，再到星罗棋布的乡村集市，一个个地区贸易网络就这样逐步形成。

与商品经济的繁荣相联系，明朝中叶以下的社会风气也出现了显著变化。在明朝后期一些人看来，嘉靖前后明显是两个不同的时代。成书于神宗万历时期的《歙志风土论》在这方面的论述颇具代表性。其中赞誉明孝宗弘治年间"家居人足，居则有室，佃则有田"，为"一时之三代"。至武宗正德末、世宗嘉靖初"则稍异矣，出贾既多，土田不重，操赀交捷，起落不常。能者方成，拙者乃毁，东家已富，西家自贫。高下失均，锱铢共竞，互相凌夺，各自张皇"。至嘉靖末、穆宗隆庆初"则尤异矣，末富居多，本富尽少，富者愈富，贫者愈贫，起者独雄，落者辟易"。到万历时"则迥异矣，富者百人而一，贫者十人而九，贫者不能敌富，少者反可以制多。金令司天，钱神卓地，贪婪罔极，骨肉相残"。[6]这一类对明朝后期百年之间社会风气变化的叙述，在其他一些地区的方志里也颇不乏见。归纳而言，变化主要表现在农业人口"弃本逐末"，工商业竞争激烈，金钱崇拜和追求奢侈高消费之风盛行，逾越礼制现象日趋普遍，传统伦理道德观念受到猛烈冲击等等方面。这些变化趋势在清朝前期政府干预下一度有所遏制，但社会风气毕竟已不能回到明朝前期的"三代"阶段。相反只要政府控制一旦稍有放松，这些趋向即有继续发展的态势。这也从一个侧面反映出明中期以下商品经济的发展，的确达到了一个新的高度。

另一方面,明清商品经济的繁荣仍然带有严重的局限性。中国古代的自然经济结构虽以自给自足为主,但本身也能够容纳一定程度的商品生产。在一般情况下,每个农户作为剩余产品向市场提供的商品,在其总产品中所占份额很小。但由于农民人数众多,其剩余产品总量大大超出独立手工业者的产品总量,因此农民实际上成为社会商品的主要提供者。他们以织助耕,以副养农,可以使自己的收入基本保持稳定,甚至有缓慢的提高,但始终难以成为独立的商品生产者,这样就严重限制了社会财富积累和商品生产的扩大。虽然出现了一些资本雄厚的商人集团,但他们往往同时又带有地主、高利贷者的身份,其相当一部分资本转向购买土地、放高利贷或交结官府谋求特权保护,并未真正投入于大规模的商品生产。在政治领域,国家对商品经济的进一步发展形成了明显的约束和限制,在总体方针上重农抑商,对商业活动课以重税,责以义务性的"派买",严加管理,出行要有路引(通行证),营业须有市籍,为官府盘剥商人提供了种种方便。以闭关锁国为主的对外政策,严重阻碍了对外贸易的扩大和海外市场的开拓。在此类诸多因素的作用下,明清商品经济虽比前代有了更大进步,但并未能对传统自然经济结构形成根本上的冲击。

赋役与户籍

明朝初年,建立了一套比较完备的户籍管理制度,分为民户、军户、匠户三大类,以其为基础征发赋役。其中民户为国家常规赋役的主要承担者,军户、匠户因已有军役、匠役的特殊负担,常规赋役可适度减免。户籍管理的核心内容为里甲制。每110户为一里(城中称坊,近城称厢),推丁、粮多者10户为里长,其余100户分为十甲,每甲又以一户任甲首。里长、甲首皆轮流担任,十年轮换一遍。他们要负责管束所属人户,统计其丁、产变化状况,督促生产,调解纠纷。在设置里甲的基础上编造黄册,每里一册,登载该里110户的丁、口数以及年龄、财产状况。黄册每隔十年必须重新核实更造,写明十年来各户人丁、财产的变迁,分列出旧管(上次登记数额)、新收(新增数额)、开除(减少数额)、实在(现有数额)四项细目,以便官府能够清楚地了解户籍的变化,合理征发赋役。另外,还命各地编绘鱼鳞图册以登录田土。一州县中根据税粮多少划分为若干粮区,分别丈量其土地情况,详列其面积、地形、四至、土质优劣、税则高低、田主姓名,编号绘制为分图,汇为州县总图册。鱼鳞图册和黄册互相配合,通过对耕地、户口两大要素的统计,实行户籍和赋役管理,在巩固明朝专制国家的经济基础方面发挥了巨大作用。不过到明朝中后期,黄册的更造渐成具文,地方官多简单照抄旧册予以应付,甚至提前预造以后十年、二十年的黄册,致使其上"人多百岁之老,产竟世守之业"。鱼鳞图册的编绘也基本未再进行。

明朝的赋税征收基本上沿用唐宋以来的两税法,田赋分夏税、秋粮两次缴纳。纳米麦者称为"本色",纳钱、钞、绢或以其他物产代输者称为"折色"。税率因地而异,有不同的"科则",差别很大。为便于征收,各州县划分粮区,每粮区设置粮长一名,以地多纳粮多的大户担任,负责该区税粮的催征、验收和解运,同时也协助里长进行基层管理。役有正役,有杂役。正役以里甲为单位轮充,亦称里甲正役。每年由里长一名督率一甲十户应役,称"见年"或"当年",其余九里长与九甲人户在此后九年内依次应役,称"排年"。里甲正役的主要工作,是协助粮长催征钱粮,协助官府维持治安、拘捕罪犯,办运上贡物料(通常是当地特产),支应官府公用等等。除此之外官府所派之役统称杂役,亦称"杂泛",其名目、数量的伸缩性更大,主要包括官府差遣、仓库、驿递、土木工程等工作,粮长亦属杂役之列。杂役基本上是临时佥派,佥派标准则以黄册所载丁、粮状况为主,分为三等九则,丁粮多者任重役,丁粮少者任轻役。

明朝中期,土地兼并和社会贫富分化逐渐加剧,官绅大户百般逃避赋役,中下户的赋役负担不断加重,每至于破产流亡,严重影响了社会稳定和政府的财政收入。同时赋役尤其是杂役差编之法繁琐混乱,胥吏上下其手,弊端丛生。改革赋役制度的要求日益高涨,很多地方官已开始因地制宜进行变革。神宗初年张居正当权,将赋役改革在全国范围内普遍推行,是即"一条鞭法"。一条鞭法以简化赋役征发的项目和手续为基本原则,规定各州县以白银为单位通算每年的正、杂役费用,得出一个"役银"数目,然后"量地计丁",即按照丁、粮两项标准将其分摊到每家每户头上,每粮一石征银若干,丁一人征银若干,最终与该户的田赋(亦折银)合并征收。此法归并了原来复杂的赋役名目,征收手续简便,而且量出制入进行分摊,使民户预知缴纳数额,官吏不易作弊。赋役统一折银促进了商品经济的发展,百姓纳银代役,受到的国家人身束缚有所削弱,田赋折银则可免去运输和官吏挑剔之苦。役银征收标准也比以前佥役时更向田亩偏重,有利于无地少地的农民。因此这一措施在当时具有积极意义,是张居正改革的一项主要成就。

清朝的户籍不再有民、军、匠户的区分,赋役征收则基本沿袭明朝的一条鞭法,原则上不再佥派徭役,百姓的负担固定为田赋、丁赋两大项。丁赋亦称丁银,即役银中按丁摊派的部分。为如实征收丁赋,每隔数年就要对丁口进行一次"编审"。但各地编审往往不实,隐匿丁口现象严重(参阅上章)。康熙五十一年(1712),宣布将全国丁赋总额固定,以后丁赋即以各省康熙五十年上报的丁数为标准征收,此外多生人丁,"永不加赋"。此法主要是鉴于丁口编审不实而行,而且当时国家财政储备充足,"永不加赋"不会对财政收入造成过大的影响,相反使穷人免于增丁之累,可以作为"盛世"的标榜。但实行之后,也带来一些新的弊端。主要是丁赋数额固定,每除(死)一丁尚须补一丁,若一户内除丁数多,新添人丁不足抵补,就需要从亲族乃至邻里人户中递补,手续比较复杂。而且究竟由哪一名新丁抵补旧丁之额,也很难做到完全公平合理,易于引起纠纷。在这种情况下,进一步的改革——将业已固定的丁赋按照田亩分摊,与田赋合为一体,几乎就是势在必行之举。康熙末年,"摊丁入亩"已开始在广东推行,雍正时在全国普遍推广。分摊之后,大致每两田赋银之上新摊丁赋银数厘至二三钱不等(因地而异),合称"地丁银"。摊丁入亩继一条鞭法和"永不加赋"之后更彻底地简化了税则,使得"穷民免累,而国赋无亏",[7]国家对百姓的人身控制继续削弱,客观上也有利于城镇工商业的发展。

随着一条鞭法到摊丁入亩的一系列改革,明初建立的里甲制逐渐瓦解。明朝后期,开始采取新的户籍管理制度保甲制。其重点在维持地方治安,与佥役无关,划分也因而比里甲更为灵活,每保所辖甲数和每甲所辖户数均不固定。保甲长的委派不论资产,而主要选用"才力为众所服者"。保甲的册籍只书写籍贯、丁口,不载财产状况和户籍类别。但里甲制并未取消,只是渐趋有名无实而已。清朝前期,里甲、保甲并存,里甲负责管理户籍,征收丁银,保甲负责维持治安。"摊丁入亩"之后,里甲制已失去了存在的意义,渐与保甲合并。清朝的保甲制在明朝基础上又有进一步的完善,按十进制编立牌、甲、保三级,分设牌头、甲头、保长。除维持治安外,保甲也兼管某些社会公务,如人口统计之类,成为清朝最基本的基层管理组织。

土地关系与依附关系

自宋朝"不立田制"以来,土地私有制已确准无疑地成为社会上土地占有的基本形态,明清亦不例外。但与宋朝相比,明清两朝土地关系中仍然存在着比较明显的国有制残余,只是其国有性质并不完整,而且都逐渐在向私有制转化。

官田——明朝存在着一批原则上属于国有、租给百姓佃种的官田。其主要来源,一部分承自南宋末年贾似道强买的"公田",一部分则是元、明两朝官府籍没的土地,也包括一些荒地。其"国有"性质的主要表现,是按租佃制下的地租比例向耕种者征收赋税,所纳数倍甚至数十倍于民田,官府册籍均概称之为田赋。在江南的苏州、松江、常州、镇江、湖州、嘉兴六府,官田分布最为集中。据明太祖在位后期的统计数字,上述六府耕地面积仅占全国4%,而缴纳田赋数额却占到全国的22%,其中苏州府的亩平均赋额是全国的8.2倍。而官府对官田的管理只重赋额,对由何人耕种并不关心,因此耕种官田者事实上几乎等于拥有土地所有权,可以买卖、转佃。在时人看来,这些土地并非朝廷之田,只是一类特殊的重赋田。在不断的买卖、转佃之下,官田频繁转手,簿籍混乱,赋额大量积欠。政府被迫逐步采取改革措施,减轻官田所有者的负担,即在不减少田赋总额的前提下,将官田重赋的一部分转移到当地民田上面,称为"扒平官民田科则",这实际上等于承认了官田的私有化。万历以下,官、民田的分类逐渐消失,各地官田相继转化为普通的民田。到清朝,官田已基本上成为一个历史名词。

屯田——明朝屯田数量很大,有军屯、民屯、商屯等区分,均属国有,而以与卫所制度结合的军屯最为重要。明初屯田管理较好,基本解决了军队供给。中期以下,卫所制趋于瓦解,军士大量逃亡,屯田或是荒废,或是为军官侵占盗卖,十去五六。对一些濒于荒废的屯田,各地往往召百姓佃种、顶种,有的地方还允许耕种者"永远管业",屯田已是名存实亡。崇祯时规定屯田无论军种、民种,一律按民田标准征税,等于完全将屯田废除。清朝除在边疆和漕运沿岸保留少量屯田外,绝大部分明朝的屯田都随着卫所并入州县而转化成了民田。

庄田——明朝的一种大土地所有制形式,兼具国有、私有双重特点。其中包括皇庄(皇帝庄田)、王府(宗室)庄田、勋贵庄田、寺观庄田等种类,主要分布在北方。其来源大部分为皇帝拨赐的官田,可以世袭占有,但不得买卖,有时还由朝廷设立机构代为经营,因此具有国有性质。但另一方面,也有一部分是从民间侵占、购买或接受投献所得,仍可转卖。明朝后期,贵族卷入土地买卖的趋势日益严重,往往违制卖掉钦赐的官田。清初,庄田主人多已不存,清廷又颁行"更名田"措施以推动垦荒(见上章),庄田遂大部分民田化。

旗地——清朝八旗成员所占土地,性质类似于明朝的庄田。其中包括皇帝占有的皇庄、王公贵族占有的王庄,和一般八旗成员占有的普通旗地,皆主要来自清初在北方大规模的"圈地"。旗地按制度属于国有,旗人只能占有、使用而无所有权,法律禁止"旗民交产"即与民间买卖。但到清朝中叶,受民间土地占有频繁转移之风的影响,旗地也往往或典或卖,大量旗地转为民田,"不交产"已成具文。到近代,清廷终于正式承认了旗地的买卖。

明清两朝,租佃制普遍存在于民间土地和官田、庄田等一部分国有性质土地之上,是社会上最常见的依附关系。就法律地位而言,佃户与"凡人"同,地主对其实施人身奴役和虐待,在制度上属于非法。但事实上,佃户与地主之间总是多少不等地存有契约以外的依附关系。明初规定"佃见田主,不论齿序,并如少事长之礼",仅亲戚之间例外。[8]耕种贵族庄田和官、绅地主土地的佃户,更是往往受到后者挟政治权势而实施的超经济强制,如额外加派,遇灾不免,代人包赔,承当差役等等。即使是一般的地主,也时常对佃户进行额外勒索。如出租土地时要求佃户先缴纳一笔抵押金,停租时退还,称"押租钱"。有的作为租种礼钱缴纳,停租不退,称"批田银"。于地租外勒索鸡鸭、蔬菜、柴草等物,称"冬牲"。另外还有预收地租、大斗大秤、送租上门、过期加息等多种剥削手段。明朝后期,在社会矛盾普遍激化的大背景下,各地佃户、奴仆等纷纷掀起"佃变""奴变",采取"抗租""霸田"等方式与地主斗争,推动人身依附关系逐步走向松解。加上明末战乱的影响,到清朝,佃户的地位有了比较明显的上升。在一些土地荒芜,招募劳动力较难的地方,还常有佃户"刁悍成风"、地主"吞声茹苦"一类记载。清廷限制绅权、打击缙绅势力的措施(详下),也有助于佃户人身束缚的减轻。

清朝租佃制中人身依附关系的松解,尤其集中地体现在两方面。首先是定额租制的发展。由明及清,定额租制在很多地方取代了原有的分成租制,一些学者认为到清朝中期,定额租制已在租佃关系中占据主导地位。在分成租制下,地主出于对剥削量的关心,往往要干预、监控生产过程。而采用定额租制后,就会出现"田中事田主一切不问,皆佃农任之"的情况。佃户只要保证按时足额缴租,即可以因时因地制宜进行生产,合理安排农时,灵活使用劳动力,摆脱地主的干预。其次是永佃权的兴起。永佃权指佃户长期甚至永远享有土地耕种权,它在宋朝已有萌芽,明朝逐渐发展,清朝已相当普遍。在永佃权下,土地所有权被分割为不同的部分,地主保留"田底"权,佃户拥有"田面"权,田面权可以世代继承,及通过各种途径进行让渡、买卖、转佃,形成多层次的复杂租佃关系,或地主易人而佃户仍旧,或佃户易人而地主亦未过问。永佃权的产生,或是通过缴纳高额"押租钱"获取,或是因为佃耕荒地曾投入较多工本而获得,或是"霸种恶佃"通过斗争手段夺得。永佃权使得地主无法采取"增租夺佃"的方法勒索佃户,佃户可以有长期经营的计划,投资改良土地、精耕细作,因而产生了一批佃富农、佃中农,其经济稳定程度可能还在一些自耕农之上。上述两方面变化,很重要的一个背景是由于商品经济的繁荣,很多地主由乡居改为城居,甚至兼营工商业,其土地分散多处,无法一一照顾。也正因如此,定额租制与永佃权的发展,以在商品经济发达的南方表现最为突出。

佃户之外,明清社会中也存在着其他一些人身依附程度更重的社会阶层,反映出生产关系的复杂性和不均衡性。

奴婢——是法律上规定的贱民阶层,主要从事家内服役,也有用于生产劳动者,不易区分。明初规定,只有贵族、官员方可蓄养奴婢,庶民之家不得蓄奴。实际上民间蓄奴者仍然很多,仅讳其名,称"家人"或"义男"。清朝受满族习俗影响,新出现一批八旗奴婢,称为"包衣",与主人有严格的隶属关系,是旗地上的主要生产者。清朝中期以下,奴婢(包衣)数量日益减少,很多人赎身为良,朝廷也允许他们"开户为民""放出为民",旗地生产关系逐渐转化为租佃制。

佃仆——是佃户中的一类特殊形态,奴婢化的佃户。既与佃户一样佃田纳租,经济相对独立,又与奴婢一样与地主结成"主仆"关系,不得迁徙、脱业,要向地主提供繁重的劳役,甚至可以被随田或单独典卖,犯罪亦比照奴婢论处。主要出现在一些经济较落后、交通较闭塞、宗法势力较强的地区,尤以皖南山区最多,其中相当一部分是由宋、元世代传袭而来。清朝中期以下逐渐衰减,陆续"开豁为良"。

雇工人——是明清时期具有特定法律身份的雇佣劳动者,高于奴婢而低于凡人。明制,庶民不得蓄奴,但可蓄养雇工人。雇工人经济地位低下,多因"无资充佃"才受人雇佣,社会观念往往将他们视同奴婢。明万历时,将雇佣劳动者按长工、短工加以区分,受雇时间较长、"立有文券,议有年限者"仍以雇工人论,"短雇月日,受值不多者"则同于凡人。清乾隆时又规定,农业雇工平时与雇主"同坐共食,彼此平等相称,不为使唤服役者",俱以凡人论断。总的来说,明清两朝"雇工人"概念的适用范围在逐渐缩小,属于凡人的自由雇工则处于不断增加之中。

乡绅阶层与宗族制

明清两朝的社会结构与前代相比出现了一些新的特点,其主要表现就是乡绅阶层的形成与宗族制的发达。

乡绅一词的本义,为居乡的有功名仕宦之人,它是明清时期主要通过科举和学校制度所造就的一个社会特权阶层,大致又可细分为两部分。其上层皆有官员身份,包括现任或退职官员,主要为通过科举考试得官者,也包含了通过捐纳、封赠等途径获得官职实衔或虚衔的人。下层则是有"功名"而尚未获取官员身份者,包括已中举而未仕的举人、国子监监生以及地方府、州、县学的生员(秀才)。这些人的举、监、生员"功名"都是终身的,非犯罪不会革去,虽未做官,但被认为已接近仕途,具有一种"准官僚"的地位。通常乡绅的上层又称为缙绅、乡官,下层又称为绅衿,但这些概念的使用并不严格,也常与乡绅的总概念混用。乡绅在政治、经济、法律等待遇上都与普通百姓有显著区别,即以其中地位最低、人数最多的生员而言,也可以"免于编氓之役,不受侵于里胥,齿于衣冠,得见礼于官长,而无笞、捶之辱"。举人以上更是身份大变,一旦中举,"报录人多持短棍从门打入厅堂,窗户尽毁,谓之改换门庭。工匠随行,立刻修整,永为主顾。有通谱者,招婿者,投拜门生者,乘其急需,不惜千金之赠,以为长城焉"。[9]之所以能够"以为长城",主要是因为乡绅在赋役方面享有特权,包括合法的徭役优免和非法的欠缴、少缴赋税,因此很多人都会设法将土地诡寄、投献到乡绅名下,借以逃避赋役。顾炎武以生员为例评论说:"且如一县之地有十万顷,而生员之地五万,则民以五万而当十万之差矣,一县之地有十万顷,而生员之地九万,则民以一万而当十万之差矣。民地愈少,则诡寄愈多,诡寄愈多,则民地愈少,而生员愈重。富者行关节以求为生员,而贫者相率而逃且死。故生员之于其邑人,无秋毫之益,而有丘山之累。"[10]

明朝后期,乡绅势力极盛。其把持官府,包揽词讼,兼并田产,横行乡里,欺压百姓,成为地方上相当普遍的现象,在很大程度上激化了当时的社会矛盾。另一方面,随着一条鞭法的实行,徭役改征役银,征收标准又逐渐转向地亩,致使乡绅徭役优免权的实际意义下降,已隐含衰颓之势。明清之际,乡绅在战乱中大受打击,清廷为稳定地方统治,又严厉裁抑绅权,特别是连续制造了几起大案,对抗清激烈的江南地区的乡绅进行重点镇压。顺治十八年(1661),以"抗粮"为名,将拖欠赋税的苏州、松江等四府一县乡绅13517人概行黜降,不问所欠多少,未任官者一律革去功名,现任官者降两级调用,使得当地"仕籍、学校为之一空",是为"奏销案"。同年苏州生员金人瑞(字圣叹)等聚众哭于孔庙,抗议官吏贪酷,被定以"倡乱"之罪严惩,死者近百人,是为"哭庙案"。又因郑成功北伐包围南京时附近士绅多与通款,严厉追查,或处死或流放,株连广泛,是为"通海案"。这三起案件,加上稍后发生的文字狱庄廷钺《明史》案(见上章),使得江南乡绅元气大伤,声势难望昔日之项背。不过从总体上看,由于科举、学校、选官诸项制度皆仍沿袭明制,乡绅作为一个身份性特权阶层的性质并无大异。

明清乡绅在社会基层管理方面也发挥过重要的积极作用。由于他们不仅拥有特殊的政治、经济地位,还具有浓厚的文化色彩和"士"的身份,因此在民间享有很大的权威,是"一邑之望""四民之首",以致"民之信官不若信士"。许多地方公益事业,包括公共工程建设、慈善活动、灾荒赈济、地方志修纂,乃至社会治安的维持,民间纠纷的调解,神祇祭祀的举行,都是在乡绅的主持或积极参预下完成的。乡绅一方面代表官方在基层社区内部发挥统治职能,另一方面也时常代表基层社区的利益与贪污不法官吏进行抗争,向官府乃至朝廷反映基层社区的要求和愿望。如果说明朝乡绅在地方上的恣纵违法行径较其积极贡献更引人注目的话,那么到清朝,由于国家对绅权的裁抑和整顿,乡绅虽仍不无劣行,但比较而言更显谨慎守法,在地方上发挥的正面作用也更为突出一些。

明清社会的宗族制十分发达。这是一种新的宗族制,始出现于宋朝,不同于魏晋到隋唐的士族宗族制,主要意义并不在于区别门第,而是更广泛地向社会基层发展,形成具有一定独立、自治色彩的农业社会群体。它继承了周朝宗法制的一些概念和原则,但实际上又多有差异。如宗法制仅行于士大夫以上,不行于庶人,宗族制不仅不分士庶,而且尤其侧重于普通百姓。宗法制自上而下,形成严密的宗统,大小宗区分严格不得逾越,宗族制则一般稍有身份、地位的人即可自立宗统,向上追附始祖,向下收族,大小宗界限不严。宗法制与国家政治形态密切结合,宗族制则与政治关系不大,而更具经济、社会意义。

就具体内容而言,明清宗族制包含着一些特定的构成要素。一为祠堂,是规模较大的祭祖活动场所。传统上庶民之家不得建祠,其祭祖也有世代限制。自明朝中叶起,这方面的禁忌被打破,朝廷允许一般百姓建立祠堂,追祭远祖,有至十几、几十代者,因而大大推动了宗族制的发展。一所祠堂可以聚集大批族众,通过祭祖强化其认同感,同时它还是族众议事之所。二为族长,即宗族首领,是族权的人格化和集中体现,可以号令全族,惩罚族众,族众害怕他们往往甚于官府。一般推举年长属尊有德行者担任,或考虑政治因素,选择"贤而贵者"。无论从何种角度出发,乡绅都会是族长的首选,相比之下嫡长子继承原则在这时候并不十分重要。三为族谱,记载始祖以下本族人口的繁衍状况。与门阀士族时代的族谱相比,此时的族谱不强调门第,而是注重"睦族收族","明一本而浚其源","究万脉而清其流",加强宗族凝聚力。四为族规,用以约束族众的思想言行,相当于族中的法律。内容多宣扬传统伦理道德,提倡穷人"安分",富人"恤族",要求族众遵守国家法令,承担赋役义务。族规制定后往往定期在族中宣讲,或刊载于族谱。违背族规者由族长在祠堂主持惩罚,轻者罚站罚跪"思过"或罚款,重者拷打、开除族籍,甚至处死(处死后报官)。五为族田,是宗族公产和宗族制长期延续的经济保证,其收入用于祭祖、办学、赡养鳏寡贫困的族人,以及资助族人参加科举考试。多由族众富人捐置,清朝规定捐产赡族价至银千两,地方官即为立牌坊表彰,并颁赐"乐善好施"匾额。

明清宗族制的发达,使其在一定程度上起到了社会基层管理组织的作用,与保甲互为经纬,共同为国家服务。清朝在推行保甲制时,还曾允许某些聚族而居的村庄不编保甲,只需"拣选族中人品刚方、素为阖族敬惮之人立为族正,如有匪类,报官究治,徇情隐匿者,与保甲一体治罪"。[11]族权与绅权的合一十分常见,乡绅往往又是宗族首领,上文所述乡绅在地方管理方面发挥的作用,很多是通过宗族进行的。族权也与国家政权存在一定的矛盾,特别在南方宗族观念强大的地区,不同宗族间的个人纠纷,有时会演化为大规模的宗族械斗,破坏统治秩序,影响了基层社会的稳定。不过就总体而言,宗族制对国家政权仍是以积极的维护作用为主。

二 明清时期的文化

本节分四方面简要介绍明清时期文化的发展状况。

学术思潮的演变

明初沿元之制,尊奉程朱理学,编纂颁行《四书大全》《五经大全》《性理大全》诸书,皆分类汇编宋元理学家著作、言论而成,用于科举取士。一时间"家孔孟而户程朱",理学在知识界完全占据了统治地位。但当时理学家的思想以单纯述朱为主,创新很少,学术空气沉闷。一部分士大夫鉴于其弊,转而"别立宗旨",信从并发扬陆九渊的心学,竟至"门徒遍天下,流传逾百年","笃信程朱,不迁异说者,无复几人"。[12]促成这一风气转变的关键人物是明朝中期的王守仁。

王守仁,浙江余姚人,号阳明,为武宗、世宗时名臣,事功卓著,曾指挥镇压宁王朱宸濠之乱,封新建伯。又致力聚徒讲学,进一步发展、完善了陆九渊的心学体系,世遂有"陆王心学"之称,与程朱理学形成分庭抗礼之势。

其主要思想,一是强调"心即理",在陆九渊命题的基础上继续发挥,认为"心之本体无所不该",心为天地万物之主,天下无心外之物、心外之理。二是鼓吹"致良知"。"良知"是"天理"的另一种表述形式,指人最基本的"真诚恻怛"之心,所谓"不待虑而知、不待学而能"者。每人心中都隐含良知,只是多被私欲遮蔽,如铜镜生锈,今欲将其重新发现、扩充、实行,是为致良知。朱熹主张"格物致知"之序,先格物方能致知,王守仁则认为"天下之物本无可格者,其格物之功只在身心上做",先致(良)知而后能格物。三是倡言"知行合一",针对朱熹"知先行后"的观点,强调认识与实践密不可分,知中有行,行中有知,"知之真切笃实处即是行,行之明觉精察处即是知",反对将知、行看做先后两个程序。在修养理论方面,王守仁继承了陆九渊"发明本心"的思想,主张从"本心"入手去认识圣贤之心,甚至说:"夫学贵得之心,求之于心而非也,虽其言之出于孔子,不敢以为是也。"[13]因此又认为"人人有个作圣之路",虽愚夫愚妇修养功夫亦同。总的来说,王守仁的思想具有比较明显的感性自然和直觉经验色彩,以自己的内心为最高权威,反对用先验观念强制管辖心灵,体现出一定的平等和叛逆萌芽。

王守仁去世后,其后学分化出很多门派,大旨有保守、激进之别。保守者基本株守师说,而对王学中的叛逆因素有所收敛。激进者则进一步发扬王氏轻视经典、先哲的思想倾向,不尚读书而事空谈,将修养视之过易,提出"现成良知"之说,类似于禅宗之"顿悟"。甚者出现变态,超越了传统伦理道德规范。王艮创立的泰州学派即是激进者的代表。他们将王学中"人皆可为圣人"的命题大加发挥,将玄妙的"天理"世俗化,提出"圣人之道,无异于百姓日用",穿衣吃饭,担水劈柴,皆无非圣人之道。由此进而肯定人类物质欲望的合理性,体现出强烈的功利主义倾向。其末流多带有"狂禅"色彩,言行惊世骇俗。如何心隐公开反对禁欲,提出"育欲",又主张建立以师友关系为基础、超越于身家之外的"会"作为社会基本单位,时人称其"五伦去其四",后被逮捕杖杀。李贽鼓吹"童心"的修养标准,认为经书皆为"童心"之障,世人皆虚伪,自私、享乐为天性,提倡个性自由、感情解放,对传统的伦理道德标准多所否定,终被御史弹劾"敢倡乱道、惑世诬民",下狱后自刎而死。他们的"异端"思想在一定程度上与明朝后期商品经济发展、社会风气变化(参上文)的趋势相适应,影响颇为广泛。

从晚明到清初,随着明朝的衰亡,很多士大夫又开始反思心学末流之弊,对其进行修正,并出现向理学回归的趋势。东林党领袖顾宪成严厉抨击王学激进派的异端思想为"埋藏君子,出脱小人""以学术杀天下万世"。明清之际的三大思想家顾炎武、黄宗羲、王夫之均在抗清失败后隐居不仕,著书立说,力图纠正心学带来的自然人性论倾向。顾炎武概括圣人之道为"博学于文,行己有耻"八字,称"士大夫之无耻,是谓国耻"。王夫之直指"流俗"为"禽兽",强调人、兽之间"壁立万仞,止争一线"。在倡导学术经世致用的同时,又对历史和政治进行深入的总结探讨。黄宗羲著《明夷待访录》,指斥秦以来的君主专制制度,谓其为"天下之大害"。又称"论者谓有治人无治法,吾以谓有治法而后有治人",置法治于人治之上,超越了儒家的泛道德主义传统。针对心学的空疏学风,他们强调博学多闻,提倡实证研究,力图"引古筹今"。顾炎武在这方面的成就尤其突出,其学术笔记《日知录》考证严密,注重探讨事物、制度源流,穷尽材料,归纳排比,说明其变化发展。又尽量引证第一手材料,核对原文,注明出处,不掠他人之美。他还提出"经学即理学",希望通过返求经书来解决理学、心学之争,并认为"读九经自考文始,考文自知音始",主张就文字音韵等基础问题从事经学研究。这些观念都开启了有清一代学风。

  清朝统治者重新尊崇程朱理学,但理学思想并无新发展,在学术界的生命力并不旺盛。大批学者则沿着顾炎武等人倡导的实证研究一途,反对空言性理,致力于用考据方法整理和研究古代文献,形成了被称为"汉学"(因其治经方法近似汉儒)、"朴学"的新学风。理学则被称为"宋学",受到冷遇。乾隆、嘉庆年间,汉学进入鼎盛时期,学界"皆以博考为事,无复有潜心理学者。至有称颂宋元明以来儒者,则相与诽笑"。[14] 在此意义上汉学又称为"乾嘉学派",其实它不仅是乾嘉、也是整个清朝学术的主流。其学术特征,一是以对文献材料的搜集、整理、排比、辨伪、考证为主要工作,二是在研究中广泛运用目录学、校勘学、版本学、辨伪学、音韵学、训诂学、金石学等学科知识为辅助手段。对文献的考据古已有之,但方法不精密、手段不完善、体系不规范,且未蔚然成风。清儒的考据方法则已相当严密、科学,学者读书极细,善于从纷繁的古书内容中探求、归纳出某些行文用字条例,再用此条例进行演绎,弄清文字的含义、音韵,订正古书错误。无证不立,标榜"实事求是",由证据得出观点,而不是先有观点后找证据。孤证亦不立,无反证姑存,有续证渐信,遇有力反证则弃之,最忌隐匿、曲解证据,因此他们的研究具有较强的客观性。阎若璩对古文尚书真伪的考证是这方面的一个著名事例。在汉朝经今、古文之争中,《尚书》也出现了今文、古文两个版本,《古文尚书》不久失传。东晋时《古文尚书》再现于世,历来有人疑为伪作,但无法证明,故长期与《今文尚书》同被作为经典尊奉。阎若璩则从篇数、篇名、字句、书法、文例等方面揭示出多重证据,将此《古文尚书》断为伪作,铁案如山,不可动摇。余如段玉裁《说文解字注》、王念孙《广雅疏证》之类,皆为古文字学经典著作,至今享有盛誉。清儒对古典文献深入细致的研究,改正了文献传本中的大量讹误,弄懂了其中很多疑难问题,对传统文化的整理作出了极大贡献。

清朝汉学研究虽然取得了相当高的学术成就,但也存在明显的局限性,主要是脱离现实,于时事无补。晚明到清初出现"实学"之风,本为纠正心学束书不观、徒骋游谈之弊,故重新倡导"格物致知"次序。但"格物"的实证研究只是手段,最终仍要以"治国平天下"为目的。如顾炎武的考证即注意结合现实,通过对历史问题的考据,提出了地方分权、学校清议等一系列政治改革主张。清朝汉学家则除戴震等个别人外,绝大部分只是在"格物致知"上片面发展,为学术而学术,对正心诚意、修身齐家、治国平天下等后续问题漠然置之,对社会伦理道德建设缺乏贡献。这在很大程度上与清廷的文化高压政策有关,但学者沉溺于别有洞天的考据世界不能自拔,自身也有责任。到嘉庆、道光之间,随着汉学危机日益明显,又出现了以今文经学为代表的新思潮。清朝汉学家治经主要循汉儒古文经学一路,后来部分学者用考据方法治《公羊传》等今文经学著作,进而受其书影响,开始讲"微言大义",将孔子塑造为儒家教主和大政治家,宣传张三世、通三统等理论,鼓吹托古改制。与汉学严谨而呆板的考证相比,今文经学侧重对经书的发挥,但其发挥又与理学不同,重点不在哲学、伦理学而在政治学。后来晚清兴起维新变法运动,今文经学思想在其中起了很大作用。

史学与文学

明清两朝官修史书制度在前代基础上小有变化,明朝较简单,而清制相对详备。私人修史方面,明前期成果不多,至明中叶以下转盛。私修当代史尤其活跃,既不乏全面记载明朝历史的著作,又有更多专记一时、一事的作品,数量庞大,几近汗牛充栋。但明朝私人史著量多而质不高,往往抄撮他人著作杂凑而成,或是道听途说,流于猎奇和臆测。明清之际,私修明史之风进入高潮,特别是很多明朝遗民以修史寄托故国哀思,并希望总结明朝兴衰的历史教训,出现了一批质量较高的作品,代表作有谈迁所著编年体《国榷》、查继佐所著纪传体《罪惟录》以及谷应泰主持编纂的《明史纪事本末》等。清朝官修的《明史》也聘用了不少明朝遗民参加编纂,前后历时上百年始成定稿,成为"前四史"以下历代正史中质量较高的一部。

明末清初三大思想家顾炎武、黄宗羲、王夫之在史学领域各有造诣。顾炎武除在《日知录》中撰写了不少史学考证条目外，还广泛搜集实录、方志、文集等资料，编纂《肇域志》述历代舆地沿革，《天下郡国利病书》述各地经济、风俗及有关制度的演变，尤详于明朝。黄宗羲著有《明儒学案》，叙述明朝各学术流派的传授源流和思想要旨，网罗宏富，提纲挈领，开创了以"学案"体编写学术思想史的新体裁。晚年又撰《宋元学案》未毕，为后人所续成。王夫之著《读通鉴论》《宋论》，以深邃的哲学思想为基础，建立起自己的历史哲学体系。他指出历史中存在着不以人的伦理是非、认识对错、善恶动机为转移和标准的某种客观规律，称之为"势"。由此主张社会进化，认为"理"在"势"中，倡导由势观理。王氏通过正向、逆向的历史考察，探求历史中的因果联系，不乏精辟之见，特别是一再讨论历史与伦理的矛盾，充分揭示出"恶"的历史动力作用，从而偏离了单以伦理为标准进行历史评价的儒学传统。顾、黄、王稍后，又有顾祖禹作《读史方舆纪要》概述历史地理和军事地理沿革变迁，马骕作《绎史》对先秦史进行综合研究，都是史学史上的名著。

清朝汉学家在用考据方法整理旧史方面做出了显著成就。工作主要包括对前代史书进行注释考订、补阙、辑佚，为后人治史提供了极大的帮助。王鸣盛《十七史商榷》、钱大昕《廿二史考异》、赵翼《廿二史札记》对历代正史作了系统的考索、整理、归纳，并称为乾嘉三大考史名著。同时期的章学诚致力于探讨史学理论，撰有《文史通义》，其治学兴趣和方法明显有别于汉学考据诸家。章氏扩大了传统对史料的认识，认为"盈天地间，凡涉著作之林，皆是史学"，以此为标准，于正规史书之外，包括经书而兼采子集，编撰了历史目录学专著《史籍考》（已佚）。又区分史著为撰述（体现一家之言的专著）、记注（史料汇编、整理）两个层次，各自提出了不同的写作要求。他还专门就方志学理论进行探讨，认为"志为史体"，是"国史羽翼"，进而主张修志时"分立三书"，"仿纪传正史之体而作志，仿律令典例之体而作掌故，仿文选文苑之体而作文征"，将地方志编成纲举目张、繁简得宜、详近略远的地方史。这些看法深化了时人对史学的认识，具有很重要的价值。

明清文学以小说成就最大，戏剧居次，诗文创作可述者甚少。元末明初，出现了两部长篇章回体小说的开山之作，施耐庵著《水浒传》叙述北宋末年宋江起义故事，罗贯中著《三国志演义》叙述三国时期的政治、军事斗争，其中人物形象生动，性格鲜明，情节曲折起伏，均达到很高的艺术成就，在明清社会上产生了重大影响。明朝中期，吴承恩根据民间长期流传的唐僧取经故事创作了《西游记》，成为长篇神话小说的典范之作。署名"兰陵笑笑生"的《金瓶梅》，截取《水浒传》中的西门庆、潘金莲通奸故事，衍化出一部以城镇暴发户西门庆生平为主要线索的长篇市井小说，其内容纯出文人创作，并无民间故事和历史素材可以沿袭，但却在细节描写和人物心理刻划等方面达到了新的水平，对明朝中后期的社会状况也有深刻反映。晚明冯梦龙汇辑宋元以来的短篇话本小说以及明朝文人创作的"拟话本"，进行整理加工，编成《喻世明言》（亦称《古今小说》）、《警世通言》《醒世恒言》三本小说集，随后凌濛初也以同样方式编成《初刻拍案惊奇》和《二刻拍案惊奇》，合称"三言二拍"。三言二拍共收录短篇小说近200篇，题材非常广泛，其中很多作品具有较高的思想、艺术价值。

清朝的小说创作继续发展。蒲松龄用文言撰写短篇小说集《聊斋志异》，以叙述鬼怪故事为主，借妖狐鬼魅影射社会现实，体现出高超的艺术技巧。吴敬梓的《儒林外史》是一部长篇讽刺小说，以科举制度下的读书人为主要描写对象，辛辣地批判了科举制度的弊端和官僚政治的腐败黑暗。曹雪芹创作、高鹗续完的《红楼梦》则是中国古代小说中最杰出的巨著。它以贵族家庭贾府的兴衰变迁以及男女主人公贾宝玉、林黛玉的恋爱故事为主线，充分展示了社会生活的各个侧面，写作手法精巧纯熟，人物刻画栩栩如生，文字优美，寓意深邃，足以列入世界文学名著之林而无愧。

在戏剧创作领域，元末兴起的南戏进一步取代了杂剧的地位，演变为篇幅更长、情节更复杂的传奇。明朝后期汤显祖的《牡丹亭》叙述杜丽娘、柳梦梅的爱情故事，长达五十五出，具有浓厚的浪漫主义色彩，是明朝传奇艺术的高峰。清朝的传奇创作，以洪昇的《长生殿》和孔尚任的《桃花扇》最为著名，两者都取材于历史上的爱情故事，文采斐然，轰动一时。李渔的《闲情偶寄》则是一部戏剧理论专著。在舞台演出方面，明中叶昆山乐工魏良辅创成笛管笙琵合奏的昆曲，音效优美，压倒其他地方戏而成为最流行的剧种，上述著名剧作都以昆曲形式上演。到清朝，陕甘的秦腔和安徽的徽调相继流行，最终以徽调为基础，吸取昆曲、秦腔的一些优点，发展为近代的京剧。

艺术与科技

明朝绘画有浙派、吴派之分。浙派多为专业画家，代表人物戴进、吴伟师从南宋画风，兼工壁画、卷轴，先后被召入宫廷画院从事绘画，在明前期画坛较有影响。吴派则以文人业余作画为主，技巧上师法元人，明朝中期趋于活跃，代表画家有沈周、文徵明、唐寅（唐伯虎）等。明朝后期吴派绘画更加繁荣,画家众多,又区分出松江、华亭、云间等不同支派,以松江派的董其昌影响最大。除传统的山水、人物画外,南宋时兴起的花鸟画在明朝有了进一步的发展,画风从工笔转向水墨写意,代表画家为明后期的徐渭,风格豪迈洒脱,不落俗套。明末的陈洪绶专工人物画,为文学作品《水浒传》《西厢记》作绣像描图,十分精美。清朝皇帝大多喜爱绘画,专门命人编著了《佩文斋书画谱》《秘殿珠林》等多部书画著录、鉴赏著作,画坛颇为活跃,但多以摹古为主,新意不大。真正有创意的画家,在清初主要为以石涛(名朱若极)、八大山人(名朱耷)为代表的"四僧",他们都是明朝的宗室或遗民,以画笔抒发亡国之恨,不拘古人成法,风格劲郁苍凉,自成一派。清中期以郑燮、金农为代表的"扬州八怪"皆为仕途坎坷或隐居不出的失意文人,多工于花鸟画,在绘画内容、技巧方面均有新的探索。

　　明清的建筑艺术取得了很高成就。今天所见北京的宫殿园囿大部分创建于明朝,其中复杂的木结构、精致的木雕和石雕、豪华的鎏金宝顶,都体现了当时高超的建筑技巧。园林艺术在明朝有了显著发展,尤其是江南地区出现了很多私家名园,如上海豫园、苏州拙政园等,都能使建筑与自然景色巧妙地融为一体,亭台山水交相掩映,建筑空间虽然有限,但却形神俱足,情趣盎然。时人计成著有《园冶》一书,专论园林艺术,提出园林建筑的标准为"虽由人作,宛自天成"。清朝继续扩建北京的宫殿园囿,新建的圆明园既有皇家建筑的宏大规模,又充分吸收了江南园林的精巧设计布局,以及部分西方建筑构思。北京雍和宫、承德外八庙等宗教建筑则吸取了藏族建筑艺术的风格,成为民族文化交流的体现。

　　明朝科技发展的成果主要表现在中后期。医药学家李时珍积三十余年之功,于万历初年写成药典《本草纲目》,共记载药物 1892 种,其中新药 374 种,又有验方 11096 则,插图 1160 幅,是古代药物学的总结性著作。明末大臣徐光启著有《农政全书》,系统地记载了到明末为止的历代农学资料,大至农业政策、制度,小至农业生产过程中的具体技术环节,都有详尽记述,也总结出一些在当时比较先进的农学思想,是一部实用性很强的农业科学书籍。宋应星著《天工开物》,除介绍一般的农业生产经验外,更着重阐述各类手工业的生产技术,对其中从原料到成品的整个生产过程和工序都有比较详细的说明,并附有插图,图文并茂。书中在总结生产经验的基础上,还提出一些对化学、物理变化的认识,在理论上具有一定价值。徐宏祖(别号霞客)是古代著名的探险家和地理学家,曾周游全国大部分地区,对各地地理、地质状况进行了深入细致的考察,写成《徐霞客游记》。书中记载了作者所到地区的江河源流、地形地貌、生物形态、矿藏物产等问题。其中对西南石灰岩地区溶蚀地貌的考察与研究,在世界上居于领先地位。明后期宗室朱载堉精研音律学,将数理理论应用于音律研究,创建了音律上的数学公式"十二平均率",是音乐史上的伟大创造,相继为世界各地所使用。

清朝科技成就以天文历算方面表现最突出。王锡阐精通中西历法,著有《晓庵新法》和《五行星度解》等书,于日月食及行星测定多有创获。梅文鼎著《古今历法通考》,是一部全面的历学史,论述并及于回历、西历。他写作的历算著作多达80余种,与王锡阐齐名,时称"锡阐精核,文鼎博大,各造其极,未可轩轾"。[15]蒙古族历算家明安图著有《割圆密率捷法》,在三角函数和圆周率的研究上有新的发明。医学方面,嘉庆、道光间人王清任著《医林改错》,对人体解剖学进行了精确的论述。

西学东渐

明朝后期,随着新航路的开辟,基督教(天主教)继唐、元之后第三次传入中国,并导致西方科技知识在中国形成了一定范围内的传播,这是明清文化史上的一件大事。基督教第三次入华的媒介是耶稣会。耶稣会成立于1540年,是欧洲一个反宗教改革的宗教组织,势力范围主要在南欧,随着葡萄牙、西班牙的扩张而遣使东来。较早来华的传教士利玛窦(Matte Ricci),出身于意大利贵族家庭,于万历十年(1582)抵达澳门,次年入内地游历,二十九年(1601)到达北京,曾受明神宗接见,获准在宣武门内居住,至三十八年(1610)病卒,葬于北京。利玛窦在华采取学术传教的办法,适应中国习俗,迂回施加影响。取汉姓利,号西泰,自称"海外鄙儒",穿儒服并钻研儒家典籍,明朝士大夫呼为利先生、利子。他写作了《天主实义》,引用《中庸》《诗经》等书,利用儒家思想论证基督教教义,称"吾天主乃古经书所称上帝也",并援儒攻佛。传教时对中国人的纲常伦理、祖先崇拜等皆予尊重,不加干预。同时带来"方物"——三棱镜、望远镜及西文世界地图,为取悦中国人,特地调整经线,将中国绘在地图正中。"狂禅派"思想家李贽曾三次见到利玛窦。他在致友人书中称赞利玛窦"是一极标致人也,中极玲珑,外极朴实",并说"我所见人未有其比"。以李贽之狂傲而出此言,可见利玛窦的个人气质、魅力确有非凡之处。李贽奇怪他"不知到此何为","意其欲以所学易吾周、孔之学? 则又太愚,恐非是尔"。[16]又可见利氏传教方式之隐蔽。

利玛窦来华后不久,又有多名葡、西、意、德等国传教士东来。他们都采取利氏的方法,走上层路线,与士大夫相交,传教工作取得很大成绩。利玛窦去世时,中国的天主教徒已有 2500 名。至万历末年达到 1.3 万,崇祯中达 3.8 万,清初顺治七年(1650)已达 15 万。在耶稣会士引导下,以徐光启、李之藻为代表的一些思想开明的士大夫开始研究和介绍西方的学术、科技,使欧洲文化第一次在中国得到稍具规模的传布。

数学——徐光启与利玛窦合译欧几里得《几何原本》,凡三易其稿,译出前六卷。译本表述准确、概念严密,创造了几何、点、线、面、平行线、直锐钝角等概念。徐光启在序中指出数学作为科技基础的重要性:"不用为用,众用所基。"李之藻复与利氏合译《同文算指》,引进西方算术知识,特别是与中国传统筹算、珠算不同的笔算法。

天文历法——明朝的历法称为《大统历》,基本照搬元朝《授时历》,历时既久,误差渐大,推算日食每不相合。徐光启奉命重修,聘用传教士主其事,运用了西方数学知识和天文仪器,修成《崇祯历书》,引进了地球、经纬度等概念,比传统历法更加进步。

机械工程学和物理学——意大利教士熊三拔著《泰西水法》,介绍西方水利学知识,部分内容为徐光启《农政全书》所采用。瑞士教士邓玉函与中国教徒王徵合著《奇器图说》,系统介绍物理学中重心、比重、杠杆、滑轮等原理。德国教士汤若望著《远镜说》,介绍光学知识。西方火器制造技术在当时尤其受到重视,由传教士指导铸造的西洋火炮很快即运用于明清战争之中。

地理学——利玛窦绘制、李之藻刻印的《坤舆万国全图》,介绍了五大洲知识、全球概念、寒温热带的划分。其中首创的亚细亚、欧罗巴、大西洋、地中海、南北极等汉语概念都沿用至今。意大利教士艾儒略著《职方外记》,叙述五大洲风土物产,较全面地介绍了世界地理知识。

耶稣会传教士除引进西方学术外,也将中国文化介绍到西方。利玛窦首先将《四书》译为拉丁文寄回意大利,后来比利时教士金尼阁又用拉丁文译《五经》。18 世纪的欧洲启蒙思想家莱布尼兹、伏尔泰、魁奈等都曾从儒家经书中汲取思想资料,对儒学中的合理因素十分推崇。很多中国的器物和艺术品传到欧洲,在欧洲各国一度掀起了"中国热",欧洲还开始出现专门研究中国的"汉学"家。

清廷入关后,传教士大都归降清朝,传教事业继续发展。德国教士汤若望受到顺治帝信任,进呈明末编撰的《崇祯历书》,得到采用,更名《时宪历》。顺治卒,保守派官僚杨光先攻击汤若望等"时宪历面敢书'依西洋新法'五字,暗窃正朔之权以尊西洋,明白示天下以大清奉西洋正朔,毁灭我国圣教,惟有天(主)教独尊"。称"宁可使中夏无好历法,不可使中夏有西洋人"。[17]汤若望被逮捕下狱,拟处死刑,后获释病卒。康熙七年(1668),清廷召比利时教士南怀仁与杨光先等辩论历法,分别预测天象。南怀仁获胜,出任钦天监正职务,并推荐大批传教士入京任职。传教士运用西方测绘学原理,帮助清廷绘制《皇舆全览图》,又向康熙皇帝介绍西方自然科学知识。清廷与俄国谈判边界问题时,传教士亦随同前往,充任译员。到康熙在位后期,全国天主教堂发展到近300座,受洗教徒约30万人。

康熙中期以后,清廷与教会的矛盾逐渐加深。这主要是由于耶稣会传教时允许中国教徒保留祭祖祀孔等传统礼仪,而罗马教廷中对此的反对意见日益强烈,教皇遂颁布命令,禁止中国教徒祭祖祀孔。双方关系恶化,康熙五十六年(1717)诏禁传教。雍正即位后,因传教士曾卷入储位争夺活动,进一步严行禁令。除少量传教士留在北京承担天文工作外,其余各地教士都被驱逐到澳门,教堂关闭,中欧文化交流又转入低潮。

由耶稣会士带来的西学东渐取得了前所未有的成果,但他们的活动仍是以传教为主,引进科技知识仅是传教的辅助手段。总体来看,此时西学在中国的影响尚局限于较小的范围,绝大部分士大夫仍然固守传统思想,对西方科技知识视为奇技淫巧,或当作奇谈怪论,没有予以充分的重视。如简单的地心引力概念,即被明人视作笑谈,云:"其言天体若鸡子,天为青,地为黄,四方上下皆有世界,如上界与下界人足正相邻,盖下界者如蝇虫倒行屋梁上也,语甚奇。"哥白尼日心说则被清人攻击为"上下易位,动静倒置,则离经畔道,不可为训,固未有若是甚焉者也"。[18]可见西方科学思想在中国的传播,远远不是一件轻而易举的事情,尚有赖于近现代的思想启蒙。

注　释

[1]　谢肇淛《五杂俎》卷三《地部一》。
[2]　李诩《戒庵老人漫笔》卷四"谈参传"条。
[3]　张履祥《补农书》卷上。
[4]　《明神宗实录》卷三六一万历二十九年七月丁未。
[5]　方苞《望溪先生文集》卷一三《王彦孝妻金氏墓碣》。
[6]　顾炎武《天下郡国利病书》第九册《凤宁徽备录》。
[7]　萧奭《永宪录》卷一康熙六十一年正月甲午。
[8]　《明太祖实录》卷七三洪武五年五月戊辰。
[9]　顾炎武《亭林文集》卷一《生员论上》,顾公燮《消夏闲记摘抄》卷上"明季绅衿之横"条。

〔10〕 顾炎武《亭林文集》卷一《生员论中》。
〔11〕 《清朝文献通考》卷二三《职役三》。
〔12〕 《明史·儒林传》序。
〔13〕 王守仁《王文成公全书》卷二《答顾东桥书》,《答罗整庵少宰书》。
〔14〕 姚莹《东溟文外集》卷一《复黄又园书》。
〔15〕 《清史列传·梅文鼎传》。
〔16〕 李贽《续焚书》卷一《与友人书》。
〔17〕 杨光先《不得已》卷上《请诛邪教状》,卷下《日食天象验》。
〔18〕 袁中道《袁小修日记》卷四第三六〇节,阮元《畴人传》卷四六《蒋友仁传》。

后　　记

　　本书是为大学公共选修课"中国通史(古代部分)"编写的教材,于1997年获得教育部(前国家教委)"九五"重点教材立项。我从1993年起在北京大学开设公共选修课"中国通史(古代部分)",这本教材就是在我的讲稿基础上增补、修改而成的。现就其内容向读者作以下几点说明:

　　一、由于公共选修课课时有限,对中国古代历史只能择要讲授,很难面面俱到。我在讲课时讲授政治史方面的内容较多,涉及经济、社会、文化等方面的问题相对较少。写作教材也基本采取了这一原则,以阐述中国古代政治演变大势为主,同时结合政治背景,对一些重要的典章制度随时叙述。经济、社会、文化史方面的内容,则进行了跨朝代较大范围的概括,并未在每个朝代各自分别述及。中国古代历史绵延数千年,内容丰富,头绪繁多,写作此书时最主要的困难不在于网罗,而在于别择。何事当详,何事稍略,何事不专门叙述而由另一事附带提及,都颇费斟酌。本书的结构安排、内容取舍,可能较多地体现了我个人的想法,未必恰当,仅供读者参考。

　　二、新中国成立以来古代史教材习用的原始社会、奴隶社会、封建社会分期法,对我们理解和研究中国古代历史曾有很大帮助。但这一分期法源于马克思对西方历史发展进程的阐释,用以解释中国历史则有时感到方凿圆枘,不尽吻合。因此关于各社会形态的分期界限长期存在争论,莫衷一是。本书希望避免卷入这一复杂问题,只是大致按朝代顺序进行叙述,未使用上述三种社会形态的概念予以"分期"。在前后内容比重上,对古代史后期的内容阐述相对较为详细,前期则稍显简略。这一方面是由于个人专业和研究方向的影响,对古代史后期更加熟悉一些,另一方面则是因为古代史后期的资料更为具体、丰富,同时离现实更近,写得细致一些不仅有可能,而且似乎也有必要。

　　三、本书的具体内容较多地受到下列著作影响:翦伯赞主编《中国史纲要》,钱穆《国史大纲》以及《中国大百科全书》"中国历史"卷。《中国史纲要》是1949年后较早编定的通史教材,出于名家之手,结构严谨,内容连贯,叙事完备,语言凝练,学术价值很高,在北大和其他许多高校的历史系长期使用。《国史大纲》虽不像《中国史纲要》那样包罗全面,但却更多地体现出了作者敏锐的史识,其中很多看法对今天的古代史教学、研究仍然有启发意义。《中国大百科全书》"中国历史"卷则集中反映了国内史学界截止到20世纪80年代的研究成果,具有学术权威性,写作本书时遇有疑难问题,多据《中国大百科全书》为准。此外,还随时参考了大量的通史、断代史以及专题研究论著。

四、由于篇幅所限,本书叙述一些历史内容时作了相对灵活的安排。例如东汉和唐后期的边疆形势皆有专目叙述,而秦、西汉、隋、唐前期的边疆问题(包括匈奴、突厥等民族的兴衰)因为与这些时期的王朝政治史关系密切,就结合政治史一并叙述了,未再设立专目。结构上总的原则是以章统节,以节统目。但也有一些细目的内容并非本章节所能涵盖,而又不足以单独成章节,将它系于某章某节之下完全是权宜之举。这样的情况有以下几处:第三章"战国时期的社会变动"第三节"士阶层的崛起与百家争鸣"之下,有"周朝其他文化成果"一目,其中的内容上溯西周,并不限于战国;第十一章"从安史之乱到五代十国"第二节"安史乱后的唐朝中央"之下,有"唐朝的对外关系"一目,其中内容实际上也包括了唐朝前期;另外第十二章第二节"王安石变法"下"宋朝的文官政治"、第二十章第三节"盛世的危机"下"八旗与绿营"两目,严格说来也都不是本节题目所能包容的,其内容虽重要,但无合适位置,只好放在一章的末尾述及。这些情况,尚望读者理解。

五、本书纪年一般用夏历,即用皇帝年号纪年。但于先秦时期以及后代的某些分裂割据政权(包括十六国、五代十国、大蒙古国),无年号或用年号不便,则用公元纪年。无论用哪一种纪年方式,月、日均用夏历。

六、本书动笔于1998年初,至2000年6月完稿,其间又有其他写作任务,真正用于撰写本书的时间大约只有一年。个人学力浅薄,而成书仓促,因此其中肯定会有不少不准确乃至错误的地方,期待读者批评指正,以便日后修改。另外写作时为求简练,语言不无艰涩,个别地方征引史料稍长,这些给读者阅读可能会带来一些困难,敬请谅解。

最后,在本书即将付印之际,要感谢多年来选修公选课"中国通史(古代部分)"的北大同学。他们不仅对这门课的教学提出过很多意见,而且还经常就课程内容与我进行讨论、质疑,对我不断修改讲稿,直至完成这部教材有巨大帮助。还应当感谢北大历史系诸位师长的教育,特别是祝总斌、张传玺、吴宗国、阎步克四位先生,我在通史教学方面深受他们的影响。本书最初申请教育部重点教材立项,也是在吴宗国先生的鼓励下进行的。书稿完成后,曾经丁一川、罗新两位学长审读,纠正了其中若干错误。北大出版社刘方女士在编辑过程中付出了艰苦细致的劳动。在此一并致以谢忱。

张　帆

2001 年 5 月

再版后记

《中国古代简史》自 2001 年出版以来，迄今已重印 10 余次，在社会上产生了一定的影响。承蒙出版社重视，此次予以再版。再版之际，本想结合十余年来学术发展和个人的思考对书中内容进行修改，但着手以后感到殊非易事。每作改动，往往牵涉到书中其他部分，亦须随之调整，有时甚至需要重写，颇耗精力。由于工作繁忙，印刷时间紧迫，最终放弃了进行较大改动的计划，仅仅作了一些局部修订。修订主要包括两方面：一是关于某些年代或数字，采用了学术界相对较新的研究成果，例如上古史年代改用"夏商周断代工程"的有关考订成果等等；二是改正了某些明显的错误，以及个别不太恰当的提法。

衷心感谢阅读这本书的所有人。

张　帆

2015 年 8 月

《中国古代简史》(第2版)课件申请表

尊敬的老师:

　　您好! 本书作者张帆老师愿意将自己制作、使用多年的教学课件无偿提供给使用本书教学的老师,以方便您的教学。在您确认将本书作为指定教材后,请您填好以下表格(可复印),并盖上系办公室的公章,回寄给我们,或者给我们的邮箱写信,我们将向您发送课件电子版的申请表,填写完整后寄回,之后我们将免费向您提供该书的教学课件。我们愿以真诚的服务回报您对北京大学出版社的关心和支持!

您的姓名	
系	院/校
您所讲授的课程名称	
每学期学生人数	_____人　_____年级　_____学时
课程的类型	□ 全校公选课　　□ 院系专业必修课 □ 其他_____
您目前采用的教材	作者_____　书名_____ 出版社_____
您准备何时采用此书授课	
您的联系地址	
邮政编码	
您的电话(必填)	
E-mail(必填)	
目前主要教学专业、科研方向(必填)	
您对本书的建议	系办公室 　盖　　章

我们的联系方式:

北京市海淀区成府路205号北京大学出版社文史哲事业部　韩成思
邮编:100871　　电话:010-62755910
邮箱:2504920611@qq.com